GUIDO KIRCHHOFF

Wertsicherungsklauseln für Euro-Verbindlichkeiten

Schriften zum Wirtschaftsrecht

Band 192

Wertsicherungsklauseln für Euro-Verbindlichkeiten

Grundlagen, Wertsicherungsverbot gemäß § 2 PaPkG, Genehmigungsverfahren

Von

Dr. Guido Kirchhoff

Duncker & Humblot · Berlin

Der Fachbereich Rechtswissenschaft
der Freien Universität Berlin hat diese Arbeit
im Jahre 2004 als Dissertation angenommen.

Bibliografische Information Der Deutschen Bibliothek

Die Deutsche Bibliothek verzeichnet diese Publikation in
der Deutschen Nationalbibliografie; detaillierte bibliografische
Daten sind im Internet über <http://dnb.ddb.de> abrufbar.

D 188

Fremddatenübernahme: Klaus-Dieter Voigt, Berlin
Druck: Berliner Buchdruckerei Union GmbH, Berlin
Printed in Germany

ISSN 0582-026X
ISBN 3-428-11757-3

Gedruckt auf alterungsbeständigem (säurefreiem) Papier
entsprechend ISO 9706 ♾

Internet: http://www.duncker-humblot.de

Vorwort

Die vorliegende Arbeit hat der Fachbereich Rechtswissenschaft der Freien Universiät Berlin im Juni 2004 als Dissertation angenommen. Rechtsprechung und Schrifttum habe ich bis September 2005 berücksichtigt.

Herzlich danken möchte ich in erster Linie Herrn Professor Dr. Helmut Grothe. Er hat die Untersuchung während meiner Tätigkeit als Wissenschaftlicher Mitarbeiter an seinem Lehrstuhl für Bürgerliches Recht, Internationales Privat- und Verfahrensrecht, Rechtsvergleichung angeregt und in all ihren Entstehungsphasen eingehend betreut. Ich danke ferner Herrn Professor Dr. Markus Heintzen für das sehr zügig erstellte und detaillierte Zweitgutachten. Mein Interesse an wissenschaftlicher Forschung hat Herr Professor Dr. Christian von Bar während meiner Arbeit im Osnabrücker Institut für Internationales Privatrecht und Rechtsvergleichung geweckt, dem ich dafür ebenfalls danke. Dem Journalisten und Freund, Marcus Rohwetter, danke ich für die gründliche und kritische Durchsicht des Manuskriptes. Seine Anmerkungen haben an vielen Stellen zu größerer Klarheit geführt.

Guido Kirchhoff

Inhaltsverzeichnis

Einleitung 19

Kapitel I

Die Geschichte der Wertsicherung 21

1. Beginn des 20. Jahrhunderts: Goldwährung und Währungsverfall 21
   a) Vor Geltung des BGB 21
   b) Ausgangslage im BGB 22
   c) Goldwährung 23
   d) Abkehr von der Goldwährung 26
   e) Währungsverfall nach dem Ersten Weltkrieg 30
   f) Neuordnung der deutschen Währung: Reichsmark und Rückkehr zur Goldwährung 36
      aa) Gesetz über die Autonomie der Reichsbank 36
      bb) Die Deutsche Rentenbank und die Deutsche Golddiskontbank 37
      cc) Die Einführung der Reichsmark und die Rückkehr zur Goldwährung 38
      dd) Folge der Neuordnung für die Wertsicherung 42
2. Nationalsozialismus 43
   a) Wertsicherung und Grundpfandrechte 43
   b) Wertsicherung und Preisrecht 45
   c) Das Gesetz über die Deutsche Reichsbank 46
   d) Die Verordnung über wertbeständige Rechte 49
   e) Verordnung über wertbeständige Rechte und Preisrecht nach dem Krieg .. 52
3. Besatzungszeit 53
   a) Das Mark-gleich-Mark-Gesetz 53
   b) Währung und Deutsche Reichsbank, Bank deutscher Länder, Landeszentralbanken 57
      aa) Alliierte Militär-Mark, Deutsche Reichsbank 57
      bb) Britische und amerikanische Zone: Reichsbank, Bank deutscher Länder, Landeszentralbanken 57
      cc) Französische Zone 59
      dd) Auflösung der Deutschen Reichsbank 60
4. Währungsreform 61
   a) Das Währungsgesetz 61

b) Emissionsgesetz und Umstellungsgesetz, Abschluss der Währungsumstellung ... 65
c) Geltung des Mark-gleich-Mark-Gesetzes und der Verordnung über wertbeständige Rechte nach der Währungsreform ... 66
d) Alte Wertsicherungsklauseln nach der Währungsreform ... 67
aa) Vereinbarkeit mit § 3 WährG ... 67
bb) Vereinbarkeit mit dem Umstellungsgesetz ... 68
5. Deutsche Bundesbank ... 71
a) Die Bundesbank ... 71
b) Die Sicherung der Währung durch die Deutsche Bundesbank ... 73
6. Saarland ... 75
7. Deutsche Wiedervereinigung ... 76
8. Europäische Währungsunion ... 79
a) Einführung des Euro ... 79
b) Euro-Einführung und Wertsicherungsverbot ... 82
c) Das BBankG und der Euro, ESZB und EZB ... 86

Kapitel II

Die Grundlage der Wertsicherungsklausel: Das Bedürfnis nach Wertsicherung 89

1. Geldwert und Geldwertänderung ... 89
a) Geldwert ... 89
b) Geldwertänderung ... 91
2. Geldsummen- und Geldwertschuld ... 92
3. Nominalismus und Valorismus ... 94
a) Der geldtheoretische Nominalismus ... 96
b) Der geldschuldrechtliche Nominalismus ... 98
aa) Begriff ... 98
bb) Herleitung des geldschuldrechtlichen Nominalismus ... 98
c) Der strikte Nominalismus ... 105
4. Bedürfnis nach Wertsicherung ... 107
a) Die tatsächliche Notwendigkeit von Wertsicherungsklauseln ... 107
b) Die rechtliche Notwendigkeit von Wertsicherungsklauseln ... 109
aa) Wertsicherungsklauseln als Mittel zur Durchbrechung des Nominalismus ... 109
bb) Eingriffe durch Gesetzgeber und Gerichte: Berücksichtigung von Geldwertänderungen bei Geldsummenschulden ... 109

Kapitel III

Die Wertsicherungsklausel 114

1. Begriff der Wertsicherungsklausel 114
2. Vereinbarung von Wertsicherungsklauseln 116
a) Anknüpfungsmöglichkeiten für Wertsicherungsklauseln 116
aa) Festlegung des Zwecks der Wertsicherungsklausel 116
bb) Finden einer geeigneten Bezugsgröße 117
b) Bestimmtheit der Wertsicherungsklausel 120
c) Einbeziehung durch Einzelabrede 122
d) Wertsicherungsklauseln in Allgemeinen Geschäftsbedingungen 123
3. Beschränkungen von Wertsicherungsklauseln und deren dauerhafte Wirksamkeit 126
a) Beschränkungen von Wertsicherungsklauseln 126
b) Dauerhafte Wirksamkeit von Wertsicherungsklauseln, insbesondere in Währungskrisen 129

Kapitel IV

Zweck, Verbotscharakter und Verfassungsmäßigkeit des § 2 PaPkG und seiner Vorläufernorm 131

1. Zweck 131
a) Zweck des § 3 Satz 2 WährG 131
b) Zweck des § 2 PaPkG 133
aa) Währung und Preisstabilität 133
bb) Verbraucherschutz 136
cc) Ergebnis 137
c) Rechtspolitik 138
2. Repressives Verbot mit Befreiungsvorbehalt 142
a) § 3 Satz 2 WährG: Repressives Verbot mit Befreiungsvorbehalt 142
b) § 2 PaPkG: Repressives Verbot mit Befreiungsvorbehalt oder präventives Verbot mit Erlaubnisvorbehalt? 146
3. Verfassungsmäßigkeit 147
a) Verfassungsmäßigkeit des § 3 Satz 2 WährG 147
aa) Verhältnismäßigkeit 148
bb) Bestimmtheit 151
cc) § 3 WährG – fortgeltendes Besatzungsrecht? 153
dd) Gemeinschaftsrecht 155
b) Verfassungsmäßigkeit des § 2 PaPkG 156
aa) Verhältnismäßigkeit 156
bb) Gesetzgebungskompetenz, Gemeinschaftsrecht 159

Kapitel V

Das alte Wertsicherungsverbot als Vorbild für § 2 PaPkG 165

1. § 3 Satz 2 WährG 165
2. § 2 PaPkG 167

Kapitel VI

Der Umfang des Wertsicherungsverbots aus § 2 PaPkG 169

1. Geldschuld 169
a) Fremdwährungsverbindlichkeiten 169
aa) Fremdwährungsverbindlichkeiten bei § 2 PaPkG 169
bb) Fremdwährungsverbindlichkeiten bei § 3 Satz 2 WährG 170
b) Vereinbarung einer Sachschuld 171
c) Wahlschuld oder Ersetzungsbefugnis 173
2. Rechtsgeschäft oder Vertrag, Geldwertschulden 176
a) Wertsicherungsklauseln in Rechtsgeschäft und Vertrag 176
aa) Rechtsgeschäftliche oder vertragliche Wertsicherungsklauseln bei § 2 PaPkG 176
bb) Rechtsgeschäftliche oder vertragliche Wertsicherungsklausel bei § 3 Satz 2 WährG 177
b) Wertsicherungsklauseln in einseitigen letztwilligen Verfügungen 178
aa) Wertsicherungsklauseln in einseitigen letztwilligen Verfügungen bei § 2 PaPkG 178
bb) Wertsicherungsklauseln in einseitigen letztwilligen Verfügungen bei § 3 Satz 2 WährG 179
c) Geldwertschulden 180
aa) Geldwertschulden bei § 2 PaPkG 180
bb) Geldwertschulden bei § 3 Satz 2 WährG 182
3. Leistungsvorbehaltsklauseln 183
a) Leistungsvorbehaltsklauseln bei § 2 PaPkG 184
b) Leistungsvorbehaltsklauseln bei § 3 Satz 2 WährG 191
4. Spannungsklauseln 192
a) Spannungsklauseln bei § 2 PaPkG 193
b) Spannungsklauseln bei § 3 Satz 2 WährG 197
5. Kostenelementeklauseln 199
a) Kostenelementeklauseln bei § 2 PaPkG 200
b) Kostenelementeklauseln bei § 3 Satz 2 WährG 202
6. Indexklauseln 204
7. Beteiligungsklauseln 205

8. Valutawertklauseln ... 207

9. Geld- und Kapitalverkehr ... 208

10. Wohnraummietverträge ... 210

11. Sonstige genehmigungsfreie Wertsicherungsklauseln ... 211
a) Vor Vertragsschluss wirkende Preisänderungsklauseln ... 211
b) Andere Schutzmöglichkeiten ... 212
c) Wertsicherungsklauseln für den Fall der Aufhebung des § 2 PaPkG ... 213

12. Prüfungsschema ... 214

13. Umgehung des § 2 Abs. 1 PaPkG ... 216
a) Allgemeines ... 216
b) Umgehung bei Sachschuldvereinbarungen ... 218

14. Voraussetzungen einer Genehmigung ... 219

Kapitel VII

Das Wertsicherungsverbot bei Auslandsbezug 221

1. Die Geltung des § 2 PaPkG bei Auslandsbezug ... 221
a) Grenzen des Wertsicherungsverbots ... 221
b) Kaufmannsbegriff in § 2 Abs. 1 Satz 4 PaPkG ... 224
c) Die Geltung des § 2 PaPkG bei Vereinbarung eines anderen Schuld- oder Währungsstatuts ... 224

2. Die Geltung des § 3 Satz 2 WährG bei Auslandsbezug ... 227
a) Grenzen des Wertsicherungsverbots ... 227
b) Die Geltung des § 3 Satz 2 WährG bei Vereinbarung eines anderen Schuld- oder Währungsstatuts ... 229

Kapitel VIII

Die Preisklauselverordnung und ihre Vorgängerin 231

1. Rechtsverordnung ... 231
a) Die Preisklauselverordnung ... 231
b) Die Grundsätze bei der Entscheidung über Genehmigungsanträge nach § 3 WährG (Nr. 2c WährVO für Berlin) ... 232
c) Rechtsverordnung statt Verwaltungsvorschrift ... 234

2. Die Regelungen der Preisklauselverordnung ... 235
a) Genehmigungsfreie Klauseln, § 1 PrKV ... 236
aa) § 1 Nrn. 1 bis 3 PrKV ... 236
bb) § 1 Nr. 4 PrKV ... 237

b) Allgemeine Genehmigungsvoraussetzungen, § 2 PrKV ... 240
c) Genehmigungsfähigkeit bei langfristigen Zahlungen, § 3 PrKV ... 242
d) Vertragsspezifische Klauseln, § 4 PrKV ... 245
e) Genehmigungsfähigkeit aus Wettbewerbsgründen, § 5 PrKV ... 247
f) Geld- und Kapitalverkehr, § 6 PrKV ... 248
g) Genehmigungsbehörde und Übergangsvorschriften, §§ 7 und 8 PrKV ... 248

Kapitel IX

Genehmigung und Genehmigungsverfahren bei § 2 PaPkG 250

1. Genehmigung und Negativattest ... 250
a) Zuständigkeit ... 250
b) Einzel- und Sammelgenehmigung, Allgemeinverfügung ... 251
c) Ausnahme von der Genehmigungspflicht, Genehmigungsfiktion ... 254
d) Genehmigungsversagung und Anhörung ... 254
aa) Erforderlichkeit der Anhörung ... 256
bb) Anspruch der nicht Antrag stellenden Vertragspartei auf Anhörung ... 259
cc) Bekanntgabe ... 261
e) Rechtsfolge der Genehmigung bzw. Genehmigungsversagung ... 262
aa) Rechtsfolge der Genehmigung ... 262
bb) Rechtsfolge der Genehmigungsversagung ... 265
f) Negativattest ... 267
g) Vertragsänderungen nach Genehmigung der Wertsicherungsklausel ... 269
2. Besondere Fälle ... 271
3. Bindung der Gerichte an die Entscheidung des Bundesamtes ... 272
a) Verwaltungsgerichte und ordentliche Gerichte ... 272
b) Tatbestandswirkung der Genehmigung ... 274
c) Tatbestandswirkung der Genehmigungsversagung ... 275
d) Tatbestandswirkung des Negativattestes ... 276
e) Aussetzung des Verfahrens ... 277
4. Rechtsschutz bei Versagung der Genehmigung ... 278
a) Statthafte Klageart ... 279
b) Vorverfahren ... 280
c) Klagebefugnis ... 281

Zusammenfassung der wichtigsten Ergebnisse ... 284

Gesetzes- und Verordnungstexte ... 295

Literaturverzeichnis ... 300

Sachverzeichnis ... 313

Abkürzungsverzeichnis

a. A.	andere(r) Ansicht
a. a. O.	am angegebenen Ort
ABl.	Amtsblatt
Abs.	Absatz
a. E.	am Ende
a. F.	alte Fassung
AGBG	Gesetz zur Regelung des Rechts der Allgemeinen Geschäftsbedingungen
AHK	Alliierte Hohe Kommission
amerik.	amerikanisch(e)
Anm.	Anmerkung
AP	Nachschlagewerk des Bundesarbeitsgerichts
Art.	Artikel
Aufl.	Auflage
Ausg.	Ausgabe
AWD	Außenwirtschaftsdienst des Betriebsberaters
AWG	Außenwirtschaftsgesetz
Az.	Aktenzeichen
BAFA	Bundesamt für Wirtschaft und Ausfuhrkontrolle
BAG	Bundesarbeitsgericht
BAGE	Entscheidungen des BAG
BAnz.	Bundesanzeiger
BauO	Bauordnung
BauR	Zeitschrift für das gesamte öffentliche und private Baurecht
BayObLG	Bayerisches Oberstes Landesgericht
BB	Der Betriebsberater
BBank	Bundesbank
Bd.	Band
BdL	Bank deutscher Länder
BerlWährVO	Berliner Währungs-Verordnung
betr.	betreffend
BetrAVG	Gesetz zur Verbesserung der betrieblichen Altersversorgung
BFHE	Entscheidungen des Bundesfinanzhofs
BGB	Bürgerliches Gesetzbuch
BGBl.	Bundesgesetzblatt
BGH	Bundesgerichtshof

BGHZ	Entscheidungen des BGH in Zivilsachen
BImSchG	Bundesimmissionsschutzgesetz
BMJ	Bundesministerium der Justiz
BR-Drucks.	Bundesrats-Drucksache
BReg	Bundesregierung
brit.	britisch
bspw.	beispielsweise
BT-Drucks.	Bundestags-Drucksache
BVerfG	Bundesverfassungsgericht
BVerfGE	Entscheidungen des Bundesverfassungsgerichts
BVerwGE	Entscheidungen des Bundesverwaltungsgerichts
bzw.	beziehungsweise
ca.	circa
CML Rev.	Common Market Law Review
DB	Der Betrieb
DDR	Deutsche Demokratische Republik
ders.	derselbe
d.h.	das heißt
Diss.	Dissertation
DJT	Deutscher Juristentag
DM	Deutsche Mark
DM-BilG	Gesetz über die Eröffnungsbilanz in DM und die Kapitalneufestsetzung
DNotZ	Deutsche Notar-Zeitschrift
DRZ	Deutsche Rechtszeitschrift
DStR	Deutsches Steuerrecht
dt.	deutsch
DtZ	Deutsch-Deutsche Rechts-Zeitschrift
DVBl.	Deutsches Verwaltungsblatt
ECU	European Currency Unit
EG	Europäische Gemeinschaft(en)
EGBGB	Einführungsgesetz zum Bürgerlichen Gesetzbuch
EGV	Vertrag zur Gründung der Europäischen Gemeinschaft
ErbbauVO	Verordnung über das Erbbaurecht
ErholNutzG	Erholungsnutzungsrechtegesetz
ESZB	Europäisches System der Zentralbanken
EU	Europäische Union
EuGH	Gerichtshof der Europäischen Gemeinschaften
EuroEG	Euro-Einführungsgesetz
EUV	Vertrag über die Europäische Union
EWS	Europäisches Wirtschafts- und Steuerrecht
EZB	Europäische Zentralbank

f./ff.	folgender/folgende
F.A.Z.	Frankfurter Allgemeine Zeitung
Fn.	Fußnote
franz.	französisch
G	Gesetz
GBl.	Gesetzblatt
GBO	Grundbuchordnung
GG	Grundgesetz
GVBl.	Gesetz- und Verordnungsblatt
Hdb.	Handbuch
hess.	hessisches
HFR	Höchstrichterliche Finanzrechtsprechung
HGB	Handelsgesetzbuch
h.M.	herrschende Meinung
Hrsg.	Herausgeber
Hs.	Halbsatz
i.d.F.	in der Fassung des
inkl.	inklusive
insbes.	insbesondere
IPRax	Praxis des Internationalen Privat- und Verfahrensrechts
IPRspr	Die deutsche Rechtsprechung auf dem Gebiete des internationalen Privatrechts
i.S.d.	im Sinne des/der
i.S.v.	im Sinne von
i.V.m.	in Verbindung mit
IWF	Internationaler Währungsfonds
JA	Juristische Arbeitsblätter
JO	Journal officiel
JR	Juristische Rundschau
JuS	Juristische Schulung
JW	Juristische Wochenschrift
JZ	Juristen-Zeitung
Kap.	Kapitel
KG	Kammergericht
krit.	kritisch
LG	Landgericht
MDR	Monatsschrift für Deutsches Recht
MHG	Gesetz zur Regelung der Miethöhe
Militärreg.	Militärregierung
MittBayNot	Mitteilungen des Bayerischen Notarvereins, der Notarkasse und der Landesnotarkammer Bayern
Mot.	Motive zum BGB
MRG	Militärregierungsgesetz

m. w. N.	mit weiteren Nachweisen
n. F.	neue Fassung
NJW	Neue Juristische Wochenschrift
NJW-RR	Neue Juristische Wochenschrift/Rechtsprechungsreport
Nr./Nrn.	Nummer/Nummern
NRW	Nordrhein-Westfalen
NVwZ	Neue Zeitschrift für Verwaltungsrecht
o. g.	oben genannte
OLG	Oberlandesgericht
OVG	Oberverwaltungsgericht
PaPkG	Preisangaben- und Preisklauselgesetz
PrKV	Preisklauselverordnung
RdA	Recht der Arbeit
Rdnr.	Randnummer
RegBl.	Regierungsblatt
RGBl.	Reichsgesetzblatt
RGZ	Entscheidungen des Reichsgerichts
RIW	Recht der internationalen Wirtschaft
Rs.	Rechtssache
Rspr.	Rechtsprechung
s./S.	siehe/Seite/Satz
SachenRBereinigungsG	Sachenrechtsbereinigungsgesetz
s. o./s. u.	siehe oben/siehe unten
sog.	sogenannte(r)
sowj.	sowjetisch
Slg.	Sammlung
StaatsV	Staatsvertrag
u. a.	unter anderem
v. Chr.	vor Christus
VGH	Verwaltungsgerichtshof
vgl.	vergleiche
VO	Verordnung
VOBl.	Verordnungsblatt
VR	Verwaltungsrundschau
VwGO	Verwaltungsgerichtsordnung
VwVfG	Verwaltungsverfahrensgesetz
WährG	Währungsgesetz
WiGBl.	Gesetz- und VOBl. des Wirtschaftsrates des Vereinigten Wirtschaftsgebietes
WM	Wertpapiermitteilungen – Zeitschrift für Wirtschafts- und Bankrecht
WuM	Wohnungswirtschaft und Mietrecht
z. B.	zum Beispiel

ZBB	Zeitschrift für Bankrecht und Bankwirtschaft
ZEuP	Zeitschrift für Europäisches Privatrecht
ZHR	Zeitschrift für das gesamte Handels- und Wirtschaftsrecht
Ziff.	Ziffer
ZIP	Zeitschrift für Wirtschaftsrecht
ZMR	Zeitschrift für Miet- und Raumrecht
ZNotP	Zeitschrift für die notarielle Praxis
ZPO	Zivilprozessordnung
ZRP	Zeitschrift für Rechtspolitik
ZVglRWiss	Zeitschrift für vergleichende Rechtswissenschaft

Einleitung

„Geld ist geprägte Freiheit[1]; es kann frei in Gegenstände eingetauscht werden“[2]. Aber nur stabiles Geld ist gutes Geld. Es taugt nicht als Tausch- oder Wertaufbewahrungsmittel, wenn es seinen Wert zu schnell verliert oder die Nutzer dem Wertversprechen der Währung aus anderen Gründen nicht trauen.

Am 1. Januar 1999 hat der Gesetzgeber § 3 des Währungsgesetzes (WährG) vom 20. Juni 1948 aufgehoben[3]. Satz 1 dieser Vorschrift hatte Geldschulden, die in einer anderen Währung als in Deutscher Mark eingegangen wurden, von einer Genehmigung der für die Erteilung von Devisengenehmigungen zuständigen Stelle[4] abhängig gemacht. Satz 2 der Vorschrift erstreckte die Genehmigungspflicht auf Geldschulden, deren DM-Betrag durch den Kurs einer anderen Währung oder durch den Preis oder eine Menge von Feingold oder von anderen Gütern oder Leistungen bestimmt werden sollte. Der zweite Satz der Norm enthielt damit ein Verbot von Wertsicherungsklauseln. Wertsicherungsklauseln sind all diejenigen Vereinbarungen, die einen Mechanismus vorsehen, auf Grund dessen es zu einer Änderung des geschuldeten Geldbetrages kommen kann, ohne dass die Geldschuld dabei ihre Eigenschaft als Geldschuld verliert[5]. Das Verbot von Wertsicherungsklauseln sollte die deutsche Währung schützen und beruhte auf der Annahme, dass solche Klauseln die Geldwertstabilität gefährden.

Die Streichung des § 3 WährG im Zusammenhang mit der Einführung des Euro bedeutete jedoch keinen Verzicht auf das Wertsicherungsverbot, denn der Bundestag änderte zugleich das Preisangabengesetz. Dieses erhielt den Namen „Preisangaben- und Preisklauselgesetz“ (PaPkG) und mit dessen neuem § 2 eine Vorschrift, die sich an den alten § 3 Satz 2 WährG anlehnt. Damit hält der Gesetzgeber bewusst an einem Wertsicherungsverbot fest, obwohl die Berechtigung eines solchen Verbots auch vor der Einführung des Euro bereits umstritten war.

---

[1] Zur Herkunft dieses Zitates, an das das BVerfG (in E 97, S. 350 ff., S. 371) anknüpft, siehe *Lepsius,* JZ 2002, S. 313 ff., 314 Fn. 7.

[2] BVerfGE 97, S. 350 ff., S. 371. Zudem kann Geld auch gegen nicht körperliche Leistungen getauscht werden.

[3] Diese Tatsache wird selbst in aktuellen Schuldrechts-Lehrbüchern nicht immer zur Kenntnis genommen: Siehe *Brox/Walker,* Allgemeines Schuldrecht (29. Aufl. 2003), § 9 Rdnr. 3, die noch von einer Genehmigungspflicht nach § 3 WährG sprechen. In der 30. Aufl. 2004 wird – unzutreffend – von einer ersatzlosen Aufhebung des § 3 WährG gesprochen.

[4] Das war gemäß § 49 Abs. 2 AWG die Deutsche Bundesbank.

[5] Siehe dazu im Einzelnen unten Kap. III.

Wertsicherungsklauseln wurden in verschiedenen Zeiten aus verschiedenen Gründen und mit wechselnder Intensität in die Verträge aufgenommen und durch die Regierungen mal gefördert und selbst verwandt, mal beschränkt. Diese Entwicklung wird zu Beginn dargestellt, denn sie zeigt die verschiedenen Motivationen auf, aus denen mit und auf Wertsicherungsklauseln reagiert wurde. Die sie betreffenden Vorschriften gehörten früher meistens dem Währungsrecht an. Das Währungsrecht regelt die Schaffung des Geldes, enthält Bestimmungen über den Geldgebrauch und soll die Funktionsfähigkeit des Geldes gewährleisten[6]. Bei der Funktionsfähigkeit des Geldes geht es vorrangig um den Erhalt der Geldwertstabilität[7]. Ein Blick auf die geschichtliche Entwicklung des Währungsrechts gibt Aufschluss darüber, unter welchen währungsrechtlichen und währungstatsächlichen Bedingungen es überhaupt zu einem Bedürfnis nach Wertsicherung kam und wie der Staat darauf reagiert hat.

Es schließen sich Ausführungen darüber an, warum nach aktuellem Recht ein Bedürfnis nach Wertsicherung besteht, wie eine Wertsicherungsklausel ausgestaltet und vereinbart wird, wie sie nach aktuellem Recht beschränkt wird und wo die Gefahren für deren zukünftige Wirksamkeit liegen. Dabei wird auch deutlich werden, dass gesetzliche Vorschriften, die Wertsicherungsklauseln betreffen, nicht immer dem Währungsrecht zuzurechnen sind – und das nicht erst seit Geltung des § 2 PaPkG.

Der Hauptteil der Arbeit besteht – jeweils im Vergleich zur alten Rechtslage – darin, das neue Wertsicherungsverbot des § 2 Abs. 1 PaPkG mit all seinen Problemen in seinem rechtlichen und praktischen Rahmen darzustellen.

---

[6] *v. Maydell,* Geldschuld und Geldwert, S. 57 f.; Staudinger-*K. Schmidt,* Vorbem zu §§ 244 ff, Rdnr. A 48; *Claussen,* Bank- und Börsenrecht, § 1 Rdnr. 13; *Reinhuber,* Grundbegriffe, S. 25; MK-*Grundmann,* §§ 244, 245 Rdnr. 15; zum Begriff „Währungsrecht" im Zusammenhang mit dem Kollisionsrecht s. *Grothe,* Fremdwährungsverbindlichkeiten, S. 178, dort auf S. 12 ff. auch eingehend m.w.N. zum Begriff der Währung.

[7] MK^3-*v. Maydell,* § 244 Rdnr. 6.

Kapitel I

Die Geschichte der Wertsicherung

1. Beginn des 20. Jahrhunderts: Goldwährung und Währungsverfall

a) Vor Geltung des BGB

Die Erkenntnis, dass der Geldwert eine veränderliche Größe ist, lässt sich durch die Jahrhunderte nicht nur bis zu den Zeiten Nicolaus Oresme[1] (ca. 1323–1382) zurückverfolgen, sondern bis in das 3. Jahrtausend vor Christus, als die Ägypter ihre Geldeinheit entwerteten, indem sie deren Goldgehalt reduzierten[2]. Geldwertschwankungen ließen sich wahrscheinlich in jeder Epoche der Menschheitsgeschichte nachweisen[3], soweit Menschen Geld als Tauschmittel nutzten. Den frühen Geldentwertungen lagen oft Münzmanipulationen zugrunde, bei denen der Edelmetallgehalt der Münzen gesenkt, deren nomineller Wert aber beibehalten wurde[4]. Dies war die einfachste Methode, um den Geldumlauf zu steigern, ohne mehr Edelmetall bereitstellen zu müssen. Sie funktionierte allerdings nur so lange, wie die Geldnutzer davon nichts bemerkten: Beim Geld waren diese aber schon damals sehr vorsichtig. So kam es beispielsweise zwischen den Jahren 260 und 304 nach Christus zu einer enormen Preisinflation, als der bis 268 regierende römische Kaiser Gallienus den Silberanteil seiner Münzen bis auf 4 Prozent des ursprünglichen Wertes senkte[5].

---

[1] *Oresme* schrieb das erste französische Werk über Geld: De origine, natura, jure et mutationibus monetarum (*Mann,* Recht des Geldes, S. 69 Fn. 58).

[2] *Schmalz,* Stabilität des Geldwertes, S. 13 f. Siehe auch *Berndt,* Die Wertsicherung in der Unternehmung, S. 12. Zur ersten großen deutschen Inflation in der Zeit von 1618–1622/23 siehe den Artikel „Kipper- und Wipper-Zeit" in der Brockhaus-Enzyklopädie, 19. Aufl., Bd. 11. Zu den Begriffen „Kippen" und „Wippen" s. *Stützel,* Das Mark-gleich-Mark-Prinzip, S. 23.

[3] *Mann,* Recht des Geldes, S. 68.

[4] *Schmalz,* Stabilität des Geldwertes, S. 14 f.; *Bernstein,* The power of gold, S. 48 (B. berichtet dort bspw. einen Fall aus der Zeit zwischen 405–367 v.Chr.). Dies gilt nur, soweit ein auf die Münze aufgedruckter Wert maßgeblich war. War dies nicht der Fall, so prüfte man, ob die richtige Geldmenge geleistet wurde, durch schlichtes Abwiegen des in den Münzen enthaltenen Metalls. Daneben war zu prüfen, ob es sich um reines Metall handelte. Manipulationen waren dann kaum möglich. War hingegen ein Wert aufgedruckt, so konnten die Münzen ihre Aufgabe nur dann erfüllen, wenn ihr Metallgehalt und -gewicht genau dem Aufdruck entsprach. Siehe *Bernstein,* The power of gold, S. 24.

Auch Wertsicherungsklauseln sind keine Erfindung des 20. Jahrhunderts[6]. Bereits im italienischen Wechselverkehr des 16. und 17. Jahrhunderts wurde beispielsweise die Höhe von Geldschulden an den Wert einer bestimmten Menge reinen Goldes geknüpft[7].

b) Ausgangslage im BGB

Im BGB werden Wertsicherungsklauseln nicht ausdrücklich erwähnt. Überhaupt sind im BGB nur wenige Vorschriften enthalten, die die Geldschuld betreffen. In den Jahrzehnten vor Schaffung des BGB war die deutsche Währung stabil – den Vätern des Gesetzes fehlte daher das Problembewusstsein[8]. Sie hatten zwar erkannt, dass die Geldschuld „wegen ihrer Eigentümlichkeit" besonderer Vorschriften bedarf. Aufgrund des durch die Reichsmünzgesetzgebung eingeführten gesetzlichen Währungssystems sahen sie aber nur ein sehr beschränktes Bedürfnis dafür, solche Vorschriften im BGB selbst zu verankern[9]. Da in diesen Gesetzen Wertsicherungsvereinbarungen nicht beschränkt wurden, konnte die dem BGB zugrunde liegende Vertragsfreiheit in dieser Hinsicht zu Beginn des 20. Jahrhunderts voll in Anspruch genommen werden. Lediglich für Hypotheken, Grund- und Rentenschulden sah (und sieht) das BGB vor, dass sie auf eine „bestimmte Geldsumme" lauten müssen[10], und § 28 S. 2 der damaligen GBO schrieb vor, dass der Geldbetrag der zu sichernden Forderung in Reichswährung[11] anzugeben war. Damit konnte der Wert von Grundpfandrechten nicht gesichert werden[12]. Das in § 28 Satz 2 GBO enthaltene Gebot sollte dabei nicht dem Schutz der deutschen Währung, sondern der Klarheit, Sicherheit und Leichtigkeit des Grundbuchverkehrs dienen[13]. Die daraus folgenden Wertsicherungsbeschränkungen waren daher nur mittelbare Folge, nicht aber das Ziel der Maßnahme[14].

---

5 *Bernstein,* The power of gold, S. 48 f.

6 *Berndt,* Die Wertsicherung in der Unternehmung, S. 13.

7 *Nussbaum,* Das Geld, S. 90.

8 Staudinger-*Weber,* Vorbem zu § 244, 245 Rdnr. 1, dort auch Literaturhinweise für den Umgang mit Geldwertproblemen in früheren Jahrhunderten. *Figge,* MDR 1948, S. 23; *v. Maydell,* Geldschuld und Geldwert, S. 118; *Schmalz,* Stabilität des Geldwertes, S. 183.

9 *Mugdan,* Materialien II, S. 7; *K. Schmidt,* JuS 1984, S. 737 ff., 737; *Hahn,* Währungsrecht, § 6 Rndr. 5; Bamberger/Roth-*Grothe,* § 244 Rdnr. 1.

10 §§ 1113 Abs. 1, 1191 Abs. 1, 1199 Abs. 1 BGB.

11 Insoweit geändert durch Art. 1 Nr. 14 Registerverfahrensbeschleunigungsgesetz vom 20.12.1993, BGBl. I, S. 2182 ff.

12 *Wachs,* MDR 1948, S. 45 ff., 46; *Duden,* BB 1949, S. 669 f., 669; *Fögen,* Geld- und Währungsrecht, S. 144; *Berndt,* Die Wertsicherung in der Unternehmung, S. 16.

13 Siehe m.w.N. *Grothe,* Fremdwährungsverbindlichkeiten, S. 443.

14 *Mathar,* Wertsicherungsverbot und Grundgesetz, S. 13.

c) *Goldwährung*

Wenn es auch zulässig war, Wertsicherungsklauseln zu vereinbaren, so gab es doch in der Zeit vor dem Ersten Weltkrieg kaum Anlass dazu[15]. Die Bürger vertrauten fest auf die weitere Stabilität der Währung[16].

Nach der Reichsgründung im Jahre 1871 begann der Gesetzgeber, das deutsche Geldwesen zu vereinheitlichen[17]. Durch das Münzgesetz (MünzG) vom 9. Juli 1873[18] trat die „Reichsgoldwährung" an die Stelle der bis dahin in Deutschland geltenden Landeswährungen[19]. Bei einer Goldwährung ist das Geld rechtlich mit dem Feingold verknüpft[20]. Dies kann dadurch geschehen, dass das umlaufende Geld aus Gold oder anderen Währungsmetallen besteht oder indem die Notenbank verpflichtet wird, die umlaufenden Banknoten durch Gold zu decken oder sie bei Vorlage gegen Gold einzulösen[21]. Nach dem MünzG sollten Reichsgoldmünzen[22] ausgeprägt werden, wobei sich ein festes Verhältnis von 1 Mark = 1/2790 Kilogramm Feingold ergab[23]. Damit handelte es sich um nahezu vollwichtig ausgeprägtes Geld, bei dem der den Münzen zugewiesene Nennwert seinem tatsächlichen Wert – zumindest annähernd[24] – gleichkam[25]. Was für das heutige Währungssystem kaum vorstellbar ist, war bei der Goldumlaufwährung möglich: Privatpersonen durften Goldmünzen auf eigene Rechnung ausprägen. Auch diese waren gesetzliche Zahlungsmittel[26].

---

15 *Schubert,* NJW 1950, S. 285 ff., 286; *Dürkes,* Wertsicherungsklauseln, A Rdnr. 17; *v. Arnim,* ZRP 1980, S. 201 ff., 201.

16 *Hahn,* Währungsrecht, § 8 Rdnr. 2; *Fögen,* Geld- und Währungsrecht, S. 143; *U. Reuter,* Fremdwährung und Rechnungseinheiten im Grundbuch, S. 94; *Mathar,* Wertsicherungsverbot und Grundgesetz, S. 13 f.; *Reinhuber,* Grundbegriffe, S. 117; *Henn,* MDR 1958, S. 461 ff., 461.

17 Siehe das Gesetz betr. die Ausprägung von Reichsgoldmünzen vom 4.12.1871, RGBl., S. 404 ff.

18 RGBl. 1873, S. 233 ff. (Art. 1). Rechnungseinheit der Goldwährung war die Mark. Ebenso wie der Name „Pfund" war auch der Name „Mark" ursprünglich eine (altdeutsche) Gewichtseinheit. Die „Mark" wurde durch die erste Reichsmünzordnung zu Eßlingen 1524 zum amtlichen Münzgrundgewicht erhoben, s. *Stützel,* Das Mark-gleich-Mark-Prinzip, S. 21.

19 Zu den Landeswährungen s. *Beck,* BBankG (1959), E 3.

20 *Fögen,* Geld- und Währungsrecht, S. 38; *Nussbaum,* Das Geld, S. 54.

21 Staudinger-*K. Schmidt,* Vorbem zu §§ 244 ff, Rdnr. A 43 u. A 49; *Fögen,* Geld- und Währungsrecht, S. 38.

22 Daneben wurden Reichsmünzen aus Silber, Nickel und Kupfer eingeführt.

23 Gemäß Art. 2 MünzG sollten aus einem Pfund feinen Goldes 279 Reichsgoldmünzen zu fünf Mark ausgeprägt werden. Rechnet man diese auf eine Mark um, so erhält man das o. g. Ergebnis. Dieses Verhältnis lag gemäß § 1 auch schon dem Gesetz vom 4.12.1871 (s. Fn. 17) zu Grunde.

24 Geringe Abweichungen ergaben sich z. B. durch Gewichtsverringerungen durch den gewöhnlichen Umlauf des Geldes, vgl. §§ 10 ff. MünzG von 1909.

25 Staudinger-*Weber,* Vorbem zu § 244, 245 Rdnr. 8.

In den folgenden zwei Jahren begannen Regierung und Reichsbank[27], neben den Münzen auch „Reichskassenscheine"[28] und „Banknoten"[29] auszugeben. Im Privatverkehr gab es allerdings keinen gesetzlichen Zwang zur Annahme[30] dieser Geldscheine. Vielmehr konnte der Gläubiger Gold- oder andere Münzen verlangen[31]. Trotz der Banknotenausgabe blieb die Währung eine Goldwährung, da die hierzu gegründete Reichsbank verpflichtet war[32], ihre Noten zu einem festen Preis in Feingold umzutauschen[33] bzw. gegen „kursfähiges deutsches Geld" einzulösen[34]. Der Papiergeldschöpfung waren zudem dadurch Grenzen gesetzt, dass die Reichsbank zur Deckung der umlaufenden Banknoten Gold und bestimmte diskontierte Wechsel bereithalten musste[35]. Auch die Reichskassenscheine waren in „bares Geld"[36], also in Münzen[37], einzulösen. Das Papiergeld war damit ein reiner Goldersatz. Es wurde wegen der in ihm verbrieften Einlösungspflicht allgemein akzeptiert[38]. Es setzte sich insbesondere durch, größere Geldschulden durch Banknoten zu begleichen[39].

---

[26] Siehe Art. 12 Abs. 2 MünzG. Von dieser Möglichkeit wurde jedoch kein Gebrauch gemacht, *Fögen,* Geld- und Währungsrecht, S. 9 u. 49.

[27] Die durch dieses BankG neu errichtete Reichsbank hatte die Aufgabe „den Geldumlauf im gesamten Reichsgebiete zu regeln" (§ 12 Abs. 1 BankG). Sie entstand durch Übernahme der Preußischen Bank durch das Reich (§ 61 BankG, siehe hierzu *Hahn,* Währungsrecht, § 10 Rdnr. 10 u. 16) und unterstand der Leitung und Aufsicht des Reichs. Daneben gab es Privatnotenbanken, s. §§ 42 ff. BankG. Dazu s. *Beck,* BBankG (1959), E 4.

[28] Gesetz betreffend die Ausgabe von Reichskassenscheinen vom 30.4.1874, RGBl., S. 40 f. § 2 des ReichskassenscheinG schrieb den Bundesstaaten vor, das von ihnen ausgegebene Papiergeld einziehen. Damit wurde die Anordnung in Art. 18 Abs. 3 MünzG (1873) ausgeführt, die die Vereinheitlichung des Staatspapiergeldes bezweckte. S. *Hahn,* Währungsrecht, § 10 Rdnr. 14. Die Reichskassenscheine verloren in der Inflationszeit ihren Wert und verschwanden, s. *Rittmann,* Deutsche Geldgeschichte, S. 5; *Hahn,* Währungsrecht, § 11 Rdnr. 12.

[29] Bankgesetz vom 14.3.1875, RGBl., S. 177 ff.

[30] § 5 Abs. 2 ReichskassenscheinG und § 2 BankG.

[31] Dies ergab sich aus den §§ 9 f. MünzG, da dort geregelt war, in welchen Fällen (nur) eine Verpflichtung zur Annahme von Münzen nicht bestand (Höchstbetrag bei Silber-, Nickel- und Kupfermünzen („Kleingeld"), beschädigte Münzen). Schon § 8 des Gesetzes vom 4.12.1871 (s. Fn. 17) sah zudem vor, wann an Stelle von Zahlungen in Landeswährungen auch in Reichsgoldmünzen geleistet werden konnte.

[32] §§ 4, 12 ff. BankG.

[33] Staudinger-*K. Schmidt,* Vorbem zu §§ 244 ff, Rdnr. A 53; Schlegelberger-*Hefermehl,* HGB, Anh § 361 Rdnr. 5.

[34] § 18 BankG. Neben Goldmünzen gehörten zum kursfähigen Geld auch andere Münzen, die ihrerseits wieder in Goldmünzen umgetauscht werden konnten, s. *Hahn,* Währungsrecht, § 10 Rdnr. 21.

[35] § 17 BankG; Staudinger-*K. Schmidt,* Vorbem zu §§ 244 ff, Rdnr. A 53; *Hahn,* Währungsrecht, § 10 Rdnr. 21. Für Privatnotenbanken siehe § 44 Abs. 1 Nr. 3 BankG a.F. und § 47a i.V.m. § 17 BankG i.d.F. vom 1.6.1909.

[36] § 5 Abs. 1 ReichskassenscheinG.

[37] *Fögen,* Geld- und Währungsrecht, S. 50.

[38] *v. Stebut,* Jura 1982, S. 561 ff., 564.

Erst im Jahre 1909 sprach das Bankgesetz[40] (BankG) auch den Banknoten der Reichsbank die Eigenschaft zu, gesetzliches Zahlungsmittel zu sein. Ein neues Münzgesetz[41] behielt das Mischungsverhältnis der Goldmünzen bei[42]. Die Reichsbank blieb weiterhin verpflichtet[43], die von ihr ausgegebenen Reichsbanknoten in „deutsche Goldmünzen" einzulösen und eine entsprechende Deckung bereitzuhalten. Im Ergebnis blieb die Währung daher eine Goldwährung[44] und wurde in § 1 MünzG auch wieder so bezeichnet.

Als die Goldwährung galt, entsprach eine bestimmte Geldsumme daher einer bestimmten Menge an Gold. Wurde mit Papiergeld bezahlt, so konnte der Gläubiger die Banknoten bei der Reichskasse vorlegen und die entsprechende Menge an Gold(münzen) verlangen. Der Preis des Goldes blieb infolge der gesetzlichen Festlegung stabil. Diese automatische Selbstregulierung – Goldautomatismus genannt – begrenzte den Geldumlauf und wirkte kaufkraftstabilisierend[45]. Die Gläubiger brauchten daher ihre Geldforderungen nicht selbst – wie es später in vielen Wertsicherungsvereinbarungen geschah – an das knappe Gut Gold, in dem man seit frühesten Zeiten den Inbegriff der Wertbeständigkeit sah[46], anzubinden. Traute man dem Papiergeld nicht – immerhin blieb die Gefahr, dass es z. B. in Krisenzeiten nicht mehr eingelöst wurde[47] – so reichte als Wertsicherungsklausel aus, die Zahlung in vollwertigen Münzen zu vereinbaren. Dies geschah beispielsweise durch die Formulierung: „Zahlung in Goldmünzen von 10 Mark ..."[48]. Es zweifelte allerdings kaum jemand daran, dass die Einlösungspflicht beibehalten wird. Deshalb wurden Goldmünzen und Papiergeld im Allgemeinen gleichwertig behandelt[49]. Solange die Geldgläubiger auf das Weiterbestehen der Goldwährung vertrauten, gab es daher keinen Grund, Wertsicherungsklauseln zu vereinbaren.

---

39 *Hahn,* Währungsrecht, § 10 Rdnr. 20; *Rittmann,* Deutsche Geldgeschichte, S. 12.

40 Art. 3 des Gesetzes zur Änderung des Bankgesetzes, RGBl. 1909, S. 515 ff.

41 Vom 1. Juni 1909, RGBl., S. 507 ff. Das MünzG fasste die zwischenzeitlichen Änderungen zusammen, s. *Rittmann,* Deutsche Geldgeschichte, S. 1; *Hahn,* Währungsrecht, § 10 Rdnr. 13.

42 Mischungsverhältnis: 900 Teile Gold und 100 Teile Kupfer, §§ 1 u. 4 Gesetz betreffend die Ausprägung von Reichsgoldmünzen vom 4.12.1871; Art. 2 MünzG vom 9.7.1873; § 3 MünzG vom 1.6.1909.

43 § 18 BankG.

44 Schlegelberger-*Hefermehl,* HGB, Anh § 361 Rdnr. 5; Staudinger-*K. Schmidt,* Vorbem zu §§ 244 ff, Rdnr. A 53.

45 *Samm,* Stellung der Deutschen Bundesbank, S. 55 m. w. N.

46 *Fögen,* Geld- und Währungsrecht, S. 41; *Mann,* Recht des Geldes, S. 100; *Nussbaum,* Das Geld, S. 164; Staudinger-*Weber,* § 244 Rdnr. 179 u. § 245 Rdnr. 12.

47 „Die Einlösung pflegt nur solange zu funktionieren, wie man ihrer nicht bedarf ...", so *Nussbaum,* Das Geld, S. 31 f.

48 *Fögen,* Geld- und Währungsrecht, S. 112.

49 *Mügel,* Aufwertungsrecht, S. 92.

d) Abkehr von der Goldwährung

Mit Beginn des Ersten Weltkrieges endete die Goldwährungsepoche[50]. Die Reichsregierung rechnete schon früh mit einem Krieg, bereitete sich darauf vor und plante für diesen Fall, vom Grundsatz der Goldumlaufwährung abzugehen, um das Gold der Regierung verfügbar zu machen[51]. Gleich zu Beginn des Krieges[52] konnten daher am 4. August 1914 mehrere Gesetze verabschiedet werden, durch die ein gewaltiger Anstieg der Papiergeldmenge ermöglicht wurde[53].

Eines dieser Gesetze war das Darlehenskassengesetz[54], mit dem die Darlehenskassen geschaffen wurden. Deren Aufgabe war es, „zur Abhilfe des Kreditbedürfnisses, vorzüglich zur Beförderung des Handels und Gewerbebetriebs", Darlehen zu geben[55]. Sie konnten eigene Geldnoten („Darlehenskassenscheine") ausgeben, die bei allen öffentlichen Kassen in Zahlung genommen wurden, wobei jedoch im Privatverkehr kein Annahmezwang bestand[56]. Durch das Darlehenskassengesetz wurde eine neue Geldschöpfungsmöglichkeit geschaffen, die nur durch einen im Gesetz genannten und damit gesetzlich auch leicht wieder abänderbaren Gesamtbetrag begrenzt war[57]. Und diese Grenze wurde geändert: Schon innerhalb der ersten drei Monate konnte die Papiergeldmenge an Darlehenskassenscheinen verdoppelt werden[58].

---

[50] RGZ 103, S. 384 ff., 386; Staudinger-*K. Schmidt,* Vorbem zu §§ 244 ff, Rdnr. A 54; *Hahn,* Währungsrecht, § 10 Rdnr. 27; *Grothe,* Fremdwährungsverbindlichkeiten, S. 82; *Rittmann,* Deutsche Geldgeschichte, S. 15; *Nussbaum,* Das Geld, S. 52 u. 101; *U. Reuter,* Fremdwährung und Rechnungseinheiten im Grundbuch, S. 99; Schlegelberger-*Hefermehl,* HGB, Anh § 361 Rdnr. 5.

[51] *Rittmann,* Deutsche Geldgeschichte, S. 12 u. 15. Siehe auch RGZ 101, S. 141 ff., 146: Durch das Gesetz betreffend die Reichskassenscheine und die Banknoten (s. u.) sollte „einer das öffentliche Interesse schädigenden Schmälerung des Goldbestandes" vorgebeugt werden.

[52] Der Kaiser erklärte am 31. Juli 1914 den Kriegszustand, RGBl. 1914, S. 263.

[53] Staudinger-*K. Schmidt,* Vorbem zu §§ 244 ff, Rdnr. A 54.

[54] Vom 4.8.1914, RGBl. S. 340 ff.

[55] § 1 Abs. 1 DarlehenskassenG.

[56] § 2 Abs. 1 DarlehenskassenG. § 19 Abs. 2 sah vor, dass die ausgegebenen Darlehnskassenscheine nach Wiederherstellung des Friedens nach näherer Anordnung des Bundesrates wieder eingezogen werden. Durch die Bekanntmachung vom 31.8.1914 wurde die Ausstellung von Darlehenskassenscheinen in kleineren Größen (2 und 1 Mark) ermöglicht, RGBl. S. 393.

[57] § 2 Abs. 3 DarlehenskassenG. *Hahn,* Währungsrecht, § 10 Rdnr. 21. Die Darlehenskassen wurden am 30.4.1924 wieder für den Verkehr geschlossen, Bekanntmachung über die Schließung der Darlehenskassen vom 17.3.1924, Reichsanzeiger Nr. 75 vom 28.3.1924.

[58] Siehe die BundesratsVO vom 11. November 1914 (Bekanntmachung über den Gesamtbetrag der Darlehenskassenscheine vom 11.11.1914, RGBl. S. 475). Dadurch wurde der Höchstbetrag der auszugebenden Darlehnskassenscheine auf 3000 Mio. Mark festgelegt. Zuvor sah das DarlehenskassenG vom 4.8.1914 in § 2 Abs. 3 einen Gesamtbetrag von 1500 Mio. Mark vor. Eine Übersicht über den Notenumlauf in den Kriegsjahren gibt es z. B. bei *Rittmann,* Deutsche Geldgeschichte, S. 24.

Eine Änderung des BankG[59] brachte auch der Reichsbank die Möglichkeit, den Notenumlauf zu steigern. Dadurch konnte sie dem Reich größere Kredite geben[60].

Viel weiter ging das Gesetz betreffend die Reichskassenscheine und die Banknoten[61]. Hierdurch wurden nicht nur die Reichskassenscheine[62] „bis auf weiteres" zum gesetzlichen Zahlungsmittel aufgewertet. „Bis auf weiteres" mussten zudem Reichshauptkasse und Reichsbank ihre Noten nicht mehr gegen Gold einlösen[63]. Da die Reichsbank schon seit der Kriegserklärung ihrer Einlösungspflicht nicht mehr nachkam[64], ließ das Gesetz den Wegfall der Einlösungspflicht auf den 31. Juli 1914 zurückwirken und legitimierte so nachträglich diesen Pflichtverstoß. Da die Banknoten damit keine verbriefte Forderung mehr auf Leistung vollwertiger Münzen gegen die Notenbank enthielten, waren sie keine Inhaberschuldverschreibungen i.S.v. § 793 BGB mehr[65].

Mit dem Wegfall der Einlösungspflicht fiel eine wesentliche Beschränkung der Geldschöpfung weg[66]. Durch die Gesetze vom 4. August 1914 wurde die Goldwährung praktisch zu einer Papierwährung[67]. Um eine solche handelt es sich, wenn das Währungsrecht (außer Scheidemünzen) nur den Umlauf von Banknoten vorsieht, für die weder eine Pflicht zur Einlösung noch eine be-

---

[59] Gesetz betreffend die Änderung des Bankgesetzes vom 4.8.1914, RGBl., S. 327.

[60] *Hahn,* Währungsrecht, § 10 Rdnr. 34.

[61] Vom 4.8.1914, RGBl., S. 347.

[62] Siehe hierzu oben S. 24.

[63] § 2 Gesetz betr. die Reichskassenscheine und die Banknoten. Auch die Privatnotenbanken waren gemäß § 3 berechtigt, zur Einlösung ihrer Noten an Stelle von Gold Reichsbanknoten zu verwenden. Entsprechende Änderungen wurden auch im MünzG vorgenommen (Gesetz betr. Änderung des Münzgesetzes vom 4.8.1914, RGBl., S. 326). Darin wurde vorgesehen, dass diejenigen Reichsbankkassen, die zur Inzahlungnahme von Silber-, Nickel- und Kupfermünzen verpflichtet waren (vgl. § 9 Abs. 2 MünzG von 1909), hierbei an Stelle von Goldmünzen nunmehr Reichskassenscheine und Reichsbanknoten auszahlen konnten.

[64] *Nussbaum,* Das Geld, S. 101; *Hahn,* Währungsrecht, § 10 Rdnr. 32; *Lampe,* Unabhängigkeit der Deutschen Bundesbank, S. 8 Fn. 32.

[65] *Dempewolf,* NJW 1967, S. 380 ff., 381; *v. Stebut,* Jura 1982, S. 561 ff., 563; *Hahn,* Währungsrecht, § 5 Rdnr. 54; *K. Schmidt,* JuS 1984, S. 737 ff., 738; *Fögen,* Geld- und Währungsrecht, S. 50; *Nussbaum,* Das Geld, S. 102; a.A. *Enneccerus/Nipperdey,* Allgemeiner Teil des Bürgerlichen Rechts, § 123 II 3. Zur Frage, ob die Reichsbanknoten neben der öffentlich-rechtlichen Umtauschgarantie auch eine zivilrechtliche Zahlungsverpflichtung enthielten, s. *Dempewolf,* NJW 1967, S. 380 ff., 381 und RGZ 114, S. 27 ff., 29 f.

[66] Staudinger-*K. Schmidt,* Vorbem zu §§ 244 ff, Rdnr. A 54; *v. Stebut,* Jura 1982, S. 561 ff., 572; *Schmalz,* Stabilität des Geldwertes, S. 19.

[67] RGZ 103, S. 384 ff., 386; Staudinger-*K. Schmidt,* Vorbem zu §§ 244 ff, Rdnr. A 54; *v. Maydell,* Geldschuld und Geldwert, S. 69; *Rittmann,* Deutsche Geldgeschichte, S. 15; *Mügel,* Aufwertungsrecht, S. 93; *U. Reuter,* Fremdwährung und Rechnungseinheiten im Grundbuch, S. 99; Schlegelberger-*Hefermehl,* HGB, Anh § 361 Rdnr. 5; *Stützel,* Das Mark-gleich-Mark-Prinzip, S. 25.

stimmte Deckung vorgeschrieben ist und bei der auf eine bestimmte Wertbeziehung zwischen einer Geldeinheit und einer bestimmten Menge Feingold oder anderen Gütern verzichtet wird[68]. Immerhin enthielt das geänderte Münzgesetz nach wie vor den Satz: „Im Deutschen Reiche gilt die Goldwährung". Durch die Gesetze vom August 1914 wurde dieser aber zum bloßen Programmsatz degradiert[69]. Die Reichsbank blieb zwar verpflichtet, mindestens ein Drittel ihrer im Umlauf befindlichen Banknoten zu decken[70]. Diese Deckung wurde aber dadurch aufgeweicht, dass die Darlehenskassenscheine den Reichskassenscheinen gleichstellt wurden[71], die wiederum zur Deckung eingesetzt werden konnten. Die Geldschöpfungsmöglichkeiten, die durch das Darlehenskassengesetz eröffnet worden waren, führten über diesen Umweg daher dazu, dass auch die Menge an Reichsbanknoten erhöht werden konnte, weil zu deren Deckung Darlehenskassenscheine herangezogen werden konnten. Im Ergebnis war die Reichsbank in der Geldschöpfung völlig frei[72]. Die Reichsgoldmünzen, die noch gesetzliches Zahlungsmittel waren, sind bald[73] als Zahlungsmittel völlig aus dem Verkehr verschwunden[74]. Da die Reichskassenscheine zum gesetzlichen Zahlungsmittel erklärt wurden, gaben die Schuldner diese her und behielten ihr gutes Gold für sich.

Durch eine Bundesratsverordnung vom 28. September 1914[75] wurden darüber hinaus Vereinbarungen, die vor dem 31. Juli 1914 getroffen wurden und nach denen eine Zahlung in Gold zu erfolgen hatte, „bis auf weiteres" für unverbindlich erklärt. Dies bedeutete, dass der Schuldner sich nach Eintritt der Fälligkeit[76] der Forderung durch Leistung von Papiergeld zum Nennbetrag von seiner

---

68 *Fögen,* Geld- und Währungsrecht, S. 39; Staudinger-*K. Schmidt,* Vorbem zu §§ 244 ff, Rdnr. A 43 u. 49.

69 Vgl. *Nussbaum,* Das Geld, S. 52.

70 § 17 BankG.

71 § 2 Abs. 2 DarlehenskassenG.

72 *Hahn,* Währungsrecht, § 10 Rdnr. 31.

73 In erster Linie infolge des geänderten MünzG und des Gesetzes betr. die Reichskassenscheine und die Banknoten, aber auch infolge besonderer „Goldsammeltätigkeiten" der Reichsbank (s. hierzu *Rittmann,* Deutsche Geldgeschichte, S. 19 ff.). Eine BundesratsVO vom 23.11.1914 (Bekanntmachung betr. Verbot des Agiohandels mit Reichsgoldmünzen vom 23.11.1914, RGBl., S. 481 f. – dieses Verbot wurde 1919 wieder aufgehoben) verbot unter Genehmigungsvorbehalt, Reichsgoldmünzen zu einem ihren Nennwert übersteigenden Preis zu erwerben oder zu veräußern. Diese VO sollte weniger dem Zweck dienen, den Goldmünzen ihre Funktion im Zahlungsverkehr zu bewahren (so aber Staudinger-*K. Schmidt,* Vorbem zu §§ 244 ff, Rdnr. A 54), als vielmehr, den Handel mit Gold zu erschweren, um die mit größtem propagandistischen Aufwand durchgeführte Goldsammelbetätigung der Reichsbank zu unterstützen.

74 RGZ 107, S. 370 ff., 371 f.; auch in RGZ 103, S. 384 ff., 387 f. wird das Verschwinden der Goldmünzen aus dem Umlauf als gerichtsbekannt erwähnt. Siehe auch Staudinger-*Weber,* Vorbem zu § 244, 245 Rdnr. 19; *Fögen,* Geld- und Währungsrecht, S. 51.

75 RGBl. 1914, S. 417.

Schuld befreien konnte. Goldmünzklauseln, die es damals – insbesondere in Verträgen mit ausländischen Partnern – gab, wurden dadurch grundsätzlich[77] unverbindlich[78]. Damit wurden in Deutschland gesetzlich wohl erstmals Vereinbarungen außer Kraft gesetzt, die der Wertsicherung dienten[79]. Da die Verordnung nur Goldmünzklauseln, nicht aber Goldwertklauseln betraf[80], bezweckte der Bundesrat allerdings allein, den Goldbestand zu sichern, und nicht, Wertsicherungsklauseln an sich zu verbieten. In diesem Fall hätte er in erster Linie die Goldwertklauseln unterbinden müssen.

All diese Maßnahmen am Kriegsanfang hatten zur Folge, dass der Wert einer Geldsumme nicht mehr einer festgelegten Goldmenge entsprach, wie es bei der Goldwährung der Fall gewesen war. Wollten Gläubiger und Schuldner eine Verbindung zwischen einer Geldsumme und dem Gold haben, mussten sie sie nunmehr durch Wertsicherungsvereinbarungen selbst herstellen[81]. Weil die Papiergeldmenge erhöht werden und dies zu einem Verlust an Geldwert führen konnte, hätte die neue Währungsgesetzgebung auch Anlass gegeben, sich mit dem Geldwertverlust auseinander zu setzen.

---

[76] Die Formulierung „bis auf weiteres" deutete nur an, dass diese VO anläßlich des Krieges vorübergehender Natur sein sollte, und nicht, dass der Anspruch des Gläubigers auf Zahlung in Gold bestehen blieb und dessen Geltendmachung lediglich hinausgeschoben war, s. RGZ 101, S. 141 ff., 145 f.; RGZ 121, S. 110 ff., 113.

[77] Nicht ausgeschlossen war die Aufwertung der Forderung gemäß § 242 BGB (bzw. später nach dem AufwertungsG (RGZ 121, S. 110 ff., 113 f.) s.u. Kap. II 4. b) bb), soweit der Verfall der Währung zu unbilligen Härten führte, s. RGZ 107, S. 370 ff., 372.

[78] *Hahn,* Währungsrecht, § 8 Rdnr. 2.

[79] *Berndt,* Die Wertsicherung in der Unternehmung, S. 14.

[80] RGZ 121, S. 110 ff., 112; RGZ 107, S. 78 ff., 92; RGZ 103, S. 384 ff., 386; Staudinger-*K. Schmidt,* § 245 Rdnr. 22; a.A. *Nussbaum,* Das Geld, S. 182. Die Goldmünzklauseln konnten auch nicht in Goldwertklauseln umgedeutet werden, s. RGZ 131, S. 78 ff., 81 ff.; RGZ 121, S. 110 ff., 113; RGZ 107, S. 400 f., 402; RGZ 103, S. 384 ff., 388; *Berndt,* Die Wertsicherung in der Unternehmung, S. 14; rechtsvergleichend hierzu *Mann,* Recht des Geldes, S. 109 ff.

Nur das Gesetz über das Abkommen zwischen dem Deutschen Reiche und der Schweizerischen Eidgenossenschaft vom 9.12.1920 (betr. schweizerische Goldhypotheken in Deutschland und gewisse Arten von Frankenforderungen an deutsche Schuldner, RGBl., S. 2023 ff., s. insbes. Art. 3) sah aufgrund von Protesten sich geschädigt fühlender Gläubiger für eine Gruppe Betroffener eine späte Änderung vor, s. *U. Reuter,* Fremdwährung und Rechnungseinheiten im Grundbuch, S. 108 ff. (m.w.N.); *Berndt,* Die Wertsicherung in der Unternehmung, S. 14. Eine weitere Privilegierung für diese Personengruppe brachte das Gesetz über das Zusatzabkommen zum Abkommen vom 9.12.1920, RGBl. II 1923, S. 284 ff.

[81] Durch die Bekanntmachung über Goldpreise vom 8.2.1917, RGBl., S. 117 ff. wurde allerdings auf Grund der Ermächtigung des Gesetzes betr. Höchstpreise – dazu s.u. – für die Dauer des Krieges auch ein Höchstpreis für Gold festgelegt, so dass entsprechende Klauseln während des Krieges keine volle Wirksamkeit entfalten konnten.

e) Währungsverfall nach dem Ersten Weltkrieg

Obwohl die Währungsgesetze bereits am Anfang des Krieges geändert worden waren und die Papiergeldmenge daraufhin stark anstieg, hatte dies bis zum Kriegsende zunächst keinen deutlichen Einfluss auf das Preisniveau. Dies hat möglicherweise an der allgemeinen Hoffnung gelegen, innerhalb kurzer Zeit nach Kriegsschluss würde zu einer stabileren Geld- und Finanzpolitik zurückgekehrt werden[82]. Dafür spricht, dass die Maßnahmen ausdrücklich nur „bis auf weiteres" gelten sollten. Zudem war die Bevölkerung wegen des Krieges offenbar viel eher bereit, als notwendig bezeichnete Maßnahmen vorübergehend hinzunehmen. Tatsächlich konnte sich das allgemeine Preisniveau aber nur deshalb halten, weil am 4. August 1914 nicht nur die Goldwährung vorübergehend abgeschafft wurde, sondern durch das Gesetz betreffend Höchstpreise[83] vom gleichen Tag die Möglichkeit dafür geschaffen wurde, für die Dauer des Krieges für Gegenstände des täglichen Bedarfs, insbesondere Nahrungs- und Futtermittel, Naturerzeugnisse, Heiz- und Leuchtstoffe, Höchstpreise festzusetzen. Von dieser Ermächtigung machten die zuständigen Stellen extensiv Gebrauch[84].

Unmittelbar nach dem Krieg besserten sich die Verhältnisse jedoch nicht und die deutsche Währung brach zusammen[85]. Die Erwartungen der Bürger auf eine Rückkehr zu einer stabilen Geld- und Finanzpolitik wurden enttäuscht, so dass sie sehr schnell das Vertrauen in die Geld- und Währungspolitik der Staatsführung verloren; zudem hielten sie wegen der hohen Reparationsforderungen eine Besserung der staatlichen Finanzsituation für unwahrscheinlich[86]. Der Wert des Geldes begann sich in rasender Geschwindigkeit zu verringern. Die Menschen wurden von Millionären zu Billionären, konnten sich aber für diese großen Summen kaum etwas kaufen[87]. Die Inflationsrate lag im Oktober 1923 bei 32.000 Prozent[88]. Entsprachen im Januar 1918 zehn Papiermark noch acht Goldmark (zu diesem Begriff sogleich), so stand Ende November 1923 einer Billion Papiermark nur eine einzige Goldmark gegenüber[89]. Dadurch kam es

---

[82] So *Schmalz,* Stabilität des Geldwertes, S. 98 f.

[83] RGBl. 1914, S. 339 f.

[84] Siehe nur das Reichsgesetzblatt von 1914, das zahlreiche Gesetze und Verordnungen enthält, die Höchstpreise für Güter festlegen.

[85] Staudinger-*K. Schmidt,* Vorbem zu §§ 244 ff, Rdnr. A 55; *Hahn,* Währungsrecht, § 11 Rdnr. 1; Schlegelberger-*Hefermehl,* HGB, Anh § 361 Rdnr. 6.

[86] *Schmalz,* Stabilität des Geldwertes, S. 99; *Rittmann,* Deutsche Geldgeschichte, S. 59 f.

[87] Vgl. etwa die VO vom 22.3.1924, RGBl. II, S. 75, in der erwähnt wird, dass am 26.10.1923 erstmals „100-Billionen-Mark-Reichsbanknoten" ausgegeben wurden. Das MünzG und das BankG vom 30.8.1924 setzten eine Billion Mark einer Reichsmark gleich.

[88] *K. Schmidt,* JuS 1984, S. 737 ff., 747.

[89] Vgl. die Anlage zum AufwertungsG, RGBl. I 1925, S. 117 ff., 133 ff., die eine detaillierte Auflistung der Geldwertentwicklung enthält.

sogar zu Problemen, die dem Nennwert nach so astronomisch hohen Geldschulden zu begleichen, da man nicht genügend Geldnoten zusammenschaffen konnte. Städte, Handelskammern und Industriebetriebe behalfen sich daher mit der Ausgabe von „Notgeld“[90].

Spätestens dieser Währungsverfall führte zu einem verbreiteten Bedürfnis, Geldforderungen gegen den Geldwertverlust abzusichern. Die Gläubiger begannen, ihre Forderungen in verschiedenster Art und Weise[91] wertbeständig auszugestalten[92]. Es setzte eine regelrechte „Flucht“ in Golddollarklauseln[93] und Feingoldklauseln[94] ein[95]. Die Folge der Inflationsjahre[96] bestand darin, dass Vertragsparteien seit 1921[97] bis etwa 1935 sogar kurzfristige Geldforderungen beinahe routinemäßig mit Wertsicherungsklauseln versahen[98]. Dem Geld kam so die Wertmaßfunktion abhanden, die Vertragspraxis kam ohne Wertsicherungsklauseln nicht mehr aus[99].

Da der Gesetzgeber die Inflation zunächst nicht entschärfen konnte, begann das Reichsgericht im Jahre 1923 nach anfänglichem Zögern, längerfristige Geldforderungen, die nicht bereits gegen den Geldwertverlust gesichert waren, dem stark gesunkenen Geldwert anzupassen, indem es die Geldschuldner nach Treu und Glauben zu einer Aufwertung der Geldschuld verpflichtete (sog. Aufwertungsrechtsprechung)[100]. Damit durchbrach das Gericht den geldschuldrecht-

---

[90] Staudinger-*Weber,* Vorbem zu § 244, 245 Rdnr. 4; *Fögen,* Geld- und Währungsrecht, S. 51. Unter „Notgeld“ wurden Marken, Münzen, Scheine oder sonstige Urkunden verstanden, die auf einen Geldbetrag lauteten und im Zahlungsverkehr als Ersatz für das vom Reich, von der Reichsbank oder einer Privatnotenbank ausgegebene Geld verwendet wurden, so die Legaldefinition im Gesetz über die Ausgabe und Einlösung von Notgeld vom 17.07.1922, RGBl. I, S. 693 ff.

[91] Siehe die Beispiele bei *Berndt,* Die Wertsicherung in der Unternehmung, S. 17 f.

[92] *Fögen,* Geld- und Währungsrecht, S. 143; Gutachten ohne Verfasserangabe, BB 1947, S. 78 ff., 78 und BB 1946, S. 7 Nr. XVII; *Dürkes,* Wertsicherungsklauseln, A Rdnr. 17; *Duden,* Verhandlungen des 40. DJT, Bd. 1, S. 1 ff., 8; *Hahn,* Währungsrecht, § 8 Rdnr. 3.

[93] Siehe z.B. RGZ 146, 1 ff.; 148, 42 ff.; 150, 153 ff.; 163, 324 ff.

[94] Siehe z.B. RGZ 101, 141 ff.; 103, 384 ff.; 104, 218 ff.; 107, 370 ff.

[95] Staudinger-*K. Schmidt,* Vorbem zu §§ 244 ff, Rdnr. A 55 u. D 165; *Hahn,* Währungsrecht, § 8 Rdnr. 4 u. 10; *U. Reuter,* Fremdwährung und Rechnungseinheiten im Grundbuch, S. 120.

[96] Zu den Einwirkungen der Inflation auf das Währungswesen ausführlicher *Hahn,* Währungsrecht, § 11 Rdnr. 2–4.

[97] *Nussbaum,* Das Geld, S. 103.

[98] *Schubert,* NJW 1950, S. 285 ff., 286; *Hahn,* Währungsrecht, § 8 Rdnr. 3; *Dürkes,* Wertsicherungsklauseln, A Rdnr. 17; *Fögen,* Geld- und Währungsrecht, S. 144.

[99] Staudinger-*K. Schmidt,* Vorbem zu §§ 244 ff, Rdnr. D 18; *Rittmann,* Deutsche Geldgeschichte, S. 58 ff., 65.

[100] RGZ 107, S. 78 ff., 87 ff.; *Larenz,* Schuldrecht I, S. 137 f.; *K. Schmidt,* JuS 1984, S. 737 ff., 747. Einen Überblick hierzu findet man bei Staudinger-*K. Schmidt,* Vorbem zu §§ 244 ff, Rdnr. D 98 f. – Zwar konnte der Gläubiger nicht den vollen

lichen Nominalismus [hierzu s. Kap. II 3. b)]. Dies geschah allerdings in einer Situation, in der das Geld seine Wertmaßfunktion längst verloren hatte und das Festhalten an dem „Mark-gleich-Mark-Grundsatz" für die betroffenen Gläubiger unerträglich war[101]. Unerträglich deshalb, weil die Geldforderungen, die sie beispielsweise für ihre Sach- oder Dienstleistungen erhielten, innerhalb kurzer Zeit ihren Wert verloren. Damit wurde nicht nur das Gleichgewicht zwischen Geben und Nehmen aufgehoben, sondern den Gläubigern oft auch die Lebensgrundlage genommen. Die Aufwertungsrechtsprechung stellte daher nur einen Katastrophenbehelf dar, der den Nominalismus außerhalb einer solchen Katastrophe nicht in Frage stellen sollte[102]. Wegen ihres begrenzten Anwendungsbereichs machte diese Rechtsprechung auch keine Wertsicherungsklauseln überflüssig.

Das Wertsicherungsbedürfnis wurde so stark, dass der Gesetzgeber sogar dem Druck der Wirtschaft nachgab[103] und gestattete, Grundpfandrechte mit Wertsicherungsklauseln eintragen zu lassen[104]. Mitte 1923 erlaubte das Gesetz über wertbeständige Hypotheken, Grund- und Rentenschulden auf der Grundlage des amtlich festgestellten bzw. festgesetzten Preises einer bestimmten Menge von Roggen, Weizen oder Feingold[105], Kohle sowie Kalidüngesalz[106] eintragen zu lassen. Dies ist deswegen besonders bemerkenswert, weil das BGB in den §§ 1113 Abs. 1, 1191 Abs. 1 und 1199 Abs. 1 nach wie vor vorschreibt, dass Hypotheken, Grund- und Rentenschulden auf eine „bestimmte Geldsumme" lauten müssen. Die bloße „Bestimmbarkeit" genügt hier nicht. Grundpfandrechte waren damit einer Wertsicherung nicht unmittelbar zugänglich[107]. Daneben schrieb § 28 der damaligen GBO vor, dass der Geldbetrag der zu sichernden Forderung in Reichswährung[108] anzugeben war. Auch hierdurch wurden Wertsicherungsmöglichkeiten beschränkt, weil die Beteiligten die Forderung nicht

---

Wert seiner ursprünglichen Geldforderung verlangen, ihm wurde jedoch ein Betrag zuerkannt, der unter Berücksichtigung der Interessen und der wirtschaftlichen Lage, insbes. der sonstigen Entwertungsverluste beider Vertragspartner, im Einzelnen der Billigkeit entsprach (*Larenz,* Schuldrecht I, S. 138).

[101] *Larenz,* Schuldrecht I, S. 175 f.

[102] *Duden,* Verhandlungen des 40. DJT, Bd. 1, S. 1 ff., 6.

[103] *Berndt,* Die Wertsicherung in der Unternehmung, S. 15 u. 18; *Dürkes,* Wertsicherungsklauseln, A Rdnr. 17.

[104] Vgl. hierzu mit weiteren Angaben *Wachs,* MDR 1948, S. 45 ff., 46; *Schubert,* NJW 1950, S. 285 ff., 286.

[105] Gesetz über wertbeständige Hypotheken vom 23.06.1923, RGBl. I, S. 407 f.

[106] Erste und Zweite VO zur Durchführung des Gesetzes über wertbeständige Hypotheken vom 29.06. und 05.10.1923, RGBl. I, S. 482 und S. 933. Die Dritte DurchführungsVO vom 02.11.1923, RGBl. I, S. 1075 ließ für bestimmte Hypotheken den an einer deutschen Börse amtlich festgestellten Kurswert des nordamerikanischen Dollars als Maßstab zur Wertmessung zu. Siehe auch die Vierte DurchführungsVO vom 06.11.1923, RGBl. I S. 1082.

[107] Gutachten ohne Verfasserangabe, BB 1947, S. 78 ff., 78; *Wachs,* MDR 1948, S. 45 ff., 46; *Duden,* BB 1949, S. 669 f., 669; *Fögen,* Geld- und Währungsrecht, S. 144; *Berndt,* Die Wertsicherung in der Unternehmung, S. 16.

etwa in einer (Gold-)Währung ausdrücken konnten, die sie für besonders stabil hielten. Während die Gläubiger heute auch Eigentumsvorbehalte und Sicherungseigentum nutzen, standen die Grundpfandrechte damals bei der Kreditsicherung im Vordergrund, so dass die hohe Bedeutung dieses Schrittes kaum überschätzt werden kann[109].

Um den Geschäftsverkehr zu vereinfachen, konnten Feingoldhypotheken später als „Goldmark"-Hypotheken eingetragen werden[110]. Die Goldmark, die dem amtlich festgestellten Preis von 1/2790 Kilogramm Feingold[111] entsprach, war eine Rechnungseinheit[112] für Grundpfandrechte und Forderungen, die auf Feingoldbasis vereinbart worden waren[113]. Keinesfalls war sie, wie man aus der Verwendung des Begriffes „Mark" schließen könnte, die Rechnungseinheit einer Goldmark-Währung[114]. Die auch zuvor schon beliebte[115] Goldmark wurde in dieser Zeit zu einem üblichen Wertmaßinstrument[116].

---

[108] Bereits 1920 wurde unter bestimmten Voraussetzungen die Eintragung von Hypotheken und Grundschulden in ausländischer Währung zugelassen (§ 1 der VO über die Eintragung von Hypotheken in ausländ. Währung vom 13.2.1920, RGBl. I, S. 231 ff. Durch die Dritte VO zur Durchführung des Gesetzes über wertbeständige Hypotheken vom 2.11.1923, RGBl. I, S. 1075 f. wurde unter den dort genannten Voraussetzungen auch der amtlich festgestellte Kurswert des nordamerikanischen Dollars als Wertmesser zugelassen). Hierdurch wollte man zugleich die Kreditaufnahme im Ausland erleichtern, da man nach dem Währungsverfall davon ausgehen konnte, dass die ausländ. Gläubiger Geld nur noch auf Hypotheken hergeben würden, die auf deren Währung lauteten (s. m.w.N. *U. Reuter,* Fremdwährung und Rechnungseinheiten im Grundbuch, S. 100 f.).

[109] *Mathar,* Wertsicherungsverbot und Grundgesetz, S. 15.

[110] VO vom 17.4.1924, RGBl. I, S. 415.

[111] Dieses Verhältnis zwischen Goldmark und Feingold taucht auch in anderen Vorschriften auf, so etwa in § 6 Abs. 2 der VO über die Errichtung der Deutschen Rentenbank vom 15.10.1923, RGBl. I, S. 963 ff. oder in Art. 1 Abs. 1 der DurchführungsVO zum AufwertungsG vom 29.11.1925, RGBl. I, S. 392 ff. Vorher wurde der Ausdruck „Goldmark" in verschiedener Weise verwendet, vgl. *Nussbaum,* Das Geld, S. 104. Auch danach wurde der Wert einer Goldmark z. T. anders bestimmt, so z. B. in § 1 Abs. 2 der VO über Goldbilanzen vom 28.12.1923, RGBl. I, S. 1253 ff.: als Goldmark galt der Gegenwert von 10/42 des nordamerikanischen Dollars.

[112] Ausführlich zum Begriff der Rechnungseinheit (in Abgrenzung zum Begriff der Währung) m.w.N. *Grothe,* Fremdwährungsverbindlichkeiten, S. 16 ff.; *Hahn,* Währungsrecht, § 3.

[113] RGZ 159, S. 379 ff., 383; OLG Kiel, MDR 1947, S. 15 ff., 16; *Fögen,* Geld- und Währungsrecht, S. 37; *Hahn,* Währungsrecht, § 3 Rdnr. 8; *Grothe,* Fremdwährungsverbindlichkeiten, S. 14; Schlegelberger-*Hefermehl,* HGB, Anh § 361 Rdnr. 43; *Reithmann,* DNotZ 1960, S. 172 ff., 173; *Duden,* Verhandlungen des 40 DJT, Bd. 1, S. 1 ff., 9; *Münzel,* JR 1949, S. 341 ff., 342.

[114] *Grothe,* Fremdwährungsverbindlichkeiten, S. 14; *Fögen,* Geld- und Währungsrecht, S. 144; *Priese/Rebentrost,* Währungsgesetze, § 1 WG Rdnr. 2; *Samm/Hafke,* Grundbesitz und Wertsicherungsklauseln, S. 113; *Duden,* Verhandlungen des 40. DJT, Bd. 1, S. 1 ff., 9; Staudinger-*K. Schmidt,* Vorbem zu §§ 244 ff, Rdnr. A 37; *U. Reuter,* Fremdwährung und Rechnungseinheiten im Grundbuch, S. 48.

[115] *Berndt,* Die Wertsicherung in der Unternehmung, S. 17.

Nur auf den ersten Blick galt Ähnliches für Schuldverschreibungen auf den Inhaber. § 795 Abs. 1 BGB schrieb in der damaligen Fassung vor, dass Inhaberschuldverschreibungen, in denen die Zahlung einer „bestimmten" Geldsumme versprochen wird, einer Genehmigung bedurften. Gemäß einem Gesetz vom 23. Juni 1923[117] sollte § 795 BGB auch dann angewandt werden, wenn in den Schuldverschreibungen die Zahlung einer wertbeständigen Geldsumme versprochen wurde. Bei genauem Hinsehen zeigt sich hier aber, dass die Inhaberschuldverschreibungen nicht erst durch dieses Gesetz einer Wertsicherung zugänglich gemacht wurden, sondern dass es hier – entgegen dem Trend – zu einer Einschränkung gekommen war. § 795 Abs. 1 BGB unterwarf nämlich nach seinem ausdrücklichen Wortlaut nur diejenigen Inhaberschuldverschreibungen einer Genehmigungspflicht, in denen die Zahlung einer „bestimmten" Geldsumme versprochen wurde. Die Ausgabe wertbeständiger Inhaberschuldverschreibungen war dagegen gesetzlich nicht beschränkt. Der Gesetzgeber hielt sie damals nicht für umlauffähig und damit nicht für kontrollbedürftig[118]. Die Änderung des § 795 BGB bezweckte daher nicht, wertbeständige Inhaberschuldverschreibungen zu beschränken, sondern stellte lediglich die wertbeständigen den nicht wertbeständigen Schuldverschreibungen gleich. Daraus kann allerdings gefolgert werden, dass der Geschäftsverkehr dazu übergegangen war, Inhaberschuldverschreibungen wertbeständig auszustellen. Das Bedürfnis nach Wertsicherung war gestiegen.

Aus all diesen Vorgängen ergibt sich, dass der Staat den Wertsicherungsklauseln nach dem Ersten Weltkrieg in keiner Weise ablehnend gegenüber stand. Aber er ermöglichte nicht nur Wertsicherungen bei Grundpfandrechten. Er benutzte die Goldmark sogar selbst, um eigene Forderungen, aber auch eigene Geldschulden, gegen den Geldwertverlust zu sichern. So waren z.B. ab Juli 1919 die in die Reichskasse fließenden Zölle in Gold zu zahlen, wobei die Reichsregierung bestimmen durfte, nach welchem Umrechnungsverhältnis die Zahlung in anderen Zahlungsmitteln als Goldmünzen geleistet werden konnten[119]. Später trat die Goldmark in den Steuergesetzen allgemein an die Stelle der Papiermark[120]. Die Reichsregierung sah in ihren Verordnungen auch den

---

[116] *Fögen,* Geld- und Währungsrecht, S. 144; *Hahn,* Währungsrecht, § 8 Rdnr. 3; *Dürkes,* Wertsicherungsklauseln, C Rdnr. 83; *Duden,* Verhandlungen des 40. DJT, Bd. 1, S. 1 ff., 9.

[117] § 1 Abs. 1 des Gesetzes über die Ausgabe wertbeständiger Schuldverschreibungen auf den Inhaber, vom 23.6.1923, RGBl. I, S. 407.

[118] *Duden,* Verhandlungen des 40. DJT, Bd. 1, S. 1 ff., 10; *Mathar,* Wertsicherungsverbot und Grundgesetz, S. 17.

[119] Siehe § 1 des Gesetzes über die Zahlung der Zölle in Gold vom 21. Juli 1919, RGBl., S. 1361.

[120] Siehe die Zweite SteuernotVO vom 19.12.1923, RGBl. I, S. 1205 ff. i.V.m. § 2 Abs. 1 der VO des Reichspräsidenten über Steueraufwertung und Vereinfachungen im Besteuerungsverfahren vom 11.10.1923, RGBl. I, S. 939 ff. Zudem legte der Gesetz-

Erwerb von Grundschulden oder Schuldverschreibungen vor, die auf Goldmark lauteten[121]. Zudem wurden nicht nur die Bezüge der Beamten und Ruhegehaltsempfänger durch Goldmark-Beträge berechnet[122], sondern auch zahlreiche andere Geldbeträge wie z. B. Gebühren oder Renten[123]. Dies sind Beispiele dafür, dass auch öffentlich-rechtliche Zahlungsansprüche gegen den Geldwertverlust gesichert wurden.

Erst im Juli 1925 reagierte der Gesetzgeber auf die Aufwertungsrechtsprechung des Reichsgerichts sowie sicher auch auf massiven Druck der Geldgläubiger, indem er das Aufwertungsgesetz[124] erließ. Bei den eigenen Geldforderungen war der Staat schneller[125]. Die Möglichkeit, eine Aufwertung durch ein differenziertes Umstellungsverhältnis durchzuführen, als er die neue Reichsmark-Währung einführte (dazu sogleich), hatte der Gesetzgeber nicht genutzt. Durch das Aufwertungsgesetz wurden Ansprüche, die auf vor dem 14. Februar 1924 begründeten Rechtsverhältnissen beruhten und die Zahlung einer bestimmten in Mark oder einer anderen nicht mehr geltenden inländischen Geldsumme zum Gegenstand hatten, nach Maßgabe des Aufwertungsgesetzes aufgewertet, wenn sie durch den Währungsverfall betroffen waren. Das Aufwertungsgesetz enthielt allerdings keine erschöpfende Regelung der Aufwertung. Es fehlten beispielsweise spezielle Vorschriften zur Aufwertung von Ansprüchen aus gegenseitigen Verträgen, die nicht dinglich gesichert waren[126]. Für solche Ansprüche sollten die „allgemeinen Vorschriften" gelten[127]. Hierzu gehörten auch die

---

geber beispielsweise den Kaufleuten, die zur Führung von Handelsbüchern verpflichtet waren, die Verpflichtung auf, das Inventar und die Bilanz ab dem 1.1.1924 in Goldmark aufzustellen, s. § 1 Abs. 1 der VO über Goldbilanzen vom 28.12.1923, RGBl. I, S. 1253 ff. Gemäß § 1 Abs. 2 galten 10/42 des nordamerikanischen Dollars als Gegenwert einer Goldmark.

[121] So wurde etwa in der VO über die Errichtung der Deutschen Rentenbank vom 15.10.1923, RGBl. I, S. 963 ff. vorgesehen, dass die Rentenbank auf Goldmark lautende Grundschulden oder Schuldverschreibungen erwerben soll.

[122] VO über die zwölfte Ergänzung des Besoldungsgesetzes vom 12.12.1923, RGBl. I, S. 1181 ff.

[123] Siehe die zahlreichen Verordnungen, die Ende 1923 erlassen wurden, im RGBl. I 1923.

[124] Gesetz über die Aufwertung von Hypotheken und anderen Ansprüchen (AufwertungsG) vom 16.07.1925, RGBl. I, S. 117 ff. Siehe auch das Gesetz über die Verzinsung aufgewerteter Hypotheken und ihre Umwandlung in Grundschulden sowie über Verzugsrenten vom 09.07.1927, RGBl. I, S. 171 f. und das Gesetz über die Fälligkeit und Verzinsung der Aufwertungshypotheken vom 18.07.1930, RGBl. I, S. 300 ff. Das AufwertungsG enthält als Anlage (S. 133 ff.) eine detaillierte Auflistung der Geldwertentwicklung.

[125] S. § 1 der VO über Steueraufwertung und Vereinfachungen im Besteuerungsverfahren vom 11.10.1923, RGBl. I, S. 939 ff. Danach waren Zahlungen auf dem Gebiet der Reichssteuern aufzuwerten.

[126] Zu den Geldschulden, für die das AufwertungsG keine speziellen Vorschriften enthielt, s. *Mügel,* Aufwertungsrecht, § 62 Aufwertungsgesetz Anm. 1.

[127] § 62 AufwertungsG.

durch die Rechtsprechung entwickelten Grundsätze in der Aufwertungsfrage[128]. Damit fand die insbesondere unter dem Gesichtspunkt der Gewaltenteilung heftig umstrittene Aufwertungsrechtsprechung des Reichsgerichts die nachträgliche Anerkennung durch den Gesetzgeber[129].

Diesem Teil der Währungsrechtsgeschichte lässt sich entnehmen, dass der Abbau der Goldwährung und der Währungsverfall nach dem Ersten Weltkrieg die Menschen dazu trieben, ihre Geldforderungen gegen den Geldwertverlust abzusichern. Im Regelfall stellten die Vertragsparteien dabei selbst die Verbindung zum Goldwert her, die die deutsche Währung nicht mehr bieten konnte. Der Staat verhinderte Wertsicherungsklauseln nicht, sondern machte selbst von ihnen Gebrauch und ermöglichte sogar die Wertsicherung bei Grundpfandrechten.

f) Neuordnung der deutschen Währung: Reichsmark und Rückkehr zur Goldwährung

aa) Gesetz über die Autonomie der Reichsbank

Nach dem Währungsverfall stand eines fest: Die deutsche Währung musste neu geordnet werden. Vorher übertrug der Reichstag die Leitung der Reichsbank, die beim Reichskanzler[130] und dann bei der Reichsregierung[131] lag, nach entsprechenden Forderungen der Siegermächte des Ersten Weltkrieges[132] ausschließlich dem Reichsbankdirektorium[133]. Die Reparationskommission ging davon aus, dass sich die Reichsbank so der überhöhten Inanspruchnahme von Krediten durch das Reich eher widersetzen und dadurch den Fortgang der Inflation bremsen konnte[134]. Dem Reich blieb die Aufsicht über die Reichsbank[135]. Einfluss behielt die Reichsregierung allerdings auch auf die Zusammensetzung des Reichsbankdirektoriums[136], denn die erforderliche Unterschrift des Reichspräsi-

---

[128] *Mügel,* Aufwertungsrecht, S. 137 u. § 62 AufwertungsG Anm. 2.

[129] *Mügel,* Aufwertungsrecht, § 62 AufwertungsG Anm. 2; *Grothe,* Fremdwährungsverbindlichkeiten, S. 213.

[130] § 26 BankG von 1875. *Hahn* (Währungsrecht, § 10 Rdnr. 19) schildert zwei Fälle, in denen Bismarck aus politischen Gründen in die Tätigkeit der Reichsbank eingriff.

[131] § 5 ÜbergangsG vom 4.3.1919, RGBl., S. 285 f.

[132] Zu den politischen Hintergründen vgl. etwa m.w.N. *Hahn,* Währungsrecht, § 11 Rdnr. 5; *Samm,* Stellung der Dt. Bundesbank, S. 171.

[133] Gesetz über die Autonomie der Reichsbank vom 26.5.1922, RGBl. II, S. 135 f. Hierdurch wurde § 26 des BankG von 1875 entsprechend geändert. Das Statut der Reichsbank (vgl. § 40 BankG) wurde angepasst, s. die VO vom 24.7.1922, RGBl. II, S. 683. Das Direktorium fasste seine Beschlüsse nach Stimmenmehrheit (§ 27 Abs. 1 BankG in der durch das AutonomieG erhaltenen Fassung).

[134] *Samm,* Stellung der Dt. Bundesbank, S. 171.

[135] § 25 BankG.

denten unter die Ernennungsurkunden musste gemäß Art. 50 der Reichsverfassung durch den Reichskanzler oder den zuständigen Reichsminister gegengezeichnet werden.

bb) Die Deutsche Rentenbank und die Deutsche Golddiskontbank

Mit der Gründung Deutschen Rentenbank wurde die Neuordnung der Währung eingeleitet[137]. Durch die Verordnung über die Errichtung der Deutschen Rentenbank[138] vom 15. Oktober 1923[139] wurden „Rentenbankscheine"[140] eingeführt, die auf Rentenmark[141] lauteten. Diese wurden durch „Rentenbriefe" gedeckt, die von der Rentenbank auf Grund der für sie eingetragenen Grundschulden und der ihr zu übergebenden Schuldverschreibungen (jeweils auf Goldmark lautend) ausgestellt wurden[142]. Die Rentenbankscheine hatten den Charakter von Inhaberschuldverschreibungen, die auf die Leistung von Rentenbriefen gerichtet waren[143]. Das Rentenbankgesetz setzte zudem eine Rentenmark einer Goldmark gleich. Neben dieser Anbindung an das Gold war es die Bindung der Rentenbankscheine an Grund und Boden und die mengenmäßige Begrenzung der Ausgabe von Rentenbankscheinen[144], die das notwendige Vertrauen in die Wertbeständigkeit der Rentenmark schaffte[145]. Infolgedessen wurde die Rentenmark von der Bevölkerung mit Erleichterung aufgenommen, was dazu beitrug, die Inflation zu überwinden[146].

---

[136] Der Präsident des Reichsbankdirektoriums wurde nach Stellungnahme des Reichsbankdirektoriums und des Zentralausschusses (ein aus der Mitte der Generalversammlung, die aus den Anteilseignern zusammengesetzt war, gewähltes Organ) auf Vorschlag des Reichsrats vom Reichspräsidenten auf Lebenszeit ernannt; die Mitglieder wurden nach Stellungnahme des Zentralausschusses auf Vorschlag des Reichsbankdirektoriums und mit Zustimmung des Reichsrats vom Reichspräsidenten ebenfalls auf Lebenszeit ernannt (§ 27 Abs. 2 BankG i.d.F. des AutonomieG).

[137] Staudinger-*K. Schmidt,* Vorbem zu §§ 244 ff, Rdnr. A 55; *Hahn,* Währungsrecht, § 11 Rdnr. 7; *Mügel,* Aufwertungsrecht, S. 102 f.; Schlegelberger-*Hefermehl,* HGB, Anh § 361 Rdnr. 6; *Mathar,* Wertsicherungsverbot und Grundgesetz, S. 19.

[138] Die Deutsche Rentenbank war gemäß § 4 der VO in der Verwaltung und Geschäftsführung selbstständig, allerdings bedurfte die Wahl des Präsidenten der Bankverwaltung der Genehmigung der Reichsregierung.

[139] RGBl. I, S. 963 ff.

[140] Die Rentenbankscheine waren von den öffentlichen Kassen als Zahlungsmittel anzunehmen, sie waren aber keine gesetzlichen Zahlungsmittel, § 14 Abs. 3 RentenbankG, s. Staudinger-*K. Schmidt,* Vorbem zu §§ 244 ff, Rdnr. A 55.

[141] § 13 Abs. 2 RentenbankG.

[142] §§ 12, 13 RentenbankG.

[143] *Nussbaum,* Das Geld, S. 110; Staudinger-*K. Schmidt,* Vorbem zu §§ 244 ff, Rdnr. A 55; *Mathar,* Wertsicherungsverbot und Grundgesetz, S. 19.

[144] Siehe § 16 RentenbankG.

[145] *Fögen,* Geld- und Währungsrecht, S. 52; *Hahn,* Währungsrecht, § 11 Rdnr. 7; *Schmalz,* Stabilität des Geldwertes, S. 100.

Auch die kurze Zeit nach Gründung der Rentenbank errichtete, von der Reichsregierung unabhängige[147] Deutsche Golddiskontbank[148] sollte Geldnoten ausgeben[149], wobei das Geldmengenwachstum wie bei der Rentenbank unter anderem[150] durch Deckungsvorschriften und eine Einlösungsverpflichtung begrenzt war. Das Notenausgaberecht erlosch jedoch automatisch[151] mit dem Notenausgaberecht der Reichsbank, das diese schon kurz darauf erhielt[152], so dass die Geldnotenausgabe durch die Golddiskontbank[153] nur von kurzer Dauer war und damit kaum praktische Bedeutung erlangte[154].

cc) Die Einführung der Reichsmark und die Rückkehr zur Goldwährung

Durch die Gesetze vom 30. August 1924, mit denen die Reichsmark eingeführt wurde, wurde die Währungsreform abgeschlossen. Das Gesetzeswerk basierte auf dem sog. Dawes-Plan vom 9. April 1924, der von einem von der

---

146 *Rittmann,* Deutsche Geldgeschichte, S. 102.

147 Allerdings erfolgte die Geschäftsführung der Deutschen Golddiskontbank ausschließlich durch die Reichsbank (§ 10 Abs. 1 GolddiskontbankG – durch das Gesetz über Änderung des BankG vom gleichen Tage, RGBl. II 1924, S. 73, wurde der Reichsbank die entsprechende Berechtigung und Verpflichtung verliehen). Die Reichsbank – und damit auch die Golddiskontbank – erhielt aber erst durch das BankG vom 30.8.1924 (RGBl. II 1924, S. 235 ff., s. aber auch oben die Ausführungen zum AutonomieG) ihre völlige Unabhängigkeit von der Reichsregierung.

148 Gesetz über die Deutsche Golddiskontbank vom 19.3.1924, RGBl. II 1924, S. 71 ff.

149 § 1 Abs. 1 GolddiskontbankG. Diese Noten waren keine gesetzlichen Zahlungsmittel.

150 Siehe §§ 1 Abs. 3, 2 u. 3 GolddiskontbankG.

151 § 5 Abs. 1 GolddiskontbankG.

152 § 2 Abs. 1 BankG vom 30.8.1924. In § 2 Abs. 5 BankG wurde das der Golddiskontbank verliehene Recht der Notenausgabe nochmals ausdrücklich aufgehoben. Das GolddiskontbankG war jedoch nach Art. 1 § 7 des Kap. II des sechsten Teils der VO des Reichspräsidenten zur Sicherung von Wirtschaft und Finanzen vom 1.12.1930 (RGBl. I, S. 517 ff., 591 f.) nicht mehr anzuwenden. Für die Rechtsverhältnisse der Deutschen Golddiskontbank galt seitdem der Art. 1 des Kap. II im sechsten Teil der genannten VO. Danach hat die Golddiskontbank nur noch den „Zweck, Kreditbedürfnisse der heimischen Wirtschaft, insbesondere auf dem Gebiete der Ausfuhrförderung, zu befriedigen" (§ 1). Durch Art. 2 wurde bestimmt, dass auch § 2 und § 3 des ÄnderungsG zum BankG vom 19.3.1924 nicht mehr anzuwenden sind. Formell aufgehoben wurde das GolddiskontbankG letztlich durch § 15 Abs. 2 der Dritten AusführungsVO zum AktienG vom 21.12.1938, RGBl. I, S. 1839 ff. Seitdem galten dann aber die §§ 16 bis 20 dieser VO, die den gleichen Zweck der Golddiskontbank nannten, wie die gerade erwähnte VO des Reichspräsidenten. Ebenfalls durch § 15 Abs. 2 wurde das ÄnderungsG zum BankG vom 19.3.1924 aufgehoben.

153 Die Deutsche Golddiskontbank selbst wurde erst im Jahr 1961 aufgelöst, s. §§ 10 ff. Gesetz über die Liquidation der Deutschen Golddiskontbank vom 2.8.1961, BGBl. I, S. 1165 ff.

154 *Fögen,* Geld- und Währungsrecht, S. 53 Fn. 85.

Reparationskommission eingesetzten Sachverständigenausschuss erarbeitet wurde und die Stabilität der Währung sowie den Ausgleich des Reichshaushaltes zum Ziel hatte. Damit sollte die Erfüllung der deutschen Reparationszahlungen gewährleistet werden[155].

Wie das alte, so betonte auch das neue *Münzgesetz*[156] die Geltung der Goldwährung. Rechnungseinheit wurde die Reichsmark. Die im Münzgesetz bezeichneten (Gold-)Münzen und die von der Reichsbank ausgestellten Reichsmark-Noten wurden zu alleinigen gesetzlichen Zahlungsmitteln[157]. Das Wertverhältnis der Reichsmark zum Feingold wurde auf 1 RM = 1/2790 Kilogramm Feingold[158] festgelegt. Dieses Verhältnis lag bereits dem deutschen Geldwesen nach der Reichsgründung und dem MünzG von 1909 zugrunde. Eine Reichsmark entsprach damit zugleich einer Goldmark. In der Weimarer Zeit kam es allerdings nicht zur Goldmünzausprägung[159]. Und auch die früher geprägten Goldmünzen sind nicht wieder als Zahlungsmittel in Erscheinung getreten[160]. Es handelte sich daher nicht mehr, wie zum Jahrhundertwechsel, um eine Goldumlaufwährung, sondern um eine Goldkernwährung, bei der das Gold nur noch zur Deckung der Banknoten diente[161].

Wie enorm der Wert der alten Währung verfallen war, veranschaulicht § 5 Abs. 2 MünzG: Der Schuldner konnte eine Schuld, die in Mark bisheriger Währung erfüllbar war, durch Zahlung in gesetzlichen Zahlungsmitteln erfüllen. Dabei wurden eine Billion Mark einer einzigen Reichsmark gleichgesetzt.

Die Rechtsverhältnisse der Reichsbank änderte der Gesetzgeber durch das neue *Bankgesetz*[162]. Der im Mai 1922[163] mit dem Gesetz über die Autonomie

---

155 *Beck*, BBankG (1959), E 6; *Hahn*, Währungsrecht, § 11 Rdnr. 9 und 14; *Samm*, Stellung der Dt. Bundesbank, S. 171 f.

156 § 1 MünzG, RGBl. II 1924, S. 254 ff.

157 § 5 Abs. 1 MünzG; § 3 Abs. 2 BankG.

158 § 3 Abs. 1 MünzG. Danach sollten aus 1 Kilogramm Feingold 279 10-RM-Goldmünzen ausgeprägt werden. Daraus ergibt sich – auf 1 RM umgerechnet – das Verhältnis von 1 RM = 1/2790 Kilogramm Feingold. Die Reichsgoldmünzen, die aufgrund dieser Gesetze ausgeprägt worden waren, konnten daher weiter als gesetzliche Zahlungsmittel im Verhältnis von einer Mark = eine Reichsmark gelten (§§ 5 Abs. 1 i.V.m. 4 Abs. 1 MünzG).

159 Obwohl das Reichsbankdirektorium und der Generalrat der Reichsbank am 15.4.1930 ihren Beschluss bekanntgaben, § 31 des BankG in Kraft zu setzen, der die Verpflichtung der Reichsbank enthielt, ihre Noten dem Inhaber in Goldmünzen, Goldbarren oder in Schecks oder Auszahlung in ausländischer Währung in Höhe des in Gold umgerechneten jeweiligen Marktwertes der betreffenden Währung einzulösen, RGBl. II 1930, S. 691. *Hahn*, Währungsrecht, § 11 Rdnr. 10 m.w.N.; *Fögen*, Geld- und Währungsrecht, S. 54; Staudinger-*Weber*, Vorbem zu § 244, 245 Rdnr. 22.

160 *Fögen*, Geld- und Währungsrecht, S. 54.

161 *Fögen*, Geld- und Währungsrecht, S. 54; Staudinger-*K. Schmidt*, Vorbem zu §§ 244 ff, Rdnr. A 56; *Hahn*, Währungsrecht, § 11 Rdnr. 10; Schlegelberger-*Hefermehl*, HGB, Anh § 361 Rdnr. 6.

der Reichsbank begonnene Weg wurde fortgesetzt, denn die Reichsbank erhielt ihre völlige Unabhängigkeit von der Reichsregierung. Insbesondere die Währungs-, Diskont- und Kreditpolitik der Bank wurde nunmehr allein vom Reichsbankdirektorium bestimmt[164]. Die Aufsicht des Reichskanzlers über die Reichsbank wurde abgeschafft. Der Präsident des Reichsbankdirektoriums konnte letztlich auch ohne die Unterschrift des Reichspräsidenten[165] ernannt werden[166]. Die Reichsbank war allerdings nicht völlig frei von Einflussnahmen aus dem Ausland, da in dem bei der Reichsbank gebildeten „Generalrat" zur Hälfte Mitglieder mit fremder Staatsangehörigkeit saßen, die die Interessen der Reparationsgläubiger wahren sollten[167]. Dieser Generalrat bestellte einen ausländischen „Kommissar für die Notenausgabe", der die Notenausgabe und Golddeckung zu überwachen hatte[168].

Die Reichsbank erhielt das ausschließliche Recht, Banknoten auszugeben[169]. Damit war die Reichsmark eingeführt. Das Geldmengenwachstum wurde beschränkt, indem die Reichsbank zu einer weitgehenden Golddeckung verpflichtet wurde[170]. Sie war darüber hinaus nach § 31 BankG verpflichtet, ihre Noten dem Inhaber in Goldmünzen, Goldbarren, Schecks oder Auszahlung in ausländischer Währung in Höhe des in Gold umgerechneten jeweiligen Marktwertes der betreffenden Währung einzulösen. Allerdings sollte diese Regel gemäß § 52 BankG erst nach einem Beschluss des Reichsbankdirektoriums und des Generalrates in Kraft treten, der erst im April 1930 erfolgte[171]. Bis dahin galt § 2 des

---

[162] RGBl. II 1924, S. 235 ff.

[163] Siehe oben Kap. I 1. f) aa).

[164] Siehe §§ 1 Abs. 1, 6 Abs. 1 BankG.

[165] Die nach Art. 50 der Reichsverfassung zu ihrer Gültigkeit der Gegenzeichnung durch den Reichskanzler oder den zuständigen Reichsminister bedurft hätte.

[166] § 6 Abs. 5 BankG. Die Ernennung der Mitglieder des Direktoriums bedurfte der Unterschrift des Reichspräsidenten von vornherein nicht mehr, § 6 Abs. 6 BankG.

[167] § 14 BankG. S. *Hahn*, Währungsrecht, § 11 Rdnr. 22.

[168] §§ 19, 27 Abs. 2 BankG. Vgl. hierzu und zu den Gründen für die Etablierung des Einflusses der ausländischen Staaten im Generalrat *Beck*, BBankG (1959), E 6 f.

[169] §§ 2 Abs. 1, 3 Abs. 1 BankG. Eine Ausnahme wurde in § 2 Abs. 2 BankG i.V.m. den Vorschriften des PrivatnotenbankG vom 30. August 1924 (RGBl. II 1924, S. 246 ff.) für die Badische, Bayerische, Sächsische und die Württembergische (Noten-)Bank gemacht. Diese hatten in den vom PrivatnotenbankG gesetzten engen Grenzen (Mengenhöchstgrenze, Deckung, Einlösungspflicht) die Befugnis der Ausgabe von Noten, die keine gesetzlichen Zahlungsmittel waren (§ 5 PrivatnotenbankG). Durch das Gesetz zur Änderung des PrivatnotenbankG vom 18.12.1933, RGBl. II, S. 1034, erlosch die Befugnis zur Notenausgabe mit dem 31.12.1935.

[170] § 28 BankG. Für den Betrag ihrer im Umlauf befindlichen Noten musste die Bank jederzeit eine Deckung in Gold oder Devisen (Golddeckung) und in diskontierten Wechseln oder Schecks halten. Entgegen der früheren Dritteldeckung (§ 17 BankG 1875) wurde nunmehr eine Golddeckung von 40% der umlaufenden Banknoten verlangt, wobei diese Deckung zu mindestens drei Vierteln aus Gold bestehen musste (§ 28 Nr. a, siehe aber auch § 29).

Gesetzes betreffend die Reichskassenscheine und die Banknoten[172], wonach die Reichsbank zur Einlösung ihrer Noten nicht verpflichtet war. Offenbar wollte der Reichstag der Reichsbank die Einlösungspflicht nicht bereits mit Erlass des Bankgesetzes zumuten. Dies hinderte die Reichsbank aber nicht, freiwillig die Banknoten einzulösen, was sie in der Praxis auch tat[173]. Diese Tatsache, zusammen mit der Verpflichtung der Reichsbank[174], Barrengold zu einem festen Preis anzukaufen, bedeutete de facto die Rückkehr zur Goldwährung[175]. Bis zum Inkrafttreten des § 31 BankG handelte es sich wegen der fehlenden gesetzlichen Verpflichtung zur Einlösung de jure allerdings noch nicht um eine Goldwährung, sondern nur um eine Papierwährung[176].

Das BankG von 1924 wurde später auf Grund des Haager Abkommens vom 20. Januar 1930 (Young-Plan)[177], der die deutschen Reparationszahlungen neu regelte, geändert[178]. Dabei wurde die Stellung des Reichspräsidenten wieder gestärkt[179], da seine Unterschrift unter die Ernennungs- bzw. Bestätigungsurkunden des Präsidenten und der Mitglieder des Reichsbankdirektoriums durchweg wieder erforderlich wurde. Zudem bedurfte die Abberufung des Präsidenten oder eines Direktoriumsmitglieds der Bestätigung durch den Reichspräsidenten. Dies stärkte zugleich den Einfluss der Reichsregierung auf diese Personalentscheidungen, da die Anordnungen und Verfügungen des Reichspräsidenten gemäß Art. 50 der Reichsverfassung durch den Reichskanzler oder zuständigen Reichsminister gegengezeichnet werden mussten. Gleichzeitig wurden die Ausländer aus dem Generalrat verbannt und die Kontrollbefugnis des ausländischen Kommissars für die Notenausgabe dem Präsidenten des Rechnungshofs anvertraut[180]. Aufgrund einer im Young-Plan enthaltenen völkerrechtlichen Verpflichtung wurde § 31 BankG (1924)[181] im März 1930 in Kraft gesetzt (siehe oben).

---

[171] Bekanntmachung über die Einlösung der Reichsbanknoten vom 17.4.1930, RGBl. II, S. 691. Diese Bekanntmachung wird von *Fögen* (Geld- und Währungsrecht, S. 55) wohl übersehen, da er schreibt, § 31 sei nie in Kraft getreten.

[172] Siehe oben Fn. 63.

[173] *Hahn,* Währungsrecht, § 11 Rdnr. 27 m.w.N.

[174] § 22 BankG.

[175] *Hahn,* Währungsrecht, § 11 Rdnr. 27 m.w.N.

[176] Vgl. *Nussbaum,* Das Geld, S. 114.

[177] Gesetz über die Haager Konferenz vom 13.3.1930, RGBl. II, S. 45 ff. Hierdurch wurde der Dawes-Plan abgelöst.

[178] *Beck,* BBankG (1959), E 8; *Hahn,* Währungsrecht, § 11 Rdnr. 32; Schlegelberger-*Hefermehl,* HGB, Anh § 361 Rdnr. 7.

[179] Vgl. Art. I Ziff. X Abs. 4 des Gesetzes zur Änderung des BankG vom 13.3.1930, RGBl. II, S. 355 f.

[180] § 27 n.F. BankG. Durch das Gesetz vom 27.10.1933 (Gesetz zur Änderung des BankG, RGBl. II, S. 827 f.) wurde der Generalrat dann ganz aufgelöst.

[181] Siehe Ziff. 91 des Berichts des auf Grund des Genfer Beschlusses vom 16.9.1928 eingesetzten Sachverständigenausschusses, RGBl. II 1930, S. 399 ff, 436.

Das *Gesetz über die Liquidierung des Umlaufs an Rentenbankscheinen*[182] vom 30. August 1924 leitete das Ende der Rentenmark ein[183]. Endgültig verschwand die Rentenmark jedoch erst im Juni 1948[184].

dd) Folge der Neuordnung für die Wertsicherung

Die im Oktober 1923 und August 1924 eingeleiteten Maßnahmen stabilisierten die Währung für einige Jahre. Hypotheken in ausländischer Währung durften nach dem 31. Dezember 1929 grundsätzlich nicht mehr neu eingetragen werden[185].

Da das BankG von 1924 de facto die Rückkehr zur Goldwährung bedeutete, könnte man meinen, dass es seitdem – wie vor dem Ersten Weltkrieg – kaum Anlass dazu gab, Wertsicherungsklauseln zu vereinbaren. Die Goldbindung wurde auch tatsächlich als Symbol für die wiedergewonnene Stabilität erkannt[186]. Nun wusste die Bevölkerung aber aus eigener Erfahrung, wie beliebig die Währung durch die Regierung beeinflusst und wie schnell eine Gold- in

---

Das Abkommen vom 20.1.1930 über die endgültige Annahme des Sachverständigenplans vom 7.6.1929, Anl. III, Teil II, Ziff. 5, RGBl. II 1930, S. 83 ff. Ziff. 91 lautet: „Die deutsche Regierung verpflichtet sich ... dass die Reichsmark gemäß § 31 des Reichsbankgesetzes in Gold oder Devisen einlösbar ist und bleibt und dass für diese Zwecke die Reichsmark eine Münzparität von 1/2790 Kilogramm Feingold ... haben und haben soll."

182 RGBl. II 1924, S. 252 ff.

183 Die Rentenbank durfte nach § 1 Abs. 1 des Gesetzes (u. § 2 Abs. 4 BankG) über den Betrag der von ihr bei Inkrafttreten des Gesetzes ausgegebenen Rentenbankscheine hinaus keine Rentenbankscheine mehr ausgeben. Die im Umlauf befindlichen Rentenbankscheine sollten innerhalb von 10 Jahren zur Einziehung und zum Umtausch in gesetzliche Zahlungsmittel aufgerufen werden (§ 5). Anschließend sollte die Deutsche Rentenbank aufgelöst werden (§ 14).

184 Erst § 1 Abs. 3 WährungG vom 20. Juni 1948 bedeutete aufgrund späterer Änderungen an der Zielvorgabe des Gesetzes über die Liquidierung des Umlaufs an Rentenbankscheinen für die Rentenbankscheine das endgültige Aus. (Durch Art. 1 Nr. 2 des Kap. II des sechsten Teils der VO des Reichspräsidenten zur Sicherung von Wirtschaft und Finanzen vom 1.12.1930 (RGBl. I, S. 517 ff., 592) wurde die Liquidation der Rentenbankscheine auf den (spätesten) Termin 31.12.1942 nach hinten verschoben. Nachdem später § 32 ReichsbankG vom 15. Juni 1939 (RGBl. I, S. 1015 ff.) noch bestimmte, dass die Rentenbankscheine nach Maßgabe besonderer Bestimmungen einzuziehen seien, wurde durch eine VO vom 4. September 1939 (RGBl. I, S. 1694) wiederum die Neuausgabe von Rentenbankscheinen „bis auf weiteres" ermöglicht, indem die Liquidierungsvorschriften von ihrer Anwendung ausgeschlossen wurden).

185 Art. I des Dritten Gesetzes über die Eintragung von Hypotheken und Schiffspfandrechten in ausländischer Währung vom 12.03.1931, RGBl. I, S. 31 f. (Art. I rückwirkend zum 01.01.1930 in Kraft getreten). Durch dieses Gesetz wurde § 15 der o.g. VO über die Eintragung von Hypotheken in ausländischer Währung vom 13.2.1920 abgeändert, der bereits eine zeitliche Beschränkung enthielt.

186 *Paqué,* F.A.Z. Nr. 247 vom 23.10.1999, S. 15.

eine Papierwährung verwandelt werden konnte. Da Reichsgoldmünzen nicht ausgegeben wurden, blieb nur die durch die (zunächst freiwillige) Einlösungspflicht begründete Beziehung zwischen der Reichsmark und dem Gold. Gerade diese besaß aber nur einen relativen Wert, da sie jederzeit aufgehoben werden konnte[187]. Es war daher verständlich, dass die Deutschen aus Furcht, der Währungsverfall könne sich wiederholen, zunächst nicht von der Gewohnheit abließen, Wertsicherungsklauseln zu vereinbaren. Obwohl sich die Währung stabilisierte, blieb es daher zunächst dabei, dass die Gläubiger zumindest ihre längerfristigen Geldforderungen durch Wertsicherungsklauseln absicherten[188].

In dieser Zeit wurden Wertsicherungsvereinbarungen nicht besonders beschränkt, so dass die Vertragspartner frei waren, wie bisher Gold, Waren oder andere Leistungen als Wertmesser zu benutzen[189].

2. Nationalsozialismus

Der nationalsozialistische Gesetzgeber griff rigide in das Wertsicherungs- und Währungsrecht ein.

a) Wertsicherung und Grundpfandrechte

Im Jahre 1934 wurden die weit verbreiteten[190] Grundpfandrechte auf Roggen- oder Weizenbasis durch das Roggenschuldengesetz in Reichsmarkgrundpfandrechte umgewandelt und zugleich verboten, solche Grundpfandrechte neu zu begründen[191]. Diese Umwandlung erstreckte der Gesetzgeber auf Forderungen und Inhaberschuldverschreibungen, allerdings ohne entsprechendes Verbot für die Zukunft[192].

Diese Wertsicherungsmöglichkeiten wurden weniger aus währungspolitischen Erwägungen wieder abgeschafft. Die Regierung wollte die Schuldner, deren Geldschuld an einen Sachwert gekoppelt war, vor Nachteilen schützen, die

---

[187] Staudinger-*Weber,* Vorbem zu § 244, 245 Rdnr. 6. „Die Einlösung pflegt nur solange zu funktionieren, wie man ihrer nicht bedarf ...", so *Nussbaum,* Das Geld, S. 31 f.

[188] *Hahn,* Währungsrecht, § 8 Rdnr. 3; *Fögen,* Geld- und Währungsrecht, S. 143; *Dürkes,* Wertsicherungsklauseln, A Rdnr. 17 f.; *Pikart,* WM 1969, S. 1062 ff., 1062.

[189] *Eppig,* NJW 1949, S. 531 ff., 531.

[190] *Vogels,* Deutsche Justiz 1940, S. 1309 ff., 1309.

[191] § 1 Abs. 1 und 3 des Gesetzes über die Umwandlung wertbeständiger Rechte und ihre Behandlung im landwirtschaftlichen Bereich (RoggenschuldenG) vom 16.5.1934, RGBl. I, S. 391 f. Das Gesetz nannte Preise für die Umwandlung. Modifizierungen des RoggenschuldenG durch die beiden Durchführungsverordnungen vom 25.5.1934 und 5.9.1934, RGBl. I, S. 448 ff. und S. 824 ff.

[192] Ebenfalls in § 1 Abs. 1 RoggenschuldenG geregelt.

nichtmonetären Einflüssen entsprangen, wie z. B. Getreidepreissteigerungen infolge Missernten[193]. Die Getreidegrundpfandrechte führten dazu, dass sich viele bäuerliche Betriebe besonders stark verschuldeten[194]. Anhänger gewann die Regierung aber nicht allein dadurch, dass sie Getreidegrundpfandrechte in Reichsmarkgrundpfandrechte umwandelte. Wäre dies zum Tageskurs geschehen und die Währung danach stabil geblieben, hätten die Schuldner nicht viel gewonnen und die Gläubiger nicht viel verloren. Durch § 2 des Roggenschuldengesetzes wurde daher sogar die beabsichtigte Wertsicherung zunichte gemacht, indem dort die (zuvor) wertbeständigen Forderungen und Grundpfandrechte im Zwangsvergleichsverfahren nach dem Schuldenregelungsgesetz[195] und im Entschuldungsverfahren nach der Osthilfegesetzgebung bis auf einen Betrag herabgesetzt wurden, der dem Wert der Leistung oder Belastung bei der Übernahme der Verbindlichkeit durch den Betriebsinhaber entsprach. Aber auch einen anderen Zweck dürfte dieses Gesetz gehabt haben: Will die Regierung den Bauern etwas Gutes tun, indem sie dafür sorgt, dass die Getreidepreise steigen, so würde diese Maßnahme das Gegenteil bewirken, wenn parallel zum Getreidepreis die davon abhängigen Schulden steigen würden.

Bei diesem Gesetz handelte es sich um einen Fall, in dem Wertsicherungsklauseln nachträglich außer Kraft gesetzt wurden[196]. Dies ist um so beachtlicher, als diese spezielle Wertsicherungsmöglichkeit – zumindest was die Grundpfandrechte angeht – erst durch den Gesetzgeber ermöglicht worden war.

Auch das Gesetz über die Umwandlung der inländischen Fremdwährungsversicherungen vom 26. August 1938[197] führte dazu, dass bestimmte Verbindlichkeiten ihren wertsichernden Charakter verloren. Durch dieses Gesetz wurden nicht nur die fremden Währungen durch Reichsmark ersetzt, sondern auch Kurssicherungsklauseln auf Grundlage fremder Währungen unwirksam gemacht. Auch hier hat den Beteiligten die Wertsicherungsabrede somit nichts genützt. Der Gesetzgeber hat sie beseitigt.

Durch die Verordnung über wertbeständige Rechte vom 16. November 1940[198] wurde zusätzlich die Möglichkeit, Dollar-, Kohle- oder Kalihypotheken eintragen zu lassen, wieder verschlossen. Lediglich die Möglichkeit, eine Feingoldhypothek als Goldmarkhypothek eintragen zu lassen, ist nicht wieder aufge-

---

[193] *Berndt,* Die Wertsicherung in der Unternehmung, S. 22 f.

[194] *Berndt,* Die Wertsicherung in der Unternehmung, S. 27.

[195] Gesetz zur Regelung der landwirtschaftlichen Schuldverhältnisse (SchuldenregelungsG) vom 1.6.1933, RGBl. I, S. 331.

[196] Es kam also schon zu diesem Zeitpunkt zu einer Beschränkung von Wertsicherungsklauseln und nicht erst im Jahre 1940, wie *Larenz* (Schuldrecht I, S. 171) meint.

[197] RGBl. I 1938, S. 1062 f.

[198] RGBl. I 1940, S. 1521 f. Die VO hob in § 4 Nr. 1 die §§ 1 Satz 2 und 9 des Gesetzes über wertbeständige Hypotheken sowie die meisten zu diesem Gesetz ergangenen Durchführungsverordnungen auf.

hoben worden[199]. Allerdings wurde den Goldmarkhypotheken durch dieselbe Verordnung auf andere Weise die Grundlage entzogen, so dass sie ab diesem Zeitpunkt an praktischer Bedeutung für die Wertsicherung verloren [siehe hierzu unten Kap. I 2. d)].

b) Wertsicherung und Preisrecht

Wenn Gläubiger ihre Geldforderungen gegen den Wertverlust absichern wollten, mussten sie seit dem 18. Oktober 1936 zudem die Verordnung über das Verbot von Preiserhöhungen vom 26. November 1936[200] (PreisstoppVO) beachten. Dadurch wurden sämtliche Preiserhöhungen verboten. Dieses Verbot erstreckte sich ferner auf Handlungen, durch die die Preisstopps umgangen werden sollten. Hierdurch sollten die Anzeichen einer offenen Inflation, die wieder einsetzte, verdeckt werden[201]. Damit waren auch Wertsicherungsklauseln verboten, soweit sie gegen die Preisvorschriften verstießen. Die Verordnung richtete sich zwar nicht gezielt gegen sie, betraf sie aber reflexartig.

Besondere Bedeutung kam der Wertsicherung bei Darlehen zu. Bei diesen in der Regel längerfristigen Verträgen befassten sich die Vertragspartner immer mit der Geldentwertung. Die Preisstoppverordnung ließ aber gerade die ausgeprägteste Form der Wertsicherung bei Darlehensgeschäften – die zu diesem Zeitpunkt gesetzlich zugelassene und weithin übliche Goldklausel – unberührt[202]. Durch Runderlasse[203] des Reichskommissars für die Preisbildung, der Ausnahmen zulassen oder anordnen konnte[204], wurden weitere Ausnahmen für Preisvorbehalte bei längerfristigen Verträgen gemacht. Ein Verstoß gegen die Preisstoppverordnung bestand auch dann nicht, wenn der Vertrag auf den künftig rechtlich zulässigen Preis verwies.

Die Preisstoppverordnung hat demnach die Möglichkeit, Wertsicherungsklauseln zu vereinbaren, für wichtige Bereiche nicht ganz verschlossen[205]. Deutlich wird aber auch hier wieder, dass bei sich ändernden Währungsverhältnissen re-

---

[199] Vgl. LG Braunschweig, MDR 1948, S. 45; *Skaupy,* JR 1949, S. 343 ff., 343; *Berndt,* Die Wertsicherung in der Unternehmung, S. 23; *Vogels,* Deutsche Justiz 1940, S. 1309 ff., 1309; *Wachs,* MDR 1948, S. 45 ff., 46. § 4 Nr. 1 der VO über wertbeständige Rechte hält die entsprechende DurchführungsVO, s. o., ausdrücklich aufrecht.

[200] RGBl. I, S. 955 f. Dieses Verbot galt rückwirkend vom genannten Tag im Oktober an (§ 1 Abs. 1).

[201] Staudinger-*K. Schmidt,* Vorbem zu §§ 244 ff, Rdnr. A 58; *Hahn,* Währungsrecht, § 12 Rdnr. 13.

[202] LG Braunschweig, MDR 1948, S. 45.

[203] Siehe z. B. den Runderlass 37/40 vom 3.4.1940, Mitteilungsblatt des Reichskommissars für die Preisbildung Nr. 14, S. 212. Auf weitere Ausnahmen weist *Duden* (BB 1949, S. 669 f., 669) hin.

[204] § 3 der PreisstoppVO. Siehe z. B. die Erste AusführungsVO vom 30.11.1936, RGBl. I, S. 956.

gelnd in das Recht der Wertsicherung eingegriffen wird. Durch das Preisrecht diesmal allerdings restriktiv und nicht in der Weise, dass ein sich vergrößerndes Wertsicherungsbedürfnis durch gesetzliche Regelungen anerkannt und gefördert wird, wie es zur Zeit des Währungsverfalls nach dem Ersten Weltkrieg der Fall war.

c) Das Gesetz über die Deutsche Reichsbank

Die Nationalsozialisten änderten auch das Währungsrecht und bereiteten damit den Zweiten Weltkrieg vor[206].

Allerdings nutzte die nationalsozialistische Regierung das Gesetz zur Änderung des Bankgesetzes vom Oktober 1933 noch nicht, um sich die Reichsbank zu unterwerfen. Erste Schritte in diese Richtung zeichneten sich aber bereits ab. So wurde das Recht zur Wahl des Reichsbankpräsidenten und zur Ernennung der Direktoriumsmitglieder[207] dem Reichspräsidenten[208] übertragen[209]. Die Änderungen allein wogen allerdings nicht so schwer, weil diese Akte auch zuvor von ihm bestätigt werden mussten. Darüber hinaus durfte der Reichspräsident nunmehr aber den Reichsbankpräsidenten oder ein Mitglied des Direktoriums jederzeit aus wichtigem Grund abberufen[210]. Damit bedeutete schon dieses Änderungsgesetz einen Machtzuwachs für den Reichspräsidenten und damit zugleich für den Reichskanzler, da dieser – vor der Vereinigung dieser beiden Ämter[211] – die Anordnungen und Verfügungen des Reichspräsidenten gemäß Art. 50 der Reichsverfassung gegenzeichnen musste.

Die verbliebene Unabhängigkeit der Reichsbank war der Regierung jedoch ein Dorn im Auge. Und dies, obwohl von August 1934 bis November 1937 Reichsbankpräsident und Reichswirtschaftsminister ein und dieselbe Person wa-

[205] Weitere Beispiele in dem Gutachten ohne Verfasserangabe, BB 1947, S. 78 ff., 80 f. Vgl. auch *Duden,* DRZ 1948, S. 330 ff., 335, und *Zweigert,* DRZ 1947, S. 169 ff., 170 f. Zur Vereinbarkeit von Wertsicherungsklauseln mit den Preisstoppvorschriften für die Zeit nach dem Krieg, s. *Eppig,* NJW 1949, S. 531 ff., 534.

[206] *Hahn,* Währungsrecht, § 12 Rdnr. 1 m.w.N.

[207] § 6 Abs. 4 u. 5 BankG i.d.F. des ÄnderungsG vom 13.3.1930.

[208] Und nicht etwa dem Reichskanzler, so aber entgegen dem Wortlaut des § 6 Abs. 4 BankG i.d.F. des ÄnderungsG vom 27.10.1930, *Beck,* BBankG (1959), E 8.

[209] § 6 Abs. 4. Dies war zu dieser Zeit noch nicht Hitler. So aber *v. Spindler/Becker/Starke,* Die Deutsche Bundesbank, S. 11. Erst durch das Gesetz über das Staatsoberhaupt des Deutschen Reiches vom 1.8.1934, RGBl. I S. 747, wurde das Amt des Reichspräsidenten mit dem des Reichskanzlers vereinigt. Infolgedessen gingen die Befugnisse des Reichspräsidenten auf den Reichskanzler Hitler über. Dieses Gesetz sollte mit dem Ableben des Reichspräsidenten von Hindenburg in Kraft treten. v. Hindenburg starb einen Tag später am 2.8.1934.

[210] § 6 Abs. 7 BankG. Vorher konnte er eine Abberufung nur verhindern, da sie seiner Bestätigung bedurfte (§ 6 Abs. 10 a.F.).

[211] Siehe oben Fn. 209.

ren[212], so dass die Reichsregierung über ihren Minister bereits sehr großen Einfluss ausüben konnte.

Am 30. Januar 1937 erklärte Hitler, das Deutsche Reich habe die „uneingeschränkte Hoheit über die Reichsbank ... wieder an sich genommen"[213]. Erst einige Tage später verankerte die Regierung diese Worte in einem Gesetz[214], welches das Bankgesetz dahingehend änderte, dass das Reichsbankdirektorium nunmehr dem „Führer und Reichskanzler" unmittelbar unterstand. Spätestens damit war die Unabhängigkeit der Reichsbank verloren. Die Situation war zwar derjenigen ähnlich, die bis 1922 gegolten hatte. Dort bestand aber wegen der Goldwährung und der strikten Deckungsvorschriften keine Gefahr für die Währung; mit der Aufhebung der Goldeinlösungspflicht, die bald folgen sollte, wurde diese Regelung für die Stabilität der Währung jedoch äußerst gefährlich[215].

Als das Reichsbankdirektorium im Januar 1939 zur Währungssicherung gegenüber Hitler einforderte, die „hemmungslose Ausgabenpolitik" des Staates einzustellen, entließ dieser sofort die Direktoriumsmitglieder[216] und veranlasste eine weitere Maßnahme: Mit dem Gesetz über die Deutsche Reichsbank vom 15. Juni 1939[217], das das BankG von 1924 ersetzte, griff die Reichsregierung noch schwerwiegender in die Währungsverhältnisse ein. Bereits die Präambel dieses Gesetzes enthielt die Zielsetzung, dass die „Deutsche Reichsbank" der Verwirklichung der durch die nationalsozialistische Staatsführung gesetzten Ziele dienen sollte. Um dies zu ermöglichen, blieb die Reichsbank unmittelbar dem „Führer und Reichskanzler" unterstellt, der den Reichsbankpräsidenten sowie die übrigen Mitglieder des Reichsbankdirektoriums ernannte und deren Amtsdauer bestimmte, sowie diese jederzeit wieder abberufen konnte. Die Reichsbank sollte von nun an „nach den Weisungen und unter der Aufsicht des Führers und Reichskanzlers ... geleitet und verwaltet" werden. Da somit für freie Entscheidungen des Reichsbankdirektoriums ohnehin kein Raum mehr blieb, konnte auf lästige Abstimmungen verzichtet werden: Der Reichsbankpräsident durfte nunmehr allein entscheiden[218].

Das ReichsbankG enthielt Vorschriften, auf Grund derer damit gerechnet werden konnte, dass die Papiergeldmenge erneut anwachsen wird: Während es der Reichsbank zuvor nur sehr eingeschränkt erlaubt war, dem Reich Betriebskredite zu gewähren[219], durfte die Bank solche Kredite nunmehr in einer Höhe

---

[212] *Rittmann*, Deutsche Geldgeschichte, S. 214 f.; *Beck*, BBankG (1959), E 9.

[213] Siehe den Einleitungssatz zu dem Gesetz zur Neuregelung der Verhältnisse der Reichsbank und der Deutschen Reichsbahn vom 10.2.1937, RGBl. II, S. 47 f.

[214] Siehe oben Fn. 213.

[215] *Rittmann*, Deutsche Geldgeschichte, S. 216.

[216] *Bofinger*, F.A.Z. Nr. 303 vom 31.12.2001, S. 18.

[217] RGBl. I, S. 1015 ff.

[218] §§ 1 Abs. 1, 4, 3 Abs. 1, 3 Abs. 2 ReichsbankG.

gewähren, die der „Führer und Reichskanzler“ bestimmte. Die Reichsbank war darüber hinaus befugt, vom Reich begebene Schatzwechsel in einem vom „Führer und Reichskanzler“ bestimmten Höchstbetrag zu kaufen[220]. Die Reichsbank wurde damit zur willenlosen Dienerin nationalsozialistischer Politik.

Anders als zuvor[221] sah das ReichsbankG eine Golddeckung der Banknoten nicht mehr zwingend vor[222]. Reichsgoldmünzen wurden außer Kurs gesetzt; wie zu Beginn des ersten Weltkrieges war die Regierung sehr daran interessiert, das Gold für eigene Zwecke zu besitzen[223]. Mit dem neuen ReichsbankG gab die Regierung aber nicht nur die Golddeckung auf. Das Gesetz sah nunmehr auch keine Einlösungspflicht der Banknoten mehr vor. Zum Verkauf von Gold gegen Reichsmark war die Reichsbank nicht mehr verpflichtet[224]. Zwar bestimmte das ReichsbankG noch, dass die noch im Umlauf befindlichen Rentenbankscheine einzuziehen seien; diese Vorschrift wurde aber bereits durch die Verordnung vom 4. September 1939[225] relativiert, da dort die Neuausgabe von Rentenbankscheinen „bis auf weiteres“ ermöglicht wurde. Insgesamt wurden damit alle diejenigen Vorschriften abgeschafft, die die Geldschöpfung der Deutschen Reichsbank beschränkten[226].

---

219 § 25 Abs. 2 S. 2: Am Ende des Geschäftsjahres durfte keinerlei Verschuldung des Reichs bei der Bank vorhanden sein.

220 §§ 16 u. 13 Abs. 1 Nr. 2 ReichsbankG.

221 § 28 BankG von 1924. Ausnahmen waren nach Maßgabe des § 29 BankG von 1924 und § 29 BankG i.d.F. des Änderungsgesetzes vom 27.10.1933 zugelassen.

222 Die Deckung sollte gemäß § 21 Abs. 1 ReichsbankG nunmehr (nur) durch Wechsel, Schecks, Reichsschatzwechsel, Wertpapiere oder täglich fälligen Forderungen aufgrund von Lombarddarlehen (jeweils i.V.m. § 13) erfolgen. Die Gold- und Devisenbestände der Reichsbank waren daneben als Notendeckung „zugelassen“ (§ 21 Abs. 3). Gold- und Devisenbestände sollte die Reichsbank allerdings nach ihrem Ermessen in einer Höhe halten, wie es zur Regelung des Zahlungsverkehrs mit dem Ausland und zur Aufrechterhaltung des Wertes der Währung erforderlich war (§ 21 Abs. 2). Die zweite Alternative betraf hierbei die Stabilisierung des amtlichen Wechselkurses (Staudinger-*K. Schmidt,* Vorbem zu §§ 244 ff, Rdnr. A 57). Damit behielt das Gold in Bezug auf den internationalen Zahlungsverkehr eine gewisse Bedeutung (Schlegelberger-*Hefermehl,* HGB, Anh § 361 Rdnr. 8).

223 Durch die VO über die Außerkurssetzung der Reichsgoldmünzen zu 10 und 20 Mark vom 16.7.1938 (RGBl. I, S. 901) wurden diese aufgrund der gemäß den „Vorkriegsgesetzen“ (gemeint ist hier der Erste Weltkrieg) ausgeprägten Reichsgoldmünzen außer Kurs gesetzt. In einer VO vom gleichen Tage wurde vorgeschrieben, dass sie bis zum 1.9.1938 der Reichsbank anzubieten und auf Verlangen zu verkaufen waren, „um das in den Münzen enthaltene Gold für die deutsche Volkswirtschaft nutzbar zu machen“; siehe den Einleitungssatz der VO über die Ablieferung außer Kurs gesetzter in- und ausländischer Goldmünzen vom 16.7.1938 (RGBl. I, S. 902).

224 § 14 Abs. 2 ReichsbankG.

225 RGBl. I, S. 1694.

226 *Hahn,* Währungsrecht, § 12 Rdnr. 8 u. 11 m.w.N.; *v. Spindler/Becker/Starke,* Die Deutsche Bundesbank, S. 12.

d) Die Verordnung über wertbeständige Rechte

Schon in der Vorkriegszeit propagierten Behörden, die deutsche Währung sei besonders krisenfest. Die Regierung missbilligte das der Wertsicherung zugrunde liegende Misstrauen in die Wertbeständigkeit der Währung und die Währungspolitik. Dies wurde beispielsweise durch das bereits erwähnte Roggenschuldengesetz und die Verordnung über wertbeständige Rechte vom 16.11.1940[227] deutlich, durch die der Wert einer Goldmark dem Wert einer Reichsmark gleichgestellt wurde[228]. Dabei enthielt sie nicht einmal die Formulierung „Reichsmark gleich Goldmark". § 1 Abs. 1 dieser Verordnung bestimmte, dass der nach § 14 Abs. 2 ReichsbankG für die Reichsbank geltende Preis des Feingoldes maßgebend war, wenn ein Grund- oder Schiffspfandrecht in der Weise bestellt wurde, dass die Höhe des aus dem Grundstück oder dem Schiff in Reichswährung zu zahlenden Geldbetrages durch den amtlich festgestellten Preis einer bestimmten Menge von Feingold bestimmt werden sollte. § 1 Abs. 2 der Verordnung bezog sich dann auf sonstige Geldforderungen:

> „Ist bei der Begründung einer sonstigen in Reichsmark zu erfüllenden Geldschuld der geschuldete Geldbetrag durch Bezugnahme auf den Preis des Feingolds bestimmt, so gilt der Geldbetrag als geschuldet, der sich unter Zugrundelegung des in Abs. 1 vorgesehenen Feingoldpreises ergibt. Entgegenstehende Vereinbarungen sind unwirksam."

Die Formel „Reichsmark gleich Goldmark" ergibt sich durch die Verbindung mit § 14 Abs. 2 ReichsbankG:

---

[227] RGBl. 1940 I, S. 1521 f.

[228] *Wachs,* MDR 1948, S. 45 ff., 46 u. 47; *Zweigert,* DRZ 1947, S. 169 ff., 170; *Schubert,* NJW 1950, S. 285 ff., 286; *Dürkes,* Wertsicherungsklauseln, A Rdnr. 18; *Hahn,* Währungsrecht, § 8 Rdnr. 9; *Reinhuber,* Grundbegriffe, S. 121; *Berndt,* Die Wertsicherung in der Unternehmung, S. 27; *Skaupy,* JR 1949, S. 343 ff., 344; *U. Reuter,* Fremdwährung und Rechnungseinheiten im Grundbuch, S. 127; *Geiler/Stehlik/Veith,* DM-BilG, § 12 Anm. IV. In einem Urteil des LG Kleve, MDR 1947, S. 18 ff., 19, findet man den Hinweis, dass die Nationalsozialisten jeden „ächteten …, der sich die Zahlung seiner Forderung in Goldmark ausbedingen wollte". S. auch BGH, WM 1979, S. 1212 f. *Wachs* (MDR 1948, S. 45 ff., S. 47) berichtet von amtlichen und halbamtlichen Äußerungen über die Unerwünschtheit von Wertsicherungsklauseln, die mit der damals propagierten angeblichen Krisenfestigkeit der deutschen Währung begründet wurde. Eine solche Äußerung findet man z.B. bei *Jürgensen,* JW 1937, S. 2947 ff., 2948 f.; *Weimar,* JW 1938, S. 216 („Die Aufnahme von Wertsicherungsklauseln verstößt gegen die Berufspflicht") und *Vogels,* Deutsche Justiz 1940, S. 1309 ff., 1312, der die Vereinbarung von Goldklauseln unter Berufung auf *Freisler* als unerwünscht bezeichnet, „weil durch sie ein Misstrauen gegen die Festigkeit der deutschen Währung zum Ausdruck gebracht wird". Vgl. auch RGZ 159, S. 379 ff., 383, das 1939 feststellte, dass „das Bedürfnis für die weitere Vereinbarung von Wertbeständigkeitsklauseln zu verneinen" sei, was mit dem Erfolg der Währungspolitik und entsprechenden Versicherungen seitens „maßgebender Regierungsstellen" begründet wurde.

„Die Deutsche Reichsbank gibt aus ihren verfügbaren Beständen Gold in Barren zum Preise von 2790 Reichsmark für ein Kilogramm fein gegen Barzahlung ab, wenn ihr die Verwendung für volkswirtschaftlich gerechtfertigte Zwecke gewährleistet erscheint.“

Wenn der Preis für ein Kilogramm Feingold auf 2790 Reichsmark festgesetzt war, dann bedeutete das, dass man für 1 Reichsmark 1/2790 Kilogramm Feingold kaufen konnte. An anderer Stelle wurde bereits erwähnt, dass eine Goldmark dem jeweiligen Preis von 1/2790 Kilogramm Feingold gleichgesetzt war[229]. Wenn aber 1/2790 Kilogramm Feingold immer eine RM kosteten, dann folgt daraus, dass der Wert einer Goldmark nunmehr immer dem Wert einer Reichsmark entsprach. Die Gleichstellung „Reichsmark gleich Goldmark“ ergab sich also aus dem Umstand, dass der Preis für ein Kilogramm Feingold für die Reichsbank nicht der freien Preisbildung[230] unterlag, sondern festgelegt und dieser Preis für die Umrechnung von Gold- in Reichsmark für maßgeblich erklärt wurde. Kraft Gesetzes war die Goldmark damit der Reichsmark gleichgestellt[231].

Damals wie heute zogen Literatur und Rechtsprechung daraus den Schluss, dass die Goldmarkhypothek deswegen an praktischer Bedeutung für die Wertsicherung verlor[232]. Dem ist im Ergebnis zuzustimmen, weil der Preis für ein Kilogramm Feingold durch die Verordnung nicht regelmäßig den jeweiligen Gegebenheiten angepasst werden sollte. Dies war nicht geschehen[233] und auch nicht beabsichtigt gewesen. Vielmehr wollte die Regierung den Gläubigern bewusst jeden Anreiz für die Vereinbarung von Goldklauseln nehmen[234]. Damit wurde den Goldmarkhypotheken tatsächlich die Grundlage entzogen, so dass

---

[229] Siehe oben Kap. I 1. e).

[230] Berechnungsgrundlage war vorher der im Auftrag des Reichswirtschaftsministers bekanntgegebene Londoner Goldpreis, vgl. § 2 der VO zur Durchführung des Gesetzes über wertbeständige Hypotheken, RGBl. I 1923, S. 482. Der Londoner Goldpreis wurde zum letzten Mal amtlich im Reichsanzeiger vom 28.8.1939 bekanntgegeben. Danach fehlte ein amtlich festgestellter Feingoldpreis i.S.v. § 1 des Gesetzes über wertbeständige Hypotheken. (Vgl. hierzu *Vogels,* Deutsche Justiz 1940, S. 1309 ff., 1310; *Wachs,* MDR 1947, S. 21 ff., 21; *Duden,* Verhandlungen des 40. DJT, Bd. 1, S. 1 ff., 12.)

[231] *Zweigert,* DRZ 1947, S. 169 ff., 170; RGRK-*Alff,* § 245 Rdnr. 10. Vgl. hierzu auch *Vogels,* Deutsche Justiz 1940, S. 1309 ff., 1310.

[232] OLG Kiel, MDR 1947, S. 15 ff., 17; LG Braunschweig, MDR 1948, S. 45; *Fögen,* Geld- und Währungsrecht, S. 145 f.; Gutachten ohne Verfasserangabe, BB 1947, S. 78 ff., 79; *Zweigert,* DRZ 1947, S. 169 ff., 170; *Vogels,* Deutsche Justiz 1940, S. 1309 ff., 1310; *Skaupy,* JR 1949, S. 343 ff., 343; *Hahn,* Währungsrecht, § 8 Rdnr. 9; *Dürkes,* Wertsicherungsklauseln, A Rdnr. 17 f.; Staudinger-*K. Schmidt,* Vorbem zu §§ 244 ff, Rdnr. A 37; *Samm/Hafke,* Grundbesitz und Wertsicherungsklauseln, S. 112.

[233] So hat etwa das OLG Kiel am 17.12.1946 festgestellt, dass dieser Preis seit 1933 unverändert blieb, MDR 1947, S. 15 ff., 16.

[234] *Vogels,* Deutsche Justiz 1940, S. 1309 ff., 1310; Gutachten ohne Verfasserangabe, BB 1947, S. 78 ff., 79.

sie an Bedeutung verloren[235]. Die Verbindung des Geldes mit dem Gold, die nach der neuen Währungsgesetzgebung nicht mehr bestand, konnte daher zwar mittels Wertsicherungsklauseln in zulässiger Weise hergestellt werden. Wirken konnten solche Klauseln jedoch nicht.

Interessant ist, dass die Reichsregierung auf diesem indirekten Weg vorging und die durch Goldmarkklauseln gesicherten Schulden nicht etwa – wie sie es bei den Getreidehypotheken getan hat – in Reichsmarkschulden umwandelte und die Verordnung, die die Eintragung von Goldmarkgrundpfandrechten ermöglichte, wieder zurücknahm, wie es bei den Dollar-, Kohle- oder Kalihypotheken geschehen war[236].

Der Verordnung über wertbeständige Rechte folgten keine vergleichbaren Vorschriften und in der Zeit von 1933 bis 1945 kein allgemeines Verbot von Wertsicherungsklauseln[237]. Dennoch schaffte es die nationalsozialistische Regierung, auch ohne ausdrückliches Verbot, solche Klauseln zu verhindern[238]. Das strenge Preisrecht trug dazu bei. Die gesetzlichen Maßnahmen, die selbst bereits vereinbarte Wertsicherungsabreden wirkungslos machten, führten zu Skepsis gegenüber Wertsicherungsklauseln[239]. Warum sollten die Gläubiger solche vereinbaren, wenn sie entweder gar nicht wirksam werden konnten oder wenn jederzeit damit gerechnet werden musste, dass ihnen die Wirksamkeit genommen wird? Seit Mitte der dreißiger Jahre ging daher die Verbreitung von Wertsicherungsklauseln zurück, was zugleich bedeutete, dass der Verfall der Reichsmark nicht – zumindest nicht ausschließlich – auf die Vereinbarung von Wertsicherungsklauseln zurückzuführen war[240].

---

235 RGRK-*Alff,* § 245 Rdnr. 90.

236 Siehe § 4 Nr. 1 der VO über wertbeständige Rechte; vgl. Gutachten ohne Verfasserangabe, BB 1947, S. 78 ff., 79, dort wird allerdings gesagt, dass die Vereinbarung von Wertgrundlagen in Kohle, Kali oder Dollar bei Eintragung von Grundpfandrechten verboten worden sei. Dies ist ungenau, denn § 4 Nr. 1 der VO über wertbeständige Rechte hebt die jeweiligen Verordnungen nur auf und stellt so den ursprünglichen Zustand wieder her.

237 *Dürkes,* Wertsicherungsklauseln, A Rdnr. 18; *Berndt,* Die Wertsicherung in der Unternehmung, S. 28; *Henn,* MDR 1958, S. 461 ff., 461; *Schubert,* NJW 1950, S. 285 ff., 286; *Rittmann,* Deutsche Geldgeschichte, S. 358; Staudinger-*Weber,* § 244 Rdnr. 184; *Pikart,* WM 1969, S. 1062 ff., 1062; Gutachten ohne Verfasserangabe, BB 1947, S. 78 ff., 80.

238 *Duden,* Verhandlungen des 40. DJT, Bd. 1, S. 1 ff., 13; *Berndt,* Die Wertsicherung in der Unternehmung, S. 27 und vgl. oben Fn. 228 und im Jahr 1937 ausdrücklich *Jürgensen,* JW 1937, S. 2947 ff., 2950.

239 Vgl. *Duden,* Verhandlungen des 40. DJT, Bd. 1, S. 1 ff., 13.

240 Staudinger-*K. Schmidt,* Vorbem zu §§ 244 ff, Rdnr. D 193.

e) Verordnung über wertbeständige Rechte und Preisrecht nach dem Krieg

Nach dem Krieg versuchten erste Gerichte in ihren Entscheidungen, die Verordnung über wertbeständige Rechte außer Acht zu lassen[241]. Diese Verordnung sowie das Reichsbankgesetz galten nach 1945 weiter[242], weil sie vom alliierten Gesetzgeber nicht aufgehoben wurden, obwohl sich dies – etwa bei Erlass des Gesetzes Nr. 51 [s.u. Kap. I 3. a)] – angeboten hätte. Zudem handelte es sich bei der Verordnung nicht um eine Norm, die allein dazu tauglich war, nationalsozialistisches Denken festzuschreiben, so dass sie nicht unter die nicht mehr anzuwendende NS-Gesetzgebung fiel[243]. Folgerichtig konnte sie als geltendes Recht im Regelfall auch nicht über § 242 BGB unbeachtet gelassen werden[244].

---

[241] Das OLG Kiel, MDR 1947, S. 15 ff., 17 erwähnt, dass sich die deutschen Gerichte unter der Herrschaft der Nationalsozialisten „gescheut haben werden, irgendwelche Zweifel an der Beständigkeit der deutschen Währung laut werden zu lassen".

[242] Vgl. etwa OLG Köln, MDR 1947, S. 91 f., 91; OLG Kiel, MDR 1947, S. 15 ff., 16; OLG Halle, BB 1949, S. 168 f., 169; LG Heidelberg, BB 1947, S. 79 f., 79; LG Hamburg, MDR 1947, S. 53; LG Bonn, MDR 1947, S. 53 f., 53; *Wachs,* MDR 1947, S. 21 ff., 21; *Schubert,* NJW 1950, S. 285 ff., 287; *Lippisch,* BB 1947, S. 155. Einen ganz anderen Weg ging das LG Kleve, MDR 1947, S. 18 ff., 18 f., indem es sagt, dass der Bestimmung des § 14 Abs. 2 des ReichsbankG jede Grundlage entzogen sei, da es in Deutschland zur Zeit keinen amtlich festgestellten Goldpreis gebe, weil die Reichsbank diesen nicht mehr notiere (und die Reichsbank nicht einmal zu volkswirtschaftlich gerechtfertigten Zwecken Gold gegen Reichsmark hergeben könne, so *Zweigert,* DRZ 1947, S. 169 ff., 170). Den in § 14 Abs. 2 des ReichsbankG festgelegten Goldpreis bezeichnet das LG als Volksbetrug und legt ihn deshalb seiner Entscheidung nicht zugrunde. Dagegen merkt *Wachs* (MDR 1947, S. 21 ff. 21) zu Recht an, dass man von Betrug nur sprechen könne, wenn der Gesetzgeber von 1940 die erst später eingetretene massive Entwertung der Reichsmark in ihren Auswirkungen schon hätte übersehen können. Da auch § 14 Abs. 2 nicht aufgehoben wurde, müsse dieser gesetzlich festgelegte Goldpreis auch weiter zugrunde gelegt werden. Eines amtlich festgelegten Goldpreises bedürfe es daher nicht. Die Entscheidung des LG Kleve richte sich damit gegen den klaren Wortlaut des Gesetzes.

[243] LG Heidelberg, BB 1947, S. 79 f., 79; OLG Köln, MDR 1947, S. 91 f., 91; *Wachs,* MDR 1947, S. 21 ff., 22.

[244] So aber z.B. OLG Kiel, MDR 1947, S. 15 ff., 16 ff.; LG Düsseldorf, MDR 1947, S. 20 f., 21; LG Bonn, MDR 1947, S. 53 f. (aufgehoben durch OLG Köln, MDR 1947, S. 91 f.); Staudinger-*Weber,* § 244 Rdnr. 185 m.w.N. Zu Recht anders aber: OLG Köln, MDR 1947, S. 91 f., 91; OLG Halle, BB 1949, S. 168 f.; LG Heidelberg, BB 1947, S. 79 f., 79; LG Hamburg, MDR 1947, S. 53; *Lippisch,* BB 1947, S. 155. – Selbst das OLG Kiel passte aber nach Anwendung des § 242 BGB die Geldsumme nicht etwa an die veränderten Umstände an. Vielmehr wurde als Ergebnis lediglich festgehalten, dass der Gläubiger nach Treu und Glauben nicht verpflichtet sei, die angebotene Reichsmarksumme (Mark gleich Mark) als Erfüllung anzunehmen. Er sei vielmehr berechtigt, die Annahme gegenwärtig zu verweigern und zunächst die weitere Entwicklung der Währung und des Währungsrechts abzuwarten. Würde das Gericht die zu leistende Geldsumme selbst festlegen, so käme das einer „Aufwertung" gleich. Die Entscheidung darüber, ob eine solche Aufwertung vorgenommen werden soll, obliege aber dem Gesetzgeber und nicht den Gerichten. Man muss dem OLG allerdings zugute halten, dass eine Währungsreform zu erwarten war: Vgl. die Hin-

Auch das Preisrecht war nach Kriegsende weiterhin zu beachten, weil es ebenfalls nicht aufgehoben wurde, obwohl die Militärregierung Gelegenheit dazu hatte[245]. Das Bestehen dieser Regelungen wurde durch die Preisbildungsstellen der britischen und amerikanischen Zone sogar bestätigt[246].

3. Besatzungszeit

a) Das Mark-gleich-Mark-Gesetz

Dass Wertsicherungsklauseln missbilligt waren, wurde schnell vergessen. Spätestens nach dem Krieg wurde offenbar, dass die Reichsmark inzwischen wertlos geworden und als Wertmesser nicht mehr geeignet war. Wie in den Jahren nach dem Ersten, setzte auch nach dem Zweiten Weltkrieg eine regelrechte Flucht in Wertsicherungsklauseln ein[247]. Die Militärregierung reagierte darauf noch im Jahr 1945, indem sie Rechtsgeschäfte strafbewehrt[248] verbot[249], in denen die Zahlung in einer anderen als der Markwährung vorgesehen war, ohne dass eine Genehmigung der Militärregierung vorlag. Damit wurde zunächst aber nur die Flucht in andere Währungen unterbunden.

In der zweiten Jahreshälfte 1947 wurde diesem Verbot eine weitere Beschränkung hinzugefügt[250]:

weise des LG Kleve (MDR 1947, S. 18 ff., 19) und des OLG Köln (MDR 1947, S. 91 f., 91): eine endgültige Währungsregelung sei gewiss, deren Zeitpunkt und Inhalt aber völlig ungewiss.

[245] *Falk/Naupert,* BB 1946, Nr. 13, S. 2 ff., 3; *Rittmann,* Deutsche Geldgeschichte, S. 302.

[246] Vgl. die Hinweise in den Gutachten ohne Verfasserangabe, BB 1947, S. 178 f., BB 1948, S. 231 f., 232 und den Hinweis von *Herold,* MDR 1948, S. 137 f., dass die amerikanische und die britische Militärregierung gewillt waren, das bestehende Preisgefüge zu erhalten.

[247] *Ranniger,* DNotZ 1951, S. 396 ff., 396; *Dürkes,* Wertsicherungsklauseln, A Rdnr. 18; *Berndt,* Die Wertsicherung in der Unternehmung, S. 28; *Zweigert,* DRZ 1947, S. 169 ff., 170; *Skaupy,* JR 1949, S. 343 ff., 343; *Reinicke/Reinicke,* MDR 1953, S. 385 ff., 385.

[248] Bestrafung mit jeder gesetzlich zugelassenen Strafe, jedoch nicht mit der Todesstrafe, Art. III.

[249] Art. II Ziff. 4 Gesetz Nr. 51 (Währung). Dieses Gesetz der Militärregierung in Deutschland, Kontrollgebiet des Obersten Befehlshabers der alliierten Streitkräfte, galt für das ganze von den Westmächten besetzte deutsche Gebiet, also für die spätere amerik., brit. und franz. Zone (vgl. *Brandl,* Das Recht der Besatzungsmacht, S. 5). Abgedruckt bei *Brandl,* S. 129 und im ABl. der Militärreg. Deutschland, amerik. Zone, (Military Government Gazette Germany), Ausgabe A vom 1. Juni 1946, S. 23; ABl. der Militärreg. Deutschland, brit. Zone, (Military Government Gazette Germany), Nr. 1 S. 22 und Nr. 3 S. 16; in Berlin als Befehl der Alliierten Kommandatur vom 9. August 1945 Nr. B.K. Ord. (45) 2 ergangen, VOBl. der Stadt Berlin 1945, S. 72.

[250] Art. II Ziff. 4 Erstes Gesetz zur Änderung des Gesetzes Nr. 51 der Militärregierung. Im Gegensatz zur Urfassung des Gesetzes Nr. 51, s. o. Fn. 249, wurde diese Ge-

„Eine Verbindlichkeit, gesichert oder ungesichert, die auf Reichsmark, Rentenmark, irgendein anderes auf Mark lautendes gesetzliches Zahlungsmittel, auf Goldmark oder auf Mark lautet, deren Nennwert unter Benützung einer gleitenden Skala oder auf andere Weise durch Bezugnahme auf den Preis des Feingoldes (Goldklausel) oder den Preis anderer Edelmetalle, Waren, Wertpapiere oder ausländische Zahlungsmittel (Wertbeständigkeitsklauseln) bestimmt ist, ist bei Fälligkeit, ungeachtet der Bestimmungen der Paragraphen 157, 242 und 607 des Bürgerlichen Gesetzbuches und der Bestimmungen irgendeines anderen deutschen Gesetzes, durch Zahlung – Mark für Mark – von Reichsmark oder Alliierten Militär-Mark Noten erfüllbar. Dabei ist es gleichgültig, ob die Verbindlichkeit vor oder nach dem Inkrafttreten dieses Gesetzes fällig wird. Der Gläubiger ist in allen Fällen verpflichtet, Reichsmark und Alliierte Militär-Mark Noten zu ihrem Nennwert in Erfüllung der Verbindlichkeit anzunehmen. Ohne schriftliche Genehmigung der Militärregierung darf niemand eine Vereinbarung eingehen oder ein Rechtsgeschäft abschließen oder den Abschluß einer derartigen Vereinbarung oder eines derartigen Rechtsgeschäftes anbieten, falls darin Zahlung in einer anderen als der Markwährung oder Lieferung einer solchen vorgesehen ist.“[251]

Durch diese – anknüpfend an die dort gebrauchte Formulierung – „Mark-gleich-Mark-Gesetz“ genannte Vorschrift[252], wurden Wertsicherungsklauseln nicht verboten. Der Gläubiger wurde lediglich verpflichtet, die Geldnoten zu ihrem Nennwert als Erfüllung anzunehmen. Damit waren auch Geldforderungen, die mit einer Wertsicherungsklausel verbunden waren, in Höhe ihres ursprünglichen Nennbetrages in Reichs- oder Alliierter Militär-Mark (Mark gleich Mark) erfüllbar[253]. Mit diesem Gesetz sollte die in der Bevölkerung entstandene Neigung, gesetzliche Zahlungsmittel zum Ausgleich von Geldschulden abzulehnen, bekämpft werden[254]. Es war sogar schon zu umstrittenen Gerichtsurteilen gekommen, nach denen der Gläubiger berechtigt war, die Annahme der ihm zur

---

setzesänderung durch die Militärregierungen der einzelnen Zonen vorgenommen. Amerik. Zone: ABl. der Militärreg. Deutschland, Amerikan. Kontrollgebiet, (Military Government Gazette Germany), Ausgabe E vom 1. August 1947, S. 15; brit. Zone: VO Nr. 92, Amtsblatt der Militärregierung, Brit. Kontrollgebiet, (Military Government Gazette Germany) 1947, S. 567; franz. Zone: VO Nr. 118, JO No 118 (1947) S. 1211 f.; in Berlin als Abänderung Nr. 1 zu BK Ord (45) Nr. 2 vom 9. August 1945 – Gesetzliche Zahlungsmittel ergangen, VOBl. für Groß-Berlin 1947, S. 247. In der russischen Zone gab es keine entsprechenden Vorschriften. (Die zitierte deutsche Übersetzung folgt der Übersetzung im Amtsblatt der amerikanischen Militärregierung).

[251] Der Wortlaut in der franz. Besatzungszone wich insoweit sachlich ab, als bestimmt wurde, dass nicht nur durch die Zahlung von Reichsmark und Alliierter Militärmark, sondern auch durch die Zahlung von Rentenmark Erfüllung eintrat. Dies lag daran, dass durch die Anweisung Nr. 11 (mehr dazu später) festgelegt wurde, dass die Rentenmark nicht anders zu behandeln war als die anderen „deutschen Geldsorten“.

[252] *Schubert,* NJW 1950, S. 285 ff., 286; *Dürkes,* Wertsicherungsklauseln, A Rdnr. 19; Schlegelberger-*Hefermehl,* HGB, Anh § 361 Rdnr. 45; *Skaupy,* JR 1949, S. 343 ff., 343; *Reinhuber,* Grundbegriffe, S. 122.

[253] RGRK-*Alff,* § 245 Rdnr. 15; *Dürkes,* Wertsicherungsklauseln, A Rdnr. 19; Schubert, NJW 1950, S. 285 ff., 286; *Herold,* MDR 1948, S. 137 f., 138.

Tilgung der Geldschuld angebotenen Geldsumme (Mark-gleich-Mark) zu verweigern und zunächst die weitere Entwicklung des Währungsrechts abzuwarten[255]. Das Mark-gleich-Mark-Gesetz der Militärregierungen war die Antwort auf diese Frage[256]. Damit wurden die Wertsicherungsklauseln gerade in einer Zeit, wo sie größere Bedeutung hätten erlangen können, außer Funktion gesetzt[257]. Während der Gesetzgeber im Zusammenhang mit der ersten großen Inflation des Jahrhunderts Wertsicherungen ermöglichte und sogar förderte, hat er im Zusammenhang mit der zweiten großen Inflation genau das Gegenteil getan, indem er sie mit dem Mark-gleich-Mark-Gesetz beschränkte.

Es erscheint überflüssig, wenn in der Verordnung auch Goldmark-Verbindlichkeiten ausdrücklich als solche genannt wurden, die in Reichs- oder Alliierter Militär-Mark zu erfüllen waren, handelte es sich hierbei doch nur um eine Rechnungseinheit[258] für Forderungen, die auf Feingoldbasis vereinbart wurden. Die Goldmarkschulden waren ohnehin in Reichsmark zu erfüllen, weil mit „Goldmark" nicht gezahlt werden konnte. Sie „lauteten" allerdings nicht auf Reichsmark und hatten keinen Reichsmark-Nennwert, der lediglich an eine Goldklausel gebunden war. Um sicher zu gehen, dass diese auch von ihr erfasst wurden, mussten die Goldmark-Forderungen daher ausdrücklich in den Wortlaut der Vorschrift aufgenommen werden.

Das Mark-gleich-Mark-Gesetz verbot die Wertsicherungsklauseln nicht, sondern machte sie wirkungslos. Sie wurden „ihrer den Nennbetrag erhöhenden Kraft beraubt"[259]. Soweit in Rechtsprechung und Literatur davon gesprochen wird, dass durch dieses Gesetz die Zulässigkeit von Wertsicherungsklauseln eingeschränkt oder gar verboten wurde[260], ist dies nach dem Wortlaut dieser Vor-

---

254 Vgl. das bei *Koch,* NJW 1947/48, S. 170 ff., 170 abgedruckte Schreiben des Amtes der Militärreg. für Deutschland (OMGUS) vom 17.07.1947 an die Direktoren der Ämter der Militärreg.

255 OLG Kiel, MDR 1947, S. 15 ff., 17 f.; im Erg. auch LG Düsseldorf, MDR 1947, S. 20 f., 21; zustimmend *Wachs,* MDR 1947, S. 21 ff., 22. Siehe hierzu oben Fn. 244.

256 *Duden,* Verhandlungen des 40. DJT, Bd. 1, S. 1 ff., 14; *Ranniger,* DNotZ 1951, S. 396 ff., 396 f.

257 *Fögen,* Geld- und Währungsrecht, S. 146 f.

258 Siehe Kap. I 1. e).

259 *Münzel,* JR 1949, S. 341 ff., 342.

260 So BGH, BB 1961, S. 586 f., 687; BGH, NJW 1951, S. 708 ff., 709; *Dürkes,* Wertsicherungsklauseln, A Rdnr. 18, B Rdnr. 3; *ders.* schon in BB 1953, S. 246 f., 246; *Berndt,* Die Wertsicherung in der Unternehmung, S. 29; *Reinhuber,* Grundbegriffe, S. 123 und auch KG, JR 1949, S. 476 f., 477, das ein Verbot von Wertsicherungsklauseln aus dem Mark-gleich-Mark-Gesetz in Verbindung mit § 134 BGB herleitet. Richtig dagegen *Grothe,* Fremdwährungsverbindlichkeiten, S. 365, Fn. 2279; *Hammes,* MDR 1949, S. 275 ff., 275; *Münzel,* JR 1949, S. 341 ff., 342; *Fögen,* Geld- und Währungsrecht, S. 146 f.; *Schubert,* NJW 1950, S. 285 ff., 286; das Gutachten ohne Verfasserangabe, BB 1947, S. 314 ff., 315; Staudinger-*Weber,* § 244 Rdnr. 192;

schrift falsch. Dies wird durch die Tatsache gestützt, dass die alte Überschrift der Vorschrift („Verbotene Rechtsgeschäfte") nach der Änderung „Zahlung von Verbindlichkeiten" lautete. Diese Unterscheidung hatte nicht nur akademische Bedeutung, da das Gesetz eine Strafandrohung enthielt. Danach konnte ein „Verstoß gegen die Vorschriften dieses Gesetzes" zur Bestrafung führen. Nach der hier vertretenen Auffassung stellte nur die Nichtannahme als Erfüllung einen derartigen Verstoß gegen die Vorschrift dar, nicht aber schon die Vereinbarung einer Wertsicherungsklausel.

Das Mark-gleich-Mark-Gesetz entzog nur denjenigen Wertsicherungsklauseln die Grundlage, die einen in Reichs-, Renten-, Goldmark oder Mark bezifferten Nennbetrag enthielten. Wegen der die Vertragsfreiheit einschränkenden Wirkung wurde dieses Gesetz eng ausgelegt[261]. Daher waren nach wie vor diejenigen Klauseln in Verträgen wirksam, in denen gar kein in Mark ausgedrückter Nennbetrag enthalten war (Geldwertschulden)[262]. Von einem Verbot von Wertsicherungsklauseln konnte daher auch deshalb nicht die Rede sein.

Da es unerheblich war, ob die Verbindlichkeit vor oder nach dem Inkrafttreten des Mark-gleich-Mark-Gesetzes fällig wurde, verloren auch alle schon bestehenden Wertsicherungsklauseln ihre Wirkung[263], soweit sie dem Regelungsbereich des Gesetzes unterfielen. Damit lag hier wieder ein Fall vor, in dem schon vereinbarte Wertsicherungsklauseln nachträglich wirkungslos gemacht wurden.

Aus der ausdrücklichen Regelung des Mark-gleich-Mark-Gesetzes ergab sich zudem ein Verbot der richterlichen Aufwertung[264]. Die Militärregierung hatte offenbar befürchtet, dass sich ohne gesetzgeberischen Eingriff die „Aufwertungsrechtsprechung" des Reichsgerichts aus den 20er Jahren wiederholen würde.

Duden, Verhandlungen des 40. DJT, Bd. 1, S. 1 ff., 15; Schlegelberger-*Hefermehl,* HGB, Anh § 361 Rdnr. 45.

261 BGHZ 7, S. 143 ff., 152; BGH, NJW 1951, S. 841 f., 842.

262 BGH, BB 1961, S. 586 f.; BGHZ 9, S. 56 ff., 62; BGH, NJW 1951, S. 841 f., 842; BGH, NJW 1951, S. 708 ff., 709; *Skaupy,* JR 1949, S. 343 ff., 344; Staudinger-*K. Schmidt,* Vorbem zu §§ 244 ff, Rdnr. D 165 u. D 44; RGRK-*Alff,* § 245 Rdnr. 15; Schlegelberger-*Hefermehl,* HGB, Anh § 361 Rdnr. 45; *Berndt,* Die Wertsicherung in der Unternehmung, S. 29.

263 *Reinicke/Reinicke,* MDR 1953, S. 385 ff., 386; *Dürkes,* Wertsicherungsklauseln, A Rdnr. 19; *Henn,* MDR 1958, S. 461 ff., 461; *Schubert,* NJW 1950, S. 285 ff., 286.

264 *Grothe,* Fremdwährungsverbindlichkeiten, S. 365 Fn. 2279; *Duden,* Verhandlungen des 40 DJT, Bd. 1, S. 1 ff., 15; Staudinger-*K. Schmidt,* Vorbem zu §§ 244 ff, Rdnr. D 95.

b) Währung und Deutsche Reichsbank, Bank deutscher Länder, Landeszentralbanken

aa) Alliierte Militär-Mark, Deutsche Reichsbank

Die Militärregierung führte neben der weiterhin geltenden Reichsmark „Alliierte Militär-Mark Noten" als gesetzliches Zahlungsmittel ein. Diese wurden „jedem anderen auf Mark lautenden gesetzlichen Zahlungsmittel desselben Nennwertes" gleichgestellt[265].

Die Deutsche Reichsbank, die für alle westdeutschen Länder endgültig erst im August 1961[266] aufgelöst wurde, verlor schon früher an Bedeutung. Dieser Bedeutungsverlust gestaltete sich in den einzelnen westdeutschen Besatzungszonen in unterschiedlicher Weise[267]:

bb) Britische und amerikanische Zone: Reichsbank, Bank deutscher Länder, Landeszentralbanken

Nach dem Sieg über Deutschland setzte die Militärregierung der britischen Zone zunächst einen Reichsbankvorstand ein, der die Geschäfte der Reichsbank in ihrem Gebiet führen sollte[268]. Nach einer Übereinkunft der Militärgouverneure und Oberbefehlshaber der amerikanischen und britischen Zone wurde im März 1948 die „Bank deutscher Länder" errichtet[269], die den „Charakter einer allein berechtigten Notenbank" hatte. Diese war jedoch nicht unabhängig, weil der Zentralbankrat[270] bei der Festsetzung der allgemeinen Bankpolitik den von der Alliierten Bankkommission[271] erlassenen Anordnungen unterlag[272].

---

265 Art. I Abs. 1 des Gesetzes Nr. 51.

266 Gesetz über die Liquidation der Deutschen Reichsbank und der Deutschen Golddiskontbank vom 2. August 1961, RGBl. I, S. 1165 ff.

267 Zur Entwicklung in der sowjetischen Besatzungszone und der späteren DDR, die mit der Schließung der Banken im Mai 1945 begann, vgl. *Beck*, BBankG (1959), E 50 ff.

268 Art. I und VI der VO Nr. 18 vom 24.11.1945 der brit. Militärregierung, ABl. Militärreg. 1945, S. 55 f. In den Amtsblättern der amerik. Militärregierung und in dem VOBl. für Groß Berlin lassen sich keine entsprechenden Verordnungen finden.

269 Brit. Zone: VO Nr. 129 vom 1.3.1948, ABl. Militärreg. 1948, S. 696 ff.; wortgleich in der amerik. Zone: Gesetz Nr. 60 vom 1.3.1948, ABl. Militärreg. 1948, Ausgabe I, S. 10 ff. (abgeänderter Text vom 1.11.1948: ABl. Ausg. L, S. 6 ff.).

270 Dieser bestimmte die allgemeine Geschäftspolitik der Bank, Art. IV Ziff. 20. Er bestand aus einem Vorsitzenden (vom Zentralbankrat gewählt), dem Präsidenten des Direktoriums (das die vom Zentralbankrat bestimmte allgemeine Geschäftspolitik durchzuführen hatte) und den Präsidenten der Landeszentralbanken (Art. IV Ziff. 21 a–d). Hieraus wird geschlossen, dass eine Einschaltung von politischen Organen in die Auswahl der leitenden Funktionsträger der Bank deutscher Länder nicht vorgesehen war (*Hahn*, Währungsrecht, § 12 Rdnr. 23 m.w.N.). Eine unmittelbare Mitentscheidungsmacht gab es zwar tatsächlich nicht. Jedoch darf man nicht übersehen, dass die

Das Gesetz über die Errichtung der Bank deutscher Länder enthielt weder Vorschriften über die Notendeckung, noch eine Einlösungspflicht. Die Währung war daher eine frei gestaltbare (Papier-)Währung[273]. Um die Währung beeinflussen zu können, wurde der Bank deutscher Länder unter anderem die Offenmarktpolitik sowie die Möglichkeit an die Hand gegeben, Mindestreserven, Zins- und Diskontsätzen festzusetzen.

Der Bank deutscher Länder waren die Landeszentralbanken angeschlossen[274]. Damit sollte das westdeutsche Bankwesen dezentralisiert werden[275]. Es entstand ein zweistufiges Zentralbanksystem[276].

Präsidenten der Landeszentralbanken auf Vorschlag des Finanzministers vom Ministerpräsidenten ernannt wurden (Ziff. 7 der brit. VO Nr. 132; § 3 Abs. 3 der o. g. Landeszentralbankgesetze). Diese Präsidenten machten den größten Teil der Mitglieder des Zentralbankrats aus, der wiederum mit einfacher Stimmenmehrheit den Vorsitzenden des Zentralbankrates und den Präsidenten des Direktoriums wählte. Aus wichtigem Grund konnten die Mitglieder des Vorstandes (hierzu gehörten der Präsident, dessen Stellvertreter, sowie weitere Mitglieder, die auf Vorschlag des Präsidenten vom Verwaltungsrat ernannt wurden, Ziff. 5 u. 7 der brit. VO Nr. 132; § 3 Abs. 1 u. 3 der o. g. Landeszentralbankgesetze) auf Vorschlag der Bankaufsichtsbehörde jederzeit abberufen werden (Ziff. 9 der brit. VO Nr. 132; § 3 Abs. 5 der o. g. Landeszentralbankgesetze). Somit waren politische Organe durch die Auswahl der Präsidenten der Landeszentralbanken nicht ganz ohne Einfluss.

271 Diese wurde später durch den Finanzausschuss der Alliierten Hohen Kommission ersetzt, s. Art. III Nr. 3d der Satzung der AHK für Deutschland, VOBl. Brit. Zone 1949, S. 403 ff.

272 Art. II Ziff. 6, siehe aber auch Art. I Ziff. 3, wonach die Bank nicht den Anweisungen irgendwelcher politischen Körperschaften oder öffentlichen Stellen unterworfen war. Die volle Autonomie auch gegenüber den Alliierten erhielt die Bank deutscher Länder erst im Jahr 1951, Art. II in der Fassung des Überleitungsgesetzes zur Änderung des Gesetzes über die Errichtung der Bank deutscher Länder vom 10.8.1951, BGBl. I, S. 509.

273 *Hahn,* Währungsrecht, § 12 Rdnr. 25, der hier schon von der „Deutschen Mark" spricht, die aber erst im Juni 1948 eingeführt wurde. Aber natürlich betraf das BdL-Gesetz die alte Währung kaum noch.

274 Diese wurden von den Briten kurze Zeit später errichtet, VO Nr. 132 vom 1.4.1948 der brit. Militärregierung, ABl. Militärreg. 1948, S. 703 ff. In den Ländern der amerik. Zone waren sie bereits anstelle der bisherigen Reichsbankanstalten eingeführt worden, Bayern: Gesetz Nr. 50 vom 27.11.1946, bay. GVOBl. 1946, S. 329 ff.; Bremen: Gesetz vom 6.3.1947, GBl. Bremen 1947, S. 37 ff.; Hessen: Gesetz vom 7.12.1946, GVOBl. Hessen 1947, S. 1 ff.; Württemberg-Baden: Gesetz Nr. 55 vom 7.12.1946, RegBl. Württemberg-Baden 1946, S. 291 ff. In West-Berlin kam es erst Anfang 1949, jedoch ohne Beteiligung an der Bank deutscher Länder (*Beck,* BBankG (1959), E 23, E 32, K 3), zur Errichtung der Berliner Zentralbank, durch gleichlautende Vorschriften der Militärregierungen für den amerik., brit., und franz. Sektor; siehe etwa die VO über die Errichtung der Berliner Zentralbank vom 20.3.1949 der franz. Militärreg., VOBl. für Groß-Berlin 1949, S. 88 ff. – Ein Verwaltungsrat (s. Ziff. 20 der brit. VO Nr. 132; § 7 Abs. 2 der o. g. Landeszentralbankgesetze) hatte die gesamte Geschäftsführung der Landeszentralbank zu überwachen, die Grundsätze für die Erfüllung der Aufgaben der Landeszentralbank festzulegen sowie die Diskont- und Zinssätze festzusetzen (Ziff. 19 u. 35 der brit. VO Nr. 132; §§ 7 Abs. 1, 14 Abs. 2 der o. g. Landeszentralbankgesetze). Die Bank deutscher Länder setzte ihrerseits Zins- und

cc) Französische Zone

Die Militärregierung der französischen Zone übertrug am 5. Februar 1946[277] die Leitung der Reichsbank einem „Directionskomité"[278], dessen Entscheidungen vor ihrer Ausführung vom Kommissar der Reichsbank[279] angenommen werden mussten[280]. Im Januar 1947 wurde die Rentenmark[281] zum gesetzlichen Zahlungsmittel gemacht[282].

Diskontsätze für ihren Geschäftsverkehr mit den angeschlossenen Landeszentralbanken fest (Art. III Ziff. 19). Die Bank deutscher Länder konnte Anweisungen für die allgemeine Kreditpolitik einschließlich der Zins- und Diskontsätze und der Offenmarktpolitik der angeschlossenen Landeszentralbanken erlassen (Art. III Ziff. 11), bestimmte die gemeinsame Bankpolitik und sollte die größtmögliche Einheitlichkeit in der Bankpolitik in den verschiedenen Ländern sichern (Art. III Ziff. 10). Als notenbankpolitisches Instrument stand der Landeszentralbank – und das war neu – die Mindestreservehaltung zur Verfügung (Ziff. 37 der brit. VO Nr. 132; § 15 Abs. 2 der o. g. Landeszentralbankgesetze). Die Landeszentralbanken musste wiederum bei der Bank deutscher Länder Mindestreserven unterhalten (Art. III Ziff. 19b). – Da die Reichsbank nach wie vor nicht aufgelöst war, wurde in den Landeszentralbankgesetzen bestimmt, dass die Landeszentralbanken bezüglich bestimmter Rechtsverhältnisse nicht als Rechtsnachfolgerinnen der Reichsbank anzusehen waren (Ziff. 62 der brit. VO Nr. 132; § 26 Abs. 2 der o. g. Landeszentralbankgesetze Bayerns, Bremens, Hessens und Württemberg-Badens). Für die Berliner Zentralbank erübrigte sich eine entsprechende Regelung, da sie nur das Vermögen der Reichsbank verwaltete, nicht aber übernahm. Zur Wahrung der Rechte und Interessen der Reichsbank wurden Treuhänder bestellt (brit. Zone: VO Nr. 140 vom 1.4.1948, ABl. Militärreg. 1948, S. 718 f., der Reichsbankvorstand für die brit. Zone wurde aufgelöst. Amerik. Zone: Bayern: VO Nr. 111 vom 30.12.1946, bay. GVOBl. 1947, S. 47 f.; Bremen: VO vom 6.3.1947, GBl. Bremen 1947, S. 40; Hessen: VO vom 20.12.1946, GVOBl. Hessen 1947, S. 28 f.; Württemberg-Baden: VO Nr. 513 vom 24.12.1946, RegBl. Württemberg-Baden 1947, S. 6).

[275] Staudinger-*Weber,* Vorbem zu § 244, 245 Rdnr. 28.

[276] *Hahn,* Währungsrecht, § 12 Rdnr. 21.

[277] Zu Beginn ihrer Militärherrschaft erließ sie zunächst keine besondere Bestimmung über den Status der Reichsbank in der franz. Zone. Es gab aber sonstige Bestimmungen, die die Reichsbank betrafen, wie etwa die VO Nr. 21 vom 3.12.1945, JO No 8 (1945), S. 50.

[278] Verfügung Nr. 41, JO No 16 (1946), S. 120. Durch Art. 1 wurde bestimmt, dass die Direktion der Reichsbank ab dem 15.2.1946 unter dem Namen „Leitstelle der Reichsbank für die franz. Zone" tätig wird. Das Directionskomité bestand aus den Direktoren der Hauptreichsbankstellen von Kaiserslautern und Freiburg und zwei Vollzugsdirektoren, welche von der Direction Générale de l'Economie et des Finances ernannt wurden.

[279] Dieser vertrat das Gouvernement Militaire der Zone, Art. 4 Abs. 4.

[280] Art. 4 Abs. 5.

[281] Anweisung Nr. 11, JO No 125 (1947), S. 1318 f., welche auf den Art. 74 und 75 des (franz.) Finanzgesetzes Nr. 46/2914 vom 23.12.1946 beruhte. Zudem wurden durch diese Anweisung neue auf Franken (franc) lautende Zahlungsmittel eingeführt, die allerdings zum ausschließlichen Gebrauch des franz. oder alliierten Personals im französischen Besatzungsgebiet in Umlauf zu setzen waren. Diese „Besatzungsfranken" durften nicht von deutschen Personen aufbewahrt werden. Eine ähnliche Regelung gab es in der amerikanischen Zone bezüglich sog. „Militärzahlungsscheine", vgl. die VO Nr. 10 vom 22.1.1947, ABl. Militärreg., Ausg. C, S. 10 f.

Im Februar 1947 verordnete die französische Militärregierung die Liquidation der Reichsbank in der französischen Besatzungszone zum 28. Februar 1947[283]. Wie die Amerikaner in der amerikanischen Zone führten auch die Franzosen bereits in jedem Land der französischen Zone zum 1. März 1947 Landeszentralbanken ein[284].

Im Juni 1948 bewegte sich die französische Militärregierung auf die anderen westdeutschen Besatzungszonen zu, indem sie die Landeszentralbanken des französischen Besatzungsgebietes ermächtigte[285], der in der amerikanischen und britischen Zone errichteten Bank deutscher Länder beizutreten. Die Verordnung trat bereits rückwirkend zum 25. März 1948 in Kraft[286].

dd) Auflösung der Deutschen Reichsbank

Der Bundestag löste 1961 die Deutsche Reichsbank auf[287].

---

282 Daher wurde abweichend von den anderen westdeutschen Besatzungszonen in der „franz. Version" des Mark-gleich-Mark-Gesetzes auch die Rentenmark als erfüllungstauglich erwähnt.

283 VO No 78 vom 18.2.1947, JO No 57 (1947), S. 575 f.

284 In § 25 der VO No 209 vom 12.4.1949 (JO No 259 (1949), S. 1938 ff.) wurde hervorgehoben, dass die Landeszentralbank nicht Rechtsnachfolgerin der Dt. Reichsbank sein sollte. Um eine einheitliche Handhabung der Geld- und Kreditpolitik in der franz. Zone zu ermöglichen, wurde durch die Verfügung Nr. 200 (vom 18.2.1947, JO No 57 (1947), S. 577 f.) ein „Koordinationskomité der Landeszentralbanken" geschaffen. Dieses Komité sollte am 1. März 1947 die Arbeit aufnehmen. Anfang März 1947 hätte man glauben können, dass die Landeszentralbanken und das Koordinationskomité ihre Unabhängigkeit von der Militärregierung erhalten haben, denn die VO Nr. 78 und die Verfügung Nr. 200 sahen eine institutionalisierte Einflussnahme durch die Militärregierung nicht vor. Durch die Verfügung Nr. 206 (vom 29.3.1947, JO No 63 (1947), S. 649) wurde dann aber noch Ende März 1947 ein von der Militärregierung ernannter „Commissaire du Gouvernement Militaire" eingeführt, der mit der Kontrolle der Landeszentralbanken und des Koordinationskomités beauftragt war. Er hatte das Recht, Beschlüssen, die nach seiner Meinung mit der allgemeinen Politik der Militärregierung nicht in Einklang standen, zu widersprechen.

285 VO No 155a vom 16.6.1948, JO No 173 (1948), S. 1503 ff.

286 Erst im März 1949 erließ dann auch die franz. Militärregierung eine VO, die die Errichtung der Bank deutscher Länder betraf und die im Wesentlichen den Vorschriften in den beiden anderen westdeutschen Besatzungszonen entsprach (VO Nr. 203 vom 26.3.1949, JO No 250 (1949), S. 1912 ff.). Eine VO betreffend die Landeszentralbanken (VO Nr. 209, JO No 259 (1949), S. 1938) regelte Entsprechendes wie die diesbezüglichen Normen der amerik. und brit. Militärregierungen. Die zuvor erlassenen Landesvorschriften über die Landeszentralbanken wurden aufgehoben.

287 § 1 Abs. 1 des Gesetzes vom 2.8.1961 (BGBl. I, S. 1165 ff.). Man hatte zuvor viele mit der Liquidation zusammenhängende Probleme zu bewältigen. Einen Überblick hierzu findet man z.B. bei *Beck*, BBankG (1959), E 12 ff. Der Bundestag verabschiedete im August 1954 das Gesetz betreffend die Treuhandverwaltung über das Vermögen der Deutschen Reichsbank (BGBl. I, S. 241; dadurch wurde auch die Ziff. 67 der Berliner ZentralbankVO aufgehoben, § 4). Hierdurch wurden die die Bestellung von Treuhändern regelnden Verordnungen aufgehoben (außerdem wurde die

4. Währungsreform

Die Inflation der Reichsmark, die durch die Finanzierung des Krieges durch Kredite mitverursacht wurde, machte eine Währungsreform erforderlich[288]. Auch das Mark-gleich-Mark-Gesetz konnte die Inflation nicht aufhalten, es verstärkte vielmehr die Flucht in Sachwerte, wodurch die Währung noch mehr erschüttert wurde[289]. Zwischen dem 31. Dezember 1937 und dem 15. Februar 1945 war der Zahlungsmittelumlauf in Deutschland von 7,5 Mrd. auf 56,7 Mrd. Reichsmark gestiegen[290]. Die Anzeichen einer offenen Inflation wurden allerdings durch die strengen Preis- und Lohnkontrollen[291] verdeckt (sog. „zurückgestaute oder verdeckte Inflation“[292]), so dass sich die Inflation in erster Linie in einem Zusammenbruch des Angebots von Waren gegen Geld und dazu notwendig gewordener Berechtigungsscheine äußerte, weil die Anbieter beim Tauschhandel oder auf dem „Schwarzmarkt“ höhere Gegenleistungen erzielen konnten[293].

a) Das Währungsgesetz

Das „Erste Gesetz zur Neuordnung des Geldwesens (Währungsgesetz)“[294], das bis zum 31.12.1998 galt, trat am 20. Juni 1948 in Kraft. Es war das Ergeb-

---

VO Nr. 78 des franz. Oberkommandos aufgehoben, die ja bereits die Liquidation der Reichsbank in der franz. Besatzungszone vorschrieb). Nunmehr sollte ein einziger Treuhänder (§ 1 Abs. 1) das Reichsbankvermögen bis zu einer gesetzlichen Regelung der Rechtsverhältnisse der Reichsbank verwalten.

288 *Hahn,* Währungsrecht, § 12 Rdnr. 13; Staudinger-*K. Schmidt,* Vorbem zu §§ 244 ff, Rdnr. A 58, dort auch Weiteres zu den Ursachen dieser Inflation. Siehe auch oben S. 47 f. zum ReichsbankG v. 1939, wo dargestellt ist, dass keine Beschränkung mehr bezüglich der Kreditgewährung durch die Reichsbank an das Reich vorgesehen war.

289 *Rötelmann,* NJW 1951, S. 363 f., 364; *Berndt,* Die Wertsicherung in der Unternehmung, S. 29.

290 Staudinger-*Weber,* Vorbem zu § 244, 245 Rdnr. 25.

291 Zum Preisrecht s. o. Kap. I 2. b).

292 Vgl. *Reichert-Facilides,* JZ 1969, S. 617 ff., 618; *Endler,* Europäische Zentralbank und Preisstabilität, S. 64; *v. Maydell,* Geldschuld und Geldwert, S. 39 f.; *Duden,* Verhandlungen des 40. DJT, Bd. 1, S. 1 ff., 14.

293 *v. Maydell,* Geldschuld und Geldwert, S. 39 f.; Staudinger-*K. Schmidt,* Vorbem zu §§ 244 ff, Rdnr. A 58; *Hahn,* Währungsrecht, § 12 Rdnr. 13.

294 Die Militärregierungen erließen unter diesem Titel beinahe gleichlautende Gesetze: amerik. Kontrollgebiet: Gesetz Nr. 61; brit. Kontrollgebiet: Gesetz Nr. 61; franz. Kontrollgebiet: VO Nr. 158. Die Gesetze sind, inkl. einer Präambel zu der Übereinkunft über die Errichtung des Wirtschaftsgebietes, abgedruckt in dem Gesetz- und VOBl. des Wirtschaftsrates des Vereinigten Wirtschaftsgebietes (WiGBl.) 1948, Beilage Nr. 5, S. 1 ff. Die geringen Abweichungen in den drei Gesetzen betreffen die nur in der franz. Zone ausgegebenen Behelfsgeldscheine und eine abweichende Regelung für das brit. Kontrollgebiet bezüglich der Erstausstattung der öffentl. Hand und der Wirtschaft mit neuem Geld. Mit zum Teil anderem Wortlaut und Abweichungen

nis einer Übereinkunft der Militärgouverneure und Obersten Befehlshaber der amerikanischen, britischen und französischen Zone. Sie wollten durch einheitliche Gesetze das Geldwesen in dem „Währungsgebiet“[295] neu ordnen, um die durch den Nationalsozialismus herbeigeführte Währungszerrüttung zu beseitigen. Damit knüpften die Alliierten an das Ziel an, das in den Potsdamer Beschlüssen vom 5. Juli 1945 definiert wurde: Deutschlands Wirtschaft zu dezentralisieren[296], das Land selbst jedoch als ein einheitliches Wirtschaftsgebiet mit einem einheitlichen Wirtschaftsrecht beizubehalten[297]. Schon früh begannen sie daher auch, eine einheitliche Währungsreform zu planen, die sich jedoch zunächst nicht durchführen ließ[298].

Das Währungsgesetz[299] ersetzte die Reichsmark-Währung mit Wirkung vom 21. Juni 1948 durch die Deutsche-Mark-Währung, die zum alleinigen gesetzlichen Zahlungsmittel wurde[300]. Damit wurde zugleich die bis dahin noch formal gültige Währungseinheit mit der sowjetischen Zone aufgehoben[301]. Da es weder

---

wurde zeitgleich in Berlin eine dem WährG entsprechende VO der Kommandanten des franz., brit. und amerik. Sektors von Groß-Berlin, VOBl. für Groß-Berlin I 1948, S. 363 ff., zum 25. Juni 1948 in Kraft gesetzt (BerlWährVO). Vgl. unten Fn. 309.

[295] Dieses „Währungsgebiet“ bestand aus den Ländern Baden, Bayern, Bremen, Hansestadt Hamburg, Hessen, Niedersachsen, Nordrhein-Westfalen, Rheinland-Pfalz, Schleswig-Holstein, Württemberg-Baden und Württemberg-Hohenzollern.

[296] Nr. 12 der Vereinbarung über „Die politischen und wirtschaftlichen Grundsätze zur Behandlung Deutschlands während der ersten Kontrollperiode“, s. Deutschland 1945, Vereinbarungen der Siegermächte, Hrsg. vom Gesamtdeutschen Institut, Bonn.

[297] Vgl. Nr. 14 der Vereinbarung über „Die politischen und wirtschaftlichen Grundsätze zur Behandlung Detuschlands während der ersten Kontrollperiode“ u. *Strauß,* BB 1946, S. 4 f., 4.

[298] So wurde auch schon 1946 eine einheitliche Währungsreform für ganz Deutschland geplant, deren Ausführung dann jedoch an der inzwischen eingetretenen Funktionsunfähigkeit des Alliierten Kontrollrates scheiterte, s. Staudinger-*Weber,* Vorbem zu § 244, 245 Rdnr. 26.

[299] Der Einfachheit halber im Singular. Bis zum Entstehen der Bundesrepublik Deutschland blieb es aber bei der Geltung des jeweiligen Militärregierungsgesetzes (bzw. -VO) in dem jeweiligen Kontrollgebiet.

[300] §§ 1 Abs. 1, Abs. 2 Nr. 1. Später auch § 14 Abs. 1 Satz 3 BBankG sowie bezüglich der Münzen § 2 MünzG. Nur bis zum 31. August 1948 (§ 1 Abs. 3) galten daneben noch andere, in § 1 Abs. 2 Nr. 2 bezeichnete Noten und Münzen zu einem Zehntel ihres bisherigen Nennwertes als gesetzliche Zahlungsmittel. Dies wurde jedoch beschränkt durch besondere Verfügungen, wie etwa durch die (franz.) Verfügung Nr. 67 (JO No 173 (1948), S. 1513 f.) oder die (amerik.) Bestimmung Nr. 1 vom 24.6.1948 (VOBl. für Groß-Berlin I 1948, S. 365 f.).

[301] *Gramlich,* BBankG, § 1 WährG Rdnr. 2. Die Sowjetische Militärverwaltung in Deutschland reagierte auf die Einführung der DM damit, dass sie mit Gesetzeskraft bestimmte, dass diese Geldscheine für den Umlauf in der sowj. Besatzungszone Deutschlands und im Gebiet Groß-Berlins, das sich in der sowjet. Besatzungszone befand und „wirtschaftlich einen Teil der sowjet. Besatzungszone darstellt“, nicht zugelassen waren. Die Einfuhr der DM wurde verboten (Aufruf der Sowjet. Militärverwaltung in Deutschland, VOBl. für Groß-Berlin I 1948, S. 362). Mit dem „Befehl des Obersten Chefs der Sowjet. Militärverwaltung in Deutschland Nr. 111 über die Durch-

Einlösungs- noch Deckungsvorschriften gab, handelte es sich bei der DM-Währung um eine reine „Papierwährung“[302]. Nur infolge des Beitritts der Bundesrepublik zum Internationalen Währungsfonds (IWF) war die Bundesbank später vorübergehend verpflichtet gewesen, gewisse Paritäten zum Feingold und zum US-Dollar einzuhalten[303].

Da die Währung nicht an von Natur aus knappe Güter gebunden war, musste die Geldmenge auf anderem Wege begrenzt werden. Dies geschah durch eine währungs- bzw. wirtschaftspolitische Steuerung[304]. Die DM-Währung war nur

---

führung der Währungsreform in der sowjet. Besatzungszone Deutschlands“ (VOBl. für Groß-Berlin I 1948, S. 362 f.) wurden dann ab dem 24. Juni 1948 auf dem „gesamten Territorium der sowjet. Besatzungszone Deutschlands und auf dem Gebiet Groß-Berlins“ neue Geldscheine eingeführt und zwar Reichsmark und Rentenmark alten Musters mit „aufgeklebten Spezialkupons“ (siehe auch die VO über die Währungsreform in der sowj. Besatzungszone Deutschlands, VOBl. für Groß-Berlin I 1948, S. 383 f. und die VO zur Regelung des Umtausches, VOBl. für Groß-Berlin I 1948, S. 399 f.). Diese waren ab diesem Zeitpunkt die einzig gesetzlich zugelassenen Zahlungsmittel in diesem Gebiet. Durch den Befehl Nr. 124 (VOBl. für Groß-Berlin I 1948, S. 388) wurden dann zum 25.7.1948 in der sowjet. Besatzungszone und in Groß-Berlin neue Geldscheine („Deutsche Mark der Deutschen Notenbank“) eingeführt. Erst einen Monat nach der Währungsreform in der sowjet. Besatzungszone kam man also mit dem Druck der neuen Geldscheine nach und konnte das Provisorium mit den Spezialkupons beenden. Die Reichs- und Rentenmarkscheine mit aufgeklebtem Spezialkupons mussten wieder umgetauscht werden. Die Erstreckung der Währungsreformgesetze seitens der sowjet. Militärverwaltung auch auf die drei Berliner Westsektoren wurde von deren Kommandanten natürlich nicht akzeptiert und für nichtig erklärt (Schlegelberger-*Hefermehl,* HGB, Anh § 361 Rdnr. 11). Zur Währungsreform in der Ostzone s. *Benkard,* BB 1948, S. 859 ff. Zur weiteren Entwicklung in Ostdeutschland und zur „Deutschen Notenbank“ s. m.w.N. Staudinger-*Weber,* Vorbem zu § 244, 245 Rdnr. 34. Das Recht der sowjet. Besatzungszone kannte kein besonderes Verbot wertbeständiger Forderungen (*Skaupy,* JR 1949, S. 343 ff., 344).

[302] Staudinger-*K. Schmidt,* Vorbem zu §§ 244 ff, Rdnr. A 64; *Gramlich,* BBankG, § 1 WährG Rdnr. 5; *Hahn,* Währungsrecht, § 12 Rdnr. 25; *v. Maydell,* Geldschuld und Geldwert, S. 60; RGRK-*Alff,* § 244 Rdnr. 3; *Claussen,* Bank- und Börsenrecht, § 1 Rdnr. 14; AK-BGB-*Brüggemeier,* Vor §§ 244, 245 Rdnr. 5; Schlegelberger-*Hefermehl,* HGB, Anh § 361 Rdnr. 14; *Fögen,* Geld- und Währungsrecht, S. 59; *Dempewolf,* NJW 1967, S. 380 ff., 381. – Da die Geldzeichen bei der Bundesbank nicht gegen Gold eingetauscht werden konnten, handelte es sich bei ihnen nicht um Inhaberschuldverschreibungen im Sinne von § 793 BGB (*Zöllner,* Wertpapierrecht, 15 f.; *K. Schmidt,* JuS 1983, S. 737 ff, 738).

[303] Siehe hierzu im Einzelnen *Fögen,* Geld- und Währungsrecht, S. 59; *Hahn,* Währungsrecht, § 13 Rdnr. 7 ff. und *Gramlich,* BBankG, § 1 WährG Rdnr. 10. Damit konnte die DM zeitweise als eine gelenkte Währung mit den Merkmalen einer Goldparitätswährung auf Grund internationaler Abkommen bezeichnet werden (*Fögen,* Geld- und Währungsrecht, S. 61; *Hahn,* Währungsrecht, § 13 Rdnr. 11). Der IWF rückte 1978 wieder von der Goldparität ab, s. Anhang C Nr. 1 des Übereinkommens über den Internat. Währungsfonds i.d.F. der zweiten Änderung und Ergänzung, BGBl. II 1978, S. 13 ff., 68, in Kraft getreten am 1.4.1978, s. BGBl. II 1978, S. 838; Staudinger-*K. Schmidt,* Vorbem zu §§ 244 ff, Rdnr. A 64.

[304] Vgl. *K. Schmidt,* JuS 1983, S. 737 ff., 738; Staudinger-*ders.,* Vorbem zu §§ 244 ff, Rdnr. A 43 u. 49.

dadurch gegen den Wertverlust gesichert, dass zunächst die Bank deutscher Länder und später Bundesbank und Bundesregierung verpflichtet waren, die Kaufkraft durch eine vertrauensgewinnende, sachgemäße Währungspolitik zu erhalten[305] [s. dazu Kap. I 5. b)].

Aufgrund der Erfahrungen der vorangegangenen Jahre befürchtete die Militärregierung, dass der neuen Währung nicht genügend Vertrauen entgegengebracht und sie daher nicht in vollem Umfang akzeptiert werden würde. Während die Deutschen der Goldwährung zu Beginn des Jahrhunderts noch vertraut hatten, stellte sich dieses Vertrauen nach den schlechten Erfahrungen im Umfeld des Ersten Weltkrieges in diesem Maße selbst dann nicht wieder ein, als die Goldwährung mit dem Bankgesetz von 1924[306] de facto wieder eingeführt wurde. Inzwischen war es zu einer neuen Währungszerrüttung gekommen. Das neue Währungsrecht enthielt wiederum weder Deckungs- noch Einlösungspflicht. Das Vertrauen in die DM musste daher zunächst erst aufgebaut werden. In dieser Zeit war die Gefahr groß, dass die Menschen in andere Währungen oder Wertsicherungsklauseln flüchteten. Damit stieg das Risiko einer Inflation. Unter anderem aus diesen Gründen[307] sah § 3 WährG ein Fremdwährungsverbot sowie ein Verbot von Wertsicherungsklauseln vor[308]. Im Wortlaut:

> „Geldschulden dürfen nur mit Genehmigung der für die Erteilung von Devisengenehmigungen zuständigen Stelle in einer anderen Währung als in Deutscher Mark eingegangen werden. Das gleiche gilt für Geldschulden, deren Betrag in Deutscher Mark durch den Kurs einer solchen anderen Währung oder durch den Preis oder eine Menge von Feingold oder von anderen Gütern und Leistungen bestimmt werden soll."

Die zeitgleich in den Westsektoren Berlins in Kraft getretenen Währungsverordnung (BerlWährVO)[309] enthielt eine inhaltlich übereinstimmende Regelung[310].

---

305 *v. Maydell,* Geldschuld und Geldwert, S. 60; Schlegelberger-*Hefermehl,* HGB, Anh § 361 Rdnr. 14.

306 Siehe oben Kap. I 1. f) cc).

307 Siehe auch unten Kap. IV 1. a).

308 *Schmidt-Räntsch,* NJW 1998, S. 3166 ff., 3166; *Hahn,* Währungsrecht, § 17 Rdnr. 27; *Samm/Hafke,* Grundbesitz und Wertsicherungsklauseln, S. 1; *Hafke,* WM 1997, S. 693 ff., 694; *Eppig,* NJW 1949, S. 531 ff., 532; *Fögen,* BB 1958, S. 1259 ff., 1259. *Wachs,* MDR 1948, S. 45 ff., 46 berichet von der „gegenwärtig wieder zu beobachtenden Häufigkeit mannigfaltiger Wertsicherungsklauseln" und bezieht dies auf die „Befürchtungen, die an die wohl nahe bevorstehende Währungsneuordnung geknüpft werden".

309 VO vom 24.6.1948, VOBl. für Groß-Berlin I, S. 363 ff.

310 Die dem § 3 WährG entsprechende Ziff. 2 c) der VO hatte folgenden Wortlaut: „Verpflichtungen, die die Bezahlung in einer anderen Währung als Deutsche Mark oder der Währung, welche im sowjetischen Sektor von Berlin gesetzliches Zahlungsmittel ist, vorsehen, dürfen nur mit Genehmigung der zuständigen Devisenstelle erfolgen. Das gleiche gilt für Verpflichtungen, deren zahlbarer Betrag durch den Kurs einer

Während der Gesetzgeber Wertsicherungsklauseln mit dem Mark-gleich-Mark-Gesetz noch dadurch verhindert hat, indem er ihnen durch den Grundsatz „Mark-gleich-Mark“ die Grundlage entzog, enthielt § 3 Satz 2 WährG ein ausdrückliches Verbot (mit Genehmigungsvorbehalt) solcher Klauseln[311]. Insoweit war die Regelung schärfer. Andererseits war sie aber auch offener, weil die Möglichkeit eröffnet wurde, sich eine Wertsicherungsklausel genehmigen zu lassen. Dieser unterschiedliche Ansatz hatte Bedeutung, als das Mark-gleich-Mark-Gesetz weggefallen ist: Die unter diesem Gesetz vereinbarten Wertsicherungsklauseln wurden wieder wirksam. Weitergehender als beim Mark-gleich-Mark-Gesetz waren nunmehr auch solche Klauseln genehmigungsbedürftig, in denen gar kein in Mark ausgedrückter Nennbetrag enthalten war[312].

b) Emissionsgesetz und Umstellungsgesetz, Abschluss der Währungsumstellung

Zeitgleich mit dem Währungsgesetz traten das Emissionsgesetz[313] und das Umstellungsgesetz[314] in Kraft. Durch das Emissionsgesetz erhielt die Bank deutscher Länder das ausschließliche Recht, Banknoten und Münzen auszugeben[315]. Der Umlauf an Noten und Münzen wurde begrenzt, die Bank deutscher Länder konnte eine Mindestreserve der Geldinstitute festlegen[316]. Die Vor-

---

solchen anderen Währung, durch den Preis oder eine Menge von Feingold oder anderen Gütern oder Leistungen bestimmt werden soll“. In der BerlWährVO ist von „Verpflichtungen“ statt von „Geldschulden“ die Rede. Aus dem Sinn und Zusammenhang der Vorschrift ergibt sich jedoch, dass mit Verpflichtungen Geldschulden gemeint sind. Dass die im sowjet. Sektor geltende Währung besonders erwähnt ist, hängt mit den West-Berliner Besonderheiten zusammen, s. BVerwGE 41, S. 13 ff., 16.

311 Anders *Dürkes,* Wertsicherungsklauseln, B Rdnr. 3, der schon bei dem Mark-gleich-Mark-Gesetz von einem Verbot spricht, vgl. oben Kap. I 3. a). Wie hier *Hammes,* MDR 1949, S. 275 ff., 275; *Hahn,* Währungsrecht, § 8 Rdnr. 15; s. auch BGH, BB 1956, S. 936 f., 936.

312 *Skaupy,* JR 1949, S. 343 ff., 345. Zu den Einzelheiten siehe unten Kap. VI 2. c) bb).

313 Zweites Gesetz zur Neuordnung des Geldwesens, amerik. und brit. Kontrollgebiet: Gesetz Nr. 62; franz. Kontrollgebiet: VO Nr. 159. Alle abgedruckt in WiGBl. 1948, Beilage Nr. 5, S. 11 ff.; in Berlin wurde bereits in der o. g. (Währungs-)VO in Ziff. 1a bestimmt, dass die neuen Geldnoten von der Bank deutscher Länder ausgegeben werden, so dass sich eine Berliner Emissionsverordnung erübrigte. Das EmissionsG wurde durch § 43 Abs. 1 Nr. 3 BBankG vom 26.7.1957 aufgehoben.

314 Drittes Gesetz zur Neuordnung des Geldwesens, amerik. und brit. Kontrollgebiet: Gesetz Nr. 63; franz. Kontrollgebiet: VO Nr. 160. Alle abgedruckt in WiGBl. 1948, Beilage Nr. 5, S. 13 ff.; mit zum Teil abweichenden Wortlaut in Berlin als UmstellungsVO zum 5.7.1948 in Kraft gesetzt (siehe Art. 1 Abs. 2 Nr. 7), VOBl. für Groß-Berlin I 1948, S. 374 ff. Das Gesetz ist mit seinen Durchführungsverordnungen auch abgedruckt bei *Harmening,* Währungsgesetze, S. 19 ff.

315 § 1 Abs. 1 EmissionsG. Zum ersten Mal in der Währungsgeschichte Deutschlands lag damit die Ausgabe sämtlicher Geldzeichen allein in den Händen der Zentralbank, s. *Hahn,* Währungsrecht, § 12 Rdnr. 15.

schriften des Umstellungsgesetzes regelten im Einzelnen, wie Reichsmark-Schuldverhältnisse in solche auf Deutsche Mark umzustellen waren. Das Umstellungsgesetz traf damit eine Regelung über das rekurrente Anschlussverhältnis zwischen Reichsmark- und DM-Beträgen[317]. Spätestens mit dem Gesetz zum Abschluss der Währungsumstellung vom 17. Dezember 1975[318] war die Währungsreform zu Ende.

c) Geltung des Mark-gleich-Mark-Gesetzes und der Verordnung über wertbeständige Rechte nach der Währungsreform

Das Währungsgesetz hob das Mark-gleich-Mark-Gesetz nicht ausdrücklich auf. Manche Gerichte wandten dessen Art. II Sätze 1–3 auch nach der Währungsreform noch an[319]. Hierfür spricht die Tatsache, dass der Rat der Alliierten Hohen Kommission erst am 15. Februar 1951[320] den Art. II Sätze 1–3 des Mark-gleich-Mark-Gesetzes und am 29. November 1951[321] das ganze Gesetz aufhob. Wenn aber die Vereinbarung einer Wertsicherungsklausel nicht nur der Genehmigungspflicht nach § 3 Satz 2 WährG unterlag, sondern weiterhin entsprechend der alten Regelung auch der Erfüllungswirkung einer Zahlung in Höhe des Nennbetrages ohne Berücksichtigung der Wertsicherungsklausel, dann würde das Genehmigungserfordernis des § 3 WährG kaum Sinn machen. Warum sollte eine Wertsicherungsklausel von einer Genehmigung abhängig sein, wenn die Klausel wegen des Mark-gleich-Mark-Gesetzes ohnehin keine praktische Wirkung entfalten konnte? Aus dem Sinn und Zweck des § 3 Satz 2 WährG folgte daher, dass die alte Regelung hinfällig geworden war: lex posterior derogat legi priori. Dies wird im Hinblick auf Satz 4 des Art. II besonders deutlich. Danach musste die Verpflichtung zur Zahlung in einer fremden Währung genehmigt werden. Genau dies regelte anschließend der § 3 Satz 1 WährG.

---

316 §§ 5 u. 6 EmissionsG.

317 Staudinger-*K. Schmidt,* Vorbem zu §§ 244 ff, Rdnr. A 59. Gemäß § 16 Abs. 1 UmstellungsG galt grundsätzlich das Umstellungsverhältnis 10 RM zu 1 DM.

318 BGBl. I 1975, S. 3123 ff. In diesem Gesetz ist ein Erlöschen von Reichsmarkguthaben bzw. die Verjährung von Ansprüchen gegen Geldinstitute zum 30.6.1976 vorgesehen.

319 So etwa in dem Urteil vom 16.06.1949 des LG Hamburg, MDR 1949, S. 632 f., 632. Anders aber der BGH, NJW 1951, S. 708 ff., 709. Das KG (JR 1949, S. 476 f., 476) ging zwar von der Weitergeltung des Mark-gleich-Mark-Gesetzes aus, wandte es aber auf diejenigen Fälle nicht mehr an, in denen die Forderung erst nach Ablösung der RM durch die DM fällig geworden war. Anders aber (das Mark-gleich-Mark-Gesetz hatte nach der Währungsreform keine praktische Bedeutung mehr bzw. war nicht mehr anwendbar) z. B. *Dürkes,* Wertsicherungsklauseln, A Rdnr. 22; *Berndt,* Die Wertsicherung in der Unternehmung, S. 29; Staudinger-*K. Schmidt,* Vorbem zu §§ 244 ff, Rdnr. D 165; *Duden,* Verhandlungen des 40. DJT, Bd. 1, S. 1 ff., 15.

320 Gesetz Nr. A-14, Amtsblatt der AHK 1951, S. 779 f.

321 Gesetz Nr. A-21, Amtsblatt der AHK 1951, S. 1352.

Auch dieser Teil wurde formell erst im November 1951 aufgehoben. Durch die Regelung des gleichen Sachverhaltes wurde aber die ältere Regelung schon bei Erlass des WährG und nicht erst bei dessen Aufhebung gegenstandslos[322]. Der Aufhebung des Mark-gleich-Mark-Gesetzes im Jahre 1951 kam daher nur bestätigende Wirkung zu.

§ 3 Satz 2 WährG harmonierte auch nicht mit der Verordnung über wertbeständige Rechte von 1940. Er setzte voraus, dass sich die Vereinbarung einer Feingoldklausel auf die Höhe der Geldschuld auswirken konnte. Das war nach der Verordnung über wertbeständige Rechte nicht der Fall war. Also gilt auch hier: lex posterior derogat legi priori. Die Verordnung über wertbeständige Rechte entfaltete daher nach der Währungsreform ebenfalls keine Wirkung mehr.

d) Alte Wertsicherungsklauseln nach der Währungsreform

aa) Vereinbarkeit mit § 3 WährG

Das Mark-gleich-Mark-Gesetz verbot Wertsicherungsklauseln nicht, § 3 Satz 2 WährG hingegen machte solche Klauseln von einer Genehmigung abhängig. Daher war fraglich geworden, was für Klauseln galt, die bereits vor der Währungsreform vereinbart wurden und die in die Zeit nach der Währungsreform hineinreichten[323]. Hier wurde die Ansicht vertreten, dass solche Altklauseln der Genehmigung nach § 3 Satz 2 WährG bedurften, da es unverständlich sei, wenn der Gesetzgeber die Vereinbarung neuer Wertsicherungsklauseln grundsätzlich verbot, das Wiederaufleben neuer Klauseln jedoch gestattete[324]. Aus dem Wortlaut dieser Vorschrift folgt jedoch, dass sich die Genehmigungspflicht nur auf

---

322 *Duden,* BB 1949, S. 669 f., 669 Fn. 3. Dass das Mark-gleich-Mark-Gesetzes nach der Währungsreform nicht mehr weitergalt, ergab sich daneben aus dem Umstand, dass die Reichsmark und die alliierte Militärmark aus dem Verkehr gezogen worden sind (BGH, NJW 1951, S. 708 ff., 709; *Duden,* BB 1949, S. 669 f., 669; *Schubert,* NJW 1950, S. 285 ff., 288; Staudinger-*Weber,* § 244 Rdnr. 240; *Hammes,* MDR 1949, S. 275 ff., 276 f.; *Herold,* MDR 1948, S. 137 f.). Dieses Gesetz hatte allein den Sinn, den Wert der Reichsmark zu sichern (BGH, DB 1953, S. 250 f., 250; KG, JR 1949, S. 476 f., 476) und nicht den Wert der jeweils geltenden Reichswährung. Da auch die alten Geldschulden bei der Währungsreform auf DM-Verbindlichkeiten umgestellt wurden (§§ 13 Abs. 3, 16 Abs. 1, 18 UmstellungsG), handelt es sich nunmehr nur noch um DM-Schulden, auf die Art. II Satz 1–3 nicht mehr anwendbar war.

323 Für diejenigen, die dem Art. II S. 1–3 des Mark-gleich-Mark-Gesetzes ein Verbot von Wertsicherungsklauseln entnahmen, stellte sich dieses Problem nicht, da danach die Verträge gemäß § 134 BGB oder zumindest die Wertsicherungsklausel gemäß §§ 134, 139 BGB nichtig gewesen wären, so wohl *Berndt,* Die Wertsicherung in der Unternehmung, S. 29.

324 So *Münzel,* JR 1949, S. 341 ff., 343; *Schubert,* NJW 1950, S. 285 ff., 288; *Eppig,* NJW 1949, S. 531 ff., 535.

die Zeit nach dem Inkrafttreten des Währungsgesetzes bezog[325]. Da der Eingriff in bereits abgeschlossene Verträge schwerwiegender gewesen wäre, als noch nicht bestehende Vereinbarungen von einer Genehmigung abhängig zu machen, verbot es sich, § 3 Satz 2 durch Auslegung so weit auszudehnen, dass er auch den rückwirkenden Eingriff umfasste[326]. Vor der Währungsreform ging man zudem davon aus, dass Wertsicherungsklauseln mit großer Wahrscheinlichkeit für nichtig erklärt werden[327]. Der Gesetzgebers hätte ein solches Verbot daher ausdrücklich formulieren können, was er dem Wortlaut des § 3 Satz 2 zufolge nicht tat. Wertsicherungsklauseln blieben deshalb auch ohne Genehmigung weiterhin gültig, wenn sie bereits vor der Währungsreform wirksam bestanden haben[328].

bb) Vereinbarkeit mit dem Umstellungsgesetz

Wenn § 3 Satz 2 WährG der Wirksamkeit von Wertsicherungsklauseln nicht entgegenstand, die vor seinem Inkrafttreten bereits wirksam vereinbart worden waren, so konnten allerdings die Vorschriften des Umstellungsgesetzes (UmstellungsG) Probleme bereiten.

Durch § 16 Abs. 1 UmstellungsG wurden Reichsmarkforderungen grundsätzlich[329] im Verhältnis 10:1 auf Deutsche Mark umgestellt. In § 13 Abs. 3 wurden Reichsmarkforderungen im Sinne des UmstellungsG als Forderungen aus vor dem 21. Juni 1948 begründeten Schuldverhältnissen[330] definiert, die auf Reichs-, Renten- oder Goldmark lauten oder nach den vor dem Inkrafttreten des Währungsgesetzes in Geltung gewesenen Vorschriften in Reichsmark zu erfüllen gewesen wären. Da auch die Forderungen, die auf Goldmark lauteten, durch das UmstellungsG erfasst wurden, wurde der in der Verordnung über wertbeständige Rechte von 1940 begonnene Weg, der die Goldmark der Reichsmark gleichsetzte, fortgesetzt[331].

---

325 BGHZ 9, S. 56 ff., 63; BGH, NJW 1951, S. 708 ff., 709; *Berndt,* Die Wertsicherung in der Unternehmung, S. 29 u. 40; RGRK-*Alff,* § 245 Rdnr. 18; *Hartmann,* DB 1970, Beilage Nr. 17 Rdnr. 5; *Samm/Hafke,* Grundbesitz und Wertsicherungsklauseln, S. 8; Staudinger-*K. Schmidt,* Vorbem zu §§ 244 ff, Rdnr. D 205.

326 *Hammes,* MDR 1949, S. 257 ff., 278.

327 *Zweigert,* DRZ 1947, S. 169 ff., 172; *Münzel,* JR 1949, S. 341 ff., 341.

328 BGHZ 9, S. 56 ff., 63; *Skaupy,* JR 1949, S. 343 ff., 346; *Hammes,* MDR 1949, S. 257 ff., 277; *Duden,* BB 1949, S. 669 f., 670; *ders.,* Verhandlungen des 40. DJT, Bd. 1, S. 1 ff., 18.

329 Ausnahmen ergaben sich allein aus den §§ 16 ff. UmstellungsG, s. auch BGH, NJW 1951, S. 708 ff., 709.

330 „Schuldverhältnisse" im Sinne des UmstellungsG sind gemäß dessen § 13 Abs. 1 alle auf die Zahlung einer Geldsumme gerichteten Forderungen. Diese Definition ist allerdings misslungen, denn eine auf eine Geldsumme gerichtete Forderung kann allenfalls die Auswirkung eines Schuldverhältnisses sein, nicht aber selbst ein Schuldverhältnis, vgl. *Priese/Rebentrost,* Währungsgesetze, § 13 UG Rdnr. 1.

Bei den Umstellungsvorschriften handelte es sich um zwingendes Recht[332]. Dem hätte es widersprochen, wenn alle Wertsicherungsklauseln am Tag nach der Umstellung wieder aufgelebt wären und sich die gesetzlich vorgesehenen Umstellungsschlüssel damit nicht durchgesetzt hätten. Der Militärgesetzgeber sah – neben den §§ 20 und 21 UmstellungsG[333] – gerade keinen Härteausgleich für die Geldgläubiger vor, sondern nahm Härten bewusst in Kauf[334]. Soweit die Voraussetzungen des Umstellungsgesetzes vorlagen, setzten sich Wertsicherungsklausel daher nicht durch. Sie fielen endgültig weg[335].

Aus dem Wortlaut des § 16 Abs. 1[336] und des § 13 Abs. 1[337] UmstellungsG folgte allerdings erstens, dass zumindest all diejenigen Forderungen umgestellt wurden, bei denen ein Nennbetrag ziffernmäßig festgelegt war[338]. Zweitens ergibt sich, dass ein ursprünglicher Nennbetrag der Forderung überhaupt feststellbar gewesen sein muss, denn andernfalls konnte der Umstellungsschlüssel des UmstellungsG nicht greifen[339]. Eine Wertsicherungsklausel, die einer ziffernmäßig festgelegten Verbindlichkeit beigefügt war, konnte daher keine Wirkung entfalten[340].

Anders war es bei Forderungen, die nicht ziffernmäßig festgelegt waren[341]. Auch diese sollten zwar irgendwann durch die Zahlung einer Geldsumme erfüllt werden. Bis dahin lautete diese Forderung aber nicht im Sinne von § 13

---

[331] Goldpreisabhängige Zahlungsansprüche wurden daher in demselben Verhältnis in DM-Forderungen umgewandelt, wie RM-Forderungen ohne Wertsicherungsklausel. So wurde etwa eine Forderung über 10.000 Goldmark ebenso wie eine über 10.000 Reichsmark in eine Forderung über 1.000 DM umgestellt, obwohl die erstgenannte Forderung einem Betrag von 17.000 DM entsprochen hätte, wenn die Goldmark-Klausel weitergegolten hätte, s. *Fögen,* Geld- und Währungsrecht, S. 146.

[332] BGH, NJW 1951, S. 708 ff., 710; BGHZ 7, S. 134 ff., 139. Die Umstellungsvorschriften sollten klare Verhältnisse für einen umfassenden Währungsneuanfang schaffen, s. *v. Maydell,* Geldschuld und Geldwert, S. 158; *Skaupy,* JR 1949, S. 343 ff., 344; der BGH (NJW 1951, S. 708 ff., 710) entschied, dass die Umstellungsgesetzgebung Härten in Kauf habe nehmen müssen, um ihr Ziel zu erreichen, weshalb Billigkeitserwägungen für die Auslegung dieser Gesetzgebung nicht herangezogen werden dürften.

[333] § 21 Abs. 1–3 UmstellungsG gestrichen durch das Vertragshilfegesetz vom 26.03.1952, BGBl. I, S. 198 ff.

[334] BGH, NJW 1951, S. 708 ff., 710; RGRK-*Alff,* § 245 Rdnr. 17.

[335] *Fögen,* Geld- und Währungsrecht, S. 146 f.; *Hahn,* Währungsrecht, § 8 Rdnr. 13.

[336] „Die Reichsmarkforderungen *werden* … umgestellt …“.

[337] „… auf die Zahlung einer Geldsumme gerichtet …“.

[338] *Reinicke/Reinicke,* MDR 1953, S. 385 ff., 385; *Skaupy,* JR 1949, S. 343 ff., 344.

[339] BGHZ 1, S. 52 ff., 54; *Duden,* DRZ 1948, S. 330 ff., 333 u. 335; *v. Caemmerer,* JZ 1951, S. 417 ff., 420; *Ranniger,* DNotZ 1951, S. 396 ff., 397; Schlegelberger-*Hefermehl,* HGB, Anh § 361 Rdnr. 20.

[340] BGH, NJW 1951, S. 708 ff., 710; *Skaupy,* JR 1949, S. 343 ff., 344; *Duden,* BB 1949, S. 669 f., 669; *Münzel,* JR 1949, S. 341 ff., 341; *Dürkes,* Wertsicherungsklauseln, A Rdnr. 23; Staudinger-*K. Schmidt,* Vorbem zu §§ 244 ff, Rdnr. D 166; wohl auch KG, BB 1958, S. 786.

Abs. 3 UmstellungsG auf die Zahlung von Reichs-, Renten- oder Goldmark[342], so dass gar kein Betrag vorhanden war, an dem der Umstellungsschlüssel greifen konnte[343]. Die Höhe dieser Forderungen richtete sich daher nach der Währungsreform nach den vertraglich gesetzten Maßstäben[344].

An diesem Ergebnis änderte sich auch dann nichts, wenn die Vereinbarung einen bestimmten in Reichsmark ausgedrückten Ausgangs-Nennbetrag enthielt, der mit einer Wertsicherungsklausel verbunden war. Dies war etwa der Fall, wenn jemand den Gegenwert von 100 Stück eines bestimmten Gutes schuldete, mindestens aber 1000 RM. Auch dann konnte der wirkliche Umfang der geschuldeten Leistung erst unter Zuhilfenahme des weiteren Wertmaßstabes errechnet werden und war nicht durch den Wertmesser „RM" bestimmt. Durch den Ausgangsbetrag wurde die geschuldete Leistung nicht zu einer bestimmten,

---

[341] Beispiele bei *Skaupy,* JR 1949, S. 343 ff., 344 f.; *Duden,* BB 1949, S. 669 f., 670; *ders.,* DRZ 1948, S. 330 ff., 333; *Hubernagel,* NJW 1947/48, S. 409 ff., 410.

[342] Zwar erfasst § 13 Abs. 3 UmstellungsG auch Verbindlichkeiten, die nach den vor dem Inkrafttreten des Währungsgesetzes in Geltung gewesenen Vorschriften „in Reichsmark zu erfüllen gewesen wären". Dies war bei Verbindlichkeiten der genannten Art aber nicht der Fall (a.A. *Münzel,* JR 1949, S. 341 ff., 342). Die (auch) vor dem Inkrafttreten des WährG geltenden § 5 Abs. 1 des MünzG i.V.m. § 244 Abs. 1 BGB, sowie das Mark-gleich-Mark-Gesetz besagten nur, dass die dort aufgeführten Verbindlichkeiten durch Zahlung von Reichsmark erfüllbar waren, nicht aber, dass sie mit Reichsmark erfüllt werden mussten (a.A. *Priese/Rebentrost,* Währungsgesetze, § 13 UG Rdnr. 6). Da es sich bei § 13 Abs. 3 UmstellungsG um eine Definitionsnorm handelte, konnte man von dessen Wortlaut nicht ohne Zwang abweichen. Vielmehr kommt es bei der Frage, ob eine Geldforderung in Reichsmark zu erfüllen war, entscheidend auf den im Vertrag zum Ausdruck kommenden Willen der Vertragsparteien an, also darauf, wie Inhalt und Umfang der geschuldeten Leistung bestimmt waren (BGH, DB 1953, S. 250 f., 250; BGH, MDR 1952, S. 545 ff., 546 f.). Wenn der Umfang einer Forderung nicht durch den Wertmesser „Reichsmark" festgelegt wurde, sondern durch einen anderen, von der Währung unabhängigen Maßstab zukünftig errechnet werden musste, dann handelte es sich nicht um eine auf Reichsmark lautende Verbindlichkeit im Sinne des § 13 Abs. 3 UmstellungsG (BGH, DB 1953, S. 250 f., 250; BGH, BB 1961, S. 586 f., 587; BGH, BB 1956, S. 936 f., 936; BGHZ 28, S. 259 ff., 265). Zudem wurden von § 13 Abs. 3 UmstellungsG nur Verbindlichkeiten aus Schuldverhältnissen i.S.v. Abs. 1 erfasst. Das waren nur solche Forderungen, die auf die Zahlung einer Geldsumme gerichtet waren. Eine „Geldsumme" im Sinne dieser Vorschrift setzte aber einen festen Betrag voraus; ohne „Summe" konnte keine Geldsumme vorliegen (*Reinicke/Reinicke,* MDR 1953, S. 385 ff., 385; *v. Caemmerer,* JZ 1951, S. 417 ff., 420).

[343] BGHZ 9, S. 56 ff., 63; BGH, BB 1961, S. 586 f., 587; BGH, NJW 1957, S. 342 f., 342; BGHZ 1, S. 52 ff., 53; *v. Caemmerer,* JZ 1951, S. 417 ff., 420; *Duden,* DRZ 1948, S. 330 ff., 333; *ders.,* BB 1949, S. 669 f., 670; *Skaupy,* JR 1949, S. 343 ff., 344; Staudinger-*K. Schmidt,* Vorbem zu §§ 244 ff, Rdnr. D 166; Schlegelberger-*Hefermehl,* HGB, Anh § 361 Rdnr. 20 u. 45; RGRK-*Alff,* § 244 Rdnr. 8; a.A. *Ranniger,* DNotZ 1951, S. 396 ff., 397. S. auch BGHZ 7, S. 134 ff., 137; BGH, DB 1953; S. 250 f., 250; BGH, BB 1961, S. 586 f., 587; BGHZ 28, S. 259 ff., 265.

[344] *Duden,* DRZ 1948, S. 330 ff., 335. Hierunter wären auch die Goldmark-Verbindlichkeiten gefallen, wenn sie nicht in den Umstellungsvorschriften gesondert aufgeführt gewesen wären.

durch ihre Verknüpfung mit dem Preis eines Gutes veränderlichen Geldsummenschuld, die auf RM lautete, sondern es blieb bei dem unbestimmten Preis für das genannte Gut[345].

5. Deutsche Bundesbank

a) Die Bundesbank

Das Grundgesetz enthält in Art. 88[346] den Verfassungsauftrag[347], eine Währungs- und Notenbank zu errichten. Nach langer Diskussion darüber, wie das noch bestehende Besatzungsrecht (Bank deutscher Länder und Landeszentralbanken[348]) durch Bundesrecht zu ersetzen war[349], wurde im Juli 1957 das Gesetz über die Deutsche Bundesbank (BBankG)[350] verkündet. Die Landeszentralbanken und die Berliner Zentralbank wurden in die Bank deutscher Länder integriert. Die Bank deutscher Länder wurde zur Deutschen Bundesbank, die bisher rechtlich selbstständigen Landeszentralbanken zu unselbstständigen Hauptverwaltungen[351]. Damit hatte sich der Bundestag für ein einstufiges Notenbanksystem entschieden[352].

Innerhalb der Bundesbank bekam der Zentralbankrat die Aufgabe, die Währungs- und Kreditpolitik der Bank zu bestimmen[353]. Der Präsident und der Vi-

---

[345] BGH, BB 1956, S. 937 f., 938; BGH, NJW 1957, S. 342 f., 343; BGH, DB 1953, S. 250 f., 250.

[346] Zu Art. 88 GG eingehend *L. Weber,* Umsetzung der Bestimmungen über die Europäische Währungsunion, S. 553 ff.

[347] BVerwGE 41, S. 334 ff., 349 m.w.N.; *L. Weber,* Umsetzung der Bestimmungen über die Europäische Währungsunion, S. 331.

[348] Vorher wurden einige Änderungen vorgenommen, z.B. durch das Gesetz vom 10.8.1951 (ÜbergangsG zur Änderung des Gesetzes über die Errichtung der Bank deutscher Länder, BGBl. I, S. 509). Danach war der Zentralbankrat nicht mehr an die von der Alliierten Bankkommission erlassenen Anordnungen gebunden. Die Weisungsbefugnis der Alliierten wurde durch bestimmte Verpflichtungen der Bank gegenüber der Bundesregierung ersetzt. Die Bank deutscher Länder gewann hierdurch an Unabhängigkeit, denn letztlich standen der Bundesregierung keine Weisungsrechte zu, und sie konnte die Zusammensetzung des Zentralbankrates und des Direktoriums nicht mitbestimmen. Die Bundesregierung konnte lediglich eine Aussetzung der Beschlussfassung des Zentralbankrates bis zu acht Tagen verlangen, diese Beschlüsse aber letztlich nicht verhindern.

[349] Zur Diskussion hierüber s. z.B. *Beck,* BBankG (1959), E 114 ff.

[350] Vom 26.7.1957, BGBl. I, S. 745 ff.

[351] §§ 1, 8 Abs. 1 BBankG. § 1 wurde inzwischen durch Gesetz vom 23.3.2002 (BGBl. I, S. 1159) aufgehoben.

[352] Staudinger-*Weber,* Vorbem zu §§ 244, 245 Rdnr. 31; *Gramlich,* BBankG, § 1 Rdnr. 4.

[353] § 6 Abs. 1 S. 1 BBankG. Der Zentralbankrat besteht aus den Präsidenten der Landeszentralbanken sowie den Mitgliedern des Direktoriums (§ 6 Abs. 2).

zepräsident der Deutschen Bundesbank sowie alle anderen Mitglieder des Direktoriums werden vom Bundespräsidenten auf Vorschlag der Bundesregierung nach Anhörung des Zentralbankrates bestellt[354]. In § 6 Abs. 5 BankG vom August 1924 gab es noch eine Ausnahme: Der Generalrat konnte den Präsidenten des Reichsbankdirektoriums im dritten Wahlgang ernennen, ohne dass der Reichspräsident zustimmen musste[355]. Die neue Bundesbank ist insoweit weniger frei. Der Bundespräsident kann Kandidaten für das Direktorium der Bundesbank nur ernennen, wenn die Bundesregierung sie vorschlägt[356]. Und selbst dann muss er die Ernennung vom Bundeskanzler oder dem zuständigen Bundesminister gemäß Art. 58 GG gegenzeichnen lassen. Eine Abberufung von Mitgliedern des Zentralbankrates ist im BBankG nicht vorgesehen, was jedoch nicht heißen muss, dass diese überhaupt nicht abberufen werden können[357].

Eine weitgehende Unabhängigkeit begründete jedoch § 12 S. 2 a.F. BBankG. Danach war die Bundesbank bei der Ausübung der ihr nach dem BBankG zustehenden Befugnisse von Weisungen der Bundesregierung unabhängig[358]. Gleichwohl war die Bundesbank gemäß § 12 S. 1 a.F. verpflichtet, unter Wahrung ihrer Aufgabe die allgemeine Wirtschaftspolitik der Bundesregierung zu unterstützen – allerdings nicht soweit, dass sie ihre Kernfunktion vernachlässigte: Die Sicherung der Währung[359].

---

[354] § 7 Abs. 3 BBankG.

[355] Dazu s.o. Kap. I 1. f) cc).

[356] Hieraus folgt, dass es zu persönlichen Abhängigkeiten und Einflussnahmen kommen kann, vgl. BVerwGE 41, S. 334 ff., 358.

[357] Zu dieser Problematik ausführlich etwa *Hahn*, Währungsrecht, § 17 Rdnr. 13 ff.

[358] Die Unabhängigkeit folgte nicht unmittelbar aus Art. 88 GG, denn dafür ergab sich weder aus dem Wortlaut, dem Sinn und Zweck noch aus der Entstehungsgeschichte der Norm eine Bestätigung, so BVerwGE 41, S. 334 ff., 354; *Hahn*, Währungsrecht, § 18 Rdnr. 18 ff.; *Stern*, Staatsrecht, Bd. II, § 35 V 2 b; Isensee/Kirchhof-*R. Schmidt*, Hdb. des Staatsrechts, § 82 Rdnr. 24. A.A. aber BVerfGE 62, S. 169 ff., 183; *Samm*, Stellung der Dt. Bundesbank, S. 186; *L. Weber*, Umsetzung der Bestimmungen über die Europäische Währungsunion, S. 615. Zumindest durch die Einfügung des neuen Art. 88 Satz 2 GG ist aber die Unabhängigkeit der Bundesbank nun auch verfassungsrechtlich gewährleistet, denn eine Struktur auf eurpäischer Ebene zu „sichern" setzt voraus, dass sie auf nationaler Ebene bereits vorhanden war; so zu Recht *L. Weber*, Umsetzung der Bestimmungen über die Europäische Währungsunion, S. 618 f. m.w.N. Da die Bundesbank nur bei der Ausübung der Befugnisse unabhängig war, die ihr nach dem BBankG zustanden, blieb sie bei anderen Aufgaben nach Maßgabe des Art. 86 GG von der Bundesregierung abhängig (*Stern*, Staatsrecht, Bd. II, § 35 III 1; *Hahn*, Währungsrecht, § 18 Rdnr. 3; *Gramlich*, BBankG, § 12 Rdnr. 17).

[359] *Hahn*, Währungsrecht, § 18 Rdnr. 3; Staudinger-*K. Schmidt*, Vorbem zu §§ 244 ff, Rdnr. A 74; *Gramlich*, BBankG, § 12 Rdnr. 12.

b) Die Sicherung der Währung durch die Deutsche Bundesbank

Gemäß § 3 des BBankG i.d.F. von 1957 war es zentrale Aufgabe der Bundesbank, die Währung zu sichern. Um diesen Auftrag zu erfüllen, bemühte sie sich darum, die Kaufkraft der Deutschen Mark im Inland zu erhalten. Blieben nennenswerte allgemeine Preisänderungen aus, hatte sie Erfolg[360]. Dazu musste die Deutsche Bundesbank sowohl eine Überversorgung mit Zahlungsmitteln (Inflation) wie eine Unterversorgung (Deflation) verhindern. Die Geldpolitik der Bundesbank war daher in erster Linie Geldmengenpolitik[361].

Die Bundesbank steuerte die Geldwertstabilität auf indirektem Wege, indem sie die Inlandsnachfrage zu beeinflussen versuchte[362]. Sie konnte die Geldmenge über den Kreditmarkt[363] durch die ihr nach § 15 BBankG eröffnete Diskont-, Kredit- und Offenmarktpolitik lenken. Die Beschaffung von Geld konnte sie damit teurer oder billiger machen. Die Ausgabeentscheidungen der Wirtschaft einschließlich der privaten Haushalte – und damit die Inlandsnachfrage – fielen entsprechend negativ oder positiv aus und wirkten sich auf das Preisniveau aus[364]. Während diese Maßnahmen dazu eingesetzt werden konnte, die Geldmenge zu vermehren, als auch sie zu verringern, diente die im § 16 BBankG vorgesehene Mindestreservepolitik allein der Verringerung der Geldmenge[365].

Nur der Bundesbank stand gemäß § 14 Abs. 1 BBankG das Recht zu, Banknoten auszugeben. Sie konnte damit nicht nur den Bargeldbestand erhöhen, sondern auch verringern, denn die bereits ausgegebenen Banknoten blieben kaum länger als 4 Jahre umlauffähig[366]. Dann mussten sie aus dem Verkehr gezogen werden, so dass die Bundesbank entscheiden konnte, ob sie die Banknoten ersetzte[367]. Hierzu passt, dass die Ausgabe von Banknoten in § 14 BBankG a.F.

---

360 Schimansky/Bunte/Lwowski-*Haug,* Bankrechts-Handbuch, Bd. III, § 123 Rdnr. 37 f.; *v. Stebut,* Jura 1983, S. 449 ff., 450; *Gramlich,* BBankG, § 3 WährG Rdnr. 16; *v. Maydell,* Geldschuld und Geldwert, S. 60; in diese Richtung geht auch BVerwGE 41, S. 334 ff., 349. Siehe *Endler* (Europäische Zentralbank und Preisstabilität, S. 138 ff.) zur Frage, inwieweit die Bundesbank bei der Geldmengensteuerung erfolgreich war.

361 Staudinger-*K. Schmidt,* Vorbem zu §§ 244 ff, Rdnr. A 76; Schlegelberger-*Hefermehl,* HGB, Anh § 361 Rdnr. 14.

362 Vgl. BVerwGE 41, S. 334 ff., 349.

363 *Schmalz,* Stabilität des Geldwertes, S. 32 f.; Staudinger-*K. Schmidt,* Vorbem zu §§ 244 ff, Rdnr. A 77.

364 Schimansky/Bunte/Lwowski-*Haug,* Bankrechts-Handbuch, Bd. III, § 123 Rdnr. 43.

365 *v. Stebut,* Jura 1983, S. 449 ff., 456 f.; *Fögen,* Geld- und Währungsrecht, S. 78 u. 97.

366 10-DM-Scheine sogar deutlich kürzer: durchschnittlich 10 Wochen, *Bender,* F.A.Z. Nr. 49 vom 28.02.2000, S. 16.

zu den „währungsrechtlichen Befugnissen" gezählt wurde. Sie war damit nur noch Mittel zum Zweck der Währungssicherung geworden, nicht aber mehr Selbstzweck[368]. Inzwischen hatte allerdings das Giralgeld eine viel größere Bedeutung erlangt als das Bargeld[369]. Die Notenausgabe allein war deshalb kaum geeignet, die Geldschöpfung zu beeinflussen[370]. Viel wichtiger waren daher die genannten Maßnahmen, die bei der Inlandsnachfrage ansetzten.

Obwohl die Bundesbank die ihr durch das BBankG eröffneten Möglichkeiten nutzte, um die Geldmenge zu beeinflussen, war zu beobachten, dass das Geld an Wert verlor[371]. Die Möglichkeiten der Bundesbank, den Geldwert zu sichern, waren offenbar begrenzt. Dies lag zum einen daran, dass außenwirtschaftliche Einflüsse oder die konjunkturelle Entwicklung im Inland dazu zwingen konnten, bewusst auf das erreichbare Höchstmaß an Geldwertstabilität zu verzichten, um zuerst andere Ziele zu erreichen[372]. Zudem standen der Bundesbank nur unzureichende Informationen zur Verfügung. Bezüglich der für ihre Entscheidungen erforderlichen Zukunftsdaten war sie auf Schätzungen angewiesen[373]. Aber nicht nur die damit verbundenen Ungenauigkeiten begrenzten die Möglichkeiten der Bundesbank, den Geldwert zu sichern. Hinzu kam, dass die Reaktionen der Geldverwender auf den Einsatz der Steuerungsmittel sowie auf andere wirtschaftliche Gegebenheiten nur begrenzt vorherzusehen sind. Letztlich lässt sich auch die richtige Geldmenge, mit der sowohl Inflation wie Deflation vermieden werden, nicht exakt berechnen[374]. Aber selbst wenn die Bundesbank jederzeit exakt gewußt hätte, wie hoch die Menge des umlaufenden Bargeldes und des Giralgeldes war, konnte sie kaum wissen, in welchem Umfang daneben noch Geldsurrogate verwendet wurden, die Geldfunktionen übernahmen (z. B. Hingabe eines Wechsels, Abtretung von Forderungen, Edelmetalle als Wertaufbewahrungsmittel). Dabei war zu befürchten, dass sowohl bei einer zu starken Begrenzung als auch bei einer übermäßigen Ausweitung der Geldmenge verstärkt auf solche Geldsurrogate ausgewichen würde[375].

Als Ergebnis bleibt festzuhalten, dass die Bundesbank das Wertsicherungsbedürfnis nicht ganz beseitigen konnte, da ihre Möglichkeiten, den Geldwert stabil zu halten, begrenzt waren. Wer die damit verbundene Gefahr des Geldwertver-

---

367 *v. Stebut,* Jura 1983, S. 449 ff., 455.

368 Vgl. *Beck,* BBankG (1959), K 48.

369 Siehe hierzu *Fögen,* Geld- und Währungsrecht, S. 14 ff.; *v. Stebut,* Jura 1982, S. 561 ff., 567 ff.

370 Staudinger-*K. Schmidt,* Vorbem zu §§ 244 ff, Rdnr. A76.

371 Siehe Kap. II 4. a).

372 *v. Stebut,* Jura 1983, S. 449 ff., 459.

373 *v. Stebut,* Jura 1983, S. 449 ff., 460.

374 *Fögen,* Geld- und Währungsrecht, S. 44.

375 *v. Stebut,* Jura 1983, S. 449 ff., 460.

lustes nicht hinnehmen wollte, musste auf die Geldwertsicherung im Einzelfall, also auf Wertsicherungsklauseln, zurückgreifen.

6. Saarland

Das Saarland begann im Juni 1947, währungsrechtlich eigene Wege zu gehen[376]. Ende 1947 wurde es aus dem deutschen Wirtschaftsgebiet aus- und in das französische Währungs- und Wirtschaftssystem eingegliedert[377]. Aufgrund des Saarvertrages vom 27. Oktober 1956[378] wurde das Saarland allerdings zum 1. Januar 1957 wieder in die Bundesrepublik eingegliedert, bildete jedoch mit Frankreich für eine Übergangszeit[379] weiterhin ein einheitliches Zoll- und Währungsgebiet[380]. Erst mit Wirkung vom 6. Juli 1959 wurde die Deutsche Mark als Währung durch die Verordnung zur Einführung der Deutschen Mark im Saarland[381] eingeführt[382]. § 4 Nr. 2 dieser Verordnung führte auch § 3 WährG ausdrücklich ein.

---

376 Für das Saarland galt zunächst das Gleiche wie für die anderen Gebiete der durch Frankreich besetzten Zone. S. hierzu *Beck*, BBankG (1959), K 1059 ff. Durch die VO Nr. 94 (vom 7.6.1947, JO No 78 (1947), S. 781 ff.) i.V.m. der Verfügung Nr. 217 (vom 7.6.1947, JO No 78 (1947), S. 787 ff.), die ausschließlich den Geldverkehr im Saarland betrafen, verloren zum 16.5.1947 die bisherigen gesetzl. Zahlungsmittel (Reichsbanknoten, Rentenbankscheine und die von den Alliierten ausgegebenen, auf Mark lautenden Noten, vgl. Art. 1 der VO Nr. 94 – die Reichsmark-Währung war im Saarland durch die VO über die Einführung der Reichswährung im Saarland vom 25.2.1935, RGBl. I, S. 279 ff., eingeführt worden) ihre gesetzl. Zahlungskraft und ihren Charakter als Mittel zur Tilgung von Verbindlichkeiten (Art. 1 der VO Nr. 94). Die franz. Behörden gaben neue, auf Mark lautende Scheine aus, die innerhalb des Saarlandes zu gesetzlichen Zahlungsmitteln wurden (Art. 2 der VO Nr. 94).

377 Spätestens seit dem 1.4.1948, ab dem zwischen Frankreich und dem Saarland keine Zölle mehr erhoben wurden und zwischen dem Saargebiet und Deutschland eine Zollkontrolle errichtet wurde, war die wirtschaftliche Angliederung des Saarlandes an Frankreich vollendet. Der Handel mit dem Saarland unterlag von diesem Zeitpunkt an den Bestimmungen für den Außenhandel; vgl. die Artikel Nr. 322 und 325 in BB 1948, S. 143. Die Banque de Réescompte de la Sarre wurde die Nachfolgerin der saarländischen Landeszentralbank (VO Nr. 127 vom 16.11.1947, JO No 120 (1947), S. 1226).

378 Ratifiziert durch Gesetz vom 22.12.1956, BGBl. II, S. 1587.

379 Gemäß Art. 3 SaarV sollte die Übergangszeit spätestens am 31.12.1959 enden. Das Ende der Übergangszeit wurde aber einvernehmlich auf den 5. Juli 1959 vorgezogen; s. Briefwechsel vom 25.6.1959, BGBl. I, S. 401.

380 Art. 1 Abs. 1 SaarV.

381 Vom 29.6.1959, BGBl. I, S. 402. Erlassen aufgrund der Ermächtigung in § 17 Abs. 1 des Gesetzes über die Eingliederung des Saarlandes vom 23.12.1956, BGBl. I, S. 1011. Gemäß § 1 Abs. 1 des Gesetzes zur Einführung von Bundesrecht im Saarland vom 30.6.1959, BGBl. I, S. 313 ff., trat mit Ablauf der Übergangszeit im Saarland grundsätzlich das im gesamten übrigen Bundesgebiet geltende Bundesrecht in Kraft, somit etwa auch das BBankG.

382 Die Durchführung der Währungsumstellung war bereits in den Art. 55 ff. des SaarV geregelt. Weitere Regelungen folgten, wie z.B. die VO über die Umstellung

7. Deutsche Wiedervereinigung

Welcher Stellenwert dem Wertsicherungsverbot nach wie vor zugemessen wurde, wurde im Jahr 1990 deutlich. Kurz nachdem am 9. November 1989 die Deutschland teilende Mauer gefallen war, setzte eine Diskussion über eine Währungsreform in der DDR ein. Schon bald konkretisierte sie sich zu einer Diskussion über eine Wirtschafts- und Währungsunion beider deutscher Staaten[383]. Die Staatsbank der DDR signalisierte ihre Bereitschaft, die „Währungssouveränität" abzugeben, wenn die Deutsche Mark als offizielles Zahlungsmittel eingeführt wird. Daraufhin wurde die in der DDR herbeigesehnte Deutsche Mark auf Grund des Vertrages über die Schaffung einer Währungs-, Wirtschafts- und Sozialunion zwischen der Bundesrepublik Deutschland und der Deutschen Demokratischen Republik[384] (StaatsV) schon mit Wirkung vom 1. Juli 1990 eingeführt. Seitdem waren die von der Deutschen Bundesbank ausgegebenen Banknoten und die von der Bundesrepublik ausgegebenen Bundesmünzen auch dort alleinige gesetzliche Zahlungsmittel[385].

Wie bereits beim Wechsel von Reichs- auf Deutsche Mark[386] mussten auch dieses Mal Regeln für den Übergang geschaffen werden. So musste beispielsweise geregelt werden, wie die auf DDR-Mark gerichteten Schuldverhältnisse auf DM-Schuldverhältnisse umzustellen waren. Hier sahen die beiden deutschen Staaten ein Umstellungsverhältnis von 1:1 (z.B. bei Löhnen, Renten und Mieten) bzw. 2:1 (alle anderen Forderungen und Verbindlichkeiten) vor[387], welches als ein sozialpolitisch motiviertes Aufwertungsverhältnis angesehen wurde[388].

---

von Schuldverhältnissen und dinglichen Rechten im Saarland vom 26.6.1959, BGBl. I, S. 403 f. Soweit im Saarland noch Reichsmarkguthaben bestanden – das UmstellungsG von 1948 betraf das Saarland ja schon nicht mehr –, richtete sich die Umwandlung nach dem Gesetz über die Umwandlung von Reichsmarkguthaben im Saarland (vom 15.4.1961, BGBl. I, S. 441 ff.).

[383] Die Daten dieser politischen Ereignisse sind der Zusammenstellung von *Krause* in der F.A.Z. Nr. 150 vom 1. Juli 2000, S. 14, entnommen.

[384] Art. 10 Abs. 5 StaatsV i.V.m. Art. 1 Abs. 2 der Anlage I (Bestimmungen über die Währungsunion und über die Währungsumstellung) zum StaatsV, BGBl. II 1990, S. 537 ff., die Anlage I befindet sich auf den S. 548 ff. Dieser Vertrag wurde durch das Gesetz vom 25.6.1990, BGBl. II, S. 518 ff. zum Bundesrecht.

[385] Art. 1 Abs. 2, Art. 3 u. 10 Abs. 5 StaatsV, sowie Art. 1 der Anl. I zum StaatsV.

[386] Siehe hierzu oben Kap. I 4. b). Einen Vergleich der Währungsumstellung anhand des StaatsV mit der Währungsreform von 1948 findet man bei *Hahn,* Währungsrecht, Anhang I (S. 399 ff.).

[387] Siehe Art. 1 Abs. 2 S. 3, 10 Abs. 5 StaatsV. Sonderregelungen galten für Guthaben von Personen, deren (Wohn-)Sitz sich außerhalb der DDR befand, Art. 10 Abs. 5, 6. Spiegelstrich. Diese Regelungen sind im Hinblick auf Art. 3 Abs. 1 GG verfassungsgemäß, s. BVerfG, DtZ 1991, S. 190. Die Umstellungsvorschriften schlossen eine Anwendung der Grundsätze über den Wegfall der Geschäftsgrundlage nicht aus (BGHZ 120, S. 10 ff., 22 ff.; Staudinger-*K. Schmidt,* Vorbem zu §§ 244 ff, Rdnr. D 93 m.w.N.).

[388] So *Grothe,* Fremdwährungsverbindlichkeiten, S. 374.

Die beiden deutschen Staaten führten nicht alle für das Währungsstatut[389] maßgeblichen Gesetze in der DDR ein[390], sondern fassten einige Vorschriften im StaatsV selbst zusammen[391]. Das Verbot von Wertsicherungsklauseln – so meinten sie – durfte dabei nicht fehlen. Daher sah Art. 3 der Anlage I zum StaatsV unter der Überschrift „Genehmigungsvorbehalt" eine dem § 3 WährG entsprechende Regelung vor:

„Das Eingehen von Verbindlichkeiten in einer anderen Währung als in Deutscher Mark durch Personen in der Deutschen Demokratischen Republik gegenüber Personen in der Bundesrepublik Deutschland oder in der Deutschen Demokratischen Republik bedarf der Genehmigung. Das gleiche gilt für auf Deutsche Mark lautende Verbindlichkeiten, deren Betrag durch den Kurs einer anderen Währung oder den Preis von Gold oder anderen Gütern oder Leistungen bestimmt werden soll. Über die Genehmigung entscheidet die Deutsche Bundesbank."

Diese Vorschrift wurde auch bei der Deutschen Wiedervereinigung nicht einfach durch § 3 Satz 2 WährG ersetzt, sondern durch den Einigungsvertrag[392] ausdrücklich aufrecht erhalten. Das in den alten und neuen Bundesländern materiell übereinstimmende Wertsicherungsverbot beruhte damit auf verschiedenen Rechtsgrundlagen[393]. Für den Westteil Berlins bestand ebenfalls eine inhaltlich

---

389 Der Begriff „Währungsstatut" kennzeichnet die Bestimmungen, die Geldschuldverhältnisse geld- und währungsrechtlich ausgestalten, s. *Grothe,* Fremdwährungsverbindlichkeiten, S. 99.

390 Bestimmte Rechtsvorschriften der BRD auf den Gebieten des Währungs-, Geld- und Münzwesens mussten in der DDR in Kraft gesetzt werden (Art. 3 StaatsV i.V.m. der Anlage II zum StaatsV), andere mussten in der DDR aufgehoben bzw. abgeändert werden (s. Anl. III Nr. I zum StaatsV). Dies wurde in der DDR durch das sog. „Mantelgesetz" (vgl. *Horn,* Das Zivil- und Wirtschaftsrecht in den neuen Bundesländern, S. 30 Fn. 42) vom 21. Juni 1990 (Gesetz über die Inkraftsetzung von Rechtsvorschriften der Bundesrepublik Deutschland in der Deutschen Demokratischen Republik, GBl. I Nr. 34, S. 357 ff., auch abgedruckt bei *Horn,* Das Zivil- und Wirtschaftsrecht der DDR (Stand: 25.8.1990), Nr. 1.7) bewerkstelligt. Damit wurde beispielsweise das BBankG eingeführt und das Gesetz über die Staatsbank der DDR aufgehoben (§ 7 Nr. 1 Gesetz über die Änderung oder Aufhebung von Gesetzen der Deutschen Demokratischen Republik vom 28.6.1990, GBl. I Nr. 38, S. 483 ff.). Die Zuständigkeiten und Befugnisse der Deutschen Bundesbank wurden auf das Gebiet der DDR ausgedehnt (Art. 3 StaatsV und Art. 12 ff. der Anl. I zum StaatsV), da sie als einzige Währungs- und Notenbank allein die geldpolitische Verwantwortung tragen sollte (Art. 1 Abs. 2 S. 2, Art. 10 Abs. 1 S. 2 StaatsV).

391 Anlage I zum StaatsV, s. *Haferkamp,* DtZ 1991, S. 201 ff., 202.

392 Anlage I Kap. IV Sachgebiet B Abschn. III Nr. 1 Einigungsvertrag (BGBl. II 1990, S. 889 ff.).

393 *Haferkamp,* DtZ 1991, S. 201 ff., 202; *Dürkes,* Wertsicherungsklauseln, A Rdnr. 26 (anders allerdings in A Rdnr. 21 und B Rdnr. 1 Fn. 1); *ders.,* BB 1992, S. 1073 ff., 1073; Staudinger-*K. Schmidt,* Vorbem zu §§ 244 ff, Rdnr. D 191; *v. Oefele/Winkler,* Handbuch des Erbbaurechts, Rdnr. 6.142; a.A. *Grothe,* Fremdwährungsverbindlichkeiten, S. 282 Fn. 1719; hiergegen spricht aber auch, dass Art. 9 § 3 EuroEG den Art. 3 der Anl. I aufhob. Dies wäre überflüssig gewesen, wenn er schon nicht mehr gegolten hätte. Des Weiteren ging auch der Gesetzgeber von der Geltung mindestens mehrerer sich entsprechender währungsrechtlicher Vorschriften aus, wie sich aus § 10a MHG in

gleiche Regelung, die in der Verordnung vom 24. Juni 1948[394] verankert war. Im Ergebnis beruhte das Wertsicherungsverbot damit auf drei inhaltlich übereinstimmenden Normen[395].

Aufgrund der Währungsunion musste das BBankG angepasst werden. Dies geschah durch Art. 3 des Gesetzes zum StaatsV vom 25. Juni 1990. Interessant ist dabei, dass die DDR das BBankG zu diesem Zeitpunkt bereits übernommen hatte[396], die Bundesrepublik das BBankG also erst danach änderte. Diese Änderungen waren aber bereits im StaatsV[397] vorgesehen. Die DDR hatte durch die Übernahme des BBankG vollständig auf ihre währungspolitischen Souveränitätsrechte verzichtet und sich auf die Möglichkeit der Bundesrepublik, in der DDR geltende Gesetze auch mit Wirkung für die DDR zu verändern, ausdrücklich eingelassen[398]. Zwar war die DDR zu unterrichten, wenn Änderungen vorbereitet wurden. Mehr als eine Stellungnahme war jedoch nicht einzuholen[399].

Politisch bemerkenswert ist die Geschwindigkeit, mit der die Währungsunion vorangetrieben wurde. Obwohl Währungsunionen zwischen Staaten recht selten vorkommen und es sich hier um einen Staat mit Planwirtschaft und einen mit Sozialer Marktwirtschaft handelte, wählten die Beteiligten die sog. „harte Option“[400]. In der Denkschrift zum Staatsvertrag[401] wird der Grund dafür genannt, dass die Bundesregierung der DDR anbot, die DDR-Mark zu einem Stichtag durch die DM zu ersetzen, wenn die DDR im Gegenzug die notwendigen rechtlichen Voraussetzungen für die Einführung der sozialen Marktwirtschaft schafft: Nach Ansicht der Bundesregierung ließ „die sich dramatisch verschlechternde wirtschaftliche Situation, die sprunghafte Zunahme der Übersiedlerzahlen und

---

der Fassung ergab, die diese Vorschrift bis zur Änderung durch das Euro-EG hatte. § 10a Abs. 1 Satz 2 MHG lautete: „Die Vereinbarung ist nur wirksam, wenn die Genehmigung nach § 3 WährG oder entsprechenden währungsrechtlichen Vorschriften erteilt wird“.

[394] Nr. 2c der VO, VOBl. für Groß-Berlin I 1948, S. 363 ff. Vgl. hierzu oben Fn. 309 f. Durch das 6. ÜberleitungG vom 25.9.1990, BGBl. I, 2106 ff., wurde diese VO in ihrem Bestand nicht berührt.

[395] Siehe hierzu *Haferkamp,* DtZ 1991, S. 201 ff., 202; *Dürkes,* Wertsicherungsklauseln, A Rdnr. 26 f.; *ders.,* BB 1992, S. 1073 ff., 1073; Staudinger-*K. Schmidt,* Vorbem zu §§ 244 ff, Rdnr. D 191.

[396] Siehe oben Fn. 390.

[397] Anlage V Abschnitt I des StaatsV.

[398] In Art. 3 S. 2 u. in der Anl. II im Abschn. I Nr. 2 Abs. 1 des StaatsV haben die Vertragsparteien vereinbart, dass Änderungen der in der Anl. II zum StaatsV aufgeführten Gesetze der BRD – und dazu gehört auch das BBankG (Abschn. II Nr. 1) – nach Inkrafttreten des StaatsV auch in der DDR gelten.

[399] Anl. II Abschn. I Nr. 2 Abs. 3 StaatsV.

[400] *Haferkamp,* DtZ 1991, S. 201 ff., 201.

[401] Denkschrift zum Vertrag über die Schaffung einer Währungs-, Wirtschafts- und Sozialunion zwischen der Bundesrepublik Deutschland und der Deutschen Demokratischen Republik, BT-Drucks. 11/7350, S. 98 ff.

der fortschreitende staatliche Autoritätsverlust in der DDR keine Zeit für Stufenpläne und einen Prozess der allmählichen Annäherung der beiden deutschen Staaten"[402]. Die Forderung der Straße lautete: „Entweder kommt die D-Mark zu uns, oder wir kommen zu ihr"[403].

8. Europäische Währungsunion

Eine internationale Währung ist keine neue Idee. Abgesehen von den Fällen, in denen sich Staaten auf eine gemeinsame Währung einigten, sind die Wurzeln sehr viel älter. Als Geld noch aus bloßen Metallstücken verschiedenen Gewichts bestand, als die Bürger in den Anfängen der Geldentwicklung schlicht mit Goldstücken bezahlen konnten, hatten sie zwar das Problem, dass bei jeder Transaktion Gewicht und Reinheit des Metalls zu prüfen waren; diesem Nachteil stand aber ein großer Vorteil gegenüber: dieses Geld hatte keine Nationalität und wurde überall akzeptiert[404]. Und auch als die Metallstücke mit Form und Prägung versehen wurden, wurden sie als vollwertige Metallmünzen schon Jahrhunderte vor Christi Geburt über die Grenzen der Ausgabestaaten hinweg akzeptiert und genutzt und förderten damit den internationalen Handel[405].

Auch als Papierwährung ist der Euro als internationale Währung nicht neu. Jüngstes Beispiel: Die Währungsunion vor der Deutschen Wiedervereinigung. Bis zur Vereinigung der beiden deutschen Staaten besaßen sie mit der Deutschen Mark für einige Monate eine gemeinsame Währung.

a) Einführung des Euro

Zum 1. Januar 1999 nahm die Bundesrepublik Deutschland an der dritten Stufe der Europäischen Wirtschafts- und Währungsunion teil[406]. Damit ging die Währungssouveränität der teilnehmenden Staaten[407], die Kompetenz für die Geld- und Währungspolitik, insgesamt[408] auf die Europäische Union über[409].

---

402 Denkschrift, a.a.O., S. 93.

403 *Bofinger,* F.A.Z. Nr. 303 vom 31.12.2001, S. 18.

404 *Bernstein,* The power of gold, S. 26.

405 Siehe *Bernstein,* The power of gold, S. 34.

406 Art. 1, 1. Spiegelstrich der VO (EG) Nr. 974/98 des Rates vom 3.5.1998 über die Einführung des Euro (ABl. EG Nr. L 139/1) i.V.m. Art. 121 EGV; s. auch Nr. 1 der Erwägungen der VO (EG) Nr. 1103/97 des Rates vom 17.6.1997 über bestimmte Vorschriften im Zusammenhang mit der Einführung des Euro (ABl. EG Nr. L 162/1). Zu den Gründen für eine Währungsunion s. *Nicolaysen,* Rechtsfragen der Währungsunion, S. 10 ff.; zur geschichtl. Entwicklung s. *Folter,* Die zivilrechtlichen Auswirkungen der Einführung des Euro, S. 27 ff. u. *L. Weber,* Umsetzung der Bestimmungen über die Europäische Währungsunion, S. 17 ff. (dort auch auf S. 251 ff. eingehend zur Umsetzung der Bestimmungen über die Europäische Wirtschafts- und Währungsunion in das dt. Verfassungsrecht).

Die ausschließliche Zuständigkeit für das Währungsrecht liegt nunmehr bei der Gemeinschaft[410]. In den teilnehmenden Staaten erfolgte ein Währungswechsel[411]. Der Euro trat als eigenständige Währung zu dem vom Rat gemäß Art. 123 Abs. 4 unwiderruflich festgelegten Umrechnungskurs[412] an die Stelle der bisherigen nationalen Währungen und damit auch an die Stelle der Deutschen Mark[413], so dass es seitdem in den Teilnehmerstaaten nur noch eine Währung, den Euro, gibt[414]. Zwar blieben die bisherigen DM-Noten und -Münzen, ebenso wie das Bargeld in den anderen Teilnehmerstaaten, zunächst im Umlauf. Sie verloren jedoch die Eigenschaft, jeweils Rechnungseinheiten der DM bzw. Lira u.s.w. zu sein. Sie wurden vielmehr zu den festgelegten Umrechnungskursen für den Übergangszeitraum bis zum 31. Dezember 2001[415] zu Untereinheiten des Euro[416]. Während dieses Übergangszeitraums und längstens

---

407 Die teilnehmenden Mitgliedsstaaten sind Belgien, Deutschland, Finnland, Frankreich, Griechenland, Irland, Italien, Luxemburg, Niederlande, Österreich, Portugal und Spanien.

408 *L. Weber,* Umsetzung der Bestimmungen über die Europäische Währungsunion, S. 343.

409 *Grothe,* Fremdwährungsverbindlichkeiten, S. 2; *ders.,* ZBB 2002, S. 1 ff., 2 u. 6; Schimansky/Bunte/Lwowski-*Haug,* Bankrechts-Handbuch, Bd. III, § 123 Rdnr. 6; Lenz-*Schill,* EUV/EGV, Art. 105 Rdnr. 1; *Dittrich,* NJW 1998, S. 1269 ff., 1273; *Schefold,* ZEuP 1999, S. 271 ff., 289; *ders.,* NJW 1998, S. 3155 ff., 3155; *Schneider,* DB 1996, S. 2477 ff., 2478; *Hakenberg,* BB 1998, S. 1491 ff., 1494; *Folter,* Die zivilrechtlichen Auswirkungen der Einführung des Euro, S. 50 f.; *L. Weber,* Umsetzung der Bestimmungen über die Europäische Währungsunion, S. 5, 159 u. 208 (auf S. 339 ff. eingehend m.w.N. zu den verfassungsrechtl. Aspekten der Übertragung der Währungshoheit von Deutschland auf die europäische Ebene); *Vogler,* NJW 1999, S. 1236 ff., 1236; *Selmayr,* WM 1999, S. 2429 ff., 2430; *Kilb,* JuS 1999, S. 10 ff., 11; *Hafke,* WM 1997, S. 693 ff., 696.

410 *v. Borries/Repplinger-Hach,* NJW 1996, S. 3111 ff., 3112; *Folter,* Die zivilrechtlichen Auswirkungen der Einführung des Euro, S. 48.

411 *Grothe,* Fremdwährungsverbindlichkeiten, S. 84; *ders.,* IPRax 2002, S. 119 ff., 122 (dort speziell zur griechischen Währung); *Schneider,* DB 1998, S. 1449 ff., 1449.

412 Die Umrechnungskurse sind festgelgt durch Art. 1 der VO (EG) Nr. 2866/98 des Rates vom 31.12.1998 über die Umrechnungskurse zwischen dem Euro und den Währungen der Mitgliedsstaaten, die den Euro einführen (ABl. EG Nr. L 359/1).

413 Art. 2 VO (EG) Nr. 974/98 i.V.m. Art. 123 Abs. 4; und Art. 3 i.V.m. Art. 1, 3. Spiegelstrich, VO (EG) Nr. 974/98. S. auch *Grothe,* Fremdwährungsverbindlichkeiten, S. 286; Bamberger/Roth-*ders.,* § 244 Rdnr. 2; *Dierdorf,* NJW 1998, S. 3145 ff., 3145; *Schmidt-Räntsch,* ZIP 1998, S. 2041 ff., 2041 u. 2043; MK-*Grundmann,* §§ 244, 245 Rdnr. 41; *Claussen,* Bank- und Börsenrecht, § 1 Rdnr. 15a; *Folter,* Die zivilrechtlichen Auswirkungen der Einführung des Euro, S. 55.

414 *Schneider,* DB 1998, S. 1449 ff., 1449; *ders.,* DB 1996, S. 2477 ff., 2478; *Dierdorf,* NJW 1998, S. 3145 ff., 3146; *Grothe,* Fremdwährungsverbindlichkeiten, S. 286; Bamberger/Roth-*ders.,* § 244 Rdnr. 2; MK-*Grundmann,* §§ 244, 245 Rdnr. 41.

415 Art. 1, 6. Spiegelstrich, VO (EG) Nr. 974/98.

416 Artt. 5, 6 Abs. 1 u. Nr. 8 u. 13 der Erwägungen der VO (EG) Nr. 974/98. S. auch *Grothe,* Fremdwährungsverbindlichkeiten, S. 84 u. 286; *ders.,* IPRax 2002, S. 119 ff., 122; *ders.,* ZBB 2002, S. 1 ff., 2; Jauernig-*Mansel,* §§ 244, 245 Rdnr. 5; *Schneider,* DB 1998, S. 1449 ff., 1449; *Hakenberg,* BB 1998, S. 1491 ff., 1491; *Ditt-*

sechs Monate nach Ende der Übergangszeit behielten die auf eine nationale Währungseinheit lautenden Banknoten und Münzen die Eigenschaft eines gesetzlichen Zahlungsmittels[417]. Dies war erforderlich, weil erst vom 1. Januar 2002 an die auf Euro (bzw. Cent) lautenden Banknoten und Münzen in Umlauf gebracht wurden, die ebenfalls seit diesem Zeitpunkt die Eigenschaft eines gesetzlichen Zahlungsmittels haben[418]. Seitdem wird die Bezugnahme auf die Deutsche Mark oder eine andere nationale Währungseinheit in einem „Rechtsinstrument" (z. B. Vertrag[419]) in Euro umgerechnet[420]. Bis dahin existierte der Euro nur als Buchgeld, der im bargeldlosen Verkehr bereits verwandt werden konnte[421]. Solange waren auf DM lautende Geldschulden weiterhin in Deutscher Mark zu erfüllen[422].

Beim Wechsel zum Euro galt der Grundsatz der Vertragskontinuität[423]. Die Partei eines ihr ungünstigen Vertrages konnte daher den Übergang auf den Euro nicht zum Anlass nehmen, um von diesem Vertrag loszukommen. Da es sich bei der Einführung des Euro um eine bloße Währungsumstellung, nicht aber um eine Währungsreform handelte, kam auch ein Wegfall der Geschäftsgrundlage allein wegen dieses Umstandes grundsätzlich nicht in Betracht[424]. Die Ein-

---

rich, NJW 1998, S. 1269 ff., 1269; *Dierdorf,* NJW 1998, S. 3145 ff., 3146; *Hafke,* WM 1997, S. 693 ff., 696; *Folter,* Die zivilrechtlichen Auswirkungen der Einführung des Euro, S. 50; *Selmayr,* WM 1999, S. 2429 ff., 2442.

417 Artt. 9, 15 Abs. 1 VO (EG) Nr. 974/98. Unrichtig daher *Rademacher,* ZMR 1999, S. 218 ff., 218, der sagt, dass der Euro bereits am 1.1.1999 „als gesetzliches Zahlungsmittel an die Stelle der D-Mark getreten" sei.

418 Artt. 10, 11 VO (EG) Nr. 974/98; s. auch Art. 106 Abs. 1 EGV; s. hierzu *Folter,* Die zivilrechtlichen Auswirkungen der Einführung des Euro, S. 58; Bamberger/Roth-*Grothe,* § 244 Rdnr. 3. Ungenau hier Jauernig-*Mansel,* §§ 244, 245 Rdnr. 5: Der Euro wird nur in allen Teilnehmerstaaten zum *einzigen gemeinsamen* gesetzlichen Zahlungsmittel. In den jeweiligen Staaten kann daneben die nationale Währungseinheit bis spätestens zum 30.6.2002 gesetzl. Zahlungsmittel sein. Dort ist der Euro dann nicht *einziges* gesetzl. Zahlungsmittel, wohl aber die *einzige* Währung.

419 Siehe Art. 1, 2. Spiegelstrich, VO (EG) Nr. 974/98.

420 Art. 14 VO (EG) Nr. 974/98.

421 Vgl. Art. 8 Abs. 3 u. Nr. 13 der Erwägungen der VO (EG) Nr. 974/98; *Schefold,* ZEuP 1999, S. 271 ff., 281 f.; MK-*Grundmann,* §§ 244, 245 Rdnr. 35; *Dierdorf,* NJW 1998, S. 3145 ff., 3146; *Kilb,* JuS 1999, S. 10 ff., 12; *Klanten,* NJW 1998, S. 3152 ff., 3154.

Bis zum Ablauf des Übergangszeitraums gab es weder Zwang noch Verbot, den Euro zu verwenden, *Hakenberg,* BB 1998, S. 1491 ff., 1491; *Schneider,* DB 1998, S. 1449 ff., 1449; *Dierdorf,* NJW 1998, S. 3145 ff., 3146; *Schefold,* ZEuP 1999, S. 271 ff., 273.

422 Vgl. Art. 8 Abs. 1 VO (EG) Nr. 974/98.

423 Art. 3 VO (EG) Nr. 1103/97; Bamberger/Roth-*Grothe,* § 244 Rdnr. 4; *Hakenberg,* BB 1998, S. 1491 ff., 1491; Jauernig-*Mansel,* §§ 244, 245 Rdnr. 5; *Schefold,* ZEuP 1999, S. 271 ff., 284 f.; Palandt-*Heinrichs,* § 245 Rdnr. 9; *Kilb,* JuS 1999, S. 10 ff., 12.

424 Palandt-*Heinrichs,* § 245 Rdnr. 9; *v. Borries/Repplinger-Hach,* NJW 1996, S. 3111 ff., 3113; *Schefold,* ZEuP 1999, S. 271 ff., 287; Jauernig-*Mansel,* §§ 244, 245

führung der neuen Währung als solche änderte weder den Geldwert noch das wirtschaftliche Äquivalenzverhältnis[425]. Zudem gehen Bekundungen zur Einführung des Euro auf das Ende der 60er Jahre zurück, und spätestens seit dem Abschluss des Maastrichter-Vertrages war die Rechtslage klar vorgezeichnet, so dass es sich bei der neuen Währung nicht um ein unvorhersehbares Ereignis handelte[426], das Voraussetzung für den Wegfall der Geschäftsgrundlage ist.

Da der Euro durch das europäische Recht eingeführt wurde, hatte das deutsche Gesetz zur Einführung des Euro (EuroEG)[427] nur die Funktion eines Begleitgesetzes[428]. Hierdurch wurden die deutschen Rechtsvorschriften an die neue Währung angepasst.

b) Euro-Einführung und Wertsicherungsverbot

Das Gesetzgebungsverfahren zum Euro-Einführungsgesetz bot erneut Anlass, über die Notwendigkeit eines Wertsicherungsverbots nachzudenken. Die Bundesregierung sah in ihrem Entwurf des EuroEG zunächst vor, den § 3 WährG ersatzlos zu streichen[429]. Sie begründete dies damit, dass die Deutsche Mark als Schutzgut der Währungspolitik wegfalle[430] und die geld- und währungspolitische Kompetenz auf die Europäische Union übergehe[431]. Unter währungspolitischen Gesichtspunkten werde die Stabilität des Euro jetzt durch das Europäische System der Zentralbanken (ESZB) für die gesamte Währungsunion sichergestellt (Art. 105 Abs. 1, Art. 4 Abs. 2 EGV)[432]. Auch zum Schutz der künftigen Gemeinschaftswährung sei eine solche Vorschrift nicht geeignet. Die

---

Rdnr. 5; *Schmidt-Räntsch,* ZIP 1998, S. 2041 ff., 2042; *Wölker,* CML Rev. 1996, S. 1117 ff., 1122 ff.

425 *v. Borries/Repplinger-Hach,* NJW 1996, S. 3111 ff., 3113; *Hafke,* WM 1997, S. 693 ff., 693.

426 *Schefold,* ZEuP 1999, S. 271 ff., 287; *L. Weber,* Umsetzung der Bestimmungen über die Europäische Währungsunion, S. 249; *Wölker,* CML Rev. 1996, S. 1117 ff., 1124.

427 Vom 9.6.1998, BGBl. I, S. 1242 ff.

428 *Dittrich,* NJW 1998, S. 1269 ff., 1269; *Folter,* Die zivilrechtlichen Auswirkungen der Einführung des Euro, S. 50.

429 BT-Drucks. 13/9347, S. 16 (Art. 9 § 1).

430 BT-Drucks. 13/9347, S. 25 u. 40; so auch *Grothe,* WM 2002, S. 22 ff., 22; *ders.* NZM 2002, S. 54 ff., 54; *Schefold,* ZEuP 1999, S. 271 ff., 289; *Hartenfels,* WM 1999, Sonderbeilage Nr. 1, S. 3 ff., 45; *Rademacher,* ZMR 1999, S. 218 ff., 218; *Folter,* Die zivilrechtlichen Auswirkungen der Einführung des Euro, S. 50 f.; *v. Heynitz,* MittBayNot 1998, S. 398 ff., 398 Fn. 5. *Hafke,* WM 1997, S. 693 ff., 696 f., legt dar, dass § 3 WährG auch ohne ausdückliche Aufhebung mit Eintritt Deutschlands in die dritte Stufe der Währungsunion seine Gültigkeit verloren hätte.

431 So *Dittrich,* NJW 1998, S. 1269 ff., 1270; *Schefold,* ZEuP 1999, S. 271 ff., 289; *Hakenberg,* BB 1998, S. 1491 ff., 1494.

432 *Claussen,* Bank- und Börsenrecht, § 1 Rdnr. 18.

Stabilität des Euro werde durch das ESZB für die gesamte Währungsunion sichergestellt, wofür es über die notwendige Unabhängigkeit und das entsprechende Instrumentarium verfüge[433].

Die Bundesregierung war aber nicht bereit, das Wertsicherungsverbot ohne weitere Diskussion zu streichen. Das beweist der in der Gesetzesbegründung enthaltene Auftrag an das Wirtschaftsministerium, im Gesetzgebungsverfahren zu prüfen, ob und gegebenenfalls inwieweit eine Nachfolgeregelung zu § 3 WährG erforderlich ist[434]. Die Bundesregierung testete so, wie Bevölkerung und Wirtschaft auf einen Wegfall des Wertsicherungsverbots reagieren würden.

Bereits in der Stellungnahme des Bundesrates wurde die geplante Aufhebung des § 3 WährG „mit Besorgnis zur Kenntnis" genommen, da dieser Vorschrift in der Vergangenheit eine wichtige Funktion für die Stabilität der Währung zugekommen sei[435]. Zwar erkannte auch der Bundesrat, dass die Aufhebung dieser Vorschrift notwendig sei, da die Deutsche Mark als währungspolitisches Schutzgut ihren eigenständigen Charakter verliere. Gleichwohl forderte er die Bundesregierung auf, eine den „stabilitätspolitischen Erfordernissen gerecht werdende Nachfolge- oder Ersatzregelung für das Indexierungsverbot des geltenden § 3 WährG zu finden", was insbesondere für die „sozial sensiblen Dauerschuldverhältnisse im Bereich des Wohnraummietrechts" gelten solle. Aber auch in anderen Bereichen hielt der Bundesrat Preisindexierungen für nicht wünschenswert, da sie neben allgemeinen Auftriebswirkungen auf die Preisstabilität zu zusätzlichen, nicht von Anfang an bestimmbaren Haushaltsbelastungen für die öffentliche Hand führen würden. Der Bundesrat befürchtete, dass das Vertrauen in die Preisstabilität und damit in den Euro insgesamt erschüttert werde, wenn Indexierungen freigegeben würden[436]. Gerade dieses Argument ist allerdings eines der fragwürdigsten. Wird das Vertrauen in die Preisstabilität wirklich dadurch erschüttert, indem Geldschulden erlaubtermaßen indexiert werden können? Erschüttert würde dieses Vertrauen vielmehr dadurch, dass der Geldwert dauerhaft und zu stark fällt, ohne dass sich die Gläubiger hiergegen absichern können. Rechtsgeschäftliche Vorsorge gegen Geldentwertung zu verbieten, um das Vertrauen in eine Währung zu erhalten oder herbeizuführen ist daher grundsätzlich verkehrt: Wertsicherungsklauseln sind nur die Folge eines bestehenden und nicht der Grund für das Entstehen eines Misstrauens in die Währung[437]. Das Verbot der rechtsgeschäftlichen Vorsorge für den Fall der Geldentwertung kann die Gefahr der Geldentwertung hervorheben und damit das Vertrauen in die Währung schwächen[438].

---

433 BT-Drucks. 13/9347, S. 55.

434 BT-Drucks. 13/9347, S. 55.

435 BT-Drucks. 13/9347, S. 62 (Nr. 16).

436 BT-Drucks. 13/9347, S. 62 (Nr. 16).

437 Vgl. *Reithmann*, DNotZ 1960, S. 172 ff., 175 f.; *Kollhosser*, JA 1983, S. 49 ff., 54.

Ähnlich wie das Bundeswirtschaftsministerium sahen viele Verbände in ihren Stellungnahmen die ersatzlose Streichung des § 3 WährG als Zeichen der Unsicherheit und Schwächung des Euro an, wodurch Ängste in der Bevölkerung geweckt würden[439]. Der Wirtschaftsausschuss des Bundestages schloss sich diesen Bedenken an und schlug vor, einen neuen § 2 in das Preisangabengesetz aufzunehmen[440], der zunächst ein weiterreichendes Verbot enthielt als der jetzt geltende § 2 PaPkG. Auch der Bundestagsausschuss für die Angelegenheiten der Europäischen Union sowie die SPD-Fraktion machten deutlich, dass ein die Preisstabilität sicherndes und besonders die Verbraucher schützendes grundsätzliches Indexierungsverbot im Gesetz verankert werden müsse[441].

Der Rechtsausschuss des Bundestages begründete seine Entscheidung für ein weitergeltendes Wertsicherungsverbot wie folgt[442]: Der § 3 WährG müsse wegen des Wegfalls des Schutzgutes „DM“ und des Normzwecks „Stabilität der DM-Währung“ aufgehoben werden. Das in § 3 WährG enthaltene Indexierungsverbot habe aber – neben seiner geldpolitischen Funktion zum Schutz der Deutschen Mark – eine aus wirtschaftspolitischer Sicht wichtige preisstabilisierende Funktion. Aus stabilitäts-, preis- und verbraucherpolitischen Gründen dürfe die Bundesrepublik Deutschland auch künftig nicht auf Grenzen für Wertsicherungsklauseln verzichten.

Das einfachste wäre gewesen, mit der Einführung der gemeinsamen europäischen Währung auch ein gemeinsames Wertsicherungsverbot zu schaffen. Eine Untersuchung des BMJ hatte allerdings ergeben, dass in keinem Teilnehmerstaat der europäischen Währungsunion ein dem deutschen § 3 Satz 2 WährG entsprechendes Verbot von Wertsicherungsklauseln galt[443]. Der Rechtsausschuss wies darauf hin, dass „ein Indexierungsverbot für das gesamte Euro-Währungsgebiet noch nicht durchsetzbar war“[444]. Damit wurde die Tatsache umschrieben, dass der Versuch Deutschlands, ein europäisches Indexierungsverbot einzuführen, an 14 Ablehnungen gescheitert ist[445]. Nach wie vor gibt es kein gemeinschaftsrechtliches Wertsicherungsverbot[446].

---

438 *Duden,* Verhandlungen des 40. DJT, Bd. 1, S. 1 ff., 51; *Eppig,* DNotZ 1951, S. 405 ff., 405.

439 *Schmidt-Räntsch,* NJW 1998, S. 3166 ff., 3166; *Schultz,* Der Tagesspiegel v. 28.06.1998 (Nr. 16379), Immobilienspiegel S. 1.

440 BT-Drucks. 13/10334, S. 35.

441 BT-Drucks. 13/10334, S. 36.

442 BT-Drucks. 13/10334, S. 40 f. (zu Art. 9).

443 Diese interne Untersuchung des BMJ vom 30.7.1997, Az. 3420/12-4, ist zitiert nach *Schmidt-Räntsch,* NJW 1998, S. 3166 ff., 3166. Dabei wurde aber offenbar das französische Gesetz no 98-546 du 2 juillet 1998 portant diverses dispositions d'ordre économique et financier übersehen.

444 BT-Drucks. 13/10334, S. 41.

445 Daten von *Schmidt-Räntsch,* NJW 1998, S. 3166 ff., 3166.

446 *Grothe,* ZBB 2002, S. 1 ff., 2; MK-*Grundmann,* §§ 244, 245 Rdnr. 66.

Der Rechtsausschuss des Bundestages begründete das Festhalten am Indexierungsverbot weiter damit[447], dass dies neben anderen Maßnahmen der Ordnungspolitik zur Erhaltung der Preisstabilität in Deutschland beitrage und dass dies im einheitlichen europäischen Wirtschaftsraum auch für die Wettbewerbsposition der deutschen Wirtschaft wichtig sei. Die Notwendigkeit eines Indexierungsverbots würden durch Gesichtspunkte des Verbraucherschutzes, der Arbeits- und Sozialpolitik, der Tarifautonomie sowie der Gebührenpolitik unterstützt. Neben dem rechtlichen Regelungsgehalt bedürfe es zudem der Signalwirkung eines grundsätzlichen Indexierungsverbots, „um Indexierungswünschen entgegenzutreten".

Im weiteren Gesetzgebungsverfahren empfahl der Wirtschaftsausschuss des Bundesrates, das Indexierungsverbot zu verschärfen[448], was zum Verbot auch der bisher genehmigungsfrei zulässigen Spannungsklauseln[449] geführt hätte. Dies wurde zu Unrecht damit begründet, dass es keine Entsprechung in § 3 WährG gegeben habe. Die Bundesbank konnte die Spannungsklauseln auch nicht von einer Genehmigungspflicht freistellen, wie der Wirtschaftsausschuss behauptete[450], und hat dies auch nicht getan, da ihr keine Ermächtigung zur Änderung des Gesetzes zustand. Der Wirtschaftsausschuss wollte hier eine Verordnungsermächtigung vorsehen, aufgrund derer „den unterschiedlichen Gegebenheiten des Einzelfalls entsprechend" durch Verordnung gehandelt werden kann. Dies war sehr bedenklich, da eine Verordnung gerade nicht auf einen Einzelfall bezogen ist. Der Bundesrat nahm diese Empfehlung des Wirtschaftsausschusses nicht auf, sondern stimmte dem vom Bundestag verabschiedeten Gesetz ohne diese Verschärfung zu[451].

Die Existenz des neuen, durch Art. 9 § 4 EuroEG eingeführten § 2 des Preisangaben- und Preisklauselgesetzes beweist nunmehr, dass die Bedenken gegen den Wegfall eines Wertsicherungsverbots ernst genommen wurden und deshalb die Streichung des § 3 WährG durch die Aufnahme eines neuen Verbots in § 2 PaPkG kompensiert wurde. Auch nach dem 1. Januar 1999 blieb es demnach bei einem grundsätzlichen Verbot von Wertsicherungsklauseln. Zu der Frage, inwieweit dieses von der bisherigen Regelung abweicht, siehe unten das Kapitel VI.

Das Verbot von Wertsicherungsklauseln war in Deutschland in verschiedenen Normen kodifiziert[452]. Das EuroEG trägt dem Rechnung, indem es in Art. 9 § 1 den § 3 WährG und in Art. 9 § 2 den § 4 Nr. 2 der Verordnung zur Einführung

---

447 Siehe BT-Drucks. 13/10334, S. 41.

448 BR-Drucks. 341/1/98, S. 2 (Nr. 2).

449 Zu den Spannungsklauseln s. u. Kap. VI 4.

450 BR-Drucks. 341/1/98, S. 2 (Nr. 2).

451 BR-Drucks. 341/98 (Beschluss).

452 Siehe oben Kap. I 7.

der Deutschen Mark im Saarland aufhob sowie in Art. 9 § 3 bestimmte, dass Art. 3 der Anlage I zum Vertrag über die Schaffung einer Währungs-, Wirtschafts- und Sozialunion zwischen der Bundesrepublik Deutschland und der Deutschen Demokratischen Republik nicht mehr anzuwenden ist. Soweit ersichtlich, wurde die in West-Berlin geltende Nr. 2c der Währungsverordnung durch das Land Berlin nicht ausdrücklich aufgehoben, sollte aber von der Aufhebung des § 3 WährG mitumfasst sein[453].

c) Das BBankG und der Euro, ESZB und EZB

Mit der Einführung des Euro musste das BBankG geändert werden[454]. In § 3 BBankG wurde die Aufgabe der Bundesbank neu formuliert: Die Deutsche Bundesbank ist als Zentralbank der Bundesrepublik nunmehr integraler Bestandteil des Europäischen Systems der Zentralbanken. Sie wirkt an der Erfüllung seiner Aufgaben mit dem vorrangigen Ziel mit, die Preisstabilität zu gewährleisten. Der eigens neu eingefügte Art. 88 Satz 2 GG ermöglichte, Aufgaben und Befugnisse der Bundesbank auf die Europäische Zentralbank zu übertragen.

Der Zentralbankrat, der vorher allein die Währungs- und Kreditpolitik der Bundesbank bestimmte, regelt nunmehr die Geschäftspolitik der Bank (§ 6 Abs. 1). Bei der Erfüllung der Aufgaben des Europäischen Systems der Zentralbanken kann er nur im Rahmen der Leitlinien und Weisungen der Europäischen Zentralbank handeln.

§ 12 BBankG, der das Verhältnis der Bank zur Bundesregierung regelt, statuiert weiterhin, dass die Bundesbank bei der Ausübung der ihr nach dem BBankG zustehenden Befugnisse unabhängig ist. Die allgemeine Wirtschaftspolitik der Bundesregierung muss sie nur noch insoweit unterstützen, als ihr dies als Bestandteil des Europäischen Systems der Zentralbanken möglich ist. Aus der Verpflichtung wurde eine Unterstützung „nach Möglichkeit".

Die Vorschriften über die Diskont-, Kredit- und Offenmarktpolitik und die Mindestreservepolitik wurden ersatzlos gestrichen.

Den veränderten Befugnissen der Bundesbank entspricht eine stärkere Stellung der Europäischen Zentralbank (EZB). Mit der dritten Stufe der Wirtschafts- und Währungsunion gingen die währungshoheitlichen Befugnisse derjenigen Staaten, die an der Währungsunion von Anfang an teilnahmen, auf die

---

453 BT-Drucks. 13/9347, S. 55.

454 Sechstes Gesetz zur Änderung des BBankG vom 22.12.1997, BGBl. I, S. 3274 f. Die Vorschriften dieses Gesetzes sind überwiegend am 1.1.1999 in Kraft getreten, s. die Bekanntmachung über das Inkrafttreten von Vorschriften des Sechsten Gesetzes zur Änderung des BBankG vom 8.12.1998, BGBl. I, S. 3582.

EU über[455]. Das ESZB besteht gemäß Art. 107 Abs. 1 EGV aus den nationalen Zentralbanken und der EZB. Die EZB wurde die zentrale Währungs- und Notenbank mit hoheitlichen Befugnissen[456]. Die nationalen Zentralbanken unterstehen den Leitlinien und Weisungen der EZB[457]. Art. 108 EGV schreibt der Europäischen Zentralbank, den nationalen Zentralbanken und den Mitgliedern ihrer Beschlussorgane vor, dass sie bei der Wahrnehmung der ihnen durch den EGV und der Satzung des ESZB übertragenen Befugnisse, Aufgaben und Pflichten keine Weisungen von Organen oder Einrichtungen der Gemeinschaft, Regierungen oder Mitgliedstaaten oder anderen Stellen einholen oder entgegennehmen dürfen. Daraus – sowie aus anderen Regelungen – ergibt sich, dass die EZB bei der Wahrnehmung ihrer Befugnisse, Aufgaben und Pflichten sowohl sachlich, wie funktional, persönlich, finanziell und institutionell unabhängig ist[458].

Durch Art. 106 Abs. 1 EGV wurde allein der EZB das Recht zur Ausgabe von Banknoten verliehen. Vorrangiges Ziel des ESZB ist es, die Preisstabilität[459] zu gewährleisten (Art. 105 Abs. 1 EGV). Dabei besteht eine ihrer grundlegenden Aufgaben darin, die Geldpolitik der Gemeinschaft festzulegen und auszuführen (Art. 105 Abs. 2 EGV). Art. 17–20 der Satzung des Europäischen Systems der Zentralbanken und der Europäischen Zentralbank[460] geben ihr dazu die üblichen geldpolitischen Notenbankinstrumente an die Hand. Diese entsprechen in weitem Umfang den währungspolitischen Befugnissen, die zuvor die Bundesbank hatte[461].

Auf diese Weise erhielt die EZB die Rolle als alleinige und unabhängige Hüterin der Währung in den teilnehmenden Mitgliedstaaten[462]. Die Zentralbanken der einzelnen Mitgliedstaaten übernehmen in etwa die Rolle, die bisher die Landeszentralbanken im Verhältnis zur Bundesbank einnahmen[463]. Verglichen mit dem deutschen BBankG in der alten Fassung ist die Unabhängigkeit von ESZB und EZB im EGV besser gesichert, weil der Vorrang der Geldwertsicherung vor der Verpflichtung zur Unterstützung der allgemeinen Wirtschaftspolitik

---

455 Siehe oben Fn. 409.

456 *L. Weber,* Umsetzung der Bestimmungen über die Europäische Währungsunion, S. 211 m.w.N.

457 Art. 14.3 der Satzung des ESZB und der EZB, s. Protokoll Nr. 18 zum EGV.

458 Siehe dazu m.w.N. *Endler,* Europäische Zentralbank und Preisstabilität, S. 405 ff.; *L. Weber,* Umsetzung der Bestimmungen über die Europäische Währungsunion, S. 215 ff.; *Frotscher,* Wirtschaftsverfassungs- und Wirtschaftsverwaltungsrecht, Rdnr. 201.

459 Siehe Art. 4 Abs. 2 und Art. 105 Abs. 1 EGV.

460 Siehe Protokoll Nr. 18 zum EGV.

461 *Grothe,* ZBB 2002, S. 1 ff., 7; MK-*Grundmann,* §§ 244, 245 Rdnr. 66.

462 Staudinger-*K. Schmidt,* Vorbem zu §§ 244 ff, Rdnr. F 73.

463 *Oppermann/Classen,* NJW 1993, S. 5 ff., 9.

in Art. 105 Abs. 1 EGV deutlicher zum Ausdruck kommt und weil die Mitglieder des Direktoriums der EZB nach achtjähriger Amtszeit nicht erneut ernannt werden können[464]. Damit ist die Unabhängigkeit der EZB rechtlich zuverlässig gesichert[465].

Da die EZB darüber hinaus jedoch keine neuen Handlungsmöglichkeiten erhalten hat, wird auch sie – wie zuvor die Bundesbank – die Inflation nicht dauerhaft auf null Prozent drücken können. Sie kann ein Wertsicherungsbedürfnis daher ebensowenig ganz beseitigen, wie es die Bundesbank konnte.

---

[464] *Oppermann/Classen,* NJW 1993, S. 5 ff., 9 f.; *A. Weber,* JZ 1994, S. 53 ff., 57.
[465] *Nicolaysen,* Rechtsfragen der Währungsunion, S. 27.

Kapitel II

Die Grundlage der Wertsicherungsklausel: Das Bedürfnis nach Wertsicherung

1. Geldwert und Geldwertänderung

a) Geldwert

Der Wert einer Sache oder Dienstleistung wird regelmäßig durch eine bestimmte Geldsumme ausgedrückt. Das Geld dient in diesem Fall dazu, die Ware zu bewerten[1]. Daneben ist Geld ein Wertaufbewahrungsmittel und kann z. B. helfen, das Sparbedürfnis zu befriedigen. In erster Linie ist es allerdings Tauschmittel[2], da es für eine Gegenleistung gezahlt wird. Aufgrund seiner Funktionen ist das Geld aber auch selbst ein Wirtschaftsgut und wird als solches ebenso bewertet[3]. Besonders deutlich wird das, wenn es selbst zum Gegenstand von Tauschakten und Spekulationsgeschäften wird[4].

Problematisch ist, den Wert des Geldes zu bestimmen[5]. Der Nenn*wert* des Geldes – die aufgedruckte Zahl – hilft hier nicht weiter, da er nur den Bruchteil, das Ein- oder Vielfache der Rechnungseinheit der Währung bezeichnet[6].

---

[1] Zum Geldbegriff und den Funktionen des Geldes siehe m. w. N. *Heermann,* Geld und Geldgeschäfte, S. 11 ff.; Staudinger-*K. Schmidt,* Vorbem zu §§ 244 ff, Rdnr. A 6 ff.; *Hahn,* Währungsrecht, § 2; *v. Maydell,* Geldschuld und Geldwert, S. 8 ff.; *Fögen,* Geld- und Währungsrecht, S. 1 ff.; MK-*Grundmann,* §§ 244, 245 Rdnr. 1 ff.; Schimansky/Bunte/Lwowski-*Schefold,* Bankrechts-Handbuch, Bd. III, § 115 Rdnr. 5 ff.; *Schmalz,* Stabilität des Geldwerts, S. 18 ff.; Schlegelberger-*Hefermehl,* HGB, Anh § 361 Rdnr. 1 ff.; *Endler,* Europäische Zentralbank und Preisstabilität, S. 87 f.; *v. Stebut,* Jura 1982, S. 561 ff., 563 ff. und älter *Mann,* Recht des Geldes, S. 1 ff.; *Nussbaum,* Das Geld, S. 1 ff.

[2] *Mann,* Recht des Geldes, S. 55; *Heermann,* Geld und Geldgeschäfte, S. 13 f.; MK-*Grundmann,* §§ 244, 245 Rdnr. 1; *Endler,* Europäische Zentralbank und Preisstabilität, S. 87; Schlegelberger-*Hefermehl,* HGB, Anh § 361 Rdnr. 1; *Larenz,* Schuldrecht I, S. 162; AK-BGB-*Brüggemeier,* vor §§ 244, 245 Rdnr. 8.

[3] *Grothe,* Fremdwährungsverbindlichkeiten, S. 79; *v. Maydell,* Geldschuld und Geldwert, S. 22 f.; Staudinger-*K. Schmidt,* Vorbem zu §§ 244 ff, Rdnr. D 2; Schlegelberger-*Hefermehl,* HGB, Anh § 361 Rdnr. 1.

[4] AK-BGB-*Brüggemeier,* vor §§ 244, 245 Rdnr. 8. Siehe hierzu auch Bamberger/Roth-*Grothe,* § 244 Rdnr. 8.

[5] Siehe hierzu *v. Maydell,* Geldschuld und Geldwert, S. 15–41 u. Staudinger-*K. Schmidt,* Vorbem zu §§ 244 ff, Rdnr. D 4 ff.

Das Geldwertproblem besteht gerade, weil zwischen einem feststehenden Nennwert und einem sich verändernden Geldwert unterschieden wird[7]. Auch die Substanz der einzelnen Geldzeichen kann nicht herangezogen werden, um den Geldwert zu bestimmen, denn der Materialwert der einzelnen Münzen oder Banknoten ist – anders als bei einer Goldwährung – nicht der Rede wert. Es bleibt, den Geldwert wie bei anderen Gütern in dessen Marktwert zu sehen. Abzustellen ist darauf, welche Gegenleistung den Geldnutzern die Funktionen wert sind, die das Geld innehat[8].

Innerhalb dieses Funktionswertes des Geldes ist zwischen dem Außen- und dem Binnenwert zu differenzieren. Während der Außenwert das Wertverhältnis einer Währung[9] zu einer anderen Währung ausdrückt[10], bezeichnet der Binnenwert die interne Kaufkraft des Geldes[11]. Die Kaufkraft drückt die Fähigkeit des Geldes aus, mit ihm eine bestimmte Menge von Gütern im Währungsinland erwerben zu können[12]. Sie ändert sich, wenn sich das allgemeine Preisniveau ändert[13]. Steigt das Preisniveau, kann der Geldbesitzer mit der gleichen Geldmenge weniger Waren erwerben. Um die Kaufkraft des Geldes zu bestimmen, darf nicht auf die Preise einzelner Güter abgestellt werden, da diese infolge besonderer Marktsituationen stark schwanken können, während die Preise anderer Güter stabil bleiben[14]. Daher ist erforderlich, den Preisdurchschnitt vieler Wa-

---

[6] Schlegelberger-*Hefermehl,* HGB, Anh § 361 Rdnr. 4; *v. Maydell,* Geldschuld und Geldwert, S. 20; *Larenz,* Schuldrecht I, S. 163; Soergel-*Teichmann,* § 244 Rdnr. 3; *Bettermann,* RdA 1975, S. 2 ff., 2; Staudinger-*K. Schmidt,* Vorbem zu §§ 244 ff, Rdnr. D 6; Jauernig-*Mansel,* § 244, 245 Rdnr. 4. Um Missverständnisse zu vermeiden, schlägt *v. Maydell* (a.a.O. S. 21) vor, den Begriff „Nennbetrag" statt „Nennwert" zu benutzen, damit deutlich werde, dass es sich um eine bloße Bezeichnung und nicht um eine Bewertung handelt.

[7] Staudinger-*K. Schmidt,* Vorbem zu §§ 244 ff, Rdnr. D 6.

[8] Staudinger-*K. Schmidt,* Vorbem zu §§ 244 ff, Rdnr. D 9 m.w.N.; wohl auch *Mann,* Recht des Geldes, S. 63; *Larenz,* Schuldrecht I, S. 162 f.

[9] Zum Begriff der Währung s. *Grothe,* Fremdwährungsverbindlichkeiten, S. 12 ff.; Bamberger/Roth-*ders.,* § 244 Rdnr. 1.

[10] Siehe hierzu *Grothe,* Fremdwährungsverbindlichkeiten, S. 79 ff. u. *v. Maydell,* Geldschuld und Geldwert, S. 28.

[11] *Grothe,* Fremdwährungsverbindlichkeiten, S. 79; *v. Maydell,* Geldschuld und Geldwert, S. 28; Staudinger-*K. Schmidt,* Vorbem zu §§ 244 ff, Rdnr. D 11; *Hahn,* Währungsrecht, § 16 Rdnr. 5 f.; *Gramlich,* BBankG, § 1 WährG, Rdnr. 8; Soergel-*Teichmann,* § 244 Rdnr. 3; Palandt-*Heinrichs,* § 245 Rdnr. 5.

[12] *v. Maydell,* Geldschuld und Geldwert, S. 34; *Endler,* Europäische Zentralbank und Preisstabilität, S. 64.

[13] BGHZ 91, S. 32 ff., 34; *Grothe,* Fremdwährungsverbindlichkeiten, S. 79; Schlegelberger-*Hefermehl,* HGB, Anh § 361 Rdnr. 4; *Endler,* Europäische Zentralbank und Preisstabilität, S. 64; *Larenz,* Schuldrecht I, S. 162; *v. Maydell,* Geldschuld und Geldwert, S. 31; *Gramlich,* BBankG, § 1 WährG, Rdnr. 8; *Bettermann,* RdA 1975, S. 2 ff., 2.

[14] Steigende Preise bei einem Gut können allerdings auf die Preise anderer Güter zurückwirken und damit dazu führen, dass sich die Kaufkraft des Geldes ändert. Dies

ren zu ermitteln („Warenkorb"), um festzustellen, ob die Preisänderungen von der Geldseite herrühren[15].

Die Begriffe Kaufkraft und Geldwert werden regelmäßig gleichgesetzt[16]. Da die Tauschmittelfunktion des Geldes unter den Geldfunktionen im Vordergrund steht, sollen sie auch hier synonym verwandt werden. Für die mit dieser Arbeit verfolgten Zwecke kann der Außenwert des Geldes als solcher auch deswegen außer Acht bleiben, weil sich eine Änderung dieses Wertes mittelbar über die Kaufkraft auswirkt. Zwar wird gesagt, dass es bei der Diskussion um Geldschuld und Geldwert nicht um den Außenwert gehe[17]. Ändern sich aber die Wechselkurse, kann dies dazu führen, dass sich die Importpreise ändern. Dies wirkt sich letztlich auf die Verbraucherpreise und damit die Kaufkraft des Geldes aus[18].

b) Geldwertänderung

Der Wert des Geldes ändert sich, wenn sich dessen Kaufkraft ändert. Bliebe das Verhältnis einer bestimmten Geldsumme zu einer bestimmten Warenmenge dagegen gleich, könnten also am Ende einer Zeitspanne mit der gleichen Geldsumme ebenso viele Güter gekauft werden, wie zu Beginn der Zeitspanne, bliebe der Geldwert stabil[19]. Der Vorgang, in dessen Verlauf sich der Geldwert dauerhaft ändert, heißt Inflation bzw. Deflation[20]. Während einer Inflation sinkt

---

lässt sich insbesondere beim Öl beobachten, da dieses bei der Produktion beinahe aller Güter eine Rolle spielt, und sei es nur beim Transport. Steigt der Ölpreis, verursacht er höhere Kosten, die auf die Preise umgelegt werden, so dass es insgesamt zu Preissteigerungen und damit zu einer Kaufkraftveränderung kommt.

[15] Staudinger-*K. Schmidt,* Vorbem zu §§ 244 ff, Rdnr. D 14.

[16] Siehe z.B. BGH, NJW 1974, S. 137 ff., 139; *Braun,* Vertragliche Geldwertsicherung, S. 21; *Medicus,* DB 1974, S. 759 ff., 759. Vgl. m.w.N. Staudinger-*K. Schmidt,* Vorbem zu §§ 244 ff, Rdnr. D 13; *Endler,* Europäische Zentralbank und Preisstabilität, S. 64. Siehe aber auch *v. Maydell,* Geldschuld und Geldwert, S. 31 u. 369 und *Mügel,* Aufwertungsrecht, S. 94.

[17] So Staudinger-*K. Schmidt,* Vorbem zu §§ 244 ff, Rdnr. D 11.

[18] Unter anderem mit dieser Begründung erhöhte die Europäische Zentralbank im Februar 2000 die Leitzinsen und reagierte damit auf die erhöhten Risiken für die Preisstabilität, s. F.A.Z. Nr. 29 vom 4.2.2000, S. 13.

[19] *Hahn,* Währungsrecht, § 16 Rdnr. 6. Zumindest wenn der Preisindex für die Lebenshaltungskosten um mehr als 2% pro Jahr steigt, geht die Deutsche Bundesbank von einer Geldwertminderung aus, vgl. die Nachweise in BFHE 89, S. 422 ff., 426 f. = BStBl. 1967 III, S. 690 ff., 691 f.; auch erwähnt in BVerfGE 50, S. 57 ff., 69 f.; BAGE 25, S. 146 ff., 157. Hierzu s. *Schmalz,* Stabilität des Geldwertes, S. 64 u. 67; Dreier-*Pernice,* GG, Art. 88 Rdnr. 35. Gleiches gilt nunmehr für den Begriff der Preisstabilität in der EU: Der EZB-Rat verständigte sich im Oktober 1998 darauf, Preisstabilität als einen Anstieg des Preisniveaus von weniger als 2% pro Jahr zu definieren, s. Lenz-*Schill,* EUV/EGV, Art. 105 Rdnr. 3.

[20] *v. Maydell,* Geldschuld und Geldwert, S. 36.

die Kaufkraft des Geldes („Entwertung des Geldes") – das Preisniveau steigt an[21]. Im Falle der Deflation ist es umgekehrt: Die Kaufkraft steigt, das Preisniveau fällt. Ändert sich der Wert des Geldes, nachdem eine betraglich fixierte Geldschuld entstanden ist, kann sich dies daher sowohl für den Gläubiger als auch für den Schuldner negativ auswirken: Sinkt die Kaufkraft, so verkörpert die geschuldete Geldsumme einen geringeren Wert als es noch im Zeitpunkt der Fall war, als die Geldschuld entstanden ist. Steigt die Kaufkraft, hat die zu leistende Geldsumme nunmehr einen höheren Wert als zuvor. Dem Gewinn der einen Vertragspartei entspricht in beiden Alternativen der Verlust der anderen Partei[22].

In den letzten Jahrzehnten hat es in Europa keine nennenswerte Deflation gegeben. Das Kaufkraftrisiko war in der wirtschaftlichen Realität bisher ein Kaufkraftverlustrisiko[23]. Die folgenden Ausführungen beschränken sich daher auf diese Alternative.

2. Geldsummen- und Geldwertschuld

Sinkt der Geldwert, stellt sich die Frage, wie sich dies auf eine bereits bestehende Geldschuld auswirkt. Juristisch wirft der Wertverlust bei Geldschulden schwierigere Fragen auf, als bei bloßem Bargeldbesitz. Verliert das Geld an Wert, trägt der Eigentümer des Bargeldes diesen Nachteil (casum sentit dominus), denn außer ihm gibt es niemanden, dem dieser Nachteil auferlegt werden könnte. Nur in ganz extremen Ausnahmefällen können hier Ansprüche gegen den Staat in Betracht kommen[24], wenn dieser in gar keiner Weise der Geldentwertung entgegengewirkt hat. Bei Geldschulden – das sind Verbindlichkeiten, die auf die Verschaffung von in Geld ausgedrückter Vermögensmacht gerichtet sind (Wertverschaffungsschuld)[25] – stehen sich dagegen mindestens zwei Perso-

---

[21] Staudinger-*K. Schmidt,* Vorbem zu §§ 244 ff, Rdnr. D 16; *Endler,* Europäische Zentralbank und Preisstabilität, S. 64; Schlegelberger-*Hefermehl,* HGB, Anh § 361 Rdnr. 4; *Reinhuber,* Grundbegriffe, S. 42.

[22] *Grothe,* Fremdwährungsverbindlichkeiten, S. 90.

[23] *Grothe,* Fremdwährungsverbindlichkeiten, S. 90. Soweit ersichtlich hatte nur Japan in den letzten Jahren mit einer nennenswerten Deflation zu kämpfen, s. F.A.Z. Nr. 50 vom 28.2.2002, S. 17.

[24] A.A. (Geldwert genießt verfassungsrechtlich keinen Schutz): *Lepsius,* JZ 2002, S. 313 ff., 316 m.w.N.

[25] *Larenz,* Schuldrecht I, S. 167; *Heermann,* Geld und Geldgeschäfte, S. 24; *v. Maydell,* Geldschuld und Geldwert, S. 10; *Schmalz,* Stabilität des Geldwerts, S. 77; Staudinger-*K. Schmidt,* Vorbem zu §§ 244 ff, Rdnr. A 26, 44 u. C 7; *Grothe,* Fremdwährungsverbindlichkeiten, S. 74; Bamberger/Roth-*ders.,* § 244 Rdnr. 6; Soergel-*Teichmann,* § 244 Rdnr. 4; Palandt-*Heinrichs,* § 245 Rdnr. 12; MK-*Grundmann,* §§ 244, 245 Rdnr. 82; Jauernig-*Mansel,* § 244, 245 Rdnr. 6; Erman-*Westermann,* § 244 Rdnr. 2; anders noch *Nussbaum,* Das Geld, S. 67 ff. („Die Geldschuld geht auf Leistung von Geldzeichen").

nen – Gläubiger und Schuldner – gegenüber. Wer von beiden den Nachteil, der aus dem Geldwertverlust entsteht, zu tragen hat, hängt von der Art der Geldschuld ab.

Die Geldschuld tritt in zwei Erscheinungsformen auf: der Geldsummen- und der Geldwertschuld. Beide sind auf Leistung von Geld gerichtet. Sie unterscheiden sich aber dadurch, wie der geschuldete Geldbetrag zu bestimmen ist. Im Falle der Geldsummenschuld, deren Höhe durch einen bestimmten Geldbetrag angegeben ist, ist nur der genannte Geldbetrag zu leisten, so dass sich eine Geldwertänderung, abgesehen von besonderen Fällen[26] nicht auswirkt[27]. Hier trägt der Gläubiger den Nachteil, der durch den Geldwertverlust entsteht. Anders ist es bei einer Geldwertschuld[28], bei der der zu zahlende Geldbetrag erst noch mittels anderer Werte zu berechnen ist, beispielsweise durch den Preis bestimmter Güter zu einem bestimmten Zeitpunkt oder dadurch, wieviel Geld für einen gewissen Zweck erforderlich ist. Die Geldwertschuld ist bezüglich der Höhe des zu leistenden Geldbetrages zunächst unbestimmt und wird erst in dem Zeitpunkt in eine Geldsummenschuld betraglich fixiert, in dem sie erfüllt werden soll[29]. Diese Festlegung wird damit im Vergleich zur Geldsummenschuld nur auf einen späteren Zeitpunkt hinausgeschoben[30]. Dies macht die Geldwertschuld von einer Geldentwertung unabhängig[31]. Sie reagiert automatisch auf

[26] Dazu s. u. Kap. II 4. b) bb).

[27] BGHZ 7, S. 134 ff., 137 ff.; Bamberger/Roth-*Grothe,* § 244 Rdnr. 9; *Larenz,* Schuldrecht I, § 12 III; *Medicus,* Schuldrecht I, Rdnr. 166; *Hahn,* Währungsrecht, § 6 Rdnr. 6; Staudinger-*K. Schmidt,* Vorbem zu §§ 244 ff, Rdnr. D 42 ff.; Schlegelberger-*Hefermehl,* HGB, Anh § 361 Rdnr. 20; *v. Maydell,* Geldschuld- und Geldwert, S. 372; MK-*Grundmann,* §§ 244, 245 Rdnr. 20 u. 86; Jauernig-*Mansel,* §§ 244, 245 Rdnr. 9; Palandt-*Heinrichs,* § 245 Rdnr. 15; RGRK-*Alff,* § 244 Rdnr. 7.

[28] BGHZ 28, S. 259 ff., 265; BGHZ 7, S. 134 ff., 137; *Larenz,* Schuldrecht I, S. 174; Bamberger/Roth-*Grothe,* § 244 Rdnr. 10; *Medicus,* Schuldrecht I, Rdnr. 166; Staudinger-*K. Schmidt,* Vorbem zu §§ 244 ff, Rdnr. D 42; *Hahn,* Währungsrecht, § 6 Rdnr. 6; *Dürkes,* Wertsicherungsklauseln, D Rdnr. 197 u. 612; Schlegelberger-*Hefermehl,* HGB, Anh § 361 Rdnr. 20; MK-*Grundmann,* §§ 244, 245 Rdnr. 86; Palandt-*Heinrichs,* § 245 Rdnr. 16; *Duden,* Verhandlungen des 40. DJT, Bd. 1, S. 1 ff., 5; RGRK-*Alff,* § 244 Rdnr. 7.

[29] *Larenz,* Schuldrecht I, S. 174; *Heermann,* Geld und Geldgeschäfte, S. 25 f.; Soergel-*Teichmann,* § 244 Rdnr. 6; MK-*Grundmann,* §§ 244, 245 Rdnr. 86. Krit. zur Unterscheidung von Geldwert- und Geldsummenschuld *v. Maydell,* Geldschuld und Geldwert, S. 106 f.

[30] *Grothe,* Fremdwährungsverbindlichkeiten, S. 78; Soegel-*Teichmann,* § 244 Rdnr. 6. *Schmalz* (Stabilität des Geldwertes, S. 78 f.) sieht daher die Geldwertschuld lediglich als Unterfall der Geldsummenschuld an, da bei der Geldwertschuld nur die summenmäßige Fixierung auf einen späteren Zeitpunkt hinausgeschoben sei. Ebenso AK-BGB-*Brüggemeier,* vor §§ 244, 245 Rdnr. 12.

[31] *Heermann,* Geld und Geldgeschäfte, S. 26; *Hahn,* Währungsrecht, § 6 Rdnr. 6; Staudinger-*K. Schmidt,* Vorbem zu §§ 244 ff, Rdnr D 44 (in D 78 ff. zur „Umwandlung" der Geldwert- in eine Geldsummenschuld); *Reichert-Facilides,* JZ 1969, S. 617 ff., 618 Fn. 16; *Grothe,* Fremdwährungsverbindlichkeiten, S. 77 f.; Soergel-*Teichmann,* § 244 Rdnr. 8; Jauernig-*Mansel,* §§ 244, 245 Rdnr. 11.

den inflationsbedingten Verlust des Geldwertes, allerdings auch schlicht auf die alleinige Verteuerung der als Maßstab gewählten Güter, welche Ursache diese auch haben mag[32]. Da der Schuldner im Zeitpunkt der Fälligkeit einen höheren Geldbetrag leisten muss, wenn sich der Geldwert verringert hat, trägt er bei der Geldwertschuld dieses Risiko.

Eine Geldwertschuld liegt vor, wenn die Vertragspartner sie als solche wirksam vereinbart haben, wobei insbesondere die allgemeine Vorschrift des § 2 PaPkG i.V.m. § 134 BGB zu beachten ist [s. Kap. VI 2. c)]. Daneben kann sich der Charakter der Geldschuld aus dem Gesetz ergeben. Gelegentlich wird behauptet, dass immer dann eine Geldwertschuld vorliege, wenn die Zahlung eine Naturalleistung ersetzt und nicht nur Gegenleistung für eine Naturalleistung des Vertragspartners ist, wie es beim Kaufvertrag der Fall sei[33]. Dies ist nicht richtig, denn auch die Geldschuld, die lediglich Gegenleistung für die Übereignung einer Sache ist, kann vertraglich oder gesetzlich geldwertabhängig ausgestaltet werden. Wann sonst eine Geldsummen- oder Geldwertschuld vorliegt, ist eine Frage übergeordneter Prinzipien:

3. Nominalismus und Valorismus

Wenn eine Geldschuld sowohl Geldsummen- als auch Geldwertschuld sein kann, stellt sich die Frage, welche dieser beiden Alternativen vorliegt, wenn die Vertragsparteien hierüber keine Vereinbarung getroffen haben und auch keine spezielle gesetzliche Norm Klarheit verschafft. Hiervon hängt ab, ob überhaupt ein Bedürfnis nach Wertsicherung besteht. Wären Geldschulden regelmäßig Geldwertschulden, müsste der Schuldner zum Zeitpunkt der Vertragserfüllung eine Geldsumme leisten, die „wertmäßig“ der im Zeitpunkt des Vertragsschlusses vereinbarten Summe entspricht. Einer Wertsicherungsklausel bedürfte es nicht.

Eine ausdrückliche allgemeine gesetzliche Regelung gibt es hierzu nicht. Für das Recht der Geldschuld ist allerdings der Grundsatz des Nominalismus – auch Nennwertprinzip genannt – anerkannt[34]. Danach ist nicht die Kaufkraft einer

---

[32] *K. Schmidt,* JuS 1984, S. 737 ff., 745; *Grothe,* Fremdwährungsverbindlichkeiten, S. 78.

[33] So *Fögen,* Geld- und Währungsrecht, S. 142.

[34] BVerfGE 50, S. 57 ff., 92; HFR 1969 II, 347; BFHE 112, S. 546 ff., 554; BFHE 89, S. 422 ff., 435; 92, S. 561 ff., 564 f.; 112, S. 546 ff., 555; BGHZ 61, S. 31 ff., 38; BGHZ 7, S. 134 ff., 140; BVerwGE 41, S. 1 ff., 5 (allerdings ist dort ungenau von „Substanzwert“ statt Kaufkraft (des Papiergeldes) die Rede, vgl. *Bettermann,* RdA 1975, S. 2 ff., 2); BAGE 25, S. 146 ff., 158; *Grothe,* Fremdwährungsverbindlichkeiten, S. 70 u. 73; Bamberger/Roth-*ders.,* § 244 Rdnr. 9; *Hahn,* Währungsrecht, § 6 Rdnr. 36; *Heermann,* Geld und Geldgeschäfte, S. 45; *Emmerich,* Das Recht der Leistungsstörungen, S. 437; *Larenz,* Schuldrecht I, § 12 III; *K. Schmidt,* JuS 1984, S. 737 ff., 747; *Reichert-Facilides,* JZ 1974, S. 483 ff., 485; *ders.,* JZ 1969, S. 617 ff.,

Geldeinheit maßgeblich, sondern deren Nennwert, so dass die Höhe betragsmäßig festgelegter Geldschulden nicht schwankt, wenn sich die Kaufkraft des Geldes zwischen Begründung und Erfüllung der Geldschuld ändert[35]. Wenn dieses Prinzip auf die Formel „Mark gleich Mark" gebracht wird[36], wird an das so genannte Mark-gleich-Mark-Gesetz der Militärregierung von 1947[37] angeknüpft, in dem dieses Prinzip eine gesetzliche Grundlage hatte und dadurch besonders bekannt wurde. Heute ist diese Formel auf „Euro gleich Euro" anzupassen[38].

Anders wäre es, wenn der heute nicht mehr vertretene[39] Grundsatz des Valorismus gelten würde. Danach ist ein bestimmtes Maß an abstrakter Vermögensmacht geschuldet, so dass die zu leistende Geldsumme mit dem sich verändernden Geldwert ebenfalls steigt bzw. fällt[40]. Im Ergebnis verkörpern die Kategorien Geldsummen- und Geldwertschuld die beiden Konzepte des Nominalismus

---

618; *D. Reuter,* ZHR 140 (1976), S. 73 ff., 83; *Fricke,* Jura 1987, S. 591 ff., 591; *Mann,* NJW 1974, S. 1297 ff., 1298; *ders.,* Recht des Geldes, S. 65 f., 71, Jauernig-*Mansel,* §§ 244, 245 Rdnr. 9; Palandt-*Heinrichs,* § 245 Rdnr. 15; *Reinhuber,* Grundbegriffe, S. 7; *Duden,* Verhandlungen des 40. DJT, Bd. 1, S. 1 ff., 5; *v. Caemmerer,* Verhandlungen des 40. DJT, Bd. 2, D 9 f.; *Papier,* JuS 1974, S. 477 ff., 477; *Dürkes,* Wertsicherungsklauseln, B Rdnr. 6; *v. Maydell,* Geldschulden und Geldwert, S. 53; Soergel-*Teichmann,* § 244 Rdnr. 9; *Bettermann,* RdA 1975, S. 2 ff., 2; MK-*Grundmann,* §§ 244, 245 Rdnr. 20; *Horn,* Geldwertveränderungen, Privatrecht und Wirtschaftsordnung, S. 10 f.; *Hahn/Braun,* in: Behrens, Die Wertsicherung der Young-Anleihe, S. 9 ff., 25; *Hirschberg,* in: Behrens, Die Wertsicherung der Young-Anleihe, S. 89 ff., 94.

35 BVerwGE 41, S. 1 ff., 5; BFHE 89, S. 422 ff., 434; BGHZ 61, S. 31 ff., 38; BGHZ 79, S. 187 ff., 194; BAGE 25, S. 146 ff., 158; *Grothe,* Fremdwährungsverbindlichkeiten, S. 70; Bamberger/Roth-*ders.,* § 244 Rdnr. 9; *Hahn,* Währungsrecht, § 6 Rdnr. 1; *Hafke,* WM 1997, S. 693 ff., 694; *Heermann,* Geld und Geldgeschäfte, S. 46; *Fricke,* Jura 1987, S. 591 ff., 591; *Dürkes,* Wertsicherungsklauseln, A Rdnr. 4 f., B Rdnr. 6; Soergel-*Teichmann,* § 244 Rdnr. 7; *Duden,* Verhandlungen des 40. DJT, Bd. 1, S. 1 ff., 5; *v. Caemmerer,* Verhandlungen des 40 DJT, Bd. 2, D 8; AK-BGB-*Brüggemeier,* vor §§ 244, 245 Rdnr. 17; *Reichert-Facilides,* JZ 1969, S. 617 ff., 618; *D. Reuter,* ZHR 140 (1976), S. 73 ff., 74; *v. Maydell,* Geldschuld und Geldwert, S. 53; *U. Reuter,* Fremdwährung und Rechnungseinheiten im Grundbuch, S. 84 f.; *Kollhosser,* JA 1983, S. 49 ff., 50; *Fögen,* Geld- und Währungsrecht, S. 137.

36 So z.B. BFHE 89, S. 422 ff., 433; 112, S. 546 ff., 554; S. 567 ff., 568; BGHZ 7, S. 134 ff., 140; *Hahn,* Währungsrecht, § 6 Rdnr. 1; *K. Schmidt,* JuS 1984, S. 737 ff., 744; *Vogler,* NJW 1999, S. 1236 ff., 1236; *Reichert-Facilides,* JZ 1974, S. 483 ff., 485; *D. Reuter,* ZHR 140 (1976), S. 73 ff., 74; *Fricke,* Jura 1987, S. 591 ff., 591; *Papier,* JuS 1974, S. 477 ff., 477; *Stützel,* Das Mark-gleich-Mark-Prinzip, S. 21; Soergel-*Teichmann,* § 244 Rdnr. 7; *v. Caemmerer,* Verhandlungen des 40. DJT, Bd. 2, D 8; *Kollhosser,* JA 1983, S. 49 ff., 50; *Mathar,* Wertsicherungsverbot und Grundgesetz, S. 205.

37 Ausführlich hierzu Kap. I 3. a).

38 So schon Bamberger/Roth-*Grothe,* § 244 Rdnr. 9.

39 *Heermann,* Geld und Geldgeschäfte, S. 45. Siehe aber *Bettermann,* ZRP 1974, S. 13 ff., 15 f.

40 *v. Maydell,* Geldschuld und Geldwert, S. 53 f.; *Grothe,* Fremdwährungsverbindlichkeiten, S. 70 f.; Bamberger/Roth-*ders.,* § 244 Rdnr. 9; *Heermann,* Geld und Geldgeschäfte, S. 45; *Reinhuber,* Grundbegriffe, S. 11.

und Valorismus[41]. Wenn sich nichts anderes ergibt, stellt die Geldsummenschuld wegen des geltenden Grundsatzes des Nominalismus daher den Regelfall dar[42].

Unter dem Begriff des Nominalismus vereinigen sich verschiedene Aussagen[43], die das Recht der Wertsicherung betreffen:

a) Der geldtheoretische Nominalismus

Der geldtheoretische Nominalismus[44] – auch technischer Nominalismus[45] oder währungsrechtliches Nennwertprinzip[46] genannt – legt begrifflich eine dem Geld innewohnende Eigenschaft fest[47]. Anders als die älteren Metallwährungen beruhen moderne Währungssysteme auf dem Prinzip, dass alle Geldzeichen zueinander in einem bestimmten Wertverhältnis stehen[48]. Die einzelne Währungseinheit stellt eine bloße abstrakte, nominale Rechengröße dar[49]. Sie repräsentiert kein festgelegtes Maß an Kaufkraft, so dass die Identität der Währungseinheit erhalten bleibt, wenn sich die Kaufkraft ändert[50]. Der Geldgläubiger kann sich daher damit begnügen, die Geldzeichen abzuzählen, um zu prüfen, ob die richtige Geldmenge geleistet wurde, während beispielsweise bei den alten Goldumlaufwährungen die Münzen abgewogen werden mussten[51].

---

[41] *Grothe,* Fremdwährungsverbindlichkeiten, S. 70; Soergel-*Teichmann,* § 244 Rdnr. 7; wohl auch *Fögen,* Geld- und Währungsrecht, S. 139; *Reichert-Facilides,* JZ 1969, S. 617 ff., 618: Die Geldwertschuld ist ein valoristischer Einbruch in den Nominalgrundsatz.

[42] *K. Schmidt,* JuS 1984, S. 737 ff., 744.

[43] Die folgende Aufteilung folgt *K. Schmidt,* JuS 1984, S. 737 ff., 744; *ders.,* ZIP 1983, S. 639 ff., 640; ebenso *Hahn,* Währungsrecht, § 6 Rdnr. 1 f.; *Grothe,* Fremdwährungsverbindlichkeiten, S. 70 ff.; AK-BGB-*Brüggemeier,* vor §§ 244, 245 Rdnr. 17 ff.; *Mathar,* Wertsicherungsverbot und Grundgesetz, S. 203 ff. und *v. Maydell,* Geldschuld und Geldwert, S. 68. Bedenken bei *D. Reuter,* ZHR 140 (1976), S. 73 ff. u. 80 ff.

[44] So genannt von *v. Maydell,* Geldschuld und Geldwert, S. 59 ff.; *Kollhosser,* JA 1983, S. 49 ff., 50.

[45] So bezeichnet von *K. Schmidt,* JuS 1984, S. 737 ff., 744; *Hahn,* Währungsrecht, S. 77.

[46] So genannt etwa von *Grothe,* Fremdwährungsverbindlichkeiten, S. 71.

[47] *K. Schmidt,* JuS 1984, S. 737 ff., 744; *ders.,* ZIP 1983, S. 639 ff., 640.

[48] Staudinger-*K. Schmidt,* Vorbem zu §§ 244 ff, Rdnr. D 24; *Grothe,* Fremdwährungsverbindlichkeiten, S. 72; *Fögen,* Geld- und Währungsrecht, S. 16 f.

[49] *v. Maydell,* Geldschuld und Geldwert, S. 60; *Grothe,* Fremdwährungsverbindlichkeiten, S. 72.

[50] *v. Maydell,* Geldschuld und Geldwert, S. 61; *Grothe,* Fremdwährungsverbindlichkeiten, S. 72.

[51] *Nussbaum,* Das Geld, S. 11 f.; *Hahn,* Währungsrecht, § 6 Rdnr. 1; *Grothe,* Fremdwährungsverbindlichkeiten, S. 72; Staudinger-*K. Schmidt,* Vorbem zu §§ 244 ff, Rdnr. D 24; AK-BGB-*Brüggemeier,* vor §§ 244, 245 Rdnr. 18. Bei der Barzahlung ist

Anders als etwa in § 666 S. 1 des Bürgerlichen Gesetzbuches für das Königreich Sachsen von 1863/65[52] war der geldtheoretische Nominalismus bei der DM-Währung nicht ausdrücklich angeordnet. Gleichwohl galt dieses Prinzip, weil der Gesetzgeber bestimmten Geldzeichen die rechtliche Qualität des Geldes zugeschrieben hatte. Daraus folgte, dass alle dem Nennwert nach gleichen Geldzeichen gleich viel wert sein mussten[53]. Andernfalls konnten sie ihre Funktion als Rechen-, Wertaufbewahrungs-, Werttransport- und Zahlungsmittel kaum erfüllen[54]. Nichts anderes gilt jetzt für den Euro, für den der geldtheoretische Nominalismus ebenfalls nicht ausdrücklich angeordnet wird. Insbesondere aus Art. 2 der VO (EG) Nr. 974/98[55] ergibt sich, dass der Euro die Währungseinheit der neuen europäischen Währung ist. Mit dieser Aussage ließe es sich nicht vereinbaren, wenn zwar eine Währungseinheit festgelegt würde, die einzelnen Währungseinheiten aber unterschiedlichen Wert besitzen könnten. Dies gilt insbesondere deshalb, weil der Euro in Art. 2 Abs. 1 der VO (EG) Nr. 1103/97[56] zum Kurs von einem Euro für einen Ecu eingeführt wurde. Und Art. 3 dieser Verordnung legt den Grundsatz der Vertragskontinuität beim Wechsel zum Euro fest und bewahrt damit zugleich das Prinzip des Nominalismus[57]. Wären die einzelnen Währungseinheiten nicht gleich viel wert, hätte hier entsprechend differenziert werden müssen. Zudem wird der Euro in Art. 4 VO (EG) Nr. 974/98 ausdrücklich als Rechnungseinheit der Europäischen Zentralbank und der Zentralbanken der teilnehmenden Mitgliedstaaten bezeichnet. Als Rechnungseinheit

daneben allerdings zu prüfen, ob die Geldzeichen echt sind. – Zwar kannten auch die Metallumlaufwährungen auf die Münzen aufgeprägte Zahlen. Dieser Aufdruck bedeutete aber allenfalls eine staatliche Garantie des realen Gold-, Silber- oder Kupferwertes der jeweiligen Münze (*K. Schmidt,* JuS 1984, S. 737 ff., 738; *Lampe,* Unabhängigkeit der Deutschen Bundesbank, S. 3).

52 Diese Vorschrift hatte folgenden Wortlaut: „Unter dem Werthe der gültigen inländischen oder diesen gleichgestellten ausländischen Münzsorten ist, sofern nicht gesetzlich etwas Anderes bestimmt ist, der Werth zu verstehen, welcher den Münzen durch ihre Prägung beigelegt ist." In dieser Zeit bedurfte das währungsrechtliche Nennwertprinzip noch einer ausdrücklichen Anordnung, da es sich um eine Metallwährung handelte, bei der eine echte Wertbestimmung nach dem Substanzwert möglich und wohl auch weitgehend üblich war, so dass eine Gleichsetzung des Geldwertes mit dem aufgeprägten Betrag (gesetzlich) festgeschrieben werden musste, s. *Mathar,* Wertsicherungsverbot und Grundgesetz, S. 211.

53 *Hahn,* Währungsrecht, § 6 Rdnr. 33; *Grothe,* Fremdwährungsverbindlichkeiten, S. 72 f; *D. Reuter,* ZHR 140 (1976), S. 73 ff., 81; Staudinger-*K. Schmidt,* Vorbem zu §§ 244 ff, Rdnr. D 26.

54 *Mathar,* Wertsicherungsverbot und Grundgesetz, S. 209.

55 Verordnung (EG) Nr. 974/98 des Rates vom 3.5.1998 über die Einführung des Euro, ABl. EG 1998, L 139 S. 1 ff.

56 Verordnung (EG) Nr. 1103/97 des Rates vom 17.6.1997 über bestimmte Vorschriften im Zusammenhang mit der Einführung des Euro, ABl. EG 1997, L 162 S. 1 ff.

57 *Jayme/Kohler,* IPRax 1999, S. 401 ff., 403; *Wölker,* CML Rev. 1996, S. 1117 ff., 1129.

ließe sich der Euro aber nicht verwenden, wenn er keine feste Größe darstellen würde.

Die weiteren Aussagen, die unter dem Begriff des Nominalismus getroffen werden, setzten die Geltung des geldtheoretischen Nominalismus voraus[58].

b) Der geldschuldrechtliche Nominalismus

aa) Begriff

Der geldschuldrechtliche Nominalismus hat zur Folge, dass Geldwertschwankungen unberücksichtigt bleiben, nachdem eine Geldschuld entstanden ist. Der Gläubiger muss daher die bei Vertragsschluss vereinbarte Geldsumme auch dann als Erfüllung annehmen, wenn die Kaufkraft bis zur Fälligkeit der Geldschuld gesunken ist[59]. Dies gilt allerdings nur, soweit die Parteien nicht wirksam etwas anderes vereinbart haben, zum Beispiel in einer Wertsicherungsklausel, oder sich aus dem Gesetz (auch § 242 BGB) etwas anderes ergibt[60], denn der Nominalismus stellt lediglich einen dispositiven Grundsatz dar, dem sich keine konkreten Ge- oder Verbote entnehmen lassen[61]. Dieser Regel entspricht die Geldsummenschuld[62].

bb) Herleitung des geldschuldrechtlichen Nominalismus

Dass der geldschuldrechtliche Nominalismus gilt, ist allgemein anerkannt[63]. Wenig geklärt ist dagegen der Grund hierfür[64]. So kennzeichnet beispielsweise

---

[58] *K. Schmidt,* JuS 1984, S. 737 ff., 744; *Grothe,* Fremdwährungsverbindlichkeiten, S. 71.

[59] BVerwGE 41, S. 1 ff., 5; BFHE 89, S. 422 ff., 434; BGHZ 61, S. 31 ff., 38; BAGE 25, S. 146 ff., 158; *Grothe,* Fremdwährungsverbindlichkeiten, S. 70; *Hahn,* Währungsrecht, § 6 Rdnr. 1; *Fricke,* Jura 1987, S. 591 ff., 591; *Dürkes,* Wertsicherungsklauseln, A Rdnr. 4 f., B Rdnr. 6; *Reichert-Facilides,* JZ 1974, S. 483 ff., 485; *D. Reuter,* ZHR 140 (1976), S. 73 ff., 74; *v. Maydell,* Geldschuld und Geldwert, S. 53; Soergel-*Teichmann,* § 244 Rdnr. 7; *v. Caemmerer,* Verhandlungen des 40. DJT, Bd. 2, D 8; *U. Reuter,* Fremdwährung und Rechnungseinheiten im Grundbuch, S. 84 f.; *Kollhosser,* JA 1983, S. 49 ff., 50; *Fögen,* Geld- und Währungsrecht, S. 137; *Reinhuber,* Grundbegriffe, S. 8.

[60] Staudinger-*K. Schmidt,* Vorbem zu §§ 244 ff, Rdnr. D 30; *ders.,* JuS 1984, S. 737 ff., 744; *Grothe,* Fremdwährungsverbindlichkeiten, S. 77; vgl. auch *Mann,* Recht des Geldes, S. 116.

[61] BVerfG, WM 1990, S. 287 ff., 289; Staudinger-*K. Schmidt,* Vorbem zu §§ 244 ff, Rdnr. D 30; *Mann,* Recht des Geldes, S. 116.

[62] *K. Schmidt,* JuS 1984, S. 737 ff., 744; *Grothe,* Fremdwährungsverbindlichkeiten, S. 77; *Heermann,* Geld und Geldgeschäfte, S. 47.

[63] Siehe oben Fn. 34.

[64] *Grothe,* Fremdwährungsverbindlichkeiten, S. 73.

das Bundesverfassungsgericht das Nennwertprinzip als tragendes Ordnungsprinzip der geltenden Währungsordnung und Wirtschaftspolitik[65]. Es gelte für die gesamte Rechtsordnung[66], sei aber kein Verfassungsprinzip[67]. Das Gericht begründet diese Feststellung jedoch nicht näher.

Zumindest den Ansatz einer Begründung gibt dagegen der Bundesfinanzhof (BFH) anlässlich eines Streits darüber, wie Einkünfte aus Kapitalvermögen zu besteuern sind. Der BFH stellt fest, dass der Nominalismus zum Ordnungsgefüge des Zivilrechts gehöre und dort uneingeschränkt als Auslegungsgrundsatz gelte und daher auch für das Steuerrecht maßgebend sei[68]. Dieser „selbstverständliche Grundsatz“ sei nirgends ausdrücklich angeordnet aber dennoch den einzelnen Rechtsvorschriften immanent[69]. Dies ergebe sich daraus, dass das Geld der inländischen Währung als alleinige Recheneinheit „ein Gut eigener und deshalb nur sich selbst gleicher Art“ sei[70]. Diese Begründung passt allerdings nur auf den geldtheoretischen, nicht aber auf den geldschuldrechtlichen Nominalismus.

Auch andere Bundesgerichte zählen das Nennwertprinzip ohne eingehende Begründung zu den tragenden, unverzichtbaren Grundlagen der Rechts- und Wirtschaftsordnung[71], das dem Ansehen der Währung und unmittelbar der Geldwertstabilität diene und sogar eine Stärkung der Staatsautorität bewirke[72]. Zumindest die letzte Aussage ist zweifelhaft. Hält der Gesetzgeber am geldschuldrechtlichen Nominalismus auch in Zeiten großen Geldwertverlustes ausnahmslos fest, kann dies wegen des enteignungsgleichen Charakters der Geldentwertung zu Problemen führen, die der Staatsautorität sicher nicht förderlich sind[73].

Fraglich bleibt daher, worauf sich der geldschuldrechtliche Nominalismus gründet. Er wird – anders als in älteren Zivilgesetzbüchern[74] – weder im BGB

---

65 BVerfG, WM 1990, S. 287 ff., 288; BVerfGE 50, S. 57 ff., 92 m.w.N.; BVerfG HFR 1969 II, 347. So z.B. auch BFHE 89, S. 422 ff., 436; BAGE 25, S. 146 ff., 158; AK-BGB-*Brüggemeier,* vor §§ 244, 245 Rdnr. 20; *Möschel,* Wirtschaftsrecht der Banken, S. 71.

66 BVerfG HFR 1969 II, 347; so auch BAGE 25, S. 146 ff., 158.

67 BVerfG, WM 1990, S. 287 ff., 288. So auch BFHE 89, S. 422 ff., 435; 112, S. 546 ff., 555.

68 BFHE 89, S. 422 ff., 435; 92, S. 561 ff., 564 f.

69 BFHE 89, S. 422 ff., 435; 112, S. 546 ff., 555.

70 BFHE 89, S. 422 ff., 435.

71 BGHZ 61, S. 31 ff., 38; BVerwGE 41, S. 1 ff., 5; BAGE 25, S. 146 ff., 158. So etwa auch Bamberger/Roth-*Grothe,* § 244 Rdnr. 9; *Mann,* NJW 1974, S. 1297 ff., 1298.

72 BVerwGE 41, S. 1 ff., 5. Zustimmend *Mann,* NJW 1974, S. 1297 ff., 1298.

73 Vgl. *Bettermann,* RdA 1975, S. 2 ff., 3, der wegen des Festhaltens am Nennwertprinzip von einer Ausplünderung der Geldsparer spricht, die geeignet sei, die Staatsautorität zu untergraben.

noch in anderen Gesetzen ausdrücklich vorgesehen. Es wird behauptet, der geldschuldrechtliche Nominalismus beruhe auf einem Erfahrungssatz, der sich aus der Interpretation des Willens der Vertragsparteien ergebe[75]. In die gleiche Richtung geht die Aussage, der geldschuldrechtliche Nominalismus sei nur eine Spezifizierung des Grundsatzes „pacta sunt servanda“[76], da die Vertragsparteien das Geld grundsätzlich losgelöst von der jeweiligen Kaufkraft der Geldeinheit ansähen[77]. Diese Meinung kann nicht mit dem Argument abgelehnt werden, den Parteien würde wirtschaftlich Unvernünftiges unterstellt, wenn ihnen die Absicht zugeschrieben wird, dass der Geldgläubiger das Risiko der Geldentwertung zu tragen habe[78], denn hierbei wird die zweite Seite der Medaille übersehen. Soll dieses „Risiko ausgeschaltet“[79] werden, so bedeutet das nichts anderes, als dass dem Geldschuldner das Risiko aufgebürdet wird. Aus Sicht des Schuldners ist diese Alternative wirtschaftlich nicht vernünftiger. Gegen die genannte Ansicht spricht aber, dass sich der Parteiwille wegen § 2 PaPkG gar nicht frei entfalten kann[80]. Es lässt sich nicht feststellen, ob es der freie Parteiwille oder vorauseilender Gehorsam ist, der sich dem Zwang des Wertsicherungsverbots beugt und von der Suche nach Auswegen absieht. Der geldschuldrechtliche Nominalismus lässt sich daher nicht aus dem Parteiwillen ableiten[81].

Gelegentlich wird argumentiert, der Gläubiger trage nach den Wertungsgrundsätzen des BGB das Verwendungsrisiko des Vertragsgegenstandes, wozu auch dessen Wertbestand gehöre, und es bestehe kein Grund, hiervon bei Geldschulden abzuweichen[82]. Die Geldschuld ist aber keine Sachschuld, sondern eine Wertverschaffungsschuld[83], und das Vorhandensein von Geldwertschulden

---

[74] Z.B. in I 11 § 792 des Allgemeinen Landrechts für die Preussischen Staaten von 1794: „Das im Handel und Wandel gewöhnliche Steigen und Fallen des Cours bey einer und eben derselben Münzsorte kommt, außer dem Falle des §. 785. 786. bey Darlehns-Rückzahlungen in keine Betrachtung.“ Siehe hierzu m.w.N. *Hahn,* Währungsrecht, § 6 Rndr. 3 ff.

[75] *Mann,* NJW 1974, S. 1297 ff., 1298; *ders.,* Recht des Geldes, S. 66 f.; *Hahn,* Währungsrecht, § 6 Rdnr. 36; *v. Maydell,* Geldschuld und Geldwert, S. 97; *Stützel,* Das Mark-gleich-Mark-Prinzip, S. 32; a.A. aber *Möschel,* Wirtschaftsrecht der Banken, S. 71; *Larenz,* Schuldrecht I, S. 168 Fn. 19; *Reinhuber,* Grundbegriffe, S. 13; *Fögen,* Geld- und Währungsrecht, S. 138 Fn. 220; *Grothe,* Fremdwährungsverbindlichkeiten, S. 74; Staudinger-*K. Schmidt,* Vorbem zu §§ 244 ff, Rdnr. D 31.

[76] AK-BGB-*Brüggemeier,* vor §§ 244, 245 Rdnr. 20.

[77] *v. Maydell,* Geldschuld und Geldwert, S. 104.

[78] So aber *Eckstein,* Geldschuld und Geldwert, S. 33 f.; *Grothe,* Fremdwährungsverbindlichkeiten, S. 73.

[79] *Grothe,* Fremdwährungsverbindlichkeiten, S. 73.

[80] So zu § 3 S. 2 WährG: *Schmalz,* Stabilität des Geldwertes, S. 182.

[81] Im Ergebnis daher wie *Grothe,* Fremdwährungsverbindlichkeiten, S. 74; *Larenz,* Schuldrecht I, S. 168 Fn. 19; *Fögen,* Geld- und Währungsrecht, S. 138 Fn. 220.

[82] *Grothe,* Fremdwährungsverbindlichkeiten, S. 76; *D. Reuter,* ZHR 140 (1976), 73, 81.

[83] Siehe oben Fn. 25.

zeigt gerade, dass es hier Möglichkeiten gibt, die bei Sachschulden nicht gesetzlich vorgesehen sind.

Der geldschuldrechtliche Nominalismus ist auch keine zwingende Folge des geldtheoretischen Nominalismus[84]. Dieser besagt gerade nichts über den Umfang einer geschuldeten Geldsumme, sondern lediglich, dass ein Geldzeichen genau den Teil der Geldschuld tilgt, der seinem Nennwert entspricht[85]. Er hat daher nicht zwingend auch den geldschuldrechtlichen Nominalismus zur Folge[86]. Mit der gleichen Begründung stellen auch § 14 Abs. 1 Satz 2 BBankG[87] und Art. 10 der VO (EG) Nr. 974/98, worin auf Euro lautende Banknoten zum gesetzlichen Zahlungsmittel bestimmt werden, keine gesetzliche Grundlage des geldschuldrechtlichen Nominalismus dar, denn auch dort wird nichts über die Höhe der zu leistenden Summe gesagt. Anders sah das noch der BGB-Gesetzgeber, der vom Nominalismus ausging, weil dies „schon aus dem eingeführten Währungssysteme"[88] folge, denn aus dem unbedingten Annahmezwang des dem § 14 Abs. 1 Satz 3 BBankG entsprechenden Art. 14 § 1 MünzG von 1873 ergebe sich, dass bei einer in Reichswährung ausgedrückten Schuld deren Wert der Nennwert sei und die Zahlung daher in Geld der Reichswährung zum Nennwert angenommen werden müsse. Wenn auch die Rückführung auf den unbedingten Annahmezwang zweifelhaft ist, so machte der BGB-Gesetzgeber diesen Ausgangspunkt aber doch zur Grundlage der Regelungen im BGB.

Auch § 3 Satz 2 WährG ordnete nicht das Nennwertprinzip an[89]. Das gibt schon dessen Wortlaut nicht her. Die Vorschrift enthielt zwar ein Verbot von Wertsicherungsklauseln, untersagte aber nicht jedes Abweichen vom Nennwertprinzip[90]. § 3 Satz 2 WährG verschaffte dem Nennwertprinzip allerdings Geltung, indem er Abweichungen hiervon nur unter besonderen Voraussetzungen zuließ und damit eine Vielzahl von Geldschulden an das Nennwertprinzip band[91]. § 3 WährG war daher nur Ausdruck des Nominalismus[92], nicht aber

---

[84] So aber *D. Reuter,* ZHR 140 (1976), S. 73 ff., 80 f.; *Reinhuber,* Grundbegriffe, S. 13 u. wohl auch *Braun,* Vertragliche Geldwertsicherung, S. 22.

[85] *Grothe,* Fremdwährungsverbindlichkeiten, S. 72; *Hahn,* Währungsrecht, § 6 Rdnr. 2; *D. Reuter,* ZHR 140 (1976), S. 73 ff., 74; *Mathar,* Wertsicherungsverbot und Grundgesetz, S. 206.

[86] *v. Maydell,* Geldschuld und Geldwert, S. 66; Staudinger-*K. Schmidt,* Vorbem zu §§ 244 ff, Rdnr. D 27; *Hahn,* Währungsrecht, § 6 Rdnr. 2; *Mathar,* Wertsicherungsverbot und Grundgesetz, S. 206; *Kollhosser,* JA 1983, S. 49 ff., 50.

[87] Noch zur a.F. der Vorschrift: *Bettermann,* RdA 1975, S. 2 ff., 3 f.; *Larenz,* Schuldrecht I, S. 164.

[88] *Mugdan,* Materialien II, S. 7.

[89] *Hahn,* Währungsrecht, § 6 Rdnr. 34; *Bettermann,* RdA 1975, S. 2 ff., 4 f.; *Mathar,* Wertsicherungsverbot und Grundgesetz, S. 227; *Kollhosser,* JA 1983, S. 49 ff., 50.

[90] Siehe Kap. V 1.

dessen Grundlage. Das Gleiche gilt für den neuen § 2 PaPkG[93]. Diese Vorschrift setzt den geldschuldrechtlichen Nominalismus voraus, da es keinen Sinn machen würde, wenn sie Wertsicherungsklauseln von einer Genehmigung abhängig macht, obwohl Geldschulden ohnehin bereits regelmäßig Geldwertschulden wären. Auch andere Vorschriften setzen den geldschuldrechtlichen Nominalismus voraus und lassen damit einen Rückschluss auf die allgemeine Geltung dieses Grundsatzes zu. So ergibt er sich daraus, dass der Gesetzgeber einige Geldschulden ausdrücklich als Geldwertschulden ausgestaltet hat, wie z.B. Unterhaltsansprüche[94], bestimmte Schadensersatzansprüche[95] sowie Ansprüche auf Enteignungsentschädigungen[96]. Wären Geldschulden immer schon Geldwertschulden, so müsste er dies nicht für bestimmte Geldschulden anordnen.

---

[91] *Grothe,* Fremdwährungsverbindlichkeiten, S. 76; *Dürkes,* Wertsicherungsklauseln, B Rdnr. 6; *Möschel,* Wirtschaftsrecht der Banken, S. 71.

[92] BVerwGE 41, S. 1 ff., 5; *Vogler,* NJW 1999, S. 1236 ff., 1236; *Emmerich,* Das Recht der Leistungsstörungen, S. 438; ähnlich *Bettermann,* RdA 1975, S. 2 ff., 5.

[93] Bamberger/Roth-*Grothe,* § 244 Rdnr. 9; *Emmerich,* Das Recht der Leistungsstörungen, S. 438.

[94] *Grothe,* Fremdwährungsverbindlichkeiten, S. 78 u. 298; Bamberger/Roth-*ders.,* § 244 Rdnr. 10; *Medicus,* Schuldrecht I, Rdnr. 166; *ders.,* DB 1974, S. 759 ff., 763; MK-*Martiny,* Nach Art. 34 EGBGB, Anh. I Rdnr. 11; *K. Schmidt,* JuS 1984, S. 737 ff., 745; *Hahn,* Währungsrecht, § 6 Rdnr. 7; *Larenz,* Schuldrecht I, S. 176; *Nussbaum,* Das Geld, S. 148; Jauernig-*Mansel,* §§ 244, 245 Rdnr. 11; Palandt-*Heinrichs,* § 245 Rdnr. 16; *Fögen,* Geld- und Währungsrecht, S. 142. – Der Unterhaltsanspruch umfasst gemäß § 1610 Abs. 2 (§ 1360a Abs. 1) BGB den gesamten Lebensbedarf. Er bestimmt sich daher danach, wieviel Geld der Unterhaltsberechtigte benötigt, um seinen Lebensbedarf zu decken. Werden die hierfür notwendigen Güter teurer, benötigt der Unterhaltsberechtigte höhere Unterhaltsleistungen. Zum Fälligkeitszeitpunkt muss daher die Geldentwertung berücksichtigt werden (*Hahn,* Währungsrecht, § 6 Rdnr. 7; *v. Maydell,* Geldschuld und Geldwert, S. 284; *Kollhosser,* JA 1983, S. 49 ff., 51). Allerdings stellt nicht jede Unterhaltsverpflichtung automatisch eine Geldwertschuld dar, sondern nur eine solche, die dazu bestimmt ist, einen bestimmten Lebensstandard (Unterhaltszweck) zu sichern (*Fögen,* Geld- und Währungsrecht, S. 142; *Dürkes,* Wertsicherungsklauseln, D Rdnr. 612 u. J Rdnr. 44), es muss also der Unterhalt „als solcher" versprochen sein (Staudinger-*K. Schmidt,* Vorbem zu §§ 244 ff, Rdnr. D 64; *Dürkes,* Wertsicherungsklauseln, D Rdnr. 612 u. J Rdnr. 44). Es genügt nicht, dass eine aus einem anderen Rechtsgrund geschuldete Geldsumme zugleich auch dem Unterhalt des Gläubigers dient (*Dürkes,* Wertsicherungsklauseln, J Rdnr. 44). Prozessual wird der neue Unterhaltsbetrag – der auf einem bereits erstrittenen Titel gezahlt wird – über § 323 bzw. in dem vereinfachten Verfahren über den Unterhalt Minderjähriger über § 654 ZPO angepasst.

[95] Siehe z.B. BGHZ 14, S. 212 ff., 217; BGHZ 11, S. 156 ff., 165; Schlegelberger-*Hefermehl,* HGB, Anh § 361 Rdnr. 20; *K. Schmidt,* JuS 1984, S. 737 ff., 744 f.; Staudinger-*K. Schmidt,* Vorbem zu §§ 244 ff, Rdnr. D 54 (dort auch zu den Ausnahmen); *Hahn,* Währungsrecht, § 6 Rdnr. 8; *Grothe,* Fremdwährungsverbindlichkeiten, S. 78 u. 298; Bamberger/Roth-*ders.,* § 244 Rdnr. 10; *Reichert-Facilides,* JZ 1969, S. 617 ff., 618 Fn. 16; *Dürkes,* Wertsicherungsklauseln, D Rdnr. 612; MK-*Martiny,* Nach Art. 34 EGBGB, Anh. I Rdnr. 13; RGRK-*Alff,* § 244 Rdnr. 9; Jauernig-*Mansel,* §§ 244, 245 Rdnr. 11; Palandt-*Heinrichs,* § 245 Rdnr. 16. Eingehend zur Frage, inwieweit der Kaufkraftverlust einen Schaden darstellen kann *Grothe,* Fremdwährungsverbindlichkeiten, S. 626 ff.

Auch aus anderen Gesetzen ergibt sich, dass dem Recht der Geldschuld das Nennwertprizip zugrunde liegt. So verpflichtet beispielsweise § 16 Abs. 1 des Gesetzes zur Verbesserung der betrieblichen Altersversorgung (BetrAVG) den Arbeitgeber, der einem Arbeitnehmer eine betriebliche Altersversorgung zugesagt hat (§ 1 Abs. 1 BetrAVG), alle drei Jahre eine Anpassung der laufenden Versorgungsleistungen zu prüfen und hierüber nach billigem Ermessen zu entscheiden. Dabei sind insbesondere die Belange des Versorgungsempfängers zu berücksichtigen. Dies bedeutet in erster Linie, dass der Verlust an Kaufkraft auszugleichen ist[97], was in § 16 Abs. 2 BetrAVG Ausdruck findet. Damit wirkt § 16 BetrAVG wie ein Leistungsvorbehalt[98] und ist daher – wie die vorher genannten Geldwertschulden – eine gesetzliche Wertsicherungsklausel. Daneben gibt es Vorschriften, die eine Wertsicherung ausdrücklich ermöglichen. So kann beispielsweise gemäß § 557b BGB vereinbart werden, dass die Miete durch den vom Statistischen Bundesamt ermittelten Preisindex für die Lebenshaltung aller privaten Haushalte in Deutschland bestimmt wird (Indexmiete).

Diese Normen sagen einiges über die Geltung des Nominalismus im Recht der Geldschuld. Wenn eine Geldschuld durch das Gesetz als Geldwertschuld ausgestaltet wird, kann es sich bei allen anderen Geldschulden grundsätzlich nur um Geldsummenschulden handeln. Denn wären alle Geldschulden ohnehin Geldwertschulden, müsste der Gesetzgeber nicht einige bestimmte Geldschulden zu Geldwertschulden machen. Der gesetzlichen Regelung liegt damit offenbar ein Regel-Ausnahme-Verhältnis dergestalt zugrunde, dass es sich bei Geldschulden regelmäßig um Geldsummenschulden und nur in bestimmten Fällen um Geldwertschulden handelt. Auch aus den Vorschriften, aus denen sich die Verpflichtung ergeben kann, eine Geldschuld anzupassen (z.B. § 16 BetrAVG), oder die Wertsicherungsklauseln ermöglichen (z.B. § 557b BGB, aber auch § 2 PaPkG, der durch die Möglichkeit der Genehmigung den Weg für eine Wertsicherung frei macht), ergibt sich, dass das Nennwertprinzip zugrunde liegt. Denn würde sich die Höhe der Geldschuld ohnehin automatisch dem veränderten Geldwert anpassen, wären solche Bestimmungen überflüssig.

Gestützt wird dieses Ergebnis durch weitere schuldrechtliche Normen, aufgrund derer sich die Geltung des Nennwertprinzips ergibt. Zwar wird behauptet, dass das Schuldrecht keine Vorschrift enthalte, der sich der Grundsatz des Nominalismus entnehmen lasse[99]. Hiergegen spricht aber nicht nur das zu den Geldwertschulden Geschriebene, sondern auch die Formulierung einiger Vor-

---

96 Siehe z.B. BGHZ 11, S. 156 ff., 165; BGHZ 40, S. 312 ff., 315; RGRK-*Alff,* § 244 Rdnr. 9; Staudinger-*K. Schmidt,* Vorbem zu §§ 244 ff, Rdnr. D 60; *ders.,* JuS 1984, S. 737 ff., 745.

97 BAG, AP Nr. 32 zu § 16 BetrAVG; BAG, AP Nr. 5 zu § 16 BetrAVG.

98 *Höfer/Abt,* BetrAVG I, § 16 Rdnr. 7.

99 So *Hahn,* Währungsrecht, § 6 Rdnr. 35; a.A. z.B. *K. Schmidt,* JuS 1984, S. 733 ff., 744; *ders.,* ZIP 1983, S. 639 ff., 640.

schriften. So hat beispielsweise der Verkäufer gemäß § 433 Abs. 2 BGB den „vereinbarten"[100] Kaufpreis zu zahlen, womit offenbar der beim Vertragsschluss festgelegte Betrag gemeint ist[101]. Aus § 607 BGB lassen sich keine gegenteiligen Schlüsse ziehen[102]. Gelegentlich wird dort der Valorismus als Auslegungsregel verankert gesehen, da das Empfangene gemäß § 607 Abs. 1 in „gleicher Güte" zurückzuerstatten ist[103]. Allerdings steht dort auch, dass das Geld in „gleicher Menge" und nicht in „gleichem Wert" zurückzuzahlen ist. Zudem ist die „Güte" im Sinne des § 607 unter Berücksichtigung des währungsrechtlichen Nennwertprinzips zu bestimmen[104]. Wenn „Euro gleich Euro" ist, ist jeder gezahlte Euro *gleich gut* jedem geschuldeten Euro.

Als Ergebnis bleibt festzuhalten, dass das Nennwertprinzip gesetzlich nicht ausdrücklich normiert ist. Daraus, dass viele Vorschriften nur Sinn machen, wenn der geldschuldrechtliche Nominalismus gilt, folgt jedoch, dass dieses Prinzip dem Recht als dispositiver Grundsatz zugrundeliegt[105]. Er gehört damit zum ungeschriebenen, aber objektiv geltenden Recht[106]. Daher kann auch dahinstehen, ob der geldschuldrechtliche Nominalismus bereits zum Gewohnheitsrecht gehört, weil er allgemein anerkannt ist[107], oder ob dies deshalb nicht der Fall ist, weil über die Reichweite des Nennwertprinzips keine Einigkeit herrscht[108].

---

[100] Ebenso beispielsweise in §§ 535 Abs. 2 u. 631 Abs. 1 BGB, wonach der Mieter die „vereinbarte" Miete und der Besteller die „vereinbarte" Vergütung zu entrichten hat.

[101] *Larenz,* Schuldrecht I, S. 168; *Grothe,* Fremdwährungsverbindlichkeiten, S. 76; *Bräutigam,* Währungsrechtliche Zulässigkeit von Wertsicherungsklauseln, S. 13. Dagegen jedoch *Hahn,* Währungsrecht, § 6 Fn. 20: aus § 433 Abs. 2 BGB sei nicht zu ersehen, wie sich Geldwertänderungen auswirken, wenn der Kaufpreis erst nach längerer Zeit gezahlt werde; ebenso *Mathar,* Wertsicherungsverbot und Grundgesetz, S. 216 f.

[102] *v. Maydell,* Geldschuld und Geldwert, S. 96; Staudinger-*K. Schmidt,* Vorbem zu §§ 244 ff, Rdnr. D 31 und 46.

[103] So *Bettermann,* RdA 1975, S. 2 ff., 6; *ders.,* ZRP 1974, S. 13 ff., 17.

[104] *Hahn,* Währungsrecht, § 6 Fn. 19; *Grothe,* Fremdwährungsverbindlichkeiten, S. 75; *v. Caemmerer,* Verhandlungen des 40. DJT, Bd. 2, D 8; *Nussbaum,* Das Geld, S. 128 f.

[105] So im Ergebnis auch *Grothe,* Fremdwährungsverbindlichkeiten, S. 76; Bamberger/Roth-*ders.,* § 244 Rdnr. 9; *Spanner,* DStR 1975, S. 475 ff., 476; *Larenz,* Schuldrecht I, S. 168; *Möschel,* Wirtschaftsrecht der Banken, S. 71; *Mann,* Recht des Geldes, S. 66 f.; *Mathar,* Wertsicherungsverbot und Grundgesetz, S. 225 f.; *Hartmann,* DB 1970, Beilage Nr. 17 Rdnr. 1.

[106] Staudinger-*K. Schmidt,* Vorbem zu §§ 244 ff, Rdnr. D 31; *Heermann,* Geld und Geldgeschäfte, S. 47; Palandt-*Heinrichs,* § 245 Rdnr. 15; *Emmerich,* Das Recht der Leistungsstörungen, S. 437 f.; Bamberger/Roth-*Grothe,* § 244 Rdnr. 9.

[107] So Staudinger-*K. Schmidt,* Vorbem zu §§ 244 ff, Rdnr. D 31. Das BVerfG (WM 1990, S. 287 ff., 289) ließ diese Frage offen.

[108] So Soergel-*Teichmann,* § 244 Rdnr. 9; *v. Maydell,* Geldschuld und Geldwert, S. 102; *Kollhosser,* JA 1983, S. 49 ff., 50.

Rechts- bzw. wirtschaftspolitisch wird hinzugefügt, dass der Nominalismus um einer ordnungsgemäßen Wirtschaftsrechnung in Geld willen unerlässlich sei[109], und dass ein Abweichen vom Nominalismus wegen der daraus folgenden Kalkulationsprobleme das Unternehmensrisiko erhöhe und damit unternehmerische Initiativen nachlassen könnten[110]. Von einem Interesse des Rechtsverkehrs daran, dass Geldschulden ohne Rückgriff auf außerhalb des Schuldverhältnisses liegende Maßstäbe berechenbar sind, wird man ohne weiteres ausgehen können[111]. Insoweit fördert das Nennwertprinzip die Rechtssicherheit, da der Inhalt von Rechtsverhältnissen leichter erkannt wird, wenn die Berechnungsgrundlagen einfach zu handhaben sind[112].

c) Der strikte Nominalismus

Der geldschuldrechtliche Nominalismus verbietet den Vertragsparteien nicht, Wertsicherungsklauseln zu vereinbaren. Er besagt nur, dass Geldschulden nicht schon ipso iure wertgesichert sind[113]. Anders ist es beim strikten Nominalismus, mit dem im Interesse staatlicher Währungsstabilisierung gesetzlich verboten wird, Geldsummenschulden an künftige Geldwertänderungen vertraglich bzw. richterlich[114] anzupassen[115]. Ein solches generelles Verbot von Wertsicherungsklauseln bedarf wegen des damit verbundenen Eingriffs in die Vertragsfreiheit einer gesetzlichen Grundlage[116].

Als Beispielsfall für den strikten Nominalismus wird das Mark-gleich-Mark-Gesetz von 1947 genannt[117]. Dieses Gesetz verbot Wertsicherungsklauseln aller-

---

[109] So *Grothe* Fremdwährungsverbindlichkeiten, S. 75; *Nussbaum,* Das Geld, S. 125; *Hartmann,* DB 1970, Beilage Nr. 17 Rdnr. 1; *Duden,* Verhandlungen des 40. DJT, Bd. 1, S. 1 ff., 46; *v. Caemmerer,* Verhandlungen des 40. DJT, Bd. 2, D 8.

[110] *D. Reuter,* ZHR 140 (1976), S. 73 ff., 82.

[111] Vgl. LG Heidelberg, RIW 1982, S. 285 f., 285; *Grothe,* Fremdwährungsverbindlichkeiten, S. 75; Bamberger/Roth-*ders.,* § 244 Rdnr. 9; *Larenz,* Schuldrecht I, S. 168.

[112] LG Heidelberg, RIW 1982, S. 285 f., 285; *Duden,* Verhandlungen des 40. DJT, Bd. 1, S. 1 ff., 47; Staudinger-*K. Schmidt,* Vorbem zu §§ 244 ff, Rdnr. D 31; *Grothe,* Fremdwährungsverbindlichkeiten, S. 76.

[113] *K. Schmidt,* ZIP 1983, S. 639 ff., 640.

[114] *Grothe,* Fremdwährungsverbindlichkeiten, S. 71; Staudinger-*K. Schmidt,* Vorbem zu §§ 244 ff, Rdnr. D 34.

[115] Staudinger-*K. Schmidt,* Vorbem zu §§ 244 ff, Rdnr. D 33; *Hahn,* Währungsrecht, § 6 Rdnr. 2; *Heermann,* Geld und Geldgeschäfte, S. 47; AK-BGB-*Brüggemeier,* vor §§ 244, 245 Rdnr. 22; *Mathar,* Wertsicherungsverbot und Grundgesetz, S. 207; *Reinhuber,* Grundbegriffe, S. 13 f.; *v. Maydell,* Geldschuld und Geldwert, S. 81; *Grothe,* Fremdwährungsverbindlichkeiten, S. 71.

[116] *K. Schmidt,* JuS 1984, S. 737 ff., 744; *ders.,* ZIP 1983, S. 639 ff., 640; *Grothe,* Fremdwährungsverbindlichkeiten, S. 71.

[117] So Staudinger-*K. Schmidt,* Vorbem zu §§ 244 ff, Rdnr. D 33; *ders.,* JuS 1984, S. 737 ff., 744; *Hahn,* Währungsrecht, § 6 Rdnr. 5; wohl auch *v. Maydell,* Geldschuld und Geldwert, S. 68.

dings nicht. Es verhinderte sie nur, indem es den Gläubiger verpflichtete, Geldnoten in Höhe des Nennbetrages der Geldschuld als vollständige Erfüllung anzunehmen[118]. Die Klauseln wurden wirkungslos und daher nicht mehr vereinbart. Streng genommen passt das Gesetz damit nicht unter die oben zitierte Definition. Es kann jedoch keinen Unterschied machen, ob Wertsicherungsklauseln verboten oder ob lediglich Normen geschaffen werden, die diese Klauseln auf anderem Weg verhindern. Die Definition ist daher zu erweitern: Ein Fall des strikten Nominalismus ist dann gegeben, wenn gesetzlich verboten wird, Geldschulden an künftige Geldwertänderungen vertraglich anzupassen oder wenn dies auf andere Weise gezielt verhindert wird.

Bis Ende 1998 enthielt § 3 Satz 2 WährG einen strikten Nominalismus[119]. Zwar verbot diese Vorschrift – ebenso wie der jetzt geltende § 2 PaPkG – nicht jede Wertsicherung, da sie nur für bestimmte Geldschulden galt. Um strikten Nominalismus handelt es sich aber nicht nur, wenn ausnahmslos alle Geldschulden betroffen sind, sondern auch dann, wenn nur bestimmte Geldschulden nicht an künftige Geldwertänderungen vertraglich angepasst werden dürfen. Wohl um diese Fälle zu verdeutlichen, fällt die Begriffsbestimmung des strikten Nominalismus bei *Grothe*[120] weiter aus: Es handele sich um einen Fall des strikten Nominalismus, wenn zu der Frage Stellung genommen wird, inwieweit es zulässig oder untersagt ist, auf einen Nominalbetrag lautende Geldschulden an Geldwertänderungen anzupassen. Diese Definition hat allerdings den Nachteil, dass damit auch eine Norm dem strikten Nominalismus zugerechnet werden müsste, nach der alle Geldschulden ausdrücklich mit einer Wertsicherungsklausel verbunden werden dürfen oder sogar gesetzlich an einen bestimmten Index gebunden werden. Eine solche Regelung könnte aber nur einen Namen tragen, der auf den Valorismus und nicht des Nominalismus Bezug nimmt.

Ein strikter Nominalismus folgt beispielsweise auch aus den §§ 1113 Abs. 1, 1191 Abs. 1 und 1199 Abs. 1 BGB. Um den Umfang der Grundstückshaftung transparent zu machen, schreiben diese Normen für Hypotheken, Grund- und Rentenschulden vor, dass sie auf eine „bestimmte Geldsumme" zu lauten haben. Damit gilt für Grundpfandrechte ein striktes Nominalwertprinzip, da Belastungen eines Grundstücks immer dann unzulässig sind, wenn die Geldsumme vom jeweiligen Wert einer besonderen Bemessungsgrundlage abhängen soll[121]. Zu weiteren gesetzlichen Einschränkungen von Wertsicherungsvereinbarungen siehe Kap. III 3. a).

---

[118] Ausführlich zum Mark-gleich-Mark-Gesetz s. Kap. I 3. a).

[119] *Grothe,* Fremdwährungsverbindlichkeiten, S. 71; Staudinger-*K. Schmidt,* Vorbem zu §§ 244 ff, Rdnr. D 37; *Mathar,* Wertsicherungsverbot und Grundgesetz, S. 207; AK-BGB-*Brüggemeier,* vor §§ 244, 245, Rdnr. 22 u. 24; *U. Reuter,* Fremdwährung und Rechnungseinheiten im Grundbuch, S. 85.

[120] *Grothe,* Fremdwährungsverbindlichkeiten, S. 71.

[121] *Grothe,* Fremdwährungsverbindlichkeiten, S. 440.

4. Bedürfnis nach Wertsicherung

a) Die tatsächliche Notwendigkeit von Wertsicherungsklauseln

In den Jahren vor den großen Inflationen des vergangenen Jahrhunderts behielt das Geld auch über einen längeren Zeitraum seinen Wert[122]. Heute ist eine bestimmte Geldsumme demselben Betrag vor zehn Jahren nicht mehr gleichwertig[123]. Sie repräsentiert nicht mehr das ursprüngliche Maß abstrakter Vermögensmacht, von dem die Vertragsparteien im Zeitpunkt des Vertragsschlusses ausgegangen waren[124]. Aus diesem Grund besteht auf Seiten des Gläubigers ein Bedürfnis, sich gegen den Geldwertverlust abzusichern. Hierzu wird gesagt, dass dieses Bedürfnis bei inflationären Währungsverhältnissen ansteige, während es bei stabilen Währungsverhältnissen nur gering ausgeprägt sei[125]. Dies kann nur als Grundsatz gelten, zeigte sich doch[126], dass ein Wertsicherungsbedürfnis nach Währungskrisen selbst dann bestehen blieb, wenn sich die Verhältnisse besserten. Das Vertrauen in die Währung musste zunächst erst wieder einkehren.

Die DM entwickelte sich innerhalb kurzer Zeit zu einer vergleichsweise stabilen Währung. Das Vertrauen in sie wuchs so stark, dass es trotz der schlechten Erfahrungen, die die Deutschen mit älteren Währungen gemacht hatten, bald kaum jemanden mehr gab, der darüber nachdachte, Geldforderungen aus Angst vor einem Verfall der DM in fremden Währungen zu begründen. Auch im europäischen Ausland genoss die DM ein so hohes Vertrauen, dass die Bevölkerung sie in Krisenzeiten mancherorts der eigenen Währung vorzog. Der Ruf der DM, eine stabile Währung zu sein, hätte nach einigen Probejahren zur Folge haben können, dass das Bedürfnis nach Wertsicherung gegen Null zurückging. Selbst die DM war jedoch nur vergleichsweise stabil, denn seit Beginn der fünfziger Jahre führt eine „schleichende Inflation" längerfristig zu einem beachtlichen Verfall der Kaufkraft[127]. So verlor das Geld zwischen 1951 und 1971 beinahe 35 Prozent seines Wertes[128]. In den Jahren 1971 bis 1975 stieg der Index für die Lebenshaltung aller privaten Haushalte zwischen 5,3 und 7 Prozent jährlich[129]. Der Gläubiger eines 1950 gezahlten Darlehens konnte sich im Jahre

---

[122] Siehe Kap. I 1. c).

[123] *Medicus,* Schuldrecht I, Rdnr. 154.

[124] *v. Maydell,* Geldschuld und Geldwert, S. 372; s. auch *Grothe,* Fremdwährungsverbindlichkeiten, S. 69.

[125] So BVerwGE 41, S. 1 ff., 8; Staudinger-*K. Schmidt,* Vorbem zu §§ 244 ff, Rdnr. D 163; *Heermann,* Geld und Geldgeschäfte, S. 51.

[126] Siehe oben Kap. I 1. f) dd).

[127] *Fricke,* Jura 1987, S. 591 ff., 591 f.; *v. Maydell,* Geldschuld und Geldwert, S. 48; *Reichert-Facilides,* JZ 1969, S. 617 ff., 618; *Hahn,* Währungsrecht, § 16 Rdnr. 1; *Mann,* NJW 1974, S. 1297 ff., 1297; Soergel-*Teichmann,* § 242 Rdnr. 252.

[128] Siehe BGHZ 61, S. 31 ff., 33.

1986 von dieser Geldsumme nur noch etwa 30 Prozent der Güter kaufen, die er im Jahre der Darlehenshingabe für den gleichen DM-Betrag hätte kaufen können[130]. Anhaltende Inflationen sind offenbar ein dauerhaftes Merkmal unserer Wirtschaftsordnung[131].

Eine vorausschauende Vertragsgestaltung verlangt daher – besonders bei Verträgen, die auf einen langen Zeitraum angelegt sind – auch die Stabilitätsrisiken der Währung zu berücksichtigen. Trotz der geringeren Geldentwertung in den vergangenen Jahren kann weiterhin mit einem Geldwertschwund zumindest in dieser Höhe gerechnet werden. Zudem mindert jede Erhöhung bzw. Einführung von neuen Verbrauchssteuern (z. B. „Ökosteuer“) die Kaufkraft des Geldes[132]. Auch die Umstellung auf den Euro stellt nach wie vor eine schwerer zu beurteilende Sachlage dar. Immerhin wurde die neue Währung zum Zahlungsmittel in einem Wirtschaftsraum mit über 290 Millionen Menschen[133]. Es wird sich erst noch herausstellen, ob die Geldwertstabilität auch langfristig nicht etwa dadurch schwieriger in den Griff zu bekommen ist, dass die EU nicht alle Befugnisse besitzt, durch die die Stabilität einer Währung beeinflusst werden kann, wie etwa die öffentliche Haushalts-, Steuer- und Wirtschaftspolitik[134]. Wenn selbst unter Fachleuten – zumindest bei der Einführung des Euro – umstritten war, ob es mit dem Euro eher zu einem Verlust an Geldwertstabilität kommt, kann den „Euro-Bürgern“ nicht übel genommen werden, wenn sie ihre Geldforderungen durch Wertsicherungsklauseln absichern.

Der Gläubiger einer Geldleistung sollte sich daher mit dem Wertverlust des Geldes befassen, wenn ein Vertrag auf Dauer angelegt ist oder die Geldleistung erst spät fällig wird. Will er ganz sicher gehen, sollte er berücksichtigen, dass sich Währungsverhältnisse entwickeln können, bei denen das Geld schon innerhalb sehr kurzer Zeit deutlich an Wert verlieren kann, und auch bei kurzfristigen Verträgen Vorsorge treffen.

---

[129] Siehe die Auflistung in BVerfGE 50, S. 57 ff., 83.

[130] Beispiel von *Fricke,* Jura 1987, S. 591 ff., 591, dort auch die zugrunde liegenden Preisindexwerte. S. auch *Hahn,* Währungsrecht, § 16 Rdnr. 1.

[131] *Hahn,* Währungsrecht, § 6 Rndr. 10; *Bettermann,* ZRP 1974, S. 13 ff., 13. Siehe auch *K. Schmidt,* JuS 1984, S. 737 ff., 743; *Reichert-Facilides,* JZ 1969, S. 617 ff., 617; *Hirschberg,* in: Behrens, Die Wertsicherung der Young-Anleihe, S. 89 ff., 94 f.: „stability of the value of money is the exception rather than the rule“; *Kollhosser,* JA 1983, S. 49 ff., 49: Inflation ist die „weltweite Krankheit“ des 20. Jahrhunderts.

[132] *Medicus,* Schuldrecht I, Rdnr. 166.

[133] *Bender,* F.A.Z. Nr. 49 v. 28.02.2000, S. 16.

[134] Vgl. *Nicolaysen,* Rechtsfragen der Währungsunion, S. 31 ff.

b) Die rechtliche Notwendigkeit von Wertsicherungsklauseln

aa) Wertsicherungsklauseln als Mittel zur Durchbrechung des Nominalismus

Bei Geldwertschulden ist der Geldwert bereits gesichert. Das Gleiche gilt grundsätzlich für Geldsummenschulden, die der Gesetzgeber mit einem gesetzlichen Wertsicherungsmechanismus verbunden hat (wie z.B. § 16 BetrAVG). Bei allen anderen Geldschulden ändert sich die zur Erfüllung notwendige Geldsumme infolge des geldschuldrechtlichen Nominalismus nicht, wenn sich der Geldwert ändert. Hier besteht daher ein Bedürfnis nach Wertsicherung. Den Nominalismus können die Vertragsparteien mit Wertsicherungsklauseln durchbrechen[135]. Diese werden daher als „Kinder des Nominalismus"[136] bezeichnet, denn solcher Klauseln bedürfte es nicht, wenn der Rechtsordnung der Valorismus zugrunde liegen würde.

bb) Eingriffe durch Gesetzgeber und Gerichte: Berücksichtigung von Geldwertänderungen bei Geldsummenschulden

Die Aussage, wegen des geldschuldrechtlichen Nominalismus bestehe ein Bedürfnis nach Wertsicherung, bedarf einer Einschränkung: Die Geldsummenschulden unterscheiden sich dadurch von den Geldwertschulden, dass sie nicht automatisch auf Geldwertänderungen reagieren. Dies bedeutet aber nicht, dass es zu keiner anderen, nichtautomatischen Anpassung von Geldsummenschulden an die veränderten Verhältnisse kommen kann. Trotz geldschuldrechtlichen Nominalismus wäre das Wertsicherungsbedürfnis nicht so groß, wenn sich die Gläubiger auf eine Gesetzgebung verlassen könnten, die bei spürbarem Geldwertverlust die Geldsummenschulden aufwertet oder den Schuldner verpflichtet, nach bestimmten Maßgaben über eine Anpassung zu entscheiden. Das Gleiche gilt, wenn sie damit rechnen könnten, dass die Rechtsprechung Klagen auf Ausgleich des Geldwertverlustes stattgäbe.

Nur in Folge der großen Inflation von 1922/23 reagierte der Gesetzgeber im Jahre 1925 auf die Aufwertungsrechtsprechung des Reichsgerichts, sowie auf den Druck der Betroffenen, unter anderem mit dem Aufwertungsgesetz[137]. Auch die Gesetze unserer Zeit, die selbst keine Aufwertung bewirken, sondern nur eine Vertragspartei verpflichten, eine Anpassung zu prüfen und hierüber nach bestimmten Maßgaben zu entscheiden, sind in der Regel nur Reaktionen auf die Rechtsprechung[138]. Zudem wird der Gesetzgeber fürchten, dass es als

---

135 Soergel-*Teichmann*, § 244 Rdnr. 9.

136 So *K. Schmidt*, ZIP 1983, S. 639 ff., 639; s. auch *Duden*, Verhandlungen des 40. DJT, Bd. 1, S. 1 ff., 5.

137 Siehe oben Kap. I 1. e) (a.E.).

Kapitulation vor der Inflation verstanden würde, wenn er das Nennwertprinzip lockerte[139]. Da der Gesetzgeber auf die Geldentwertung bisher nur spät und auf einzelne Bereiche beschränkt reagierte, können die Gläubiger nicht mit seinem Tätigwerden zu ihren Gunsten rechnen, sondern müssen selbst für eine Wertsicherung sorgen.

Auch auf die Rechtsprechung können die Gläubiger – was die Anpassung von Geldsummenschulden an Geldwertveränderungen angeht – nicht setzen, denn sie berief sich regelmäßig auf das Nennwertprinzip und beschränkte sich bislang auf den Ausgleich von Extremfällen: Die Rechtsprechung kann die Höhe einer Geldsummenschuld nach den Grundsätzen des Wegfalls der Geschäftsgrundlage (§ 313 BGB) an veränderte Umstände anpassen[140], da auch bei der Erfüllung von Geldschulden das Gebot von Treu und Glauben gilt[141]. Von einem Wegfall der Geschäftsgrundlage kann aber nur gesprochen werden, wenn ein weiteres Festhalten am Vertrag zu einem untragbaren Ergebnis führt, das mit Recht und Gerechtigkeit schlechthin nicht mehr zu vereinbaren wäre[142]. Ist das nicht der Fall, bleibt es bei dem Grundsatz der Vertragstreue, und die Zahlung des Nominalbetrages ist weiter als vollständige Leistung anzusehen. Eine nicht so enge Anwendung dieser Grundsätze würde auf die Annahme einer stillschweigenden Wertsicherungsklausel bei Dauerschuldverhältnissen hinauslaufen[143].

Hat sich der Geldwert verringert, griffen die Gerichte daher zu Recht nur sehr zurückhaltend in Vertragsverhältnisse ein[144]. Lediglich bei Leistungen mit

---

[138] Siehe z.B. zu § 16 BetrAVG Kap. II 3. b) bb).

[139] *Medicus,* DB 1974, S. 759 ff., 760.

[140] BGH, NJW 1959, S. 2203 ff., 2203; BGHZ 61, S. 31 ff., 38; BAGE 25, S. 146 ff., 158 f.; BFHE 89, S. 422 ff., 435. Zur Durchbrechung des geldschuldrechtlichen Nominalismus mittels § 242 BGB siehe jeweils m.w.N. *Grothe,* Fremdwährungsverbindlichkeiten, S. 364 ff.; Staudinger-*K. Schmidt,* Vorbem zu §§ 244 ff, Rdnr. D 90 ff., 104 ff. u. 177 f.

[141] BAGE 25, S. 146 ff., 158 f.; BGHZ 61, S. 31 ff., 38; Bamberger/Roth-*Grothe,* § 244 Rdnr. 10.

[142] BGH NJW 1959, S. 2203 ff., 2203 f.; BB 1976, S. 1046 f., 1046; WM 1976, S. 1034; Schlegelberger-*Hefermehl,* HGB, Anh § 361 Rdnr. 51. Zur Durchbrechung des geldschuldrechtlichen Nominalismus mittels § 242 BGB und zur Frage, ob bei Fremdwährungsverbindlichkeiten eine Anpassung an Geldwertveränderungen nach § 242 unter leichteren Voraussetzungen möglich ist als bei DM-Verbindlichkeiten, s. *Grothe,* Fremdwährungsverbindlichkeiten, S. 364 ff. Zu den Rechtsfolgen beim Wegfall der Geschäftsgrundlage, s. *Grothe,* a.a.O. S. 378 ff. u. Staudinger-*K. Schmidt,* Vorbem zu §§ 244 ff, Rdnr. D 123 ff.

[143] BGH NJW 1959, S. 2203 ff., 2204; MDR 1961, S. 307 f., 308; NJW 1966, S. 105 ff., 106; NJW 1969, S. 1323 f., 1324. Die Begründung der Rspr. lehnen ab: *v. Maydell,* Geldschuld und Geldwert, S. 157 f.; Staudinger-*K. Schmidt,* Vorbem zu §§ 244 ff, Rdnr. D 135.

[144] *K. Schmidt,* JuS 1984, S. 737 ff., 747; *Reichert-Facilides,* JZ 1969, S. 617 ff., 620.

Versorgungscharakter, wie z. B. Ruhegehältern, waren sie anfangs zur Anpassung bereit, weil diese regelmäßig den Lebensunterhalt sichern sollen[145]. Hierdurch konnte Versorgungsberechtigten zumindest in Extremfällen geholfen werden[146]. Eine generelle Anpassung bei schon geringem Wertverlust des Geldes schlossen die Gerichte aber ebenso ausdrücklich aus, wie eine Ausdehnung dieser Rechtsprechung auf andere Dauerschuldverhältnisse ohne Versorgungscharakter[147]. Die Erhöhung bei den Versorgungsverträgen knüpften die Gerichte an enge Voraussetzungen[148]. Das BAG gab zudem ein genaues Verfahren für die Anpassung vor, dem kein Automatismus innewohnte[149]. Der BGH war hier großzügiger und passte die Geldforderung selbst an, was er allerdings mit den besonderen Umständen des Falles (der Kläger war fast neunzigjährig, so dass eine schnelle Entscheidung geboten war) begründete[150]. Der daraufhin geschaffene § 16 BetrAVG[151] sollte diese Rechtsprechung für den dort erfassten Personenkreis ersetzen und die Leistungen der betrieblichen Altersversorgung vor den Nachteilen der schleichenden Inflation bewahren[152].

Der BGH[153] durchbrach das Nennwertprinzip später auch, indem er den güterrechtlichen Zugewinnausgleich[154] nicht mehr mit dem Nominalwert des An-

---

[145] BGHZ 61, S. 31 ff., 35 f.; BAGE 25, S. 146 ff., 160 ff. Aus jüngerer Vergangenheit BGHZ 105, S. 243 ff., 248. A. A. hierzu *Mann,* NJW 1974, S. 1297 ff., 1299. Krit. zu der Eingrenzung auf diese Geldforderungen, *Papier,* JuS 1974, S. 477 ff., 482 f. Die Besonderheit bei solchen Verträgen wird schon in RGZ 115, S. 201 ff., 205 f., anerkannt. Nach *Bettermann,* RdA 1975, S. 2 ff., 2, war die Entscheidung des BAG die endliche Anerkennung der Inflation als Rechtstatsache.

[146] Die zit. Urteile (BGHZ 61, S. 31 ff. und BAGE 25, S. 146 ff.) hatten Fälle zum Gegenstand, bei denen seit dem für die Bemessung maßgebenden Zeitpunkt eine Verteuerung von über 40% eingetreten war. In BGHZ 105, S. 243 ff., 249 f. wird eine Anpassung trotz Steigerung der Lebenshaltungskosten um mehr als 36% abgelehnt. Hierbei flossen allerdings auch andere Umstände des Falles ein.

[147] BAGE 25, S. 146 ff., 153; BGHZ 61, S. 31 ff., 36. Anders *Bettermann,* RdA 1975, S. 2 ff., 7 f.

[148] BAGE 25, S. 146 ff., 153 u. 166 ff.

[149] BAGE 25, S. 146 ff., 164 ff. Hiernach soll zunächst mit dem Pensionär über eine Anpassung verhandelt werden. Kommt es dabei zu keiner Einigung, muss der Arbeitgeber eine Erhöhung nach billigem Ermessen vornehmen, die durch die Gerichte gemäß § 315 Abs. 3 BGB überprüfbar ist.

[150] BGHZ 61, S. 31 ff., 40.

[151] Siehe hierzu Kap. II 3. b) bb).

[152] Vgl. Heubeck/Höhne/Paulsdorff/Weinert-*Höhne,* Betriebsrentengesetz, § 16 Rdnr. 1; Soergel-*Teichmann,* § 244 Rdnr. 9; *Kollhosser,* JA 1983, S. 49 ff., 53.

[153] BGHZ 61, S. 385 ff., 388 ff. Zu diesem Problem *Reichert-Facilides,* JZ 1974, S. 483 ff., 486; *ders.,* JZ 1969, S. 617 ff.; 621 ff.; *Dürkes,* Wertsicherungsklauseln, E Rdnr. 62 ff.; Staudinger-*K. Schmidt,* Vorbem zu §§ 244 ff, Rdnr. D 72; *Medicus,* DB 1974, S. 759 ff., 762.

[154] Vergleichbares galt z. B. bei der Ausgleichung von Vorempfängen, BGH, WM 1975, S. 860 ff., 861 f. Siehe hierzu und zu weiteren Fällen Staudinger-*K. Schmidt,* Vorbem zu §§ 244 ff, Rdnr. D 74 ff.

fangsvermögens berechnete, sondern den Kaufkraftschwund berücksichtigte, weil die dadurch eingetretene, nur nominale Wertsteigerung des Anfangsvermögens kein Zugewinn im Sinne des § 1373 BGB sei (Bsp.: Eine Sache im Werte von 10.000 € wurde in die Ehe eingebracht – hierfür wäre bei der Auseinandersetzung infolge Geldwertverlusts ein Preis i.H.v. 14.000 € zu zahlen). In solchen Fällen wiegt es nicht so schwer, den Boden des Nominalwertprinzips zu verlassen, weil hier nicht die Tauschmittelfunktion, sondern allein die Wertmaßfunktion des Geldes[155] betroffen ist. Daher kann die Art, wie der Zugewinnausgleich ermittelt wird, auch keine preistreibende Wirkung haben[156], da es schon an einem Preis für eine Leistung fehlt. Anders als in den oben genannten Fällen wird der Geldwertschwund hier in jedem Fall berücksichtigt, es muss also weder ein Mindest-Geldwertschwund eingetreten, noch ein Versorgungscharakter vorhanden sein.

Einen weiteren Entwicklungsschritt ging der BGH bei den auf sehr lange Zeiträume angelegten Erbbaurechtsverträgen. Wegen des Risikocharakters eines solchen langjährigen Vertrages sah das Gericht die Tragbarkeitsgrenze zunächst selbst bei einer allgemeinen Preissteigerung von 75 Prozent in einem Zeitraum von 22 Jahren noch nicht als überschritten an[157]. Später erhöhte es dann aber doch den Erbbauzins, obwohl die Verträge keinen Versorgungscharakter hatten. Zwar betonte das Gericht, es sei übliches Risiko, dass sich die den Wert der vereinbarten Leistungen beeinflussenden Verhältnisse insbesondere bei langjährigen Vertragsverhältnissen mit der Zeit zugunsten einer Vertragspartei verändern[158]. Eine nachträgliche Änderung des vereinbarten Erbbauzinses aus Billigkeitsgesichtspunkten komme daher nur unter besonderen Umständen in Betracht[159]. Die Grenze des übernommenen Risikos sei überschritten, wenn die benachteiligte Vertragspartei in der getroffenen Vereinbarung ihr Interesse nicht mehr auch nur annähernd noch gewahrt sehen könne[160]. In den entschiedenen Fällen ging der BGH davon aus, dass mit einer Geldentwertung von 68,95 Prozent[161] bzw. 61,37 Prozent[162] nicht gerechnet werden konnte und die benachteiligte Partei insoweit auch nicht das Risiko übernommen habe, so dass eine Erhöhung des Erbbauzinses zugebilligt wurde[163]. Die Rechtsprechung[164] lief letzt-

---

155 *Larenz,* Schuldrecht I, S. 178; *Medicus,* DB 1974, S. 759 ff., 762.

156 *Medicus,* DB 1974, S. 759 ff., 762.

157 BGH WM 1976, S. 1034; ähnlich BGH WM 1979, S. 1212 f., 1213.

158 BGHZ 90, S. 227 ff., 228; BGHZ 77, S. 194 ff., 198.

159 BGHZ 77, S. 194 ff., 197; 90, S. 227 ff., 227; 91, S. 32 ff., 33; 97, S. 171 ff., 173 f.

160 BGHZ 77, S. 194 ff., 198 f.; 90, S. 227 ff., 228; 91, S. 32 ff., 34 u. 36; 97, S. 171 ff., 173 f.

161 BGHZ 77, S. 194 ff., 199. Zur Berechnung s. *Dürkes,* Wertsicherungsklauseln, F Rdnr. 43 f.

162 BGHZ 91, S. 32 ff., 34.

163 BGHZ 77, S. 194 ff., 199; 90, S. 227 ff., 228 f.; 91, S. 32 ff., 34 f.

lich – ohne sich besonders mit dem Nennwertprinzip zu befassen, das in älteren Urteilen so vehement beschworen wurde – auf einen Grenzwert hinaus, ab dem sie eine Risikoüberschreitung annahm. Beträgt der Geldwertschwund mehr als 60 Prozent, so könne der ursprünglich vereinbarte Erbbauzins grundsätzlich nicht mehr auch nur annähernd als ausreichende Gegenleistung für das Erbbaurecht angesehen werden[165]. Der BGH ließ zudem zu, hier direkt auf die an den Geldwertschwund angepasste Forderung zu klagen[166].

Selbst wenn es Tendenzen einer Aufweichung dieser zurückhaltenden Rechtsprechung gibt[167], wird der Geldwertverlust in manchen Bereichen weiterhin überhaupt nicht berücksichtigt. So halten sich die Gerichte insbesondere bei langfristigen Darlehensverbindlichkeiten hartnäckig an den Grundsatz des geldschuldrechtlichen Nominalismus[168]. Es ist daher nicht zu erwarten, dass die Rechtsprechung dazu übergeht, Geldsummenschulden generell an die Geldentwertung anzupassen. Allein schon die Tatsache, dass infolge der geschichtlichen Erfahrungen inzwischen jedermann über den Wertverfall des Geldes unterrichtet sein dürfte, führt dazu, dass insbesondere bei langfristigen Verträgen grundsätzlich davon auszugehen ist, dass eine fehlende Wertsicherungsklausel – aus welchen Gründen auch immer – bewusst nicht in den Vertrag aufgenommen wurde[169]. Eine generelle, also nicht nur auf den Einzelfall bezogene Anpassung von Geldforderungen an den gesunkenen Geldwert wäre im Übrigen wegen des Gewaltenteilungsgrundsatzes Sache des Gesetzgebers[170].

Da sich Gesetzgeber und Rechtsprechung bei der Korrektur des Nennwertprinzips sehr zurückhalten, kommt der vertraglichen Wertsicherung besondere Bedeutung zu. Das Wertsicherungsbedürfnis wird durch Gesetzgebung und Rechtsprechung nicht geschmälert.

---

164 Zu weiteren Fallgruppen s. Staudinger-*K. Schmidt,* Vorbem zu §§ 244 ff, Rdnr. D 133 ff.

165 So BGHZ 97, S. 171 ff., 175; s. auch BGHZ 90, S. 227 ff., 229; 91, S. 32 ff., 34 f.; 94, S. 257 ff., 259 f; 96, S. 371 ff., 375.

166 So BGHZ 91, S. 32 ff., 36.

167 Als Folge der Entscheidung BAG, AP Nr. 76 zu § 242 BGB (Gleichbehandlung) wird z.B. befürchtet, dass diese zu einer Gehaltsindexierung per Gleichbehandlung führen könnte, *Hromadka,* DB 1987, S. 2519 ff.; *Hahn,* Währungsrecht, § 7 Rdnr. 16.

168 Siehe hierzu *Larenz,* Schuldrecht I, S. 179 f.; *Wolf,* ZIP 1981, S. 235 ff., 239.

169 *Flume,* Das Rechtsgeschäft, S. 519.

170 BGH, NJW 1966, S. 105 ff., 106; BGH, NJW 1959, S. 2203 ff., 2204 m.w.N.; *Nussbaum,* Das Geld, S. 126 f.; *K. Schmidt,* JuS 19840, S. 737 ff., 747; *v. Maydell,* Geldschuld und Geldwert, S. 116; *Reichert-Facilides,* JZ 1974, S. 483 ff., 487.

Kapitel III

Die Wertsicherungsklausel

1. Begriff der Wertsicherungsklausel

Wertsicherungsklauseln haben die Funktion, Risiken zu verlagern. Durch sie wird dem Geldschuldner meist der Nachteil auferlegt, der dadurch entsteht, dass sich der Geldwert verringert. Ohne eine solche Klausel hätte regelmäßig der Gläubiger diesen Nachteil zu tragen.

Von diesem Zweck ausgehend wird die Wertsicherungsklausel häufig so definiert: Sie bezeichne diejenigen Vereinbarungen, die eine Geldschuld geldwertbeständig machen sollen, indem sie mit Wertmessern verknüpft wird, die für wertbeständig gehalten werden[1]. Diese Definition hat den Vorteil, dass sie mit der Wortbedeutung (*Wertsicherung*sklausel) übereinstimmt. Während § 3 Satz 2 WährG galt, hat sich allerdings die Bedeutung von Wertsicherungsklauseln gewandelt, die sich auch in der Definition widerspiegeln sollte. Die genannte Definition stellt nur auf den häufigsten Anwendungsfall – die Geldwertsicherung – ab und lässt Klauseln außen vor, mit denen die Vertragsparteien auf die gleiche Weise andere Ziele verfolgen. Wertsicherungsklauseln müssen nicht der Renditesicherung dienen, sondern können auch die Renditesteigerung bezwecken. Ihr Ziel besteht nicht immer nur darin, den wertmäßigen status quo beizubehalten[2].

---

[1] So z.B. BGH, NJW 1975, S. 105 f., 105; Soergel-*Teichmann,* § 244 Rdnr. 12; Jauernig-*Mansel,* §§ 244, 245 Rdnr. 18; RGRK-*Alff,* § 245 Rdnr. 9; Schlegelberger-*Hefermehl,* HGB, Anh § 361 Rdnr. 42; *Reithmann,* DNotZ 1960, S. 172 ff., 172; *Braun,* Vertragliche Geldwertsicherung, S. 88 f.; *Reinhuber,* Grundbegriffe, S. 117; *v. Maydell,* Geldschuld und Geldwert, S. 369; MK-*Martiny,* Nach Art. 34 EGBGB Anh. I Rdnr. 35; s. auch *Fögen,* Geld- und Währungsrecht, S. 148.

In der Rechtsprechung wird der Begriff der Wertsicherungsklausel nicht einheitlich benutzt. Teilweise taucht er als Oberbegriff für alle in den Prüfungsbereich des § 3 Satz 2 WährG fallenden Klauseln auf (so wohl BGH, WM 1976, S. 33 ff., 34; BGH, NJW 1979, S. 1888 f., 1889); in anderen Fällen werden dagegen bestimmte Klauselvarianten nicht unter den Begriff der Wertsicherungsklausel gefasst, obwohl sie einer Prüfung nach § 3 Satz 2 WährG zu unterziehen waren (so wohl BGHZ 14, S. 306 ff., 310; BVerwGE 41, S. 1 ff., 6). In manchen Entscheidungen (z.B. BGH, NJW 1973, S. 1498 ff., 1499; BGHZ 63, S. 132 ff., 143; BGH, BB 1968, S. 930; OLG Köln, ZMR 1999, S. 633 f., 633; ebenso bei *v. Oefele/Winkler,* Handbuch des Erbbaurechts, Rdnr. 6.135) wird der Begriff „Gleitklausel" für die Klauseln benutzt, die gemäß § 3 Satz 2 WährG bzw. § 2 PaPkG genehmigungspflichtig sind. Dies schließt nicht aus, dass der Begriff der Wertsicherungsklausel der gemeinsame Oberbegriff für alle Klauseln ist, die in den Prüfungsbereich des § 3 Satz 2 WährG/§ 2 PaPkG fallen.

So können die Vertragsparteien eine Vergleichsgröße heranziehen, bei der sie damit rechnen, dass sie der Geldentwertung nicht folgen wird. Ohne auch nur an eine Geldwertverringerung zu denken, kann gerade beabsichtigt sein, an der Wertentwicklung eben dieser Vergleichsgröße zu partizipieren. Hierzu ein Beispiel[3]: Die Vertragspartner können die Miete für einen Geschäftsraum an die Entwicklung des Grundstückspreises binden, weil sie erwarten, dass sich dieser über die allgemeine Geldwertverringerung hinaus aufgrund besonderer Umstände ungewöhnlich entwickeln wird (z.B. die zuvor geringwertigen Mauergrundstücke in Berlin-Mitte zur Wendezeit). Der Vermieter möchte sich damit zu jeder Zeit eine angemessene Miete sichern. Der Mieter kann sich hierauf einlassen, weil er die Räume schon jetzt und auf Dauer auch zu teureren Konditionen nutzen möchte – der Vermieter soll nicht von einem Vertragsschluss absehen, weil er die erwartete Wertsteigerung wegen der damit verbundenen Mietsteigerungen abwarten möchte.

In den Prüfungsbereich des § 3 Satz 2 WährG fielen aber grundsätzlich alle Klauseln, die eine Veränderung der Geldsumme zuließen und zwar auch dann, wenn die Beteiligten mit ihr gar keine Sicherung gegen den Geldwertverlust bezweckten. Denn wenn Wertsicherungsklauseln die Stabilität der Währung gefährden, dann besteht diese Gefährdung unabhängig von dem subjektiven Zweck, der hinter der Klausel steht. Auch in solchen Fällen wird regelmäßig von Wertsicherungsklauseln gesprochen. Ebenso häufig wird gesagt, dass sich § 3 Satz 2 WährG auf Wertsicherungsklauseln bezogen oder ein Verbot von Wertsicherungsklauseln enthalten habe[4]. Der Begriff Wertsicherungsklausel dient also offenbar dazu, solche Vereinbarungen zu kennzeichnen, die auf die Vereinbarkeit mit dem Wertsicherungsverbot zu prüfen waren, ohne damit schon eine Vorabentscheidung über die Zulässigkeit solcher Klauseln vorwegzunehmen.

Damit sich dieser gängige Sprachgebrauch auch in der Begriffsbestimmung wiederfindet, wurde vorgeschlagen, als Wertsicherungsklausel all diejenigen Vereinbarungen zu bezeichnen, die eine Geldschuld vom Nennwertprinzip lösen, ohne dass sie die Eigenschaft als Geldschuld verlieren, und deren geschuldete Geldsumme erst nachträglich aufgrund einer besonderen Bemessungsgrundlage bestimmbar machen[5]. Damit sind sowohl Klauseln erfasst, die der

---

[2] So aber *Grothe,* WM 2002, S. 22 ff., 27.

[3] Weitere Beispiele unten Kap. III 2. a) aa).

[4] Siehe z.B. BVerwGE 41, S. 1 ff., 6; *Dürkes,* Wertsicherungsklauseln, B Rdnr. 22; *Eppig,* NJW 1949, S. 531 ff., 532; *Reichert-Facilides,* JZ 1969, S. 617 ff., 621.

[5] Staudinger-*K. Schmidt,* Vorbem zu §§ 244 ff, Rdnr. D 162; *Morsch,* BB 2004, S. 1803 ff., 1803; *Heermann,* Geld und Geldgeschäfte, S. 51; *Bräutigam,* Währungsrechtliche Zulässigkeit von Wertsicherungsklauseln, S. 5 f.; wohl auch *Claussen,* Bank- und Börsenrecht, § 1 Rdnr. 17; *Mathar,* Wertsicherungsverbot und Grundgesetz, S. 3.

Absicherung gegen Geldwertverschlechterung dienen, als auch vergleichbare Klauseln mit anderem Ziel. Aber auch diese Definition hat einen Nachteil: Sie erfasst diejenigen Klauseln nicht, die der Wertsicherung dienen sollen, ohne die Geldschuld vom Nennwertprinzip zu lösen. Dies gilt etwa für die Leistungsvorbehalte (s. u. Kap. VI 3.), die nicht gemäß § 3 WährG bzw. § 2 PaPkG genehmigungsbedürftig waren bzw. sind. Gleichwohl werden solche Klauseln regelmäßig auf ihre Vereinbarkeit mit diesen Vorschriften überprüft.

Für eine Definition der Wertsicherungsklausel ist entscheidend, ob sie allein die Klauseln erfassen soll, die unter das Wertsicherungsverbot fallen. Möglich ist auch ein weiter Begriff, der auch Klauseln erfasst, deren Herausfallen aus dem Wertsicherungsverbot nicht von vornherein offenliegt und die daher auf die Vereinbarkeit mit dem Wertsicherungsverbot geprüft werden, weil mit ihnen die Anpassung an veränderte Umstände beabsichtigt ist oder weil sie objektiv der Wertsicherung dienen können. Im ersten Fall bräuchte die „Wertsicherungsklausel“ keine besondere Definition, da es genügen würde, den Wortlaut des Gesetzes zu wiederholen. Entsprechend dem herkömmlichen Verständnis verdient die zweite Variante den Vorzug. Unter dem Begriff der Wertsicherungsklausel sind daher all diejenigen Vereinbarungen zu verstehen, die einen Mechanismus vorsehen, auf Grund dessen es zu einer Änderung des geschuldeten Geldbetrages kommen kann, ohne dass die Geldschuld dabei ihre Eigenschaft als Geldschuld verliert. Der Begriff der Wertsicherungsklausel geht damit über die Geldwertsicherung hinaus.

Zum Begriff „Preisklausel“ siehe unten Kap. V 2.

2. Vereinbarung von Wertsicherungsklauseln

a) Anknüpfungsmöglichkeiten für Wertsicherungsklauseln

Die Vertragsparteien, die eine Wertsicherungsklausel vereinbaren wollen, müssen sich über zwei Schritte im Klaren sein: Sie müssen zunächst den Zweck festlegen, den sie mit der Klausel verfolgen wollen. Erst danach können und müssen sie eine Bezugsgröße suchen, um den vereinbarten Zweck zu erreichen.

aa) Festlegung des Zwecks der Wertsicherungsklausel

Die Vertragsparteien müssen zunächst entscheiden, welchen Zweck sie mit der Wertsicherungsklausel verfolgen wollen. Klassischer Zweck ist, die Geldschuld gegen den Geldwertverlust zu sichern. Eine Wertsicherungsklausel liegt aber auch dann vor, wenn die Beteiligten beispielsweise die Teilnahme am sozialen Wachstum bewirken wollen[6]. Die Geldforderung kann an den Preis bestimmter Güter oder Dienstleistungen gekoppelt werden, um von deren Auftrieb zu profitieren, der über den allgemeinen Preisanstieg hinausgeht und damit eine Wertbesserung der Geldforderung zur Folge hat[7]. Gibt ein Gläubiger eine Sache aus der Hand und stundet die Gegenleistung, so kann eine Wertsicherungsklausel dem Ziel dienen, den Gläubiger an den während dieser Zeit stattfindenden Wertsteigerungen der Sache teilhaben zu lassen[8].

bb) Finden einer geeigneten Bezugsgröße

Sobald sich die Vertragsparteien über den Zweck der Wertsicherungsklausel geeinigt haben, müssen sie eine Bezugsgröße finden, mit der sie diesen Zweck erreichen können[9].

Während der großen Inflation nach dem Ersten Weltkrieg bedienten sich die Geldgläubiger Klauseln, die an die Preisentwicklung von Getreide, Feingold oder Kalidüngesalz anknüpften. Damit wollten sie sich gegen den allgemeinen Geldwertverfall absichern[10]. Generell stellen die Preise von Einzelgütern hierfür aber keinen geeigneten Wertmaßstab dar, da sie sich infolge besonderer Angebots- oder Nachfragesituationen anders entwickeln können als die Durchschnittspreise (z. B. infolge von Missernten)[11]. Auch politische Entscheidungen können Einfluss auf die Preise einzelner Güter haben, so dass sie zur Sicherung gegen den Geldwertverfall ungeeignet sind. Veranlasst durch die EG-Agrarmarktordnung sorgte der Staat beispielsweise dafür, dass der Roggenpreis stabil blieb und damit nicht mehr an der allgemeinen Preisentwicklung teilnahm[12].

Insbesondere das Gold wurde lange Zeit als das wertbeständigste Gut angesehen und war deshalb ein besonders beliebter Wertmesser. Wann immer das Vertrauen in die Währung verloren ging, hielten sich die Bürger an das Edelmetall. Die „Goldklausel" wurde zeitweise zur üblichen Wertsicherungsklausel[13]. Seitdem es einen amtlichen Goldpreis nicht mehr gibt und der Bedarf an Münzgold

---

6 Staudinger-*K. Schmidt,* Vorbem zu §§ 244 ff, Rdnr. D 169 u. D 182; *Fögen,* Geld- und Währungsrecht, S. 151; vgl. z. B. BGH, NJW 1974, S. 273 ff., 274.

7 *Fögen,* Geld- und Währungsrecht, S. 147.

8 *Fögen,* Geld- und Währungsrecht, S. 147 f.

9 *Ahrens,* WM 1980, S. 749 ff., 751; Staudinger-*K. Schmidt,* Vorbem zu §§ 244 ff, Rdnr. D 169.

10 *Fricke,* Jura 1987, S. 591 ff., 593.

11 *Fricke,* Jura 1987, S. 591 ff., 593; *Berndt,* Die Wertsicherung in der Unternehmung, S. 22.

12 *Grothe,* Fremdwährungsverbindlichkeiten, S. 369 Fn. 2313; *Dürkes,* Wertsicherungsklauseln, B Rdnr. 26; Erman-*Hohloch,* § 313 Rdnr. 64; s. hierzu auch BGHZ 81, S. 135 ff.

13 *Mann,* Recht des Geldes, S. 100; *Nussbaum,* Das Geld, S. 164 ff.; Staudinger-*Weber,* § 244 Rdnr. 179 u. § 245 Rdnr. 12; *Fögen,* Geld- und Währungsrecht, S. 41; *Reithmann,* DNotZ 1960, S. 172 ff., 173.

infolge der weltweiten Verbreitung von Papiergeld stark zurückgegangen ist, die Goldproduktion aber stieg, verlor das Gold jedoch seine zuvor so geschätzte Wertbeständigkeit[14]. Der Wert des Goldes hängt nunmehr – wie der Wert anderer Güter – allein von der Wertschätzung durch die Marktteilnehmer ab und damit von Angebot und Nachfrage. Der Goldpreis fällt und steigt entsprechend[15]. Zeichnen sich allerdings Inflationen ab, wird die Nachfrage nach Gold zumindest dann steigen, wenn sie mit politischen Krisen einhergehen. Denn Gold ist leicht transportierbar, relativ fälschungssicher, verdirbt nicht und könnte sich schnell wieder als Zahlungsmittel etablieren und damit wieder auf hohem Niveau im Wert verharren. Die Rückbesinnung auf das Gold wird dann dazu führen, dass Goldklauseln ihren wertsichernden Zweck erfüllen würden, soweit Gesetze nicht entgegenstehen.

Um nicht von der Preisentwicklung eines einzigen Gutes abhängig zu sein, werden inzwischen solche Wertmaßstäbe als Indikatoren für Geldwertveränderungen bevorzugt, die eine repräsentative Auswahl von Preisen verschiedener Leistungen beinhalten („Warenkorb"), wie etwa die Preisindizes des Statistischen Bundesamtes[16]. Wenn die Bezugnahme auf einen Verbraucherpreisindex geeignet[17] ist, den Verlust an Kaufkraft auszugleichen, dient die Bezugnahme auf ein einziges Gut oder eine einzige Dienstleistung (z. B. Beamtenbesoldung) regelmäßig dazu, an der Preisentwicklung dieser Bezugsgröße teilzuhaben.

In jedem Fall ist den Vertragsparteien zu raten, sorgfältig zu prüfen, ob die Bezugsgröße tatsächlich auf Dauer geeignet sein wird, den vereinbarten Zweck zu fördern. Denn selbst wenn sich wider Erwarten später herausstellt, dass der Wertmesser ungeeignet ist, weil er beispielsweise der Kaufkraftentwicklung nicht folgte, ist das für die Frage der Wirksamkeit der Klausel regelmäßig ohne Bedeutung[18]. Hier bliebe nur der Ausweg über den Wegfall der Geschäftsgrund-

---

[14] *Reithmann,* DNotZ 1960, S. 172 ff., 173 f.

[15] Seit 1980 schwankte der Goldpreis zwischen 255 und 850 US-Dollar je Unze Feingold. Ende September 1999 kam es beispielsweise zu einem Preisanstieg um 28% binnen zwei Wochen, weil 15 europäische Zentralbanken, die über etwa 70% aller offiziellen Goldreserven verfügen, beschlossen, ihre Goldverkäufe in den kommenden fünf Jahren auf 400 Tonnen pro Jahr zu begrenzen, nachdem sie (insbes. die Bank of England) sich zuvor von größeren Mengen Gold trennten und der Goldpreis dadurch deutlich sank. s. F.A.Z. Nr. 230 v. 4.10.1999, S. W 6 u. Nr. 160 v. 14.7.1999, S. 3; Der Tagesspiegel Nr. 16835 v. 6.10.1999, S. 26; Die Zeit Nr. 25 v. 17.6.1999, S. 22.

[16] Erman-*Hohloch,* § 313 Rdnr. 64; *Fricke,* Jura 1987, S. 591 ff., 593; *Reithmann,* DNotZ 1960, S. 172 ff., 173; *Duden,* Verhandlungen des 40. DJT, Bd. 1, S. 1 ff., 56.

[17] Staudinger-*K. Schmidt,* Vorbem zu §§ 244 ff, Rdnr. D 223. Siehe aber z. B. auch die Entscheidung des BGH (NJW 1973, S. 1653 f.), in der dargelegt wird, warum die Koppelung einer Schmerzensgeldrente an die Werte des Lebenshaltungskostenindex ein untaugliches Mittel sei, dieser Rente im Zuge der künftigen Währungsentwicklung den Charakter der gesetzlich vorgesehenen „billigen Entschädigung in Geld" zu erhalten.

[18] Siehe nur BGH, NJW 1973, S. 1498 ff., 1499.

lage, der aber auf besondere Ausnahmefälle beschränkt ist (s. § 313 BGB). Insbesondere liegt ein solcher Fall nicht schon vor, wenn sich ein Wertmesser abweichend von den allgemeinen Lebenshaltungskosten entwickelt hat. Die Vertragsparteien gehen ein Risiko ein, das sich zu Lasten sowohl der einen als auch der anderen Seite realisieren kann, wenn sie die Geldschuld nicht etwa an einen Lebenshaltungskostenindex knüpfen, sondern einen anderen Wertmesser heranziehen[19]. Etwas anderes kann nur dann gelten, wenn die Entwicklung der Bezugsgröße die Vorstellungen der Vertragsschließenden so sehr übersteigt, dass eine strikte Anwendung der Wertsicherungsklausel zu einem Ergebnis führen würde, das deutlich jenseits des mit ihr bezweckten Erfolges liegt[20].

Weiterhin ist zu beachten, dass bestimmte Bezugsgrößen wegfallen können. Dies war beispielsweise bei dem früher für bestimmte Güter bestehenden „amtlichen Preis" der Fall. Heute ist der Fall wahrscheinlicher, dass ein herangezogener Index verändert wird[21], indem er beispielsweise mit einem anderen vereinigt wird und damit wegfällt. Dies war etwa bei den nach Ost- und Westdeutschland getrennten Indizes für die Lebenshaltung der Fall. Inzwischen hat das Statistische Bundesamt auch den „Preisindex für die Lebenshaltung aller privaten Haushalte in Deutschland" abgeschafft. An dessen Stelle ist der neue „Verbraucherpreisindex für Deutschland" getreten[22]. In langfristigen Verträgen sollten die Vertragsparteien eine Auffangklausel für den Fall hinzufügen, dass der Index nicht mehr fortgeführt wird. Sie können z. B. regeln, dass der weggefallene Index durch einen Index ersetzt wird, der dem entfallenen Index wirtschaftlich am nächsten kommt[23]. Oder sie können vorsehen, dass der neue Index, der den alten ablöst, nunmehr die maßgebliche Bezugsgröße sein soll[24].

Um die Sicherheit des Geldgläubigers zu erhöhen, können die Beteiligten auch mehrere Wertmesser bestimmen, unter denen der Gläubiger im Zeitpunkt der Erfüllung die ihm günstigste wählen kann[25]. Damit kann sich der Gläubiger gegen den Fall sichern, dass sich die eine Bezugsgröße für den vereinbarten Zweck als ungeeignet erweist[26].

Eine Wahlschuldvereinbarung oder Ersetzungsbefugnis, die neben eine Geldforderung alternativ eine Sachleistung stellt, erweist sich zumindest dann als taugliche Wertsicherungsabrede, wenn der Preis für die betreffende Sache der

---

19 BGH, NJW 1974, S. 273 ff., 274 m. w. N.

20 BGH, NJW 1974, S. 273 ff., 274.

21 Siehe zum Beispiel *Reul* (DNotZ 2003, S. 92 ff.) zur Auswirkung der Umstellung des Verbraucherpreisindexes vom Basisjahr 1995 auf das Basisjahr 2000 auf Wertsicherungsklauseln.

22 Siehe F.A.Z. Nr. 49 vom 27.2.2003, S. 11.

23 *Limmer,* ZNotP 1999, S. 148 ff., 156.

24 Siehe hierzu auch unten Kap. IX 1. e) aa).

25 *Reithmann,* DNotZ 1960, S. 172 ff., 174.

26 BGH, NJW 1973, S. 1498 ff., 1499.

allgemeinen Preisentwicklung folgt[27]. Es liegt auf der Hand, dass der Gläubiger sich für die Sachleistung entscheidet, wenn der Wert der Geldsumme nennenswert gesunken ist und der Preis der Sachalternative der allgemeinen Preisentwicklung gefolgt ist. Falls der Gläubiger selbst keine Verwendung für die Sache hat, kann er sie verkaufen und damit eine höhere Geldsumme erzielen als wenn es bei der Geldschuld geblieben wäre. Hierin liegt der Vorteil einer Wahlschuld oder Ersetzungsbefugnis gegenüber einer reinen Sachschuldvereinbarung: Wenn der Gläubiger die Sache nicht für den eigenen Ge- oder Verbrauch verwenden will, kann er im Falle der Wahlschuld oder Ersetzungsbefugnis immer noch die Geldschuld wählen, wenn er sich die Mühe des Weiterverkaufs der Sache nicht machen will oder der dafür nötige finanzielle Aufwand höher ist als der Verlust durch den Geldwertschwund. Aber auch die Wahlschuldvereinbarung kann im Falle eines völligen Währungsverfalls ihre Wirksamkeit verlieren, wenn der Gesetzgeber eine Zwangsbewirtschaftung anordnet[28]. Ist eine Übereignung der Sachen dann nicht mehr zulässig, beschränkt sich das Schuldverhältnis gemäß § 265 BGB auf die übrige Leistung, hier also auf die wertlos gewordene Geldsumme. Diese Möglichkeit ist derzeit nicht zu erwarten, zeigt aber wie die unten[29] genannten Beispiele, dass es keine Wertsicherungsmöglichkeit gibt, die absolute Sicherheit gewährt.

b) Bestimmtheit der Wertsicherungsklausel

Für alle Wertsicherungsklauseln gilt, dass sie so genau wie möglich formuliert sein müssen. Wegen des AGB-rechtlichen Transparenzgebotes (§ 307 Abs. 1 Satz 2 BGB) müssen Wertsicherungsklauseln in Allgemeinen Geschäftsbedingungen klar, verständlich und bestimmt gefasst sein[30]. Dieser Grundsatz gilt aber auch für alle individuell ausgehandelten Wertsicherungsklauseln. Um Streitigkeiten vorzubeugen, müssen Bemessungsgrundlage (z.B. ein konkret benannter Verbraucherpreisindex), Anpassungsverfahren und Ausmaß der Anpassung genau festgelegt sein. Beziehen sich die Vertragsparteien beispielsweise auf bestimmte „Dienstbezüge", sollten sie ausdrücklich vereinbaren, ob dieser Begriff auch die Weihnachtszuwendung umfasst[31] oder ob neben der prozentualen Erhöhung des Grundgehalts auch der sog. Sockelbetrag zu berücksichtigen ist[32]. Sie sollten auch vermeiden, schwer bestimmbare Begriffe zu verwenden,

---

[27] BGHZ 81, S. 135 ff., 139; *Reithmann,* DNotZ 1960, S. 172 ff., 191; *Larenz,* Schuldrecht I, S. 161.

[28] *Eppig,* DNotZ 1951, S. 405 ff., 407.

[29] Siehe Kap. III 3. b).

[30] Siehe z.B. BGH, NJW 2004, S. 1598 ff., 1599; BGH, NZM 2004, S. 379; BGH, WuM 2004, S. 288 ff., 289.

[31] Hierzu BGH, WM 1979, S. 466 ff.

[32] Hierzu BGH, WM 1976, S. 814 f.

wie z.B. „wesentlicher Kaufkraftschwund“[33] oder „Währungsverfall“[34]. Für den Fall, dass die Beteiligten die Geldschuld an einen Index knüpfen, sollte die Terminologie des jeweiligen statistischen Amtes verwendet werden, dessen Index zugrunde gelegt wird[35]. Der Begriff „Lebenshaltungskostenindex“ oder „Verbraucherpreisindex“ wäre zu unbestimmt, da es davon auf unterschiedliche Regionen bezogene Versionen gibt. Wenn eine an einen Index angeknüpfte Wertsicherungsklausel erst nach Ablauf einiger Zeit wirken soll, ist genau festzulegen, ob die Änderung des Indexes seit Vertragsschluss oder erst nach Ablauf des festgelegten Zeitraumes zu Grunde zu legen ist[36].

Kommt es doch zu einer unklaren Klausel, sind die Zweifel durch Auslegung zu beseitigen. Hierbei ist eine Wertsicherungsklausel im Zweifel in dem Sinne auszulegen, dass sie wirksam ist[37]. Weist die Wertsicherungsklausel sogar Lücken auf, sind diese durch ergänzende Vertragsauslegung zu schließen, die selbst dann noch in Betracht kommt, wenn eine nach § 2 PaPkG genehmigungsbedürftige Klausel genehmigt wurde[38]. Das Ergebnis der Auslegung muss aber noch mit dem Gegenstand der Genehmigung vereinbar sein, weshalb subjektive Vorstellungen der Parteien beim Vertragsschluss keine Berücksichtigung finden, soweit sie im objektiven Inhalt der Vereinbarung nicht zum Ausdruck gekommen sind[39].

Ist eine Wertsicherungsklausel bestimmt genug gefasst, kann sie zumindest dann sogar in eine Vollstreckungsklausel oder einen Vergleichstitel (§ 794 Abs. 1 Nr. 1 ZPO) aufgenommen werden, wenn die Klausel auf einen vom Statistischen Bundesamt ermittelten Preisindex für die Lebenshaltungskosten abstellt, da sich der geschuldete Geldbetrag dann von den Vollstreckungsorganen leicht und zuverlässig aus allgemein zugänglichen Quellen bestimmen lässt[40]. Mangels Bestimmtheit kann dagegen keine Zwangsvollstreckung stattfinden, wenn die Höhe des Betrages von der Heranziehung und rechnerischen Verwertung eines privaten, nicht allgemein zugänglichen Schriftstückes abhängt[41].

Welche Arten von Wertsicherungsklauseln gebräuchlich sind, wird im Zusammenhang mit § 2 PaPkG dargestellt[42].

---

[33] Siehe z.B. BGH, WM 1967, S. 1248 ff., 1249.

[34] Siehe z.B. BGH, WM 1976, S. 33 ff., 35.

[35] *Limmer*, ZNotP 1999, S. 148 ff., 151.

[36] Siehe z.B. OLG Celle, NZM 2001, S. 468 f., 468.

[37] Staudinger-*K. Schmidt*, Vorbem zu §§ 244 ff, Rdnr. D 174.

[38] Siehe BGH, WM 1976, S. 814 f., 815.

[39] BGH, WM 1976, S. 814 f., 815; Staudinger-*K. Schmidt*, Vorbem zu §§ 244 ff, Rdnr. D 175.

[40] BGH, FamRZ 2004, S. 531 f., 531. Siehe dort aber die weiteren Nachweise der Literaturansichten, die Wertsicherungsklauseln allgemein nicht für vollstreckbar halten.

[41] OLG Koblenz, NJW-RR 2002, S. 1509 ff., 1510.

c) *Einbeziehung durch Einzelabrede*

Werden Wertsicherungsklauseln im Detail ausgehandelt, so ergeben sich aufgrund der Tatsache, dass es sich um eine Wertsicherungsklausel handelt, keine rechtsgeschäftlichen Besonderheiten. Zu beachten sind aber neben § 2 PaPkG[43] besondere, auf bestimmte Regelungsbereiche beschränkte Bestimmungen[44].

Wird eine gemäß § 2 PaPkG erforderliche Genehmigung für eine Wertsicherungsklausel bestandskräftig versagt, führt dies gemäß § 134 BGB zur anfänglichen Nichtigkeit der Klausel[45]. Ob sich diese auf den ganzen Vertrag auswirkt, bestimmt sich nach § 139 BGB[46]. Damit wegen der in dieser Norm enthaltenen Zweifelsregelung keine Unsicherheiten entstehen, sollten die Vertragsparteien ausdrücklich klarstellen, wie sich die Nichtigkeit der Wertsicherungsklausel auf den ganzen Vertrag auswirken soll. Eine solche ausdrückliche Regelung ist auch dann sinnvoll, wenn die Parteien zwar von der Genehmigungsfreiheit ausgehen, sich aber dennoch für den Fall absichern wollen, dass sich die Nichtigkeit der Klausel herausstellt. Hier können die Beteiligten eine Ersatzklausel vereinbaren.

Wenn die Vertragsparteien den Vertrag ohne die vorgesehene Wertsicherungsklausel nicht wollen, können sie, wenn es sich um eine genehmigungspflichtige Wertsicherungsklausel handelt, den Vertrag unter der aufschiebenden Bedingung schließen, dass diese genehmigt wird.

Zwar können die Vertragsparteien in bestimmten Fällen verpflichtet sein, der Änderung einer vereinbarten Wertsicherungsklausel zuzustimmen, wenn sich herausstellt, dass diese nicht genehmigungsfähig ist[47]. Dies setzt aber voraus, dass sie zuvor eine unwirksame Klausel vereinbart haben. Dagegen hat der Geldgläubiger mangels gesetzlicher Grundlage grundsätzlich keinen Anspruch auf die (nachträgliche) Aufnahme einer Wertsicherungsklausel in einen Vertrag[48]. Der Geldschuldner muss sich auf ein solches Verlangen daher grundsätzlich nicht einlassen, wenn nicht bereits über das Ob einer Wertsicherungsklausel eine Vereinbarung getroffen wurde und nur das Wie der Wertsicherung einer Korrektur bedarf[49].

---

[42] Siehe auch die Formulierungsvorschläge für verschiedene Wertsicherungsklauseln bei *Limmer,* ZNotP 1999, S. 148 ff., 158 ff.; *Schultz,* NZM 2000, S. 1135 ff. (Gewerbemietrecht) und in den Mietrechtskommentaren.

[43] Siehe Kap. VI.

[44] Siehe Kap. III 3. a).

[45] Siehe m.w.N. unten Kap. IX 1. e) bb).

[46] Siehe Kap. IX 1. e) bb).

[47] Siehe unten Kap. IX 1. e) bb).

[48] Staudinger-*K.Schmidt,* Vorbem zu §§ 244 ff, Rdnr. D 172 f.

[49] Staudinger-*K. Schmidt,* Vorbem zu §§ 244 ff, Rdnr. D 172.

d) Wertsicherungsklauseln in Allgemeinen Geschäftsbedingungen

In den zwanziger und dreißiger Jahren des letzten Jahrhunderts[50] vereinbarten die Vertragspartner routinemäßig Wertsicherungsklauseln. Dabei handelte es sich meist um Allgemeine Geschäftsbedingungen im heutigen Sinne. Auch wenn derzeit weder allgemein noch routinemäßig Wertsicherungsklauseln vereinbart werden, bietet sich in bestimmten Fällen an, solche Klauseln in Form von Allgemeinen Geschäftsbedingungen in die Verträge einzubeziehen. Dies kommt nicht nur bei Wertsicherungsklauseln in Betracht, die keiner Genehmigung nach § 2 PaPkG bedürfen, sondern auch bei solchen, für die eine Sammelgenehmigung[51] erteilt wurde, weil sie Bestandteil einer Reihe gleichartiger Vertragsgestaltungen sind. Aber auch andere genehmigungspflichtige Wertsicherungsklauseln können Allgemeine Geschäftsbedingungen darstellen. Selbst wenn alle Vertragspartner gemeinsam die Genehmigung beantragen, stellt dieser Umstand allein noch kein Indiz dafür dar, dass die Klausel zuvor im Einzelnen ausgehandelt wurde und damit gemäß § 305 Abs. 1 Satz 3 BGB gar keine Allgemeine Geschäftsbedingung darstellen würde.

Soweit es sich bei Wertsicherungsklauseln tatsächlich um Allgemeine Geschäftsbedingungen im Sinne von § 305 Abs. 1 (i. V. m. § 310 Abs. 3 Nr. 2) BGB handelt, diese gemäß § 305 Abs. 2 BGB in den Vertrag einbezogen wurden und die Regeln über die Allgemeinen Geschäftsbedingungen des BGB gemäß § 310 BGB anwendbar sind, kann diese Klausel, wenn sie nicht bereits als überraschende Klausel gemäß § 305c Abs. 1 BGB gar nicht Vertragsbestandteil wurde, gemäß §§ 307 ff. BGB unwirksam sein. § 307 Abs. 1 und 2 sowie §§ 308 und 309 BGB gelten gemäß § 307 Abs. 3 BGB allerdings nur, wenn die Allgemeinen Geschäftsbedingungen von Rechtsvorschriften abweichen oder diese ergänzen. Hieraus folgt, dass insbesondere die Vereinbarung des Preises, soweit sie Art und Umfang der Vergütung unmittelbar regelt, nicht der Inhaltskontrolle unterliegt[52]. Schon aus der Existenz des § 309 Nr. 1 BGB ergibt sich dagegen, dass Klauseln, die zulassen, dass die Höhe einer Geldschuld geändert wird, nicht hierunter fallen. Denn wäre das der Fall, wäre § 309 Nr. 1 BGB überflüssig. Ändert sich die Höhe der Geldschuld, so ist dies nur eine mittelbare Folge der Wertsicherungsklausel. Solche Klauseln unterfallen daher den §§ 307 ff. BGB[53].

Gemäß § 309 Nr. 1 BGB ist eine Bestimmung, welche die Erhöhung des Entgelts für Leistungen[54] vorsieht, die innerhalb von vier Monaten nach Ver-

---

[50] Siehe unten Kap. I 1. e) und 3. a).

[51] Siehe Kap. IX 1. b).

[52] Palandt-*Heinrichs,* § 307 Rdnr. 59 m. w. N.; Jauernig-*Stadler,* § 307 Rdnr. 14.

[53] OLG Stuttgart, NJW-RR 2005, S. 858 ff., 858 f.; Palandt-*Heinrichs,* § 307 Rdnr. 60 m. w. N.; MK-*Grundmann,* §§ 244, 245 Rdnr. 69.

tragsschluss erbracht werden sollen, in Allgemeinen Geschäftsbedingungen unwirksam. Gemäß § 309 Nr. 1 Hs. 2 BGB gilt dies aber nicht bei Leistungen, die im Rahmen von Dauerschuldverhältnissen geliefert oder erbracht werden. Damit erfasst § 309 Nr. 1 BGB nur kurzfristig abzuwickelnde Verträge. Wertsicherungsklauseln werden aber im Regelfall bei Dauerschuldverhältnissen oder Verträgen mit langen Lieferfristen vereinbart, so dass dem § 309 Nr. 1 BGB bei dem derzeitigen Inflationsverlauf nur geringe Bedeutung zukommt[55].

Daneben enthalten die §§ 308 und 309 BGB, die gegenüber § 307 Abs. 1 und 2 BGB spezieller sind, keine besonderen Vorschriften über Wertsicherungsklauseln. Sie sind ohnehin für den Bereich der Wertsicherung nicht so bedeutend, weil sie gemäß § 310 BGB nicht auf alle Vertragsarten Anwendung finden (s. insbes. § 310 Abs. 2 und 4 BGB). Hinzu kommt, dass sie gemäß § 310 Abs. 1 BGB keine Anwendung auf Geschäftsbedingungen finden, die gegenüber einem Unternehmer[56] verwendet werden. Gerade hier aber werden solche Klauseln vorrangig gebraucht.

In der Regel kommt daher bei Wertsicherungsklauseln der Generalklausel des § 307 Abs. 1 und 2 BGB entscheidende Bedeutung zu. Für den Fall, dass die §§ 308 und 309 BGB wegen § 310 Abs. 1 Satz 1 BGB keine Anwendung finden, stellt § 310 Abs. 1 Satz 2 BGB zunächst klar, dass die § 307 Abs. 1 und 2 auch insoweit anzuwenden sind, als dies zur Unwirksamkeit der in §§ 308 und 309 BGB genannten Vertragsbestimmungen führt. Dabei ist allerdings auf die im Handelsverkehr geltenden Gewohnheiten und Gebräuche angemessen Rücksicht zu nehmen. Auch die Tatsache, dass nur bestimmte Wertsicherungsklauseln ausdrücklich nach § 309 Nr. 1 BGB unwirksam sind, bedeutet nicht, dass andere Wertsicherungsklauseln nicht nach § 307 Abs. 1 BGB unwirksam sein können[57].

Nach § 307 Abs. 1 BGB ist eine Bestimmung in Allgemeinen Geschäftsbedingungen unwirksam, wenn sie den Vertragspartner des Verwenders entgegen den Geboten von Treu und Glauben unangemessen benachteiligt. Eine solche

---

[54] Im Gesetz heißt es „Waren oder Leistungen". Neben dem umfassenden Begriff „Leistung" ist das Wort „Ware" aber überflüssig, so auch Palandt-*Heinrichs,* § 309 Rdnr. 3.

[55] Ulmer/Brandner/Hensen-*Hensen,* AGBG, § 11 Nr. 1 Rdnr. 1; *Dürkes,* Wertsicherungsklauseln, B Rdnr. 15b; Staudinger-*K. Schmidt,* Vorbem zu §§ 244 ff, Rdnr. D 171; *ders.,* ZIP 1983, S. 639 ff., 641.

[56] Unternehmer ist gemäß § 14 Abs. 1 BGB eine natürliche oder juristische Person oder eine rechtsfähige Personengesellschaft (§ 14 Abs. 2), die bei Abschluss eines Rechtsgeschäfts in Ausübung ihrer gewerblichen oder selbstständigen beruflichen Tätigkeit handelt.

[57] BGHZ 82, S. 21 ff., 23; BGH, NJW 1980, S. 2518 f., 2519; BGHZ 94, S. 335 ff., 337 f.; Ulmer/Brandner/Hensen-*Hensen,* AGBG, § 11 Nr. 1 Rdnr. 11 u. § 9 Rdnr. 67; Wolf/Horn/Lindacher-*Wolf,* AGBG, § 11 Nr. 1 Rdnr. 40; Palandt-*Heinrichs,* § 309 Rdnr. 8.

unangemessene Benachteiligung ist gemäß § 307 Abs. 2 BGB im Zweifel anzunehmen, wenn eine der beiden dort genannten Alternativen vorliegt. Bei Wertsicherungsklauseln kommt die erste Alternative (§ 307 Abs. 2 Nr. 1 BGB) in Betracht, wonach eine unangemessene Benachteiligung im Zweifel anzunehmen ist, wenn eine Bestimmung mit wesentlichen Grundgedanken der gesetzlichen Regelung, von der abgewichen wird, nicht zu vereinbaren ist. Bezieht ein Gläubiger eine Wertsicherungsklausel in den Vertrag ein, so weicht er damit vom geldschuldrechtlichen Nominalismus ab. Auch wenn der Grundsatz des Nominalismus den gesetzlichen Regelungen nur als ungeschriebener Grundsatz zugrunde liegt, kann er zu den wesentlichen Grundgedanken der gesetzlichen Regelung gehören. Aber nicht nur der Umstand, dass es sich bei dem Nennwertprinzip lediglich um einen Grundsatz handelt, der Abweichungen ohne weiteres zulässt, sondern besonders die Existenz des „strikten Nominalismus"[58] beweist, dass der Nominalismus als solcher kein Grundgedanke wesentlicher Art ist. Zudem ergibt sich im Umkehrschluss aus § 309 Nr. 1 BGB, dass kein generelles Verbot von (einseitigen) Preiserhöhungen in Allgemeinen Geschäftsbedingungen besteht[59].

Allerdings wird eine Wertsicherungsklausel – abhängig von der Vertragsart, in die sie einbezogen wird – im Regelfall mit den wesentlichen Grundgedanken der Preisfestlegung nicht zu vereinbaren sein[60]. Denn der Preis soll im Regelfall frei ausgehandelt werden. Es kommt darauf an, ob in den Preiserhöhungsklauseln der Anlass und das Ausmaß der Erhöhung vom Gebot des angemessenen Interessenausgleichs beherrscht werden[61]. Im Ergebnis wird eine Wertsicherungsklausel nur dann wirksam sein, wenn für sie ein sachlich berechtigter Grund besteht[62] und wenn in ihr eine Regelung enthalten ist, die eine über die Anpassung an den Geldwertverlust hinausgehende Änderung der Geldschuld ausschließt oder dem Kunden das Recht gibt, sich vom Vertrag zu lösen[63]. Unwirksam sind dagegen solche Klauseln, die eine Preisfestsetzung des Verwenders oder Dritten nach freiem Belieben zulassen[64]. Insbesondere darf die Klau-

---

[58] Siehe hierzu oben Kap. II 3. c).

[59] BGHZ 94, S. 335 ff., 338; BGHZ 93, S. 252 ff., 257.

[60] BGH, NJW 1980, S. 2518 f., 2519.

[61] BGHZ 82, S. 21 ff., 24; BGH, NJW 1980, S. 2518 f., 2519; Ulmer/Brandner/Hensen-*Hensen,* AGBG, § 11 Nr. 1 Rdnr. 11.

[62] BGHZ 97, S. 212 ff., 216; Wolf/Horn/Lindacher-*Wolf,* AGBG, § 11 Nr. 1 Rdnr. 41.

[63] BGHZ 93, S. 252 ff., 256; BGHZ 82, S. 21 ff., 27; Staudinger-*K. Schmidt,* Vorbem zu §§ 244 ff., Rdnr. D 171; Ulmer/Brandner/Hensen-*Brandner,* AGBG, Anh. §§ 9–11 Rdnr. 472; Palandt-*Heinrichs,* § 309 Rdnr. 8; Wolf/Horn/Lindacher-*Wolf,* AGBG, § 11 Nr. 1 Rdnr. 46.

[64] BGH, NJW 1980, S. 2518 f., 2519; BGHZ 82, S. 21 ff., 25; BGHZ 94, S. 335 ff., 340; OLG Stuttgart, NJW-RR 2005, S. 858 ff., 859; Wolf/Horn/Lindacher-*Wolf,* AGBG, § 11 Nr. 1 Rdnr. 41; Palandt-*Heinrichs,* § 309 Rdnr. 8.

sel nicht dazu führen, dass durch sie automatische Preissteigerungen erreicht werden, die ohne eine solche Klausel auf dem Markt nicht durchsetzbar wären[65].

Da eine Genehmigung nur die Befreiung vom Verbot des § 2 PaPkG enthält, heilt sie keine anderen Rechtsverstöße, insbesondere keine gegen §§ 307 ff. BGB. Dies gilt auch, soweit das Bundesamt für Wirtschaft und Ausfuhrkontrolle eine Klausel genehmigt, weil es eine unangemessene Benachteiligung einer Vertragspartei gemäß § 2 Abs. 2 PrKV verneint hat. Die Bundesregierung hat sich bei der Formulierung des § 2 Abs. 2 PrKV offensichtlich an § 307 Abs. 2 BGB (§ 9 AGBG a.F.) orientiert. Dies wird das Bundesamt zwar veranlassen, den Begriff der unangemessenen Benachteiligung ebenso auszulegen, wie ihn die ordentlichen Gerichte im Recht der Allgemeinen Geschäftsbedingungen auslegen[66]. Bejaht jedoch ein ordentliches Gericht im Rahmen der Prüfung des § 307 BGB dennoch eine unangemessene Benachteiligung durch dieselbe Klausel, ist die Klausel trotz der Genehmigung durch das Bundesamt unwirksam.

3. Beschränkungen von Wertsicherungsklauseln und deren dauerhafte Wirksamkeit

a) Beschränkungen von Wertsicherungsklauseln

§ 2 PaPkG ist nicht die einzige Vorschrift, die Wertsicherungsklauseln betrifft. Neben allgemeinen Vorschriften, wie z.B. § 138 BGB (Sittenwidrigkeit) oder den Vorschriften über die Allgemeinen Geschäftsbedingungen (§§ 305 ff. BGB), die selbstverständlich auch bei der Vereinbarung von Wertsicherungsklauseln beachtet werden müssen, gibt es spezielle Vorschriften für Wertsicherungsklauseln.

So sieht beispielsweise § 9a Abs. 1 ErbbauVO für bestimmte Fälle vor, dass eine Vereinbarung, nach der eine Änderung des Erbbauzinses verlangt werden kann, einen Anspruch auf Erhöhung des Erbbauzinses nur begründet, soweit diese nicht unbillig ist. Der Erhöhungsanspruch ist gemäß § 9a Abs. 1 Satz 2 ErbbauVO regelmäßig als unbillig anzusehen, wenn der sich aus der Klausel ergebende Erhöhungsbetrag über die seit dem Vertragsschluss eingetretene Änderung der allgemeinen[67] wirtschaftlichen Verhältnisse hinausgeht. Zudem sieht § 9a Abs. 1 Satz 5 ErbbauVO vor, dass der Anspruch auf Erhöhung des Erb-

---

[65] BGH, NJW 1980, S. 2518 f., 2519; Ulmer/Brandner/Hensen-*Hensen,* AGBG, § 11 Nr. 1 Rdnr. 15.

[66] *Schmidt-Räntsch,* NJW 1998, S. 3166 ff., 3170.

[67] Insbesondere Änderungen der Grundstückswertverhältnisse sollen nach § 9a Abs. 1 S. 3 ErbbauVO grundsätzlich außer Betracht bleiben.

bauzinses frühestens nach Ablauf von drei Jahren seit Vertragsschluss oder seit der jeweils letzten Erhöhung des Erbbauzinses geltend gemacht werden darf. Der Gesetzgeber verfolgt mit dieser Vorschrift den Zweck, untragbare Erhöhungen des Erbbauzinses insbesondere durch das „ungesunde" und unvorhersehbare Ansteigen von Grundstückspreisen zu verhindern, um damit den sozialen Charakter des Erbbaurechts wieder herzustellen[68]. Um dies zu erreichen, verbot er nicht etwa die Vereinbarung von Wertsicherungsklauseln, sondern schuf mit § 9a ErbbauVO eine Regelung, die die Klauseln lediglich in ihrer Wirksamkeit beschränkt[69]. Damit ist der Bestand der Klausel auch dann nicht in Frage gestellt, wenn die Entwicklung der Bezugsgröße über das in § 9a ErbbauVO festgelegte Maß hinausgeht. Die Vorschrift beschränkt nur den daraus folgenden Erhöhungsanspruch und begrenzt damit nur die Ausübung des Rechts aus der Wertsicherungsklausel[70]. Diese Beschränkung betrifft in ihrem Anwendungsbereich jede Art von Wertsicherungsklauseln. Sie ist insbesondere unabhängig von der Frage, ob es sich um eine nach § 2 PaPkG genehmigungsbedürftige oder genehmigungsfreie Klausel handelt[71].

Der erst 1974[72] in die ErbbauVO eingefügte § 9a beschränkt auch die Wirksamkeit solcher Klauseln, die vor dessen Inkrafttreten vereinbart worden waren, soweit die festgesetzten Erbbauzinsen erst danach fällig wurden[73]. Das bedeutet, dass die Vorschrift wirksam vereinbarte Wertsicherungsklauseln zu Lasten des Geldgläubigers nachträglich beschränkte. Der Schuldner konnte sich dagegen freuen, denn § 9a ErbbauVO betrifft nur die Erhöhung des Erbbauzinses. Einen aufgrund einer Wertsicherungsklausel bestehenden Anspruch auf Herabsetzung des Erbbauzinses kann er nach wie vor unbeschränkt geltend machen[74].

Eine weitere Vorschrift, die Wertsicherungsklauseln betrifft, enthält § 557 BGB. Für bestimmte Mietverhältnisse (s. § 549 BGB) stellt § 557 Abs. 2 BGB den Grundsatz auf, dass die Vertragsparteien künftige Änderungen der Miethöhe

[68] Siehe m.w.N. *v. Oefele/Winkler,* Handbuch des Erbbaurechts, Rdnr. 6.165; Staudinger-*Rapp,* § 9a ErbbVO Rdnr. 1; *Ingenstau/Hustedt,* Erbbaurecht, § 9a Rdnr. 3; *Räfle,* ErbbaurechtsVO, § 9a Rdnr. 1.

[69] *v. Oefele/Winkler,* Handbuch des Erbbaurechts, Rdnr. 6.171 m.w.N.; *Dürkes,* Wertsicherungsklauseln, B Rdnr. 14 u. C Rdnr. 209; Staudinger-*Rapp,* § 9a ErbbVO Rdnr. 5; Staudinger-*K. Schmidt,* Vorbem zu §§ 244 ff, Rdnr. D 287.

[70] Staudinger-*K. Schmidt,* Vorbem zu §§ 244 ff, Rdnr. D 287; *v. Oefele/Winkler,* Handbuch des Erbbaurechts, Rdnr. 6.171; *Räfle,* ErbbaurechtsVO, § 9a ErbbVO Rdnr. 3.

[71] Staudinger-*Rapp,* § 9a ErbbVO Rdnr. 2; *v. Oefele/Winkler,* Handbuch des Erbbaurechts, Rdnr. 6.171; *Räfle,* ErbbaurechtsVO, § 9a Rdnr. 10; *Dürkes,* Wertsicherungsklaueln, B Rdnr. 14 u. C Rdnr. 209; Staudinger-*K. Schmidt,* Vorbem zu §§ 244 ff, Rdnr. D 296; *Ingenstau/Hustedt,* Erbbaurecht, § 9a Rdnr. 10.

[72] Art. I Nr. 1 des Gesetzes vom 8.1.1974, BGBl. I, S. 41 ff.

[73] Vgl. *v. Oefele/Winkler,* Handbuch des Erbbaurechts, Rdnr. 6.166; *Dürkes,* Wertsicherungsklauseln, C Rdnr. 210.

[74] *Dürkes,* Wertsicherungsklauseln, C Rdnr. 211.

nur als Staffelmiete nach § 557a BGB oder als Indexmiete nach § 557b BGB vereinbaren können. Im Übrigen kann der Vermieter gemäß § 557 Abs. 3 BGB Mieterhöhungen nur nach Maßgabe der §§ 558 bis 560 BGB verlangen, die gerade keine Wertsicherung vorsehen. Eine zum Nachteil des Mieters hiervon abweichende Vereinbarung ist gemäß § 557 Abs. 4 BGB unwirksam. Eine automatische Änderung der Miethöhe ermöglicht die in § 557a BGB vorgesehene Staffelmiete. Bei dieser muss aber die jeweilige Miete oder Erhöhung von vornherein betragsmäßig ausgewiesen sein. Es handelt sich daher nicht um eine „Wertsicherungsklausel" im oben definierten Sinne, da die Geldschuld die ganze Zeit über betragsmäßig fixiert bleibt. In der Staffelmiete wird lediglich angegeben, wann die bereits betraglich festgelegte höhere Miete fällig wird.

Dagegen handelt es sich bei der in § 557b BGB geregelten Indexmiete um eine Wertsicherungsklausel. Die Vertragsparteien können danach nur unter engen Voraussetzungen vereinbaren, dass die Miete durch den vom Statistischen Bundesamt ermittelten Preisindex für die Lebenshaltung aller privaten Haushalte in Deutschland bestimmt wird. Ansonsten verbietet das BGB für bestimmte Mietverhältnisse Wertsicherungsklauseln, soweit sie eine Verpflichtung des Mieters enthalten, die nicht den Vorschriften der §§ 557 ff. BGB entsprechen. Anders als im Erbbaurecht ist eine Wertsicherungsklausel nach § 557b Abs. 4 BGB unwirksam, wenn sie die Voraussetzungen des Gesetzes nicht erfüllt. Damit wird nicht nur die Ausübung des Rechts aus einer Klausel begrenzt. Vielmehr verliert die Klausel selbst ihre Geltung. Dabei macht es keinen Unterschied, ob eine Klausel preisrechtlich bedenklich ist oder nicht. Eine Unterscheidung in genehmigungspflichtige und genehmigungsfreie Klauseln wie in § 2 PaPkG ist den mietrechtlichen Vorschriften fremd.

Die in den §§ 557 ff. BGB enthaltenen Vorschriften waren vor der letzten Mietrechtsreform in ähnlicher Weise im Gesetz zur Regelung der Miethöhe (MHG) enthalten. Insbesondere § 557b BGB schreibt in weitem Umfang die Wertungen des alten § 10a MHG fort[75]. Da das MHG – mit zunächst sogar noch engerem Inhalt – erst Anfang 1975 in Kraft trat[76], lag hier wiederum ein Fall vor, bei dem zuvor vereinbarte Wertsicherungsklauseln, die mit den neuen Regeln des MHG nicht vereinbar waren, ihre Wirksamkeit verloren[77].

---

[75] *Grothe,* NZM 2002, S. 54 ff., 57. Obwohl im Wortlaut des neuen § 557b BGB nicht ausdrücklich genannt, gestattet diese Norm aus miet- und preisrechtlichen Gesichtspunkten nach wie vor keine überproportional wirkende Indexklauseln, s. dazu *Grothe,* a.a.O., S. 54 ff.

[76] Art. 8 Abs. 1, Art. 3 des Zweiten Gesetzes über den Kündigungsschutz für Mietverhältnisse über Wohnraum vom 18.12.1974, BGBl. I, S. 3603 ff.

[77] *Löwe,* NJW 1975, S. 9 ff., 12; Staudinger-*K. Schmidt,* Vorbem zu §§ 244 ff, Rdnr. D 282; *Dürkes,* Wertsicherungsklauseln, B Rdnr. 13, K Rdnr. 9 Fn. 6 u. D Rdnr. 526 u. 529.

b) Dauerhafte Wirksamkeit von Wertsicherungsklauseln, insbesondere in Währungskrisen

Wenn der Gläubiger wüsste, dass der Wert des Geldes stabil bleibt, bräuchte er sich nicht gegen den Geldwertverlust absichern. Eine Wertsicherungsklausel wäre überflüssig. Zumindest für die fernere Zukunft lässt sich aber nicht zuverlässig vorhersehen, wie sich der Geldwert entwickeln wird. Hier können klug gewählte Wertsicherungsklauseln gute Dienste leisten. Allerdings kann sich der Gläubiger auch bei einer wirksam vereinbarten Wertsicherungsklausel nicht darauf verlassen, dass diese auch in Zukunft wirksam bleiben wird. Die oben genannten Beispiele aus dem Erbbau- und Mietrecht haben gezeigt, dass der Gesetzgeber auch außerhalb von schweren Währungskrisen gelegentlich sogar wirksam vereinbarte Wertsicherungsklauseln nachträglich beschränkt. Derzeit ist allerdings selbst in sozial sensiblen Bereichen nicht mit Einschränkungen zu rechnen. Einerseits sind diese mit dem Mietrecht weitgehend abgedeckt. Und da es gerade dort mit § 557b BGB mehr Sicherungsmöglichkeiten gibt als noch beim MHG einige Jahre zuvor, kann von einem Trend zur Begrenzung von Wertsicherungsklauseln aus sozialen Gründen nicht die Rede sein.

Ihre Feuerprobe müssen Wertsicherungsklauseln in einer ernsthaften Währungskrise bestehen. Hier besteht für den Gläubiger die Gefahr, sein in Geldforderungen bestehendes Vermögen schnell und vollständig zu verlieren. An sich würde eine gut gewählte Wertsicherungsklausel ihn auch hier schützen. Der geschichtliche Überblick (Kapitel I) zeigt jedoch, dass der Gesetzgeber im Zusammenhang mit Währungskrisen den Wertsicherungsklauseln regelmäßig[78] ihre Wirksamkeit nimmt oder sie verbietet. Es ist zwar sehr wahrscheinlich, dass hierbei einzelne Wertsicherungsklauseln von der gesetzlichen Regelung nicht erfasst werden. Wie der Gesetzgeber auf einen eintretenden Geldwertverfall reagieren wird und welche Wertsicherungsklauseln nach der Reaktion wirksam bleiben, ist jedoch auf lange Sicht nicht vorherzusehen[79]. Gerade dann, wenn

---

[78] Vgl. *Mann,* Recht des Geldes, S. 129 f.; *ders.,* Verhandlungen des 40. DJT, Bd. 2, D 31; *Dürkes,* Wertsicherungsklauseln, A Rdnr. 16; *Fögen,* Geld- und Währungsrecht, S. 147 u. 149; *Ranniger,* DNotZ 1951, S. 396 ff., 404; *Berndt,* Die Wertsicherung in der Unternehmung, S. 43 u. 93; *Braun,* Vertragliche Geldwertsicherung, S. 32 f.; *Eppig,* DNotZ 1951, S. 405 ff., 407; s. aber auch *Duden,* Verhandlungen des 40. DJT, Bd. 1, S. 1 ff., 51, der darauf hinweist, dass die Wertsicherungsklauseln in der Währungsreform von 1948 überwiegend Wirkung entfalteten. Hiergegen *Mann,* a.a.O., D 34: „Nicht die Wertsicherungsklausel im allgemeinen, sondern die im Sonderfall von glücklicher Hand formulierte Wertsicherungsklausel hat die Operation der Jahre 1947 und 1948 erfolgreich überstanden – nicht weil es der Gesetzgeber so gewollt hat, sondern weil die Operation nicht genügend radikal war oder weil sie ungeschickt ausgeführt worden ist". Ähnlich *Ranniger,* a.a.O., S. 404, der davon ausgeht, dass in der Mehrzahl der Fälle der verfolgte Sicherungszweck für den Geldgläubiger nicht zu erreichen war.

sich die Wertsicherungsklauseln als besonders nützlich erweisen sollten, könnte ihnen also die Wirksamkeit verloren gehen.

Eine weitere Gefahr besteht darin, dass die Preise bestimmter Güter durch Gesetz festgelegt werden können. Solche Preisstopps haben zur Folge, dass Wertsicherungsklauseln, die an die Preise der betroffenen Güter anknüpfen, ihre Wirksamkeit verlieren. Das Gleiche gilt bei Sachschulden, die die Gläubiger anstelle einer unsicheren Geldschuld vereinbart haben, wenn es bei einem Währungsverfall zu einer Zwangsbewirtschaftung kommt[80].

Als Zwischenergebnis ist daher festzuhalten, dass Wertsicherungsklauseln bei moderatem Geldwertverlust und solange mit gesetzlichen Maßnahmen nicht zu rechnen ist, gute Dienste leisten können. Bei einer echten Währungskrise besteht allerdings das Risiko eines gesetzlichen Eingriffs in die Wirksamkeit der Wertsicherungsklausel[81]. Selbst eine wirksam vereinbarte Wertsicherungsklausel kann daher niemals dauerhafte Sicherheit versprechen.

---

[79] *Ranniger,* DNotZ 1951, S. 396 ff., 404; *Berndt,* Die Wertsicherung in der Unternehmung, S. 43 u. 93; siehe auch *Mann* in der vorangehenden Fußnote.

[80] *Eppig,* DNotZ 1951, S. 405 ff., 407.

[81] So auch *Dürkes,* Wertsicherungsklauseln, A Rdnr. 16; *Berndt,* Die Wertsicherung in der Unternehmung, S. 93; *Mann,* Verhandlungen des 40 DJT, Bd. 2, D 35 u. 41 f.

Kapitel IV

Zweck, Verbotscharakter und Verfassungsmäßigkeit des § 2 PaPkG und seiner Vorläufernorm

1. Zweck

a) Zweck des § 3 Satz 2 WährG

Als die Militärregierung die Deutsche Mark einführte, hatten die Deutschen die Folgen der Inflationen noch deutlich vor Augen. Es bestand daher die Gefahr, dass sie auch der neuen Währung nicht genügend vertrauen und die Masse der Geldgläubiger Zuflucht zu Wertsicherungsklauseln nimmt. Die neue Währung sollte aber von Anfang an in vollem Umfang akzeptiert werden. Hier setzte das in § 3 Satz 2 WährG enthaltene Wertsicherungsverbot an: Damit wollte die Militärregierung offenbar[1] der neuen Währung die Funktion als allgemeiner Wertmesser sichern[2]. Diese Funktion wäre in Frage gestellt worden, wenn Wertsicherungsklauseln uneingeschränkt zugelassen worden wären[3]. Denn dann wäre damit zu rechnen gewesen, dass Geldschulden generell mit anderen Wertmessern verbunden worden wären. Die DM sollte aber nicht durch andere Wertmaßstäbe verdrängt werden[4], Wertmaß- und Tauschmittelfunktion des Geldes sollten nicht auseinanderfallen[5]. Zudem wäre die neue Währung infolge massenhafter Wertsicherungsklauseln nur eingeschränkt zu steuern gewesen[6].

Verbreitet wird dem § 3 Satz 2 WährG noch ein weiterer Zweck zugeschrieben: Er sollte verhindern, dass durch Wertsicherungsklauseln inflationäre Erscheinungen weitergegeben werden und es damit zu einer stetig zunehmenden Geldentwertung kommt[7]. § 3 WährG sollte also dazu beitragen, die Stabilität

---

[1] Eine Gesetzesbegründung haben die Militärregierungen nicht veröffentlicht.

[2] BGH, NJW 1953, S. 1912 f., 1913; *Grothe,* WM 2002, S. 22 ff., 26; *Heermann,* Geld und Geldgeschäfte, S. 53; *Reinhuber,* Grundbegriffe, S. 125; *Reithmann,* DNotZ 1960, S. 172 ff., 177; *Ranniger,* DNotZ 1951, S. 396 ff., 398.

[3] BGH, NJW 1953, S. 1912 f., 1913.

[4] *Ranniger,* DNotZ 1951, S. 396 ff., 398; *Hartmann,* DB 1970, Beilage Nr. 17 Rdnr. 8.

[5] *v. Caemmerer,* JZ 1951, S. 417 ff., 423.

[6] *v. Caemmerer,* JZ 1951, S. 417 ff., 423.

[7] BGH, BB 1958, S. 1220; BGH, BB 1962, S. 815; *Hahn,* Währungsrecht, § 17 Rdnr. 27; *Dürkes,* Wertsicherungsklauseln, B Rdnr. 5; *Mathar,* Wertsicherungsverbot

der Währung zu erhalten[8]. Dem liegt die heute bestrittene[9] Annahme zugrunde, dass Wertsicherungsklauseln inflationsbeschleunigend wirken. Als die DM eingeführt wurde, übte aber niemand derartige Kritik. Es ist daher gut möglich, dass auch der Gesetzgeber von einer inflationsbeschleunigenden Wirkung von Wertsicherungsklauseln ausging und § 3 Satz 2 WährG gerade deswegen schuf. Bis zum Schluss dürfte dies der vorrangige Zweck der Vorschrift gewesen sein.

Problematischer war dagegen, die Aufgabe des § 3 Satz 2 WährG darin zu sehen, eine Zunahme von Wertsicherungsklauseln zu verhindern, um das Vertrauen in die Wertbeständigkeit der Währung nicht zu beeinträchtigen[10]. Zu Beginn musste dieses Vertrauen erst einmal entstehen. Und ob ein Wertsicherungsverbot geeignet ist, das Vertrauen in die Beständigkeit der Währung zu fördern oder ob ein solcher Zwang nicht vielmehr das Misstrauen erst sät, ist fraglich[11]. Die Frage lautet: Sind Wertsicherungsklauseln die Ursache für ein entstehendes Misstrauen in die Wertbeständigkeit einer Währung oder sind sie bloß die Folge eines bereits bestehenden Misstrauens? Jedenfalls kann ein solcher Zweck dem § 3 Satz 2 WährG erst für den Zeitraum zugestanden werden, in dem ein Misstrauen schon entstanden ist. Erst dann kann die Aufgabe des Wertsicherungsverbots darin gesehen werden, dass einem bereits entstandenen Misstrauen in die Währung nicht durch Wertsicherungsklauseln Ausdruck gegeben wird[12] und damit an die Öffentlichkeit gelangt und auch bei anderen Misstrauen sät.

Diese Ziele des Wertsicherungsverbots waren währungspolitischer Natur. Und dieser währungspolitische Zweck war der einzige des § 3 Satz 2 WährG[13]. Es

---

und Grundgesetz, S. 81; *Bräutigam,* Währungsrechtliche Zulässigkeit von Wertsicherungsklauseln, S. 75; *Samm/Hafke,* Grundbesitz und Wertsicherungsklauseln, S. 1; *Hafke,* WM 1997, S. 693 ff., 694; *Schultz,* NZM 2000, S. 1135 ff., 1136; *Vogler,* NJW 1999, S. 1236 ff., 1236; *Eppig,* NJW 1949, S. 531 ff., 532; *Reinhuber,* Grundbegriffe, S. 125; *Schmidt-Räntsch,* NJW 1998, S. 3166 ff., 3166; *Folter,* Die zivilrechtlichen Auswirkungen der Einführung des Euro, S. 49.

[8] BGH, BB 1958, S. 1220; BGHZ 14, S. 306 ff., 309; OLG Köln, ZMR 1999, S. 633 f., 634; OVG Münster, NJW 1965, S. 650; *Grothe,* WM 2002, S. 22 ff., 26; RGRK-*Alff,* § 245 Rdnr. 18; *v. Maydell,* Geldschuld und Geldwert, S. 383; *Schmidt-Räntsch,* NJW 1998, S. 1998, S. 3166 ff., 3166; *Heermann,* Geld und Geldgeschäfte, S. 53; *Hafke,* WM 1997, S. 693 ff., 694; *Folter,* Die zivilrechtlichen Auswirkungen der Einführung des Euro, S. 49; *Reinhuber,* Grundbegriffe, S. 31; *Schultz,* NZM 2000, S. 1135 ff., 1136; *Vogler,* NJW 1999, S. 1236 ff., 1236; *Goltz,* DB 1959, S. 339 ff., 339; krit. Staudinger-*K. Schmidt,* Vorbem zu §§ 244 ff, Rdnr. D 193 f.

[9] Siehe Kap. IV 1. c).

[10] So BGH, BB 1962, S. 815; BGH, NJW 1953, S. 1912 f., 1913; BVerwGE 41, S. 1 ff., 5; *Hahn,* Währungsrecht, § 17 Rdnr. 27; Schlegelberger-*Hefermehl,* HGB, Anh § 361 Rdnr. 46; *Mathar,* Wertsicherungsverbot und Grundgesetz, S. 82; *Eppig,* NJW 1949, S. 531 ff., 532.

[11] So schon *Eppig,* NJW 1949, S. 531 ff., 532 und s.o. Kap. I 8. b).

[12] Vgl. *v. Caemmerer,* JZ 1951, S. 417 ff., 423; *Dürkes,* Wertsicherungsklauseln, B Rdnr. 5; *Goltz,* DB 1959, S. 339 ff., 339.

gibt keinen Hinweis darauf, dass diese Vorschrift auch diejenigen, die eine wertgesicherte Geldschuld eingingen, vor irgendeiner Unbedachtsamkeit schützen sollte[14]. Aspekte des Schuldnerschutzes, insbesondere des Verbraucherschutzes waren dem § 3 Satz 2 WährG fremd[15]. Sollte der Schuldner geschützt werden, wäre es auch wenig sinnvoll gewesen, die Norm auf DM-Geldschulden zu beschränken. Wollte der Gesetzgeber Geldschuldner vor den Nachteilen einer Wertsicherungsklausel schützen, musste er daher zusätzlich tätig werden. Einen Weg über § 3 Satz 2 WährG gab es nicht. Der Gesetzgeber hat dies erkannt, denn immer dann, wenn er eine bestimmte Schuldnergruppe besonders schützen wollte, schuf er dazu besondere Vorschriften (z. B. § 9a Abs. 1 ErbbauVO, §§ 557 ff. BGB). Ein derartiges Vorgehen hatte zugleich den Vorteil, dass jede Art von Wertsicherungsklauseln reglementiert werden konnte. Der Gesetzgeber war nicht an die bei § 3 Satz 2 WährG bestehende Unterscheidung zwischen genehmigungsbedürftigen und genehmigungsfreien Wertsicherungsklauseln gebunden. Dies ist konsequent, denn wenn der Schuldner geschützt werden soll, bedarf es des Schutzes unabhängig davon, ob eine Wertsicherungklausel währungspolitisch als gefährlich gilt.

Wenn § 3 Satz 2 WährG allein währungspolitischen Zwecken diente und die Bundesbank daher bei ihrer Ermessensausübung im Genehmigungsverfahren allein währungspolitische Aspekte heranziehen durfte, bedeutete dies allerdings nicht, dass Geldschuldner hierdurch nicht in Einzelfällen zugleich geschützt waren. Insbesondere die Tatsache, dass die Bundesbank aus währungspolitischen Gründen weder Einseitigkeitsklauseln noch überproportional wirkende Klauseln genehmigte, wirkte beispielsweise zugleich schuldnerschützend[16]. Denn dadurch konnte sich eine gesunkene Bezugsgröße für den Schuldner positiv auswirken. Eine gestiegene Bezugsgröße hatte nur proportionale Auswirkungen auf die Geldschuld.

b) Zweck des § 2 PaPkG

aa) Währung und Preisstabilität

§ 2 PaPkG gilt als Nachfolgeregelung des § 3 Satz 2 WährG[17]. Jedoch dient die neue Vorschrift einem anderen Zweck. Der Gesetzgeber sah sich verpflich-

---

[13] OVG Münster, NJW 1965, S. 650; *Fögen,* BB 1958, S. 1259 ff., 1264; *ders.,* BB 1958, S. 1259 ff., 1264; *Grothe,* WM 2002, S. 22 ff., 26; *Vogler,* NJW 1999, S. 1236 ff., 1237; *v. Maydell,* Geldschuld und Geldwert, S. 395; *Bräutigam,* Währungsrechtliche Zulässigkeit von Wertsicherungsklauseln, S. 176 f.; *Kollhosser,* JA 1983, S. 49 ff., 53; *Hartmann,* DB 1970, Beilage Nr. 17 Rdnr. 37.

[14] OVG Münster, NJW 1965, S. 650.

[15] *Vogler,* NJW 1999, S. 1236 ff., 1237; *Grothe,* WM 2002, S. 22 ff., 26.

[16] Und nicht nur verbraucherschützend, wie *Vogler* (NJW 1999, S. 1236 ff., 1237) meint.

tet, die alte Vorschrift abzuschaffen, weil die DM-Währung als Schutzgut wegfiel[18] und daher nicht mehr durch währungsrechtliche Vorschriften zu schützen war. Daraus ergibt sich mit Sicherheit zumindest Folgendes: § 3 Satz 2 WährG sollte die Wertmaßfunktion der Deutschen Mark sichern und betraf deshalb ausdrücklich nur Geldschulden, deren Betrag auf diese Währung lautete. Demgegenüber stellt § 2 PaPkG auf keine bestimmte Währung mehr ab, sondern nennt neutral nur den „Betrag von Geldschulden". Insbesondere der Euro wird in dieser Vorschrift nicht erwähnt. Daher kann die neue Regelung nicht den Zweck haben, die Wertmaßfunktion einer bestimmten Währung zu schützen. Mit einer rein nationalen Regelung könnte der Euro im Ganzen ohnehin kaum geschützt werden. Es wäre daher lebensfremd, hierin eine Regelung zu sehen, die vorrangig währungsrechtliche Ziele verfolgen würde. Abweichend hiervon spricht bisher allein das OLG Köln[19] davon, dass bestimmte Wertsicherungsklauseln durch den aufgehobenen, „aber durch eine entsprechende Regelung in § 2 PaPkG ersetzten § 3 WährG, aus Gründen der Währungsstabilität" verhindert werden sollen.

Der Rechtsausschuss des Bundestages begründete[20] die neue Vorschrift damit, dass deren Vorgängerin neben ihrer geldpolitischen Funktion zum Schutz der DM auch eine aus wirtschaftspolitischer Sicht wichtige preisstabilisierende Funktion gehabt habe. Aus stabilitäts-, preis- und verbraucherpolitischen Gründen bestehe ein Interesse daran, auch künftig auf Grenzen für Wertsicherungsklauseln nicht zu verzichten, denn diese trügen dazu bei, die Preisstabilität in Deutschland zu erhalten. Dementsprechend wird § 2 PaPkG nicht der Zweck zugesprochen, die Währung zu schützen, sondern die Erhaltung der Preisstabilität zu fördern, um damit einen Beitrag zum Schutz der nationalen Wirtschaft zu leisten[21].

Die Sichtweise, die alte Vorschrift habe auch eine preisstabilisierende Funktion gehabt, erscheint auf den ersten Blick neu. Bei § 3 Satz 2 WährG war immer nur von der „Stabilität" oder „Wertbeständigkeit" der Währung die Rede. Eine preisstabilisierende Funktion der Vorschrift wurde nicht ausdrücklich

---

[17] Siehe nur *Grothe,* WM 2002, S. 22 ff., 22 und *Dittrich,* NJW 1998, S. 1269 ff., 1273.

[18] Begründung des Rechtsausschusses, BT-Drucks. 13/9347, S. 25 u. 40; so auch *Grothe,* WM 2002, S. 22 ff., 22; *ders.,* NZM 2002, S. 54 ff., 54; *Schefold,* ZEuP 1999, S. 271 ff., 289; *Hartenfels,* WM 1999, Sonderbeilage Nr. 1, S. 3 ff., 45; *Rademacher,* ZMR 1999, S. 218 ff., 218; *Folter,* Die zivilrechtlichen Auswirkungen der Einführung des Euro, S. 50 f.; *v. Heynitz,* MittBayNot 1998, S. 398 ff., 398 Fn. 5.

[19] OLG Köln, ZMR 1999, S. 633 f., 633.

[20] BT-Drucks. 13/10334, S. 40 f.

[21] Bamberger/Roth-*Grothe,* § 244 Rdnr. 14; *ders.,* ZBB 2002, S. 1 ff., 2; *Schmidt-Räntsch,* NJW 1998, S. 3166 ff., 3166 f.; *Vogler,* NJW 1999, S. 1236 ff., 1237; Jauernig-*Mansel,* § 245 Rdnr. 18; *Stapel,* WuM 1999, S. 204 f., 204.

genannt. Erst ganz am Ende, als die Abschaffung des § 3 WährG kurz bevorstand, gab es – offenbar durch die Gesetzesbegründung veranlasst – auch Aussagen zu § 3 Satz 2 WährG, die einen Zusammenhang mit der Preisstabilität herstellten. So wird gesagt, dass das Indexierungsverbot zwischenzeitlich von einem Instrument zum Schutz der DM zu einem Instrument der Preisstabilität geworden sei[22]. Oder – richtiger –, dass das in § 3 Satz 2 WährG enthaltene Indexierungsverbot im Kern immer auch schon ein Instrument zur Sicherung der Preisstabilität gewesen sei und damit neben seiner geldpolitischen auch eine wirtschaftspolitisch wichtige Funktion gehabt habe[23].

Das in § 3 Satz 2 WährG enthaltene Wertsicherungsverbot sollte die Währung davor schützen, dass durch Wertsicherungsklauseln inflationäre Erscheinungen weitergegeben werden und damit die Geldentwertung stetig zunimmt. Dass dabei von einer preisstabilisierenden Funktion keine Rede war, bedeutet aber nicht, dass das alte Wertsicherungsverbot nicht zugleich eine solche Funktion hatte. Weil eine stabile Währung einen stabilen Wert ihrer Geldeinheiten voraussetzt und der Geldwert wiederum durch die Kaufkraft des Geldes bestimmt wird[24], liegt ein Zusammenhang zwischen Währung und Kaufkraft auf der Hand. Die Erhaltung der Preisstabilität stellt die spiegelbildliche Seite der Kaufkraft dar (bleiben die Preise stabil, gilt das Gleiche für die Kaufkraft) und ist ein notwendiges Durchgangsstadium auf dem Weg zur Währungsstabilität. Soll die Stabilität der Währung gewahrt werden, müssen in erster Linie die Preise stabil bleiben. Dies bedeutet, dass bei § 3 WährG zwar das Ziel der stabilen Währung im Vordergrund stand; als Zwischenziel war damit jedoch vorausgesetzt, zugleich die Preisstabilität zu erhalten[25]. Die Währungsstabilität ist ohne Preisstabilität undenkbar, anders herum kann die Preisstabilität aber auch ohne einen konkreten Währungsbezug realisiert werden[26]. Damit wird deutlich, dass die Aussage, das Wertsicherungsverbot sei zwischenzeitlich von einem Instrument zum Schutz der DM zu einem Instrument der Preisstabilität geworden[27], nicht richtig sein kann. Das Ziel „Stabilität der Währung" wurde nicht zugunsten der Preisstabilität aus den Augen gelassen. Vielmehr diente gerade die Preisstabilität dazu, die Währung stabil zu halten.

Eine Norm, die dazu beitragen soll, die Preisstabilität zu erhalten, stellt eine wirtschaftspolitische Regelung dar[28]. Dies liegt der deutschen Rechtslage schon

---

22 So *Schmidt-Räntsch,* NJW 1998, S. 3166 ff., 3166.

23 So *Vogler,* NJW 1999, S. 1236 ff., 1236.

24 Siehe Kap. II 1. a).

25 So auch *Grothe,* WM 2002, S. 22 ff., 27.

26 Bamberger/Roth-*Grothe,* § 244 Rdnr. 14.

27 So aber *Schmidt-Räntsch,* NJW 1998, S. 3166 ff., 3166.

28 So ausdrücklich *Endler,* Europäische Zentralbank und Preisstabilität, S. 74 u. 152 und s. u. Kap. IV 3. b) bb).

seit langem zugrunde. So sieht beispielsweise § 1 des Gesetzes zur Förderung der Stabilität und des Wachstums der Wirtschaft (StWG) vom 8. Juni 1967 vor, dass Bund und Länder bei ihren *wirtschafts-* und finanzpolitischen Maßnahmen die Erfordernisse des gesamtwirtschaftlichen Gleichgewichts zu beachten haben. Dabei sind die Maßnahmen so zu ergreifen, dass sie – u. a. – zur *Stabilität des Preisniveaus* beitragen. Andere Vorschriften, die Wertsicherungsklauseln beschränken (z. B. im Erbbau- oder Wohnungsmietrecht[29]), tun dies nicht aus währungspolitischen Gründen, woraus ebenfalls folgt, dass Wertsicherungsverbote nicht nur währungsrechtlichen Charakter haben können. Im Ergebnis ist die Preisstabilität daher keinesfalls allein ein Ziel der Währungspolitik, sondern auch der Wirtschaftspolitik[30]. Der wirtschaftspolitische Zweck steht bei § 2 PaPkG im Vordergrund, da der Schutz einer bestimmten Währung nicht mehr vorgesehen ist. Insoweit kann von einer währungsrechtlichen Regelung nicht mehr die Rede sein. Da die Wirtschaftspolitik allerdings mit der Währungspolitik in Verbindung steht[31], bleibt – nachdem die ausschließliche Zuständigkeit für das Währungsrecht auf die Europäische Union übergegangen ist – die Frage, ob der Fall, dass eine wirtschaftsrechtliche Regelung zugleich geeignet ist, eine Währung zu schützen, dazu führen kann, der Bundesrepublik die Kompetenz zum Erlass einer solchen Regelung abzusprechen[32].

bb) Verbraucherschutz

Der Rechtsausschuss des Bundestages[33] rechtfertigte das Wertsicherungsverbot unter anderem mit Gesichtspunkten des Verbraucherschutzes, der Arbeits- und Sozialpolitik, der Tarifautonomie sowie der Gebührenpolitik. Dass § 2 PaPkG auch dem Verbraucherschutz dient, lässt sich unmittelbar dem Wortlaut dieser Vorschrift entnehmen: § 2 Abs. 1 Satz 3 und 4 PaPkG nehmen den Geld- und Kapitalverkehr und Verträge von gebietsansässigen Kaufleuten mit Gebietsfremden vom Verbot aus. In Abs. 2 Nr. 2 wird die Bundesregierung jedoch ermächtigt, durch Rechtsverordnung diese Ausnahmen „aus Gründen des Verbraucherschutzes" zu begrenzen. Damit wird ausdrücklich die Möglichkeit eröffnet, das Verbot allein aus Gründen des Verbraucherschutzes auf Bereiche auszudehnen, die diesem Verbot zunächst nicht unterfallen sollten.

Der Gesetzesbegründung ist kein näherer Hinweis zu entnehmen, was mit den Gesichtspunkten der Arbeits- und Sozialpolitik, der Tarifautonomie sowie

---

[29] Siehe Kap. III 3. a).

[30] So auch *Vogler*, NJW 1999, S. 1236 ff., 1237.

[31] *L. Weber*, Umsetzung der Bestimmungen über die Europäische Währungsunion, S. 2.

[32] Dazu s. Kap. IV 3. b) bb).

[33] BT-Drucks. 13/10334, S. 41.

der Gebührenpolitik gemeint sein soll. Hier wollte der Rechtsausschuss offenbar verdeutlichen, dass in diesen Bereichen Wertsicherungsklauseln erst recht nicht erwünscht sind. Tarifverträge sollen neu ausgehandelt werden und sich nicht automatisch anpassen. Staatliche Gebühren sollen ebenfalls unter den Augen der Öffentlichkeit im Einzelnen angepasst werden. In § 2 Abs. 1 Satz 2 PaPkG heißt es, dass auf Antrag Ausnahmen von dem Indexierungsverbot genehmigt werden können, wenn die Preisklausel nicht eine der Vertragsparteien unangemessen benachteiligt. Wenn die Arbeits- und Sozialpolitik zumindest auch zum Ziel hat, „schwächere" Personenkreise zu schützen, kann die Regelung in § 2 Abs. 1 Satz 2 PaPkG nur so verstanden werden, dass damit insbesondere verhindert werden soll, dass die schwache Verhandlungsposition solcher Personenkreise ausgenutzt wird, sie in Verträgen unangemessen zu benachteiligen.

Gegen den Charakter des § 2 PaPkG als verbraucherschützende Norm könnte auch nicht vorgebracht werden, der Verbraucherschutz genieße keine gesetzgeberische Priorität, weil er gemäß § 2 Abs. 2 Nr. 2 PaPkG nur in das Ermessen des Verordnungsgebers gestellt werde. Denn der Gesetzgeber hat den Verbraucherschutz dort nicht nur ausdrücklich anerkannt, sondern in § 2 Abs. 1 Satz 2 PaPkG zugleich vorgesehen, dass eine Ausnahme von Wertsicherungsverbot nur dann in Betracht kommt, wenn keine der Vertragsparteien unangemessen benachteiligt wird. Dahinter verbirgt sich gerade der Schutz der schwächeren Vertragspartei. Der Vorschrift liegt damit offenbar die Annahme zugrunde, dass von § 2 PaPkG erfasste Wertsicherungsklauseln eher den Verbraucher benachteiligen[34].

Der Zweck des § 2 PaPkG, den Verbraucher und andere eher „unterlegene" Vertragsparteien zu schützen, findet damit im Wortlaut dieser Vorschrift deutlichen Anklang. Er ergibt sich zudem aus der Tatsache, dass das Wertsicherungsverbot in das frühere Preisangabengesetz aufgenommen wurde und nicht etwa in das StWG, in dem es besser aufgehoben gewesen wäre, wenn es allein um die Preisstabilität gegangen wäre und der Verbraucherschutz keine Rolle gespielt hätte. Da mit § 3 Satz 2 WährG allein währungspolitische Zwecke verfolgt wurden, besteht hier der größte Unterschied zwischen der alten und der neuen Regelung.

cc) Ergebnis

Als Ergebnis bleibt festzuhalten, dass § 2 PaPkG keinen währungspolitischen Zweck verfolgt. Mit der Vorschrift wird das wirtschaftspolitische Ziel verfolgt, die Stabilität der Preise zu erhalten, ohne dass dies zugleich einer bestimmten

[34] *Vogler*, NJW 1999, S. 1236 ff., 1237; *Jayme/Kohler*, IPRax 1999, S. 401 ff., 404.

Währung zugute kommen soll. Daneben dient das Wertsicherungsverbot dem Schutz der Verbraucher und anderer typischerweise verhandlungsschwacher Vertragsparteien. Daraus folgt, dass § 2 PaPkG nicht aufgrund währungsrechtlicher Wertungen interpretiert werden darf[35]. Vielmehr sind der Interpretation die oben genannten Zwecke zugrunde zu legen.

c) Rechtspolitik

Dem deutschen Recht liegt der Nominalismus zugrunde. Ein Schuldner kann seine Geldsummenschuld daher grundsätzlich selbst dann durch Zahlung des vereinbarten Nennbetrages erfüllen, wenn sich der Geldwert inzwischen verringert hat[36]. Ein solcher Grundsatz lässt sich dauerhaft aber nur aufrecht erhalten, wenn der Geldwert einigermaßen stabil bleibt. Hierfür bedarf es einer erfolgreichen Geldpolitik. Regierung und Behörden müssen inflationären Tendenzen präventiv entgegenwirken[37]. Ob dies allerdings bedeutet, dass Wertsicherungsklauseln zu beschränken sind, ist umstritten.

Einerseits wird die Ansicht vertreten, dass Wertsicherungsklauseln als „Schwungrad einer in Gang befindlichen Inflation" wirken und deshalb die Inflationsbekämpfung erschweren würden[38]. Solchen Klauseln hätten eine inflationsverstärkende psychologische Wirkung, weil sie den Beteiligten den möglichen Geldwertverlust sehr deutlich vor Augen führten. Der Schuldner, der mehr als den ursprünglichen Nennbetrag seiner Geldschuld zu zahlen habe, werde veranlasst, diesen Nachteil seinerseits auf eigene Schuldner abzuwälzen[39]. Dabei würden selbst kurzzeitige Geldwertschwankungen den Anschein größerer Bedeutung vermitteln und zu einem falschen Bild über den Wert des Geldes führen, was inflationsfördernde Reaktionen zur Folge habe[40]. Haben sich Wertsicherungsklauseln allgemein verbreitet, die auf den Preis eines einzelnen Gutes Bezug nehmen, so könne sich ein Inflationsprozess zudem dadurch beschleunigen, dass sektorale Preissteigerungen auf viele bereits entstandene Geldschulden übertragen würden, was sich wiederum auf das allgemeine Preisniveau und da-

---

[35] Bamberger/Roth-*Grothe,* § 244 Rdnr. 14.

[36] Siehe hierzu oben Kap. II 3. b).

[37] Staudinger-*K. Schmidt,* Vorbem zu §§ 244 ff, Rdnr. A 48.

[38] So die Deutsche Bundesbank, zitiert in BVerfGE 50, S. 57 ff., 72, und *Fögen,* BB 1958, S. 1259 ff., 1259; *Mann,* Verhandlungen des 40. DJT, Bd. 2, D 31 f.; *Matthöfer,* ZRP 1980, S. 325 f., 326 und *Braun,* Vertragliche Geldwertsicherung, S. 33 Fn. 54.

[39] Vgl. BGH, BB 1962, S. 815; *Grothe,* NZM 2002, S. 54 ff., 57; *Dürkes,* Wertsicherungsklauseln, B Rdnr. 5; *Fögen,* BB 1958, S. 1259 ff., 1259; *Reithmann,* DNotZ 1960, S. 172 ff., 176.

[40] *Reithmann,* DNotZ 1960, S. 172 ff., 178; *Ranniger,* DNotZ 1951, S. 396 ff., 399.

mit wieder auf die Bezugsgröße auswirke[41]. Ein Wertsicherungsverbot helfe auch, die Inlandswährung als allgemeinen Wertmesser zu erhalten[42]. Andere Wertmesser würden dagegen den Wirtschaftsverkehr belasten[43], da zunächst dessen Daten ermittelt werden müssen, um damit die Höhe der Geldschuld errechnen zu können. Da die Geschichte lehrt, dass der Gesetzgeber gerade in Währungskrisen vielen Wertsicherungsklauseln die Wirksamkeit nimmt[44], wird es zudem für ein Gebot der Fairness gehalten, sie gar nicht erst in großem Maße zuzulassen[45]. Solche nachträglichen Verbote größeren Ausmaßes drohen allerdings nur im Falle einer echten Währungskrise. Wertsicherungsklauseln leisten aber schon bei einer bloß „schleichenden" Inflation gute Dienste. Hier ist daher nicht gerechtfertigt, Wertsicherungsabreden allein deswegen zu verbieten, weil sie (erst) im Krisenfall ihre Wirksamkeit verlieren könnten. Solange nicht die Wirkungslosigkeit oder Schädlichkeit eines Wertsicherungsverbots bewiesen ist, spricht nicht zuletzt auch für eine Beibeahltung des status quo, dass währungs- bzw. wirtschaftspolitische Fehler nur schwer wieder gutzumachen sind[46]. Aus den genannten und aus anderen Gründen[47] findet ein Wertsicherungsverbot daher zahlreiche Unterstützer[48].

Allein die Tatsache, dass Verbote Wertsicherungsklauseln im Regelfall nicht umfassend verhindern und damit zu weniger sachgerechten Sicherungsformen oder zum völligen Verzicht auf ganze Geschäfte führen können[49], führte dagegen zu zahlreichen Forderungen, das Wertsicherungsverbot ersatzlos abzuschaffen[50]. Die Ungewissheiten über die Höhe des zu leistenden Geldbetrages, die

---

[41] AK-BGB-*Brüggemeier,* vor §§ 244, 245 Rdnr. 24; *Matthöfer,* ZRP 1980, S. 325 f., 326.

[42] Vgl. BGH, NJW 1953, S. 1912 f., 1913.

[43] Vgl. *Grothe,* Fremdwährungsverbindlichkeiten, S. 75; *Duden,* Verhandlungen des 40. DJT, Bd. 1, S. 1 ff., 46; *Reithmann,* DNotZ 1960, S. 172 ff., 175.

[44] Siehe Kap. I 2. u. 3.

[45] So z. B. *Mann,* Verhandlungen des 40. DJT, Bd. 2, D 35 u. 41 f.

[46] So Staudinger-*K. Schmidt,* Vorbem zu §§ 244 ff, Rdnr. D 204; *ders.,* ZIP 1983, S. 639 ff., 641; ebenso *Dürkes,* Wertsicherungsklauseln, B Rdnr. 21 a; *Hahn,* Währungsrecht, § 8 Rdnr. 21.

[47] Siehe hierzu m. w. N. Staudinger-*K. Schmidt,* Vorbem zu §§ 244 ff, Rdnr. D 199.

[48] So z. B. *Vogler,* NJW 1999, S. 1236 ff., 1237; *Reichert-Facilides,* JZ 1969, S. 617 ff., 621; *Mann,* Verhandlungen des 40. DJT, Bd. 2, D 37 u. 41; *Dürkes,* Wertsicherungsklauseln, B Rdnr. 21; *Matthöfer,* ZRP 1980, S. 325 f., 326; Staudinger-*K. Schmidt,* Vorbem zu §§ 244 ff, Rdnr. D 204; *ders.,* ZIP 1983, S. 639 ff., 641; *Fögen,* Geld- und Währungsrecht, S. 149; *Vogler,* NJW 1999, S. 1236 ff., 1237.

[49] *Duden,* Verhandlungen des 40. DJT, Bd. 1, S. 1 ff., 52; *v. Caemmerer,* Verhandlungen des 40. DJT, Bd. 2, D 23; *Kollhosser,* JA 1983, S. 49 ff., 52; *Mathar,* Wertsicherungsverbot und Grundgesetz, S. 10.

[50] So z. B. *v. Maydell,* Geldschuld und Geldwert, S. 405; *Bettermann,* ZRP 1974, S. 13 ff., 14; *Duden,* Verhandlungen des 40. DJT, Bd. 1, S. 1 ff., 58; *v. Caemmerer,* Verhandlungen des 40. DJT, Bd. 2, D 26 f.; *Schmalz,* Stabilität des Geldwerts, S. 266; *Eppig,* DNotZ 1951, S. 405 ff., 405; *v. Arnim,* ZRP 1980, S. 201 ff., 204 u. 207;

durch Wertsicherungsklauseln entstehen können, bestünden ebenso bei genehmigungsfreien Wertsicherungsmöglichkeiten, insbesondere bei den Leistungsvorbehalten. Diese entsprächen zudem oft nicht dem, was die Vertragsparteien wirtschaftlich mit ihrer Vereinbarung bezweckten[51]. In erster Linie bestreiten die Gegner eines Wertsicherungsverbotes aber einen Kausalzusammenhang zwischen Wertsicherungsklauseln und einer Inflationsbeschleunigung[52]. Sie meinen vielmehr, dass die Geldentwertung durch Wertsicherungsverbote sogar gefördert würde. Die Geldentwertung würde ignoriert und die Geldbesitzer in die Sachwerte getrieben, was durch die steigende Nachfrage zu Preissteigerungen führen würde[53].

In der Praxis wird kaum auf eine Genehmigung der zuständigen Behörde hingearbeitet, sondern regelmäßig nach einer Wertsicherungsklausel Ausschau gehalten, die dem Wertsicherungsverbot nicht unterfällt[54]. Dies führte zusammen mit der engen Auslegung des § 3 Satz 2 WährG durch die Gerichte und der zuletzt lockereren Genehmigungspraxis der Deutschen Bundesbank dazu, dass „das Institut der ‚Wertsicherungslausel' ein durchaus brauchbarer und für die Rechtspraxis des täglichen Lebens voll geeigneter Rechtsbehelf"[55] war. Haben die Vertragsparteien eine genehmigungspflichtige, aber nicht genehmigungsfähige Wertsicherungsklausel vereinbart, nimmt die Rechtsprechung sogar eine Verpflichtung der Parteien an, einer Änderung in eine genehmigungsfähige oder genehmigungsfreie Wertsicherungsklausel zuzustimmen[56]. Andererseits sind genehmigungsfreie Klauseln für bestimmte Massenprodukte wie etwa Verbraucherdarlehensverträge nicht tauglich[57]. Einige automatisch wirkende Klauseln wurden durch § 3 Satz 2 WährG erfolgreich verhindert. Früher sehr verbreitete Wertsicherungsklauseln, wie z. B. Goldklauseln, sind vollständig verdrängt worden[58]. Anders als es jetzt bei § 2 PaPkG der Fall ist, wurde bei § 3 Satz 2 WährG insbesondere der Kapitalverkehr, bei dem Wertsicherungsklauseln vor Einführung der DM besonders stark verbreitet waren[59], von Wertsicherungen

---

v. Heynitz, MittBayNot 1998, S. 398 ff., 406; *Schmidt-Räntsch,* NJW 1998, S. 3166 ff., 3171; sowie Beschluss des 40. DJT, Verhandlungen des 40. DJT, Bd. 2, D 75.

[51] *v. Maydell,* Geldschuld und Geldwert, S. 395 f.; in die gleiche Richtung *v. Arnim,* ZRP 1980, S. 201 ff., 207.

[52] So z. B. *v. Maydell,* Geldschuld und Geldwert, S. 389–392; *Bettermann,* ZRP 1974, S. 13 ff., 13 f.; *Mathar,* Wertsicherungsverbot und Grundgesetz, S. 237.

[53] *Bettermann,* ZRP 1974, S. 13 ff., 13 f.; *v. Maydell,* Geldschuld und Geldwert, S. 371 f.

[54] *K. Schmidt,* JuS 1984, S. 731 ff., 745; *Schmidt-Räntsch,* NJW 1998, S. 3166 ff., 3166.

[55] *Dürkes,* Wertsicherungsklauseln, A Rdnr. 11.

[56] Siehe hierzu unten Kap. IX 1. e) bb).

[57] *Hafke,* WM 1997, S. 693 ff., 694.

[58] Staudinger-*K. Schmidt,* Vorbem zu §§ 244 ff, Rdnr. D 203.

[59] *Fögen,* Geld- und Währungsrecht, S. 152.

völlig freigehalten, da hier seitens der Bundesbank keine Genehmigungen erteilt wurden[60]. Einem Verbot kann auch nicht vorgeworfen werden, es sei ineffektiv, nur weil auf genehmigungsfreie Alternativen ausgewichen werden könne. Gerade weil es Surrogationsstrategien erforderlich macht, ist das Verbot zumindest partiell effektiv; dass es umgangen werden kann, schmälert nur den Beitrag zur Erhaltung der Währungsstabilität, beseitigt ihn aber nicht[61]. Es ist auch nicht völlig auszuschließen, dass die Vertragspartner – zumindest bei längerfristigen Verträgen – routinemäßig Wertsicherungsklauseln vereinbaren, wenn das Wertsicherungsverbot aufgehoben würde. Sollten Wertsicherungsklauseln bei Massen-Rechtsverhältnissen üblich werden, könnte dies das geldschuldrechtliche Nennwertprinzip gefährden[62], denn durch die massenhafte Verwendung von Wertsicherungsklauseln würde der Valorismus zum Normalfall und der Nominalismus zum Ausnahmefall werden. Auf die Signalwirkung eines grundsätzlichen Wertsicherungsverbots, „um Indexierungswünschen entgegenzutreten"[63], wird auch in der Begründung zu § 2 PaPkG hingewiesen.

Aber auch wenn die Abschaffung des Wertsicherungsverbots zur Folge hätte, dass sich Wertsicherungsklauseln weiter verbreiten als es bisher der Fall ist, ist damit noch nicht gesagt, dass sich dies nachteilig auf die Preisstabilität auswirken würde[64]. Es ist allerdings naheliegend, dass die Widerstände gegen eine Inflation geringer werden, wenn die Masse der Geldschulden wertgesichert ist. Fraglich bleibt zudem, ob eher ein Verbot von Wertsicherungsklauseln oder deren völlige Freigabe das notwendige Vertrauen in die Währung fördern kann. Wertsicherungsklauseln sind in erster Linie nur die Folge eines bestehenden Misstrauens in die Währung und nicht dessen Ursache[65]. Das Verbot der rechtsgeschäftlichen Wertsicherung hebt die Gefahr der Geldentwertung eher hervor, als sie zu beseitigen, und könnte damit das Vertrauen in die Währung schwächen[66]. Der Gedanke ist nicht von der Hand zu weisen, dass Geldgläubiger eher bereit sind, sich insbesondere auf eine neue Währung einzulassen, wenn sie sich gegen den Geldwertverlust ausreichend absichern können. Vor Einführung des Euro zeigte sich dann aber eine andere Sicht der Dinge. Während die Bundesregierung noch die ersatzlose Streichung des Wertsicherungsverbots vorsah[67],

---

[60] *Wolf,* ZIP 1981, S. 235 ff., 235; *Hahn,* Währungsrecht, § 8 Rdnr. 29; *Willms/Wahlig,* BB 1978, S. 973 ff., 976; *Fricke,* Jura 1987, S. 591 ff., 595.

[61] Staudinger-*K. Schmidt,* Vorbem zu §§ 244 ff, Rdnr. D 203.

[62] Vgl. *Duden,* Verhandlungen des 40. DJT, Bd. 1, S. 1 ff., 49, der aber im Ergebnis a. A. ist.

[63] BT-Drucks. 13/10334, S. 41.

[64] Zu dieser str. Frage siehe m. w. N. Staudinger-*K. Schmidt,* Vorbem zu §§ 244 ff, Rdnr. D 200.

[65] *Reithmann,* DNotZ 1960, S. 172 ff., 175 f.; *Kollhosser,* JA 1983, S. 49 ff., 54.

[66] *Duden,* Verhandlungen des 40. DJT, Bd. 1, S. 1 ff., 51; *Eppig,* DNotZ 1951, S. 405 ff., 405.

sahen Vertreter von politischen Parteien und Verbänden die Aufhebung des Verbots von Wertsicherungsklauseln als ein Signal der Unsicherheit und Schwächung des Euro an, was vermieden werden sollte, weil es tiefe Ängste der Bevölkerung wecke[68]. Das Ergebnis dieser Diskussion ist bekannt: § 2 PaPkG.

2. Repressives Verbot mit Befreiungsvorbehalt

a) § 3 Satz 2 WährG: Repressives Verbot mit Befreiungsvorbehalt

§ 3 Satz 2 WährG verbot grundsätzlich, Wertsicherungsklauseln zu vereinbaren. Zwar war das Wort „verboten" selbst nicht in dieser Vorschrift enthalten. Dem Satz 1 des § 3 WährG zufolge, auf den sich Satz 2 bezog, durften die betroffenen Geldschulden jedoch „nur mit Genehmigung" der zuständigen Stelle eingegangen werden. Da diese Geldschulden daher ohne Genehmigung nicht eingegangen werden durften, handelte es sich bei § 3 WährG um ein Verbotsgesetz im Sinne von § 134 BGB[69].

Selbst bei namhaften Autoren wird die Frage, ob es sich bei dem Verbot aus § 3 Satz 2 WährG um ein präventives Verbot mit Erlaubnisvorbehalt oder um ein repressives Verbot mit Befreiungsvorbehalt handelte, nur ungenau beantwortet. Obwohl diese Begriffsalternativen in den Lehrbüchern des Verwaltungsrechts inzwischen zum gängigen Kanon gehören[70], wird in Bezug auf § 3 Satz 2 WährG häufig nur von einem „Verbot mit Erlaubnisvorbehalt" gesprochen[71],

---

[67] BT-Drucks. 13/9347, S. 16 (zu Art. 9 § 1).

[68] *Schmidt-Räntsch,* NJW 1998, S. 3166 ff., 3166.

[69] BGH, NJW 1953, S. 1912 f., 1913; *Hahn,* Währungsrecht, § 8 Rdnr. 44; *v. Maydell,* Geldschuld und Geldwert, S. 383; Staudinger-*K. Schmidt,* Vorbem zu §§ 244 ff, Rdnr. D 192; *Heermann,* Geld und Geldgeschäfte, S. 52; *v. Arnim,* ZRP 1980, S. 201 ff., 201; *Hartmann,* DB 1970, Beilage Nr. 17 Rdnr. 44 ff.; *Szagunn,* BB 1955, S. 969 ff., 969.

[70] Siehe nur Erichsen-*Ehlers,* Allgemeines Verwaltungsrecht, § 1 Rdnr. 36; *Maurer,* Allgemeines Verwaltungsrecht, § 9 Rdnr. 55; *Wolff/Bachof/Stober,* Verwaltungsrecht Bd. 2, § 46 Rdnr. 36 u. 44; s. auch BVerfGE 20, S. 150 ff., 155 ff.

[71] Siehe z.B. *Hafke,* WM 1997, S. 693 ff., 695; *Heermann,* Geld und Geldgeschäfte, S. 52; *Stapel,* WuM 1999, S. 204 ff., 204; *Schmalz,* Stabilität des Geldwertes, S. 193; *Dürkes,* Wertsicherungsklauseln, B Rdnr. 8 u. H Rdnr. 5; *Kollhosser,* JA 1983, S. 49 ff., 52; *Hartmann,* DB 1970, Beilage Nr. 17 Rdnr. 8 u. 36. Ebenso der Rechtsausschuss in der Begründung zu § 2 PaPkG (BT-Drucks. 13/10334, S. 40). *K. Schmidt* (ZIP 1983, S. 639 ff., 642; JuS 1984, S. 737 ff., 745 und in Staudinger, Vorbem zu §§ 244 ff, Rdnr. D 313) spricht ebenfalls von einem „Verbot mit Erlaubnisvorbehalt". Zumindest an einer Stelle (in Staudinger, Vorbem zu §§ 244 ff, Rdnr. D 202) bezeichnet er das Verbot als präventives Verbot. Andererseits verweist er immer auf BVerwGE 41, S. 1 ff., 5 ff., das von einem repressiven Verbot mit Befreiungsvorbehalt ausgeht. *Grothe,* Fremdwährungsverbindlichkeiten S. 283, spricht von einem „repressiven Verbot mit Erlaubnisvorbehalt" und von „Befreiung vom Verbot im Einzelfall". Damit dürfte ein repressives Verbot mit Befreiungsvorbehalt gemeint sein.

so dass ein präventives Verbot mit Erlaubnisvorbehalt gemeint sein könnte. Deutliche Hinweise auf die eine oder andere Alternative fehlen jedoch.

Dabei hängt von dieser Einordnung einiges ab: Der Unterschied zwischen den beiden Alternativen besteht darin, dass der Antragsteller im Fall des präventiven Verbots mit Erlaubnisvorbehalt – soweit die gesetzlichen Voraussetzungen vorliegen – einen Anspruch auf Erteilung der Erlaubnis hat. Im Falle des repressiven Verbots mit Befreiungsvorbehalt steht die Erteilung der Befreiung dagegen regelmäßig im Ermessen der Behörde[72]. Hierbei ist zudem zu beachten, dass der Gesetzgeber, indem er ein repressives Verbot mit Befreiungsvorbehalt vorsieht, zum Ausdruck bringt, dass das Verbot im Zweifel sachgemäß ist[73].

Ein präventives Verbot mit Erlaubnisvorbehalt liegt vor, wenn bestimmte Vorhaben nicht generell unterbleiben, sondern vorweg nur behördlich daraufhin überprüft werden sollen, ob ihnen Vorschriften des materiellen Rechts entgegenstehen[74]. Der Erlaubnisvorbehalt wendet sich nicht gegen das Vorhaben als solches, sondern hat nur den Zweck, Rechtsverstöße frühzeitig zu verhindern, weshalb auch von einer „Kontrollerlaubnis" gesprochen wird[75]. Anders ist es im Falle des repressiven Verbots mit Befreiungsvorbehalt. Dort will der Gesetzgeber ein bestimmtes Verhalten generell verbieten, etwa weil er es für sozial schädlich hält. Um aus der abstrakt-generellen Regelung folgende, nicht beabsichtigte Härten zu beseitigen, ermöglicht er aber in besonderen Ausnahmefällen eine Befreiung von diesem Verbot[76].

Es wird die Auffassung vertreten, dass § 3 Satz 2 WährG die von ihm betroffenen Wertsicherungsklauseln nicht repressiv verbot, sondern nur präventiv von einer behördlichen Genehmigung abhängig machte, weil der Zweck dieser Vorschrift durch einen schlichten Genehmigungsvorbehalt wirksam habe erreicht

---

72 Erichsen-*Ehlers,* Allgemeines Verwaltungsrecht, § 1 Rdnr. 37; *Wolff/Bachof/Stober,* Verwaltungsrecht Bd. 2, § 46 Rdnr. 40 u. 46; s. auch BVerfGE 20, S. 150 ff., 155.

73 BVerfGE 15, S. 288 ff., 294.

74 *Maurer,* Allgemeines Verwaltungsrecht, § 9 Rdnr. 51; Erichsen-*Ehlers,* Allgemeines Verwaltungsrecht, § 1 Rdnr. 36; *Wolff/Bachof/Stober,* Verwaltungsrecht Bd. 2, § 46 Rdnr. 36.

75 BVerfGE 20, S. 150 ff., 155; Erichsen-*Ehlers,* Allgemeines Verwaltungsrecht, § 1 Rdnr. 36; *Maurer,* Allgemeines Verwaltungsrecht, § 9 Rdnr. 51. Typisches Beispiel ist wegen der Baufreiheit aus Art. 2 I, 14 I GG die Baugenehmigung. Folgerichtig besagen beispielsweise § 70 Abs. 1 BauO-NRW oder § 62 Abs. 1 BauO-Berlin und ähnlich die Vorschriften in den anderen Bundesländern, dass die Baugenehmigung zu erteilen ist, „wenn dem Vorhaben öffentlich-rechtliche Vorschriften nicht entgegenstehen".

76 *Maurer,* Allgemeines Verwaltungsrecht, § 9 Rdnr. 55; Erichsen-*Ehlers,* Allgemeines Verwaltungsrecht, § 1 Rdnr. 36; *Wolff/Bachof/Stober,* Verwaltungsrecht Bd. 2, § 46 Rdnr. 44.

werden können[77]. Nach diesem Verständnis hätte es sich bei § 3 WährG um ein präventives Verbot mit Erlaubnisvorbehalt gehandelt. Der Wortlaut des § 3 Satz 2 WährG ist insoweit nicht eindeutig. Ob diese Vorschrift ein präventives oder ein repressives Verbot enthielt, hängt daher davon ab, ob sie lediglich den Zweck hatte, Rechtsverstöße frühzeitig zu verhindern oder ob sie sich generell gegen die Vereinbarung von Wertsicherungsklauseln wandte und nur im Einzelfall gewisse Härten durch Befreiungen vom Verbot ausgeglichen werden sollten. Dem Willen des historischen Gesetzgebers lässt sich heute mangels schriftlicher Gesetzesbegründung nur entnehmen, dass die Währung in jeder Hinsicht geschützt werden sollte[78]. Dies deutet eher auf ein repressives Verbot hin.

§ 3 Satz 2 WährG konnte schon deswegen nicht den Zweck gehabt haben, Rechtsverstöße rechtzeitig zu verhindern, weil das Gesetz keinerlei Kriterien enthielt, nach denen entschieden werden konnte, in welchen Fällen eine Erlaubnis zu erteilen war. Es fehlten entsprechende Vorschriften des materiellen Rechts, deren Einhaltung präventiv kontrolliert werden konnte. Dem § 3 Satz 2 WährG konnte daher nicht entnommen werden, dass ein von der Rechtsordnung gebilligtes Verhalten lediglich zur präventiven Kontrolle auf seine Gesetzmäßigkeit einem Genehmigungsverfahren unterzogen werden sollte[79]. Dies spricht entscheidend dafür, dass das die Währungsstabilität vermeintlich gefährdende Verhalten im Allgemeinen verboten war und eine Befreiung nur dann erteilt werden sollte, wenn das Wertsicherungsbedürfnis aufgrund besonderer Umstände des Einzelfalles auf der Hand lag[80]. Mit ihr sollte nur die abstrakt-generelle Regelung („die schematisierende Strenge“[81]) des Gesetzes gemildert und diejenigen Auswirkungen, die vom Gesetzgeber offenbar nicht gewollt waren und von seiner Zielsetzung nicht erfasst wurden, verhindert werden[82]. Im Zweifel sollte aber das Verbot und nicht etwa die Genehmigung sachgemäß sein.

Auch das BVerwG kam zu dem Ergebnis, dem § 3 Satz 2 WährG habe zugrunde gelegen, dass automatisch wirkende Wertsicherungsklauseln „typisch sozialschädlich und gefährlich“ seien und Ausnahmen nur dann in Betracht kämen, wenn das individuelle Interesse des Gläubigers an dem Werterhalt einer Geldschuld „in besonderem Maße schutzwürdig“ gewesen war und diesem „Einzelinteresse ohne Gefährdung der Interessen der Allgemeinheit an der Wäh-

---

[77] So *Bettermann,* RdA 1975, S. 2 ff., 5; *Szagunn,* BB 1955, S. 969 ff., 969; *Fögen,* Geld- und Währungsrecht, S. 153; *Fricke,* Jura 1987, S. 591 ff., 593; *Rademacher,* MDR 2000, S. 57 ff., 57.

[78] Siehe oben Kap. IV 1. a).

[79] Hess. VGH, BB 1969, S. 652; *Papier,* JuS 1974, S. 477 ff. 480; S. auch BGH, BB 1956, S. 936 f., 936.

[80] Hess. VGH, BB 1969, S. 652; *Papier,* JuS 1974, S. 477 ff. 480; *Eppig,* NJW 1949, S. 531 ff., 531.

[81] BVerwGE 41, S. 1 ff., 6.

[82] BVerwGE 41, S. 1 ff., 6.

rungsstabilität" habe entsprochen werden können[83]. Die Bundesbank hatte dies daher unter Berücksichtigung der währungspolitischen Situation, der allgemeinen Verbreitung und Gefährlichkeit der betroffenen Wertsicherungsklauseln sowie der Besonderheiten des Einzelfalles zu prüfen[84]. Die Befreiung von dem Verbot stand dabei im Ermessen der Bundesbank[85].

§ 3 Satz 2 WährG enthielt daher ein repressives Verbot mit Befreiungsvorbehalt[86]. Mit dem in § 3 WährG enthaltenen Begriff „Genehmigung" war also nichts anderes gemeint, als dass die zuständige Stelle ermächtigt wurde, von dem in dieser Vorschrift enthaltenen Verbot zu befreien. Hierzu passt, dass die Bank deutscher Länder, die anfangs die für die Genehmigungserteilung zuständige Stelle war, die erforderliche Genehmigung in der ersten Zeit nach Erlass der Vorschrift in keinem Fall erteilt hatte und § 3 Satz 2 WährG damit praktisch zunächst einem völligen Verbot gleichkam[87].

Später bot sich allerdings ein ganz anderes Bild, denn die Bundesbank erteilte die Befreiungen im Laufe der Zeit immer großzügiger. Ein Grund hierfür mag gewesen sein, dass sich die DM als ausreichend stabil erwies. Dadurch änderte sich aber nichts an dem Charakter des § 3 Satz 2 WährG. Denn ob es sich bei einem Gesetz um ein repressives Verbotsgesetz handelt, richtet sich nach dessen Auslegung und wird nicht durch die Genehmigungsbehörde bestimmt. Rechtstechnisch blieb es bei einem repressiven Verbot mit Befreiungsvorbehalt[88]. Der geschichtliche Überblick hat zudem gezeigt, dass es insbesondere in Währungskrisen stets zu Beschränkungen von Wertsicherungsklauseln kam. Auch die Bundesbank hätte bei einem über die schleichende Inflation hinausgehenden Währungsverfall sofort aufhören können, Befreiungen zu erteilen.

---

[83] BVerwGE 41, S. 1 ff., 6.

[84] Staudinger-*K. Schmidt,* Vorbem zu §§ 244 ff, Rdnr. D 313.

[85] BVerwGE 41, S. 1 ff., 5; *Bettermann,* ZRP 1974, S. 13 ff., 14; Staudinger-*K. Schmidt,* Vorbem zu §§ 244 ff, Rdnr. D 313; *Hahn,* Währungsrecht, § 8 Rdnr. 49.

[86] So auch BVerwGE 41, S. 1 ff., 5 u. 7; *Gramlich,* BBankG, § 3 WährG, Rdnr. 20; *Papier,* JuS 1974, S. 477 ff., 480; *Willms/Wahlig,* BB 1978, S. 973 ff., 973; *Eppig,* NJW 1949, S. 531 ff., 531; *Mathar,* Wertsicherungsverbot und Grundgesetz, S. 85; AK-BGB-*Brüggemeier,* vor §§ 244, 245, Rdnr. 24; *Endler,* Europäische Zentralbank und Preisstabilität, S. 76; *Bräutigam,* Währungsrechtliche Zulässigkeit von Wertsicherungsklauseln, S. 32; *Bettermann,* ZRP 1974, S. 13 ff., 14; wohl auch Hess. VGH, BB 1969, S. 652; *Grothe,* Fremdwährungsverbindlichkeiten, S. 283 (dazu s.o. Fn. 71); *Duden,* Verhandlungen des 40. DJT, Bd. 1, S. 1 ff., 40 und *Mann,* Verhandlungen des 40. DJT, Bd. 2, D 29.

[87] *Goltz,* DB 1959, S. 339 ff., 339; *Szagunn,* BB 1955, S. 969 ff., 969; *Berndt,* Die Wertsicherung in der Unternehmung, S. 31; *Dürkes,* Wertsicherungsklauseln, B Rdnr. 72; *Duden,* Verhandlungen des 40. DJT, Bd. 1, S. 1 ff., 26; *Kollhosser,* JA 1983, S. 49 ff., 52.

[88] Vgl. für einen vergleichbaren Fall BVerfGE 12, S. 281 ff., 295.

b) § 2 PaPkG: Repressives Verbot mit Befreiungsvorbehalt oder präventives Verbot mit Erlaubnisvorbehalt?

Fraglich ist, ob es sich auch bei § 2 PaPkG um ein repressives Verbot mit Befreiungsvorbehalt oder nunmehr um ein präventives Verbot mit Erlaubnisvorbehalt handelt. Dass § 2 PaPkG ein Verbot enthält, ergibt sich – anders als es noch bei § 3 WährG der Fall war – bereits deutlich aus dem Wortlaut der Vorschrift, denn in § 2 Abs. 1 Satz 3 und 4 PaPkG ist vom „Indexierungsverbot" die Rede. Daneben bestimmt § 2 Abs. 2 Nr. 1, wann durch eine Rechtsverordnung Ausnahmen vom „Preisklauselverbot" ermöglicht oder sogar unmittelbar festgelegt werden können.

Welchen Charakter dieses Verbot hat, richtet sich danach, ob bestimmte Betätigungen lediglich vorab in einem Verwaltungsverfahren daraufhin überprüft werden sollen, ob ihnen Vorschriften des materiellen Rechts entgegenstehen. Es würde sich dann um ein präventives Verbot mit Erlaubnisvorbehalt handeln[89]. Der Erlaubnisvorbehalt hätte nur den Zweck, Rechtsverstöße frühzeitig zu verhindern, und würde sich nicht gegen Wertsicherungsklauseln als solche wenden. Soll dagegen ein bestimmtes Verhalten generell verboten werden, weil es der Gesetzgeber ablehnt, so würde es sich um ein repressives Verbot mit Befreiungsvorbehalt handeln. Um im Einzelfall aus der abstrakt-generellen Regelung folgende, nicht beabsichtigte Härten zu vermeiden, enthielte das Verbot für besonders gelagerte Ausnahmefälle eine Befreiungsmöglichkeit[90].

§ 2 PaPkG könnte ein präventives Verbot mit Erlaubnisvorbehalt enthalten, weil diese Norm – anders als zuvor § 3 WährG – die Voraussetzungen dafür nennt, unter denen Wertsicherungsklauseln genehmigt werden können. Dies könnte dafür sprechen, dass die Klauseln vorab lediglich auf ihre Rechtmäßigkeit hin untersucht werden sollen. Wohl deshalb wird vertreten, dass es sich bei dem Wertsicherungsverbot des § 2 PaPkG um ein präventives Verbot mit Erlaubnisvorbehalt handele[91]. Diese Annahme könnte allerdings nicht damit begründet werden, dass § 2 Abs. 1 Satz 3 und 4 PaPkG ganze Bereiche vom Verbot ausnimmt. Denn dass eine Norm für bestimmte Fälle einen engeren Anwendungsbereich hat, bedeutet nicht, dass sie kein repressives Verbot mit Befreiungsvorbehalt darstellen kann. Es kann im Gegenteil vielmehr bedeuten, dass einige Bereiche nunmehr von dem Verbot ausdrücklich ausgenommen sind, um keinen Zweifel daran zu lassen, dass die übrigen Bereiche ohne weiteres repressiv verboten sind.

---

[89] Vgl. m. w. N. oben unter a).

[90] Vgl. m. w. N. oben unter a).

[91] So *Rademacher,* MDR 2000, S. 57 ff., 57; *ders.,* ZMR 1999, S. 218 ff., 218; wohl auch Palandt-*Heinrichs,* § 245 Rdnr. 25.

Die in § 2 Abs. 1 Satz 2 PaPkG genannten Voraussetzungen, unter denen eine Ausnahme genehmigt werden kann, sprechen allerdings im Ergebnis nicht für ein präventives Verbot mit Erlaubnisvorbehalt. Für ein solches genügt nicht, dass lediglich Voraussetzungen genannt werden, die bei der Frage mitentscheidend sind, wann die Genehmigung einer Ausnahme in Betracht kommt. Um ein präventives Verbot mit Erlaubnisvorbehalt zu sein, müsste die Norm vielmehr eine Überprüfung der Wertsicherungsklausel daraufhin vorsehen, ob dieser Vereinbarung Vorschriften des materiellen Rechts entgegenstehen, um einen gegebenenfalls vorliegenden Rechtsverstoß noch rechtzeitig verhindern zu können. Wenn ein solcher nicht vorliegt, dann hätte der Antragsteller einen Anspruch auf Erteilung der Genehmigung. Dies ist bei § 2 PaPkG nicht der Fall, denn dort wird dem Antragsteller gerade kein Anspruch auf eine Genehmigung gegeben. Vielmehr wird der zuständigen Stelle bei Vorliegen der Voraussetzungen Ermessen eingeräumt („kann ... genehmigen"), so dass der Antragsteller nur einen Anspruch auf ermessensfehlerfreie Entscheidung hat. § 2 Abs. 1 Satz 2 ermöglicht es der zuständigen Behörde auch nicht, die Wertsicherungsklausel auf bestimmte Rechtsverstöße hin zu überprüfen. Vielmehr wird durch diese Vorschrift eine Genehmigung ermöglicht, *obwohl* die Wertsicherungsklausel nach § 2 Abs. 1 Satz 1 PaPkG verboten ist.

§ 2 PaPkG führt demnach weder dazu, dass Wertsicherungsklauseln auf Rechtsverstöße hin untersucht werden, noch entsteht ein Anspruch auf eine Ausnahmegenehmigung. Es sollten vielmehr die von der Norm erfassten Wertsicherungsklauseln generell verboten werden. Lediglich für besonders gelagerte Ausnahmefälle wird die Erteilung einer Befreiung ermöglicht. Dass in § 2 Abs. 1 Satz 2 zurückhaltend nur von einer „Ausnahme" die Rede ist und das Verbot in dieser Vorschrift nunmehr ausdrücklich als solches bezeichnet wird, bestätigt zudem, dass gerade das Verbot im Zweifel sachgerecht sein soll. Damit handelt es sich bei § 2 PaPkG nicht um ein präventives Verbot mit Erlaubnisvorbehalt, sondern – wie zuvor auch § 3 WährG – um ein repressives Verbot mit Befreiungsvorbehalt[92].

3. Verfassungsmäßigkeit

a) Verfassungsmäßigkeit des § 3 Satz 2 WährG

Schon gegen die Verfassungsmäßigkeit des § 3 Satz 2 WährG wurden Bedenken vorgetragen[93]. Das Wertsicherungsverbot schränkte die allgemeine Hand-

[92] Im Ergebnis ebenso Jauernig-*Mansel,* §§ 244, 245 Rdnr. 18; *Heermann,* Geld und Geldgeschäfte, S. 54. Wohl auch Bamberger/Roth-*Grothe,* § 244 Rdnr. 19, der von einem repressiven Verbot mit Erlaubnisvorbehalt spricht.

[93] *Verfassungswidrig: v. Arnim,* ZRP 1980, S. 201 ff., 207; *Mathar,* Wertsicherungsverbot und Grundgesetz, S. 95. *Nicht verfassungswidrig*: BVerwGE 41, S. 1 ff.,

lungsfreiheit ein und war damit an dem Grundrecht aus Art. 2 Abs. 1 GG zu messen. Es konnte allerdings als Teil der „verfassungsmäßigen Ordnung“ eine zulässige Beschränkung der allgemeinen Handlungsfreiheit darstellen. Dafür musste es selbst verfassungsrechtlichen Anforderungen genügen[94]. Problematisch war dabei letztlich nur, ob die Vorschrift mit dem Verhältnismäßigkeitsgrundsatz[95] und dem Bestimmtheitsgrundsatz[96] vereinbar war.

aa) Verhältnismäßigkeit

Ein Verstoß gegen den Grundsatz der Verhältnismäßigkeit liegt nicht vor, wenn das vom Staat verfolgte Ziel als solches verfolgt werden darf (legitimes Ziel), das dazu eingesetzte Mittel als solches eingesetzt werden darf (legitimes Mittel) und der Einsatz des Mittels zur Erreichung des Ziels geeignet und erforderlich ist[97]. Darüber hinaus darf das Mittel nicht außer Verhältnis zum angestrebten Erfolg stehen (Verhältnismäßigkeit im engeren Sinne)[98].

§ 3 Satz 2 WährG wurde durch das Gemeinwohlinteresse an einer stabilen Währung legitimiert, da er das „überragende Gut“ der Geldwertstabilität schützen[99] sollte[100]. Dass die Geldwertstabilität im Gemeinwohlinteresse liegt, ergibt sich heute etwa aus Art. 109 Abs. 2 GG (i. V. m. § 1 StWG)[101]. Dort ist die

---

5 f.; OVG Münster, NJW 1965, S. 650; *Mann,* NJW 1974, S. 1297 ff., 1301; *v. Maydell,* Geldschuld und Geldwert, S. 402; *Grothe,* WM 2002, S. 22 ff., 23 Fn. 21; Isensee/Kirchhof-*R. Schmidt,* Hdb. des Staatsrechts, Bd. III, § 82 Rdnr. 9; *Heermann,* Geld und Geldgeschäfte, S. 54; *Bräutigam,* Währungsrechtliche Zulässigkeit von Wertsicherungsklauseln, S. 34 f.; *Braun,* Vertragliche Geldwertsicherung, S. 33 Fn. 58; wohl auch Staudinger-*K. Schmidt,* Vorbem zu §§ 244 ff, Rdnr. D 196. *Bedenken: Papier,* JuS 1974, S. 477 ff., 480 f.; *Kollhosser,* JA 1983, S. 49 ff., 53. Siehe zu dieser Problematik m. w. N. *Hahn,* Währungsrecht, § 8 Rdnr. 15 ff.; *v. Maydell,* Geldschuld und Geldwert, S. 398 ff.; *Mathar,* Wertsicherungsverbot und Grundgesetz, S. 29 ff.

[94] BVerfGE 6, S. 32 ff., 37 f.; BVerfGE 20, S. 150 ff., 154; BVerfGE 80, S. 137 ff., 153.

[95] Vgl. BVerfGE 20, S. 150 ff., 155; BVerfGE 80, S. 137 ff., 153; v. Arnim, ZRP 1980, S. 201 ff., 205.

[96] Vgl. BVerfGE 6, S. 32 ff., 42 f.; BVerfGE 20, S. 150 ff., 158; BVerfGE 80, S. 137 ff., 161.

[97] Siehe nur BVerfGE 80, S. 137 ff., 159 ff.; *Pieroth/Schlink,* Grundrechte, Rdnr. 279; *Maurer,* Allgemeines Verwaltungsrecht, § 10 Rdnr. 17.

[98] BVerfGE 80, S. 137 ff., 160 f.; *Maurer,* Allgemeines Verwaltungsrecht, § 10 Rdnr. 17; krit. hierzu aber *Pieroth/Schlink,* Grundrechte, Rdnr. 289 ff.

[99] Siehe Kap. IV 1. a).

[100] BVerwGE 41, S. 1 ff., 5 und 7; OVG Münster, NJW 1965, S. 650; BGH, NJW 1953, S. 1912 f., 1913. Im Ergebnis z. B. auch *Papier,* JuS 1974, S. 477 ff., 479 f.; *Grothe,* Fremdwährungsverbindlichkeiten, S. 283.

[101] BVerfGE 79, S. 311 ff., 338 f.; *Papier,* JuS 1974, S. 477 ff., 480; *Hahn,* Währungsrecht, § 8 Rdnr. 21; *Claussen,* Bank- und Börsenrecht, § 1 Rdnr. 17; Isensee/Kirchhof-*R. Schmidt,* Hdb. des Staatsrechts, Bd. III, § 82 Rdnr. 10 f.

Verpflichtung des Staates enthalten, den Geldwert stabil zu halten[102], der damit Verfassungsrang zukommt[103]. Das Gleiche ergibt sich aus Art. 88 Satz 1 GG, der die Errichtung einer Währungsbank vorschreibt und damit den Regelungsgegenstand „Währungssicherung" als verfassungswürdig erachtet. Aber selbst ohne Blick in das Grundgesetz liegt ein legitimes Interesse des Staates an der Erhaltung der Geldwertstabilität auf der Hand, denn eine sinkende Kaufkraft des Geldes oder eine die Währung zerrüttende Inflation führt nicht nur zu schweren Schäden an Volkswirtschaft wie einzelnen Bürgern, sondern allgemein zu sozialen Ungerechtigkeiten[104].

Dass sich der Gesetzgeber mit § 3 Satz 2 WährG eines repressiven Verbots mit Befreiungsvorbehalt bediente, ist für sich genommen unbedenklich, da es sich dabei um ein zulässiges gesetzestechnisches Mittel handelt[105].

Allerdings gehen die Meinungen darüber auseinander, ob ein Verbot von Wertsicherungsklauseln überhaupt einen positiven Einfluss auf die Geldwertstabilität hat[106]. Nach wie vor fehlt ein Beweis dafür, dass das gewählte Mittel (§ 3 Satz 2 WährG) tatsächlich geeignet war, den Zweck der Geldwertstabilität zu fördern[107]. Ebenso steht der Gegenbeweis aus, denn die Auswirkungen von Wertsicherungsklauseln sind in der Fachliteratur nach wie vor umstritten[108]. Der Gesetzgeber kann allerdings häufig nicht beweisen, dass ein Mittel geeignet ist, um ein bestimmtes Ziel zu erreichen. Die Ungewissheit über die Auswirkungen eines Gesetzes in einer ungewissen Zukunft kann jedoch nicht die Befugnis des Gesetzgebers ausschließen, ein Gesetz zu erlassen[109]. Zumindest bei komplexen Zusammenhängen können die Maßnahmen des Gesetzgebers nicht vom Nachweis abhängen, dass das verfolgte Ziel durch das gewählte Mittel auch sicher zu erreichen ist. Vielmehr ist der Gesetzgeber in einer wissenschaftlich ungeklärten Situation befugt, die Gefahrenlagen und Risiken abzuschätzen und zu entscheiden, ob er Maßnahmen ergreifen will oder nicht[110]. Geht der Gesetzgeber davon aus, dass eine gesetzliche Maßnahme ein bestimmtes Ziel fördern kann, so kann diese Annahme unter die ihm zustehende Einschätzungspräroga-

---

102 *Kollhosser,* JA 1983, S. 49 ff., 55; Isensee/Kirchhof-*R. Schmidt,* Hdb. des Staatsrechts, Bd. III, § 82 Rdnr. 11.

103 *Stern,* Staatsrecht, Bd. II, § 35 V 6 β m.w.N.; vgl. auch *L. Weber,* Umsetzung der Bestimmungen über die Europäische Währungsunion, S. 334 f.

104 Vgl. Schimansky/Bunte/Lwowski-*Haug,* Bankrechts-Handbuch, Bd. III, § 123 Rdnr. 38.

105 BVerfGE 9, S. 83 ff., 87.

106 Siehe Kap. IV 1. c).

107 Gleichwohl bezeichnet das BVerwG (E 41, S. 1 ff., 5) das Verbot von Gleitklauseln als Mittel zur Erreichung der Geldwertstabilität als „ganz besonders geeignet" und unter dem bestehenden Wirtschaftssystem als unverzichtbar.

108 Siehe m. w. N. *Endler,* Europäische Zentralbank und Preisstabilität, S. 77.

109 BVerfGE 50, S. 290 ff., 332.

110 BVerfGE 83, S. 130 ff., 141 f.

tive fallen[111]. Danach gehen Zweifel zugunsten des Gesetzgebers[112], wenn er sich an einer sachgerechten und vertretbaren Beurteilung des erreichbaren Materials orientiert und die ihm zugänglichen Erkenntnisquellen ausgeschöpft hat[113]. Die Gerichte sind zwar, wenn sie die Verfassungsmäßigkeit eines Gesetzes zu prüfen haben, an die Rechtsauffassung des Gesetzgebers nicht gebunden. Soweit dabei aber Wertungen und tatsächliche Beurteilungen des Gesetzgebers von Bedeutung sind, können sich die Gerichte über sie grundsätzlich nur dann hinwegsetzen, wenn sie widerlegbar sind[114].

Der Gesetzgeber ist daher nicht gehindert, ein stabiles und funktionsfähiges Währungssystem dadurch zu gewährleisten, dass er die ihm hierzu als sachgerecht erscheinenden Gestaltungsmaßnahmen ergreift, soweit sich seine Einschätzung auf plausibel und vertretbar ermittelte Erkenntnisse und Erfahrungen stützt[115]. Das mit § 3 Satz 2 gewählte Mittel war nicht von vornherein völlig ungeeignet, ein höheres Maß an Geldwertstabilität zu erreichen. Bisher konnte eine solche Behauptung zumindest nicht bewiesen werden. Die mit dieser Vorschrift getroffene währungs- und wirtschaftspolitische Einschätzung hielt sich damit im Rahmen der dem Gesetzgeber zukommenden Einschätzungsprärogative[116].

Das mit § 3 Satz 2 WährG eingesetzte Mittel war auch erforderlich, wenn der Zweck nicht durch ein gleich wirksames, aber weniger belastendes Mittel hätte erreicht werden können[117]. Hier kam etwa eine Verpflichtung der Bundesbank in Betracht, die Geldwertstabilität zu beeinflussen. Zu den Aufgaben der Bundesbank gehörte aber nach § 3 BBankG a.F. bereits, sich um die Sicherung der Währung zu kümmern. Damit war auch die Sicherung der Kaufkraft der Währungseinheiten gemeint[118]. Hierzu wurden ihr durch das BBankG (a.F.) verschiedene Instrumente an die Hand gegeben, die sie zielgerecht einzusetzen verstand. Die Geldwertstabilität wird aber von so vielen Faktoren beeinflusst, dass kein Mittel allein die Geldwertstabilität gewährleisten könnte. Vielmehr ist

---

[111] BVerfGE 83, S. 130 ff., 140 f.; BVerfGE 50, S. 290 ff., 332 ff.; *Pieroth/Schlink*, Grundrechte, Rdnr. 282.

[112] *Pieroth/Schlink*, Grundrechte, Rdnr. 287.

[113] BVerfGE 50, S. 290 ff., 333 f.; *Breuer*, HStR VI, § 148 Rdnr. 17 f.

[114] BVerfGE 45, S. 187 ff., 238.

[115] Vgl. *Grothe*, Fremdwährungsverbindlichkeiten, S. 282 f.; *Breuer*, HStR VI, § 148 Rdnr. 18.

[116] *Grothe*, Fremdwährungsverbindlichkeiten, S. 282 (auf § 3 Satz 1 bezogen – allerdings gilt bei Satz 2 nichts anderes); Staudinger-*K. Schmidt*, Vorbem zu §§ 244 ff, Rdnr. D 196; *Hahn*, Währungsrecht, § 8 Rdnr. 21; wohl auch BVerfGE 50, S. 57 ff., 99 ff. a.A. *Mathar*, Wertsicherungsverbot und Grundgesetz, S. 237.

[117] Vgl. BVerfGE 80, S. 137 ff., 160; *Maurer*, Allgemeines Verwaltungsrecht, § 10 Rdnr. 17; *Pieroth/Schlink*, Grundrechte, Rdnr. 279.

[118] *v. Stebut*, Jura 1983, S. 449 ff., 450; *Gramlich*, BBankG, § 3 WährG Rdnr. 16; *v. Maydell*, Geldschuld und Geldwert, S. 60.

die Geldwertstabilität mit verschiedenen Maßnahmen zu sichern. Ein Mittel, dass die Vereinbarung bestimmter Wertsicherungsklauseln ebenso verhindert wie § 3 Satz 2 WährG, im Ergebnis aber weniger belastend ist, ist nicht ersichtlich. Zudem gilt auch für das Kriterium der Erforderlichkeit, dass Zweifel aufgrund der gesetzgeberischen Einschätzungsprärogative zugunsten des Gesetzgebers gehen[119].

Dass § 3 Satz 2 WährG im Übrigen nicht außer Verhältnis zum angestrebten Erfolg stand, ergab sich daraus, dass nicht die Wertsicherung an sich, sondern nur bestimmte Vorgehensweisen verboten wurden[120]. Es bestand ohne weiteres die Möglichkeit, auf eine genehmigungsfreie Wertsicherung auszuweichen. Daher stellte das in § 3 Satz 2 enthaltene Verbot keinen unzumutbaren und unangemessen schweren, also unverhältnismäßigen Eingriff in die Vertragsfreiheit dar[121].

bb) Bestimmtheit

Viel problematischer war der Vorwurf, § 3 Satz 2 WährG habe zu Grundrechtseingriffen ermächtigt, ohne dass sich aus der Vorschrift die Voraussetzungen ergaben, die der Genehmigung bzw. deren Versagung zugrunde liegen sollten[122]. Eine die Handlungsfreiheit einschränkende Vorschrift darf nach dem Grundsatz der Gesetzmäßigkeit der Verwaltung nicht so unbestimmt sein, dass ein Verbot praktisch in das unüberprüfbare Ermessen der Verwaltung gestellt würde[123]. Das BVerwG[124] meinte, dass sich Inhalt und Grenzen der Eingriffsermächtigung sowie die Voraussetzungen für die Zulassung von Ausnahmen von dem Verbot von Wertsicherungsklauseln aus dem Zweck des § 3 Satz 2 WährG, die Stabilität der Währung zu sichern, ergeben haben. Es habe in der Natur der Sache gelegen, dass diese Voraussetzungen für längere Zeiträume nicht abstrakt generell haben näher festgelegt werden können, da sie von wechselnden tatsächlichen Umständen abgehangen haben. Die Genehmigungsrichtlinien der Bundesbank haben aber bewiesen, dass es doch möglich war, abstrakt-generell zu umschreiben, wann grundsätzlich mit einer Ausnahmegenehmigung gerechnet werden konnte[125], nämlich immer dann, wenn keiner der dort genannten Fälle gegeben war. Diese Grundsätze galten auch jeweils für einen längeren Zeit-

---

[119] *Pieroth/Schlink*, Grundrechte, Rdnr. 282 u. 287.

[120] Siehe unten Kap. VI.

[121] So z.B. auch *Papier*, JuS 1974, S. 477 ff., 481.

[122] *Papier*, JuS 1974, S. 477 ff., 481.

[123] BVerfGE 80, S. 137 ff., 161.

[124] BVerwGE 41, S. 1 ff., 8. Ähnlich *v. Maydell*, Geldschuld und Geldwert, S. 402; *Bräutigam*, Währungsrechtliche Zulässigkeit von Wertsicherungsklauseln, S. 35; *Heermann*, Geld und Geldgeschäfte, S. 54; a.A. *Mathar*, Wertsicherungsverbot und Grundgesetz, S. 95; *Papier*, JuS 1974, S. 477 ff., 481.

raum[126]. Teilweise werden die Bedenken gegen die Bestimmtheit des § 3 Satz 2 WährG auch durch einen Verweis auf die durch die lange Anwendung dieser Norm erreichte Rechtssicherheit ausgeräumt[127].

Bei der Frage, ob § 3 Satz 2 WährG dem Bestimmtheitserfordernis genügte, wird jedoch nicht beachtet, dass es sich bei dieser Vorschrift um ein repressives Verbot mit Befreiungsvorbehalt handelte[128] und nicht um ein präventives mit Erlaubnisvorbehalt und schon gar nicht um eine grundsätzliche Erlaubnis von Wertsicherungsklauseln, die lediglich mit der Möglichkeit verbunden war, sie nachträglich verbieten zu können. Dies hat zur Folge, dass ein Verstoß des § 3 Satz 2 WährG gegen den Bestimmtheitsgrundsatz von vornherein nicht besteht. Es macht einen Unterschied, ob ein Verhalten grundsätzlich erlaubt ist, aber von der zuständigen Behörde verboten werden darf, oder ob etwas von vornherein verboten wird, mit der Möglichkeit, eine Befreiung zu erteilen. Im ersten Fall muss der Betroffene selbstverständlich wissen, wann er mit einem Verbot rechnen muss. Die Verwaltung darf nicht ohne genaue gesetzliche Vorgaben zu Verboten ermächtigt werden. Im zweiten Fall gilt jedoch etwas anderes. Dort gibt der Gesetzgeber selbst vor: Wertsicherungsklauseln sind verboten![129] Die Befreiung von diesem Verbot durch eine Behörde kann dabei nicht von den gleichen Voraussetzungen abhängen, wie eine ihr gegebene Möglichkeit, durch ein Verbot belastend in grundrechtlich geschützte Bereiche eingreifen zu können. Auf Grundlage der gesetzlichen Vorgabe „Wertsicherungsklauseln sind verboten" wird die Behörde mit der Erteilung einer Befreiung von diesem Verbot nämlich begünstigend tätig. Der befreiende Verwaltungsakt besagt nicht nur, dass dem Vorhaben keine gesetzlichen Hindernisse entgegenstehen, sondern er gestattet die Tätigkeit erst. Für die Erteilung einer Begünstigung bedarf es aber keiner derart detaillierten Vorgaben durch den Gesetzgeber, wie es bei einem belastenden Eingriff der Fall ist[130]. Bei einer Genehmigung kommt es – anders als etwa bei einer Subventionsgewährung – auch zu keiner Benachteiligung von unbeteiligten Dritten, so dass auch insoweit keine andere Beurteilung geboten ist. Es ist also gerade nicht so, dass der Gesetzgeber zu Grundrechtseingriffen ermächtigte, ohne ausreichend genaue Voraussetzungen hierfür vorzusehen. Der Grundrechtseingriff („Wertsicherungsklauseln sind verboten") erfolgte vielmehr durch den Gesetzgeber selbst. Anders als vielfach im Recht der Wirtschaftsauf-

---

[125] *Papier,* JuS 1974, S. 477 ff., 481; *Mathar,* Wertsicherungsverbot und Grundgesetz, S. 93.

[126] Zu den Genehmigungsrichtlinien der Bundesbank s. u. Kap. VIII 1. b).

[127] So z. B. Isensee/Kirchhof-*R. Schmidt,* Hdb. des Staatsrechts, Bd. III, § 82 Rdnr. 9.

[128] Siehe oben Kap. IV 2. a).

[129] Siehe nur BGH, BB 1956, S. 936 f., 936.

[130] Siehe hierzu Erichsen-*Erichsen,* Allgemeines Verwaltungsrecht, § 15 Rdnr. 18; *Maurer,* Allgemeines Verwaltungsrecht, § 6 Rdnr. 3 ff., 10 ff.; *Achterberg,* Allgemeines Verwaltungsrecht, § 18 Rdnr. 1 ff.

sicht (z.B. § 32 GWB) gab es bei § 3 WährG auch keinen öffentlich-rechtlichen Vollzug der Verbotsnorm[131]. Die Bundesbank musste daher keine besondere Begründung abgeben, wenn sie eine Genehmigung verweigerte. Ein Hinweis auf das gesetzliche Verbot reichte aus. Meinte der Antragsteller, dass er die Befreiung hätte erhalten müssen, weil sie in diesen Fällen üblicherweise erteilt wurde, so ist dies ein Fall, der ohne weiteres nach den Regeln über die Selbstbindung der Verwaltung i.V.m. Art. 3 Abs. 1 GG entschieden werden konnte. Die Kritik an der vermeintlichen Unbestimmtheit des § 3 Satz 2 WährG war daher unberechtigt.

cc) § 3 WährG – fortgeltendes Besatzungsrecht?

Teilweise wurde gar keine Notwendigkeit gesehen, die Verfassungsmäßigkeit von § 3 Satz 2 WährG zu untersuchen. Das BVerwG stufte § 3 Satz 2 WährG[132] im Jahr 1972 noch als fortgeltendes Besatzungsrecht ein und überprüfte diese Vorschrift nicht auf ihre Vereinbarkeit mit deutschem Verfassungsrecht. Dabei ließ es eine „Bestätigung" durch den deutschen Gesetzgeber – etwa durch Erlass des § 49 AWG – nicht in Betracht kommen[133]. Auf das Besatzungsrecht war Art. 123 GG nicht anwendbar[134]. Soweit es das Besatzungsrecht allerdings zuließ, sollte bei dessen Auslegung und Anwendung deutsches (Verfassungs-)Recht beachtet werden[135]. Zu Unrecht berief sich das BVerwG allerdings auf BVerfGE 15, S. 337 ff., 349, denn dort führte das Gericht unter Hinweis auf die Bindung des Gesetzgebers an die verfassungsrechtliche Ordnung (Art. 20 Abs. 3 GG) aus, dass der Gesetzgeber verpflichtet sei, besatzungsrechtliche Vorschriften, die mit dem Grundgesetz nicht vereinbar sind, aufzuheben oder zu ändern[136], um dadurch eine dem Grundgesetz entsprechende Rechtsord-

---

[131] Staudinger-*K. Schmidt,* Vorbem zu §§ 244 ff, Rdnr. D 209.

[132] Das Gleiche galt nach BVerwG 41, S. 13 ff., 19, auch für die entspr. Nr. 2c Satz 2 BerlWährVO [dazu s.o. Kap. I 4. a)]; ebenso *Hahn,* Währungsrecht, § 8 Fn. 32; *Reinhuber,* Grundbegriffe, S. 124. Krit. zu diesen Urteilen *Gramlich,* BBankG, § 3 WährG Rdnr. 24, und *Bettermann,* DVBl. 1973, S. 412.

[133] BVerwGE 41, S. 1 ff., 4 unter Berufung auf BVerwGE 15, S. 337 ff., 349, und Art. 1 des Gesetzes betreffend das Protokoll vom 23.10.1954 über die Beendigung des Besatzungsregimes in der Bundesrepublik Deutschland vom 24.3.1955, BGBl. II, S. 213 ff., i.V.m. Art. 1 I 2 des Vertrages zur Regelung aus Krieg und Besatzung entstandener Fragen (Überleitungsvertrag) vom 26.5.1952 in der gemäß Liste IV zum Protokoll über die Beendigung des Besatzungsregimes geänderten Fassung (vom 30.3.1955, BGBl. II, S. 405 ff.). Siehe hierzu *Hesse,* Grundzüge des Verfassungsrechts, Rdnr. 94; a.M. *Mathar,* Wertsicherungsverbot und Grundgesetz, S. 53.

[134] BVerfGE 3, S. 368 ff., 375; Sachs-*Schulze,* GG, Art. 123 Rdnr. 6; Dreier-*Stettner,* GG, Art. 123 Rdnr. 17; *v. Maydell,* Geldschuld und Geldwert, S. 399.

[135] BVerwGE 41, S. 1 ff., 4. Für die entspr. Berliner Vorschrift s. BVerwGE 41, S. 13 ff., 19.

[136] Was Art. 1 Abs. 1 Satz 2 des Überleitungsvertrages (o. Fn. 133) erlaubte.

nung zu schaffen[137]. Allein deswegen kam es schon damals darauf an, ob § 3 Satz 2 WährG mit dem Grundgesetz vereinbar war.

§ 3 Satz 2 WährG als fortgeltendes Besatzungsrecht einzustufen, verbot sich zudem, weil der Staatsvertrag[138] im Jahre 1990 in Art. 3 seiner Anlage I für das Gebiet der damaligen DDR eine dem § 3 Satz 2 WährG entsprechende Regelung einführte, mit der sichergestellt werden sollte, dass § 3 Satz 2 WährG im gesamten Bundesgebiet galt[139]. An anderer Stelle[140] wurde bereits dargestellt, dass diese Regelungen über die Errichtung einer Währungsunion bei der Deutschen Wiedervereinigung nicht durch die entsprechenden bundesrepublikanischen Gesetze ersetzt wurden, sondern durch den Einigungsvertrag[141] ausdrücklich aufrecht erhalten wurden. Materiell stimmte damit zwar das Währungsstatut in den alten und neuen Bundesländern überein, es beruht aber auf verschiedenen Rechtsgrundlagen. Da § 3 Satz 2 WährG bezüglich der Wertsicherung von Anfang die räumlich weitreichendste und bekannteste Norm war, lief der die neuen Bundesländer betreffende Art. 3 der Anlage I zum Staatsvertrag auf eine Ausdehnung des § 3 Satz 2 WährG auf das gesamte Bundesgebiet hinaus[142]. Daraus folgt aber auch, dass der bundesdeutsche Gesetzgeber das alte Wertsicherungsverbot in seinen Willen aufgenommen hat[143]. Spätestens seit 1990 musste sich daher auch § 3 Satz 2 am Grundgesetz messen lassen. Aus oben genannten Gründen verletzte diese Vorschrift den Art. 2 Abs. 1 GG[144] aber nicht.

---

[137] BVerfGE 15, S. 337 ff., 349 f.; ebenso BVerfGE 36, S. 146 ff., 169 f. und 171; BVerfGE 62, S. 169 ff., 181 f.; *Bettermann*, DVBl. 1973, S. 412; *ders.*, ZRP 1974, S. 13 ff., 14; *v. Maydell*, Geldschuld und Geldwert, S. 399; *v. Arnim*, ZRP 1980, S. 201 ff., 204; siehe hierzu auch *Mathar*, Wertsicherungsverbot und Grundgesetz, S. 43 ff.

[138] Vertrag über die Schaffung einer Währungs-, Wirtschafts- und Sozialunion zwischen der Bundesrepublik Deutschland und der Deutschen Demokratischen Republik, BGBl. II 1990, S. 537 ff. Die Anlage I (Bestimmungen über die Währungsunion und über die Währungsumstellung) befindet sich auf den S. 548 ff. Dieser Vertrag wurde durch das Gesetz vom 25.6.1990, BGBl. II, S. 518 ff., zum Bundesrecht.

[139] Siehe oben Kap. I 7. und *Grothe*, Fremdwährungsverbindlichkeiten, S. 282, Fn. 1719.

[140] Siehe hierzu oben Kap. I 7.

[141] BGBl. II 1990, S. 889 ff.

[142] So Staudinger-*K. Schmidt*, Vorbem zu §§ 244 ff, Rdnr. D 191.

[143] *Grothe*, Fremdwährungsverbindlichkeiten, S. 282, Fn. 1719.

[144] Zur Vereinbarkeit des § 3 Satz 2 WährG mit anderen Grundrechten siehe *Mathar*, Wertsicherungsverbot und Grundgesetz, S. 117 ff., der hier einen Verstoß gegen Art. 2 Abs. 1 GG annimmt.

dd) Gemeinschaftsrecht

Nach Art. 56 des EG-Vertrages sind grundsätzlich alle Beschränkungen des Kapital- sowie des Zahlungsverkehrs zwischen den Mitgliedstaaten selbst sowie zwischen den Mitgliedstaaten und dritten Ländern verboten. Fraglich ist, ob der in § 3 Satz 2 WährG enthaltene Genehmigungsvorbehalt einen Verstoß gegen diese Grundfreiheit darstellte.

Unter Kapitalverkehr ist die Übertragung eines Wertes in Form von Geld- oder Sachkapital aus einem Mitgliedstaat in einen anderen Staat zu verstehen, die nicht direkt durch den Waren- oder Dienstleistungsverkehr bedingt ist[145]. Solche Vorgänge stellen in der Regel eine Vermögensanlage bzw. Investition dar[146] und führen zu Geldforderungen bzw. -schulden[147]. Soweit eine auf eine Geldschuld hinauslaufende Abrede gemäß § 3 Satz 2 WährG nur mit einer Genehmigung getroffen werden durfte, weil sie wegen einer Wertsicherungsklausel unter diese Vorschrift fiel, konnte der Kapitalverkehr dadurch durchaus beeinträchtigt sein.

Um eine Beschränkung des Kapitalverkehrs im Sinne des Art. 56 Abs. 1 EGV handelt es sich aber nur bei staatlichen Maßnahmen, die für den grenzüberschreitenden Kapitalverkehr eine gegenüber dem inländischen Kapitalverkehr formell oder materiell negativ abweichende Regelung vorsehen[148]. Eine solche Beschränkung des Kapitalverkehrs war in § 3 Satz 2 WährG jedoch nicht enthalten, denn diese Regelung diskriminierte diejenigen nicht, die Kapital über die Grenze schaffen wollten. Das Wertsicherungsverbot traf grundsätzlich jeden, unabhängig davon, ob Kapital ein- oder ausgeführt werden sollte. Durch § 3 Satz 2 WährG wurde zudem lediglich die Art und Weise, wie die Höhe eines zu transferierenden Kapitalbetrages zu ermitteln ist, reguliert[149]. Die Kapitalströme in und aus der Bundesrepublik wurden nicht aufgehalten.

Bei dieser deutschen Norm hat es sich auch nicht um eine unzulässige Maßnahme gleicher Wirkung gehandelt[150]. Der währungssichernde § 3 Satz 2 WährG gehörte bis zur Einführung des Euro zum Kernbereich nationaler Souve-

---

[145] EuGH, Rs. 286/82 u. 26/83 (Luisi u. Carbone/Ministero del Tesoro), Slg. 1984, S. 377 ff., 404; Bleckmann-*Eckhoff,* Europarecht, Rdnr. 1702; Lenz-*Weber,* EUV/EGV, Vorbem. Art. 56–60 Rdnr. 8; *Geiger,* EUV/EGV, Art. 56 EGV Rdnr. 3; Groeben/Schwarze-*Kiemel,* Art. 56 EG Rdnr. 1.

[146] EuGH Rs. 286/82 u. 26/83 (Luisi u. Carbone/Ministero del Tesoro), Slg. 1984, S. 377 ff., 404; Lenz-*Weber,* EUV/EGV, Vorbem. Art. 56–60 Rdnr. 8; Bleckmann-*Eckhoff,* Europarecht, Rdnr. 1702; Groeben/Schwarze-*Kiemel,* Art. 56 EG Rdnr. 1; *Geiger,* EUV/EGV, Art. 56 EGV Rdnr. 4.

[147] Lenz-*Weber,* EUV/EGV, Art. 56 Rdnr. 5.

[148] *Geiger,* EUV/EGV, Art. 56 EGV Rdnr. 6; Groeben/Schwarze-*Kiemel,* Art. 56 EG, Rdnr. 7; Lenz-*Weber,* EUV/EGV, Art. 56 Rdnr. 13; Bleckmann-*Eckhoff,* Europarecht, Rdnr. 1705; *Grothe,* WM 2002, S. 22 ff., 24.

[149] *Hafke,* WM 1997, S. 693 ff., 695; s. auch *Grothe,* WM 2002, S. 22 ff., 24.

ränität, der sich nicht speziell gegen den Verkehr mit Gebietsfremden richtete. Aus der Einführung der Kapitalverkehrsfreiheit konnte nicht gefolgert werden, dass währungsschützende Normen – außerhalb der ausdrücklich vereinbarten Maßnahmen zur Beseitigung von Kapitalverkehrsbeschränkungen – entfallen sollten[151]. Hierbei ist zu berücksichtigen, dass Regelungen des Kapital- und Zahlungsverkehrs notwendigerweise in einem engen Zusammenhang mit der jeweils verfolgten Wirtschafts- und Währungspolitik stehen[152]. Bis zur Vollendung der Währungsunion verblieb die Zuständigkeit für die Geld- und Währungspolitik bei den Mitgliedsstaaten. Über den Umweg des freien Kapital- und Zahlungsverkehrs konnte die nationale Währungspolitik jedoch nicht völlig ausgeschaltet werden. § 3 Satz 2 WährG stellte mit seinem nicht diskriminierenden allgemeinen Genehmigungserfordernis daher keinen Verstoß gegen die EU-Kapitalverkehrsfreiheit dar[153].

Entsprechendes galt bezüglich der Freiheit des Zahlungsverkehrs. Dem Zahlungsverkehr unterfällt die grenzüberschreitende Übertragung von Zahlungsmitteln (auch bargeldlos) im Sinne eines Devisentransfers, die eine Gegenleistung im Rahmen einer dieser Leistung zugrundeliegenden Transaktion (Warenlieferung, Dienstleistung) darstellt[154]. Auch insoweit galt, dass § 3 Satz 2 WährG diejenigen Zahlungen nicht diskriminierte, die einen Bezug zum Ausland hatten.

b) *Verfassungsmäßigkeit des § 2 PaPkG*

§ 2 PaPkG wird von Gegnern des Wertsicherungsverbots ebenso wenig geliebt werden wie dessen Vorgängernorm. Es ist daher damit zu rechnen, dass auch die Verfassungsmäßigkeit der neuen Vorschrift angezweifelt werden wird.

aa) Verhältnismäßigkeit

Auch hier läuft die Prüfung auf die Frage hinaus, ob der die allgemeine Handlungsfreiheit einschränkende § 2 PaPkG mit dem Grundrecht aus Art. 2 Abs. 1 GG vereinbar ist. Das Wertsicherungsverbot könnte als Teil der verfassungsmäßigen Ordnung eine zulässige Beschränkung der allgemeinen Handlungsfreiheit darstellen, wenn es seinerseits verfassungsrechtlichen Anforderun-

---

150 A.A. *Reinhuber,* Grundbegriffe, S. 128; *Grundmann,* EWS 1990, S. 214 ff., 220 ff.

151 *Hafke,* WM 1997, S. 693 ff., 695.

152 Bleckmann-*Eckhoff,* Europarecht, Rdnr. 1694.

153 So auch *Hafke,* WM 1997, S. 693 ff., 695.

154 EuGH, Rs. 286/82 u. 26/83 (Luisi u. Carbone/Ministero del Tesoro), Slg. 1984, S. 377 ff., 404; Lenz-*Weber,* EUV/EGV, Vorbem. Art. 56–60 Rdnr. 8; Bleckmann-*Eckhoff,* Europarecht, Rdnr. 1703; *Geiger,* EUV/EGV, Art. 56 EGV Rdnr. 5.

gen genügt – hier insbesondere dem Verhältnismäßigkeitsgrundsatz und dem Bestimmtheitsgrundsatz.

Mit § 2 PaPkG verfolgt der Gesetzgeber das wirtschaftspolitische Ziel, die Stabilität der Preise zu erhalten. Daneben dient das Wertsicherungsverbot dem Schutz der Verbraucher und anderer typischerweise verhandlungsschwacher Vertragsparteien. Dass der Verbraucherschutz ein legitimes Ziel ist, welches der Gesetzgeber verfolgen darf, folgt bereits aus dem Sozialstaatsprinzip, das es gebietet, Schwache besonders zu schützen. Fraglich ist, ob dies auch für die Preisstabilität gilt. Legitimes Ziel des § 3 Satz 2 WährG war der Schutz der Geldwertstabilität, das dem Gemeinwohlinteresse an einer stabilen Währung entsprach und in Art 109 Abs. 2 GG i.V.m. § 1 StWG anerkannt ist. Der Geldwert selbst wird im Wesentlichen durch die Kaufkraft des Geldes bestimmt[155]. Die Kaufkraft des Geldes verändert sich, wenn sich das Preisniveau ändert. Daher hängen Geldwertstabilität und Preisstabilität eng zusammen. Da die Geldwertstabilität ein legitimes Ziel darstellt, muss dies auch für den nur geringfügig engeren Begriff der Preisstabilität gelten, denn eine stabile Währung stabilisiert ihrerseits die Preise. Dem Art. 109 Abs. 2 GG wird daher zu Recht entnommen, dass dort auch die Erhaltung der Kaufkraft des Geldes mit Verfassungsrang ausgestattet ist[156]. Zudem nennt Art. 88 Satz 2 GG inzwischen die Sicherung der Preisstabilität ausdrücklich als „vorrangiges Ziel". Damit handelt es sich auch bei der Sicherung der Preisstabilität um ein legitimes Ziel.

Weiterhin setzt der Grundsatz der Verhältnismäßigkeit[157] voraus, dass das zur Erreichung des Ziels eingesetzte Mittel als solches eingesetzt werden darf. Bei § 2 PaPkG handelt es sich um ein repressives Verbot mit Befreiungsvorbehalt. Ein solches ist für sich genommen unbedenklich, stellt also ein zulässiges Mittel dar[158].

Problematischer ist die Frage, ob das mit § 2 PaPkG gewählte Mittel zur Erreichung des Zwecks (Preisstabilität und Verbraucherschutz) überhaupt geeignet ist. Für § 3 WährG galt, dass das Wertsicherungsverbot nicht von vornherein als völlig ungeeignet angesehen werden konnte und dass sich die mit dieser Vorschrift getroffene währungspolitische Entscheidung im Rahmen der dem Gesetzgeber zukommenden Einschätzungsprärogative hielt, nach der Zweifel zugunsten des Gesetzgebers gehen[159]. Gäbe es die DM-Währung noch, so würde das Gleiche für § 2 PaPkG gelten. Nach Einführung der Euro-Währung hängt die Preisstabilität in Deutschland aber noch weniger als zuvor von rein

155 Siehe Kap. II 1. a).

156 So z.B. *Stern*, Staatsrecht, Bd. II, § 35 V 6 β m.w.N.

157 Zu den Voraussetzungen des Grundsatzes der Verhältnismäßigkeit siehe m.w.N. oben Kap. IV 3. a) aa).

158 Vgl. BVerfGE 9, S. 83 ff., 87.

159 Siehe dazu oben Kap. IV 3. a) aa).

nationalen Einflüssen ab. Deutsche Gesetzgebung und Verwaltung können die Preisstabilität noch weniger beeinflussen als zuvor. Die Euro-Währung soll den Verbrauchern ja gerade den Vorteil bringen, dass es durch die bessere Vergleichbarkeit der Preise im ganzen Euro-Raum zu einem verstärkten Wettbewerb kommt, der sinkende Preise zur Folge hätte. Umgekehrt können auch Vorkommnisse in anderen Euro-Teilnehmerstaaten zu Preissteigerungen in Deutschland führen. Das heißt aber nicht, dass ein nationaler Beitrag zur Sicherung der Preisstabilität jetzt überhaupt keine Wirkung mehr entfalten kann. Wie das alte, kann auch das neue Wertsicherungsverbot einen Beitrag zur Preisstabilität leisten. Der Unterschied besteht nur darin, dass der Erfolg jetzt von zahlreicheren anderen Einflüssen abhängt. Zumindest so lange nicht das Gegenteil bewiesen ist, hält sich die mit § 2 PaPkG getroffene Einschätzung daher ebenso im Rahmen des gesetzgeberischen Beurteilungs- und Prognosespielraums, wie es bei dem alten Wertsicherungsverbot der Fall war.

Ohne weiteres stellt das Wertsicherungsverbot auch einen geeigneten Beitrag zum Verbraucherschutz dar, denn die Klauseln dürfen gemäß § 2 Abs. 1 Satz 2 PaPkG (i.V.m. § 2 Abs. 2 PrKV) ausdrücklich nur dann genehmigt werden, wenn keine der Vertragsparteien unangemessen benachteiligt wird.

Auch bei der Frage, ob die Erhaltung der Preisstabilität nicht ebenso durch ein gleich wirksames, aber weniger belastendes Mittel erreicht werden kann (Erforderlichkeit), gilt Entsprechendes wie bei § 3 WährG[160]. Ein Mittel, das die Vereinbarung bestimmter Wertsicherungsklauseln ebenso verhindert wie § 2 PaPkG, dabei aber weniger belastend ist, ist nicht ersichtlich. Zudem gilt auch für das Kriterium der Erforderlichkeit, dass Zweifel aufgrund der gesetzgeberischen Einschätzungsprärogative zugunsten des Gesetzgebers gehen[161].

Dass § 2 PaPkG letztlich auch nicht außer Verhältnis zum angestrebten Erfolg steht, ergibt sich daraus, dass diese Vorschrift nicht alle Wertsicherungsmöglichkeiten verbietet. Viel deutlicher als es noch bei § 3 WährG der Fall war, werden einige Wertsicherungsklauseln durch § 2 PaPkG nicht verboten, so dass auf diese Klauseln ausgewichen werden kann. Zwar beschränkt § 2 Satz 2 PaPkG die Ausnahmegenehmigungen bei genehmigungsbedürftigen Klauseln auf bestimmte Fallgruppen. Hierbei handelt es sich aber gerade um solche, bei denen ein deutlicheres Bedürfnis nach Wertsicherung besteht.

Im Ergebnis ist daher festzuhalten, dass das im § 2 PaPkG enthaltene Verbot keinen unverhältnismäßigen Eingriff in das Grundrecht aus Art. 2 Abs. 1 GG darstellt.

Gegen die Bestimmtheit des § 2 PaPkG bestehen ebenfalls keine Bedenken. Dies gilt wie bei § 3 Satz 2 WährG schon deswegen, weil bereits § 2 PaPkG

---

[160] Siehe oben Kap. IV 3. a) aa).

[161] *Pieroth/Schlink,* Grundrechte, Rdnr. 282 u. 287.

vorgibt, dass Wertsicherungsklauseln verboten sind. Das Bundesamt für Wirtschaft und Ausfuhrkontrolle wird daher, wenn es eine Genehmigung erteilt, begünstigend tätig. Hierfür bedarf es gerade nicht derart detaillierter Kriterien, als wenn sie belastend eingreift. Zudem bestimmt § 2 Abs. 1 Satz 2 PaPkG nunmehr ausdrücklich, unter welchen Voraussetzungen das Bundesamt Ausnahmen genehmigen kann, und § 2 Abs. 2 Nr. 1 PaPkG ermöglicht sogar eine noch detailliertere Regelung durch Rechtsverordnung (siehe die PrKV).

Da für die Prüfung weiterer Punkte kein Anlass besteht, lässt sich als Ergebnis festhalten, dass § 2 PaPkG mit Art. 2 Abs. 1 GG vereinbar ist.

bb) Gesetzgebungskompetenz, Gemeinschaftsrecht

Zweifel werden hinsichtlich der Frage geäußert, ob die Bundesrepublik zum Erlass des § 2 PaPkG überhaupt die erforderliche Gesetzgebungskompetenz hatte[162].

Ohne weiteres steht dem Bund innerhalb Deutschlands die Kompetenz zum Erlass des § 2 PaPkG zu. Obwohl zum Währungswesen auch die Sorge um den Wert des Geldes gezählt wird[163], lässt sich die Norm zwar nicht auf Art. 73 Nr. 4 i.V.m. Art. 70 u. 71 GG stützen, da es sich bei ihr nicht mehr um eine währungsrechtliche Vorschrift handelt[164]. Die Kompetenz des Bundes folgt jedoch aus Art. 74 Abs. 1 Nr. 11 i.V.m. Art. 70 u. 72 GG. Danach erstreckt sich die konkurrierende Gesetzgebung des Bundes auf das Recht der Wirtschaft. Diese Kompetenzvorschrift erfasst alle das wirtschaftliche Leben und die wirtschaftliche Betätigung als solche regelnden Normen[165]. Hierunter fallen nicht nur Vorschriften des Verbraucherschutzes[166], sondern auch solche, die die Preisbildung und -überwachung[167] betreffen. Die in § 2 PaPkG enthaltene Regelung ist im Sinne des Art. 72 Abs. 2 GG zudem für die Herstellung gleichwertiger Lebensverhältnisse im Bundesgebiet und die Wahrung der Rechts- und Wirtschaftseinheit im gesamtstaatlichen Interesse erforderlich.

Problematischer ist jedoch die Frage, ob die Bundesrepublik mit § 2 PaPkG gegen europäisches Gemeinschaftsrecht verstößt, da die Kompetenz für die

---

162 So z.B. Bamberger/Roth-*Grothe,* § 244 Rdnr. 14; *ders.,* WM 2002, S. 22 ff., 22; *Heermann,* Geld und Geldgeschäfte, S. 55. Für kompetenzwidrig hält die Norm *Grundmann* (in MK, §§ 244, 245 Rdnr. 70); anders aber (Indexierungsverbot gemeinschaftsrechtlich unbedenklich) *Vogler,* NJW 1999, S. 1236 ff., 1237; *Folter,* Die zivilrechtlichen Auswirkungen der Einführung des Euro, S. 51.

163 Maunz/Dürig-*Maunz,* GG, Art. 73 Rdnr. 80.

164 Siehe Kap. IV 1. b) aa).

165 BVerfGE 26, S. 246 ff., 254; Dreier-*Stettner,* GG, Art. 74 Rdnr. 53; Sachs-*Degenhart,* GG, Art. 74 Rdnr. 37.

166 BVerfGE 26, S. 246 ff., 254; Jarass/Pieroth-*Pieroth,* GG, Art. 74 Rdnr. 26.

167 BVerfGE 8, S. 274 ff., 294; Jarass/Pieroth-*Pieroth,* GG, Art. 74 Rdnr. 26.

Geld- und Währungspolitik mit der Einführung der Euro-Währung insgesamt[168] auf die Europäische Union übergegangen ist[169] und die ausschließliche Zuständigkeit für das Währungsrecht nunmehr bei der Gemeinschaft liegt[170]. Als Folge hiervon ist in Art. 4 Abs. 2 und 105 Abs. 1 EGV die Preisstabilität als vorrangiges Ziel der Gemeinschaft bzw. des ESZB festgelegt. Auch im Gemeinschaftsrecht bezieht sich der Begriff der Preisstabilität, der im EGV nicht definiert ist, auf die Kaufkraft der Währung[171].

Die Bundesrepublik würde dann gegen das Gemeinschaftsrecht verstoßen, wenn es sich bei § 2 PaPkG um eine währungsrechtliche Vorschrift handeln würde. Das ist jedoch – anders als beim alten § 3 Satz 2 WährG[172] – nicht er Fall, wie sich oben herausgestellt hat, denn die Norm bezieht sich nicht einmal auf eine bestimmte Währung[173]. Die Vorschrift schützt allein die Preisstabilität und die Verbraucher, so dass es sich um eine wirtschaftsrechtliche Vorschrift handelt. Sie hat nur die Funktion, den Umfang vertraglicher Zahlungsverbindlichkeiten festzulegen[174]. Zwar ist die Ähnlichkeit zwischen dem alten und dem neuen Wertsicherungsverbot groß. Das in § 3 Satz 2 WährG enthaltene Wertsicherungsverbot war aber immer auch zugleich ein Instrument zur Sicherung der Preisstabilität gewesen und hatte damit neben seiner geldpolitischen auch eine wirtschaftspolitisch wichtige Funktion gehabt[175]. Die Sorge um stabile Preise ist eben nicht nur ein Ziel der Währungspolitik, sondern zugleich auch der den

---

168 *L. Weber,* Umsetzung der Bestimmungen über die Europäische Währungsunion, S. 343.

169 *Grothe,* Fremdwährungsverbindlichkeiten, S. 2; Schimansky/Bunte/Lwowski-*Haug,* Bankrechts-Handbuch, Bd. III, § 123 Rdnr. 6; *Dittrich,* NJW 1998, S. 1269 ff., 1273; *Schefold,* ZEuP 1999, S. 271 ff., 289; *ders.,* NJW 1998, S. 3155 ff., 3155; *Schneider,* DB 1996, S. 2477 ff., 2478; *Hakenberg,* BB 1998, S. 1491 ff., 1494; *Folter,* Die zivilrechtlichen Auswirkungen der Einführung des Euro, S. 50 f.; *L. Weber,* Umsetzung der Bestimmungen über die Europäische Währungsunion, S. 5, 159 u. 208 (auf S. 339 ff. eingehend m. w. N. zu den verfassungsrechtlichen Aspekten der Übertragung der Währungshoheit von Deutschland auf die eurpäische Ebene); *Vogler,* NJW 1999, S. 1236 ff., 1236; *Selmayr,* WM 1999, S. 2429 ff., 2430; *Kilb,* JuS 1999, S. 10 ff., 11; *Hafke,* WM 1997, S. 693 ff., 696.

170 *v. Borries/Repplinger-Hach,* NJW 1996, S. 3111 ff., 3112; *Folter,* Die zivilrechtlichen Auswirkungen der Einführung des Euro, S. 48; MK-*Grundmann,* §§ 244, 245 Rdnr. 70. Siehe auch Kap. I 8 a.

171 Calliess/Ruffert-*Häde,* EUV/EGV, Art. 4 EGV Rdnr. 33; *L. Weber,* Umsetzung der Bestimmungen über die Europäische Währungsunion, S. 213 Fn. 537. Weiter dagegen (Kaufkraft- und Wechselkursstabilität): MK-*Grundmann,* §§ 244, 245 Rdnr. 64. Der EZB-Rat verständigte sich im Oktober 1998 darauf, Preisstabilität als einen Anstieg des Preisniveaus von weniger als 2% pro Jahr zu definieren, s. Lenz-*Schill,* EUV/EGV, Art. 105 Rdnr. 3.

172 *Grothe,* ZBB 2002, S. 1 ff., 6.

173 Siehe Kap. IV 1. b) aa).

174 *Grothe,* WM 2002, S. 22 ff., 25.

175 So *Vogler,* NJW 1999, S. 1236 ff., 1236.

Mitgliedstaaten verbliebenen Wirtschaftspolitik[176]. Dies ergibt sich in Deutschland beispielsweise aus § 1 StWG[177].

Zwar ist die „Preisstabilität" an mehreren Stellen im EGV erwähnt. Es fehlen jedoch Hinweise darauf, dass dieses Ziel damit allein zum Ziel der Währungspolitik gemacht wird. Der EGV führt zwar mit der gemeinschaftlichen Währungspolitik eine gemeinschaftliche Verantwortlichkeit für die Preisstabilität ein, doch folgt daraus kein Monopol der Gemeinschaft, allein für die Preisstabilität verantwortlich zu sein[178]. Der EGV unterstreicht, indem er die Preisstabilität besonders hervorhebt, vielmehr deren hohe Bedeutung. Dieser wird nur dann ausreichend Rechnung getragen, wenn auch die Wirtschaftspolitik aktiv Maßnahmen zum Erhalt der Preisstabilität ergreifen darf. Hätte die Währungspolitik ein Monopol hinsichtlich der Preisstabilität, fiele es zudem viel schwerer, sie zu erreichen. Denn dann würde jeder nationale Beitrag, der den jeweiligen regionalen Besonderheiten angepasst wurde, verhindert. Richtigerweise wird die Preisstabilität im Sinne des EGV daher nicht nur als währungspolitisches Ziel, sondern ausdrücklich auch als „wirtschaftspolitische Maxime" bezeichnet[179].

Zwar ist selbst im EGV von einer „Wirtschafts- und Währungsunion" die Rede[180]. Im EGV ist eine Wirtschaftsunion im Sinne einer einheitlichen von der Gemeinschaft betriebenen Wirtschaftspolitik jedoch nicht vorgesehen[181]. Vielmehr ergibt sich beispielsweise aus Art. 98 und 99 Abs. 1 EGV, dass die Wirtschaftspolitik sowohl hinsichtlich ihrer Ziele als auch deren Durchführung weiterhin in der Zuständigkeit der Mitgliedstaaten verbleibt[182]. Nur wenn ein Teilbereich der Wirtschaftspolitik vollständig vergemeinschaftet wurde, wie es z. B. bei der Agrar- und Zollpolitik der Fall ist, kann etwas anderes gelten. Da die Wirtschaftspolitik die Stabilität einer Währung allerdings wesentlich beeinflusst und damit Währungs- und Wirtschaftspolitik eng zusammen hängen, ist es aber von besonderer Bedeutung, die einzelstaatlichen Wirtschaftspolitiken zu koordinieren[183]. Daher sieht Art. 4 Abs. 1 EGV eine gemeinschaftliche Wirt-

---

[176] So auch *Vogler,* NJW 1999, S. 1236 ff., 1237; *L. Weber,* Umsetzung der Bestimmungen über die Europäische Währungsunion, S. 658.

[177] Siehe hierzu oben Kap. IV 1. b) aa).

[178] *L. Weber,* Umsetzung der Bestimmungen über die Europäische Währungsunion, S. 658.

[179] So Grabitz/Hilf-*Bandilla,* Recht der EU, Art. 4 EGV Rdnr. 14.

[180] Siehe z. B. Art. 2 u. Art. 99 Abs. 4 EGV.

[181] Calliess/Ruffert-*Häde,* EUV/EGV, Art. 98 EGV Rdnr. 2.

[182] *Stern,* FS für Everling, S. 1469 ff., 1471; *Seidel,* FS für Börner, S. 417 ff., 419; *Götz,* JZ 1993, S. 1081 ff., 1084; Grabitz/Hilf-*Bandilla,* Recht der EU, Art. 4 EGV Rdnr. 5; *L. Weber,* Umsetzung der Bestimmungen über die Europäische Währungsunion, S. 5, 9 u. 159 f.; MK-*Grundmann,* §§ 244, 245 Rdnr. 70; *Vogler,* NJW 1999, S. 1236 ff., 1237.

[183] *Schweitzer/Hummer,* Europarecht, Rdnr. 1458; Calliess/Ruffert-*Häde,* EUV/EGV, Art. 98 EGV Rdnr. 2.

schaftspolitik vor, „die auf einer engen Koordinierung der Wirtschaftspolitik der Mitgliedstaaten, dem Binnenmarkt und der Festlegung gemeinsamer Ziele beruht". Gemäß Art. 99 Abs. 1 EGV sollen die Mitgliedstaaten *ihre* Wirtschaftspolitik im Rat koordinieren. Die Bundesrepublik ist damit weitgehend frei, Vorschriften zu erlassen, um ihre wirtschaftspolitischen Ziele zu verfolgen. Hierzu passt, dass durch ein bloßes Verbot von Wertsicherungsklauseln Preisstabilität allein nicht gewährleistet werden könnte[184]. Für die Stabilität einer Währung sind in erster Linie die schöpferische Kraft der Unternehmen, die Arbeitsmarktsituation sowie die sonstigen wirtschaftlichen Rahmenbedingungen maßgeblich[185]. Diese werden durch die Wirtschaftspolitik bestimmt, die den Mitgliedstaaten auch dann zusteht, wenn sie sich positiv auf die Währung auswirken.

Zwar deckt die Rechtssetzungsbefugnis der EU für das Geld- und Währungswesen keineswegs sämtliche in irgendeiner Weise währungbezogenen Regeln ab[186]. Erfasst könnten allerdings solche wirtschaftsrechtlichen Normen sein, die einen so engen Bezug zur Währung haben, dass sie zugleich als währungsrechtliche Normen erscheinen. Denkbar wäre hier folgendes Argument: § 3 Satz 2 WährG sollte die Währung schützen und verbot deswegen bestimmte Wertsicherungsklauseln. Dieses Verbot wollte der deutsche Gesetzgeber beibehalten. Weil die Kompetenz zum Erlass von Währungsvorschriften nicht mehr bei ihm lag, bezeichnete er sie als wirtschaftspolitische Norm. Zweifellos verstieße die Bundesrepublik gegen das Gemeinschaftsrecht, wenn sie eine währungsrechtliche Norm bloß als Vorschrift des Wirtschaftsrecht bezeichnete. So wird vertreten, dass es sich bei § 2 PaPkG schon deshalb zumindest *auch* um eine währungsrechtliche Vorschrift handele, weil sie die Regelungen des § 3 Satz 2 WährG sowie die hierzu erfolgte Rechtsprechung übernommen habe[187]. Ein solches Argument schlägt jedoch fehl. Einerseits deswegen, weil der Gesetzgeber nunmehr mit der Norm verbraucherschützende Ziele verfolgt, sie also dadurch tatsächlich in ihrer Zielrichtung änderte. Andererseits deswegen, weil schon zu Zeiten des § 3 Satz 2 WährG nicht jede Vorschrift, die Wertsicherungsklauseln betraf, dem Währungsrecht zugeordnet wurde. Während § 3 WährG die Währung schützen sollte, gab und gibt es immer schon sozialpolitisch motivierte Anpassungsverbote bei Geldschulden. Die oben genannten Regelungen[188] des Mietrechts sind ein Beispiel dafür, die erbbaurechtlichen Vorschriften ein anderes. Dadurch wurden auch Klauseln beschränkt, die nach § 3 Satz 2 WährG unbedenklich gewesen wären. Daran zeigt sich, dass solche Beschränkungen in

---

[184] *Medicus,* Schuldrecht I, Rdnr. 168.

[185] *Schmidt-Räntsch,* NJW 1988, S. 3166 ff., 3166.

[186] *Grothe,* ZBB 2002, S. 1 ff., 6.

[187] So MK-*Grundmann,* §§ 244, 245 Rdnr. 70.

[188] Siehe Kap. III 3. a).

der Tat allein sozial- bzw. wirtschaftspolitische Gründe haben konnten. Würde man hier anders entscheiden, so wären alle entsprechenden schuldnerschützenden Beschränkungen unzulässig, da sie unbeabsichtigt zugleich die Währung betreffen. Das sonst so verbraucherfreundliche Gemeinschaftsrecht würde sich gerade gegen die Verbraucher wenden.

In diesem Zusammenhang kommt der Tatsache Bedeutung zu, dass der Geldwert und die Preisstabilität eng zusammenhängen. Eine stabile Währung setzt eine hohe Preisstabilität voraus. Daraus kann aber nicht gefolgert werden, dass jede Norm, die die Preisstabilität fördern soll, zugleich eine währungsrechtliche Norm ist. Dies folgt unmittelbar aus den Vorschriften des EGV: Wenn die Wirtschaftspolitik den Mitgliedstaaten verbleibt, können hiervon nicht die wirtschaftspolitischen Maßnahmen ausgenommen sein, die mittelbar zugleich Einfluss auf die Währung haben, denn dann bliebe nicht viel übrig. Zudem schreibt Art. 98 Satz 2 EGV den Mitgliedstaaten ausdrücklich vor, dass sie sich bei ihrer Wirtschaftspolitik an die in Art. 4 EGV genannten Grundsätze zu halten haben. Nach Art. 4 Abs. 3 EGV setzt „diese Tätigkeit" der Mitgliedstaaten die Einhaltung von „richtungsweisenden Grundsätzen" voraus, wobei an erster Stelle „stabile Preise" genannt werden. Die Formulierung „diese Tätigkeit" könnte sich nur auf die in den beiden vorhergehenden Absätzen erwähnte Wirtschafts- und Währungspolitik beziehen[189]. Die richtungsweisenden Grundsätze könnten aber auch darüber hinaus Bedeutung haben, weil in Art. 4 Abs. 2 mit der gleichen Formulierung auf Abs. 1 verwiesen wird und dort ausdrücklich auf die Tätigkeit der Mitgliedstaaten und der Gemeinschaft im Sinne des Art. 2 Bezug genommen wird und kein Anhaltspunkt dafür ersichtlich ist, dass die Formulierung in Abs. 3 eine andere, engere Bedeutung hat[190]. Diese Frage kann jedoch offen bleiben, denn § 2 PaPkG stellt eine wirtschaftspolitische Maßnahme dar, die aktiv – neben dem Verbraucherschutz – die Preisstabilität fördern soll.

Gemäß Art. 10 Abs. 1 Satz 2 EGV sollen die Mitgliedstaaten der Gemeinschaft zudem die Erfüllung ihrer Aufgaben erleichtern und gemäß UAbs. 2 die Maßnahmen unterlassen, die die Verwirklichung der Ziele des EGV gefährden könnten. Zwar gilt, dass weder die Gemeinschaftsorgane noch die Mitgliedstaaten die Währungspolitik für eine Wirtschaftspolitik instrumentalisieren dürfen, die der Preisstabilität zuwiderläuft[191]. Umgekehrt sind die Mitgliedstaaten aber nicht gehindert, ihre Wirtschaftspolitik aktiv auf die Preisstabilität auszurichten. Wenn die Bundesrepublik aktiv versucht, die Stabilität des Preisniveaus zu erhalten, unterstützt sie die Bemühungen der gemeinschaftlichen Organe um die

---

[189] So Grabitz/Hilf-*Bandilla,* Recht der EU, Art. 4 EGV Rdnr. 20.

[190] So Calliess/Ruffert-*Häde,* EUV/EGV, Art. 4 EGV Rdnr. 38.

[191] Calliess/Ruffert-*Häde,* EUV/EGV, Art. 4 EGV Rdnr. 34; Dreier-*Pernice,* GG, Art. 88 Rdnr. 34.

Stabilität des Euro. Da sie damit die währungspolitischen Maßnahmen der Gemeinschaft durch § 2 PaPkG nicht behindert oder vereitelt[192], ist sie hieran nicht gehindert. Insbesondere fehlt dem Gemeinschaftsrecht eine Vorschrift über die Zulässigkeit von Wertsicherungsklauseln[193], so dass es hier nicht zu überschneidenden Regelungen kommen kann. Daraus wird deutlich, dass die Mitgliedstaaten nicht gehindert sind, auch im Rahmen ihrer Wirtschaftspolitik konkret auf die Preisstabilität hinzuarbeiten. Die wirtschaftspolitische Zuständigkeit für die Preisstabilität ist damit bei den Mitgliedstaaten geblieben[194]. Hierunter fällt § 2 PaPkG.

Ein Verstoß gegen den freien Kapital- und Zahlungsverkehr (Art. 56 EGV) besteht ebenfalls nicht[195]: Der Kapitalverkehr i. S. d. Art. 56 Abs. 1 EGV ist vom Wertsicherungsverbot gar nicht betroffen, da dieses Verbot gemäß § 2 Abs. 1 Satz 3 PaPkG für den Geld- und Kapitalverkehr nicht mehr gilt.

Eine Beschränkung des Zahlungsverkehrs i. S. d. Art. 56 Abs. 2 EGV liegt aus den gleichen Gründen wie bei § 3 WährG[196] nicht vor. Dem Zahlungsverkehr unterfällt die grenzüberschreitende Übertragung von Zahlungsmitteln (auch bargeldlos) im Sinne eines Devisentransfers, der eine Gegenleistung im Rahmen einer dieser Leistung zugrundeliegenden Transaktion (Warenlieferung, Dienstleistung) darstellt[197]. § 2 PaPkG diskriminiert jedoch nicht diejenigen Zahlungen, die einen Bezug zum Ausland haben.

---

[192] Sogar *Grundmann* (im MK, §§ 244, 245 Rdnr. 70), der § 2 PaPkG für kompetenzwidrig hält, geht davon aus, dass der Genehmigungsvorbehalt „bei allen Zweifeln an seiner Effizienz" die Bemühungen der Gemeinschaft hinsichtlich der Geldwertstabilität nicht unterminiere.

[193] MK-*Grundmann*, §§ 244, 245 Rdnr. 66; *Grothe*, ZBB 2002, S. 1 ff., 2.

[194] So auch *L. Weber*, Umsetzung der Bestimmungen über die Europäische Währungsunion, S. 655.

[195] So auch *Grothe*, WM 2002, S. 22 ff., 24.

[196] Siehe oben Kap. IV 3. a) dd).

[197] EuGH, Rs. 286/82 u. 26/83 (Luisi u. Carbone/Ministero del Tesoro), Slg. 1984, S. 377 ff., 404; Lenz-*Weber*, EUV/EGV, Vorbem. Art. 56–60 Rdnr. 8; Bleckmann-*Eckhoff*, Europarecht, Rdnr. 1703; *Geiger*, EUV/EGV, Art. 56 EGV Rdnr. 5.

Kapitel V

Das alte Wertsicherungsverbot als Vorbild für § 2 PaPkG

§ 2 PaPkG ähnelt dem § 3 Satz 2 WährG. Beide Vorschriften sind zudem mangelhaft formuliert.

1. § 3 Satz 2 WährG

Gemäß § 3 Satz 2 i. V. m. Satz 1 WährG durften „Geldschulden, deren Betrag in Deutscher Mark durch den Kurs einer ... anderen Währung oder durch den Preis oder eine Menge von Feingold oder von anderen Gütern und Leistungen bestimmt werden" sollte, nur mit Genehmigung der dafür zuständigen Stelle eingegangen werden. Der Militärregierung war es nicht gelungen, den Umfang der Vorschrift durch ausdrückliche Tatbestandsmerkmale exakter zu formulieren. Statt dessen hatte sie nur die damals geläufigsten Wertsicherungsformen aneinander gereiht. Dabei ließ der Wortlaut der Norm die für Rechtsvorschriften erforderliche Klarheit vermissen, denn sie sollte Geldschulden betreffen, deren Betrag in Deutscher Mark „durch den ... *Preis oder eine Menge von* ... Gütern und Leistungen bestimmt werden soll". Wie aber soll der Betrag von Geldschulden durch eine Menge von Gütern oder Leistungen bestimmt werden? Gemeint war vielmehr, dass die Geldschuld durch den *Preis einer Menge von* Gütern oder Leistungen bestimmt werden sollte[1].

Zwar lässt sich dem Wortlaut des § 3 Satz 2 WährG entnehmen, dass nicht jede denkbare Wertsicherung verboten war[2]. Da die Norm aber erkennbar mangelhaft formuliert war, war die teleologische Auslegung wichtiger als die Auslegung nach dem Gesetzeswortlaut[3]. Deswegen maßen Rechtsprechung und Literatur dem Zweck des § 3 Satz 2 WährG, die Währung zu schützen, eine über das bei anderen Rechtsvorschriften gewohnte Maß hinausgehende Bedeutung

[1] *Duden*, Verhandlungen des 40. DJT, Bd. 1, S. 1 ff., 23.

[2] BGH, NJW 1962, S. 1568 f., 1569; OLG Schleswig, DNotZ 1957, S. 537 f., 538; *Willms/Wahlig*, BB 1978, S. 973 ff., 973; *Papier*, JuS 1974, S. 477 ff., 479; Staudinger-*K. Schmidt*, Vorbem zu §§ 244 ff, Rdnr. D 207; *Mathar*, Wertsicherungsverbot und Grundgesetz, S. 3; *Gramlich*, BBankG, § 3 WährG Rdnr. 27; *Bräutigam*, Währungsrechtliche Zulässigkeit von Wertsicherungsklauseln, S. 7 f.; *Ranniger*, DNotZ 1951, S. 396 ff., 399; *Eppig*, DNotZ 1957, S. 538 f., 539.

[3] Staudinger-*K. Schmidt*, Vorbem zu §§ 244 ff, Rdnr. D 206.

zu. Sie bezogen die Vorschrift nur auf solche Klauseln, die die Veränderung einer Geldschuld durch einen automatisch wirkenden, außerhalb des Schuldverhältnisses liegenden Wertmaßstab vorsahen, da sie gerade in dieser Automatik eine besondere Währungsgefährdung erkannten[4]. Zudem legten Rechtsprechung[5] und Literatur[6] den § 3 Satz 2 WährG wegen seiner die Vertragsfreiheit einschränkenden Wirkung eng aus. Als Folge kristallisierten sich bestimmte Gruppen von Wertsicherungsklauseln heraus, die dem Wertsicherungsverbot nicht unterfielen.

Um den Umfang des alten § 3 Satz 2 WährG exakter beschreiben zu können, ist nicht nur dessen Zweck und beschränkende Wirkung zu berücksichtigen, sondern auch, dass die Norm den geldschuldrechtlichen Nominalismus voraussetzte[7]. Zugleich war sie Ausdruck der währungspolitischen Auffassung, dass Wertsicherungsklauseln die Stabilität der Währung gefährden[8]. Wenn die Norm Abweichungen vom Nennwertprinzip begrenzen sollte, um zur Erhaltung der Währungsstabilität beizutragen, bedeutete dies, dass § 3 Satz 2 WährG grundsätzlich nur solche Klauseln erfassen sollte, die eine Abweichung vom Nennwertprinzip bewirkten (willkürliche Begründung einer Geldwertschuld) *und* im Fall allgemeiner Verbreitung dazu führen konnten, dass sich Waren und Dienstleistungen insgesamt verteuern und damit die Entwertung des deutschen Geldes gefördert wurde (potenzielle Inflationsförderung)[9]. Waren und Dienstleistungen mussten sich dabei deswegen „insgesamt" verteuern können, damit nicht einzelne Vorfälle in speziellen Marktbereichen, die meist keine Auswirkung auf die Gesamtpreisentwicklung haben, zu inflationsfördernden Vorkommnissen aufgewertet wurden.

---

[4] BVerwGE 41, S. 1 ff., 6; *Reichert-Facilides,* JZ 1969, S. 617 ff., 621; *Hahn,* Währungsrecht, § 8 Rdnr. 22; *Frielingsdorf,* DB 1982, S. 789 ff., 789; *Papier,* JuS 1974, S. 477, 480; Soergel-*Teichmann,* § 244 Rdnr. 13; *Pikart,* WM 1969, S. 1062 ff., 1065; *Gramlich,* BBankG, § 3 WährG Rdnr. 27.

[5] BVerwGE 41, S. 1 ff., 6; BGHZ 14, S. 306 ff., 308; BGH, NJW 1962, S. 1568 f., 1569; BGH, BB 1962, S. 737; BGH, WM 1970, S. 752 ff., 753; BAG, BB 1970, S. 1179.

[6] *Dürkes,* Wertsicherungsklauseln, B Rdnr. 8, D Rdnr. 2; *Eppig,* DNotZ 1951, S. 405 ff., 405; *Frielingsdorf,* DB 1982, S. 789 ff., 790; *Seetzen,* AWD 1969, S. 253 ff., 254; RGRK-*Alff,* § 245 Rdnr. 18; *Pikart,* WM 1969, S. 1062 ff., 1063; Soergel-*Teichmann,* § 244 Rdnr. 13; *Fögen,* BB 1967, S. 738 ff., 738; *Ranniger,* DNotZ 1951, S. 396 ff., 398 f. u. 402; *Hartmann,* DB 1970, Beilage Nr. 17 Rdnr. 7; *Rötelmann,* NJW 1951, S. 363 f., 364; krit. aber z.B. Staudinger-*K. Schmidt,* Vorbem zu §§ 244 ff, Rdnr. D 206 (keine „enge Auslegung", sondern teleologische Reduktion der Vorschrift); *Bräutigam,* Währungsrechtliche Zulässigkeit von Wertsicherungsklauseln, S. 94 f.

[7] Siehe Kap. II 3. b) bb).

[8] Siehe oben Kap. IV 1. a).

[9] Staudinger-*K. Schmidt,* Vorbem zu §§ 244 ff, Rdnr. D 194, D 206; *Heermann,* Geld und Geldgeschäfte, S. 53; ähnlich *Schulze,* AWD 1962, S. 89 ff., 91 und wohl auch AK-BGB-*Brüggemeier,* vor §§ 244, 245 Rdnr. 24 i.V.m. 30.

Die Rechtsprechung, die mit weitgehender Zustimmung der Literatur zur Folge hatte, dass sich Fallgruppen genehmigungsfreier Wertsicherungsklauseln herausbildeten, bezweckte nicht, die währungspolitischen Zielsetzungen der Bundesbank als Genehmigungsbehörde zu umgehen. Die Tendenz der Rechtsprechung, nicht nur den genehmigungsfreien Vereinbarungsspielraum auszudehnen, sondern sogar die Unwirksamkeitsfolge bei genehmigungsbedürftigen – aber nicht genehmigungsfähigen – Wertsicherungsklauseln zu vermeiden[10], sollte vielmehr verhindern, dass ein regelmäßig aus ganz anderen Gründen lästig gewordener Vertrag dadurch aus den Angeln gehoben wurde, dass sich eine Vertragspartei auf die fehlende Genehmigung bzw. die fehlende Genehmigungsfähigkeit berief[11]. Damit wurde dem Grundsatz „pacta sunt servanda" Geltung verschafft. Der BGH bestätigte ausdrücklich, dass die Grenzen des § 3 Satz 2 WährG unabhängig von bestimmten Zweckerwägungen im Wege der Auslegung festzustellen seien und dass es nicht Ziel der Rechtsprechung sei, das Wertsicherungsverbot aus dem Weg zu schaffen, wenn dies durch wirtschaftlich „vernünftige Wertungen" gerechtfertigt wäre, die Bundesbank die als erforderlich angesehene Genehmigung jedoch nicht erteilen wollte[12].

2. § 2 PaPkG

Gemäß § 2 Abs. 1 Satz 1 PaPkG dürfen Geldschulden nicht unmittelbar und selbsttätig durch den Preis oder Wert von anderen Gütern oder Leistungen bestimmt werden, die mit den vereinbarten Gütern oder Leistungen nicht vergleichbar sind. Wegen der Kritik an dem unklaren Wortlaut des § 3 WährG überrascht es nicht, dass der Bundestag diesen nicht wörtlich in die neue Vorschrift übernommen hat. Gleichwohl ist auch der neue Wortlaut kein Glanzstück juristischer Formulierungskunst: § 2 PaPkG enthält nicht den Begriff der „Wertsicherungsklausel", wohl aber in Abs. 1 Satz 2 den Begriff „Wertsicherung". § 2 Abs. 1 Satz 3 und 4 PaPkG enthalten den Begriff „Indexierungsverbot", Abs. 2 Nr. 1 den Begriff „Preisklauselverbot". Die Begriffe „Preisklauselverbot" und „Indexierungsverbot" sind nicht gleichbedeutend, denn bei einer Indexierung handelt es sich lediglich um einen – allerdings sehr verbreiteten – Unterfall der Wertsicherungsklausel[13], da sie auf einen Index Bezug nimmt. Der Begriff „Preisklausel" erfasst dagegen alle Wertsicherungsklauseln im oben[14] definierten Sinn und ist damit der spezielleren „Indexierung" übergeordnet. Die Begriffe Wertsicherungs- bzw. Preisklausel- und Indexierungsverbot werden inzwischen allerdings synonym gebraucht. Dies ist unbedenklich, solange es auf

---

10 Siehe hierzu unten Kap. IX 1. e) bb).

11 *Wolf,* ZIP 1981, S. 235 ff., 236; *Fögen,* BB 1967, S. 738 ff., 738.

12 BGHZ 14, S. 306 ff., 308.

13 Siehe Kap. VI 6.

14 Siehe Kap. III 1.

die Differenzierung im Einzelnen nicht ankommt[15]. Da aber § 2 Abs. 1 Sätze 3 und 4 PaPkG bestimmte Fälle vom „Indexierungsverbot", nicht aber vom „Preisklauselverbot" ausnehmen, kann der Eindruck entstehen, dass von allen Preisklauseln nur diejenigen ausgenommen sein sollen, die auf einen Index Bezug nehmen. Erst aus dem Zusammenhang ergibt sich, dass der Gesetzgeber dies nicht beabsichtigt hat: Jeder Hinweis darauf fehlt, dass er mit den beiden Begriffen etwas unterschiedliches meinte. Vielmehr ist immer nur „vom" Indexierungs- bzw. Preisklauselverbot die Rede, woraus folgt, dass es sich nur um ein einziges Verbot handelt. Das Gesetz enthält damit für ein und denselben Gegenstand zwei verschiedene Begriffe. Dies ist ungewöhnlich und verwirrend.

Da der Begriff „Wertsicherungsklausel" in § 2 PaPkG nicht auftaucht, stellt sich die Frage, ob nunmehr statt dessen der Begriff „Preisklausel" benutzt werden sollte. Dafür spricht, dass die Norm selbst diesen Begriff enthält und er auch im Namen des Gesetzes enthalten ist. Dagegen spricht, dass § 2 PaPkG zugleich den Begriff „Indexierungsverbot" enthält und es daher an der notwendigen Klarheit fehlt. Da der seit langem gebräuchliche Begriff der „Wertsicherungsklausel"[16] alle Klauseln erfasst, die auf die Vereinbarkeit mit § 2 PaPkG zu prüfen sind und Abs. 1 Satz 2 dieser Norm die „Wertsicherung" erwähnt, sollte dieser Begriff weiterhin als allgemeiner Oberbegriff benutzt werden.

§ 2 Abs. 1 Satz 1 PaPkG nennt im Einzelnen die Voraussetzungen, die zum Verbot einer Wertsicherungsklausel führen. Damit lässt schon der Wortlaut der neuen Norm deutlicher als zuvor erkennen, dass nicht jede denkbare Absicherung gegen Veränderungen irgendeiner Art verboten sein soll. Zugleich wird deutlich, dass der Gesetzgeber die enge Auslegung des § 3 Satz 2 WährG durch Rechtsprechung und Literatur in das neue Verbot aufgenommen[17] und damit gebilligt hat.

Bei den Gruppen von Wertsicherungsklauseln, die dem Verbot des § 2 Abs. 1 Satz 1 PaPkG nicht unterfallen, wird der Frage nachzugehen sein, ob noch Raum für eine weite oder enge Auslegung der Norm bleibt. Es ist damit zu rechnen, dass das bei § 3 Satz 2 WährG immer betonte Gebot der engen Auslegung anfänglich in gleicher Weise in die Kommentierungen des § 2 PaPkG aufgenommen wird[18]. Die bei § 3 WährG vertretene „enge Auslegung" war allerdings die Folge dessen unklaren Wortlauts. Sobald sich gezeigt hat, dass die Tatbestandsvoraussetzungen des neuen § 2 PaPkG geeignet sind, das Wertsicherungsverbot auf zweckmäßige Fallgruppen einzugrenzen, wird das Gebot der „engen Auslegung" nach und nach verblassen.

---

15 *Grothe,* WM 2002, S. 22 ff., 22, Fn. 3.

16 Siehe Kap. III 1.

17 *Schmidt-Räntsch,* NJW 1998, S. 3166 ff., 3167.

18 So schon *v. Heynitz,* MittBayNot 1998, S. 398 ff., 401; Bamberger/Roth-*Grothe,* § 244 Rdnr. 14 und *v. Oefele/Winkler,* Handbuch des Erbbaurechts, Rdnr. 6.133.

Kapitel VI

Der Umfang des Wertsicherungsverbots aus § 2 PaPkG

Schon der Wortlaut des § 2 PaPkG lässt erkennen, dass nicht jede denkbare Absicherung gegen Veränderungen irgendeiner Art, zum Beispiel eines Geldwertverlustes, verboten sein soll. § 2 Abs. 1 Satz 1 PaPkG nennt im Einzelnen die Voraussetzungen, unter denen eine Wertsicherungsklausel verboten ist. Der Gesetzgeber hat dabei die enge Auslegung des alten § 3 Satz 2 WährG durch Rechtsprechung und Literatur in das neue Verbot aufgenommen[1]. Gleichwohl bleibt der genaue Umfang des Verbots trotz der dort genannten Voraussetzungen und Ausnahmen unklar. Diese werden daher im Folgenden eingehend behandelt. Ein kurzes Prüfungsschema folgt am Ende des Kapitels.

1. Geldschuld

Das in § 2 Abs. 1 Satz 1 PaPkG enthaltene Wertsicherungsverbot setzt ausdrücklich eine Geldschuld voraus. Fehlt eine solche, gilt das Verbot nicht.

a) *Fremdwährungsverbindlichkeiten*

aa) Fremdwährungsverbindlichkeiten bei § 2 PaPkG

§ 2 Abs. 1 Satz 1 PaPkG knüpft an den „Betrag von Geldschulden" an, ohne diese auf solche zu begrenzen, die auf Euro lauten. Damit erfasst das Wertsicherungsverbot auch Fremdwährungsverbindlichkeiten[2], während § 3 Satz 2 WährG zuvor nur Geldschulden erfasste, die auf Deutsche Mark lauteten. Insoweit ist das neue Verbot strenger als das alte, denn eine an sich verbotene Wertsicherungsklausel kann nicht mehr dadurch wirksam vereinbart werden, indem die Vertragspartner die Geldschuld in einer fremden Währung ausdrücken.

---

[1] *Schmidt-Räntsch,* NJW 1998, S. 3166 ff., 3167.

[2] Bamberger/Roth-*Grothe,* § 244 Rdnr. 16; *ders.,* Fremdwährungsverbindlichkeiten, S. 288; *Jayme/Kohler,* IPRax 1999, S. 401 ff., 404.

bb) Fremdwährungsverbindlichkeiten bei § 3 Satz 2 WährG

Anders war es bei § 3 Satz 2 WährG. Wenn auch dessen Wortlaut in mancherlei Hinsicht unklar war, setzte er doch eindeutig eine Geldschuld in Deutscher Mark voraus. Für Geldschulden in einer anderen Währung traf bereits Satz 1 eine spezielle Regelung. Daher war bei Fremdwährungsverbindlichkeiten neben der Genehmigung nach § 3 Satz 1 WährG selbst dann keine nach Satz 2 erforderlich, wenn die Fremdwährungsverbindlichkeit wertgesichert war[3]. Die Behauptung, eine nach § 3 Satz 1 erteilte Devisengenehmigung habe eine gegebenenfalls erforderliche (zusätzliche) Genehmigung nach § 3 Satz 2 enthalten[4], war daher falsch. Wenn eine Genehmigung nach § 3 Satz 2 gar nicht erforderlich war, weil es sich nicht um eine DM-Geldschuld handelte, war eine derartige Konstruktion überflüssig[5]. Etwas anderes ergab sich auch nicht aus Nr. 3 der „Allgemeinen Genehmigung" der Deutschen Bundesbank[6]. Dort gab die Bundesbank lediglich bekannt, dass die Genehmigung nach § 3 Satz 1 WährG bei einer Fremdwährungsverbindlichkeit, die mit einer Wertsicherungsklausel verbunden war, von strengeren Voraussetzungen abhing, als wenn eine solche Klausel fehlt, und daher einer besonderen Genehmigung nach § 3 Satz 1 WährG bedurfte und nicht schon von dieser „Allgemeinen Genehmigung" erfasst war. Ohnehin wären Äußerungen der Bundesbank insoweit juristisch ohne Belang geblieben, wenn sie mit der gesetzlichen Vorschrift des § 3 Satz 2 WährG nicht übereingestimmt hätten.

Dem Schutzzweck der Norm entsprechend[7] war daher nach deutschem Recht eine Wertsicherung beliebiger Art gestattet, wenn die Parteien nur in einer Auslandswährung kontrahierten, und zwar unabhängig davon, ob die Fremdwährungsverbindlichkeit nach § 3 Satz 1 WährG genehmigungspflichtig oder genehmigungsfrei war[8].

---

[3] OLG Frankfurt, WM 1984, S. 20 f., 21; *Grothe,* Fremdwährungsverbindlichkeiten, S. 277 u. 363; Staudinger-*K. Schmidt,* Vorbem zu §§ 244 ff, Rdnr. D 216; *Hahn,* Währungsrecht, § 26 Rdnr. 18 Fn. 61; *Reithmann,* DNotZ 1960, S. 172 ff., 191; *Mees,* BB 1967, S. 547; *Goltz,* DB 1959, S. 339 ff., 340.

[4] So aber ausdrücklich *Dürkes,* Wertsicherungsklausel, B Rdnr. 19 u. C Rdnr. 25, der bei B Rdnr. 22 u. D Rdnr. 3 aber selbst schreibt, dass § 3 S. 2 sich nur auf DM-Verbindlichkeiten, nicht aber auf Verbindlichkeiten in fremden Währungen bezog.

[5] So zu Recht *Grothe,* Fremdwährungsverbindlichkeiten, S. 277.

[6] Mitteilung Nr. 1009/61 (vom 24.8.1961, BAnz. Nr. 167) betreffend die Eingehung von Verbindlichkeiten in fremder Währung, geändert durch die Mitteilung Nr. 1001/90 (vom 5.1.1990, BAnz. Nr. 3).

[7] Siehe hierzu Kap. IV 1. a).

[8] *Grothe,* Fremdwährungsverbindlichkeiten, S. 363 (dort auf den S. 393 ff. auch zu den Möglichkeiten, eine Fremdwährungsverbindlichkeit gegen Geldwertverlust und andere Risiken abzusichern); Staudinger-*K. Schmidt,* § 244 Rdnr. 42; *Reithmann,* DNotZ 1960, S. 172 ff., 191.

b) Vereinbarung einer Sachschuld

§ 2 Abs. 1 Satz 1 PaPkG stellt ausdrücklich auf Geldschulden ab. Vereinbarungen, bei denen als Gegenleistung statt des Geldes eine Sachleistung vereinbart wird, verbietet die Vorschrift daher nicht[9]. Das Gleiche gilt für alle anderen Verbindlichkeiten, die nicht auf die Zahlung von Geld gerichtet sind (Handlungs-, Duldungs- oder Unterlassungsverpflichtungen). Nichts anderes galt bei § 3 Satz 2 WährG, da diese Norm ebenfalls ausdrücklich auf Geldschulden abstellte. Insoweit hat sich die Rechtslage mit § 2 PaPkG nicht geändert.

Der Gläubiger einer Sachschuld muss Geldwertschwankungen nicht fürchten. Tauschgeschäfte können gerade deswegen vereinbart werden, um sich vor einem Geldwertverlust zu schützen. Sie sind besonders in inflationären Zeiten sehr beliebt[10], wenn niemand seine Leistungen gegen schnell wertlos werdende Geldforderungen erbringen möchte. Soweit der Gläubiger die Sachen nicht selbst verbrauchen bzw. behalten will, kann er sie weiter tauschen oder verkaufen. Da er dabei regelmäßig eine angemessene Geldsumme verlangen kann, berührt ihn eine zwischenzeitlich eingetretene Geldwertverringerung nicht. Auch wenn die Vertragsparteien eine Sachschuld allein zur Wertsicherung vereinbart haben, handelt es sich nicht um eine „Wertsicherungsklausel" im engeren Sinne, denn diese muss sich per definitionem[11] auf eine Geldschuld beziehen.

Zwar schützt eine Sachschuldvereinbarung den Gläubiger vor Geldwertschwankungen. Erkauft wird diese Sicherheit aber mit dem Risiko des Gläubigers, dass der Preis der Sache aus nicht geldwertbezogenen Gründen sinkt. Sind die betroffenen Güter zwischenzeitlich deutlich billiger geworden oder von einer staatlichen Preisfestsetzung betroffen, wird der Sachschuldgläubiger diesen Nachteil grundsätzlich hinnehmen müssen. Andererseits können besondere Marktsituationen für ihn vorteilhaft sein: Hat er sich beispielsweise vertraglich die Lieferung einer bestimmten Menge Weizen ausbedungen, so hat er Glück, wenn sich der Preis des Weizens im Zeitpunkt der Lieferung infolge einer Missernte verdoppelt hat.

Schon bei § 3 Satz 2 WährG verstießen die Beteiligten selbst dann nicht gegen das Wertsicherungsverbot, wenn sie einen Tausch nur vereinbarten, um der Geldentwertung zu entgehen[12]. Denn der alten Vorschrift konnte nicht entnom-

---

[9] Im Ergebnis ebenso Palandt-*Heinrichs,* § 245 Rdnr. 36; *v. Heynitz,* MittBayNot 1998, S. 398 ff., 401; MK-*Grundmann,* §§ 244, 245 Rdnr. 73; *v. Oefele/Winkler,* Handbuch des Erbbaurechts, Rdnr. 6.152.

[10] *Berndt,* Die Wertsicherung in der Unternehmung, S. 79; *Mann,* Recht des Geldes, S. 100.

[11] Siehe Kap. III 1.

[12] BGH, NJW 1962, S. 1568 f., 1568; OLG Schleswig, DNotZ 1957, S. 537 f.; OLG Celle, DNotZ 1952, S. 479 ff., 480 f.; Staudinger-*K. Schmidt,* Vorbem zu §§ 244 ff, Rdnr. D 205, 228; Soergel-*Teichmann,* § 244 Rdnr. 24; *Dürkes,* Wertsiche-

men werden, dass die Genehmigungsbedürftigkeit schon dann eintreten sollte, wenn die Vereinbarung subjektiv dem Schutz vor der Geldentwertung diente[13]. Eine „Flucht in die Sachwerte" erfasste dieses Verbot nicht[14]. Es sollte die (Vertrags-)Freiheit, zu kaufen oder zu tauschen, nicht beeinträchtigen[15]. Dies folgt daraus, dass das Verbot eine Währungsgefährdung durch Wertsicherungsklauseln verhindern sollte. Diese besteht jedoch unabhängig von dem subjektiven Zweck, der hinter der Klausel steht.

Dies gilt erst Recht bei § 2 PaPkG, da der Gesetzgeber das Verbot nicht auf Sachschuldvereinbarungen ausgedehnt hat. Das in § 2 Abs. 1 Satz 1 PaPkG enthaltene Verbot greift nur dann, wenn die dort genannten Voraussetzungen erfüllt sind. Auf das Motiv der Vertragsparteien kommt es nicht an. Es gilt nicht, wenn die Beteiligten zwar allein die Geldwertsicherung bezwecken, aber die Voraussetzungen des § 2 Abs. 1 PaPkG nicht erfüllt sind. Es gilt, wenn die Tatbestandsvoraussetzungen erfüllt sind, sie aber gar nicht an die Geldentwertung gedacht haben.

Die Beteiligten müssen die Sachleistung allerdings tatsächlich erbringen wollen. Sie darf nicht die Funktion eines Wertmessers für eine tatsächlich gewollte Geldschuld übernehmen, da dann die Voraussetzungen des § 2 Abs. 1 PaPkG erfüllt sein können. Die Sache muss also Leistungsgegenstand, nicht bloßer Berechnungsmaßstab sein. Ob der Gläubiger die geschuldete Sachleistung zum eigenen Verbrauch nutzen will oder ob er überhaupt ein Interesse an der zu leistenden Sache hat, ist dagegen unerheblich[16]. Solange es bei Vertragsschluss noch nicht vereinbart war, verstoßen die Vertragsparteien nicht gegen das in § 2 Abs. 1 Satz 1 PaPkG enthaltene Verbot, wenn sie die Sachschuld später in eine Geldschuld umwandeln. Denn in diesem Fall bestimmt sich der Betrag der Geldschuld nicht unmittelbar und selbsttätig durch den Preis oder Wert der Sache. Vielmehr entsteht durch diese Umwandlung überhaupt erst eine Geldschuld, deren Betrag erstmalig festgelegt wird. Dem Gläubiger der Sachleistung ist ebenso unbenommen, bei Fälligkeit der Sachleistung eine entsprechende Geldsumme gemäß § 364 Abs. 1 BGB an Erfüllungs statt anzunehmen. Auch hier wird der Betrag der Geldschuld nicht unmittelbar und selbsttätig durch den

---

rungsklauseln, D Rdnr. 298; *Szagunn,* BB 1955, S. 969 ff., 970; *Eppig,* NJW 1949, S. 531 ff., 532.

[13] *Fögen,* Geld- und Währungsrecht, S. 151; *v. Maydell,* Geldschuld und Geldwert, S. 379; *v. Caemmerer,* Verhandlungen des 40. DJT, Bd. 2, D 15 f.; *Pikart,* WM 1969, S. 1062 ff., 1063.

[14] Staudinger-*K. Schmidt,* Vorbem zu §§ 244 ff., Rdnr. D 227; a.A. *Bräutigam,* Währungsrechtliche Zulässigkeit von Wertsicherungsklauseln, S. 122.

[15] *Eppig,* NJW 1949, S. 531 ff., 532.

[16] So schon zu § 3 WährG: OLG Celle, DNotZ 1952, S. 479 ff., 480; *Duden,* Verhandlungen des 40. DJT, Bd. 1, S. 1 ff., 21; *Reithmann,* DNotZ 1960, S. 172 ff., 179 m.w.N. auf die Rspr.; *Dürkes,* Wertsicherungsklauseln, D Rdnr. 288; *Szagunn,* BB 1955, S. 969 ff., 970.

Preis oder Wert der Sache bestimmt, da gar keine Geldschuld besteht, deren Betrag bestimmt werden kann. Entscheidend ist, dass der Gläubiger keinen Anspruch auf Geld hat. Aus den gleichen Gründen kann der Gläubiger den Schuldner von Anfang an beauftragen, die ihm zu übereignenden Sachen zu veräußern und den Erlös an den Gläubiger abzuführen, da der Leistungsgegenstand eine Sachleistung bleibt[17]. Nur wenn von Anfang an geplant ist, die Sachleistung in eine entsprechende Geldleistung umzuwandeln, dient die Sachleistung als Wertmesser für eine tatsächlich gewollte Geldleistung[18].

Die wiederholte Annahme einer Geldzahlung an Erfüllungs Statt bei Dauerschuldverhältnissen gibt allerdings Anlass zu der Vermutung, dass nicht die Sachleistung, sondern deren Geldwert von Anfang an der wirkliche Vertragsgegenstand sein sollte und es sich damit um eine genehmigungsbedürftige Geldwertschuld handeln könnte[19]. Zur Frage, ob eine solche Vereinbarung als Scheingeschäft oder Gesetzesumgehung nichtig sein kann, siehe Kap. VI 13.

c) *Wahlschuld oder Ersetzungsbefugnis*

§ 2 Abs. 1 Satz 1 PaPkG betrifft nur Geldschulden, deren Betrag unmittelbar und selbsttätig durch den Preis oder Wert von anderen Gütern oder Leistungen bestimmt wird. Wie schon bei § 3 Satz 2 WährG[20] verbietet die Vorschrift keine Klauseln, in denen die Vertragsparteien eine Sachschuld wahlweise i. S. d. § 262 BGB neben die Geldschuld stellen[21]. Eine solche Wahlschuld fällt nicht unter das Verbot, weil der Betrag der Geldschuld nicht durch den Preis oder Wert von anderen Gütern oder Leistungen bestimmt werden soll. Der Geldbetrag ist vielmehr ebenso fixiert, wie die Sachleistung nach Art und Umfang un-

---

[17] OLG *Braun*schweig, NJW 1950, S. 755 f., 756; OLG Schleswig, DNotZ 1957, S. 537 f., 538; Staudinger-*K. Schmidt,* Vorbem zu §§ 244 ff, Rdnr. D 229.

[18] *Eppig,* NJW 1949, S. 531 ff., 532; Staudinger-*Weber,* § 244 Rdnr. 266.

[19] So schon zu § 3 WährG: Staudinger-*Weber,* § 244 Rdnr. 266; *Fögen,* BB 1958, S. 1259 ff., 1260; *Goltz,* DB 1959, S. 339 ff., 341.

[20] OLG Schleswig, DNotZ 1957, S. 537 f., 538; OLG Celle, DNotZ 1952, S. 479 ff., 481; OLG Schleswig, DNotZ 1951, S. 416 ff., 417; *K. Schmidt,* ZIP 1983, S. 639 ff., 644; *Dürkes,* Wertsicherungsklauseln, D Rdnr. 284; *Eppig,* NJW 1949, S. 531 ff., 533; *Frielingsdorf,* DB 1982, S. 789 ff., 792; *Berndt,* Die Wertsicherung in der Unternehmung, S. 83; *Fögen,* Geld- und Währungsrecht, S. 150; *Gramlich,* BBankG, § 3 WährG Rdnr. 32; *Reithmann,* DNotZ 1960, S. 172 ff., 191 f.; Schlegelberger-*Hefermehl,* HGB, Anh § 361 Rdnr. 47; *Samm/Hafke,* Grundbesitz und Wertsicherungsklauseln, S. 30; *Mann,* Verhandlungen des 40. DJT, Bd. 2, D 42; *Szagunn,* BB 1955, S. 969 ff., 970; RGRK-*Alff,* § 245 Rdnr. 19. Das Gleiche galt, wenn neben die betraglich fest fixierte DM-Verbindlichkeit wahlweise eine ihrerseits zulässige Fremdwährungsschuld gestellt wurde, s. *Reithmann,* DNotZ 1960, S. 172 ff., 192. Hierbei handelt es sich um eine sog. alternative Währungsklausel, s. hierzu auch Staudinger-*K. Schmidt,* Vorbem zu §§ 244 ff, Rdnr. D 218.

[21] Im Ergebnis ebenso Palandt-*Heinrichs,* § 245 Rdnr. 36; *v. Heynitz,* MittBayNot 1998, S. 398 ff., 401; *v. Oefele/Winkler,* Handbuch des Erbbaurechts, Rdnr. 6.152.

veränderlich bestimmt wird. Zudem gilt die Leistung gemäß § 263 Abs. 2 BGB als die von Anfang an allein geschuldete, sobald sie gegenüber dem anderen Teile gewählt wurde (§ 263 Abs. 1 BGB). Wählt der Berechtigte die Sachleistung, liegt daher von vornherein gar keine Geldschuld vor[22], die § 2 Abs. 1 Satz 1 PaPkG aber voraussetzt. Wählt er dagegen die Geldschuld, wird das Verbot des § 2 Abs. 1 Satz 1 PaPkG nicht wirksam, weil sie von Anfang an betraglich fixiert war und dies auch bleiben sollte[23]. Damit sind beide wählbaren Alternativen für sich genommen i. S. v. § 2 PaPkG unbedenklich. Die Verknüpfung der beiden Alternativen zu einer Wahlschuld kann schon wegen der gesetzlichen Fiktion des § 263 Abs. 2 BGB nicht gemäß § 2 PaPkG verboten sein. Nur wenn die neben die Sachschuld gestellte Geldschuld für sich genommen die Voraussetzungen des § 2 Abs. 1 Satz 1 PaPkG erfüllt, weil sie mit einer genehmigungspflichtigen Wertsicherungsklausel verbunden ist, ist sie ohne Genehmigung unwirksam. Wegen der in § 263 Abs. 2 BGB enthaltenen Fiktion kann sich eine fehlende Genehmigung aber nicht mehr negativ auf den Vertrag auswirken, wenn zuvor die Sach-Alternative gewählt wird. Diese gilt dann als die von Anfang an allein geschuldete Leistung, und gerade sie bedarf keiner Genehmigung nach § 2 PaPkG.

Soll eine Wahlschuldvereinbarung der Wertsicherung dienen, macht dies für den Gläubiger aber nur dann Sinn, wenn das Wahlrecht entgegen der in § 262 BGB enthaltenen Zweifelsregelung nicht dem Schuldner, sondern ausdrücklich dem Gläubiger zugewiesen wird.

Räumen die Vertragsparteien dem Gläubiger der Geldschuld eine Ersetzungsbefugnis ein, nach der dieser anstatt der Geldschuld eine bei Vertragsschluss festgelegte Sachleistung verlangen kann, fällt eine solche Vereinbarung – wie schon bei § 3 Satz 2 WährG[24] – ebenfalls nicht unter das in § 2 Abs. 1 Satz 1 PaPkG enthaltene Verbot[25]. Hier gilt das Gleiche wie bei der Wahlschuld: Der Nennbetrag der Geldsumme ändert sich nicht, wenn der Preis der Sachleistung steigt oder fällt.

Wie im Falle der Sachschuld[26] ist eine Wahlschuld oder Ersetzungsbefugnis selbst dann genehmigungsfrei zulässig, wenn feststeht, dass der Gläubiger gar

[22] *Dürkes,* Wertsicherungsklauseln, D Rdnr. 284; *Goltz,* DB 1959, S. 339 ff., 341.

[23] So schon zu § 3 WährG: OLG Schleswig, DNotZ 1951, S. 416 ff., 417; *Eppig,* NJW 1949, S. 531 ff., 533; *Dürkes,* Wertsicherungsklauseln, D Rdnr. 284; *Reithmann,* DNotZ 1960, S. 172 ff., 192; *Henn,* MDR 1958, S. 461 ff., 464; *Lange,* NJW 1957, S. 250 ff., 251.

[24] BGHZ 81, S. 135 ff., 140; BGH, NJW 1962, S. 1568 f., 1569; BGH, BB 1959, S. 1006; *Dürkes,* Wertsicherungsklauseln, D Rdnr. 285; Staudinger-*K. Schmidt,* Vorbem zu §§ 244 ff, Rdnr. D 232; *Gramlich,* BBankG, § 3 WährG Rdnr. 32; Schlegelberger-*Hefermehl,* HGB, Anh § 361 Rdnr. 47; *Pikart,* WM 1969, S. 1062 ff., 1065.

[25] Im Ergebnis ebenso Palandt-*Heinrichs,* § 245 Rdnr. 36.

[26] Siehe Kap. VI 1. b).

kein tatsächliches Interesse an der Sache hat. Voraussetzung ist nur, dass die Sachleistung effektiv erfolgen und nicht bloß Wertmesser für die Geldschuld sein soll[27]. Zu Unrecht ging daher Frielingsdorf[28] bei § 3 WährG davon aus, dass eine nicht gewollte Sachleistung ein Wertmesser der Geldleistung war. Denn Wertmesser konnte die Sachleistung nur sein, wenn die Parteien vereinbarten, dass die Sachleistung durch eine im Erfüllungszeitpunkt dem Sachwert entsprechende Geldleistung ersetzt werden sollte.

Sowohl Wahlschuld als auch Ersetzungsbefugnis erweisen sich zumindest in den Fällen als taugliche Wertsicherungsabreden, in denen der Preis der betreffenden Sache der allgemeinen Preisentwicklung folgt[29]. Es liegt auf der Hand, dass sich der Gläubiger für die Sachleistung entscheidet, wenn deren Preis der allgemeinen Preisentwicklung gefolgt, der Wert der Geldsumme dagegen gesunken ist. Falls der Gläubiger die Sachen selbst nicht verwenden will, kann er sie verkaufen, so dass er am Ende eine höhere Geldsumme erzielen kann, als wenn es bei der ursprünglich vereinbarten Geldschuld geblieben wäre. Hierin liegt der Vorteil gegenüber einer reinen Sachschuldvereinbarung: Wenn der Gläubiger die Sachen nicht selbst verwenden will, kann er bei der Wahlschuld oder Ersetzungsbefugnis immer noch die Geldschuld wählen, wenn er sich die Mühe des Weiterverkaufs der Sachen nicht machen will. Diese Wahl kann sich selbst bei kleinerem Geldwertverlust noch lohnen, wenn zum Beispiel der finanzielle Aufwand für den Weiterverkauf höher ist als der Verlust durch den Geldwertschwund.

Auch die Wahlschuldvereinbarung kann allerdings im Falle eines völligen Währungsverfalls ihre Wirksamkeit einbüßen, wenn der Gesetzgeber zu einer Zwangsbewirtschaftung übergeht[30]. Ist eine Übereignung der Sachen dann nicht mehr zulässig, beschränkt sich das Schuldverhältnis gemäß § 265 BGB auf die übrige Leistung, hier also auf die wertlos gewordene Geldsumme. Dieses Szenario ist derzeit nicht zu erwarten, zeigt aber, dass es kaum eine Wertsicherungsmöglichkeit gibt, die absolute Sicherheit bietet. Es ist nicht vorherzusehen, wie der Gesetzgeber auf einen eintretenden Geldwertverfall reagieren wird, und welche Wertsicherungsklauseln danach wirksam bleiben.

Genehmigungsfrei zulässig ist auch eine Wahlschuldabrede in der Form, dass der Gläubiger nicht zwischen einer Geld- und einer Sachschuld wählen kann, sondern zwischen zwei Geldleistungen, von denen die eine der Höhe nach fest

---

[27] BGH, BB 1959, S. 1959; OLG Schleswig, DNotZ 1957, S. 537 f., 538; *Dürkes,* Wertsicherungsklauseln, D Rdnr. 288; *v. Oefele/Winkler,* Handbuch des Erbbaurechts, Rdnr. 6.152; *Reithmann,* DNotZ 1960, S. 172 ff., 192; *Hartmann,* DB 1970, Beilage Nr. 17 Rdnr. 32.

[28] *Frielingsdorf,* DB 1982, S. 789 ff., 792.

[29] BGHZ 81, S. 135 ff., 139; *Reithmann,* DNotZ 1960, S. 172 ff., 191; *Larenz,* Schuldrecht I, S. 161.

[30] *Eppig,* DNotZ 1951, S. 405 ff., 407.

fixiert und die andere mit einer genehmigungsfreien Wertsicherungsklausel verbunden ist[31]. Eine solche Vereinbarung ist zulässig, da jede Alternative für sich genommen nicht dem Wertsicherungsverbot widerspricht und die Verbindung dieser Alternativen schon wegen § 263 Abs. 2 BGB unbedenklich ist. Eine solche Vereinbarung kann davor schützen, dass die mit der zulässigen Wertsicherungsklausel verbundene Alternative ebenfalls einen Geldwertverlust zur Folge hat, weil der herangezogene Wertmesser der Geldwertentwicklung nicht gefolgt ist. Da der Gläubiger hier nur die Wahl zwischen zwei Geldleistungen hat, versteckte sich hinter einer solchen Vereinbarung eine Mindestklausel, da der Gläubiger die betraglich höhere Alternative wählen wird[32].

2. Rechtsgeschäft oder Vertrag, Geldwertschulden

Der Wortlaut des § 2 Abs. 1 PaPkG gibt keine klare Auskunft darüber, ob sich das Wertsicherungsverbot nur auf vertraglich vereinbarte Wertsicherungsklauseln erstreckt oder auch auf solche, die Teil eines einseitigen Rechtsgeschäft sind. Unklar ist ferner, ob das Wertsicherungsverbot alle Arten von Geldwertschulden erfasst.

a) Wertsicherungsklauseln in Rechtsgeschäft und Vertrag

aa) Rechtsgeschäftliche oder vertragliche Wertsicherungsklauseln bei § 2 PaPkG

Fraglich ist, ob sich das in § 2 PaPkG enthaltene Wertsicherungsverbot nur auf vertraglich vereinbarte Wertsicherungsklauseln erstreckt oder auch auf solche, die Teil eines einseitigen Rechtsgeschäft, z.B. einer Auslobung (§ 657 BGB), sind. Anders als bei § 3 WährG knüpft § 2 Abs. 1 PaPkG nicht mehr an das problematische (s.u.) „Eingehen" einer Geldschuld an. Gleichwohl ist auch der neue Wortlaut des § 2 Abs. 1 Satz 1 PaPkG nicht besser. Gemäß § 2 Abs. 1 Satz 1 Hs. 1 darf der Betrag von Geldschulden nicht unmittelbar und selbsttätig durch den Preis oder Wert von anderen Gütern oder Leistungen bestimmt werden. Insoweit macht es offenbar keinen Unterschied, ob diese Bestimmung aufgrund eines vertraglichen oder einseitigen Rechtsgeschäfts erfolgen soll. Ferner ist in § 2 Abs. 2 Nr. 2 sogar ausdrücklich von „Rechtsgeschäften" die Rede, so dass auch einseitige Rechtsgeschäfte erfasst sein könnten.

Ein anderes Bild ergibt sich aus dem 2. Halbsatz des § 2 Abs. 1 Satz 1 PaPkG. Durch ihn wird das Verbot auf solche Fälle beschränkt, in denen die

---

[31] So schon zu § 3 WährG: *Dürkes,* Wertsicherungsklauseln, D Rdnr. 290 f.; Soergel-*Teichmann,* § 244 Rdnr. 24.

[32] *Dürkes,* Wertsicherungsklauseln, D Rdnr. 290. Dort in Fn. 424 weitere Beispiele.

Preise oder Werte „mit den vereinbarten Gütern oder Leistungen nicht vergleichbar sind". Der Begriff „vereinbart" passt nur auf Verträge, nicht aber auf einseitige Rechtsgeschäfte. Diese Einschränkung soll nach ihrem Wortlaut auch nicht allein vertraglich vereinbarte Wertsicherungsklauseln betreffen, denn sie reiht sich unterschiedslos in die Liste der anderen Voraussetzungen des § 2 Abs. 1 Satz 1 ein. Zudem darf eine Ausnahme gemäß § 2 Abs. 1 Satz 2 PaPkG nur genehmigt werden, wenn keine der „Vertragsparteien" unangemessen benachteiligt wird. Bei einseitigen Rechtsgeschäften fehlen aber regelmäßig Vertragsparteien. Auch in § 2 Abs. 1 Satz 4 fällt nur der Begriff des Vertrages. Dafür, dass einseitige Rechtsgeschäfte von § 2 Abs. 1 PaPkG nicht erfasst werden, spricht des Weiteren der Titel des Gesetzes. Erst als § 2 eingefügt wurde, erhielt das Preisangabengesetz den neuen Titel „Preisangaben- und Preisklauselgesetz"[33]. Preise kommen nur bei Verträgen und nicht bei einseitigen Rechtsgeschäften in Betracht, bei denen ein Austausch von Leistungen gerade fehlt. Dem entspricht, dass die Norm die Preisstabilität schützen soll. Der Begriff „Preisklausel" taucht in § 2 Abs. 2 Nr. 1 PaPkG wieder auf („Preisklauselverbot"). Daraus folgt, dass sich das in § 2 Abs. 1 Satz 1 enthaltene Verbot nur auf vertraglich vereinbarte Wertsicherungsklauseln bezieht, nicht aber auf solche, die mit einseitigen Rechtsgeschäften verbunden sind. Wertsicherungsklauseln in einseitigen Rechtsgeschäften sind daher nicht mehr verboten.

bb) Rechtsgeschäftliche oder vertragliche Wertsicherungsklausel bei § 3 Satz 2 WährG

Anders war es noch bei § 3 Satz 2 i.V.m. Satz 1 WährG. Das darin enthaltene Wertsicherungsverbot galt, wenn eine Geldschuld „eingegangen" wurde. Daraus wurde geschlossen, dass das Verbot nur Formen vertraglicher Wertsicherung betraf[34]. Hieran war richtig, dass auf die Wertsicherungsklausel und nicht auf die Geldschuld abzustellen war. Denn anders als bei Satz 1 dieser Vorschrift kam es nicht auf den rechtsgeschäftlichen Ursprung der Geldschuld an, sondern auf den rechtsgeschäftlichen Ursprung der Wertsicherungsklausel[35].

Eine wertgesicherte Geldschuld kann jedoch nicht allein durch einen Vertrag, sondern auch durch ein einseitiges Rechtsgeschäft „eingegangen" werden. Dies zeigt sich beispielsweise an der Auslobung (§ 657 BGB), die ein einseitiges Rechtsgeschäft[36] darstellt. Sie wird allein auf Grund eines einseitigen Versprechens wirksam und stellt nicht etwa nur ein Vertragsangebot dar, das an einen

[33] Siehe Art. 9 § 4 Nr. 1 EuroEG.

[34] *Hahn*, Währungsrecht, § 8 Rdnr. 23; *Mathar*, Wertsicherungsverbot und Grundgesetz, S. 3 f.; *Eppig*, NJW 1949, S. 531 ff., 534; *Bräutigam*, Währungsrechtliche Zulässigkeit von Wertsicherungsklauseln, S. 126; wohl auch AK-BGB-*Brüggemeier*, vor §§ 244, 245 Rdnr. 27.

[35] Staudinger-*K. Schmidt*, Vorbem zu §§ 244 ff, Rdnr. D 220.

unbestimmten Personenkreis gerichtet ist[37]. Diese einseitige Erklärung hat eine Verpflichtung zur Folge, die sich sonst regelmäßig nur aus Verträgen ergibt[38]. Ein weiteres Beispiel ist das Stiftungsgeschäft gemäß §§ 80 ff. BGB. Auch dieses ist ein einseitiges Rechtsgeschäft[39]. Sobald die nach § 80 BGB erforderliche Genehmigung vorliegt, erwirbt die Stiftung gemäß § 82 BGB einen Rechtsanspruch gegen den Stifter, das zugesicherte Vermögen zu übertragen. Der Stifter geht damit eine Verpflichtung ein, ohne einen Vertrag geschlossen zu haben. Durch diese Beispiele wird deutlich, dass eine Geldschuld ohne weiteres durch ein einseitiges Rechtsgeschäft „eingegangen" werden kann. Auch in solchen Fällen ist denkbar, dass die Geldschuld mit einer Wertsicherungsklausel verbunden wird, was praktisch allerdings nur bei sehr starkem Geldwertverfall in Betracht kommt. Eine solche Wertsicherungsklausel führt dann zu einer Verpflichtung, die allein durch das einseitige Rechtsgeschäft begründet wurde. Da § 3 Satz 2 WährG keine entsprechende Einschränkung enthielt, erfasste das Verbot nicht nur Verträge, sondern ganz allgemein Rechtsgeschäfte – also auch einseitige[40].

b) Wertsicherungsklauseln in einseitigen letztwilligen Verfügungen

aa) Wertsicherungsklauseln in einseitigen letztwilligen Verfügungen bei § 2 PaPkG

Da das Wertsicherungsverbot nur vertraglich vereinbarte Geldschulden erfasst, nicht aber einseitige Rechtsgeschäfte, gibt es eine weitere Besonderheit gegenüber der alten Rechtslage. Das Problem, inwieweit Wertsicherungsklauseln in einseitigen letztwilligen Verfügungen, insbesondere solche bei Geldvermächtnissen, von dem Wertsicherungsverbot erfasst werden, besteht bei § 2 PaPkG nicht mehr: Weil eine vertraglich vereinbarte Geldschuld fehlt, greift das Verbot nicht.

Diese Tatsache hat die Bundesregierung übersehen, als sie § 3 Abs. 1 Nr. 2a in die Preisklauselverordnung aufnahm. Danach können bestimmte Preisklauseln genehmigt werden, wenn es sich um Zahlungen handelt, die „auf Grund

---

36 MK-*Seiler,* § 657 Rdnr. 4; Jauernig-*Mansel,* § 657 Rdnr. 1; Staudinger-*Wittmann,* Vorbem zu §§ 657 ff, Rdnr. 1.

37 Erman-*Ehmann,* § 657 Rdnr. 1; Staudinger-*Wittmann,* Vorbem zu §§ 657 ff, Rdnr. 3.

38 Staudinger-*Wittmann,* Vorbem zu §§ 657 ff, Rdnr. 1.

39 Seifart/v. Campenhausen-*Hof,* Handbuch des Stiftungsrechts, § 7 Rdnr. 10; Jauernig-*Jauernig,* §§ 80–84 Rdnr. 2; Erman-*Werner,* § 80 Rdnr. 3.

40 So auch Staudinger-*Weber,* § 244 Rdnr. 329; *K. Schmidt,* ZIP 1983, S. 639 ff., 644; *Hartmann,* DB 1970, Beilage Nr. 17 Rdnr. 10; *Szagunn,* BB 1955, S. 969 ff., 971.

einer letztwilligen Verfügung“ zu entrichten sind. Hier will schon der Begriff der „Preisklausel“ nicht recht passen, da es an einem „Preis“ fehlt. Da Wertsicherungsklauseln in letztwilligen Verfügungen nicht mehr unter das Wertsicherungsverbot fallen, hätte diese Regelung in der PrKV nicht erfolgen dürfen. Jetzt erweckt die Norm den Eindruck, als fielen Wertsicherungsklauseln in letztwilligen Verfügungen unter das Verbot aus § 2 Abs. 1 PaPkG.

bb) Wertsicherungsklauseln in einseitigen letztwilligen Verfügungen bei § 3 Satz 2 WährG

Anders war die Rechtslage bei § 3 Satz 2 WährG, der nicht nur vertragliche, sondern alle rechtsgeschäftlichen Wertsicherungsklauseln erfasste. Daher bedurften grundsätzlich auch wertsichernde Klauseln in einseitigen letztwilligen Verfügungen einer Genehmigung nach § 3 Satz 2 WährG[41], wenn sie nicht aus anderen Gründen aus dem Verbot herausfielen.

Wertsicherungsklauseln in letztwilligen Verfügungen waren jedenfalls bis zum Eintritt des Erbfalls nicht nach § 3 Satz 2 WährG genehmigungspflichtig: Fügte der Erblasser in sein Testament beispielsweise ein Vermächtnis (§ 1939 BGB) ein, das die Zahlung einer wertgesicherten Geldsumme vorsah, entstand die Zahlungsverpflichtung des Erben (§ 1967 Abs. 2 BGB) erst mit dem Tode des Erblassers (§ 1922 Abs. 1, § 1942 Abs. 1 BGB). Bis zu diesem Zeitpunkt war daher die von § 3 Satz 2 WährG vorausgesetzte Geldschuld noch gar nicht entstanden. Soweit eine Wertsicherungsklausel nur bis zu dem Zeitpunkt wirken sollte, in dem die Geldschuld erst entstand – hier dem Eintritt des Erbfalls –, bedurfte sie daher keiner Genehmigung nach § 3 Satz 2 WährG[42].

Etwas anderes galt, wenn die Wertsicherungsklausel über den Eintritt des Erbfalls hinaus oder sogar erst ab diesem Zeitpunkt gelten sollte, da dann eine wertgesicherte Geldschuld entstand[43], die der Erbe einging, indem er die Erbschaft annahm (§ 1943 BGB) bzw. nicht ausschlug (§ 1942 Abs. 1, § 1944 Abs. 1 BGB). Hier war eine Genehmigung erforderlich. Dem steht der Sinn

---

[41] So *Ranniger,* DNotZ 1951, S. 396 ff., 402 f. u. 404; *Lange,* NJW 1957, S. 259 ff., 252 und wohl auch *Skaupy,* JR 1949, S. 343 ff., 346; *Szagunn,* BB 1955, S. 969 ff., 972; a.A. aber *Eppig,* NJW 1949, S. 531 ff., 534; *ders.,* DNotZ 1951, S. 405 ff., 408; *Bräutigam,* Währungsrechtliche Zulässigkeit von Wertsicherungsklauseln, S. 130.

[42] *Berndt,* Die Wertsicherung in der Unternehmung, S. 67 f.; *Dürkes,* Wertsicherungsklauseln, D Rdnr. 648; *Fögen,* BB 1958, S. 1259 ff., 1260; *Eppig,* NJW 1949, S. 531 ff., 534; Staudinger-*Weber,* § 244 Rdnr. 329; *K. Schmidt,* ZIP 1983, S. 639 ff., 644; *Samm/Hafke,* Grundbesitz und Wertsicherungsklauseln, S. 26 u. 34 f. Siehe auch Kap. VI 11. a).

[43] *Dürkes,* Wertsicherungsklauseln, D Rdnr. 654; *K. Schmidt,* ZIP 1983, S. 639 ff., 644; *Fögen,* BB 1958, S. 1259 ff., 1260; *Samm/Hafke,* Grundbesitz und Wertsicherungsklauseln, S. 35.

und Zweck des § 3 Satz 2 WährG nicht entgegen, der Wertsicherungsklauseln verhindern sollte, die potenziell geeignet waren, die Inflation zu fördern. Es wurde zwar argumentiert, dass Klauseln in Testamenten nicht geeignet seien, die Inflation zu fördern, da der Erbe die Erbschaft ausschlagen oder auf den Nachlass beschränken könne, so dass davon auszugehen sei, dass die Erbschaft nur angetreten bzw. die volle Haftung nur beibehalten werde, wenn dem Erben dies wirtschaftlich sinnvoll erscheine[44]. Dieser Ansatz war aber schon deswegen bedenklich, weil er dazu geführt hätte, dass eine potenzielle Inflationsförderung immer schon dann hätte verneint werden müssen, wenn der Schuldner die Möglichkeit hatte, eine wertgesicherte Geldschuld nicht einzugehen. Dies war und ist aber gerade der Regelfall: Der Schuldner kann auf Grund der Vertragsfreiheit grundsätzlich frei entscheiden, ob er eine wertgesicherte Geldschuld eingeht. Da § 3 Satz 2 WährG voraussetzte, dass grundsätzlich allen Wertsicherungsklauseln eine derartige Gefahr eigen ist, kann das Verbot nach Sinn und Zweck nur entfallen, wenn ersichtlich der gegenteilige Fall gegeben war. Zwar ist die Gefahr der Geldentwertung durch Wertsicherungsklauseln in letztwilligen Verfügungen gering, weil sie regelmäßig aus dem Nachlass erfüllt werden und der Schuldner der Verbindlichkeit meist nicht in der Lage ist, die erhöhten Aufwendungen auf eigene Schuldner umzulegen, da ein Erbfall nicht zu den Vorleistungen im Rahmen seines Geschäfts gehört. Potenziell inflationsfördernd sind aber auch solche Wertsicherungsklauseln, weil auch hier Veränderungen des nicht gleichartigen Wertmessers auf ganz andere Bereiche (Geldschuld aus der letztwilligen Verfügung) unmittelbar durchschlagen.

Damit der Erblasser sicher sein konnte, dass seine letztwillige Anordnung nicht auf Grund § 3 Satz 2 WährG in Frage gestellt wird, konnte er bereits zu Lebzeiten eine Genehmigung bzw. ein Negativattest der Deutschen Bundesbank einholen[45].

c) Geldwertschulden

aa) Geldwertschulden bei § 2 PaPkG

Schon bei § 3 Satz 2 WährG war problematisch, ob – und wenn ja, welche – Geldwertschulden dem Wertsicherungsverbot unterfielen. Auch bei § 2 PaPkG wird vertreten, dass diese Vorschrift auf Geldwertschulden keine Anwendung finde[46]. Bei einer Geldwertschuld wird der zu zahlende Betrag nicht durch einen festgelegten Nennwert, sondern durch den in Geld zu berechnenden Wert

---

[44] *Bräutigam*, Währungsrechtliche Zulässigkeit von Wertsicherungsklauseln, S. 130 m.w.N.

[45] *Fögen*, BB 1958, S. 1259 ff., 1260; *Hartmann*, DB 1970, Beilage Nr. 17 Rdnr. 35; *Dürkes*, Wertsicherungsklauseln, D Rdnr. 664.

[46] So ausdrücklich Palandt-*Heinrichs*, § 245 Rdnr. 25.

bestimmter Güter festgelegt bzw. dadurch, wieviel Geld für einen gewissen Zweck erforderlich ist[47]. Daraus folgt, dass sich der Betrag von Geldwertschulden unmittelbar und selbsttätig, d.h. ohne Zutun der Parteien[48], entsprechend dem Preis oder Wert anderer Güter oder Leistungen ändert. Da dies die Voraussetzung des Wertsicherungsverbots ist, kann kein Zweifel mehr daran bestehen, dass Geldwertschulden grundsätzlich unter das Verbot des § 2 Abs. 1 Satz 1 PaPkG fallen[49].

Daraus folgt aber nicht, dass die Beteiligten im Falle einer Geldwertschuld immer eine Genehmigung einholen müssen. Denn einige Geldwertschulden sind selbst gesetzlich geregelt, ohne dass für sie die Erteilung einer Ausnahmegenehmigung in Betracht käme, da die entsprechenden Voraussetzungen nicht vorliegen. Es gibt Geldschulden, die ihrer Natur nach vom Preis oder Wert bestimmter Güter oder Leistungen abhängen und die sich gerade dadurch von anderen sachwertabhängigen Geldschulden unterscheiden, dass sich ihre Sachwertabhängigkeit in einer gesetzlichen Regelung niederschlägt. Das sind Geldschulden, bei denen gesetzlich vorgesehen ist, dass die Zahlung eine Naturalleistung ersetzt und nicht nur eine Gegenleistung für eine Naturalleistung des Vertragspartners ist, wie es etwa beim Kaufvertrag der Fall ist. Es muss also durch die jeweilige Norm bezweckt sein, durch Geld einen bestimmten, betraglich aber noch nicht feststehenden, realen Wert zu transferieren[50]. Dies trifft beispielsweise auf Schadensersatzforderungen und Unterhaltsansprüche zu[51]. Die Eigenschaft, Geldwertschuld zu sein, folgt hier aus dem Wesen einer solchen Geldschuld, die im Gesetz ihren Niederschlag gefunden hat[52], und nicht daraus, dass sie durch eine Parteivereinbarung sachwertabhängig gemacht wird.

Würden solche Geldwertschulden ebenfalls unter das Verbot aus § 2 Abs. 1 Satz 1 PaPkG fallen, wären die Gesetze widersprüchlich. Sieht eine gesetzliche Regelung bei bestimmten Geldschulden eine automatische Anpassung an Geldwertveränderungen vor, können Geldschulden, die dieses gesetzlich vorgesehene Ergebnis wiederholen bzw. bestätigen, nicht gemäß § 2 Abs. 1 PaPkG i.V.m. § 134 BGB unwirksam sein[53]. Ein solcher Widerspruch besteht jedoch nicht, weil die gesetzliche Ausgestaltung einer Geldschuld als Geldwertschuld gegen-

---

47 Siehe m.w.N. oben Kap. II 2.

48 Jauernig-*Mansel,* §§ 244, 245 Rdnr. 23.

49 So im Erg. auch Bamberger/Roth-*Grothe,* § 244 Rdnr. 16.

50 Vgl. *Grothe,* Fremdwährungsverbindlichkeiten, S. 298.

51 Siehe oben Kap. II 2. u. *Grothe,* Fremdwährungsverbindlichkeiten, S. 298 u. 78; *Willms/Wahlig,* BB 1978, S. 973 ff., 973; *v. Maydell,* Geldschuld und Geldwert, S. 374; *Fögen,* BB 1958, S. 1259 ff., 1262; RGRK-*Alff,* § 244 Rdnr. 9; *Samm/Hafke,* Grundbesitz und Wertsicherungsklauseln, S. 9.

52 *Willms/Wahlig,* BB 1978, S. 973 ff., 973 f.; *v. Stebut,* Jura 1983, S. 449 ff., 452; *v. Maydell,* Geldschuld und Geldwert, S. 378; *Dürkes,* Wertsicherungsklauseln, D Rdnr. 620 u. J Rdnr. 44; *Samm/Hafke,* Grundbesitz und Wertsicherungsklauseln, S. 32 f.; *Gramlich,* BBankG, § 3 WährG Rdnr. 28.

über § 2 PaPkG eine speziellere Regelung darstellt, die damit von dem Genehmigungserfordernis nicht erfasst wird. Unter das Wertsicherungsverbot fallen daher im Allgemeinen nur solche Wertsicherungsklauseln, die eine autonome Rechtsgrundlage für die Anpassung der Geldschuld an Geldwertveränderungen darstellen und damit konstitutiv wirken[54]. Wertsicherungsklauseln, die lediglich deklaratorische Wirkung haben, fallen dagegen nicht unter das Wertsicherungsverbot, da – ohne dass es einer besonderen Vereinbarung bedürfte – bereits der gesetzlichen Regelung zugrunde liegt, dass sich die Geldschuld einer Geldwertänderung anpasst[55].

bb) Geldwertschulden bei § 3 Satz 2 WährG

Zum alten Wertsicherungsverbot wird vertreten, dass es die Vereinbarung von Geldwertschulden nicht erfasst habe. Diese Wertsicherung sei nicht „gewillkürt", da die Geldwertschulden bereits ihrer Rechtsnatur nach sachwertabhängig seien und nicht die Zahlung eines Geldbetrages im Vordergrund stehe, sondern die Ausführung einer bestimmten, in Geld bezeichneten Leistung[56]. Insbesondere die Rechtsprechung, die diesen allgemeinen Ansatz zunächst vertreten hat, gab hierfür nicht einmal eine Begründung[57]. Eine gewillkürte Wertsicherung kann jedoch gerade darin bestehen, keine Geldsummen-, sondern eine Geldwertschuld zu vereinbaren[58]. Die Vertragsparteien können eine Geldschuld durch eine Wertsicherungsklausel erst zu einer Geldwertschuld machen[59]. Die Geldwertschuld stellte geradezu den Paradefall des § 3 Satz 2 WährG dar, denn mit ihr wichen die Beteiligten vom Nennwertprinzip ab und schufen die Gefahr einer steigenden Inflation. Diese Argumentation wird dadurch gestützt, dass in § 3 Satz 2 WährG im Gegensatz zu dessen Vorgängernormen weder von einem „Nennwert" noch von Verbindlichkeiten die Rede war, die auf DM „lauten".

---

[53] So schon zur alten Rechtslage *v. Maydell,* Geldschuld und Geldwert, S. 378; *Immenga/Schwintowski,* NJW 1983, S. 2841 ff., 2842.

[54] So schon zu § 3 WährG: *v. Maydell,* Geldschuld und Geldwert, S. 377.

[55] So schon zu § 3 WährG: *v. Maydell,* Geldschuld und Geldwert, S. 378; Staudinger-*K. Schmidt,* Vorbem zu §§ 244 ff, Rdnr. D 242; *Willms/Wahlig,* BB 1978, S. 973 ff., 973 f.; *Fögen,* BB 1958, S. 1259 ff., 1262.

[56] So *Hahn,* Währungsrecht, § 8 Rdnr. 23; *Mathar,* Wertsicherungsverbot und Grundgesetz, S. 3 f.

[57] So z.B. BGH, WM 1975, S. 54 ff., 55; BGH, NJW 1957, S. 342 f., 343; BGHZ 9, S. 56 ff., 63; RGRK-*Alff,* § 245 Rdnr. 18; Schlegelberger-*Hefermehl,* HGB, Anh § 361 Rdnr. 47; *Hartmann,* DB 1970, Beilage Nr. 17 Rdnr. 10 u. 29; s. auch *Immenga/Schwintowski,* NJW 1983, S. 2841 ff., die den Nachweis dafür versuchen, dass diese Urteile nur für RM-Geldwertschulden Geltung beanspruchen, nicht aber auch für DM-Geldwertschulden.

[58] *K. Schmidt,* ZIP 1983, S. 639 ff., 644.

[59] *Grothe,* Fremdwährungsverbindlichkeiten, S. 78; Staudinger-*K. Schmidt,* Vorbem zu §§ 244 ff, Rdnr. D 89; vgl. BGHZ 9, S. 56 ff., 60.

Geldwertschulden konnten daher nicht generell als genehmigungsfrei angesehen werden[60], sondern waren grundsätzlich gemäß § 3 Satz 2 WährG genehmigungspflichtig.

Wie bei § 2 PaPkG bedeutet dies aber nicht, dass in jedem Fall, in dem die Beteiligten eine Geldwertschuld vereinbarten, auch die Genehmigung der Bundesbank einzuholen war. Geldwertschulden, bei denen sich die Sachwertabhängigkeit in einer gesetzlichen Regelung niederschlägt, bedurften auch bei § 3 Satz 2 WährG aufgrund dieser speziellen gesetzlichen Regelung keiner Genehmigung durch die Bundesbank. Dies ergab sich zudem aus dem Sinn und Zweck des alten Wertsicherungsverbots, das inflationsfördernde Klauseln verhindern sollte. Da die zugrunde liegende gesetzliche Regelung die Geldschuld schon zur Geldwertschuld machte, fehlte es an einer potenziellen Inflationsförderung hierauf beruhender Vereinbarungen, da die gesetzliche Regelung nur bestätigt und über die der gesetzlichen Regelung bereits innewohnenden potenziellen Inflationsförderung keine weitere geschaffen wurde[61].

3. Leistungsvorbehaltsklauseln

Fraglich ist, ob das Wertsicherungsverbot Leistungsvorbehaltsklauseln – auch Leistungsbestimmungsvorbehalte genannt – erfasst. Dies sind Wertsicherungsklauseln, bei denen sich die Höhe der Geldschuld nicht unmittelbar und zwangsläufig ändert, wenn die Bezugsgröße steigt oder fällt; ändert sich die Bezugsgröße, so ist dies nur die Voraussetzung für eine Anpassung des Geldschuldbetrages[62]. Daraufhin wird die Geldschuld durch eine neue Vereinbarung

---

[60] So auch OLG Düsseldorf, NJW 1951, S. 362 f., 362; *Gramlich,* BBankG, § 3 WährG Rdnr. 28; *Dürkes,* Wertsicherungsklauseln, D Rdnr. 620; *K. Schmidt,* ZIP 1983, S. 639 ff., 644; *Immenga/Schwintowski,* NJW 1983, S. 2841 ff., 2844; *Duden,* Verhandlungen des 40. DJT, Bd. 1, S. 1 ff., 26; *Fögen,* BB 1958, S. 1259 ff., 1262; *Szagunn,* NJW 1957, S. 342 f., 343; *v. Caemmerer,* JZ 1951, S. 417 ff., 420; *Ranniger,* DNotZ 1951, S. 396 ff., 397 f.; *Eppig,* DNotZ 1951, S. 405 ff., 405; *Willms/Wahlig,* BB 1978, S. 973 ff., 973 f.

[61] *Bräutigam,* Währungsrechtliche Zulässigkeit von Wertsicherungsklauseln, S. 102; Staudinger-*K. Schmidt,* Vorbem zu §§ 244 ff, Rdnr. D 194, D 206.

[62] So speziell zu § 2 PaPkG: Palandt-*Heinrichs,* § 245 Rdnr. 32; *Morsch,* BB 2004, S. 1803 ff., 1804. Zu § 3 WährG: BGH, WM 1978, S. 352 ff., 353; BGHZ 63, S. 132 ff., 136; BGH, BB 1968, S. 930; BGH, BB 1968, S. 568; BGH, WM 1967, S. 1248 ff., 1249; BGH, BB 1963, S. 793 f., 793; BGH, BB 1960, S. 344 f., 345; *Hahn,* Währungsrecht, § 8 Rdnr. 26; *Dürkes,* Wertsicherungsklauseln, B Rdnr. 27 f. u. 201 f.; Soergel-*Teichmann,* § 244 Rdnr. 14; *Willms/Wahlig,* BB 1978, S. 973 ff., 974; *Fricke,* Jura 1987, S. 591 ff., 593; *Schmalz,* Stabilität des Geldwertes, S. 190; Staudinger-*K. Schmidt,* Vorbem zu §§ 244 ff, Rdnr. D 254; *Gramlich,* BBankG, § 3 WährG Rdnr. 29; *Pikart,* WM 1969, S. 1062 ff., 1064; *Fögen,* BB 1964, S. 1015 ff., 1017; *v. Maydell,* Geldschuld und Geldwert, S. 376; AK-BGB-*Brüggemeier,* vor §§ 244, 245 Rdnr. 28; *Samm/Hafke,* Grundbesitz und Wertsicherungsklauseln, S. 10; *Wolf,* ZIP 1981, S. 235 ff., 237; *Hartmann,* DB 1970, Beilage Nr. 17 Rdnr. 14.

oder durch einseitige Bestimmung durch eine Vertragspartei (§§ 315 f. BGB) oder einen Dritten (§ 317 BGB) an die aktuellen Verhältnisse angepasst[63].

a) Leistungsvorbehaltsklauseln bei § 2 PaPkG

Die Frage, ob Leistungsvorbehaltsklauseln unter das Wertsicherungsverbot des § 2 Abs. 1 PaPkG fallen, kann nicht deswegen dahinstehen, weil es gemäß § 1 Nr. 1 PrKV für sie nicht gelten soll. Für eine solche Ausnahme enthält die Verordnungsermächtigung in § 2 Abs. 2 PaPkG keine Grundlage[64]. Daher ist die in § 1 Nr. 1 PrKV enthaltene Aussage nur rechtmäßig, wenn sie eine ohnehin bestehende Rechtslage lediglich bestätigt und damit kein höherrangiges Recht abändert.

§ 3 Satz 2 WährG hat Leistungsvorbehaltsklauseln nicht verboten, solange sie nicht bei einer Änderung der Bezugsgröße ohne weiteres Handeln der Vertragsparteien bzw. dazu berufener Dritte dazu geführt haben, dass sich die Höhe der Geldschuld unmittelbar und selbsttätig änderte[65]. § 2 Abs. 1 Satz 1 PaPkG knüpft deutlich hieran an. Dort heißt es, dass der Betrag von Geldschulden „nicht unmittelbar und selbsttätig durch den Preis oder Wert von anderen Gütern oder Leistungen bestimmt werden" darf. Die Worte „unmittelbar und selbsttätig" kennzeichnen die Art und Weise, auf die die Geldschuld angepasst werden soll. Eine Klausel wirkt zumindest dann unmittelbar und selbsttätig, wenn sie dazu führt, dass sich die Höhe der Geldschuld allein auf Grund und entsprechend der Änderung der Bezugsgröße verändert[66]. Da es sich bei Leistungsvorbehalten um Klauseln handelt, bei denen sich die Höhe der Geldschuld nicht unmittelbar und zwangsläufig anpasst[67], ändert sich der Geldbetrag mit anderen Worten nicht „unmittelbar und selbsttätig" ohne weiteres Zutun der Parteien. Viel deutlicher als bei der Vorgängernorm fallen daher bei § 2 Abs. 1 PaPkG die Leistungsvorbehalte nicht unter das Wertsicherungsverbot[68].

---

63 BGH, BB 1968, S. 930; BGH, NJW 1967, S. 830 f., 831; BGH, WM 1967, S. 1248 ff., 1249; BGH, BB 1960, S. 344 f., 345; OLG Köln, ZMR 1999, S. 633 f., 633; *Fögen,* BB 1964, S. 1015 ff., 1017; *Willms/Wahlig,* BB 1978, S. 973 ff., 974; *Hartmann,* DB 1970, Beilage Nr. 17 Rdnr. 15; *Fricke,* Jura 1987, S. 591 ff., 593; *Grothe,* Fremdwährungsverbindlichkeiten, S. 281; Staudinger-*K. Schmidt,* Vorbem zu §§ 244 ff, Rdnr. D 254; Soergel-*Teichmann,* § 244 Rdnr. 14; *Wolf,* ZIP 1981, S. 235 ff., 237; *Pikart,* WM 1969, S. 1062 ff., 1064.

64 Siehe Kap. VIII 2. a) aa).

65 Siehe unten b).

66 *Schmidt-Räntsch,* NJW 1998, S. 3166 ff., 3167; *v. Heynitz,* MittBayNot 1998, S. 398 ff., 399.

67 So zu § 2 PaPkG: Jauernig-*Mansel,* §§ 244, 245 Rdnr. 20; *Medicus,* Schuldrecht I, Rdnr. 169.

68 Bamberger/Roth-*Grothe,* § 244 Rdnr. 16; Jauernig-*Mansel,* §§ 244, 245 Rdnr. 20; Palandt-*Heinrichs,* § 245 Rdnr. 32; Erman-*Hohloch,* § 313 Rdnr. 64; *Morsch,* BB 2004, S. 1803 ff., 1804; Schimansky/Bunte/Lwowski-*Schefold,* Bankrechts-Handbuch,

Fraglich ist allerdings, ob damit nur solche Klauseln nicht von dem Wertsicherungsverbot betroffen sind, die auch schon von § 3 Satz 2 WährG nicht erfasst wurden, oder ob nunmehr eine größere Gruppe von Klauseln erlaubt ist. Bei § 3 Satz 2 WährG lag ein genehmigungsfreier Leistungsvorbehalt nicht schon dann vor, wenn nur rein formal ein Erklärungsakt zwischengeschaltet[69], das Ergebnis der Anpassung vorab aber bereits festgelegt war. In diesem Fall hätte sich die Höhe der Geldschuld ebenfalls automatisch der geänderten Bezugsgröße angepasst. Es bedurfte vielmehr eines Rechtsaktes, bei dem ein – wenn auch beschränkter – Ermessensspielraum für die Vertragsparteien oder für die Person bestand, die zur Durchführung der Anpassung berufen war[70]. Die neu bestimmte Höhe der Geldschuld durfte nicht die einzig mögliche Alternative sein[71].

Zu § 2 PaPkG wird vertreten, dass eine Klausel schon dann nicht mehr unter das Wertsicherungsverbot falle, wenn zur Änderung des Geldbetrages das Handeln einer Vertragspartei erforderlich ist, und zwar auch dann, wenn dieser Partei kein Ermessensspielraum für ihre Entscheidung zusteht[72]. Ist das Handeln einer Person erforderlich, wirke sich der veränderte Wertmaßstab erst durch dieses Handeln auf die Höhe der Geldschuld aus. Es fehle damit an der in § 2 Abs. 1 PaPkG vorausgesetzten Automatik. Dies gelte auch für den Fall, dass der Inhalt der Handlung genau vorgegeben ist.

Vereinbaren die Vertragsparteien beispielsweise, dass sie bei einer Änderung der Bezugsgröße in gleichem Umfang verpflichtet sind, die Geldsumme vertraglich anzupassen, stellt sich durchaus die Frage, ob der Geldschuldbetrag überhaupt unmittelbar und selbsttätig durch die Änderung der Vergleichsgröße bestimmt wird. Schließlich müssen die Vertragsparteien erst entsprechende Willenserklärungen abgeben. Der Wortlaut des § 2 Abs. 1 Satz 1 PaPkG scheint

---

Bd. III, § 115 Rdnr. 107; *Medicus,* Schuldrecht I, Rdnr. 169; *v. Heynitz,* MittBayNot 1998, S. 398 ff., 399; *Rademacher,* MDR 2000, S. 57 ff., 57; *v. Oefele/Winkler,* Handbuch des Erbbaurechts, Rdnr. 6.158; *Lettl,* JuS 2001, S. 559 ff., 565.

[69] So aber wohl zunächst das OLG Hamburg, BB 1967, S. 735.

[70] BGH, NJW 1979, S. 1545 f., 1546; BGH, WM 1978, S. 352 ff., 353; BGH, BB 1968, S. 930; OLG Köln, ZMR 1999, S. 633 f., 633; Soergel-*Teichmann,* § 244 Rdnr. 14; *K. Schmidt,* ZIP 1983, S. 639 ff., 646; *Hahn,* Währungsrecht, § 8 Rdnr. 26; *Dürkes,* Wertsicherungsklauseln, B Rdnr. 27b u. 202; *v. Stebut,* Jura 1983, S. 449 ff., 453; *Fricke,* Jura 1987, S. 591 ff., 594; *Willms/Wahlig,* BB 1978, S. 973 ff., 974; *Frielingsdorf,* DB 1982, S. 789 ff., 789; *Gramlich,* BBankG, § 3 WährG Rdnr. 29; *Fögen,* BB 1967, S. 738 ff., 738; *ders.,* BB 1958, S. 1259 ff., 1261; *Reithmann,* DNotZ 1960, S. 172 ff., 185.

[71] BGH, NJW 1979, S. 1545 f., 1546; Soergel-*Teichmann,* § 244 Rdnr. 14; *Hartmann,* DB 1970, Beilage Nr. 17 Rdnr. 14; *Dürkes* Wertsicherungsklauseln, B Rdnr. 27b.

[72] So *Schmidt-Räntsch,* NJW 1998, S. 3166 ff., 3167; *v. Heynitz,* MittBayNot 1998, S. 398 ff., 400; *Lettl,* JuS 2001, S. 559 ff., 565; wohl auch *Limmer,* ZNotP 1999, S. 148 ff., 150. A.A. wohl *Schultz,* NZM 2000, S. 1135 ff., 1139.

diese Ansicht zu bestätigen, denn danach darf der Geldschuldbetrag (nur) nicht „unmittelbar und selbsttätig" durch die Veränderung der Vergleichsgröße bestimmt werden. Von einem Ermessensspielraum bei der Vornahme einer diese Automatik unterbrechenden Handlung steht dort nichts, obwohl die Probleme mit der alten Regelung eine entsprechende Klarstellung durch den Gesetzgeber nahegelegt haben.

Da eine oder beide Parteien in solchen Fällen zu einer entsprechenden Handlung verpflichtet sind und selbst der Inhalt der Willenserklärungen von vornherein feststeht, stellen diese Erklärungen allerdings nur einen rein formalen Zwischenschritt auf dem Weg zum veränderten Geldschuldbetrag dar. Unter Berücksichtigung des Normzwecks können mit „unmittelbar und selbsttätig" nicht nur solche „automatischen Klauseln" gemeint sein, die ohne jegliches Zutun der Beteiligten zu einer Änderung des Geldbetrages führen. Auch bei einer Klausel, die kein Handeln der Parteien vorsieht und damit als „automatisch" wirkende Klausel anzusehen wäre, muss der Gläubiger zumindest feststellen, ob und in welcher Höhe sich die Vergleichsgröße geändert hat, um anschließend den erhöhten Geldbetrag berechnen und geltend machen zu können. Würde eine Klausel damit schon ihre Unmittelbarkeit oder Automatik verlieren, liefe die Ausnahmeregelung des § 2 Abs. 1 Satz 1 PaPkG leer. Ist das Dazwischentreten menschlichen Handelns „automatisch", wenn das Ergebnis dieses Handelns von vornherein feststeht, muss dies auch für Klauseln gelten, die ein Handeln mindestens einer Partei voraussetzen, wenn diese hierzu verpflichtet ist und auch das Ergebnis dieses Handelns von vornherein feststeht. In diesem Fall ist das Handeln der Partei bloß eine Formalie.

Unmittelbar und selbsttätig wird ein Geldschuldbetrag daher immer dann bestimmt, wenn der Änderung der Bezugsgröße stets auch die Änderung des Geldschuldbetrages in vorher festgelegtem Umfang folgt. Daran ändert sich nichts, wenn sich die Parteien zuvor einigen müssen, soweit sie hierzu verpflichtet sind und keinen Einfluss auf die Höhe der Änderung haben. Die Änderung der Bezugsgröße darf nur die Voraussetzung, nicht aber der alleinige Anpassungsmaßstab sein[73]. Sobald die Vertragsparteien einen gewissen, wenn auch beschränkten, Ermessensspielraum für Verhandlungen haben oder wenn ein solcher Spielraum der Person zusteht, die die Anpassung durchführen soll, passt sich die Geldschuld nicht mehr unmittelbar und selbsttätig an. Zwar kann hier feststehen, dass eine Anpassung zu erfolgen hat. Es steht aber nicht das Ergebnis der Änderung von vornherein fest. Ein genehmigungsfreier Leistungsvorbehalt liegt daher nicht schon dann vor, wenn zwischen Änderung der Bezugsgröße und des Geldbetrages rein formal ein Erklärungsakt zwischengeschaltet wird. Damit entspricht die aktuelle Rechtslage bei den Leistungsvorbehaltsklauseln der alten Rechtslage.

---

[73] Jauernig-*Mansel,* §§ 244, 245 Rdnr. 20; *Rademacher,* MDR 2000, S. 57 ff., 57 f.

Auch Leistungsvorbehalte mit „Einseitigkeitsklausel" fallen nicht unter das Wertsicherungsverbot[74]. Das sind Klauseln, nach denen nur im Falle eines Anstiegs, nicht aber eines Absinkens der Bezugsgröße, also nur zugunsten des Geldgläubigers, verhandelt werden soll, ob die Forderung anzupassen ist. Hier müssen sich die Parteien über das Ergebnis noch einigen, so dass sich der Betrag der Geldschuld nicht unmittelbar und selbsttätig aus der Änderung der Bezugsgröße ergibt. Dagegen spricht auch nicht § 2 Abs. 1 Satz 2 PaPkG i.V.m. § 2 Abs. 2 Nr. 1 PrKV, wonach keine der Vertragsparteien unangemessen benachteiligt werden darf. Denn dabei geht es nur um Ausnahmen vom Wertsicherungsverbot, die erst in Betracht kommen, wenn feststeht, dass eine Vereinbarung unter das Wertsicherungsverbot fällt.

Ein genehmigungsfreier Leistungsvorbehalt liegt auch dann vor, wenn die Parteien vereinbaren, dass der Geldwert der Forderung nicht unter einen bestimmten Prozentsatz einer Bezugsgröße absinken darf[75] oder dass die Geldschuld „mindestens entsprechend der jeweiligen Inflationsrate anzugleichen ist"[76]. Dies gilt allerdings nur, solange der Ermessensspielraum der Parteien nicht völlig aufgehoben wird und zumindest nach oben mehrere Entscheidungsmöglichkeiten offen bleiben[77].

Im Ergebnis läuft die Subsumtion unter die Tatbestandsmerkmale „unmittelbar und selbsttätig" auf die Prüfung hinaus, ob eine durch die Klausel ermöglichte Änderung des Geldschuldbetrages nur zu einer einzigen, vertraglich vorbestimmten Änderung führen kann. Ist dies nicht der Fall, wird der Betrag der Geldschuld nicht unmittelbar und selbsttätig durch den Preis oder Wert von anderen Gütern oder Leistungen bestimmt. Dagegen kann nicht angeführt werden, der Gesetzgeber habe die feinen Unterscheidungen der Rechtsprechung nicht übernehmen wollen und daher allein auf die unmittelbare und selbsttätige Bestimmung abgestellt[78]. Die Gesetzesbegründung hebt vielmehr hervor, dass § 2 Abs. 1 Satz 1 PaPkG wie § 3 Satz 2 WährG nur automatische Wertsicherungen

---

[74] *Rademacher,* MDR 2000, S. 57 ff., 58; *Schultz,* NZM 2000, S. 1135 ff., 1140. Dies entspricht der Rechtslage bei § 3 S. 2 WährG: BGH, BB 1969, S. 462 f., 463; OLG Köln, NJW 1972, S. 1052 f., 1053; *Frielingsdorf,* DB 1982, S. 789 ff., 789. Etwas anderes galt aber für genehmigungspflichtige einseitig wirkende Klauseln. Bei diesen war gemäß Ziff. 2a der Genehmigungsgrundsätze eine Genehmigung ausgeschlossen.

[75] So schon zu § 3 S. 2 WährG: BGH, WM 1978, S. 352 ff., 353; BGH, DB 1977, S. 92 f., 93; *Frielingsdorf,* DB 1982, S. 789 ff., 789; MK^3-*v. Maydell,* § 244 Rdnr. 23.

[76] Hess. LArbG, NZA-RR 2004, S. 184 f., 185.

[77] So schon zu § 3 S. 2 WährG: BGH, WM 1978, S. 352 ff., 353; BGH, DB 1977, S. 92 f., 93; MK^3-*v. Maydell,* § 244 Rdnr. 23; *Frielingsdorf,* DB 1982, S. 789 ff., 789. Krit. hierzu *Willms/Wahlig,* BB 1978, S. 973 ff., 974; dazu Staudinger-*K. Schmidt,* Vorbem zu §§ 244 ff, Rdnr. D 257.

[78] So aber *Schmidt-Räntsch,* NJW 1998, S. 3166 ff., 3167.

erfassen soll und die Formulierung „unmittelbar und selbsttätig bestimmen" gewählt worden sei, um den Stand der Rechtsprechung zu § 3 Satz 2 WährG wiederzugeben[79]. Und die Rechtsprechung nahm einen automatisch wirkenden Leistungsvorbehalt dann gerade nicht an, wenn es an einem ausreichenden Ermessensspielraum fehlte.

Durch den Wortlaut des § 2 Abs. 1 Satz 1 PaPkG hat sich auch nichts an dem wohl schwierigsten Problem im Bereich der Leistungsvorbehaltsklauseln geändert: Wie groß muss der Ermessensspielraum sein, damit eine Vereinbarung als Leistungsvorbehalt nicht unter das Verbot fällt? Es liegt auf der Hand, dass auch hier nicht allein nach formalen Kriterien entschieden werden kann. So würde eine Vereinbarung ersichtlich dem Sinn und Zweck des § 2 Abs. 1 PaPkG widersprechen, wenn sie zwar mehrere Entscheidungsalternativen eröffnet, diese aber wirtschaftlich kaum zu unterscheiden sind. Würde beispielsweise vereinbart, dass sich die Vertragsparteien bei der Änderung der Bezugsgröße um zwei Prozent auf eine Änderung des Geldschuldbetrages um 1,99 Prozent, zwei Prozent oder 2,01 Prozent einigen müssen, dann steht vorher formal nicht fest, in welcher Höhe die Anpassung erfolgen wird. Wirtschaftlich fällt der Unterschied zwischen den drei Alternativen aber kaum ins Gewicht. Hier ist eine Bewertung im Einzelfall zu treffen.

Gelegentlich sehen Leistungsvorbehalte ohne weitere Entscheidungsvorgaben vor, dass eine der Vertragsparteien – in der Praxis: der Gläubiger – die Höhe der Geldschuld bestimmen soll. Bei solchen Klauseln besteht der Ermessensspielraum darin, dass die Bestimmung gemäß § 315 Abs. 1 BGB im Zweifel nach billigem Ermessen zu treffen ist, was eine automatische Erhöhung des Schuldbetrages ausschließt[80]. Aus § 315 Abs. 3 BGB ergibt sich, dass der Bestimmungsberechtigte einen Gestaltungsspielraum hat, dass also nicht nur eine einzige Entscheidung als billig gelten kann, sondern alle diejenigen, die sich in den Grenzen der Billigkeit halten[81]. Entspricht die Entscheidung nicht billigem Ermessen, so ist sie gemäß § 315 Abs. 3 BGB für den anderen Vertragspartner nicht verbindlich. Die Bestimmung kann dann durch Urteil getroffen werden, wenn Schuldner bzw. Gläubiger ein Gericht anrufen. Ob eine Entscheidung billigem Ermessen entspricht, ist dabei unter Berücksichtigung der Interessen beider Vertragsparteien und des in vergleichbaren Fällen Üblichen festzustellen[82]. Eine so gestaltete Wertsicherungsabrede fällt aber nur dann nicht unter das Wertsicherungsverbot, wenn es dabei bleibt, dass die Bestimmung nach billi-

---

[79] Begründung des Rechtsausschusses, BT-Drucks. 13/10334, S. 41.

[80] *Dürkes,* Wertsicherungsklauseln, B Rdnr. 33; *Fögen,* BB 1964, S. 1015 ff., 1017; Palandt-*Heinrichs,* § 245 Rdnr. 34.

[81] Siehe m.w.N. Staudinger-*Mader,* § 315 Rdnr. 66.

[82] BGHZ 41, S. 271 ff., 280 f.; BGH, WM 1973, S. 102 ff., 103; BGHZ 62, S. 314 ff., 316 f.; OLG Köln, ZMR 1999, S. 633 f., 634; Palandt-*Heinrichs,* § 315 Rdnr. 10; Staudinger-*Mader,* § 315 Rdnr. 68.

gem Ermessen zu treffen ist. Wird die Zweifelsregelung des § 315 Abs. 1 BGB abbedungen, fehlt es regelmäßig am Ermessen, so dass die Bestimmung nur ein rein formal zwischengeschalteter Erklärungsakt ist.

Auch einer ähnlichen Variante ist eine gewisse Wertsicherung immanent. Wird die Bestimmung der Leistung im Sinne von §§ 317 ff. BGB einem Dritten überlassen, so hat er sie gemäß § 317 Abs. 1 BGB im Zweifel nach billigem Ermessen zu treffen. Eine am billigen Ermessen ausgerichtete Entscheidung wird sich dabei dem jeweiligen Preisniveau anpassen[83]. Während im Falle der Bestimmung des Gläubigers die getroffene Bestimmung gemäß § 315 Abs. 3 BGB für den Schuldner nur verbindlich ist, wenn sie der Billigkeit entspricht, enthält § 319 Abs. 1 eine strengere Regelung. Danach ist die getroffene Bestimmung für die Vertragsschließenden nur dann nicht verbindlich, wenn sie *offenbar* unbillig ist. In diesem Fall erfolgt die Bestimmung durch Urteil. Durch das „billige Ermessen" wird insbesondere eine willkürliche Entscheidung ausgeschlossen, die etwa dann gegeben ist, wenn ein Schiedsgutachter nur die Interessen einer Partei berücksichtigt[84]. Ausgangspunkt der Anpassung sind dabei die Äquivalenzvorstellungen, die die Vertragspartner bei Vertragsschluss in ihrem Vertrag vorgesehen haben[85]. Letztlich handelt es sich aber auch dann noch um einen Leistungsvorbehalt, wenn die Berücksichtigung bestimmter Umstände – etwa die persönlichen Verhältnisse der Parteien – zwar vereinbarungsgemäß zu unterbleiben hat, aber die Änderung der Höhe der Geldschuld anders ausfallen kann als die Änderung der Bezugsgröße[86].

Als Ergebnis bleibt festzuhalten, dass die Vertragsparteien immer dann nicht gegen das Wertsicherungsverbot verstoßen, wenn sie eine Leistungsvorbehaltsklausel vereinbaren, durch die das Ergebnis der Anpassung nicht festgelegt wird. Diese Klauseln haben den Vorteil, dass sie genehmigungsfrei sind. Da die Höhe der späteren Anpassung ungewiss ist, sind sie dadurch jedoch konfliktträchtig[87].

Dementsprechend bekräftigt § 1 Nr. 1 der Preisklauselverordnung, dass das Verbot von Preisklauseln nach § 2 Abs. 1 Satz 1 PaPkG nicht für Leistungsvorbehaltsklauseln gilt. Es wird unten[88] noch dargelegt, dass die Formulierung „... gilt nicht für ..." schlecht gewählt ist, weil in § 2 Abs. 2 PaPkG keine Ermächtigung zum Erlass einer Rechtsverordnung zur Einengung der Verbotsregelung des § 2 Abs. 1 Satz 1 PaPkG enthalten ist. Da aber Leistungsvorbehalte nicht von dem Wertsicherungsverbot erfasst werden, bestätigt die PrKV nur eine

---

83 *Eppig,* NJW 1949, S. 531 ff., 534.
84 BGHZ 62, S. 314 ff., 316; Staudinger-*Mader,* § 315 Rdnr. 71.
85 BGHZ 62, S. 314 ff., 316; OLG Köln, ZMR 1999, S. 633 f., 633.
86 BGH, BB 1968, S. 930.
87 *Fricke,* Jura 1987, S. 591 ff; 594; MK^3-*v. Maydell,* § 244 Rdnr. 24.
88 Siehe Kap. VIII 2. a) aa).

schon durch § 2 PaPkG erfolgte Regelung. Daher bestehen an der Zulässigkeit des § 1 Nr. 1 PrKV, der den Inhalt der gesetzlichen Regelung lediglich wiederholt, keine Bedenken, wenn die Preisklauselverordnung unter dem Begriff Leistungsvorbehaltsklausel das Gleiche versteht wie unter dem oben definierten Begriff. In § 1 Nr. 1 PrKV werden Leistungsvorbehaltsklauseln als Klauseln definiert, „die hinsichtlich des Ausmaßes der Änderung des geschuldeten Betrages einen Ermessensspielraum lassen, der es ermöglicht, die neue Höhe der Geldschuld nach Billigkeitsgrundsätzen zu bestimmen".

Der Verordnungsgeber hat darauf verzichtet, die in Rechtsprechung und Literatur gängige Definition zu übernehmen und sich auf einen Teilbereich der Leistungsvorbehalte beschränkt. Da Leistungsvorbehaltsklauseln schon dann bestehen, wenn ein ausreichender Ermessensspielraum besteht, ist die Definition in der Preisklauselverordnung insoweit enger, als dort nur solche Klauseln aus dem Wertsicherungsverbot herausfallen sollen, bei denen die Höhe der Anpassung unter Berücksichtigung von Billigkeitsgesichtspunkten bestimmt werden soll. Solche Klauseln fallen auf jeden Fall nicht unter das Verbot. Werden Billigkeitsgesichtspunkte außer acht gelassen, so führt dies nur in den Fällen des § 315 Abs. 1 BGB dazu, dass die Klausel unwirksam ist. Haben sich dagegen beide Vertragsparteien auf eine neu angepasste Geldschuld zu einigen, dann handelt es sich auch dann um einen genehmigungsfreien Leistungsvorbehalt, wenn dabei Umstände außer Acht zu lassen sind, die dazu führen, dass die Entscheidung für eine der Parteien unbillig ist. Da eine Rechtsverordnung jedoch kein höherrangiges Recht abändern kann, bleibt es dabei, dass § 2 Abs. 1 Satz 1 PaPkG Leistungsvorbehalte nicht verbietet, soweit ein ausreichender Ermessensspielraum gegeben ist, auch wenn Billigkeitsgrundsätze hierbei in den Hintergrund treten.

Wenn neuerdings nicht mehr die herkömmliche Definition des Begriffs Leistungsvorbehalt verwendet wird, sondern die des § 1 Nr. 1 PrKV bedenkenlos übernommen wird[89], ist dies zumindest ungenau. Leistungsvorbehalte, die der Definition in § 1 Nr. 1 PrKV entsprechen, können ohne weiteres genehmigungsfrei vereinbart werden. Besteht bei der Entscheidung über die Höhe der Anpassung ein Ermessensspielraum, der nicht an Billigkeitsgesichtspunkten ausgerichtet sein soll, fällt aber auch eine solche Klausel nach dem oben Gesagten nicht unter das Wertsicherungsverbot des § 2 Abs. 1 Satz 1 PaPkG, da ein ausreichender Ermessensspielraum vorhanden ist. Da eine solche Klausel jedoch nicht unter § 1 Nr. 1 PrKV passt, sollten die Beteiligten ein Negativattest beantragen und gegebenenfalls durchsetzen, um Zweifel an der Wirksamkeit einer solchen Klausel zu vermeiden.

---

[89] So z. B. Jauernig-*Mansel,* §§ 244, 245 Rdnr. 20; *Limmer,* ZNotP 1999, S. 148 ff., 149.

b) Leistungsvorbehaltsklauseln bei § 3 Satz 2 WährG

Leistungsvorbehaltsklauseln fielen schon bei § 3 Satz 2 WährG nicht unter das Wertsicherungsverbot. Begründet wurde dies mit dem Wortlaut des § 3 Satz 2 WährG. Diese Vorschrift habe vorausgesetzt, dass der Betrag der Geldschuld durch die dort genannten Möglichkeiten „bestimmt" werde. Damit seien solche Klauseln nicht erfasst worden, bei denen sich die Höhe der geschuldeten Summe nicht automatisch aus der Anwendung des vereinbarten Wertmessers ergab, sondern durch eine Klausel lediglich vorgegeben war, wann die Geldschuld durch Vereinbarung oder gemäß §§ 315 ff. BGB angepasst werden konnte bzw. musste[90]. Der Wortlaut des § 3 Satz 2 WährG war allerdings alles andere als eindeutig, setzte er doch voraus, dass der Betrag der Geldsumme durch die Wertsicherungsklausel „bestimmt werden *soll*". Auch bei den Leistungsvorbehalten *soll* aber die Höhe der Geldschuld regelmäßig neu bestimmt werden.

Ob Leistungsvorbehalte von § 3 Satz 2 WährG verboten wurden, ist wegen des unklaren Wortlauts aufgrund des Zwecks der Norm zu entscheiden. Seinem Schutzzweck zufolge erfasste das alte Wertsicherungsverbot nicht jede Vereinbarung, die potenziell inflationsfördernd war, sondern nur solche, durch die zugleich vom Nennwertprinzip abgewichen wurde[91]. Eine Geldschuld, die mit einem Leistungsvorbehalt verbunden ist, lautet auf einen festen Geldbetrag. Dieser bleibt solange fest, wie die Vertragsparteien sich nicht auf einen höheren Geldbetrag einigen oder ein solcher vereinbarungsgemäß durch eine Person festgelegt wird. Das Nennwertprinzip verhindert aber nicht Verträge, die einen bestehenden Vertrag abändern. Auch bei der Bestimmung durch eine einzige Person bleibt der Betrag der Geldschuld grundsätzlich fest, da es ja gerade zu keiner automatischen Anpassung kommt. Weil zudem nicht lediglich die Veränderungen des Wertmessers nachvollzogen, sondern vielmehr eine Änderung der Geldschuld auch unter Berücksichtigung anderer Umstände geprüft werden sollte, wurde das Nennwertprinzip nicht ausgeschaltet[92]. Ein Vertrag, der eine

---

[90] BGHZ 63, S. 132 ff., 136; BGH, BB 1969, S. 462 f., 463; BGH, BB 1968, S. 930; BGH, BB 1963, S. 793 f., 793; BGH, BB 1962, S. 737; BVerwGE 41, S. 1 ff., 6; BVerwGE 41, S. 13 ff., 22; *Hahn,* Währungsrecht, § 8 Rdnr. 26; Schlegelberger-*Hefermehl,* HGB, Anh § 361 Rdnr. 47; *Dürkes,* Wertsicherungsklauseln, B Rdnr. 27 f. u. 202; *Frielingsdorf,* DB 1982, S. 789 ff., 789; *v. Maydell,* Geldschuld und Geldwert, S. 376; *v. Stebut,* Jura 1983, S. 449 ff., 453; *Papier,* JuS 1974, S. 477 ff., 479; *Grothe,* Fremdwährungsverbindlichkeiten, S. 281; *Willms/Wahlig,* BB 1978, S. 973 ff., 974; *Reithmann,* DNotZ 1960, S. 172 ff., 184 f.; *Wolf* ZIP 1981, S. 235 ff., 237; *Fögen,* Geld- und Währungsrecht, S. 151; Soergel-*Teichmann,* § 244 Rdnr. 14; *Mathar,* Wertsicherungsverbot und Grundgesetz, S. 5; *Wolf,* ZIP 1981, S. 235 ff., 237; *Samm/Hafke,* Grundbesitz und Wertsicherungsklauseln, S. 10; *Gramlich,* BBankG, § 3 WährG Rdnr. 29; *Ranniger,* DNotZ 1951, S. 396 ff., 399.

[91] So speziell auch auf die Leistungsvorbehalte bezogen: Staudinger-*K. Schmidt,* Vorbem zu §§ 244 ff., Rdnr. D 206 u. 255; *ders.,* ZIP 1983, S. 639 ff., 645 und s.o. Kap. V 1.

nicht automatische Änderung des Preises möglich macht, unterhöhlt damit ebensowenig das Nennwertprinzip wie etwa ein Vertragsschluss, bei dem die erstmalige Preisfestsetzung auf einen späteren Zeitpunkt verschoben wird[93].

§ 3 Satz 2 WährG verbot Wertsicherungsklauseln daher nur dann, wenn sie ohne weiteres Handeln der Vertragsparteien bzw. dazu berufenen Dritten unmittelbar und selbsttätig dazu führten, dass sich die Höhe der Geldschuld änderte, wenn sich die Bezugsgröße änderte.

4. Spannungsklauseln

Anders als bei Leistungsvorbehaltsklauseln ändert sich die Höhe einer Geldschuld, die mit einer Spannungsklausel verbunden ist, automatisch. Eine Spannungsklausel liegt vor, wenn der Betrag der Geldschuld nicht durch den Preis oder den Wert von „anderen" Gütern oder Leistungen bestimmt werden soll, sondern mit dem Preis bzw. Wert von Gütern oder Leistungen verknüpft ist, die mit der Gegenleistung, für die die Geldschuld zu entrichten ist, gleichartig oder zumindest vergleichbar sind[94]. Solche Klauseln bewirken, dass der Abstand (die „Spanne") des Preises zweier vergleichbarer Leistungen stets gleich bleibt bzw. einen gewissen Spielraum nicht überschreitet. Die Beteiligten können beispielsweise vereinbaren, dass der gesicherte Geldbetrag einem bestimmten Prozentsatz der Bezugsgröße oder dieser sogar genau entsprechen soll[95]. Im letzten Fall wäre die Spanne gleich Null.

---

92 *Fögen,* Geld- und Währungsrecht, S. 151; *Papier,* JuS 1974, S. 477 ff., 479.

93 OLG Hamburg, BB 1967, S. 735; Staudinger-*K. Schmidt,* Vorbem zu §§ 244 ff., Rdnr. D 255; *ders.,* ZIP 1983, S. 639 ff., 646.

94 So zu § 2 PaPkG Palandt-*Heinrichs,* § 245 Rdnr. 30 f.; Jauernig-*Mansel,* §§ 244, 245 Rdnr. 21; *Rademacher,* ZMR 1999, S. 218 ff., 219, Fn. 10; *Morsch,* BB 2004, S. 1803 ff., 1804. Zu § 3 WährG: BGH, WM 1986, S. 912 ff., 914; BGH, ZIP 1983, S. 315 ff., 316; BGHZ 14, S. 306 ff., 310 f.; BGH, NJW 1979, S. 1545 f., 1546; BGH, NJW 1979, S. 1888 f., 1889; BGH WM 1976, S. 33 ff., 34; BGH, NJW 1974, S. 273 ff., 273; *Hahn,* Währungsrecht, § 8 Rdnr. 24; *Willms/Wahlig,* BB 1978, S. 973 ff., 974; *Fricke,* Jura 1987, S. 591 ff., 593; *Dürkes,* Wertsicherungsklauseln, D Rdnr. 5; *K. Schmidt,* ZIP 1983, S. 639 ff., 645; *Gramlich,* BBankG, § 3 WährG Rdnr. 30; *Frielingsdorf,* DB 1982, S. 789 ff., 790; *Samm/Hafke,* Grundbesitz und Wertsicherungsklauseln, S. 15; *Hartmann,* DB 1970, Beilage Nr. 17 Rdnr. 18; *Pikart,* WM 1969, S. 1062 ff., 1065; *Fögen,* BB 1958, S. 1259 ff., 1261; Soergel-*Teichmann,* § 244 Rdnr. 17; AK-BGB-*Brüggemeier,* vor §§ 244, 245 Rdnr. 29; *Emmerich,* JuS 1986, S. 908 f., 909.

95 Zu § 3 WährG: BGHZ 14, S. 306 ff., 310; BGH, BB 1954, S. 976; *Dürkes,* Wertsicherungsklauseln, D Rdnr. 5; *Hahn,* Währungsrecht, § 8 Rdnr. 24; *Samm/Hafke,* Grundbesitz und Wertsicherungsklauseln, S. 15; *Frielingsdorf,* DB 1982, S. 789 ff., 790; *Papier,* JuS 1974, S. 477 ff., 479; Staudinger-*K. Schmidt,* Vorbem zu §§ 244 ff, Rdnr. D 246; *Pikart,* WM 1969, S. 1062 ff., 1065; *Fögen,* BB 1958, S. 1259 ff., 1261.

a) Spannungsklauseln bei § 2 PaPkG

Spannungsklauseln sind nicht schon deswegen zulässig, weil § 1 Nr. 2 PrKV dies so vorsieht. Für eine solche Ausnahme enthält die Verordnungsermächtigung in § 2 Abs. 2 PaPkG keine Grundlage[96]. § 1 Nr. 2 PrKV ist nur dann rechtmäßig, wenn er eine ohnehin bestehende Rechtslage lediglich bestätigt und damit kein höherrangiges Recht abändert.

Gemäß § 2 Abs. 1 Satz 1 PaPkG darf der Betrag von Geldschulden nicht durch den Preis oder Wert von *anderen* Gütern oder Leistungen unmittelbar und selbsttätig bestimmt werden, die mit den vereinbarten Gütern oder Leistungen *nicht vergleichbar* sind. Gerade durch diesen letzten Halbsatz soll klargestellt sein, dass nur Klauseln mit „anderen", also nicht vergleichbaren Leistungen vom Wertsicherungsverbot erfasst werden[97]. Damit wird das Wertsicherungsverbot auf solche Klauseln beschränkt, bei denen die als Wertsicherungsmaßstab herangezogenen Preise bzw. Werte von Gütern oder Leistungen keinerlei Beziehung zum Gegenstand des Schuldverhältnisses haben[98]. Ein Geldschuldbetrag darf damit unmittelbar und selbsttätig durch den Preis oder Wert von anderen Gütern bestimmt werden, wenn die in Bezug genommenen Güter oder Leistungen nur mit den Gütern oder Leistungen vergleichbar sind, für die der Geldbetrag bezahlt wird.

Aufgrund des eindeutigen Wortlauts des § 2 Abs. 1 Satz 1 PaPkG bestehen demnach keine Zweifel daran, dass Spannungsklauseln nicht unter das Wertsicherungsverbot fallen[99]. Der vorherige Rechtszustand besteht damit insoweit weiter. § 2 Abs. 1 Satz 1 PaPkG schränkt die genehmigungsfreien Spannungsklauseln auch nicht auf solche Fälle ein, in denen eine Anpassung sowohl nach oben wie auch nach unten hin möglich ist. Sie können daher ohne Verstoß gegen das Verbot ausschließlich auf eine Erhöhung der Geldschuld ausgerichtet sein[100]. Zwar schreiben § 2 Abs. 1 Satz 2 PaPkG i.V.m. § 2 Abs. 2 Nr. 1 PrKV vor, dass keine Vertragspartei unangemessen benachteiligt werden darf.

---

[96] Siehe Kap. VIII 2. a) aa).

[97] BT-Drucks. 13/10334, S. 41. Dies wird offenbar von *Schmidt-Räntsch,* NJW 1998, S. 3166 ff., 3167 übersehen, der die Spannungsklauseln allein über § 1 Nr. 2 der PreisklauselVO als „generell genehmigungsfrei gestellt" ansieht.

[98] *v. Heynitz,* MittBayNot 1998, S. 398 ff., 399.

[99] So auch Bamberger/Roth-*Grothe,* § 244 Rdnr. 17; Jauernig-*Mansel,* §§ 244, 245 Rdnr. 21; Schimansky/Bunte/Lwowski-*Schefold,* Bankrechts-Handbuch, Bd. III, § 115 Rdnr. 107; *Morsch,* BB 2004, S. 1803 ff., 1804; Palandt-*Heinrichs,* § 245 Rdnr. 30; *Medicus,* Schuldrecht I, Rdnr. 170; MK-*Grundmann,* §§ 244, 245 Rdnr. 75; *Rademacher,* MDR 2000, S. 57 ff., 57; *ders.,* ZMR 1999, S. 218 ff., 219, Fn. 10; Erman-*Westermann,* § 244 Rdnr. 7; Erman-*Hohloch,* § 313 Rdnr. 64; *v. Heynitz,* MittBayNot 1998, S. 398 ff., 401; *v. Oefele/Winkler,* Handbuch des Erbbaurechts, Rdnr. 6.153.

[100] So schon zu § 3 WährG: BGH, WM 1986, S. 912 ff., 914; BGH, WM 1979, S. 33 ff., 34 f.; *Wolf,* ZIP 1981, S. 235 ff., 237; a.A. *Fögen,* BB 1964, S. 1015 ff., 1017.

Das ist insbesondere dann der Fall, wenn eine Wertsicherungsklausel nur zu einer Erhöhung des Geldbetrages führen kann, nicht aber dazu, dass sich dieser Betrag verringert, wenn sich auch die Bezugsgröße verringert. Dies gilt aber nur als Voraussetzung für eine Ausnahme vom Verbot und damit nur für genehmigungspflichtige Wertsicherungsklauseln. Die genehmigungsfreien Spannungsklauseln sind hierdurch nicht betroffen.

Spannungsklauseln bieten sich besonders bei der Wertsicherung von Unterhalts-, Gehalts- und Ruhegehaltsvereinbarungen an[101]. Da weder Wortlaut noch Zweck des § 2 Abs. 1 PaPkG etwas anderes vorschreiben, sind sie aber auch bei anderen Geldschulden zulässig[102]. Ruhegehaltszusagen können beispielsweise an das Gehalt einer bestimmten Personengruppe in einem bestimmten Beruf gebunden werden (z.B. mit dem Einstiegsgrundgehalt eines Verwaltungsinspektors). Dadurch wird der Geldwertverlust zumindest in dem Maße ausgeglichen, wie es den Angehörigen dieser Berufsgruppe gelingt, ihre Bezüge anzupassen[103]. Den aktiv Berufstätigen gelingt es regelmäßig eher, ihre Löhne und Gehälter den veränderten Umständen anzupassen, da sie noch ihre Arbeitskraft als Gegenleistung zur Verfügung stellen[104]. Neben den Geldwertveränderungen beeinflussen aber auch andere Faktoren die Höhe der Vergleichsgröße, so dass der Gläubiger der wertgesicherten Geldschuld ebenfalls daran teilnimmt.

Da § 2 Abs. 1 Satz 1 PaPkG darauf abstellt, dass die Bezugsgröße mit den vereinbarten Gütern oder Leistungen vergleichbar ist, bleibt das schon bei § 3 Satz 2 WährG vorhandene Problem bestehen, welche Güter oder Leistungen noch als vergleichbar angesehen werden können. Der BGH hatte zu § 3 Satz 2 WährG beispielsweise die zueinander in Verhältnis gesetzte Garagenmiete einerseits und die Vergütung für die Nutzung des Grundstücks andererseits (an dem Grundstück bestand ein Erbbau- und Pachtrecht, die darauf befindlichen Garagen waren an Dritte vermietet) als vergleichbar angesehen[105]. Die Leistungen sollten immer dann vergleichbar sein, wenn bei Erbbau-, Miet- und Pachtverträgen über Grundstücke oder Räume die Höhe der vom Erbbauberechtigten bzw. Mieter oder Pächter seinerseits erzielten Erbbau- bzw. Miet- oder Pachtzinsen als Wertmesser für den Erbbau-, Miet- oder Pachtzins dienen soll[106]. Ohne wei-

---

[101] Vgl. (zu § 3 WährG): BGH, WM 1976, S. 33 ff., 34; BGH, BB 1960, S. 344 f., 344; *Papier,* JuS 1974, S. 477 ff., 479; *Dürkes,* Wertsicherungsklauseln, D Rdnr. 5 u. 12; dort in den Rdnr. 5 ff. weitere Beispiele.

[102] Vgl. BGH, WM 1976, S. 33 ff., 34; BGH, BB 1960, S. 344 f., 344; S. z.B. BGH, WM 1986, S. 912 ff., 914 u. BGH, ZIP 1983, S. 315 ff., 316 (Absicherung von Mietzins für Gewerberaum); BGH, WM 1976, S. 33 ff., 34 (Erbbaurecht sowie Miet- und Pachtrecht).

[103] *Fricke,* Jura 1987, S. 591 ff., 593.

[104] *Fricke,* Jura 1987, S. 591 ff., 593.

[105] BGH, WM 1976, S. 33 ff., 34; OLG München, NJW-RR 1994, S. 469 (Kopplung der Höhe des Erbbauzinses an den Wohnungsmietenertrag ist gleichartig).

[106] BGH, WM 1976, S. 33 ff., 34.

teres sollte es genehmigungsfrei zulässig sein, in einem Mietvertrag über gewerbliche Räume zu vereinbaren, dass sich der Mietzins jeweils der Miete für bestimmte gewerblich genutzte Räume gleicher Art und Lage anpassen soll[107]. Das Gleiche war dem BGH zufolge dann der Fall, wenn beim Verkauf eines Hausgrundstücks der in Form einer Rente zu zahlende Kaufpreis an dem Ertragswert des veräußerten Grundstücks ausgerichtet wurde und der jeweilige Ertragswert auch die künftige Rentenhöhe beeinflussen sollte. Denn der Kaufpreis orientiert sich seinem Wesen nach am Wert des Grundstücks, und die Vorstellung der Gleichwertigkeit von Leistung und Gegenleistung besteht auch dann, wenn der Kaufpreis in Form einer Kaufpreisrente geleistet werden soll[108]. Da die Höhe eines Erbbauzinses eine Nutzungsvergütung darstellt, der Grundstückswert dagegen ein kaufpreisbestimmender Faktor ist, waren diese beiden Größen nicht vergleichbar, so dass sie in einer Spannungsklausel nicht genehmigungsfrei zueinander in Bezug gesetzt werden durften[109]. Noch deutlicher tritt die Ungleichartigkeit der Bezugsgrößen zu Tage, wenn der als Gegenleistung für die Hingabe des Eigentums zu leistende Kaufpreis mit dem Wert der Arbeitsleistung beispielsweise eines Beamten verknüpft wird[110].

Insgesamt hat die Rechtsprechung das Erfordernis der Gleichartigkeit sehr weit ausgelegt[111] und dabei entweder die formale Gleichartigkeit (z. B. Dienstleistung ist gleich Dienstleistung[112]) oder die Gleichartigkeit des Rechtsgrundes, aus dem die Leistungen erbracht wurden[113], zum Ausgangspunkt genommen[114]. Hierbei verlor sie aber auch nicht den Blick für die Besonderheiten des Einzelfalles. So stellte der BGH etwa in einem Fall fest, dass zwei zueinander in Bezug gesetzte Leistungen zwar auf dem gleichen Rechtsgrund beruhen, denn es handelte sich in beiden Fällen um einen die Miete von Räumen betreffenden Vertrag. Allerdings sollte das allein nicht zur Annahme der Vergleichbarkeit ausreichen, da es sich zum einen um einen Mietvertrag über Wohnraum und zum anderen um einen über Gewerberäume handelte, bei denen anzunehmen

---

107 BGH, ZIP 1983, S. 315 ff., 316; BGH, WM 1986, S. 912 ff., 914.

108 BGH, NJW 1979, S. 1888 f., 1889.

109 BGH, NJW 1979, S. 1545 f., 1546.

110 BGHZ 14, S. 306 ff., 311; BGH, BB 1954, S. 976.

111 Vgl. Soergel-*Teichmann,* § 244 Rdnr. 17; Staudinger-*K. Schmidt,* Vorbem zu §§ 244 ff, Rdnr. D 249; *Dürkes,* Wertsicherungsklauseln, D Rdnr. 23.

112 Siehe z. B. BGH, NJW 1974, S. 273 ff., 273. Anders *Fögen,* BB 1964, S. 1015 ff., 1017, der für die Bestimmung der Gleichartigkeit auf die Verkehrsanschauung abstellen will, so dass nach seiner Ansicht z. B. leitende und rein mechanische Tätigkeiten einfachster Art nicht als gleichartige Dienstleistungen hätten angesehen werden können. Siehe hierzu aber *Willms/Wahlig,* BB 1978, S. 973 ff., 974.

113 Siehe z. B. BGHZ 14, S. 306 ff., 310.

114 Zu den Einzelfällen s. z. B. *Dürkes,* Wertsicherungsklauseln, D Rdnr. 23 ff.; *Frielingsdorf,* DB 1982, S. 789 ff., 790.

war, dass die Mietentwicklung unterschiedlich verlief und es damit an der Vergleichbarkeit fehlen würde[115].

Die hergebrachte Definition der Spannungsklausel stellte nicht allein auf die Vergleichbarkeit ab, sondern enthielt die Wendung „gleichartig oder zumindest vergleichbar“. Indem § 2 Abs. 1 Satz 1 PaPkG nunmehr nur den Begriff „vergleichbar“ enthält und nicht auf die „Gleichartigkeit“ abstellt, billigt der Gesetzgeber die großzügige Sicht der Rechtsprechung. Mutatis mutandis kann die Rechtsprechung zur Beantwortung der Frage, ob zwei Güter bzw. Leistungen vergleichbar sind, weiterhin herangezogen werden. Es hat sich insoweit nichts verändert.

Eine Spannungsklausel darf allerdings nicht dazu missbraucht werden, eine genehmigungspflichtige Wertsicherungsklausel in einen Vertrag hineinzuziehen. Hier ist bei der Bestimmung der Vergleichsgruppen Vorsicht geboten. Es ist jeweils zu prüfen, welcher Wert den anderen tatsächlich beeinflusst. Werden zwei vergleichbare Leistungen zueinander in Bezug gesetzt, so kann dies an sich eine genehmigungsfreie Spannungsklausel darstellen. Wird hierbei allerdings auf die Leistung aufgrund eines Vertrages Bezug genommen, der sich seinerseits auf den Wert einer *anderen,* nicht vergleichbaren Leistung bezieht und daher genehmigungsbedürftig ist, eine solche Genehmigung gemäß § 2 Abs. 1 Satz 2 PaPkG aber vorliegt, so ist auch die Vereinbarung, die Geldsumme sei der in dem anderen Vertrag vereinbarten Geldsumme anzupassen, genehmigungspflichtig. Eine solche Klausel fällt deswegen unter das Verbot, weil nicht die vergleichbare Leistung in dem anderen Vertrag einbezogen wird, sondern die nicht vergleichbare Leistung, auf die sich der andere Vertrag bezieht. Es kann hier keinen Unterschied machen, ob die in Bezug genommene, nicht vergleichbare Leistung in der Klausel unmittelbar bezeichnet wird oder ob sie nur in dem Vertrag, auf den Bezug genommen wird, als Vergleichsmaßstab angegeben wird[116]. Mit einer solchen Vereinbarung würde § 2 PaPkG umgangen.

Wird der Betrag der geschuldeten Geldsumme durch den künftigen Preis oder Wert der eigenen Leistung des Geldgläubigers bestimmt, also von dem Preis oder Wert von Leistungen, die im konkreten Fall die vertragliche Gegenleistung darstellen, so wurde diese Fallgruppe bei § 3 WährG zum Teil als eigene[117] und zum Teil als den Spannungsklauseln zugehörige[118] angesehen. Als Beispiel wurde hierzu angeführt, dass eine Klausel in einem Bierlieferungsvertrag ohne Genehmigung zulässig gewesen sei, in der vereinbart wurde, dass ein Gastwirt

---

[115] BGH, WM 1986, S. 912 ff., 914. Der BGH konnte diese Frage offen lassen.

[116] So schon zu § 3 WährG: BGH, ZIP 1983, S. 315 ff., 316.

[117] So *Dürkes,* Wertsicherungsklauseln, D Rdnr. 34 ff. und wohl auch *Reithmann,* DNotZ 1960, S. 172 ff., 181.

[118] So *Fögen,* BB 1958, S. 1259 ff., 1261 und Staudinger-*K. Schmidt,* Vorbem zu §§ 244 ff, Rdnr. D 251.

das Bier „zu den jeweils bei der Brauerei gültigen Tagespreisen – also zu den Preisen, zu denen auch diejenigen Gastwirte und sonstigen Abnehmer beliefert werden, die nicht Darlehensschuldner der Brauerei sind –“ abnehmen musste[119]. Gerade hier war aber unproblematisch, ob die Leistungen gleichartig waren: In dem genannten Beispiel soll sich die für die Lieferung des Bieres zu leistende Geldsumme nach den Preisen richten, die auch alle anderen Gastwirte zu zahlen haben. Diese kaufen aber doch das gleiche Bier und erhalten damit eine Leistung, die der anderen vertraglichen Leistung ohne weiteres gleich ist.

Die Preisklauselverordnung enthält in § 1 Nr. 2 eine Regelung, nach der das Verbot von Preisklauseln nicht für Spannungsklauseln gilt. Da die Spannungsklauseln gemäß § 2 Abs. 1 Satz 1 PaPkG nicht unter das Wertsicherungsverbot fallen, wird hier nur der Inhalt der gesetzlichen Regelung wiederholt, so dass an der Zulässigkeit dieser Verordnungsregelung keine Bedenken bestehen, obwohl eine entsprechende Verordnungsermächtigung fehlt. Dies ist allerdings nur der Fall, wenn der Begriff der Spannungsklausel in der Rechtsverordnung dem des § 2 PaPkG entspricht. § 1 Nr. 2 PrKV definiert die Spannungsklauseln als Klauseln, „bei denen die in ein Verhältnis zueinander gesetzten Güter oder Leistungen im wesentlichen gleichartig oder zumindest vergleichbar sind“. Diese Definition ist aus zwei Gründen unbefriedigend. Einerseits werden nicht Güter bzw. Leistungen zueinander ins Verhältnis gesetzt, sondern die Geldschuld mit dem Wert oder Preis von Gütern oder Leistungen. Andererseits tauchen in der Definition der Preisklauselverordnung wieder die Begriffe „gleichartig oder zumindest vergleichbar“ auf. Hier bezieht sich der Verordnungsgeber offenbar auf die gängige Definition der Spannungsklausel. § 2 Abs. 1 Satz 1 PaPkG stellt aber nur noch auf die Vergleichbarkeit ab und ist daher weiter als die herkömmliche Definition. Da jedoch auch hier die Vergleichbarkeit ausreicht, wird dieser Begriff ebenso ausgelegt werden wie der in § 2 Abs. 1 PaPkG. Im Ergebnis bleibt es daher dabei, dass § 1 Nr. 2 PrKV eine zulässige Wiederholung der gesetzlichen Regelung enthält.

b) Spannungsklauseln bei § 3 Satz 2 WährG

Es ist allgemein anerkannt, dass Spannungsklauseln dem § 3 Satz 2 WährG nicht unterfielen. Dies wird meist damit begründet, dass eine Genehmigung nach dem Wortlaut dieser Vorschrift nur für Vereinbarungen erforderlich war, die die geschuldete Leistung von dem Wert „anderer“ Güter oder Leistungen abhängig machten, wogegen bei einer Spannungsklausel gleiche Leistungen miteinander verknüpft werden[120]. Dies ist deswegen zweifelhaft, weil die For-

[119] Beispiel unter der Überschrift „Bezugnahme auf einen dem betreffenden Schuldverhältnis „eigentümlichen Wertmesser“ aus *Dürkes,* Wertsicherungsklaueln, D Rdnr. 40.

mulierung „andere Güter und Leistungen" dem Begriff Feingold folgte und daher alle Güter und Leistungen meinte, die nicht Feingold waren[121]. Dem wurde zwar wiederum entgegenhalten, dass dies keiner besonderen Erwähnung bedurft hätte, weil Güter und Leistungen, die nicht Gold waren, selbstverständlich „anders" als dieses gewesen seien[122]. Sprachlich hätte es dann aber geheißen „von Feingold oder von Gütern und Leistungen ...". Da Feingold auch ein Gut ist, musste der Begriff „anderen" eingefügt werden, um sprachlich Sinn zu machen. Der Wortlaut kann daher zumindest nicht als einziges Argument herangezogen werden, um die Genehmigungsfreiheit der Spannungsklauseln zu begründen.

Andere begründen dieses Ergebnis mit einer teleologischen Reduktion des § 3 Satz 2 WährG. Spannungsklauseln beugten Aquivalenzstörungen im Schuldverhältnis vor, die zum Wegfall der Geschäftsgrundlage und damit zur richterlichen Vertragsanpassung hätten führen können[123]. Dieser Zweck rechtfertige die Genehmigungsfreiheit der Spannungsklauseln und erkläre zugleich, dass nicht einfach auf die allgemeine Teuerung Bezug genommen werden durfte, sondern auf Güter abzustellen war, die den zu vergütenden Waren oder Leistungen „gleichartig" waren[124]. Dadurch sei nicht jede beliebige Indexierung oder ein genereller Kaufkraftausgleich genehmigungsfrei zulässig gewesen, um die Störung der „wirtschaftlichen" Äquivalenz zu vermeiden, sondern die Klausel musste auf eine Bewertung der geldwerten Gegenleistung zielen – also auf eine gleiche oder vergleichbare Leistung Bezug nehmen[125].

Diese Begründung überzeugt eher als das Wortlautargument, wenn man sie einen Schritt weiterführt: § 3 Satz 2 WährG erfasste nach seinem Zweck nur solche Klauseln, denen eine potenzielle Inflationsförderung innewohnte[126]. Da Spannungsklauseln, indem sie Bezug auf gleichartige Leistungen nehmen, keinen generellen Kaufkraftausgleich bezwecken, sondern allein bewirken, dass

---

120 BGH, ZIP 1983, S. 315 ff., 316; BGHZ 14, S. 306 ff., 310 f.; BGH, WM 1976, S. 33 ff., 34; BGH, NJW 1974, S. 273 ff., 273; BGH, BB 1960, 344 f.; OLG Koblenz, BB 1992, S. 2247 f., 2247; *Fricke,* Jura 1987, S. 591 ff., 593; *Dürkes,* Wertversicherungsklauseln, D Rdnr. 5, Fn. 8a; *Frielingsdorf,* DB 1982, S. 789 ff., 790; *Fögen,* BB 1959, S. 1259 ff., 1261; RGRK-*Alff,* § 245 Rdnr. 18; Soergel-*Teichmann,* § 244 Rdnr. 17; *Gramlich,* BBankG, § 3 WährG Rdnr. 30; *Hartmann,* DB 1970, Beilage Nr. 17 Rdnr. 18; *Mathar,* Wertsicherungsverbot und Grundgesetz, S. 4; *Wolf,* ZIP 1981, S. 235 ff., 236.

121 *K. Schmidt,* ZIP 1983, S. 639 ff., 645; Staudinger-*ders.,* Vorbem zu §§ 244 ff, Rdnr. D 226 u. 247; wohl auch *Hahn* Währungsrecht, § 8 Fn. 59.

122 *Bräutigam,* Währungsrechtliche Zuslässigkeit von Wertsicherungsklauseln, S. 137.

123 *K. Schmidt,* ZIP 1983, S. 639 ff., 645; ähnlich auch *v. Maydell,* Geldschuld und Geldwert, S. 381.

124 *K. Schmidt,* ZIP 1983, S. 639 ff., 645.

125 Staudinger-*K. Schmidt,* Vorbem zu §§ 244 ff, Rdnr. D 247; ders, ZIP 1983, S. 639 ff., 645.

126 Siehe Kap. V 1.

sich die Höhe der Geldschuld an den aktuellen Marktpreis anpasst, fehlt ihnen das Abwälzungs- und Verbreitungsmoment, das erst eine nennenswerte Inflationsförderung bewirken kann[127]. Nur Marktveränderungen, die vergleichbare Leistungen betreffen, wirken sich auf die Höhe der Geldschuld aus, nicht dagegen Preissteigerungen bei anderen Gütern. Durch Spannungsklauseln werden daher steigende Preise nicht auf andere Marktbereiche verbreitet. Selbst wenn die Geldschuldner versuchen, ihrerseits ihre Geldforderungen durch Wertsicherungsklauseln abzusichern, um die wegen der Spannungsklauseln gestiegenen Kosten an die eigenen Gläubiger weiterzugeben, würde dies im Regelfall den Rahmen der „gleichartigen" Leistungen nicht verlassen. Daher fehlte den Spannungsklauseln eine potenzielle Inflationsförderung, so dass sie dem § 3 WährG nicht unterfielen.

5. Kostenelementeklauseln

Kostenelementeklauseln sind Klauseln, die bestimmen, dass sich die Geldschuld in der Höhe ändert, in der sich der Preis der unmittelbar für die Gegenleistung maßgeblichen Kostenfaktoren ändert[128]. Mit einer solchen Klausel kann der Gläubiger seine effektiv entstandenen Mehrkosten auf den Schuldner abwälzen. Ein Lieferant kann sich so gegen Preisschwankungen absichern, die seine Kalkulation beeinflussen[129]. Eine Kostenelementeklausel liegt beispielsweise dann vor, wenn sich der Strompreis immer dann anpassen soll, wenn die Neueinführung, Erhöhung oder Senkung von Steuern, Umlagen oder Abgaben zu veränderten Herstellungskosten für das Elektrizitätswerk führen[130]. Mit den Kostenelementeklauseln nicht zu verwechseln sind dagegen Klauseln, die den Endpreises um den Prozentsatz erhöhen, um den sich ein bestimmter Kostenfaktor erhöht hat[131]. Weil die prozentuale Erhöhung auf den Gesamtpreis unabhängig

---

[127] So auch *Bräutigam,* Währungsrechtliche Zulässigkeit von Wertsicherungsklauseln, S. 137.

[128] Speziell zu § 2 PaPkG: Jauernig-*Mansel,* §§ 244, 245 Rdnr. 22; Palandt-*Heinrichs,* § 245 Rdnr. 35. Zu § 3 WährG: *Willms/Wahlig,* BB 1978, S. 973 ff., 975; *Frielingsdorf,* DB 1982, S. 789 ff.; 791; *Berndt,* Die Wertsicherung in der Unternehmung, S. 54; *Wolf,* ZIP 1981, S. 235 ff., 240; Soergel-*Teichmann,* § 244 Rdnr. 21; *Gramlich,* BBankG, § 3 WährG Rdnr. 31; *Samm/Hafke,* Grundbesitz und Wertsicherungsklauseln, S. 21. Zur Abgrenzung Kostenelemente-/Spannungsklausel s. *Dürkes,* Wertsicherungsklauseln, D Rdnr. 68 ff. u. 107 ff. m. w. N. Dort auch zu den Besonderheiten bei Energieversorgungsverträgen.

[129] *Frielingsdorf,* DB 1982, S. 789 ff., 791; *Duden,* Verhandlungen des 40. DJT, Bd. 1, S. 1 ff., 24.

[130] BGH, WM 1979, S. 1097 ff., 1098 f. Andere Beispiele aus der Rspr.: BGH, NJW 1973, S. 1498 ff., 1499; BGH, BB 1958, S. 1220.

[131] *Frielingsdorf,* DB 1982, S. 789 ff., 791; *Berndt,* Die Wertsicherung in der Unternehmung, S. 54 f.; Soergel-*Teichmann,* § 244 Rdnr. 20; AK-BGB-*Brüggemeier,* vor §§ 244, 245 Rdnr. 30; Staudinger-*K. Schmidt,* Vorbem zu §§ 244 ff, Rdnr. D 251; MK-*Grundmann,* §§ 244, 245 Rdnr. 76.

davon durchschlägt, ob auch bei den übrigen Kostenfaktoren eine Verteuerung stattgefunden hat, kommt dem jeweiligen Kostenfaktor in einer solchen Klausel die Funktion eines automatischen Wertmessers zu[132].

Kostenelementeklauseln werden vereinbart, um gestiegene Kosten aufzufangen, die bei der eigenen Leistung anfallen. Diese müssen keineswegs mit einem Wertverlust der Währung zusammenhängen, sondern können auch allein auf besonderen Marktvorgängen beruhen[133]. Daher wird es für unzutreffend gehalten, diese als „Wertsicherungsklauseln“ zu bezeichnen[134]. Nach der hier gebrauchten Definition des Begriffes werden aber nicht allein solche Klauseln erfasst, mit denen die Geldschuld gegen eine Geldwertverringerung geschützt werden soll[135]. Es handelt sich daher auch bei den Kostenelementeklauseln um „Wertsicherungsklauseln“, da sie einen Mechanismus enthalten, auf Grund dessen es zu einer Änderung des geschuldeten Geldbetrages kommen kann, ohne dass die Geldschuld dabei ihre Eigenschaft als Geldschuld verliert[136].

a) Kostenelementeklauseln bei § 2 PaPkG

Gemäß § 1 Nr. 3 PrKV soll das in § 2 Abs. 1 PaPkG enthaltene Wertsicherungsverbot nicht für Kostenelementeklauseln gelten. Für eine solche Ausnahme enthält die Verordnungsermächtigung in § 2 Abs. 2 PaPkG jedoch keine Grundlage[137]. Die in § 1 Nr. 3 PrKV enthaltene Ausnahme ist daher nur dann rechtmäßig, wenn sie eine ohnehin bestehende Rechtslage lediglich bestätigt.

§ 3 Satz 2 WährG verbot Kostenelementeklauseln nicht. Der Gesetzgeber hätte diese Klauseln in § 2 Abs. 1 PaPkG ausdrücklich vom Verbot ausnehmen können, wie er dies bei den Leistungsvorbehalts- und Spannungsklauseln getan hat. Dass er dies nicht getan hat, könnte ein Hinweis darauf sein, dass die Kostenelementeklauseln nunmehr verboten sein sollen.

Eine Kostenelementeklausel kann dazu führen, dass sich die geschuldete Geldsumme erhöht. Fraglich ist, ob eine solche Klausel damit schon gemäß § 2 Abs. 1 Satz 1 PaPkG verboten ist, denn dort wird vorausgesetzt, dass der Betrag von Geldschulden durch den Preis oder Wert von anderen Gütern oder Leistungen bestimmt werden muss. Durch die Änderung des Preises für einen

---

132 BGH, NJW 1973, S. 1498 ff., 1499; *Willms/Wahlig,* BB 1978, S. 973 ff., 975; *Frielingsdorf,* DB 1982, S. 789 ff., 791; Soergel-*Teichmann,* § 244 Rdnr. 20; etwas weiter Staudinger-*K. Schmidt,* Vorbem zu §§ 244 ff, Rdnr. D 251 a.E.; a.A. *v. Maydell,* Geldschuld und Geldwert, S. 381 f.

133 BGH, BB 1958, S. 1220; Schlegelberger-*Hefermehl,* HGB, Anh § 361 Rdnr. 47.

134 So *Fögen,* Geld- und Währungsrecht, S. 148.

135 Siehe Kap. III 1.

136 Anders offenbar BGH, WM 1979, S. 1097 ff., 1099.

137 Siehe Kap. VIII 2. a) aa).

Gestehungsfaktor ändert sich nur ein Teilbetrag des Geldschuldbetrages. Da aber auch die Änderung eines Teilbetrages letztlich zur Änderung des gesamten Geldschuldbetrages führt, entfällt das Verbot nicht schon deswegen. Genügt aber die Bestimmung eines Teilbetrages, dann genügt auch, für diesen Teilbetrag isoliert festzustellen, ob er durch den Preis oder Wert von *anderen* Gütern oder Leistungen bestimmt wird, die mit den vereinbarten Gütern oder Leistungen nicht vergleichbar sind. Das ist nicht der Fall, da es ja gerade um die Kosten für die konkrete Leistung geht, die Teil des Vertragsgegenstandes sind, und nicht um den Preis oder Wert für eine andere Leistung[138]. Da bei den Kostenelementeklauseln kein schuldfremder Wertsicherungsmaßstab verwendet wird[139], fallen sie nicht unter das Wertsicherungsverbot des § 2 Abs. 1 PaPkG[140].

Daneben kann die Genehmigungsfreiheit der Kostenelementeklauseln nicht auch damit begründet werden, dass die Erhöhung der eigenen Gestehungskosten durch den Gläubiger erst festzustellen sei und der Betrag der Geldschuld daher nicht „unmittelbar und selbsttätig" durch die Bezugsgröße bestimmt werde. Zwar geht es bei den Kostenelementeklauseln nur um die Weitergabe der effektiv entstandenen Mehrkosten. Die Änderung des Preises oder des Wertes von Gütern oder Leistungen in der Zeit vor der Fälligkeit der Geldschuld wirkt sich daher beispielsweise dann nicht mehr auf die Höhe der Geldschuld aus, wenn dem Gläubiger dadurch keine effektiven Mehrkosten entstanden sind, weil er etwa die notwendigen Einkäufe dieser Güter schon vor Erhöhung der Preise vorgenommen hat. Sind die Mehrkosten jedoch effektiv entstanden, führt dies immer unmittelbar und selbsttätig zu einer Änderung des Geldschuldbetrags. Dass der Gläubiger diese Mehrkosten zuvor festzustellen und geltend zu machen hat, steht dem nicht entgegen, da dies bei jeder automatischen Klausel der Fall ist.

Obwohl § 2 Abs. 2 PaPkG hierfür keine Verordnungsermächtigung enthält, verstößt die in § 1 Nr. 3 PrKV enthaltene Ausnahme nicht gegen höherrangiges Recht, wenn sie den § 2 PaPkG nicht abändert, sondern lediglich bestätigt. Dies

---

138 Daher wurde gelegentlich das Herausfallen der Kostenelementeklauseln aus der Genehmigungspflicht des § 3 WährG damit begründet, dass die Geldschuld hier nicht an einen außerhalb des Rechtsgeschäfts stehenden Maßstab gekoppelt wurde, so MK^3-*v. Maydell,* § 244 Rdnr. 26.

139 So auch *v. Heynitz,* MittBayNot 1998, S. 398 ff., 401.

140 Im Ergebnis ebenso Bamberger/Roth-*Grothe,* § 244 Rdnr. 17; Jauernig-*Mansel,* §§ 244, 245 Rdnr. 22; Palandt-*Heinrichs,* § 245 Rdnr. 35; *Medicus,* Schuldrecht I, Rdnr. 171; MK-*Grundmann,* §§ 244, 245 Rdnr. 76; *Morsch,* BB 2004, S. 1803 ff., 1804; Schimansky/Bunte/Lwowski-*Schefold,* Bankrechts-Handbuch, Bd. III, § 115 Rdnr. 107; *Rademacher,* MDR 2000, S. 57 ff., 57; *v. Heynitz,* MittBayNot 1998, S. 398 ff., 401; Erman-*Westermann,* § 244 Rdnr 7. A.A. offenbar *Schmidt-Räntsch,* NJW 1998, S. 3166 ff., 3167, der die Kostenelementeklauseln allein durch § 1 Nr. 3 PrKV als „generell genehmigungsfrei gestellt" ansieht.

setzt voraus, dass sich der Begriff der Kostenelementeklausel in der PrKV mit dem des PaPkG deckt oder zumindest hinter ihm zurückbleibt. Nach § 1 Nr. 3 PrKV sind Kostenelementeklauseln solche Klauseln, nach denen der geschuldete Betrag insoweit von der Entwicklung der Preise oder Werte für Güter oder Leistungen abhängig gemacht wird, als diese die Selbstkosten des Gläubigers bei der Erbringung der Gegenleistung unmittelbar beeinflussen. Diese Definition stimmt mit der herkömmlichen Definition überein, da auch sie auf die effektiv entstandenen Mehrkosten abstellt und nicht genügen lässt, dass Preis- oder Wertänderungen von Gütern bzw. Leistungen abstrakt im Zeitpunkt der Fälligkeit der Geldschuld zu höheren Mehrkosten führen würden. Damit stellt § 1 Nr. 3 PrKV eine zulässige Wiederholung des Gesetzesinhalts dar.

b) Kostenelementeklauseln bei § 3 Satz 2 WährG

Nach einhelliger Ansicht wurden Kostenelementeklauseln durch § 3 Satz 2 WährG nicht verboten[141]. Dies sollte allerdings nur gelten, wenn die Klausel eine Erhöhung allein insoweit ermöglichte, wie die Selbstkosten des Gläubigers effektiv gestiegen waren[142]. Richtigerweise lag dagegen schon gar keine Kostenelementeklausel im oben definierten Sinne vor, wenn die Klausel einen hierüber hinausgehenden Anstieg ermöglichte[143].

Nach Sinn und Zweck des § 3 Satz 2 WährG erfasste das Wertsicherungsverbot nur solche Klauseln, die im Fall allgemeiner Verbreitung dazu führen konnten, dass sich Waren und Dienstleistungen verteuern und damit die Entwertung des Geldes fördern[144]. Da aber nur die effektiv entstandenen Kosten weitergegeben werden und sich die Höhe der Geldschuld durch eine Änderung des Geldwertes nicht mehr ändert, nachdem das fragliche Gut hergestellt oder beschafft wurde, geht von den Kostenelementeklauseln keine potenzielle Inflationsförderung aus[145]. Verliert das Geld beispielsweise an Wert, nachdem das fragliche Gut hergestellt wurde, so hat dies auf die geschuldete Geldsumme

---

[141] BGH, WM 1979, S. 1097 ff., 1099; BGH, NJW 1973, S. 1498 ff., 1499; BGH, BB 1958, S. 1220; *Schmalz,* Stabilität des Geldwerts, S. 197; *v. Maydell,* Geldschuld und Geldwert, S. 381 f.; *Henn,* MDR 1958, S. 461 ff., 465; *Frielingsdorf,* DB 1982, S. 789 ff., 791; *Willms/Wahlig,* BB 1978, S. 973 ff., 975; *Wolf,* ZIP 1981, S. 235 ff., 240; RGRK-*Alff,* § 245 Rdnr. 19; Schlegelberger-*Hefermehl,* HGB, Anh § 361 Rdnr. 47; *Reithmann,* DNotZ 1960, S. 172 ff., 183; *Hartmann,* DB 1970, Beilage Nr. 17 Rdnr. 26; ebenso die Auffassung der Dt. Bundesbank, s. *Dürkes,* Wertsicherungsklauseln, D Rdnr. 67.

[142] BGH, WM 1979, S. 1097 ff., 1099; BGH, NJW 1973, S. 1498 ff., 1499; BGH, BB 1958, S. 1220; *Reithmann,* DNotZ 1960, S. 172 ff., 183; *Dürkes,* Wertsicherungsklauseln, D Rdnr. 67 Fn. 137; AK-BGB-*Brüggemeier,* vor §§ 244, 245 Rdnr. 30.

[143] So auch *K. Schmidt* (in Staudinger, zu §§ 244 ff, Rdnr. D 251), der die Kostenelementeklauseln allerdings zu den Spannungsklauseln zählt, da sie nur der Sicherung des Leistungsäquivalents dienten.

[144] Siehe Kap. V 1.

keinen Einfluss, da die zur Herstellung angefallenen – und damit schon bezifferten – Kosten hierdurch nachträglich nicht mehr beeinflusst werden. Wie bei den Spannungsklauseln wird die Geldschuld zudem nicht an einen außerhalb des Rechtsgeschäfts stehenden Maßstab gekoppelt[146], so dass eine potenzielle Inflationsförderung aus den gleichen Gründen wie bei den Spannungsklauseln ausscheidet.

Der BGH lehnte die Genehmigungsbedürftigkeit der Kostenelementeklauseln auch mit dem Argument ab, dass es an der „wesentlichsten Voraussetzung einer Währungsgleitklausel", nämlich der Bindung der Geldschuld „an solche den Wert der Währung bestimmenden Faktoren" fehlte; Sinn und Zweck des § 3 WährG sei es aber gewesen, währungsschädlichen Vereinbarungen entgegenzutreten[147]. Richtig ist dabei, dass der Gesetzgeber mit dieser Vorschrift währungsschädlichen Vereinbarungen entgegentreten wollte. Falsch ist dagegen, dass der BGH auf diese Weise auf einen währungswertbestimmenden Faktor abstellte. Um einen solchen sollte es sich dann handeln, wenn dessen Veränderung mit einem Abgleiten der Währung zusammenhing. Hatte die Veränderung andere Ursachen, wie z.B. die Erhöhung von öffentlichen Abgaben oder „außerhalb der Währungspolitik liegenden Verhältnissen der freien Marktwirtschaft", so sollte keine genehmigungspflichtige Klausel vorliegen[148]. Dieser Ansatz konnte dazu führen, dass eine Wertsicherungsklausel, die eine automatische Anpassung der Geldschuld an die Veränderung eines Wertmessers vorsieht, zulässig sein konnte, wenn sich die Erhöhung des Wertmessers lediglich aus marktbedingten Einflüssen (z.B. Verknappung von Gütern) oder infolge hoheitlicher Einflüsse (z.B. Steuererhöhung) ergab. Hiergegen spricht aber schon der Umstand, dass vorher ungewiss ist, ob Preisänderungen eines Gutes allein von Faktoren abhängen werden, die nicht mit einem „Abgleiten der Währung" zusammenhängen. Solange es nicht zu staatlichen Preisstopps kommt, zeichnet sich eine Inflation dadurch aus, dass sich die Preise allgemein nach oben bewegen und praktisch alle Güter hiervon betroffen sind. Und abgesehen davon, kann auch die automatische Anknüpfung an solche Wertmesser grundsätzlich die Währungsstabilität gefährden, da auch sie durch die Automatik dazu führen, dass Preiserhöhungen ohne weiteres an ganz andere Bereiche weitergegeben werden, und damit zu einer allgemeinen Verteuerung führen können. Etwas anderes gilt hier nur für die Klauseln, die oben unter dem Begriff der Spannungsklauseln zusammengefasst wurden. Zumindest dann, wenn man einen Zusammenhang zwischen der zunehmenden Verbreitung von Wertsicherungsklauseln

---

145 Im Ergebnis ebenso BGH, BB 1958, S. 1220; AK-BGB-*Brüggemeier,* vor §§ 244, 245 Rdnr. 30; *Wolf,* ZIP 1981, S. 235 ff., 241.

146 MK^3-*v. Maydell,* § 244 Rdnr. 26.

147 Siehe BGH, BB 1958, S. 1220; bestätigt durch BGH, BB 1979, S. 1213 f., 1214.

148 BGH, BB 1958, S. 1220; ähnlich noch BGH, WM 1979, S. 1097 ff., 1099.

und der Beschleunigung der Geldentwertung annimmt, wird man grundsätzlich auch bei der Anknüpfung an andersartige Wertmesser, deren Steigerung nicht auf der allgemeinen Geldentwertung beruht, von einer Gefährdung der Geldwertstabilität ausgehen müssen, da die Steigerung dieser Wertmesser auf andere Bereiche übertragen wird.

6. Indexklauseln

Wertsicherungsklauseln, die zur Bestimmung der Geldschuldhöhe einen Preisindex (Geldwert- oder Inflationsindex) heranziehen, werden auch Indexklauseln genannt[149].

Schon bei § 3 Satz 2 WährG war zweifelhaft, ob solche Klauseln unter das Wertsicherungsverbot fielen. Diese Vorschrift hatte die Genehmigungspflicht davon abhängig gemacht, dass der Betrag der Geldschuld durch *den* Kurs einer anderen Währung oder durch *den* Preis oder eine Menge von Feingold oder von anderen Gütern und Leistungen bestimmt werden soll. Wenn die Klausel einen Preisindex heranzog, der sich nach einem fest zusammengestellten „Warenkorb" bestimmte, passte dieser Fall noch unter den Wortlaut des § 3 Satz 2 WährG, denn dann bestimmte sich der Geldschuldbetrag ja durch *den* Preis einer Menge von anderen Gütern und Leistungen, nämlich den Gütern und Leistungen, die den Warenkorb bildeten. Zumindest nach dem Sinn und Zweck des § 3 Satz 2 WährG konnten aber auch andere Indexklauseln nicht aus dem Wertsicherungsverbot herausfallen[150], denn die Feststellung des Index basiert auf der Beobachtung von Preisen bei Gütern und Leistungen. Auch mit solchen Klauseln weichen die Vertragsparteien vom Nennwertprinzip ab und schaffen eine Inflationsgefahr, wenn sich die Indexklauseln allgemein verbreiten. Zu Recht ging daher die ganz herrschende Meinung von der Genehmigungspflicht solcher automatisch wirkenden Klauseln aus[151].

---

[149] *Schmalz,* Stabilität des Geldwerts, S. 189; Staudinger-*K. Schmidt,* Vorbem zu §§ 244 ff, Rdnr. D 223. Hierzu auch *Dürkes,* Wertsicherungsklauseln, C Rdnr. 86 ff. Zum „Preisindex für die Lebenshaltung" in den neuen Bundesländern *Dürkes,* BB 1992, S. 1073 ff.

[150] *K. Schmidt,* ZIP 1983, S. 639 ff., 644; *Duden,* Verhandlungen des 40. DJT, Bd. 1, S. 1 ff., 25; *v. Caemmerer,* JZ 1951, S. 417 ff., 423.

[151] BGHZ 63, S. 132 ff., 134; BGH, BB 1977, S. 718 f., 719; *Reithmann,* DNotZ 1960, S. 172 ff., 181; Staudinger-*K. Schmidt,* Vorbem zu §§ 244 ff, Rdnr. D 279; *Dürkes,* Wertsicherungsklauseln, D Rdnr. 346 f., 531 ff., 555; *Fögen,* BB 1958, S. 1259 ff., 1263; *Duden,* Verhandlungen des 40. DJT, Bd. 1, S. 1 ff., 25; *v. Caemmerer,* Verhandlungen des 40. DJT, Bd. 2, D 15; *ders.,* JZ 1951, S. 417 ff., 423; *Lange,* NJW 1957, S. 250 ff., 251; *Berndt,* Die Wertsicherung in der Unternehmung, S. 31. Folgerichtig konnte die Deutsche Bundesbank in Nr. 2c und 3 ihrer Genehmigungsrichtlinien eine diese Klauseln betreffende Regelung aufnehmen.

Auch der Wortlaut des § 2 Abs. 1 Satz 1 PaPkG schafft hier keine eindeutige Klarheit. Danach darf der Geldschuldbetrag nicht unmittelbar durch den Preis oder Wert von anderen Gütern oder Leistungen bestimmt werden. Hier könnte man denken, dass der Geldschuldbetrag durch den Index bestimmt wird, der wiederum durch die Preise von Gütern- oder Leistungen bestimmt wird, so dass es an der Unmittelbarkeit fehlen könnte. Der Index stellt allerdings nur die Preisänderungen bei den Gütern und Leistungen fest, die der Berechnung zugrunde liegen. Damit stellt die Berechnung des Index keinen echten Zwischenschritt dar, der den Preisänderungen der zugrundegelegten Güter und Leistungen die Unmittelbarkeit bei der Bestimmung des Geldschuldbetrages nehmen würde. Der Wortlaut der Vorschrift setzt aber voraus, dass die Zusammensetzung und Menge der „anderen Güter oder Leistungen" von vornherein bestimmt ist, denn wenn sich die Beteiligten zuvor auf die Zusammensetzung der maßgeblichen Güter bzw. Leistungen einigen müssten, würde es an der Unmittelbarkeit fehlen. Damit fallen jedenfalls diejenigen Indexklauseln unter das Wertsicherungsverbot, die sich auf einen Preisindex beziehen, der sich nach einem dauerhaft fest zusammengestellten „Warenkorb" bestimmt. Aber auch bei anderen Indizes, die die Zusammensetzung des Warenkorbes mehr oder weniger häufig ändern, beruht die Feststellung auf der Beobachtung von Preisen. Hier kann sich die Gewichtung und Zusammensetzung der herangezogenen Güter und Leistungen zwar ändern, jedoch steht durch die Bezeichnung und Zielsetzung des Index von vornherein dessen Ausrichtung fest. So ist z.B. vorher bei einem Lebenshaltungskostenindex festgelegt, dass hier alle Güter und Leistungen zugrunde gelegt werden, die für die Lebenshaltung erforderlich sind. Insoweit ist also auch hier in ausreichendem Maße die Zusammensetzung und Menge der anderen Güter und Leistungen festgelegt. Dass auch die Indexklauseln unter das Wertsicherungsverbot fallen, ergibt sich zudem aus dem in § 2 Abs. 1 Satz 3 und 4 PaPkG ausdrücklich benutzten Begriff „Indexierungsverbot". Damit wird die zu § 3 WährG bestehende Auffassung, dass auch die Indexklauseln unter das Verbot fallen, bestätigt.

7. Beteiligungsklauseln

Als eigene Fallgruppe von Wertsicherungsklauseln werden häufig Klauseln genannt, die den Geldgläubiger in irgendeiner Weise am Geschäftsergebnis beteiligen (Beteiligungsklauseln). Sie zeichnen sich dadurch aus, dass der geschuldete Geldbetrag einen bestimmten Anteil an einem anderen Geldbetrag ausmachen soll, wie es z.B. bei der prozentualen Beteiligung am Gewinn bei leitenden Angestellten der Fall ist.

Solche Klauseln fielen schon nicht unter das Wertsicherungsverbot des § 3 Satz 2 WährG, weil die Genehmigungsbedürftigkeit nach dessen Wortlaut davon abhängig war, dass der Geldschuldbetrag durch den Preis oder eine Menge von anderen Gütern oder Leistungen bestimmt wird. Dies ist bei Beteiligungsklauseln nicht der Fall. So führen beispielsweise höhere Preise nicht zwingend zu einem höheren Umsatz bzw. Unternehmensgewinn. Der Umsatz kann im Gegenteil gerade wegen eines Preisanstiegs und einer damit verbundenen geringeren Nachfrage so stark sinken, dass auch der Gewinn trotz höherem Erlös pro Stück insgesamt sinkt. Umgekehrt können niedrigere Preise zu einem höheren Umsatz und Unternehmensgewinn führen, da die Nachfrage so stark steigen kann, dass auch der Gewinn trotz niedrigerem Erlös pro Stück insgesamt steigt. Die Höhe der Geldschuld hängt daher in solchen Fällen nur mittelbar von dem Preis bestimmter Güter oder Leistungen ab[152]. Der Preis ist kein Wertmesser für die Geldschuld, sondern – neben anderen Faktoren wie der Nachfragesituation oder den kaufmännischen Fähigkeiten der Beteiligten – nur ein weiterer Einflussfaktor auf die Höhe der Geldschuld. Das Gleiche gilt für die Menge von anderen Gütern. Selbst wenn auch die Menge und nicht nur der Preis von Gütern[153] gemäß § 3 WährG als Bezugsgröße in Betracht gekommen wäre und zur Genehmigungsbedürftigkeit hätte führen können, ist auch die Menge der umgesetzten Güter nur eine Einflussgröße auf die Höhe des Umsatzes, denn dieser setzt sich aus Menge und Preis zusammen. Ferner ergab sich aus dem Zweck des § 3 Satz 2 WährG, der potenziell inflationsfördernde Klauseln verhindern sollte, dass Beteiligungsklauseln nicht genehmigungspflichtig waren. Denn mit ihnen wird allein der mit den Geschäften tatsächlich erzielte Gewinn verteilt, ohne dass damit eine potenzielle Inflationsförderung verbunden wäre. Aus diesen Gründen wurden die Klauseln, die den Geldgläubiger am Geschäftsergebnis beteiligten sollen, nicht von § 3 Satz 2 WährG verboten[154].

Nichts anderes gilt jetzt bei § 2 Abs. 1 PaPkG. Diese Vorschrift verbietet nur solche Klauseln, die den Geldschuldbetrag unmittelbar durch den Preis oder Wert von anderen Gütern oder Leistungen bestimmen. Bei Klauseln zur Beteiligung am Geschäftsergebnis hängt der Geldschuldbetrag aus oben genannten Gründen jedoch nicht unmittelbar vom Preis oder Wert von Gütern oder Leistungen ab, weil höhere Preise nicht zwingend zu einem höheren Umsatz bzw. Unternehmensgewinn führen. Beteiligungsklauseln, die Vereinbarung einer Umsatzprovision oder ähnliche Klauseln zur Beteiligung am Geschäftsergebnis fal-

---

[152] *Fögen,* Geld- und Währungsrecht, S. 150; *Samm/Hafke,* Grundbesitz und Wertsicherungsklauseln, S. 19.

[153] Siehe hierzu oben Kap. V 1.

[154] *v. Caemmerer,* Verhandlungen des 40. DJT, Bd. 2, D 16; Staudinger-*K. Schmidt,* Vorbem zu §§ 244 ff, Rdnr. D 239 u. 279; *Hartmann,* DB 1970, Beilage Nr. 17, Rdnr. 24; *Berndt,* Die Wertsicherung in der Unternehmung, S. 58; *Fögen,* Geld- und Währungsrecht, S. 150; *Samm/Hafke,* Grundbesitz und Wertsicherungsklauseln, S. 19; *Dürkes,* Wertsicherungsklauseln, D Rdnr. 337; Soergel-*Teichmann,* § 244 Rdnr. 25; *Pikart,* WM 1969, S. 1062 ff., 1070. Dies war auch die Auffassung der Deutschen Bundesbank, s. *Dürkes,* Wertsicherungsklauseln, D Rdnr. 334 u. *Szagunn,* BB 1955, S. 969 ff., 971.

len daher nicht unter das Wertsicherungsverbot aus § 2 Abs. 1 Satz 1 PaPkG[155]. Daran ändert sich auch dann nichts, wenn eine solche Klausel mit einer Mindest- oder Höchstbetragsklausel verbunden wird, denn auch dann wird der Geldschuldbetrag nicht unmittelbar sondern lediglich mittelbar durch den Preis oder Wert von anderen Gütern oder Leistungen bestimmt[156].

8. Valutawertklauseln

§ 3 Satz 2 WährG hatte auch solche Geldschulden von einer Genehmigung abhängig gemacht, deren Betrag in Deutscher Mark „durch den Kurs einer ... anderen Währung" bestimmt wurde. Zwar war damals eine Wertsicherung beliebiger Art gestattet, wenn die Parteien nur zulässiger Weise in einer Auslandswährung kontrahierten[157]. Trotz der Anlehnung an eine fremde Währung handelte es sich aber nicht schon dann um eine Fremdwährungsverbindlichkeit, wenn die Vertragsparteien eine DM-Geldschuld mit einer fremden Währung in der Weise verbanden, dass der künftige Kurs der fremden Währung nur als Berechnungswährung den Nennbetrag der Geldschuld bestimmen sollte[158]. Hier verlor die Geldschuld durch die Bezugnahme auf eine fremde Währung nicht ihre Eigenschaft, eine DM-Geldschuld zu sein. Sie war eine sog. Valutawertschuld[159] und gemäß § 3 Satz 2 WährG genehmigungsbedürftig.

§ 2 Abs. 1 Satz 1 PaPkG stellt nur noch darauf ab, dass der Betrag von Geldschulden „nicht ... durch den Preis oder Wert von anderen Gütern oder Leistungen" bestimmt wird. Fraglich ist daher, ob Klauseln, die eine Geldschuld vom Kurs einer anderen als der geschuldeten Währung abhängig machen (Valutawertklauseln)[160], jetzt nicht mehr vom Wertsicherungsverbot erfasst werden. Dass von dem Kurs einer anderen Währung in § 2 PaPkG nicht mehr die Rede ist, hängt nicht zwingend damit zusammen, dass diese Vorschrift nicht mehr allein an Geldschulden in nationaler Währung, sondern nunmehr an alle Geldschulden anknüpft. Eine Geldschuld ist grundsätzlich in einer bestimmten Währung ausgedrückt und kann daher durch den Kurs einer anderen Währung bestimmt werden. Da § 3 Satz 1 WährG ersatzlos abgeschafft wurde, ist es aber

---

155 Im Ergebnis ebenso Palandt-*Heinrichs,* § 245 Rdnr. 36; *Medicus,* Schuldrecht I, Rdnr. 172 f.; MK-*Grundmann,* §§ 244, 245 Rdnr. 73; *v. Heynitz,* MittBayNot 1998, S. 398 ff., 401.

156 So im Ergebnis schon zu § 3 WährG: BGH, BB 1956, S. 936 f., 937; Staudinger-*K. Schmidt,* Vorbem zu §§ 244 ff, Rdnr. D 239. Zu § 2 PaPkG: MK-*Grundmann,* §§ 244, 245 Rdnr. 73.

157 Siehe oben Kap. VI 1. a) bb).

158 *Reithmann,* DNotZ 1960, S. 172 ff., 189; Soergel-*Teichmann,* § 244 Rdnr. 26; Staudinger-*K. Schmidt,* Vorbem zu §§ 244 ff, Rdnr. D 224 u. § 244 Rdnr. 42; MK-*Martiny,* Nach Art. 34 EGBGB, Anh. I Rdnr. 20.

159 MK-*Martiny,* Nach Art. 34 EGBGB, Anh. I Rdnr. 20.

160 *Grothe,* WM 2002, S. 22 ff., 22 Fn. 7.

nunmehr ohne weiteres erlaubt, Geldschulden in einer anderen Währung einzugehen. Es würde keinen Sinn machen, wenn eine Valutawertklausel nicht erlaubt wäre, denn eine solche führt im Regelfall zum gleichen Ergebnis wie eine erlaubte Fremdwährungsverbindlichkeit, da das Geld nach Erfüllung regelmäßig in die heimische Währung umgetauscht wird. Wenn Geldschulden ohne weiteres in einer anderen Währung eingegangen werden dürfen, dann dürfen sie erst recht in Euro eingegangen und nur mittels einer Wertsicherungsklausel mit der fremden Währung verbunden werden. Da der Wortlaut des § 2 Abs. 1 S. 1 PaPkG zudem den Kurs einer anderen Währung – anders als § 3 S. 2 WährG – nicht mehr erwähnt, werden Valutawertklauseln jetzt nicht mehr vom Wertsicherungsverbot erfasst[161].

9. Geld- und Kapitalverkehr

Eine weitere Neuheit bringt § 2 PaPkG im Bereich des Geld- und Kapitalverkehrs. Gemäß § 2 Abs. 1 Satz 3 PaPkG bleibt der Geld- und Kapitalverkehr, einschließlich der Finanzinstrumente im Sinne des § 1 Abs. 11 des Kreditwesengesetzes sowie der hierauf bezogenen Pensions- und Darlehensgeschäfte, ausdrücklich vom Wertsicherungsverbot ausgenommen. Dieser Wandel ist überraschend, weil § 3 Satz 2 WährG solche Klauseln grundsätzlich[162] noch erfasst hat. Die Bundesbank hat die Wertsicherung im Geld- und Kapitalverkehr sogar für so gefährlich gehalten, dass sie Klauseln zum Ausgleich des Wertverlustes gar nicht erst genehmigte[163], sondern in ihren Genehmigungsrichtlinien[164] eine Genehmigung ausdrücklich ausschloss. In diesem Bereich waren Wertsicherungsklauseln vor Einführung der DM besonders stark verbreitet, so dass zu befürchten war, dass sie sich gerade hier wieder am stärksten einbürgern würden[165].

Der Gesetzgeber führte die Ausnahme für den Geld- und Kapitalverkehr ein[166], weil der Geld- und Kapitalverkehr weltweit angelegt sei und rasch an andere Plätze ausweiche, was den deutschen Finanzmarkt empfindlich treffen

---

[161] Im Ergebnis auch *Grothe,* WM 2002, S. 22 ff., 22 Fn. 7; Bamberger/Roth-*ders.,* § 244 Rdnr. 17.

[162] Soweit die Vertragsparteien eine Wertsicherungsklausel vereinbarten, die von vornherein nicht unter das Wertsicherungsverbot fiel (z.B. einen Leistungsvorbehalt), konnte die Bundesbank die Klausel auch in diesem Bereich natürlich nicht verhindern.

[163] *Hahn,* Währungsrecht, § 8 Rdnr. 29; *Hafke,* WM 1997, S. 693 ff., 694 u. 697; *Willms/Wahlig,* BB 1978, S. 973 ff., 976; *Fricke,* Jura 1987, S. 591 ff., 595; *Wolf,* ZIP 1981, S. 235 ff., 235. Dies galt schon seit Einführung des § 3 WährG, vgl. *Berndt,* Die Wertsicherung in der Unternehmung, S. 32; *Gramlich,* BBankG, § 3 WährG Rdnr. 34.

[164] Siehe Nr. 1 a) der Bundesbank-Grundsätze [s. dazu Kap. VIII 1. b)].

[165] *Fögen,* Geld- und Währungsrecht, S. 152.

[166] Siehe BT-Drucks. 13/10334, S. 41.

könne. Ein Wertsicherungsverbot ließe sich in einem einheitlichen europäischen Geld- und Kapitalmarkt nicht durchsetzen[167]. Obwohl in der Gesetzesbegründung nicht erwähnt, liegt nahe, dass diese Ausnahme auch deswegen gemacht wurde, um einen Konflikt mit Art. 56 Abs. 1 EGV – dem freien Kapitalverkehr – zu vermeiden.

Durch den Begriff Geld- und Kapitalverkehr werden Akte und Vorgänge des Rechtsverkehrs bezeichnet, bei denen Geld und Kapital vergeben, bewegt, veräußert oder übertragen werden[168]. Hierunter fallen all diejenigen Vereinbarungen, die die Rückzahlung eines Geldbetrages zum Gegenstand haben, wie es z. B. bei Darlehen, Kapital- und Rentenversicherungen sowie Bankguthaben der Fall ist[169]. Wertsicherungsklauseln sind damit beispielsweise in Schuldverschreibungen, Schatzbriefen und ähnlichen Finanzierungsinstrumenten zulässig und können auch bei sonstigen Finanzierungsleistungen, wie z. B. bei Kreditverträgen, verwendet werden[170].

Die Freistellung des Geld- und Kapitalverkehrs wird selbst bei Verbraucherkreditverträgen nicht eingeschränkt, so dass auch in solchen Verträgen enthaltene Wertsicherungsklauseln nicht unter das Verbot des § 2 Abs. 1 Satz 1 PaPkG fallen. Dies ist bei einem Gesetz, das auch den Schutz der Verbraucher bezweckt, auf den ersten Blick überraschend. Neben dem Schutz des Verbrauchers, der sich aus den §§ 491 ff. BGB (insbesondere § 492 und 494 BGB) ergibt, und neben der Kündigungsmöglichkeit des § 489 Abs. 2 BGB hat der Gesetzgeber aber die Bundesregierung in § 2 Abs. 2 Nr. 2 PaPkG ermächtigt, die Ausnahme des § 2 Abs. 1 Satz 3 PaPkG aus Gründen des Verbraucherschutzes zu begrenzen. Von dieser Verordnungsermächtigung hat die Bundesregierung mit § 6 PrKV Gebrauch gemacht, indem sie ausdrücklich festschreibt, dass die Freistellung vom Verbot nach § 2 Abs. 1 Satz 3 PaPkG nicht für Kreditverträge mit Verbrauchern im Sinne des § 1 VerbrKrG gilt. Auch solche Klauseln fallen damit unter das Wertsicherungsverbot, können aber genehmigt werden, wenn die allgemeinen Genehmigungsvoraussetzungen des § 2 PrKV erfüllt sind. Hierzu gehört gemäß § 2 Abs. 2 PrKV, dass keine Vertragspartei unangemessen benachteiligt wird.

---

[167] *Folter,* Die zivilrechtlichen Auswirkungen der Einführung des Euro, S. 52.

[168] *v. Heynitz,* MittBayNot 1998, S. 398 ff., 402.

[169] So schon die Nr. 1a) der BBank-Grundsätze, s. dazu Kap. VIII 1. b). Siehe mit weiteren Beispielen auch *v. Heynitz,* MittBayNot 1998, S. 398 ff., 402.

[170] *Schmidt-Räntsch,* NJW 1998, S. 3166 ff., 3168; Jauernig-*Mansel,* §§ 244, 245 Rdnr. 24; *Limmer,* ZNotP 1999, S. 148 ff., 154.

10. Wohnraummietverträge

Ein Bedürfnis nach Wertsicherung besteht vorrangig bei Verträgen, die auf einen langen Zeitraum angelegt sind. Dies gilt insbesondere bei Wohnraummietverträgen, die nicht selten über Jahrzehnte hinweg Mieter und Vermieter aneinander binden.

§ 2 PaPkG enthält keine spezielle Regelung für Wohnraummietverträge. Durch Art. 10 EuroEG wurde allerdings auch § 10a Abs. 1 des alten Gesetzes zur Regelung der Miethöhe (MHG) geändert. Zuvor ließ diese Norm zu, die weitere Entwicklung des Mietzinses durch den Preis von anderen Gütern oder Leistungen zu bestimmen (Mietanpassungsvereinbarung), wenn die Genehmigung nach § 3 Satz 2 WährG erteilt wurde. Der Gesetzgeber änderte diese Regelung nicht einfach in einen Hinweis auf § 2 PaPkG. Vielmehr regelte er unmittelbar in § 10a Abs. 1 MHG die Voraussetzungen, unter denen Wertsicherungsklauseln in Wohnraummietverträgen zulässig und wirksam waren. Da diese Vorschrift damit die Wirksamkeitsanforderungen an Wertsicherungsklauseln selbst abschließend enthielt, stellte sie eine Sonderregelung dar, die den allgemeineren § 2 PaPkG verdrängte[171]. Daher bedurften Preisklauseln in Wohnraummietverträgen keiner Genehmigung nach § 2 Abs. 1 Satz 2 PaPkG.

Inzwischen hat der Gesetzgeber das MHG aufgehoben und dessen Inhalt in das BGB integriert. Gemäß § 557b BGB, der in weitem Umfang die Wertungen des alten § 10a MHG fortschreibt[172], können die Vertragsparteien nunmehr unter den dort genannten Voraussetzungen vereinbaren, dass die Miete durch den vom Statistischen Bundesamt ermittelten Preisindex für die Lebenshaltung aller privaten Haushalte in Deutschland bestimmt wird (Indexmiete). Für seinen Gegenstandsbereich hat damit jetzt § 557b BGB abschließenden Charakter[173], so dass die Wirksamkeit von Wertsicherungsklauseln in Wohnraummietverträgen allein daran und nicht anhand von § 2 PaPkG zu beurteilen ist. Hierauf weist § 4 Abs. 2 PrKV ausdrücklich hin[174].

Da es für Mietverträge, die keinen Wohnraum betreffen, wie zum Beispiel gewerbliche Mietverträge, keine vergleichbare Sonderregelung gibt, bleibt es in

---

[171] *Grothe,* WM 2002, S. 22 ff., 22 Fn. 9; *Schmidt-Räntsch,* NJW 1998, S. 3166 ff., 3168; *v. Heynitz,* MittBayNot 1998, S. 398 ff., 404; *Limmer,* ZNotP 1999, S. 148 ff., 153.

[172] *Grothe,* NZM 2002, S. 54 ff., 57. Obwohl im Wortlaut des neuen § 557b BGB nicht ausdrücklich genannt, gestattet diese Norm aus miet- und preisrechtlichen Gesichtspunkten nach wie vor keine überproportional wirkenden Indexklauseln, s. dazu *Grothe,* a. a. O., S. 54 ff.

[173] *Grothe,* WM 2002, S. 22 ff., 22 Fn. 9; *Morsch,* BB 2004, S. 1803 ff., 1805.

[174] § 4 Abs. 2 PrKV enthielt zuvor einen Hinweis auf § 10a MHG und wurde durch Art. 8 Abs. 7 des Gesetzes zur Neugliederung, Vereinfachung und Reform des Mietrechts (Mietrechtsreformgesetz) vom 19.6.2001 (BGBl. I, S. 1149 ff., 1174) an die neue Rechtslage angepasst.

solchen Fällen bei der Anwendbarkeit des § 2 PaPkG. Für diese Sachverhalte ist in § 4 Abs. 1 PrKV jedoch eine spezielle, erleichternde Regelung vorgesehen, die im Ergebnis ebenfalls auf eine Bereichsausnahme hinausläuft[175].

11. Sonstige genehmigungsfreie Wertsicherungsklauseln

a) Vor Vertragsschluss wirkende Preisänderungsklauseln

Gemäß § 2 Abs. 1 Satz 1 PaPkG darf der Betrag von „Geldschulden" nicht in der dort beschriebenen Weise bestimmt werden. Wie schon bei § 3 Satz 2 WährG[176] fallen daher diejenigen Klauseln nicht unter das Verbot, bei denen es an einer Geldschuld fehlt. Damit sind namentlich solche Klauseln genehmigungsfrei zulässig, die eine Preisänderung vor Vertragsschluss zulassen. Diese ziehen Anbieter häufig in der Weise heran, dass der in dem Angebot genannte Preis „freibleibend" oder sich nach bestimmten, jeweils aktuellen Preislisten richten soll. Solange diese Preisvorbehalte nur bis zum Zeitpunkt des Vertragsabschlusses gelten, fehlt es an der gemäß § 2 Abs. 1 Satz 1 PaPkG erforderlichen Geldschuld, die erst mit Abschluss des Vertrages entsteht. Da ein in einem Angebot genannter Preis vor Vertragsschluss nur geändert werden kann, soweit gemäß § 145 BGB keine Bindung an das Angebot eingetreten ist, dienen derartige Klauseln nur dazu, diese Bindung auszuschließen.

Gegenüber privaten Endverbrauchern ist bei Angeboten allerdings die Preisangabenverordnung (PAngV) zu beachten. Danach besteht gemäß § 1 Abs. 1 die Grundpflicht[177], bei allen Angeboten den Endpreis anzugeben. Preisänderungsvorbehalte sind gemäß § 1 Abs. 4 grundsätzlich nur bei Waren und Leistungen zulässig, bei denen Liefer- oder Leistungspflichten von mehr als vier Monaten bestehen. Im Umkehrschluss ergibt sich i.V.m. Abs. 1 daraus, dass Preisänderungsvorbehalte im Anwendungsbereich der PAngV (s. §§ 1, 9 PAngV) grundsätzlich unzulässig sind[178]. Ein Verstoß hiergegen berührt die Wirksamkeit der Willenserklärung allerdings nicht[179].

Da von Anfang an eine feste Geldsumme geschuldet wird, sind auch solche Klauseln nicht gemäß § 2 Abs. 1 PaPkG genehmigungspflichtig, nach denen der geschuldete Geldbetrag nach dem Preis oder Wert anderer Güter bzw. Leistun-

---

175 Dazu siehe Kap. VIII 2. d).

176 Vgl. hierzu *Fögen,* BB 1958, S. 1259 ff., 1260 u. 1262; *Samm/Hafke,* Grundbesitz und Wertsicherungsklauseln, S. 27 f.; vgl. auch *Dürkes,* Wertsicherungsklauseln, D Rdnr. 102.

177 *Völker,* Preisangabenrecht, Einf. Rdnr. 8.

178 *Völker,* Preisangabenrecht, § 1 PAngV Rdnr. 91.

179 BGH, BB 1974, S. 386 f., 387; *Völker,* Preisangabenrecht, § 1 PAngV Rdnr. 93; Staudinger-*K. Schmidt,* Vorbem zu §§ 244 ff Rdnr. D 266; Palandt-*Heinrichs,* § 134 Rdnr. 27.

gen bestimmt werden soll, den diese bei Vertragsabschluss haben[180]. In einem solchen Fall geht der Schuldner eine feste Verbindlichkeit ein, die, nachdem die Geldschuld einmal entstanden ist (Vertragsschluss), keinen Schwankungen mehr unterworfen ist[181]. In einem solchen Fall legen die Vertragspartner lediglich die Kalkulationsgrundlage fest, nach der der Preis bei Vertragsschluss bestimmt werden soll. Dieses Verfahren kommt in Betracht, wenn ihnen der gegenwärtige Preis der Bezugsgröße unbekannt ist[182]. Es ist aber auch dann angebracht, wenn sich die Parteien zu Beginn langwieriger Vertragsverhandlungen bereits auf den Preis festlegen wollen und bis zum Ende der Vertragsverhandlungen nicht erneut über eine Anpassung bzw. Neufestsetzung der Geldschuld verhandeln möchten.

b) Andere Schutzmöglichkeiten

Rechnet der Gläubiger einer Geldschuld mit einer steigenden Inflation, stehen ihm weitere Möglichkeiten offen, um sich gegen den Geldwertverlust zu sichern, ohne mit dem in § 2 Abs. 1 Satz 1 PaPkG enthaltenen Verbot in Konflikt zu kommen. Er kann beispielsweise mit dem Schuldner vereinbaren, dass eine Geldwertänderung eine vorzeitige Fälligkeit der Zahlungsverpflichtung auslösen soll[183]. Der Geldbetrag bleibt dabei selbst dann konstant, wenn sich die Bezugsgröße ändert, so dass ein Fall des § 2 Abs. 1 Satz 1 PaPkG nicht vorliegt.

Andere Sicherungsmaßnahmen gegen den Geldwertverlust führen dagegen zu einem Wegfall des Vertrages und sind nur den Gläubigern zu raten, die lieber ganz auf die Geldforderung verzichten, als eine Wertminderung hinzunehmen. Hinzu können Probleme bei der Rückabwicklung des Vertrages treten. Die Vertragsparteien können das Rechtsgeschäft beispielsweise mit einer aufschiebenden oder auflösenden Bedingung (§ 158 BGB) verbinden. Dabei wird gerade der Umstand als Bedingung ausgestaltet, der sonst in Form einer Wertsicherungsklausel in den Vertrag eingeführt worden wäre[184]. Als aufschiebende Bedingung (§ 158 Abs. 1 BGB) können die Beteiligten etwa vereinbaren, dass der Vertrag in Kraft treten soll, wenn die Kaufkraft des Euro an einem bestimmten Tag um nicht mehr als einen bestimmten Prozentsatz gesunken ist. Die Geldschuld entstünde erst bei Eintritt der Bedingung, so dass schon deswegen das

---

[180] So schon zu § 3 WährG: BGH NJW 1953, S. 1912 f., 1913; *Reithmann,* DNotZ 1960, S. 172 ff., 181 u. 189; *Seetzen,* AWD 1969, S. 253 ff., 254; *Fögen,* BB 1958, S. 1259 ff., 1260; MK^3-*v. Maydell,* § 244 Rdnr. 38; Soergel-*Teichmann,* § 244 Rdnr. 26.

[181] BGH NJW 1953, S. 1912 f., 1913 (zu § 3 WährG).

[182] *Reithmann,* DNotZ 1960, S. 172 ff., 181 u. 189.

[183] So schon zu § 3 WährG: *Fögen,* BB 1958, S. 1259 ff., 1260.

[184] Staudinger-*Weber,* § 244 Rdnr. 312 (zu § 3 WährG).

Verbot des § 2 Abs. 1 PaPkG nicht greifen kann. Bei Dauerschuldverhältnissen können sie eine auflösende Bedingung (§ 158 Abs. 2 BGB) dergestalt einfügen, dass das Vertragsverhältnis enden soll, wenn die Kaufkraft des Euro unter den Wert eines bestimmten Prozentsatzes sinkt.

Der Gläubiger der Geldforderung kann sich auch den Rücktritt für den Fall vorbehalten[185], dass die Kaufkraft des Geldes unter einen bestimmten Wert sinkt. Wird der Rücktritt ausgeübt, sind die empfangenen Leistungen zurückzugewähren und die gezogenen Nutzungen herauszugeben (§ 346 Abs. 1 BGB). Der Geldgläubiger würde seine Leistung zurückbekommen bzw. behalten dürfen und bräuchte – wegen des Nennwertprinzips – nur die im Wert gesunkene Geldsumme zurückzuzahlen, soweit er sie bereits erhalten hatte. Bei Dauerschuldverhältnissen bietet sich dagegen an, ein Kündigungsrecht zu vereinbaren. Dieses betrifft nur die Zukunft und lässt die Vergangenheit grundsätzlich unberührt[186]. In bestimmten Fällen mag auch die Vereinbarung eines Rückerwerbs- oder Optionsrechts helfen[187].

Zur Wertsicherung unpraktikabel dürfte dagegen ein gelegentlich vorgeschlagenes[188] Wertsicherungsmodell sein, bei dem Außenstände und Verbindlichkeiten auf gleichem Niveau gehalten werden, so dass sich Wertverluste und -gewinne die Waage halten. Hier sind regelmäßig zu viele Personen mit widerstrebenden Interessen beteiligt, so dass es sehr schwierig sein kann, diesen Ausgleich herbeizuführen. Zudem fallen für die Verbindlichkeiten meistens zusätzliche Zinsen an, die eine solche Wertsicherung zu teuer machen würden.

c) Wertsicherungsklauseln für den Fall der Aufhebung des § 2 PaPkG

Eine Wertsicherungsklausel, die unter der aufschiebenden Bedingung in den Vertrag aufgenommen wird, dass § 2 PaPkG geändert oder aufgehoben wird, wirkt gemäß § 158 Abs. 1 BGB erst mit dem Eintritt der Bedingung. Daher würde eine solche Klausel selbst dann keinen Verstoß gegen das Wertsicherungsverbot darstellen, wenn die Klausel die Voraussetzungen des § 2 Abs. 1 Satz 1 PaPkG erfüllt, denn sie kommt nur dann zum Zuge, wenn § 2 PaPkG aufgehoben bzw. so geändert wurde, dass er ihr nicht mehr im Wege steht. Der Eintritt der Bedingung hat allein auch keine rückwirkende Kraft[189], so dass die

---

185 Schon zu § 3 WährG: *v. Caemmerer,* Verhandlungen des 40. DJT, Bd. 2, D 16; Staudinger-*Weber,* § 244 Rdnr. 312; *Samm/Hafke,* Grundbesitz und Wertsicherungsklauseln, S. 35.

186 *Medicus,* Bürgerliches Recht, Rdnr. 744.

187 Siehe hierzu (noch zu § 3 WährG) *Hartmann,* DB 1970, Beilage Nr. 17 Rdnr. 27; Staudinger-*Weber,* § 244 Rdnr. 312.

188 Siehe z.B. *Berndt,* Die Wertsicherung in der Unternehmung, S. 95.

189 BGHZ 10, S. 69 ff., 72.

Klausel keine Wirkung entfalten kann, die während der Geltung des § 2 PaPkG nicht erlaubt war.

Fraglich ist allerdings, ob eine Wertsicherungsklausel, die durch die Aufhebung bzw. Änderung des § 2 PaPkG aufschiebend bedingt ist, auch dann mit § 2 PaPkG zu vereinbaren ist, wenn die Vertragsparteien sich darauf einigen, dass die Klausel bereits mit dem Zeitpunkt des Vertragsschlusses gelten soll. Die an den Eintritt der Bedingung geknüpften Folgen vertraglich auf einen früheren Zeitpunkt zurückzubeziehen, wird durch § 159 BGB ermöglicht. Im Falle des Eintritts der Bedingung wären die Beteiligten dann gemäß § 159 BGB verpflichtet, einander zu gewähren, was sie haben würden, wenn die Folgen zum früheren Zeitpunkt eingetreten wären. Zumindest in den Fällen, in denen die Klausel eine laufende Anpassung bewirken soll, etwa in der Weise, dass die Geldschuld immer um zwei Prozent ansteigen soll, wenn sich der Preis von bestimmten anderen Gütern um zwei Prozent verändert, würde durch die Rückbeziehung eine Anpassung auch in dem Zeitraum erfolgen, indem § 2 Abs. 2 Satz 1 PaPkG dies noch unterbinden sollte. Die Klausel wirkt damit in einem Zeitraum, in dem § 2 PaPkG dies noch verbot. Ob dies zulässig ist hängt von der aufhebenden oder nachfolgenden Vorschrift ab: Will die neue Norm auch für schon früher begründete Rechtsverhältnisse neues Recht schaffen, ergreift es diese grundsätzlich erst ab dem Zeitpunkt ihres Inkrafttretens[190]. Nur wenn die neue Vorschrift die Wertsicherungsklauseln rückwirkend erfassen will, werden sie mit dem Zeitpunkt ihrer Vereinbarung wirksam.

Auch eine aufschiebend bedingte Klausel, die nicht gegen § 2 PaPkG verstößt, ist aber daraufhin zu überprüfen, ob sie durch eine Nachfolgenorm beschränkt wird. Daher ist auch eine alte Wertsicherungsklausel an § 2 PaPkG zu messen, wenn sie vereinbarungsgemäß erst nach Aufhebung des § 3 Satz 2 WährG gelten sollte.

12. Prüfungsschema

Soweit keine der oben genannten Fallgruppen von genehmigungsfreien Wertsicherungsklauseln vorliegt, muss das Vorliegen der einzelnen Voraussetzungen des § 2 PaPkG sehr genau geprüft werden. Genehmigungspflichtig ist damit zum Beispiel die verbreitete sog. „Pfennigklausel“, die bei Baumaßnahmen gemäß den Vergabehandbüchern des Bundes und der Länder vereinbart werden und bei der es sich weder um eine Spannungs- noch um eine Kostenelementeklausel handelt[191]. Solche genehmigungspflichtigen Wertsicherungsklauseln, die die Höhe der Geldschuld an eine vertragsfremde Bezugsgröße binden und eine

---

190 In einem vergleichbaren Fall: BGHZ 37, S. 233 ff., 236.

191 Hierzu s. *Augustin/Stemmer,* BauR 2000, S. 1802 ff.

automatische Anpassung vorsehen, wenn sich die Bezugsgröße ändert, werden gelegentlich als „Gleitklausel" bezeichnet[192]. § 2 Abs. 1 Satz 2 PaPkG nennt sie „Preisklauseln".

Bei der Prüfung, ob eine Klausel unter das Wertsicherungsverbot fällt, bietet sich – soweit nicht bereits eine wirksame Genehmigung (s. auch § 8 PrKV) oder ein Negativattest[193] vorliegt – folgende Prüfungsreihenfolge an:

(1) Keine spezielle Regelung

Liegt eine spezielle Regelung – wie z.B. § 557b BGB für Wohnraummietverträge[194] – vor, wird § 2 PaPkG verdrängt. Es sind nur die speziellen Vorschriften zu prüfen.

Entsprechendes gilt, wenn eine Wertsicherungsklausel lediglich deklaratorische Wirkung hat, indem sie nur eine gesetzliche Regelung wiederholt[195]. Hier bedarf es ebenfalls keiner Genehmigung nach § 2 PaPkG.

(2) Vertraglich vereinbarte Geldschuld

Das Verbot greift nur bei vertraglich vereinbarten[196] Geldschulden, unabhängig davon, in welcher Währung sie ausgedrückt sind[197].

(3) Änderung des Betrages nach Entstehen der Geldschuld

Die Klausel muss zu einer Änderung des Betrages der Geldschuld führen können, nachdem die Geldschuld entstanden ist[198].

(4) Unmittelbare und selbsttätige Bestimmung des Geldbetrages

Die Bestimmung des Geldbetrages muss „unmittelbar und selbsttätig" durch den Preis oder Wert von anderen Gütern oder Leistungen bestimmt werden. Dies ist namentlich bei den Leistungsvorbehalten[199] und Kostenelementeklauseln[200] nicht der Fall. Zu den Beteiligungsklauseln siehe Kap. VI 7., zu den Valutawertklauseln siehe Kap. VI 8.

---

[192] So z.B. BGH, BB 1968, S. 930; Palandt-*Heinrichs,* § 245 Rdnr. 28; Jauernig-*Mansel,* §§ 244, 245 Rdnr. 23; *Medicus,* Schuldrecht I, Rdnr. 169; *Morsch,* BB 2004, S. 1803 ff., 1804; *Rademacher,* MDR 2000, S. 57 ff., 57; *ders.,* ZMR 1999, S. 218 ff., 218; *v. Heynitz,* MittBayNot 1998, S. 398 ff., 399.

[193] Siehe Kap. IX 1. f).

[194] Siehe Kap VI 10.

[195] Siehe Kap. VI 2. c) aa).

[196] Siehe Kap. VI 2. a) aa).

[197] Siehe Kap. VI 1. a) aa).

[198] Siehe Kap. VI 11. a).

[199] Siehe Kap. VI 3. a) und § 1 Nr. 1 PrKV.

[200] Siehe Kap. VI 5. a) und § 1 Nr. 3 PrKV.

(5) Keine vergleichbare Bezugsgröße

Ist die Bezugsgröße mit den als Gegenleistung vereinbarten Gütern oder Leistungen vergleichbar, greift das Wertsicherungsverbot nicht. Damit fallen insbesondere die Spannungsklauseln[201] nicht unter das Wertsicherungsverbot.

(6) Kein Geld- und Kapitalverkehr (Ausnahme: Verbraucherkredit)

Gemäß § 2 Abs. 1 Satz 3 PaPkG ist der Geld- und Kapitalverkehr, einschließlich der Finanzinstrumente im Sinne des § 1 Abs. 11 des Kreditwesengesetzes sowie die hierauf bezogenen Pensions- und Darlehensgeschäfte, vom Wertsicherungsverbot ausgenommen. Diese Ausnahme gilt allerdings nicht für Kreditverträge mit Verbrauchern (§ 6 PrKV)[202].

(7) Keine in § 1 Nr. 4 PrKV aufgeführte Klausel

§ 1 Nr. 4 PrKV nimmt Klauseln in Erbbaurechtsbestellungsverträgen und Erbbauzinsreallasten mit einer Laufzeit von mindestens 30 Jahren vom Wertsicherungsverbot aus. Siehe hierzu aber Kap. VIII 2 a bb!

(8) Kein Vertrag eines „Kaufmanns" mit Gebietsfremden

Gemäß § 2 Abs. 1 Satz 4 PaPkG bleiben Verträge von gebietsansässigen Kaufleuten[203] mit Gebietsfremden vom Wertsicherungsverbot ausgenommen[204].

Ergibt die Prüfung, dass die in Frage stehende Wertsicherungsklausel genehmigungspflichtig ist, kann das Bundesamt für Wirtschaft und Ausfuhrkontrolle (BAFA)[205] gemäß § 2 Abs. 1 Satz 2 PaPkG unter bestimmten Voraussetzungen auf Antrag Ausnahmen genehmigen.

13. Umgehung des § 2 Abs. 1 PaPkG

a) Allgemeines

Als § 3 WährG noch galt, arbeiteten die Vertragsparteien in der Praxis nicht darauf hin, für ihre Wertsicherungsklauseln eine Genehmigung der Bundesbank zu erhalten. Sie versuchten vielmehr, eine genehmigungsfreie Wertsicherungsklausel zu finden[206]. Die daraufhin entstandenen Verträge waren nicht gemäß

---

201 Siehe Kap. VI 4. und § 1 Nr. 3 PrKV.

202 Siehe hierzu Kap. VI 9. und VIII 2. f).

203 Zu diesem Begriff s. Kap. VII 1. b).

204 Siehe zum Auslandsbezug im Allgemeinen Kap. VII 1.

205 Siehe § 7 PrKV und Kap. IX 1. a).

206 *K. Schmidt,* JuS 1984, S. 737 ff., 745; *Schmidt-Räntsch,* NJW 1998, S. 3166 ff., 3166.

§ 134 BGB wegen einer Umgehung des Wertsicherungsverbots nichtig. Die von § 3 Satz 2 WährG nicht verbotenen Fallgruppen bewiesen gerade, dass nur bestimmte Formen der Wertsicherung, nicht aber alle Wertsicherungen generell genehmigungspflichtig sein sollten[207]. Wenn weder § 3 Satz 2 WährG, noch andere Vorschriften die Wertsicherung an sich verboten, konnte auch der Versuch, eine genehmigungsfreie Wertsicherungsklausel zu finden, nicht wegen einer Umgehung des § 3 Satz 2 WährG nichtig sein[208]. Ebensowenig ließ sich eine unzulässige Umgehung damit begründen, dass der in Frage stehende Vertrag die Inflation ebenso fördern kann, wie eine dem Verbot des § 3 Satz 2 WährG unterfallende Wertsicherungsvereinbarung[209]. Wollte die Vorschrift diesen Erfolg in jedem Fall verhindern, dann hätte sie nicht an bestimmte Wertsicherungsformen anknüpfen, sondern allein auf einen solchen Erfolg abstellen müssen.

Dies gilt erst Recht nach Inkrafttreten des § 2 Abs. 1 Satz 1 PaPkG. Dieser Norm liegt schon dem Wortlaut nach deutlicher zugrunde, dass Wertsicherungsklauseln nur bei Vorliegen der Voraussetzungen des § 2 Abs. 1 PaPkG verboten sind. Indem der Gesetzgeber die Voraussetzungen des Wertsicherungsverbots im Einzelnen auflistet und keine Regelung des Inhalts trifft, dass anders gestaltete Klauseln mit Wertsicherungszweck ebenfalls unter das Verbot fallen, ist das Verbot so eng auszulegen, wie es der Gesetzeswortlaut vorzeichnet. Erfüllt eine Wertsicherungsklausel nicht die Voraussetzungen des § 2 PaPkG, ist sie daher selbst dann nicht wegen einer Umgehung der Vorschrift gemäß § 134 BGB nichtig, wenn die Vertragsparteien bewusst auf diese Klausel auswichen, um die Rechtsfolge des § 2 Abs. 1 PaPkG zu vermeiden.

Wie bei § 3 WährG gilt aber auch bei § 2 PaPkG dann etwas anderes, wenn die Vertragspartner durch einen Umweg versuchen, eine verbotene Wertsicherungsklausel in den Vertrag einzubeziehen. Setzen die Beteiligten beispielsweise zwei gleichartige Leistungen zueinander in Bezug, so stellt dies an sich eine genehmigungsfreie Spannungsklausel dar. Nehmen sie hierbei allerdings auf die Leistung aufgrund eines Vertrages Bezug, der sich seinerseits auf den Wert einer *anderen* Leistung bezieht und nur wegen einer Ausnahmegenehmigung ge-

---

[207] BGH, NJW 1974, S. 273 ff., 273; BFHE 89, S. 422 ff., 435; OLG Schleswig, DNotZ 1957, S. 537 f., 538; OLG Celle, DNotZ 1952, S. 479 ff., 480; Staudinger-*K. Schmidt,* Vorbem zu §§ 244 ff, Rdnr. D 207; *Eppig,* DNotZ 1957, S. 538 f., 539; *Willms/Wahlig,* BB 1978, S. 973 ff., 973; *Papier,* JuS 1974, S. 477 ff., 479; *Mathar,* Wertsicherungsverbot und Grundgesetz, S. 3; *Gramlich,* BBankG, § 3 WährG Rdnr. 27; *Bräutigam,* Währungsrechtliche Zulässigkeit von Wertsicherungsklauseln, S. 7 f.; *Ranniger,* DNotZ 1951, S. 396 ff., 399.

[208] OLG Schleswig, DNotZ 1957, S. 537 f., 538; *Eppig,* NJW 1949, S. 531 ff., 534; *ders.,* DNotZ 1951, S. 405 ff., 407; *Berndt,* Die Wertsicherung in der Unternehmung, S. 38; zumindest im Ergebnis auch *Dürkes,* Wertsicherungsklauseln, C Rdnr. 10; *Goltz,* DB 1959, S. 339 ff., 341.

[209] Staudinger-*K. Schmidt,* Vorbem zu §§ 244 ff, Rdnr. D 207.

mäß § 2 Abs. 1 Satz 2 PaPkG nicht verboten ist, so ist auch die Vereinbarung, die Geldsumme sei der in dem anderen Vertrag vereinbarten Geldsumme anzupassen, genehmigungspflichtig. Es macht für die Genehmigungsbedürftigkeit keinen Unterschied, ob die in Bezug genommene, andersartige Leistung unmittelbar in der Klausel bezeichnet wird oder ob sie nur in dem Vertrag, auf den Bezug genommen wird, als Vergleichsmaßstab angegeben ist[210]. Hier tritt zwar formal zwischen die Änderung der Vergleichsgröße und des Geldschuldbetrages die Änderung der Geldschuld in dem Vertrag, der zur Bezugsgröße gemacht wird. Solange sich der Geldbetrag dieser Geldschuld jedoch durch die Änderung der Bezugsgröße unmittelbar ändert, wird diese Änderung unmittelbar an den fraglichen Geldbetrag weitergegeben. Die Änderung der Bezugsgröße führt damit zur unmittelbaren Veränderung der Höhe des Geldbetrages in beiden Verträgen. Eine solche Vereinbarung verstößt gegen § 2 Abs. 1 Satz 1 PaPkG, stellt zumindest aber eine unzulässige Umgehung dieser Vorschrift dar.

b) Umgehung bei Sachschuldvereinbarungen

Insbesondere Sachschuldvereinbarungen waren während der Inflationen dem Verdacht ausgesetzt, dass sie lediglich ein Scheingeschäft oder eine Umgehung des Wertsicherungsverbots darstellten.

Eine Willenserklärung ist als Scheingeschäft gemäß § 117 Abs. 1 BGB nur dann nichtig, wenn sie mit dem Einverständnis desjenigen, gegenüber dem sie abzugeben ist, nur zum Schein abgegeben wird. Die Beteiligten müssen ihr Ziel durch den bloßen Schein eines wirksamen Rechtsgeschäfts erreichen wollen, die mit ihm verbundenen Rechtswirkungen aber gerade nicht eintreten lassen wollen[211].

Ein Sachschuldvereinbarung kann daher nur dann ein Scheingeschäft sein, wenn der Schuldner am Ende nicht die Sache, sondern tatsächlich deren Geldwert leisten sollte[212]. Hier sollte die Sache nur als (versteckter) Wertmesser dienen, so dass eine solche Vereinbarung grundsätzlich unter § 3 Satz 2 WährG fiel[213] bzw. unter § 2 PaPkG fällt. Etwas anderes gilt aber, wenn die Sachen tatsächlich übereignet werden sollten, wenn auch nur als Zwischenschritt auf dem Weg zu einem weiteren Erfolg. Dann setzt der von den Parteien erstrebte Rechtserfolg gerade die Gültigkeit des Rechtsgeschäfts voraus[214]. Ein Scheinge-

---

[210] So schon zu § 3 WährG: BGH, ZIP 1983, S. 315 ff., 316.

[211] BGH, NJW 1999, S. 351; BGHZ 36, S. 84 ff., 87 f.; *Medicus,* Bürgerliches Recht, Rdnr. 126; Palandt-*Heinrichs,* § 117 Rdnr. 3; Jauernig-*Jauernig,* § 117 Rdnr. 2.

[212] *Dürkes,* Wertsicherungsklauseln, D Rdnr. 299; Staudinger-*K. Schmidt,* Vorbem zu §§ 244 ff, Rdnr. D 234.

[213] *Reithmann,* DNotZ 1960, S. 172 ff., 180; *Eppig,* DNotZ 1957, S. 538 f., 539; Staudinger-*K. Schmidt,* Vorbem zu §§ 244 ff, Rdnr. D 237.

schäft im Sinne des § 117 BGB liegt daher auch dann nicht vor, wenn der Gläubiger die zu leistenden Sachen selbst gar nicht gebrauchen kann und für ihn nur der Weiterverkauf in Betracht kommt[215]. Und selbst dann, wenn der Schuldner die geschuldeten Sachen unmittelbar an einen Dritten liefern soll, liegt kein Scheingeschäft vor[216], denn an der Verpflichtung gegenüber dem Gläubiger zur Lieferung der Sache kann dabei kein Zweifel bestehen. An dem Ergebnis würde sich auch nichts ändern, wenn der Schuldner durch die Vereinbarung verpflichtet wird, die Ware für den Gläubiger kommissionsweise zu Tagespreisen zu verkaufen[217], denn dann schuldet er dem Gläubiger gemäß § 384 Abs. 2 HGB die Herausgabe des aus dem Weiterverkauf Erlangten und nicht einen dynamischen Kaufpreis[218]. An der Ernsthaftigkeit einer Sachschuldvereinbarung bestehen zudem deswegen nur selten Zweifel, da für den Fall der Geldentwertung durchaus der Wille bestehen wird, Sachleistungen anzunehmen[219].

Eine unzulässige Umgehung des Wertsicherungsverbots kommt dagegen bei einer Sachschuldvereinbarung in Betracht, wenn die Sache zwar geleistet werden soll, der Schuldner diese aber für den Gläubiger verkaufen muss und dabei zugleich das Risiko der Verkäuflichkeit zu einem bestimmten Mindestpreis trägt. Hier tritt die Sache soweit in den Hintergrund, dass sie nur ein Hilfsmittel – ein Wertmaßstab – ist, um die Geldsumme festzulegen. Das Gleiche gilt bei zwei gekoppelten Verträgen, einer Sachschuldvereinbarung und einem Kaufvertrag, in dem vereinbart wird, dass der Sachschuldner die Sache sofort zum Tagespreis zurückzukaufen hat. Auch hier dient die Sache nur als Wertmaßstab. Unter Umgehungsgesichtspunkten greift § 2 PaPkG daher grundsätzlich dann ein, wenn die Sachschuldvereinbarung in Wahrheit nur Wertmaßstab ist, um die Höhe einer Geldschuld zu bestimmen, der Gläubiger die Sache selbst also gar nicht fordern wollte[220].

14. Voraussetzungen einer Genehmigung

Möchten die Vertragsparteien keine genehmigungsfreie Wertsicherungsklausel vereinbaren, sondern bestehen auf einer Klausel, die durch § 2 Abs. 1 PaPkG

---

214 Vgl. BGHZ 36, S. 84 ff.; Palandt-*Heinrichs*, § 117 Rdnr. 4; *Medicus*, Bürgerliches Recht, Rdnr. 126.

215 So schon zu § 3 WährG: OLG Celle, DNotZ 1952, S. 479 ff., 481; *Dürkes*, Wertsicherungsklauseln, D Rdnr. 297; *Duden*, Verhandlungen des 40. DJT, Bd. 1, S. 1 ff., 21; *Reithmann*, DNotZ 1960, S. 172 ff., 180.

216 OLG Celle, DNotZ 1952, S. 479 ff., 481; Staudinger-*K. Schmidt*, Vorbem zu §§ 244 ff, Rdnr. D 234; *Dürkes*, Wertsicherungsklauseln, D Rdnr. 302.

217 OLG Schleswig, DNotZ 1957, S. 537 f., 538.

218 Staudinger-*K. Schmidt*, Vorbem zu §§ 244 ff, Rdnr. D 234.

219 *Eppig*, DNotZ 1957, S. 538 f., 539.

220 So zu § 3 WährG: Staudinger-*K. Schmidt*, Vorbem zu §§ 244 ff, Rdnr. D 238.

verboten wird, können sie beim Bundesamt für Wirtschaft und Ausfuhrkontrolle eine Genehmigung beantragen[221]. Eine Ausnahme gilt allerdings für die in § 4 Abs. 1 PrKV genannten Fallgruppen[222]: Diese gelten unter den dort genannten Voraussetzungen bereits als genehmigt, so dass hier eine (weitere) Genehmigung nicht erforderlich ist.

Gemäß § 2 Abs. 1 Satz 2 PaPkG darf das Bundesamt Ausnahmen nur dann genehmigen, wenn Zahlungen langfristig zu erbringen sind oder besondere Gründe des Wettbewerbs eine Wertsicherung rechtfertigen. Für beide Alternativen gilt, dass die Preisklausel keine der beteiligten Vertragsparteien unangemessen benachteiligen darf. Diese Voraussetzungen sind zum Teil in der Preisklauselverordnung näher bestimmt. In § 3 PrKV wird die Genehmigungsfähigkeit bei langfristigen Zahlungen detailliert geregelt[223]. Nur wiederholt wird dagegen in § 5 PrKV, dass Wertsicherungsklauseln aus Wettbewerbsgründen genehmigt werden können[224]. Näher geregelt wird dagegen die gemeinsame Voraussetzung, nach der keine der Vertragsparteien unangemessen benachteiligt werden darf. In § 2 PrKV wird diese Voraussetzung vor die Klammer gezogen[225].

[221] Dazu siehe Kap. IX 1.
[222] Siehe Kap. VIII 2. d).
[223] Siehe dazu Kap. VIII 2. c).
[224] Dazu Siehe Kap. VIII 2. e).
[225] Siehe Kap. VIII 2. b).

Kapitel VII

Das Wertsicherungsverbot bei Auslandsbezug

1. Die Geltung des § 2 PaPkG bei Auslandsbezug

a) Grenzen des Wertsicherungsverbots

Die Genehmigungspflicht des § 3 Satz 2 WährG trat nur ein, wenn der Schuldner einer wertgesicherten DM-Geldschuld analog § 4 Abs. 1 Nr. 5 AWG gebietsansassig war. Ging ein Gebietsfremder eine wertgesicherte DM-Geldschuld ein, so bedurfte dieser Vorgang selbst dann keiner Genehmigung nach § 3 Satz 2 WährG, wenn der Geldgläubiger gebietsansässig war[1].

Es wird vertreten, dass auch § 2 PaPkG seiner ratio zufolge nur solche grenzüberschreitenden Wertsicherungsklauseln unter Genehmigungsvorbehalt stelle, bei denen der Geldschuldner gebietsansässig ist[2]. Auf den Geldgläubiger komme es nicht an. Das Verbot würde damit bei einem gebietsfremden Schuldner[3] nicht gelten. Für diese Ansicht spricht, dass das Wertsicherungsverbot die Preisstabilität sichern soll und nicht der Gläubiger, sondern der gebietsansässige Geldschuldner versuchen wird, eine im Betrag gestiegene Geldschuld an andere Marktteilnehmer weiterzugeben und damit Preissteigerungen fördern könnte[4].

Zweifelhaft ist aber nicht nur, ob der Wortlaut des § 2 Abs. 1 PaPkG eine solche Auslegung deckt. Es darf zudem nicht übersehen werden, dass § 2 PaPkG nunmehr auch verbraucherschützende Elemente enthält, die eine andere Auslegung der Vorschrift zur Folge haben könnten:

§ 2 PaPkG könnte deswegen nur auf den Schuldner abstellen, weil nach dessen Abs. 1 Satz 1 der „Betrag von Geld*schulden*" nicht in der dort bezeichneten Art und Weise bestimmt werden darf. Dieses Argument ist aber schon deswe-

---

[1] Siehe unten 2.

[2] So Bamberger/Roth-*Grothe,* § 244 Rdnr. 18; *ders.,* WM 2002, S. 22 ff., 24.

[3] Sind an dem Vertrag ausschließlich Gebietsfremde beteiligt, so unterliegt er keiner Genehmigungspflicht, da es an einer räumlichen oder personalen Beziehung zum Inland fehlt, die Voraussetzung für die Anwendung deutschen öffentlichen Rechts ist. Der notwendige Bezug zum Inland ist erst dann gegeben, wenn zumindest einer der Vertragspartner gebietsansässig ist, wie sich auch aus § 2 Abs. 1 Satz 4 PaPkG ergibt. Siehe *Grothe,* WM 2002, S. 22 ff., 23, Fn. 11.

[4] So *Grothe,* WM 2002, S. 22 ff., 23 f.

gen wenig überzeugend, weil jede Geldschuld zugleich auf der anderen Seite eine Geld*forderung* ist.

Dass das Wertsicherungsverbot nicht allein dann gelten soll, wenn der Geldschuldner gebietsansässig ist, ergibt sich aus § 2 Abs. 1 Satz 4 PaPkG. Danach bleiben „Verträge von gebietsansässigen Kaufleuten mit Gebietsfremden vom Indexierungsverbot ausgenommen". Der Gesetzgeber hat dort nicht all die Verträge vom Verbot ausgenommen, bei denen der Geldschuldner gebietsfremd ist, sondern nur die, in denen der Gebietsfremde auf einen gebietsansässigen Kaufmann trifft. Da davon auszugehen ist, dass der Gesetzgeber den persönlichen Geltungsbereich des § 3 Satz 2 WährG kannte und damit wusste, dass keine Genehmigung erforderlich war, wenn der Geldschuldner gebietsfremd war, hätte er diese Ausnahme in § 2 Abs. 1 Satz 4 PaPkG beibehalten müssen. Die auf Verträge gebietsansässiger Kaufleute mit Gebietsfremden beschränkte Ausnahme lässt sich über diesen Wortlaut hinaus nicht auf alle Verträge ausdehnen, bei denen der Schuldner gebietsfremd ist. Dies wird durch § 2 Abs. 2 Nr. 2 PaPkG bestätigt, der die Bundesregierung ermächtigt, die Ausnahme nach Abs. 1 Satz 4 durch Rechtsverordnung zu begrenzen. § 2 PaPkG geht damit insgesamt in die Richtung, die Ausnahmen vom Wertsicherungsverbot, nicht aber das Verbot selbst einzuschränken. Für eine entgegenstehende Auslegung ist damit kein Raum mehr.

Dieses Ergebnis ergibt sich ferner aus dem Umstand, dass § 2 PaPkG – anders als § 3 WährG – verbraucherschützende Elemente enthält. Da § 2 Abs. 1 Satz 4 PaPkG im Falle der Auslandsberührung nur Kaufleute bzw. Unternehmer[5] vom Verbot ausnimmt, bleiben die Verbraucher übrig. Zwar wäre ein inländischer Verbraucher geschützt, wenn die Genehmigungspflicht des § 2 PaPkG nur dann einträte, wenn er Geldschuldner ist. Der Norm kann aber nicht entnommen werden, dass sich ihr Schutz nur auf gebietsansässige Verbraucher beschränkt. Der Schutz auch der gebietsfremden Verbraucher wird für den Bereich der Europäischen Gemeinschaft vielmehr durch Art. 12 EGV geboten. Daher greift auch das Argument nicht, der Gesetzgeber habe Kontinuität gewollt – es fehle ein Hinweis darauf, dass er die Wirkungsweise von Wertsicherungsklauseln anders beurteile als früher und den räumlich-persönlichen Anwendungsbereich der Vorschrift außerhalb von Abs. 1 Satz 4 gegenüber dem alten Recht habe erweitern wollen[6]. Mit der Aufnahme von Verbraucherschutzgesichtspunkten in die Vorschrift hat er die Kontinuität gerade durchbrochen und in der Begründung zu § 2 Abs. 1 Satz 4 dementsprechend auch gar nicht mehr auf Kontinuität hingewiesen.

Das in § 2 Abs. 1 Satz 1 PaPkG angeordnete Wertsicherungsverbot gilt daher auch dann, wenn der Geldschuldner nicht gebietsansässig ist, es sein denn, dass

---

[5] Siehe Kap. VII 1. b).

[6] So aber *Grothe,* WM 2002, S. 22 ff., 24.

auch der Gläubiger gebietsfremd[7] oder der gebietsansässige Vertragspartner ein Kaufmann ist. Damit gilt das Verbot für alle Verträge, die nicht unter § 2 Abs. 1 Satz 4 fallen, soweit sie deutschem Recht unterliegen[8].

Soweit vertreten wird, dass alle grenzüberschreitenden Fälle aus gemeinschaftsrechtlichen Gründen aus dem Anwendungsbereich des § 2 PaPkG auszunehmen seien[9], ist dem nicht zu folgen, da die Norm nicht gegen Gemeinschaftsrecht verstößt[10].

Wer im Sinne von § 2 PaPkG als gebietsansässig zu gelten hat, richtet sich nach § 4 Abs. 1 Nr. 5 und 7 AWG[11]. Danach sind gebietsansässig alle natürlichen Personen mit Wohnsitz oder gewöhnlichem Aufenthalt im Wirtschaftsgebiet, juristische Personen und Personenhandelsgesellschaften, wenn sie ihren Sitz oder Ort der Leitung dort haben; Zweigniederlassungen Gebietsfremder im Wirtschaftsgebiet gelten als Gebietsansässige, wenn sie hier ihre Leitung und eine gesonderte Buchführung haben; Betriebsstätten Gebietsfremder im Wirtschaftsgebiet gelten als Gebietsansässige, wenn sie hier ihre Verwaltung haben. Anders als bei § 3 Satz 2 WährG handelt es sich hierbei nicht mehr nur um ein erstes Kriterium. Entsprechend dem Zweck des § 3 Satz 2 WährG griff das Verbot nicht ein, wo sich die Wertsicherungsklausel trotz Gebietsansässigkeit des Schuldners nur auf ein fremdes Wirtschaftsgebiet auswirken konnte[12]. Das war etwa dann der Fall, wenn ein gebietsansässiges Unternehmen vertraglicher Geldschuldner wurde, die Ausführung des Vertrages und Erfüllung der Geldschuld vereinbarungsgemäß aber einer gebietsfremden Zweigniederlassung überlassen war. Diese Sachverhalte fallen fast vollständig nicht mehr unter die Genehmigungspflicht, weil die Verträge der gebietsansässigen Kaufleute bzw. Unternehmer, die hier nur problematisch waren, mit Gebietsfremden jetzt nicht mehr erfasst werden (§ 2 Abs. 1 Satz 4 PaPkG). Es besteht damit für eine solche Einschränkung kein Bedürfnis mehr. Nur in dem seltenen Fall, dass eine natürliche Person eine wertgesicherte Geldschuld eingeht, die Erfüllung der Geldschuld aber einer gebietsfremden Person überlässt, in deren Interesse sie den Vertrag geschlossen hat, könnte der Verweis auf § 4 Abs. 1 AWG einzuschränken sein. Hierzu besteht aber kein Anlass, da § 2 PaPkG nunmehr alle Verbraucher unabhängig von deren Wohnsitz schützt. Es kommt allein darauf an, wer durch den Vertrag zum Schuldner wird.

---

[7] Dazu siehe oben Fn. 3.

[8] So – allerdings ohne Begründung – im Ergebnis auch *Jayme/Kohler,* IPRax 1999, S. 401 ff., 404.

[9] So MK-*Grundmann* § 244, Rn. 71; a. A. *Grothe,* WM 2002, S. 22 ff., 24.

[10] Siehe Kap. IV 3. b) bb).

[11] Weiter einschränkend, weil er den Anwendungsbereich der Vorschrift enger zieht, *Grothe,* WM 2002, S. 22 ff., 24.

[12] Siehe Kap. VII 2. a).

b) Kaufmannsbegriff in § 2 Abs. 1 Satz 4 PaPkG

Der Rechtsausschuss des Bundestages begründet die in § 2 Abs. 1 Satz 4 PaPkG enthaltene Ausnahme vom Wertsicherungsverbot damit, dass die deutsche Wirtschaft Aufträge aus dem Ausland oft nur wegen der guten Vertragsbedingungen erhalten könne, zu denen auch die Möglichkeit von Indexierungen gehöre[13]. Wettbewerbsnachteile sollten aber verhindert werden[14]. Hieraus ergibt sich, dass der in § 2 Abs. 1 Satz 4 gebrauchte Begriff der „Kaufleute" nicht im handelsrechtlichen Sinne gemeint sein kann, da die deutsche Wirtschaft auch von denjenigen getragen wird, die keine Kaufleute[15] sind, weil sie als „Kleingewerbetreibende" oder Freiberufler kein Handelsgewerbe i.S.d. § 1 Abs. 2 HGB betreiben. Dem Kaufmannsbegriff kann daher in § 2 PaPkG nur die Funktion zukommen, die Verträge von gebietsansässigen Privatleuten, also die Verträge nicht unternehmerisch tätiger natürlicher Personen, mit Gebietsfremden auszuschließen. Besser wäre daher der Begriff des Unternehmers (vgl. § 14 Abs. 1 BGB) gewesen[16]. Der Kaufmannsbegriff in § 2 Abs. 1 Satz 4 PaPkG erfasst daher auch Nichtkaufleute, soweit sie gewerblich oder freiberuflich tätig werden[17].

Die in § 2 Abs. 1 Satz 4 PaPkG enthaltene Ausnahme trägt dazu bei, dass die Unternehmer nicht wegen des Wertsicherungsverbots auf eine andere Rechtsordnung ausweichen, die ein solches Verbot nicht kennt[18].

c) Die Geltung des § 2 PaPkG bei Vereinbarung eines anderen Schuld- oder Währungsstatuts

Bei Sachverhalten mit Auslandbezug ist nicht immer deutsches Recht anzuwenden. In solchen Fällen ist daher zu prüfen, ob das in § 2 Abs. 1 Satz 1 PaPkG enthaltene Verbot überhaupt Wirkung entfaltet.

Fraglich könnte sein, ob § 2 PaPkG dem Schuld- oder dem Währungsstatut zuzurechnen ist. Das Schuldstatut bestimmt, welche schuldrechtlichen Normen

---

13 BT-Drucks. 13/10334, S. 41.

14 Jauernig-*Mansel,* §§ 244, 245 Rdnr. 24; *Schmidt-Räntsch,* NJW 1998, S. 3166 ff., 3168.

15 Zum handelsrechtlichen Kaufmannsbegriff S. Koller/Roth/Morck-*Roth,* HGB, § 1 Rdnr. 1 ff.; *K. Schmidt,* Handelsrecht, S. 277 ff.; *Canaris,* Handelsrecht, S. 23 ff.

16 *Schmidt-Räntsch,* NJW 1998, S. 3166 ff., 3168; zum Unternehmensbegriff s. *K. Schmidt,* Handelsrecht, S. 63 ff.

17 So auch *Schmidt-Räntsch,* NJW 1998, S. 3166 ff., 3168; Bamberger/Roth-*Grothe,* § 244 Rdnr. 18; *ders.,* WM 2002, S. 22 ff., 23; *v. Heynitz,* MittBayNot 1998, S. 398 ff., 403; Jauernig-*Mansel,* §§ 244, 245 Rdnr. 24; Schimansky/Bunte/Lwowski-*Schefold,* Bankrechts-Handbuch, Bd. III, § 115 Rdnr. 103.

18 Schimansky/Bunte/Lwowski-*Schefold,* Bankrechts-Handbuch, Bd. III, § 115 Rdnr. 102.

auf ein Schuldverhältnis anzuwenden sind. Hiernach richtet sich beispielsweise, ob überhaupt Geld geschuldet und in welcher Höhe und Währung es zu leisten ist[19]. Das Währungsstatut kennzeichnet dagegen die Bestimmungen, die ein Schuldverhältnis geld- und währungsrechtlich ausgestalten[20]. Es legt beispielsweise fest, was im Zeitpunkt der Erfüllung gesetzliches Zahlungsmittel ist und mit wieviel Geldeinheiten eine Schuld zu tilgen ist[21]. Die Vertragsparteien bestimmen das Währungsstatut direkt und zwingend durch die Wahl der Währung[22]. Es ist das Recht des Staates, in dessen Währung eine Schuld ausgedrückt ist[23]. Die Wahl der Geldrechtsordnung eines anderen Landes kommt nach einhelliger Auffassung nicht in Betracht[24]. Dies beruht auf der naheliegenden Überlegung, dass ein Staat nur seine eigene Währung regeln kann. So kann etwa nur britisches Recht bestimmen, was ein Pfund Sterling ist und wodurch welche Sachen zu britischen Geldzeichen im Rechtssinne werden[25].

Da § 2 PaPkG anders als seine Vorgängernorm keinen währungsrechtlichen Charakter mehr hat und sich auf keine bestimmte Währung bezieht, spricht einiges dafür, § 2 PaPkG dem Schuldstatut zuzurechnen, weil die Höhe der zu leistenden Geldsumme von der Wirksamkeit der Wertsicherungsklausel abhängt. Auf die Frage, ob § 2 PaPkG dem Schuld- oder dem Währungsstatut zuzurechnen ist, kommt es jedoch nicht an, wenn diese Norm eine Eingriffsnorm im Sinne des Art. 34 EGBGB[26] darstellt. Eine solche Eingriffsnorm ist stets zur Entscheidung eines Sachverhaltes heranzuziehen, auch wenn ein Geldschuldver-

---

[19] *Grothe,* Fremdwährungsverbindlichkeiten, S. 96 m.w.N.; Schlegelberger-*Hefermehl,* HGB, Anh § 361 Rdnr. 21 f.; MK-*Martiny,* Nach Art. 34 EGBGB, Anh. I Rdnr. 9; Schimansky/Bunte/Lwowski-*Schefold,* Bankrechts-Handbuch, Bd. III, § 115 Rdnr. 423 f.

[20] *Grothe,* Fremdwährungsverbindlichkeiten, S. 99; Schlegelberger-*Hefermehl,* HGB, Anh § 361 Rdnr. 23; MK-*Martiny,* Nach Art. 34 EGBGB, Anh. I Rdnr. 4; *Wisskirchen,* DB 1998, S. 809 ff., 809. Zu den Unklarheiten, die mit dem unterschiedlichen Verständnis des Begriffs „Währungsstatut“ verbunden sind, s. *Grothe,* a.a.O., S. 97 ff.

[21] Siehe m.w.N. MK-*Martiny,* Nach Art. 34 EGBGB, Anh. I Rdnr. 4; Schimansky/Bunte/Lwowski-*Schefold,* Bankrechts-Handbuch, Bd. III, § 115 Rdnr. 437.

[22] MK-*Martiny,* Nach Art. 34 EGBGB, Anh. I Rdnr. 5; Schlegelberger-*Hefermehl,* HGB, Anh § 361 Rdnr. 23; *Grothe,* Fremdwährungsverbindlichkeiten, S. 100 f.; *Reinhuber,* Grundbegriffe, S. 75; *Wisskirchen,* DB 1998, S. 809 ff., 809.

[23] MK-*Martiny,* Nach Art. 34 EGBGB, Anh. I Rdnr. 5; *Reinhuber,* Grundbegriffe, S. 75.

[24] *Grothe,* Fremdwährungsverbindlichkeiten, S. 100 f.; Schlegelberger-*Hefermehl,* HGB, Anh § 361 Rdnr. 23; *Reinhuber,* Grundbegriffe, S. 76; MK-*Martiny,* Nach Art. 34 EGBGB, Anh. I Rdnr. 5; Schimansky/Bunte/Lwowski-*Schefold,* Bankrechts-Handbuch, Bd. III, § 115 Rdnr. 424.

[25] *Reinhuber,* Grundbegriffe, S. 75; Schimansky/Bunte/Lwowski-*Schefold,* Bankrechts-Handbuch, Bd. III, § 115 Rdnr. 70.

[26] Zur Frage, ob § 2 PaPkG dem Schuld- oder Währungsstatut angehört und ob die Norm als Verbraucherschutznorm i.S.d. Art. 29 EGBGB zu qualifizieren ist, s. m.w.N. *Grothe,* WM 2002, S. 22 ff., 25 ff.

hältnis ansonsten ausländischem Recht unterliegt[27]. Eingriffsnormen sind Vorschriften, die aus Sicht der Rechtsordnung, der sie angehören, international zwingenden Charakter haben, also auch gegenüber ausländischem Recht, das ggf. dem Vertrag zugrundeliegt[28]. Für das deutsche Recht regelt Art. 34 EGBGB die Durchsetzung solcher deutschen zwingenden Normen. Ob eine Vorschrift des deutschen Rechts – etwa § 2 PaPkG – eine derartige Eingriffsnorm darstellt, ob sie also unabhängig von dem nach den allgemeinen Regeln auf den Vertrag anzuwendenden Recht den Sachverhalt zwingend regeln will[29], richtet sich in den Fällen, in denen es an einer ausdrücklichen Festschreibung eines derartigen Anwendungswillens[30] fehlt, nach dem Sinn und Zweck der jeweiligen Bestimmung[31]. Nach überwiegender Auffassung liegt eine Eingriffsnorm nur vor, wenn sie nicht (allein) dem Interessenausgleich der an dem Schuldverhältnis beteiligten Parteien dienen soll, sondern zumindest in erheblichem Umfang öffentliche Interessen verfolgt[32]. Zudem muss die jeweilige Norm überhaupt sachlich, räumlich und persönlich international angewendet werden wollen, um zum international zwingenden Recht zu gehören[33].

§ 2 PaPkG bezweckt – anders als § 3 Satz 2 WährG – nicht den Schutz einer bestimmten Währung vor den Folgen einer allgemeinen Geldwertverringerung durch den unkontrollierten Gebrauch von Wertsicherungsklauseln. Mit der Vorschrift wird das wirtschaftspolitische Ziel verfolgt, die Stabilität der Preise zu erhalten, ohne dass dies zugleich einer bestimmten Währung zugute kommen soll. Der Schutz der Preisstabilität erfolgt nahezu ausschließlich im öffentlichen Interesse, da auf diesem Weg die Funktionsfähigkeit der deutschen Wirtschaft geschützt werden soll. Daneben soll das Verbot jetzt auch dem Schutz der Verbraucher und anderer typischerweise verhandlungsschwachen Vertragsparteien dienen. Dies erfolgt ebenfalls im öffentlichen Interesse und macht daher § 2 PaPkG zur Eingriffsnorm[34]. § 2 PaPkG verfolgt damit in erheblichem Umfang

---

[27] *Radtke,* ZVglRWiss 84 (1985), S. 325 ff., 329, 331 m.w.N.; *Grothe,* Fremdwährungsverbindlichkeiten, S. 114 m.w.N.; MK-*Martiny,* Art. 34 EGBGB Rdnr. 20; *Reinhuber,* Grundbegriffe, S. 109; *v. Bar/Mankowski,* IPR I, § 4 Rdnr. 85; *Jayme/Kohler,* IPRax 1999, S. 401 ff., 404.

[28] Siehe m.w.N. *Grothe,* Fremdwährungsverbindlichkeiten, S. 113 f.; MK-*Martiny,* Art. 34 EGBGB, Rdnr. 2, 7 ff., 38.

[29] Vgl. MK-*Martiny,* Art. 34 EGBGB, Rdnr. 7.

[30] So z.B. in § 61 Börsengesetz.

[31] *Grothe,* Fremdwährungsverbindlichkeiten, S. 114; *Reinhuber,* Grundbegriffe, S. 109; MK-*Martiny,* Art. 34 EGBGB, Rdnr. 8 u. 91.

[32] BGHZ 31, S. 367 ff., 371; 64, S. 183 ff., 189; *Grothe,* Fremdwährungsverbindlichkeiten, S. 114 f.; *ders.,* WM 2002, S. 22 ff., 27; *Reinhuber,* Grundbegriffe, S. 81; MK-*Martiny,* Art. 34 EGBGB, Rdnr. 12; s. aber auch *Busse,* ZVglRWiss 95 (1996), S. 386 ff., 414 ff.

[33] *Reinhuber,* Grundbegriffe, S. 110; MK-*Martiny,* Art. 34 Rdnr. 87.

[34] Bezüglich des Verbraucherschutzes auch *Jayme/Kohler,* IPRax 1999, S. 401 ff., 404.

öffentliche Interessen und dient nicht vorrangig dem Interessenausgleich der an dem Schuldverhältnis beteiligten Parteien.

Dass das deutsche Eingriffsrecht aufgrund seiner öffentlich-rechtlichen Verankerung nur für solche Sachverhalte Geltung beanspruchen kann, die eine ausreichend enge räumliche oder persönliche Beziehung zum Inland aufweisen[35], ist bei § 2 PaPkG unproblematisch der Fall, weil die Genehmigungspflicht nur dann eintritt, wenn einer der Vertragspartner gebietsansässig ist[36]. Damit ist eine ausreichend engen räumliche oder persönliche Beziehung zu Deutschland gewährleistet.

Daher stellt § 2 PaPkG eine Eingriffsnorm i.S.d. Art. 34 EGBGB dar[37] und ist deshalb unabhängig davon anwendbar, ob das Schuldverhältnis im Übrigen deutschem oder ausländischem Recht unterliegt.

2. Die Geltung des § 3 Satz 2 WährG bei Auslandsbezug

a) Grenzen des Wertsicherungsverbots

§ 3 Satz 1 WährG fand wegen des damals geltenden § 49 Abs. 1 AWG auf Rechtsgeschäfte zwischen Gebietsansässigen und Gebietsfremden keine Anwendung. Für Satz 2 der Vorschrift fehlte eine entsprechende ausdrückliche Ausnahme. Sie knüpfte in Verbindung mit Satz 1 der Norm an die „Eingehung“ der Geldschuld an. Da nur der Schuldner, nicht aber der Gläubiger, die Geld*schuld* eingehe, wird gefolgert, dass es nur auf die Verhältnisse des Schuldners angekommen und nur durch ihn die Genehmigungsbedürftigkeit ausgelöst worden sei[38]. Inländern sei danach allein untersagt, wertgesicherte DM-Verbindlichkeiten „einzugehen“, nicht aber auch, solche Forderungen zu erwerben[39]. Das Ergebnis entsprach dem Sinn und Zweck der Vorschrift, denn sie sollte nur solche Klauseln erfassen, die bei allgemeiner Verbreitung dazu führen konnten, dass sich Waren und Dienstleistungen verteuern und damit die Entwertung des Geldes fördern. Erwirbt ein inländischer Gläubiger eine wertgesicherte Geldforderung gegen einen ausländischen Schuldner, so kann sich dies nicht negativ auf die Geldwertstabilität in Deutschland auswirken. Eine Gefahr geht aber vom Schuldner einer wertgesicherten Geldforderung aus. Dieser wird versuchen, das

---

35 *Grothe,* Fremdwährungsverbindlichkeiten, S. 182.

36 Siehe Kap. VII 1. a).

37 So im Ergebnis auch Bamberger/Roth-*Grothe,* § 244 Rdnr. 15; *ders.,* WM 2002, S. 22 ff., 27 f.

38 *Schulze,* AWD 1962, S. 89 ff., 90; *Hartmann,* DB 1970, Beilage Nr. 17 Rdnr. 9; *Goltz,* DB 1959, S. 339 ff., 340; wohl auch OLG Frankfurt, WM 1984, S. 20 f., 21 (= IPRspr. 1982 Nr. 23); s. auch *Duden,* Verhandlungen des 40. DJT, Bd. 1, S. 1 ff., 26.

39 *Goltz,* DB 1959, S. 339 ff., 340. *Grothe* (WM 2002, S. 22 ff., 23) ist dagegen der Ansicht, dass sich das Ergebnis nicht dem Wortlaut entnehmen lasse.

Geldwertrisiko auf seine eigenen Schuldner umzulegen. An dem Ort, an dem der Schuldner seinen wirtschaftlichen Mittelpunkt hat, wird er entweder selbst als Gläubiger nur noch Verträge mit Wertsicherungsklauseln abschließen oder er wird das Entwertungsrisiko abschätzen und durch höhere Preise auf die eigenen Abnehmer abwälzen, so dass sich hier die von den Wertsicherungsklauseln ausgehenden Störungen auswirken werden und dieser Inflationsgefahr auch hier begegnet werden muss[40]. § 3 Satz 2 WährG erfasste daher nur solche Wertsicherungsklauseln, die sich inflationsfördernd auf die deutsche Wirtschafts- und Währungsordnung auswirken konnten, weil von Inlandschuldnern Weitergabeeffekte ausgingen[41].

Für die Frage, wer in Deutschland als „Gebietsansässiger" bzw. „Gebietsfremder" anzusehen war, wandte die h.M. bei § 3 Satz 2 WährG die § 4 Abs. 1 Nr. 5 und 7 AWG an. Die Eingehung von wertgesicherten Geldschulden war danach nur dann genehmigungsbedürftig, wenn der Schuldner in analoger Anwendung des § 4 Abs. 1 Nr. 5 AWG Gebietsansässiger war[42]. Genaugenommen lag hierin aber nur ein erstes Kriterium. Entsprechend dem Zweck dieser Vorschrift konnte die Genehmigungsbedürftigkeit nach § 3 Satz 2 WährG nicht immer schon greifen, wenn es sich bei dem Schuldner um einen Gebietsansässigen im Sinne des § 4 Abs. 1 Nr. 5 AWG handelte. Etwas anderes musste gelten, wenn die wertgesicherte Geldschuld trotz der Gebietsansässigkeit nur Auswirkungen auf ein fremdes Wirtschaftsgebiet hat[43], etwa wenn ein gebietsansässiges Unternehmen aufgrund eines Vertrages Geldschuldner wird, die Ausführung des Vertrages und Erfüllung der Geldschuld vereinbarungsgemäß aber einer gebietsfremden Zweigniederlassung überlässt, in deren Interesse der Vertrag geschlossen wurde.

---

[40] *Schulze,* AWD 1962, S. 89 ff., 91 f.; *Grothe,* WM 2002, S. 22 ff., 23; s. auch *Grothe,* Fremdwährungsverbindlichkeiten, S. 183; Staudinger-*K. Schmidt,* Vorbem zu §§ 244 ff, Rdnr. D 201; *Fögen,* BB 1958, S. 1259 ff., 1259; *Reithmann,* DNotZ 1960, S. 172 ff., 176.

[41] *Grothe,* Fremdwährungsverbindlichkeiten, S, 185; *ders.* WM 2002, S. 22 ff., 23.

[42] So auch *Schulze,* AWD 1962, S. 89 ff., 92; *Seetzen,* AWD 1969, S. 253 ff., 257; *Hahn,* Währungsrecht, § 25 Rdnr. 17; *Hartmann,* DB 1970, Beilage Nr. 17, Rdnr. 9; *Dürkes,* Wertsicherungsklauseln, B Rdnr. 22 f., C Rdnr. 213 u. 220; *Samm/Hafke,* Grundbesitz und Wertsicherungsklauseln, S. 7; MK-*Martiny,* Nach Art. 34 EGBGB, Anh. I Rdnr. 20; Schimansky/Bunte/Lwowski-*Schefold,* Bankrechts-Handbuch, Bd. III, § 115 Rdnr. 439; weiter einschränkend *Gramlich,* BBankG, § 3 WährG Rdnr. 11 und *Grothe,* Fremdwährungsverbindlichkeiten, S. 184 f.; zweifelnd, weil auch wertgesicherte Verbindlichkeiten Gebietsfremder die von § 3 WährG geschützten Belange berühren können, Staudinger-*K. Schmidt,* Vorbem zu §§ 244 ff Rdnr. D 205. – *Reinhuber* (Grundbegriffe, S. 128) und *Grundmann* (EWS 1990, S. 214 ff., 220 ff.) vertreten die Ansicht, dass der Anwendungsbereich des § 3 S. 2 WährG aus gemeinschaftsrechtlichen Gründen auf rein innerstaatliche Fälle mit ausschließlicher Beteiligung Gebietsansässiger zu beschränken sei. Zur Gemeinschaftsrechtsverträglichkeit des § 3 Satz 2 WährG s. jedoch Kap. IV 3. a) dd).

[43] So auch *Grothe,* Fremdwährungsverbindlichkeiten, S. 185.

b) Die Geltung des § 3 Satz 2 WährG bei Vereinbarung eines anderen Schuld- oder Währungsstatuts

Das in § 3 Satz 2 WährG enthaltene Wertsicherungsverbot galt nur, wenn diese deutsche Vorschrift überhaupt angewandt werden konnte. Es spricht einiges dafür, dass § 3 Satz 2 WährG dem Währungsstatut zuzurechnen war[44], da diese Norm die DM-Währung schützen sollte[45]; andererseits hing die Höhe der zu leistenden Geldsumme von der Wirksamkeit der Wertsicherungsklausel ab, was als Frage des Schuldrechts erscheint[46]. Darauf, ob § 3 Satz 2 WährG dem Schuld- oder Währungsstatut zuzuordnen war, kam es letztlich aber nicht an[47]. Denn selbst wenn § 3 Satz 2 WährG dem Währungsstatut zuzurechnen war, musste damit nicht zwingend auch die Geltung des § 3 Satz 2 WährG verbunden sein, war doch nicht von vornherein völlig ausgeschlossen, dass die Parteien nur eingeschränkt auf das Währungsstatut verweisen[48]. Stets zur Entscheidung eines Sachverhaltes sind allerdings die Eingriffsnormen im Sinne des Art. 34 EGBGB heranzuziehen, also die Vorschriften, die aus Sicht der Rechtsordnung, der sie angehören, international zwingenden Charakter haben, also auch gegenüber ausländischem Recht, das ggf. dem Vertrag zugrundeliegt[49]. Wie es im Ergebnis jetzt bei § 2 PaPkG der Fall ist, stellte auch schon § 3 Satz 2 WährG eine derartige Eingriffsnorm dar, da die Vorschrift entsprechend ihrem Sinn und Zweck unabhängig von dem nach den allgemeinen Regeln auf den Vertrag anzuwendenden Recht den Sachverhalt zwingend regeln wollte. Sie bezweckte den Schutz der DM-Währung vor den Folgen einer allgemeinen Geldwertverringerung durch den unkontrollierten Gebrauch von Wertsicherungsklauseln. Nicht einmal zusätzlich diente die Norm dem Interessenausgleich der an dem Schuldverhältnis beteiligten Parteien[50]. Sie sollte damit nicht dem Interessenausgleich der an dem Schuldverhältnis beteiligten Parteien dienen, sondern ausschließlich öffentliche Interessen erfüllen. Dass das deutsche Eingriffsrecht aufgrund seiner öffentlich-rechtlichen Verankerung nur für solche Sachverhalte Geltung beanspruchen kann, die eine ausreichend enge räumliche oder persönliche Beziehung zum Inland aufweisen[51], war bei § 3 Satz 2 WährG unproblematisch, weil die Genehmigungspflicht nur dann eintrat, wenn der Geldschuldner gebietsansässig war. Damit war eine ausreichend enge räumliche oder persönli-

---

[44] A. A. aber m. w. N. *Grothe,* WM 2002, S. 22 ff., 25.

[45] Siehe oben Kap. IV 1. a).

[46] Siehe hierzu eingehend m. w. N. *Grothe,* Fremdwährungsverbindlichkeiten, S. 175 ff.

[47] *Grothe,* WM 2002, S. 22 ff., 25.

[48] Vgl. hierzu eingehend *Grothe,* Fremdwährungsverbindlichkeiten, S. 95, 101 u. 107 ff.

[49] Siehe Kap. VII 1. c).

[50] Siehe oben Kap. IV 1. a).

[51] Siehe Kap. VII 1. c).

che Beziehung zum deutschen Währungsgebiet gewährleistet. § 3 Satz 2 WährG stellte damit eine Eingriffsnorm i. S. d. Art. 34 EGBGB dar und war deshalb unabhängig davon anwendbar, ob das Schuldverhältnis im Übrigen deutschem oder ausländischem Recht unterlag[52].

---

[52] *Grothe,* WM 2002, S. 22 ff., 25; *ders.,* Fremdwährungsverbindlichkeiten, S. 184, Fn. 1099; Bamberger/Roth-*ders.,* § 244 Rdnr. 15; Schimansky/Bunte/Lwowski-*Schefold,* Bankrechts-Handbuch, Bd. III, § 115 Rdnr. 438; zumindest im Ergebnis auch OLG Frankfurt, WM 1984, S. 20 f., 21 (= IPRspr. 1982 Nr. 23); *Schulze,* AWD 1962, S. 89 ff., 93; *Dürkes,* Wertsicherungsklauseln, B Rdnr. 23; MK-*Martiny,* Nach Art. 34 EGBGB Anh. I Rdnr. 21; Schlegelberger-*Hefermehl,* HGB, Anh § 361 Rdnr. 23; *Gramlich,* BBankG, § 3 WährG Rdnr. 11; Staudinger-*K. Schmidt,* Vorbem zu §§ 244 ff Rdnr. D 205; *Seetzen,* AWD, 1969, S. 253 ff., 256 f.; *Reinhuber,* Grundbegriffe, S. 82; *Hartmann,* DB 1970, Beilage Nr. 17 Rdnr. 9; *Samm/Hafke,* Grundbesitz und Wertsicherungsklauseln, S. 8; *Fögen,* Geld- und Währungsrecht, S. 150 Fn. 238.

Kapitel VIII

Die Preisklauselverordnung und ihre Vorgängerin

1. Rechtsverordnung

a) Die Preisklauselverordnung

Gemäß § 2 Abs. 1 Satz 2 PaPkG kann die zuständige Behörde für genehmigungsbedürftige Wertsicherungsklauseln auf Antrag Ausnahmen vom Wertsicherungsverbot genehmigen, wenn Zahlungen langfristig zu erbringen sind oder besondere Gründe des Wettbewerbs eine Wertsicherung rechtfertigen und die Preisklausel nicht eine der Vertragsparteien unangemessen benachteiligt. Obwohl hier die Voraussetzungen genannt werden, unter denen eine solche Genehmigung in Betracht kommt, ermächtigt § 2 Abs. 2 Nr. 1 PaPkG die Bundesregierung, durch Rechtsverordnung die Voraussetzungen noch näher zu bestimmen, unter denen Ausnahmen vom Preisklauselverbot nach Absatz 1 Satz 2 einzeln oder allgemein genehmigt werden können, oder solche Ausnahmen in der Rechtsverordnung schon festzulegen. Hierdurch sollen die Genehmigungsvoraussetzungen des § 2 Abs. 1 Satz 2 PaPkG präzisiert und erweitert werden können[1]. Der Gesetzgeber hat damit – die Genehmigungsrichtlinien der Bundesbank vor Augen (s. u.) – anerkannt, dass eine sachgerechte Entscheidung über eine Ausnahme detailliertere Kriterien erfordert, die von den Fachbehörden mitgestaltet werden. Solche Kriterien hätte er zwar auch unmittelbar in das PaPkG einstellen können. Eine Verordnung kann aber im Regelfall wesentlich schneller neuen Entwicklungen und Bedürfnissen angepasst werden.

Daneben ermöglicht § 2 Abs. 2 Nr. 2 PaPkG der Bundesregierung, durch Rechtsverordnung die in den Sätzen 3 und 4 des Absatzes 1 enthaltenen Ausnahmen für bestimmte Arten von Rechtsgeschäften aus Gründen des Verbraucherschutzes zu begrenzen[2]. § 2 Abs. 2 Nr. 3 PaPkG ermächtigt die Regierung, statt des Bundesministeriums für Wirtschaft eine andere Bundesbehörde zu bestimmen, die für die Erteilung der Genehmigungen nach § 2 PaPkG zuständig ist[3].

---

[1] BT-Drucks. 13/10334, S. 41.

[2] Siehe Kap. VIII 2. f).

[3] Siehe Kap. VIII 2. g) und IX 1. a).

Von der Verordnungsermächtigung hat die Bundesregierung mit der Preisklauselverordnung (PrKV) vom 23. September 1998[4] Gebrauch gemacht, die wie § 2 Abs. 1 PaPkG[5] am 1. Januar 1999 in Kraft getreten ist (§ 9 PrKV). Da der Gesetzgeber – und nicht die Bundesregierung – die Preisklauselverordnung inzwischen zweimal durch Gesetz geändert hat[6], handelt es sich bei den davon betroffenen Passagen der Preisklauselverordnung um solche mit Gesetzesrang[7]. Dieses Vorgehen des Gesetzgebers, der zuvor die Verordnungsermächtigung der Bundesregierung zugewiesen hat, ist rechtlich unbedenklich, da der Gesetzgeber ihr die Verordnungsermächtigung ohne weiteres auch wieder hätte entziehen können[8].

Die meisten Regelungen der PrKV beruhen auf § 2 Abs. 2 Nr. 1 PaPkG. Von der Ermächtigung des § 2 Abs. 2 Nr. 2 PaPkG hat die Regierung bisher mit § 6 PrKV nur den § 2 Abs. 1 Satz 3 PaPkG betreffend Gebrauch gemacht. § 7 PrKV, der auf § 2 Abs. 2 Nr. 3 PaPkG beruht, überträgt die Zuständigkeit für die Genehmigung von Preisklauseln dem Bundesamt für Wirtschaft und Ausfuhrkontrolle.

b) Die Grundsätze bei der Entscheidung über Genehmigungsanträge nach § 3 WährG (Nr. 2c WährVO für Berlin)

Anders war es noch bei § 3 Satz 2 WährG. Diese Norm enthielt keinen Katalog von Voraussetzungen, an dem die damals für die Genehmigung von Wertsicherungsklauseln zuständige Bundesbank ihre Entscheidung ausrichten konnte. Als sie begann, ihre anfängliche Zurückhaltung bei der Genehmigung aufzugeben, weil sie erkannte, dass es in Einzelfällen wirtschaftlich vernünftig und währungspolitisch unbedenklich sein kann, bestimmte Wertsicherungsklauseln zu tolerieren[9], veröffentlichte sie „zur Unterrichtung der Öffentlichkeit“ ihre „Grundsätze bei der Entscheidung über Genehmigungsanträge nach § 3 des Währungsgesetzes (Nummer 2c der Währungsverordnung für Berlin)“[10]. Obwohl der Titel nur § 3 WährG und Nr. 2c der WährVO für Berlin nannte, gal-

---

[4] BGBl. I, S. 3043 f.

[5] Art. 16 EuroEG. Gemäß Art. 16 Nr. 8 EuroEG trat die Verordnungsermächtigung in § 2 Abs. 2 PaPkG bereits am Tage nach der Verkündigung des EuroEG in Kraft trat, also vor Inkrafttreten von § 2 Abs. 1 PaPkG.

[6] §§ 3 Abs. 2 Nr. 2, 7 und 8 PrKV wurde durch Art. 41 des Gesetzes über die Zusammenlegung des Bundesamtes für Wirtschaft mit dem Bundesausfuhramt vom 21.12.2000 (BGBl. I, S. 1956 ff., 1963) geändert; § 4 Abs. 2 PrKV durch Art. 8 Abs. 7 des Gesetzes zur Neugliederung, Vereinfachung und Reform des Mietrechts (Mietrechtsreformgesetz) vom 19. Juni 2001 (BGBl. I, S. 1149 ff., 1174).

[7] Vgl. m.w.N. auf diese h.M. *Külpmann,* NJW 2002, S. 3436 ff., 3437, der selbst aber anderer Ansicht ist.

[8] Vgl. *Külpmann,* NJW 2002, S. 3436 ff., 3437.

[9] *Willms/Wahlig,* BB 1978, S. 973 ff., 976.

ten diese Grundsätze nach der Wiedervereinigung auch für die neuen Bundesländer und Ost-Berlin. Für das Beitrittsgebiet enthielt zwar der Staatsvertrag ein eigenständiges Verbot von Wertsicherungsklauseln, das durch den Einigungsvertrag ausdrücklich aufrecht erhalten wurde[11]. Darin wurde die Genehmigungszuständigkeit aber ebenfalls der Deutschen Bundesbank zugewiesen. Diese entschied, ihren veröffentlichten Grundsätzen entsprechend, für das ganze Bundesgebiet einheitlich.

Nach der äußeren Form dieser „Grundsätze" und der Art, wie sie veröffentlicht wurden[12], konnte der Eindruck entstehen, dass es sich hierbei um eine Rechtsverordnung gehandelt hat. Der Bundesbank stand jedoch insoweit gar keine Rechtssetzungsmacht zu. Die Grundsätze waren auch nicht an die Allgemeinheit, sondern an die Landeszentralbanken gerichtet. Diesen wurde aufgegeben, wie sie ihr Ermessen im Genehmigungsverfahren auszuüben hatten. Es handelte sich bei diesen Grundsätzen daher nicht um eine Rechtsverordnung, sondern um eine Verwaltungsvorschrift[13].

Nr. 8 der Grundsätze bestimmte, dass die Genehmigungsanträge bei der zuständigen Landeszentralbank einzureichen waren. Dadurch änderte sich nichts an der durch die höherrangigen §§ 3 WährG i. V. m. 49 Abs. 2 AWG begründeten Zuständigkeit der Bundesbank, denn bei den Landeszentralbanken handelte es sich gemäß § 8 Abs. 1 BBankG um deren Hauptverwaltungen, die gemäß § 8 Abs. 2 die in ihren Bereich fallenden Geschäfte und Verwaltungsangelegen-

---

[10] Mitteilung Nr. 1015/78 vom 9.6.1978, BAnz. Nr. 109 vom 15.6.1978, S. 4. Diese Grundsätze traten an die Stelle der Älteren (Mitteilung Nr. 1018/64, BAnz. Nr. 160 vom 29.8.1964, geändert durch Mitteilung Nr. 1006/69, BAnz. Nr. 169 vom 12.9.1969, und die Mitteilung Nr. 1009/58, BAnz. Nr. 243 vom 18.12.1958), siehe Nr. 6 der Richtlinie. Für die davor liegende Zeit s. *Berndt,* Die Wertsicherung in der Unternehmung, S. 31 f. Zu den Gründen für die mehrfachen Änderungen der Grundsätze s. *Dürkes,* Wertsicherungsklauseln, C Rdnr. 5 ff. – Daneben gab es beispielsweise die durch die Mitteilung Nr. 1001/90 (vom 5.1.1990, BAnz. Nr. 3) geänderte Mitteilung Nr. 1009/61 (vom 24.3.1961, BAnz. Nr. 167) „betreffend die Eingehung von Verbindlichkeiten in fremder Währung" und die Mitteilung Nr. 1002/90 (vom 5.1.1990, BAnz. Nr. 3) über die „Eingehung von Verbindlichkeiten, die in der Europäischen Währungseinheit ECU oder dem Sonderziehungsrecht des Internationalen Währungsfonds (SZR) ausgedrückt sind", die eine Aufzählung von Fremdwährungsverbindlichkeiten bzw. Rechnungseinheiten enthalten, deren Eingehung *„erlaubt"* wurde. Siehe hierzu zu Recht krit. *Grothe,* Fremdwährungsverbindlichkeiten, S. 274 ff.

[11] *Dürkes,* BB 1992, S. 1073 ff., 1073. Siehe hierzu ausführlich oben Kap. I 7.

[12] Vgl. § 1 des Gesetzes über die Verkündung von Rechtsverordnungen vom 30.1.1950, BGBl. I, S. 23 f. § 1 Abs. 2 besagt, dass Rechtsverordnungen des Bundes im BGBl. oder im BAnz. verkündet werden. Die „Grundsätze" der Bundesbank wurden im Bundesanzeiger veröffentlicht. Siehe auch Art. 82 Abs. 1 Satz 2 GG i. V. m. § 1 Abs. 2 dieses Gesetzes.

[13] *Hahn,* Währungsrecht, § 8 Rdnr. 28; *Papier,* JuS 1974, S. 477 ff., 480; *Grothe,* Fremdwährungsverbindlichkeiten, S. 276 f.; Staudinger-*K. Schmidt,* Vorbem zu §§ 244 ff, Rdnr. D 213; *Mathar,* Wertsicherungsverbot und Grundgesetz, S. 111; *Gramlich,* BBankG, § 3 WährG Rdnr. 49; *Bettermann,* DVBl. 1973, S. 412.

heiten durchführen. Die Bundesbank hatte also durch die in Nr. 8 enthaltene Bestimmung nur die Aufgaben auf ihre Organe verteilt (vgl. § 5 i.V.m. § 8 Abs. 2 BBankG). Aus diesem Grunde erließen die Landeszentralbanken ihre Bescheide nach § 3 WährG ausdrücklich im Namen der Deutschen Bundesbank[14].

c) Rechtsverordnung statt Verwaltungsvorschrift

Die Einordnung der „Grundsätze" der Bundesbank als Verwaltungsvorschrift hatte zur Folge, dass die Zivilgerichte die Grundsätze unberücksichtigt lassen konnten, wenn sie darüber zu befinden hatten, ob eine Wertsicherungsklausel wirksam vereinbart wurde. Im Außenverhältnis Bundesbank – Antragsteller blieb allein § 3 Satz 2 WährG maßgeblich dafür, ob eine Wertsicherungsabrede genehmigungsbedürftig war[15]. Gegenüber den Zivilgerichten kam dieser Tatsache allerdings kaum Bedeutung zu, denn die Genehmigungsgrundsätze stellten lediglich dar, in welchen Fällen bei einer genehmigungsbedürftigen Klausel mit einer Genehmigung gerechnet werden konnte. Fehlte eine Genehmigung, so stellte sich für das Gericht allein die Frage, ob die Wertsicherungsklausel überhaupt genehmigungsbedürftig war. Gerade hierüber enthielten die Grundsätze aber keine Aussage.

Die Bundesbank konnte zwar von den Grundsätzen bei ihrer Entscheidung über einen Genehmigungsantrag abweichen. Soweit dies jedoch zum Nachteil des Antragstellers geschah, mussten sie prüfen, ob dies wegen der Selbstbindung der Verwaltung (Art. 3 Abs. 1 GG) noch zulässig war[16]. Denn indem sich die Bundesbank bei ihren Ermessensentscheidungen an ihren „Grundsätzen" orientierte, konnte sie wegen des Gleichbehandlungsgebots auch in anderen Fällen derart gebunden sein, dass sie wiederum in gleicher Weise zu entscheiden hatte. Insofern erlangten die Grundsätze eine über die reine Information der Öffentlichkeit hinausgehende Bedeutung, da sie eine Ermessenskonkretisierung bedeuteten. Soweit ein Antragsteller nach den Genehmigungsgrundsätzen mit einer Genehmigungserteilung „rechnen" konnte, durfte die Genehmigung nur in einem besonders gelagerten, atypischen Ausnahmefall verweigert werden.

Da es sich bei der Preisklauselverordnung um eine Rechtsverordnung handelt, ist die Genehmigungsbehörde nunmehr unmittelbar an die darin enthaltenen Vorschriften gebunden. Das Gleiche gilt für die Gerichte. Die Verwaltungsgerichte haben die Genehmigungsfähigkeit von Wertsicherungsklauseln unmittelbar, also ohne „Umweg" über Art. 3 GG, auch anhand der PrKV zu prüfen.

---

14 *Dürkes,* Wertsicherungsklauseln, H Rdnr. 43; vgl. auch BVerwGE 41, S. 1 ff., 2; Staudinger-*Weber,* § 244 Rdnr. 332.

15 Staudinger-*K. Schmidt,* Vorbem zu §§ 244 ff, Rdnr. D 213.

16 *Grothe,* Fremdwährungsverbindlichkeiten, S. 277.

Gleiches gilt für die Zivilgerichte, wenn sie darüber zu entscheiden haben, ob eine Wertsicherungsklausel wirksam vereinbart wurde. Fehlt eine Genehmigung, so stellt sich für das Gericht allein die Frage, ob die Wertsicherungsklausel überhaupt genehmigungsbedürftig ist. Anders als es noch bei den Genehmigungsrichtlinien der Bundesbank der Fall war, können die Zivilgerichte der PrKV zumindest für bestimmte Fallgruppen entnehmen, ob eine Wertsicherungsklausel genehmigungsbedürftig ist[17], und damit entscheiden, ob die Klausel gemäß § 134 BGB unwirksam ist, wenn eine erforderliche Genehmigung fehlt.

Gleich bleibt jedoch die Rechtsfolge für den Fall, dass die zuständige Behörde eine erforderliche Genehmigung bereits wirksam verweigert hat. Dann sind die Zivilgerichte nach wie vor schon aufgrund der Tatbestandswirkung dieses Verwaltungsaktes[18] an diese Entscheidung gebunden. Ein Rückgriff auf die Preisklauselverordnung erübrigt sich daher.

Anders als die Bundesbank, die nur Verwaltungsvorschriften erlassen und mit ihnen kein höherrangiges Recht abändern konnte, kann die Bundesregierung auf Grund § 2 Abs. 2 Nr. 2 PaPkG zudem die in den Sätzen 3 und 4 des Absatzes 1 enthaltenen Ausnahmen aus Gründen des Verbraucherschutzes begrenzen. Hiermit wird ihr ermöglicht, das in § 2 Abs. 1 PaPkG enthaltene Verbot weiter auszudehnen.

2. Die Regelungen der Preisklauselverordnung

Die Bundesbank beschrieb in ihren Richtlinien die Klauseln, die sie nicht genehmigte[19]. Gemäß Nr. 4 der Grundsätze konnte „im allgemeinen" damit gerechnet werden, dass andere Klauseln genehmigt wurden. Damit sollte klargestellt werden, dass durch die Genehmigungsrichtlinien selbst dann kein Anspruch auf Erteilung einer Genehmigung eingeräumt wurde, wenn die Klausel durch die Grundsätze nicht als genehmigungsunfähig bezeichnet wurde[20]. Da der Bundesbank nur die Befreiung vom Verbot im Einzelfall übertragen war, wäre es auch nicht zulässig gewesen, wenn sie abstrakt-generell festgelegt hätte, in welchen Fällen ein Anspruch auf die Genehmigung von Wertsicherungsklauseln bestanden hätte[21]. Das wäre auf eine unzulässige Änderung des § 3 WährG hinausgelaufen.

Der Preisklauselverordnung liegt eine andere Systematik zugrunde:

---

[17] Siehe § 6 PrKV, bezüglich § 1 PrKV s. u. Kap. VIII 2 a.

[18] Siehe Kap. IX 3 c.

[19] Zu den Genehmigungsrichtlinien sowie der hierzu ergangenen Rechtsprechung s. *Dürkes,* Wertsicherungsklauseln, C Rdnr. 60 ff.

[20] BVerwGE 41, S. 1 ff., 10; *Willms/Wahlig,* BB 1978, S. 973 ff., 976.

[21] BVerwGE 41, S. 1 ff., 8 ff.; E 41, S. 13 ff., 19 f.

a) Genehmigungsfreie Klauseln, § 1 PrKV

aa) § 1 Nrn. 1 bis 3 PrKV

Während sich die Genehmigungsrichtlinien der Bundesbank allein mit der Genehmigungsfähigkeit genehmigungsbedürftiger Wertsicherungsklauseln befassten, enthält die Preisklauselverordnung neben § 6 auch in § 1 („Genehmigungsfreie Klauseln") Vorschriften darüber, ob bestimmte Klauseln überhaupt genehmigungsbedürftig sind. Dabei enthält § 1 PrKV eine gewagte Formulierung. Dort heißt es: „Das Verbot von Preisklauseln nach § 2 Abs. 1 Satz 1 des Preisangaben- und Preisklauselgesetzes ... *gilt nicht für* ...". § 2 Abs. 2 PaPkG enthält allerdings nur in Nr. 2 eine Verordnungsermächtigung, auf Grund derer das in § 2 Abs. 1 enthaltene Verbot eingeschränkt werden könnte. Diese Ermächtigung erfasst aber ausdrücklich nur die Ausnahmen nach Absatz 1 Satz 3 und 4, auf die sich § 1 PrKV gerade nicht bezieht. Daneben enthält § 2 Abs. 2 PaPkG keine Ermächtigung, mit der das Verbot aus § 2 Abs. 1 Satz 1 PaPkG aufgehoben werden könnte. Insbesondere kommt die Verordnungsermächtigung aus § 2 Abs. 2 Nr. 1 PaPkG nicht in Betracht. Hierauf könnten die § 1 Nrn. 1 bis 3 PrKV nur gestützt werden, wenn sie die Voraussetzungen des § 2 Abs. 1 Satz 2 PaPkG erfüllen. Dies ergibt sich daraus, dass die Bundesregierung durch § 2 Abs. 2 Nr. 1 PaPkG nur dazu ermächtigt wird, „solche" Ausnahmen auf der Grundlage des § 2 Abs. 1 Satz 2 PaPkG festzulegen. Ein anderes Verständnis dieser Ermächtigung würde dazu führen, dass sie der Bundesregierung eine Änderung des Gesetzes ermöglichen würde. Es ist aber nicht davon auszugehen, dass eine Rechtsverordnung ein im Rang höherstehendes Gesetz ändern können soll. Die Voraussetzungen des § 2 Abs. 1 Satz 2 PaPkG sind für die § 1 Nrn. 1 bis 3 PrKV offensichtlich nicht erfüllt, da diese die dort genannten Klauseln nicht auf die Fälle einschränken, in denen Zahlungen langfristig zu erbringen sind oder besondere Gründe des Wettbewerbs eine Wertsicherung rechtfertigen.

Der Anschein, die Bundesregierung habe durch schlichte Rechtsverordnung höherrangiges Gesetz abgeändert, besteht jedoch nur auf dem ersten Blick. Die Nummern 1 bis 3 des § 1 PrKV enthalten Definitionen der Begriffe Leistungsvorbehalts-, Spannungs- und Kostenelementeklauseln. Da solche Klauseln nicht unter das in § 2 Abs. 1 Satz 1 PaPkG enthaltenen Wertsicherungsverbot fallen[22], bestätigen die Nrn. 1 bis 3 des § 1 PrKV dieses Herausfallen lediglich[23]. Eine Verordnung, die den Inhalt einer gesetzlichen Regelung lediglich wiederholt, ist nicht unzulässig. Sie ist zwar überflüssig, andererseits wird hierdurch aber denjenigen, die mit dem Wertsicherungsverbot nicht vertraut sind, schneller deutlich, wie eine Wertsicherungsklausel auszugestalten ist, damit sie dem Verbot nicht unterfällt.

---

[22] Siehe Kap. VI 3.–5.

[23] So auch Bamberger/Roth-*Grothe,* § 244 Rdnr. 16.

bb) § 1 Nr. 4 PrKV

Anders liegt der Fall bei § 1 Nr. 4 PrKV. Danach soll § 2 Abs. 1 Satz 1 PaPkG nicht für Klauseln in Erbbaurechtsbestellungsverträgen und Erbbauzinsreallasten gelten, die eine Laufzeit von mindestens 30 Jahren haben. Wegen dieses weitgefassten Wortlauts kommt es nicht darauf an, ob die Wertsicherungsklausel bereits bei der Bestellung des Erbbaurechts oder aber erst aufgrund einer späteren Vereinbarung als selbstständige Reallastabrede oder Reallaständerung getroffen wird[24]. Voraussetzung ist nur, dass die Wertsicherungsvereinbarung nach der ordentlichen Gesamtdauer des Erbbaurechts noch eine Laufzeit von mindestens 30 Jahren hat[25].

Solche Klauseln fielen weder aus dem Wertsicherungsverbot des § 3 Satz 2 WährG heraus, noch fallen sie unmittelbar aus dem neuen Verbot heraus, denn in § 2 Abs. 1 PaPkG sind weder Klauseln in Verträgen mit dreißigjähriger Laufzeit noch solche in Erbbaurechtsbestellungsverträgen oder Erbbauzinsreallasten ausgenommen. Soweit also die übrigen Voraussetzungen des § 2 Abs. 1 PaPkG erfüllt sind, wären die in § 1 Nr. 4 PrKV genannten Klauseln vom Wertsicherungsverbot erfasst. Da die genannten Klauseln aber gleichwohl gemäß § 1 Nr. 4 PrKV dem Wertsicherungsverbot nicht unterfallen sollen, kann diese Ausnahme nur dann rechtmäßig sein, wenn die Bundesregierung sie auf eine der in § 2 Abs. 2 PaPkG aufgeführten Verordnungsermächtigungen stützen kann. In Betracht kommt hier allein die Ermächtigung in § 2 Abs. 2 Nr. 1 PaPkG, da § 2 Abs. 2 Nr. 2 nur eine Ausdehnung des Wertsicherungsverbots ermöglicht und aufgrund Nr. 3 nur die Genehmigungszuständigkeit geändert werden kann. Daraus folgt, dass die in § 1 Nr. 4 PrKV geregelte Fallgruppe nicht neben die in den Nrn. 1 bis 3 genannten Fälle passt. Die gemeinsame Auflistung erweckt den Eindruck, als handele es sich auch hier um eine Fallgruppe, die dem Verbot gemäß § 2 Abs. 1 Satz 1 PaPkG von vornherein schon nicht unterfällt. Die Besonderheiten der vierten Fallgruppe sind nicht ohne weiteres zu erkennen und könnten zu einem falschen Verständnis der Norm führen. Es wäre daher besser gewesen, die in § 1 Nr. 4 PrKV geregelten Klauseln ausdrücklich als Ausnahme vom Wertsicherungsverbot zu bezeichnen, die sich auf § 2 Abs. 2 Nr. 1 PaPkG stützt.

Während die ersten drei Fälle des § 1 PrKV allein daraufhin zu untersuchen waren, ob sie tatsächlich nur bestätigenden Charakter haben[26], muss die in § 1 Nr. 4 PrKV enthaltene Ausnahme die Voraussetzungen des § 2 Abs. 2 Nr. 1 PaPkG erfüllen. § 1 Nr. 4 wäre rechtswidrig, wenn diese nicht erfüllt sind, weil es dann an der notwendigen Verordnungsermächtigung fehlt. § 2 Abs. 2 Nr. 1

---

[24] *v. Oefele/Winkler,* Handbuch des Erbbaurechts, Rdnr. 6.144.

[25] *v. Oefele/Winkler,* Handbuch des Erbbaurechts, Rdnr. 6.144.

[26] Siehe oben aa).

PaPkG ermächtigt die Bundesregierung, die Voraussetzungen näher zu bestimmen, unter denen Ausnahmen vom Preisklauselverbot nach Absatz 1 Satz 2 einzeln oder allgemein genehmigt werden können, oder solche Ausnahmen festzulegen. Mit § 1 Nr. 4 PrKV spezifiziert die Bundesregierung keine Voraussetzungen für eine Ausnahme von Wertsicherungsverbot, sondern legt eine solche unmittelbar fest. § 2 Abs. 2 Nr. 1 PaPkG ist nicht so zu verstehen, dass die Bundesregierung ohne Einschränkung Ausnahmen vom Wertsicherungsverbot verordnen kann. Ihr ist bezüglich der Vorraussetzungen für eine Ausnahme nur erlaubt, diese „näher zu bestimmen", woraus folgt, dass sie keine zusätzlichen Ausnahmetatbestände einführen, sondern die vorgegebenen nur spezifizieren darf. Das Gleiche gilt, wenn sie unmittelbar eine „solche" Ausnahme festlegt.

Da der Verordnungsgeber kein höherrangiges Gesetz abändern kann, muss eine durch ihn festgelegte Ausnahme vom Verbot demnach die Voraussetzungen des § 2 Abs. 1 Satz 2 PaPkG einhalten. Sie kommt daher nur in Betracht, wenn Zahlungen langfristig zu erbringen sind oder besondere Gründe des Wettbewerbs eine Wertsicherung rechtfertigen. Da § 1 Nr. 4 PrKV nur Klauseln in Erbbaurechtsbestellungsverträgen und Erbbauzinsreallasten mit einer Laufzeit von mindestens 30 Jahren betrifft, fällt diese Ausnahme unter die erste Alternative. Daneben darf die Klausel gemäß § 2 Abs. 1 Satz 2 PaPkG keine der Vertragsparteien unangemessen benachteiligen. Der Wortlaut des § 1 Nr. 4 PrKV beschränkt sich nicht auf benachteiligungsfreie Klauseln. Daraus könnte folgen, dass auch solche Klauseln genehmigungsfrei sein sollen, die eine der Vertragsparteien unangemessen benachteiligen. Damit wäre § 1 Nr. 4 PrKV rechtswidrig.

Gemäß § 1 Nr. 4 Hs. 2 PrKV sollen jedoch die §§ 9a ErbbauVO, 46 SachenRBereinigungsG und 4 ErholNutzG unberührt bleiben. Dient ein auf Grund eines Erbbaurechts errichtetes Bauwerk Wohnzwecken, dann begründet eine Vereinbarung, auf Grund derer der Erbbauzins verändert werden kann, gemäß § 9a Abs. 1 ErbbauVO nur dann einen Anspruch auf Erhöhung des Erbbauzinses, soweit diese unter Berücksichtigung aller Umstände des Einzelfalles nicht unbillig ist. In den folgenden Sätzen des § 9a Abs. 1 ErbbauVO ist geregelt, wann ein Erhöhungsanspruch regelmäßig als unbillig anzusehen ist. Es kann daher zu keiner unbilligen bzw. unangemessenen Benachteiligung des Geldschuldners im Sinne des § 2 Abs. 1 Satz 2 PaPkG kommen. Allerdings ist § 9a ErbbauVO nur auf die Fälle begrenzt, in denen das auf Grund eines Erbbaurechts errichtete Bauwerk Wohnzwecken dient[27]. § 2 Abs. 1 Satz 2 PaPkG verlangt aber, dass keine der Vertragsparteien unangemessen benachteiligt wird, also auch dann nicht, wenn das auf Grund eines Erbbaurechts errichtete Bauwerk keinen Wohnzwecken dient. Daneben gilt § 9a ErbbauVO nicht für die Fälle, in denen der Erbbauzins vereinbarungsgemäß herabgesetzt werden kann.

[27] Palandt-*Bassenge,* ErbbauRVO § 9a Rdnr. 10; *v. Oefele/Winkler,* Handbuch des Erbbaurechts, Rdnr. 6.178; *Ingenstau/Hustedt,* Erbbaurecht, § 9a Rdnr. 3.

Zwar wird der Gläubiger hier schon deswegen regelmäßig nicht unangemessen benachteiligt, weil die Voraussetzungen für eine Herabsetzung nur selten vorliegen werden und dann regelmäßig nur zu einer geringfügigen Änderung führen. Es ist jedoch nicht völlig ausgeschlossen, dass der Gläubiger durch die Wahl einer bestimmten Bezugsgröße unbillig benachteiligt wird.

Mit der Formulierung des § 1 Nr. 4 PrKV verlässt die Bundesregierung den Rahmen der Ermächtigungsgrundlage. Indem sie alle Klauseln in Erbbaurechtsbestellungsverträgen und Erbbauzinsreallasten mit einer Laufzeit von mindestens 30 Jahren aus dem Verbot des § 2 Abs. 1 Satz 1 PaPkG herausfallen lässt, ermöglicht sie, dass auch solche Verträge ohne Verstoß gegen dieses Verbot vereinbart werden können, bei denen eine Vertragspartei unangemessen benachteiligt wird, wenn nur das auf Grund des Erbbaurechts errichtete Bauwerk nicht dem Wohnen dient. Dient es Wohnzwecken, so fehlt ein Schutz vor einer unangemessenen Benachteiligung des Gläubigers. Für diese Fälle wird durch keinen der in § 1 Nr. 4 PrKV genannten Paragraphen eine Sicherung gegen eine unangemessene Benachteiligung vorgesehen. Insoweit ist § 1 Nr. 4 PrKV daher rechtswidrig. Es wäre ratsam gewesen, die Voraussetzung aus § 2 Abs. 1 Satz 2 PaPkG ausdrücklich für alle Fälle in den § 1 Nr. 4 PrKV hereinzunehmen.

Anders ist es bei dem in § 1 Nr. 4 PrKV genannten § 46 SachenRBereinigungsG. Bei den dieser Norm unterfallenden Erbbaurechtsverträgen sind Nutzer und Grundstückseigentümer verpflichtet, eine Bestimmung aufzunehmen, die eine Anpassung des Erbbauzinses an veränderte Verhältnisse vorsieht. Dabei wird in § 46 Abs. 1 SachenRBereinigungsG differenziert: Bei einer Wohnzwecken dienenden Nutzung bestimmt sich die Anpassung nach dem in § 9a ErbbauVO bestimmten Maßstab. Damit ist auch für diese Fälle eine Sicherung dagegen eingebaut, dass es zu einer unangemessenen Benachteiligung des Geldschuldners kommt. Auch hier fehlt aber wiederum eine Regelung, die eine unangemessene Benachteiligung des Geldgläubigers ausschließt. Für andere Nutzungen enthält § 46 Abs. 1 Satz 4 SachenRBereinigungsG selbst einen Maßstab, nach dem die Anpassung vorzunehmen ist. Bei einer gewerblichen oder industriellen Nutzung des Grundstücks ist die Anpassung nach den Erzeugerpreisen für gewerbliche Güter (§ 46 Abs. 1 S. 4 Nr. 1), bei einer land- und forstwirtschaftlichen Bewirtschaftung (§ 46 Abs. 1 S. 4 Nr. 2) nach den Erzeugerpreisen für landwirtschaftliche Produkte und in allen übrigen Fällen nach den Preisen für die allgemeine Lebenshaltung (§ 46 Abs. 1 S. 4 Nr. 3) vorzunehmen. Zudem begrenzt § 46 Abs. 2 die Anpassung für alle Nutzungszwecke auf den Betrag, der sich aus der Entwicklung der Grundstückspreise ergibt. Was die „anderen" Nutzungen angeht, erfolgt zwar keine Anknüpfung an die Billigkeit, wie es bei § 9a ErbbauVO der Fall ist. Indem die Maßstäbe für die Anpassung festgelegt werden, wird allerdings dafür gesorgt, dass es zu keiner unangemessenen Benachteiligung einer der Vertragsparteien kommt. Sieht das Gesetz gerade diese Maßstäbe vor, so können diese nicht als unbillig gelten. Zudem ist die Anpassung des Erbbauzinses entsprechend § 46 Abs. 2 SachenRBereinigungsG zu begrenzen. Abgesehen von der Wohnungsnutzung beschränkt sich § 46 SachenRBereinigungsG auch nicht auf die Erhöhung des Erbbauzinses, sondern erfasst allgemein die „Anpassung" und damit – wie sich etwa aus § 47 SachenRBereinigungsG ergibt – auch die Herabsetzung des Erbbauzinses. Damit wird auch der Geldgläubiger nicht unangemessen benachteiligt.

Der ebenfalls in § 1 Nr. 4 PrKV genannte § 4 ErholNutzG ergänzt lediglich das SachenRBereinigungsG für einen bestimmten Fall und verweist im Übrigen auf dessen § 46. Hier gelten daher keine Besonderheiten.

Als Ergebnis bleibt daher festzuhalten, dass sich die in § 1 Nr. 4 PrKV enthaltene Ausnahme insoweit nicht auf die Verordnungsermächtigung in § 2 Abs. 2 Nr. 1 PaPkG stützen kann, als dort auch Klauseln in Erbbaurechtsbestellungsverträgen und Erbbauzinsreallasten freigestellt werden, die weder dem § 9a ErbbauVO, noch § 46 SachenRBereinigungsG bzw. § 4 ErholNutzG unterfallen. Diese Normen können nicht vollständig verhindern, dass keine der Vertragsparteien benachteiligt wird. Da daher die Voraussetzungen des § 2 Abs. 1 Satz 2 PaPkG nicht erfüllt sind, ist § 1 Nr. 4 PrKV insoweit rechtswidrig.

b) Allgemeine Genehmigungsvoraussetzungen, § 2 PrKV

§ 2 PrKV („Allgemeine Genehmigungsvoraussetzungen") zieht einige Genehmigungsvoraussetzungen vor die Klammer, die bei allen genehmigungspflichtigen Klauseln gleichermaßen erfüllt sein müssen, damit eine Genehmigung überhaupt in Betracht kommt. § 2 PrKV basiert auf der Verordnungsermächtigung des § 2 Abs. 2 Nr. 1 PaPkG, da die Bundesregierung danach die Voraussetzungen näher bestimmen kann, unter denen Ausnahmen vom Preisklauselverbot *allgemein* genehmigt werden können.

Gemäß § 2 Abs. 1 Satz 1 PrKV setzt eine Ausnahmegenehmigung voraus, dass die Preisklausel hinreichend bestimmt ist. Dies ist nach § 2 Abs. 1 Satz 2 PaPkG nicht der Fall, wenn ein geschuldeter Betrag allgemein von der künftigen Preisentwicklung[28] oder einem anderen Maßstab abhängen soll, der nicht erkennen lässt, welche Preise oder Werte bestimmend sein sollen. Da diesem Satz die allgemeine Regelung vorangeht, dass die Preisklausel hinreichend bestimmt sein muss, kann die Genehmigungsbehörde auf rechtlich transparenter Grundlage die Genehmigung auch dann verweigern, wenn beispielsweise nicht deutlich wird, unter welchen Voraussetzungen eine Änderung der Vergleichsgröße zu einer Änderung der Schuldsumme führen soll. § 2 Abs. 1 PrKV ist

---

[28] Ähnlich bereits die Bundesbank in ihren Genehmigungsrichtlinien, da sie dort in Nr. 2 bestimmte, dass Klauseln, die die Geldschuld an die künftige „Kaufkraft" binden, nicht genehmigt wurden.

daher so zu verstehen, dass eine unbestimmte Klausel „insbesondere" dann nicht vorliegt, wenn ein Fall des Satzes 2 gegeben ist.

Zweifelhaft ist, ob das Bestimmtheitserfordernis einer der Voraussetzungen des § 2 Abs. 1 Satz 2 PaPkG zugeordnet werden kann. Die Genehmigungsbehörde hat zu prüfen, ob eine der Vertragsparteien unangemessen benachteiligt wird. Dazu muss sie feststellen, wann und in welchem Ausmaß sich die Geldschuld überhaupt ändern kann. Hierüber muss sie sich anhand der Klausel Klarheit verschaffen können, was sie nur kann, wenn die Klausel bestimmt genug ist. Zudem wird eine unbestimmte Klausel im Regelfall beide Vertragsparteien unangemessen benachteiligen, da diese nicht absehen können, wann und wie sich die Geldschuld ändert. Daher kann das Bestimmtheitserfordernis auf die Verordnungsermächtigung aus § 2 Abs. 2 Nr. 1 PaPkG gestützt werden, da damit die Voraussetzungen des § 2 Abs. 1 PaPkG näher bestimmt werden.

§ 2 Abs. 2 Satz 1 PrKV wiederholt die zweite Voraussetzung des § 2 Abs. 1 Satz 2 PaPkG, wonach Preisklauseln nicht genehmigt werden, wenn sie eine Vertragspartei unangemessen benachteiligen. In § 2 Abs. 2 Satz 2 PrKV wird dies konkretisiert. Danach liegt eine unangemessene Benachteiligung insbesondere dann vor, wenn eine Klausel nur zu einer Erhöhung, nicht aber zu einer Ermäßigung des Zahlungsanspruchs führen kann (Nr. 1) oder wenn der geschuldete Betrag sich gegenüber der Entwicklung der Bezugsgröße überproportional ändern kann (Nr. 2). Der zweite Fall liegt beispielsweise vor, wenn sich die Bezugsgröße um zwei Prozent*punkte* ändert und daraufhin die Geldschuld um zwei Prozent steigen soll. Oder wenn eine zweiprozentige Änderung der Bezugsgröße eine vierprozentige Änderung der Geldschuld zur Folge haben soll. Solche überproportional wirkenden Klauseln bergen besondere Gefahren für die Preisstabilität in sich, da die Geldschuld damit weitaus höher ansteigt, als es bei der Vergleichsgröße der Fall ist[29]. Die beiden Fallgruppen des § 2 Abs. 2 Satz 2 PrKV waren bereits in den Genehmigungsrichtlinien der Bundesbank enthalten[30]. § 3 Satz 2 WährG diente zwar allein währungspolitischen Zwecken[31]. Insbesondere die Tatsache, dass die Bundesbank weder Einseitigkeitsklauseln noch überproportional wirkende Klauseln genehmigte, wirkte jedoch reflexartig zugleich schuldnerschützend[32]. Bezüglich der ersten Alternative nannten die Bundesbankrichtlinien auch den Fall, dass „nur der Gläubiger das Recht haben soll, eine Anpassung zu verlangen oder die Bezugsgröße zu bestimmen". Dies brauchte die Preisklauselverordnung deswegen nicht ausdrücklich zu übernehmen, weil einerseits eine solche Einseitigkeitsklausel ebenfalls dazu führen kann,

---

[29] Siehe dazu *Grothe,* NZM 2002, S. 54 ff., 57.

[30] Nr. 2a und Nr. 2d der Bundesbank-Genehmigungsrichtlinien.

[31] Siehe oben Kap. IV 1. a). Daher konnte die Bundesbank bei ihrer Ermessensausübung allein währungspolitische Aspekte heranziehen.

[32] Und nicht nur verbraucherschützend, wie *Vogler,* NJW 1999, S. 1236 ff., 1237, meint.

dass ein Preis- oder Wertanstieg nur eine Erhöhung, nicht aber eine Ermäßigung der geschuldeten Geldsumme zur Folge hat. Jedenfalls wird durch eine solche Bestimmung zweifellos der Schuldner unangemessen benachteiligt, so dass die Klausel gemäß § 2 Abs. 2 Satz 1 PrKV nicht genehmigt werden dürfte.

Verglichen mit den Genehmigungsrichtlinien der Bundesbank beschränkt sich die Preisklauselverordnung nicht darauf, zwei Einzelfälle zu regeln, sondern legte eine Voraussetzung fest, die durch zwei Regelbeispiele verdeutlicht wird. Hierdurch gewinnt die Genehmigungsbehörde die rechtlich transparentere Möglichkeit, die Genehmigung auch dann zu verweigern, wenn es an der Verwirklichung eines Regelbeispiels fehlt, eine Vertragspartei aber aus anderen Gründen unangemessen benachteiligt wird.

Die Bundesregierung orientierte sich bei der Formulierung des § 2 Abs. 2 PrKV offensichtlich an § 307 Abs. 2 BGB (§ 9 AGBG a.F.). Dies wird das Bundesamt für Wirtschaft und Ausfuhrkontrolle dazu veranlassen, den Begriff der unangemessenen Benachteiligung ebenso auszulegen, wie ihn die ordentlichen Gerichte im Recht der Allgemeinen Geschäftsbedingungen auslegen[33]. Damit wird die Gefahr verringert, dass das Bundesamt eine unangemessene Benachteiligung verneint und die Klausel genehmigt, ein ordentliches Gericht dagegen im Rahmen der Prüfung des § 307 BGB eine unangemessene Benachteiligung durch dieselbe Klausel bejaht und sie damit trotz der Genehmigung durch das Bundesamt unwirksam ist.

c) Genehmigungsfähigkeit bei langfristigen Zahlungen, § 3 PrKV

§ 3 PrKV („Genehmigungsfähigkeit bei langfristigen Zahlungen") beruht auf § 2 Abs. 2 Nr. 1 PaPkG und betrifft die erste Alternative des § 2 Abs. 1 Satz 2 PaPkG. Danach kann die zuständige Behörde Ausnahmen genehmigen, wenn Zahlungen langfristig zu erbringen sind. Dies wiederholt § 3 Abs. 1 Satz 1 PrKV, offenbar um die PrKV auch ohne Rückgriff auf das PaPkG verständlich zu machen.

§ 3 Abs. 1 PrKV legt fest, wann insbesondere die Genehmigung einer Wertsicherungsklausel in Betracht kommt. Dies ist der Fall, wenn der geschuldete Betrag durch die Änderung eines von dem Statistischen Bundes- oder einem Landesamt ermittelten Preisindex für die Gesamtlebenshaltung oder einem vom Statistischen Amt der Europäischen Gemeinschaft ermittelten Verbraucherpreisindex bestimmt werden soll und eine der dort aufgeführten Fallgruppen gegeben ist. Die erste Fallgruppe (§ 3 Abs. 1 Nr. 1 PrKV) betrifft wiederkehrende Zahlungen, die auf Lebenszeit eines Vertragspartners, bis zum Erreichen der Erwerbsfähigkeit, eines bestimmten Ausbildungszieles oder bis zum Beginn der

[33] *Schmidt-Räntsch,* NJW 1998, S. 3166 ff., 3170.

Altersversorgung des Empfängers angelegt sind oder bei denen das Schuldverhältnis in der in der Vorschrift genannten Weise auf mindestens zehn Jahre angelegt ist. Die zweite Fallgruppe (§ 3 Abs. 1 Nr. 2 PrKV) erfasst Zahlungen, die auf Grund einer Verbindlichkeit aus der Auseinandersetzung zwischen Miterben, Ehegatten, Eltern und Kindern, auf Grund einer letztwilligen Verfügung oder von dem Übernehmer eines Betriebes oder sonstigen Sachvermögens zur Abfindung eines Dritten zu entrichten sind, sofern zwischen der Begründung der Verbindlichkeit und der Endfälligkeit ein Zeitraum von mindestens zehn Jahren liegt oder die Zahlungen nach dem Tode eines Beteiligten zu erbringen sind.

Beide Fallgruppen waren bereits in den Genehmigungsrichtlinien der Bundesbank enthalten. Während aber gemäß Nr. 3 a) der Richtlinien solche Klauseln nicht genehmigt wurden, nach denen der geschuldete Betrag „von der künftigen Entwicklung der Lebenshaltungskosten (einem Preisindex für die Lebenshaltung) abhängig" sein sollte, es sei denn, es handelte sich um eine der beiden genannten Fallgruppen, besagt § 3 Nr. 1 PrKV nunmehr, dass die Genehmigung „insbesondere" in Betracht kommt, wenn der geschuldete Betrag durch einen der genannten Preisindices bestimmt werden soll und eine der beiden genannten Fallgruppen vorliegt. Der Unterschied besteht darin, dass die Richtlinien der Bundesbank indizierten, dass Klauseln immer dann nicht genehmigt wurden, wenn der geschuldete Betrag von der künftigen Entwicklung eines Lebenshaltungskostenindexes abhängig sein sollte, es sei denn, dass eine der beiden Ausnahmefallgruppen vorlag. Dagegen indiziert § 3 Abs. 1 PrKV zwar keine Genehmigung, legt aber doch durch die „insbesondere"-Regelung nahe, dass solche Klauseln auch bei Verbindlichkeiten genehmigt werden können, auf Grund derer Zahlungen langfristig zu erbringen sind und die unter keine der in § 3 Abs. 1 PrKV genannten Fallgruppen fällt. Der Gesetzgeber hat eine ähnliche Regelung inzwischen auch an anderer Stelle aufgenommen. Gemäß § 557b Abs. 1 BGB können die Parteien eines Mietvertrages vereinbaren, dass die Miete durch den vom Statistischen Bundesamt ermittelten Preisindex für die Lebenshaltung aller privaten Haushalte in Deutschland bestimmt wird. Insoweit wird damit grundsätzlich anerkannt, dass eine solche Klausel für keinen Beteiligten zu einer unbilligen Härte führt.

Ähnliches gilt für § 3 Abs. 2 PrKV, der fast wortgleich die Nr. 3 b) aa) der Bundesbank-Genehmigungsrichtlinien wiederholt, jedoch ebenfalls positiv ausdrückt, dass in den genannten Fällen eine Genehmigung in Betracht kommt, während die Genehmigungsrichtlinien eine solche nur bei Vorliegen einer der Fallgruppen nicht von vornherein ausschlossen. Nach § 3 Abs. 2 PrKV können Preisklauseln genehmigt werden, wenn der geschuldete Betrag von der künftigen Einzel- oder Durchschnittsentwicklung von Löhnen, Gehältern, Ruhegehältern oder Renten abhängig sein soll und es sich dabei um eine der dort genannten, längerfristigen und regelmäßig wiederkehrenden Zahlung[34] handelt.

§ 3 Abs. 3 PrKV enthält eine Regelung, die nicht in dieser Form in den Bundesbank-Genehmigungsrichtlinien enthalten war. Hiernach können Preisklauseln genehmigt werden, wenn der geschuldete Betrag von der künftigen Einzel- oder Durchschnittsentwicklung der Preise oder Werte für Güter oder Leistungen abhängig gemacht wird, die der Schuldner in seinem Betrieb erzeugt, veräußert oder erbringt (betriebsbezogener Index[35]). Anders als es noch bei den Genehmigungsrichtlinien der Bundesbank der Fall war, muss es sich dabei um wiederkehrende Zahlungen handeln, die in der dort beschriebenen Weise auf mindestens zehn Jahre angelegt sind (s. § 3 Abs. 3 Nr. 1 und 2 PrKV). Anders als jetzt indizierte die entsprechende Nr. 3 e) aa) der Genehmigungsgrundsätze noch, dass in allen anderen Fällen nicht mit einer Genehmigung gerechnet werden konnte. Indem die neue Regelung aber auf langfristige Verbindlichkeiten abstellt, stellt sie höhere Anforderungen als die alte.

Das Gleiche gilt auch bei § 3 Abs. 4 PrKV. Hier wird entsprechend der Nr. 3 e) der Genehmigungsrichtlinien der Bundesbank bestimmt, dass Preisklauseln genehmigt werden können, wenn der geschuldete Betrag von der künftigen Einzel- oder Durchschnittsentwicklung des Preises oder Wertes von Grundstücken abhängig sein soll, wenn sich das Schuldverhältnis auf die land- oder forstwirtschaftliche Nutzung beschränkt. Darüber hinausgehend wird dies aber wie bei § 3 Abs. 3 PrKV auf wiederkehrende Zahlungen beschränkt, die in der dort beschriebenen Weise auf mindestens zehn Jahre angelegt sind (s. § 3 Abs. 4 Nr. 1 und 2 PrKV).

Im Ergebnis sahen die Genehmigungsrichtlinien der Bundesbank in den in § 3 PrKV enthaltenen Fällen grundsätzlich keine Genehmigung vor, soweit keine der dort genannten Ausnahmen vorlag. § 3 PrKV dreht dies um, indem in solchen Fällen insbesondere eine Genehmigung in Betracht kommt, ohne dass sie für alle anderen Fälle zugleich ausgeschlossen wird. § 3 Abs. 5 PrKV weitet dies sogar noch weiter aus. Danach kann die Verwendung weiterer Klauseln genehmigt werden, wenn schutzwürdige Interessen eines Beteiligten dies erfordern. Kann ein Beteiligter dies nachweisen, so kommt eine Genehmigung demnach auch bei ganz anders gestalteten Preisklauseln in Betracht. In allen Fällen ist daran zu denken, dass auch die Genehmigung aufgrund § 3 PrKV nur dann erteilt werden darf, wenn zugleich die Voraussetzungen des § 2 PrKV erfüllt sind.

---

[34] § 3 Abs. 2 Nr. 2 PrKV betraf zunächst wiederkehrende Zahlungen, die bis zum Erreichen der *Erwerbsunfähigkeit* des Empfängers zu erbringen sind. Hierbei handelte es sich um ein Versehen. Mit Art. 41 Nr. 1 des Gesetzes über die Zusammenlegung des Bundesamtes für Wirtschaft mit dem Bundesausfuhramt vom 21.12.2000 (BGBl. I, S. 1956 ff., 1963) ersetzte die Bundesregierung den Begriff durch *Erwerbsfähigkeit.*

[35] *Limmer,* ZNotP 1999, S. 148 ff., 153.

d) *Vertragsspezifische Klauseln, § 4 PrKV*

§ 4 PrKV („Vertragsspezifische Klauseln"), der an Nr. 1 b) der Bundesbank-Genehmigungsrichtlinien[36] anknüpft, beruht auf der Verordnungsermächtigung in § 2 Abs. 2 Nr. 1 PaPkG und betrifft die erste Alternative des § 2 Abs. 1 Satz 2 PaPkG. Danach kann die zuständige Behörde Ausnahmen genehmigen, wenn Zahlungen langfristig zu erbringen sind. § 4 PrKV betrifft Preisklauseln in Miet- und Pachtverträgen über Gebäude oder Räume, wenn die Entwicklung des Miet- oder Pachtzinses durch die Änderung einer der in § 4 Abs. 1 Nr. 1 a) bis c) PrKV genannten Indizes bestimmt werden soll. Daneben muss das Schuldverhältnis in der in § 4 Abs. 1 Nr. 2 PrKV beschriebenen Weise auf mindestens zehn Jahre angelegt sein, so dass nur langfristige Schuldverhältnisse betroffen sind (§ 2 Abs. 1 Satz 2 Alt. 1 PaPkG). Da eine Rechtsverordnung kein höherrangiges Recht abändern kann, nimmt § 4 Abs. 2 PrKV ausdrücklich die Mietverträge über Wohnraum heraus und verweist insoweit auf die Spezialregelung in § 557b BGB[37].

Im Unterschied zu § 3 PrKV besagt § 4 PrKV nicht, wann „insbesondere" eine Genehmigung nach § 2 Abs. 1 Satz 2 PaPkG in Betracht kommt. Vielmehr sollen alle Preisklauseln in Miet- und Pachtverträgen, die die dort genannten Voraussetzungen erfüllen, als genehmigt „gelten". Anders als im Falle des § 1 Nr. 4 PrKV[38] wird damit bei § 4 PrKV deutlich, dass diese Preisklauseln an sich unter das Verbot des § 2 Abs. 1 Satz 1 PaPkG fallen, dass sie aber durch diese Rechtsverordnung ausnahmsweise als genehmigt gelten. Hierdurch werden Wirtschaft und Genehmigungsbehörde viel Verwaltungsarbeit gespart[39]. Die in § 4 PrKV enthaltene Regelung führt selbst dann zur Genehmigungsfiktion, wenn der Antrag auf Genehmigung einer Wertsicherungsklausel von der Bundesbank noch abgelehnt wurde, bevor § 2 PaPkG in Kraft getreten ist[40].

Die unterschiedliche Ausgestaltung der beiden Ausnahmefälle in § 1 Nr. 4 und § 4 PrKV hat unterschiedliche Folgen: Für eine Klausel im Sinne von § 1 Nr. 4 PrKV soll das Wertsicherungsverbot nicht gelten. Die Genehmigungsbe-

[36] Allerdings wurden gemäß Nr. 3 der Bundesbank-Richtlinien solche Klauseln grundsätzlich nicht genehmigt, nach denen der geschuldete Betrag von der künftigen Entwicklung der Lebenshaltungskosten abhing (s. hierzu *Willms/Wahlig,* BB 1978, S. 973 ff., 976; *Mathar,* Wertsicherungsverbot und Grundgesetz, S. 10; *Hahn,* Währungsrecht, § 8 Rdnr. 31 ff.).

[37] § 4 Abs. 2 PrKV wurde nach Abschaffung des § 10a MHG, der vorher in dieser Norm genannt war, durch Art. 8 Abs. 7 des Gesetzes zur Neugliederung, Vereinfachung und Reform des Mietrechts (Mietrechtsreformgesetz) vom 19. 6. 2001 (BGBl. I, S. 1149 ff., 1174) entsprechend geändert. Siehe Kap. VI 10.

[38] Siehe Kap. VIII 2. a) bb).

[39] OLG Rostock, NZM 2005, S. 506 f.; *v. Heynitz,* MittBayNot 1998, S. 398 ff., 404.

[40] OLG Rostock, Grundeigentum 2002, S. 1331 f., 1331.

hörde, die an die Preisklauselverordnung gebunden ist, kann daran nichts ändern. Anders ist es, wenn die Vertragsparteien eine Klausel im Sinne von § 4 PrKV vereinbart haben. Die PrKV enthält hier nur eine Vermutungsregelung, die eine abweichende Regelung zulässt. Der zuständigen Behörde (§ 7 PrKV) wird damit ein Spielraum eröffnet, diese Ausnahme in besonderen Fällen durch einen Widerruf gemäß § 49 VwVfG wieder rückgängig zu machen, wie sie es bei einer ausdrücklichen Genehmigung machen könnte. Der Nachteil dieser Genehmigungsfiktion besteht darin, dass die Beteiligten das Risiko einer falschen Subsumtion unter die Voraussetzungen der PrKV tragen. Werden andere als die in § 4 Abs. 1 Nr. 1 a)–c) PrKV aufgeführten Bezugsgrößen vereinbart, bedarf die Klausel der Genehmigung gemäß § 3 PrKV, soweit keine genehmigungsfreie Preisklausel gewählt wurde. Entgegen der Verwaltungspraxis des Bundesamtes für Wirtschaft und Ausfuhrkontrolle[41] stellt § 4 Abs. 1 PrKV keine abschließende Regelung dar. Vielmehr sind dort allein die Fälle enthalten, in denen eine derartige Klausel auch sonst ohne weitere Prüfung genehmigt würde. Das schließt nicht aus, dass die Behörde andersartige Wertsicherungsklauseln nach eingehender Prüfung genehmigt. Das Risiko einer falschen Subsumtion tragen die Beteiligten auch bezüglich der in § 2 PrKV enthaltenen Voraussetzungen. Dass diese auch in den Fällen des § 4 PrKV erfüllt sein müssen, ergibt sich daraus, dass § 2 ausdrücklich die „allgemeinen“ Genehmigungsvoraussetzungen enthält, und zudem daraus, dass § 2 Abs. 2 Nr. 1 PaPkG nur dazu ermächtigt, Ausnahmen nach dessen Abs. 1 Satz 2 festzulegen. Dort aber wird vorausgesetzt, dass keine der Vertragsparteien unangemessen benachteiligt werden darf. Sehen die Vertragsparteien dies nicht, so kann sich erst sehr spät – z.B. im Rahmen eines Zivilrechtsstreits – herausstellen, dass die Klausel nicht der Genehmigungsfiktion unterliegt, weil deren Vorraussetzungen nicht vorlagen, und damit mangels Genehmigung nicht wirksam wurde. Die Folge wird sein, dass sich nicht die Verwaltungsgerichte, sondern die Zivilgerichte vorrangig mit der Frage zu beschäftigen haben, ob die Voraussetzungen der Genehmigungsfiktion vorliegen[42]. Wenn die Verwender der Wertsicherungsklausel die Prüfung der Wertsicherungsklausel nicht selbst vornehmen können oder wollen, bestätigt das Bundesamt für Wirtschaft und Ausfuhrkontrolle auf Antrag, dass die Klausel als genehmigt gilt[43].

[41] Siehe den Hinweis des Bundesamtes auf www.bafa.de/1/de/ (Service, FAQ zur Indexierungskontrolle).

[42] *Schultz,* NZM 2000, S. 1135 ff., 1141; s. z.B. zu § 4 Abs. 1 Nr. 2 PrKV: OLG Rostock, NZM 2005, S. 506 f.

[43] Bundesamt für Wirtschaft und Ausfuhrkontrolle, siehe www.bafa.de/1/de/ (Service, FAQ zur Indexierungskontrolle); *Schultz,* NZM 2000, S. 1135 ff., 1138.

e) Genehmigungsfähigkeit aus Wettbewerbsgründen, § 5 PrKV

§ 5 PrKV wiederholt bloß die zweite in § 2 Abs. 1 Satz 2 PaPkG enthaltene Ausnahmemöglichkeit. Danach können Ausnahmen genehmigt werden, wenn besondere Gründe des Wettbewerbs eine Wertsicherung rechtfertigen. Ohne dass dies inhaltlich etwas bedeuten würde, werden in § 5 PrKV dem Wort „Wettbewerb" die Worte „nationaler oder internationaler" vorangestellt. An sich wäre § 5 PrKV daher überflüssig. Offenbar wurde diese Norm in die Preisklauselverordnung aufgenommen, um sie ohne Rückgriff auf § 2 PaPkG verständlich zu machen. Streng genommen beruht § 5 PrKV damit auch nicht auf der Verordnungsermächtigung des § 2 Abs. 2 Nr. 1 PaPkG, da in der Erweiterung des Begriffes „Wettbewerb" in „nationaler oder internationaler Wettbewerb" keine nähere Bestimmung der Voraussetzungen i. S. v. § 2 Abs. 2 Nr. 1 PaPkG gesehen werden kann. Um genehmigungsfähig zu sein, muss eine Wertsicherungsklausel daneben die allgemeinen Genehmigungsvoraussetzungen des § 2 PrKV erfüllen.

Eine dem § 5 PrKV entsprechende Bestimmung war in den Genehmigungsrichtlinien der Bundesbank nicht enthalten.

Da § 5 PrKV keine Kriterien enthält, in welchen Fällen mit einer Genehmigung gerechnet werden kann, ist davon auszugehen, dass sich die Bundesregierung nicht dazu in der Lage sah, derartige Fallgruppen zu typisieren. Im Gesetzgebungsverfahren wurden solche „besonderen Gründe" darin gesehen, dass in anderen Ländern Verträge mit Indexierungen zugelassen seien und dies dazu führe, dass deutsche Unternehmen Vertragspartner verlieren oder das deutsche Recht nicht mehr vereinbaren könnten[44]. Die Freistellung indexierter Anleihen zum Schutze des Finanzplatzes Deutschland hätte ein weiterer Beispielsfall für die Genehmigungsfähigkeit aus Wettbewerbsgründen sein können[45]. Diese sind nunmehr jedoch von § 2 Abs. 1 Satz 3 PaPkG generell vom Indexierungsverbot ausgenommen.

Da § 5 PrKV damit sehr unbestimmt bleibt, wird von dieser Alternative kein reger Gebrauch gemacht werden. Sicherer und zeitsparender ist es, die bekannten genehmigungsfreien Klauseln zu verwenden, da dann nicht die Gefahr besteht, dass eine Klausel und ggf. sogar der ganze Vertrag unwirksam ist, weil ein auf Wettbewerbsgründen gestützter Genehmigungsantrag negativ beschieden wird. Eine Vielzahl von Sachverhalten, die unter diese Ausnahmemöglichkeit fallen könnten, wird zudem unter die Bereichsausnahme des § 2 Abs. 1 Satz 4 PaPkG fallen, wonach Verträge von gebietsansässigen Kaufleuten mit Gebietsfremden vom Indexierungsverbot ausgenommen sind.

---

[44] BT-Drucks. 13/10334, S. 41.

[45] Vgl. *Vogler*, NJW 1999, S. 1236 ff., 1238.

f) Geld- und Kapitalverkehr, § 6 PrKV

Gemäß § 2 Abs. 2 Nr. 2 PaPkG kann die Bundesregierung durch Rechtsverordnung die in den § 2 Abs. 1 Satz 3 und 4 PaPkG enthaltenen Ausnahmen für bestimmte Arten von Rechtsgeschäften aus Gründen des Verbraucherschutzes begrenzen. Der Gesetzgeber war der Meinung, die genannten Ausnahmetatbestände seien „notwendigerweise weit und in Teilen unbestimmt", was aber nicht zu einer Benachteiligung von Verbrauchern führen solle[46]. Bezüglich Satz 3 hat die Regierung von dieser Ermächtigung mit § 6 PrKV Gebrauch gemacht. Nach dem dritten Satz bleibt der Geld- und Kapitalverkehr, einschließlich der Finanzinstrumente im Sinne des § 1 Abs. 11 des Kreditwesengesetzes sowie der hierauf bezogenen Pensions- und Darlehensgeschäfte, vom Indexierungsverbot ausgenommen. Gemäß § 6 PrKV gilt die Freistellung vom Indexierungsverbot nach § 2 Abs. 1 Satz 3 PaPkG nicht für Kreditverträge mit Verbrauchern im Sinne des § 1 des Verbraucherkreditgesetzes. Bisher ist diese Vorschrift nicht hinsichtlich der nunmehr einschlägigen Vorschriften des BGB (s. §§ 491 Abs. 1, 499 Abs. 1 und 507) geändert worden. Mit § 6 PrKV weitet die Bundesregierung in zulässiger Weise (§ 2 Abs. 2 Nr. 2 PaPkG) das Wertsicherungsverbot aus. Solche Klauseln können nur dann genehmigt werden, wenn sie die Anforderungen des § 2 PrKV erfüllen, was § 6 PrKV klarstellt.

g) Genehmigungsbehörde und Übergangsvorschriften, §§ 7 und 8 PrKV

§ 2 Abs. 1 Satz 2 PaPkG weist dem Bundesministerium für Wirtschaft die Zuständigkeit dafür zu, Ausnahmen vom Wertsicherungsverbot zu genehmigen. Durch § 2 Abs. 2 Nr. 3 PaPkG wird die Bundesregierung ermächtigt, statt des Wirtschaftsministeriums eine andere Bundesbehörde zu bestimmen, die für die Erteilung der Ausnahmegenehmigungen zuständig ist. Diese Verordnungsermächtigung nahm der Gesetzgeber auf, weil die Entscheidung über die Genehmigung „keine ministerielle Aufgabe" sei, eine Zuständigkeit aber sofort begründet werden müsse, „damit die erforderlichen Genehmigungen auch erteilt werden können"[47]. Obwohl § 2 Abs. 2 PaPkG bereits im Juni 1998 in Kraft trat – § 2 Abs. 1 PaPkG trat erst am 1. Januar 1999 in Kraft (s. Art. 16 EuroEG) –, hatte der Gesetzgeber offensichtlich befürchtet, die Bundesregierung könne eine Zuständigkeit nicht rechtzeitig festlegen. § 7 PrKV weist die Zuständigkeit nunmehr dem Bundesamt für Wirtschaft und Ausfuhrkontrolle (BAFA)[48] zu[49].

---

[46] BT-Drucks. 13/10334, S. 41.

[47] BT-Drucks. 13/10334, S. 41.

[48] Zunächst wies § 7 PrKV die Zuständigkeit dem Bundesamt für Wirtschaft zu. Dieses wurde mit dem Bundesausfuhramt zusammengelegt. Mit Art. 41 Nr. 2 des Gesetzes über die Zusammenlegung des Bundesamtes für Wirtschaft mit dem Bundesaus-

§ 8 PrKV enthält diejenigen Regelungen und Klarstellungen, die erforderlich sind, wenn nicht nur eine alte Norm durch eine neue ersetzt wird, sondern zugleich die Zuständigkeit für die Erteilung von Genehmigungen auf eine andere Behörde übergeht. § 8 Satz 1 PrKV stellt klar, dass bereits nach § 3 WährG erteilte Genehmigungen fortgelten. Dies ergibt sich bereits aus der Bindungswirkung der Verwaltungsakte zusammen mit der Tatsache, dass § 2 PaPkG keine rückwirkende Regelung enthält. Aus diesem Grund gilt die in § 8 Satz 1 PrKV enthaltene Regelung über dessen Wortlaut hinaus ebenso für Versagungsbescheide und Negativatteste[50]. Das Gleiche gilt – auch wenn § 8 Satz 1 PrKV dies ebenfalls nicht erwähnt – für Genehmigungen, die nicht aufgrund § 3 WährG erteilt wurden, sondern aufgrund einer der beiden inhaltsgleichen Vorschriften (Nr. 2c BerlWährVO und Art. 3 der Anl. I zum StaatsV[51]).

Gemäß § 8 Satz 2 PrKV wurden die am 31. Dezember 1998 noch nicht erledigten Genehmigungsverfahren auf das Bundesamt für Wirtschaft und Ausfuhrkontrolle übergeleitet. Diese Behörde sollte nunmehr gemäß § 8 Satz 3 PrKV auch in den Fällen nach der Preisklauselverordnung entscheiden, in denen Genehmigungsanträge nach dem 31. Dezember 1998 gestellt werden, auch wenn sie sich auf früher geschlossene Verträge bezogen. § 8 Satz 3 PrKV betrifft aber nur Anträge, die nach dem 31. Dezember 1998 gestellt wurden, und § 8 Satz 2 PrKV besagt lediglich, dass die zu diesem Zeitpunkt noch nicht erledigten Genehmigungsanträge auf das Bundesamt übergeleitet werden. § 8 PrKV regelt nicht ausdrücklich, nach welchen Vorschriften die Behörde die übergeleiteten Fälle entscheiden soll. Da es an einer entsprechenden Übergangsregelung fehlt, ist hier davon auszugehen, dass die Verwaltung das geltende Recht anzuwenden hat[52]. § 8 Satz 3 PrKV kann dieses Ergebnis nur stützen, da die neue Regelung auch dort auf „Altverträge" angewandt werden soll. Soweit die Prüfung ergibt, dass eine Klausel zwar gegen § 3 Satz 2 WährG verstoßen hätte, nicht aber gegen § 2 Abs. 1 PaPkG verstößt, ist die Klausel nunmehr voll wirksam.

---

fuhramt vom 21.12.2000 (BGBl. I, S. 1956 ff., 1963) wurden §§ 7 und 8 PrKV entsprechend angepasst.

49 Siehe Kap. IX 1. a).

50 Im Ergebnis ebenso *Rademacher,* ZMR 1999, S. 218 ff., 220; *Vogler,* NJW 1999, S. 1236 ff., 1238.

51 Siehe hierzu Kap. I 4. a) und Kap. I 7.

52 *Rademacher,* ZMR 1999, S. 218 ff., 221.

Kapitel IX

Genehmigung und Genehmigungsverfahren bei § 2 PaPkG

1. Genehmigung und Negativattest

a) Zuständigkeit

Der Gesetzgeber hat die Zuständigkeit für die Genehmigung von Ausnahmen vom Wertsicherungsverbot in § 2 Abs. 1 Satz 2 PaPkG dem Bundesministerium für Wirtschaft zugewiesen. In Abs. 2 Nr. 3 der Vorschrift hat er zugleich die Bundesregierung ermächtigt, die Genehmigungszuständigkeit auf eine andere Bundesbehörde zu übertragen[1]. Gemäß § 7 PrKV ist nunmehr ausschließlich das Bundesamt für Wirtschaft und Ausfuhrkontrolle (BAFA)[2] zuständig. Anträge auf Genehmigung einer Wertsicherungsklausel sind daher seit dem 1. Januar 1999 (§ 8 PrKV) an diese Behörde[3] zu richten.

Die Genehmigung kann von jeder der beteiligten Vertragsparteien beantragt werden[4]. Es genügt ein formloser Antrag, dem eine Kopie des vollständigen, von den Parteien unterschriebenen Vertrages beizufügen ist, der die Wertsicherungsklausel enthält[5]. Dem Bundesamt können auch Vertragsentwürfe zur wertsicherungsrechtlichen Begutachtung übergeben werden. Bestehen aus Sicht der Behörde Bedenken, weist es den Antragsteller darauf hin. Anderenfalls stellt es die Genehmigung oder ein Negativattest für den Fall in Aussicht, dass ein dem

---

[1] Siehe Kap. VIII 2. g).

[2] Zunächst hieß die gemäß § 7 PrKV zuständige Behörde „Bundesamt für Wirtschaft". Nach der Zusammenlegung mit dem Bundesausfuhramt wurde § 7 PrKV durch Art. 41 Nr. 2 des Gesetzes über die Zusammenlegung des Bundesamtes für Wirtschaft mit dem Bundesausfuhramt vom 21.12.2000, BGBl. I, S. 1956 ff., 1963, entsprechend angepasst.

[3] Bundesamt für Wirtschaft und Ausfuhrkontrolle (BAFA), Postfach 5160, Frankfurter Straße 29–35, 65760 Eschborn, Tel.: (06196) 908-0, Fax: (06196) 908-800, www.bafa.de.

[4] So schon zu § 3 S. 2 WährG, s. *Berndt,* Die Wertsicherung in der Unternehmung, S. 36; Staudinger-*K. Schmidt,* Vorbem zu §§ 244 ff, Rdnr. D 319; *Dürkes,* Wertsicherungsklauseln, H Rdnr. 1; *Fögen,* BB 1958, S. 1259 ff., 1266; *Samm/Hafke,* Grundbesitz und Wertsicherungsklauseln, S. 95.

[5] Bundesamt für Wirtschaft und Ausfuhrkontrolle, siehe www.bafa.de/1/de/ (Service, FAQ zur Indexierungskontrolle).

Entwurf entsprechender, von den Parteien unterzeichneter Vertrag zur Bescheidung vorgelegt wird[6]. Das Bundesamt erhebt für das Genehmigungsverfahren keine Gebühren[7].

Bis Ende des Jahres 1998 lag die Zuständigkeit für die Erteilung der Genehmigungen nach § 3 Satz 2 WährG gemäß § 3 Satz 1 WährG i.V.m. § 49 Abs. 2 AWG bei der Deutschen Bundesbank. Diese handelte dabei regelmäßig durch ihre Landeszentralbanken[8] (vgl. § 8 Abs. 2 BBankG und Nr. 8 der Genehmigungsgrundsätze der Bundesbank[9]).

§ 8 PrKV enthält diejenigen Regelungen und Klarstellungen, die erforderlich sind, wenn nicht nur eine alte Norm durch eine neue ersetzt wird, sondern zugleich die Zuständigkeit für die Erteilung von Genehmigungen auf eine andere Behörde übergeht. Hierzu siehe im Einzelnen oben Kap. VIII 2. g).

b) Einzel- und Sammelgenehmigung, Allgemeinverfügung

Eine Ausnahme vom Wertsicherungsverbot kommt gemäß § 2 Abs. 1 Satz 2 PaPkG nur dann in Betracht, wenn Zahlungen langfristig zu erbringen sind oder besondere Gründe des Wettbewerbs eine Wertsicherung rechtfertigen und die Preisklausel nicht eine der Vertragsparteien unangemessen benachteiligt. Diese Voraussetzungen kann die Genehmigungsbehörde nur prüfen, wenn ihr zumindest der gesamte Vertrag vorgelegt wird, in dem die Wertsicherungsklausel enthalten ist. Daher ist – wie schon bei § 3 Satz 2 WährG[10] – nicht etwa die abstrakte Wertsicherungsklausel Gegenstand des Genehmigungsverfahrens, sondern deren Verwendung in einem bestimmten, genau umrissenen Sachverhalt.

Die Genehmigung ist ein Verwaltungsakt i.S.d. § 35 Satz 1 VwVfG. Ein solcher ist privatrechtsgestaltend, wenn er ein konkretes privatrechtliches Rechtsverhältnis begründet, verändert oder beseitigt[11]. Das ist namentlich der Fall,

---

6 Bundesamt für Wirtschaft und Ausfuhrkontrolle, siehe www.bafa.de/1/de/ (Service, FAQ zur Indexierungskontrolle). Die zuvor zuständige Bundesbank genehmigte auch Anträge, die vor der Annahme des Angebots gestellt wurden, s. Staudinger-*K. Schmidt,* Vorbem zu §§ 244 ff, Rdnr. D 266.

7 Bundesamt für Wirtschaft und Ausfuhrkontrolle, siehe www.bafa.de/1/de/ (Service, FAQ zur Indexierungskontrolle).

8 *Gramlich,* BBankG, § 3 WährG Rdnr. 16; *Hahn,* Währungsrecht, § 8 Rdnr. 41; *Berndt,* Die Wertsicherung in der Unternehmung, S. 30; *Dürkes,* Wertsicherungsklauseln, B Rdnr. 72; *Samm/Hafke,* Grundbesitz und Wertsicherungsklauseln, S. 96; *Reithmann,* DNotZ 1960, S. 172 ff., 194.

9 Siehe oben Kap. VIII 1. b). Gemäß Nr. 8 der Grundsätze waren die Genehmigungsanträge bei der zuständigen Landeszentralbank einzureichen.

10 *Samm/Hafke,* Grundbesitz und Wertsicherungsklauseln, S. 99.

11 *Maurer,* Allgemeines Verwaltungsrecht, § 9 Rdnr. 45; *Ule/Laubinger,* Verwaltungsverfahrensrecht, § 48 Rdnr. 17; Erichsen-*Erichsen,* Allgemeines Verwaltungsrecht, § 12 Rdnr. 21; *Wolff/Bachof/Stober,* Verwaltungsrecht, Bd. 2, § 46 Rdnr. 5;

wenn die Rechtswirksamkeit eines privatrechtlichen Rechtsgeschäfts von einer Genehmigung abhängig gemacht wird[12]. Soweit keine anderen Wirksamkeitshemmnisse bestehen, wird eine genehmigungsbedürftige Wertsicherungsklausel erst wirksam, wenn die Genehmigung erteilt wird (s. Kap. IX 1 e aa). Die Genehmigung einer Wertsicherungsklausel ist deshalb ein privatrechtsgestaltender Verwaltungsakt[13]. Sie kann unter den Voraussetzungen des § 36 VwVfG mit einer Nebenbestimmung versehen werden[14].

Da es an einer entsprechenden gesetzlichen Bestimmung fehlt (wie z.B. §§ 75 Abs. 1 VwVfG, 13 BImSchG[15]), umfasst diese Genehmigung allein die Befreiung vom Verbot des § 2 Abs. 1 Satz 1 PaPkG. Es besteht keine Konzentrationswirkung, die andere an sich erforderliche öffentlich-rechtliche Genehmigungen einschließen würde. Die Genehmigung nach § 2 Abs. 1 Satz 2 PaPkG ersetzt daher keine Genehmigungen, die eine andere Behörde aufgrund einer anderen Rechtsgrundlage erteilen kann.

Wie zuvor die Bundesbank[16], erteilt auch das Bundesamt für Wirtschaft und Ausfuhrkontrolle die Genehmigung nicht nur als Einzelgenehmigung, sondern auch als Sammelgenehmigung, wenn die Verwender dies beantragen. Mit einer solchen Sammelgenehmigung[17] bezieht es bei gleichartigen Verträgen in immer gleichen Fallgestaltungen mit sich ständig wiederholenden, gleichlautenden Wertsicherungsklauseln auch künftige, noch abzuschließende Verträge mit ein. Diese Sammelgenehmigungen werden aber regelmäßig mit einer Befristung versehen, die – abweichend von der Praxis der Bundesbank (Jahresfrist) – drei Jahre beträgt, da nach Einschätzung des Bundesamtes ein derartiger Zeitraum preis- und stabilitätspolitisch vertretbar sei und dem Anliegen der Antragsteller entgegenkomme[18]. Während die Bundesbank die Sammelgenehmigungen noch mit einem Widerrufsvorbehalt versah, um sofort auf währungspolitische Verän-

---

Obermayer-*Janßen,* VwVfG, § 35 Rdnr. 28; Meyer/Borgs-*Meyer,* VwVfG, § 35 Rdnr. 30; Stelkens/Bonk/Sachs-*Stelkens,* VwVfG, § 35 Rdnr. 140.

[12] *Ipsen,* Allgemeines Verwaltungsrecht, Rdnr. 390.

[13] Bamberger/Roth-*Grothe,* § 244 Rdnr. 19. So schon zur Genehmigung gemäß § 3 Satz 2 WährG: *Wolff/Bachof/Stober,* Verwaltungsrecht, Bd. 1, § 46 Rdnr. 5; *Grothe,* Fremdwährungsverbindlichkeiten, S. 278; Staudinger-*K. Schmidt,* Vorbem zu §§ 244 ff, Rdnr. D 336; *Samm/Hafke,* Grundbesitz und Wertsicherungsklauseln, S. 101.

[14] Vgl. hierzu Stelkens/Bonk/Sachs-*Stelkens,* VwVfG, § 36 Rdnr. 62.

[15] Siehe *Peine,* Öffentliches Baurecht, Rdnr. 1213; *Finkelnburg/Ortloff,* Öffentliches Baurecht II, S. 95; *Oberrath,* Öffentliches Wirtschaftsrecht, S. 300.

[16] *Hahn* Währungsrecht, § 8 Rdnr. 42; *K. Schmidt,* ZIP 1983, S. 639 ff., 642; *Fögen,* Geld- und Währungsrecht, S. 153; *Samm/Hafke,* Grundbesitz und Wertsicherungsklauseln, S. 99; *Dürkes,* Wertsicherungsklauseln, B Rdnr. 74 u. H Rdnr. 7; *Szagunn,* BB 1955, S. 969 ff., 973; Staudinger-*Weber,* § 244 Rdnr. 332; *Gramlich,* BBankG, § 3 WährG Rdnr. 49.

[17] Diese werden ausdrücklich als „Sammelgenehmigung" bezeichnet (s. die folgende Fn.). Kritisch zum Begriff des Sammelverwaltungsaktes Stelkens/Bonk/Sachs-*Stelkens,* VwVfG, § 35 Rdnr. 205.

derungen reagieren zu können[19], enthalten die Sammelgenehmigungen des Bundesamtes keinen solchen Vorbehalt mehr. Als Begründung wird angegeben, dass schon die Bundesbank nur sehr selten von der Möglichkeit des Widerrufs Gebrauch gemacht habe, die Voraussetzungen eines Widerrufs – veränderte preis- und stabilitätspolitische Rahmenbedingungen – schwierig zu formulieren seien und dies zu überflüssigen Verunsicherungen bei den Antragstellern führe[20].

Sammelgenehmigungen haben den Vorteil, dass das Bundesamt nicht in jedem Einzelfall ein Genehmigungsverfahren durchführen muss. Der Adressat der Sammelgenehmigung braucht nicht ständig einen neuen Antrag stellen. Die daraufhin in den Verträgen vereinbarten Wertsicherungsklauseln werden sofort wirksam, wenn sie in Übereinstimmung mit dem von der Sammelgenehmigung bezeichneten Sachverhalt stehen[21].

Gemäß § 35 Satz 2 VwVfG kann ein Verwaltungsakt auch als Allgemeinverfügung ergehen, wenn er sich an einen nach allgemeinen Merkmalen bestimmten oder bestimmbaren Personenkreis richtet. Auch eine solche Allgemeinverfügung kann das Bundesamt erteilen. Damit würde nicht etwa die Genehmigungsbedürftigkeit von Wertsicherungsklauseln nach § 2 Abs. 1 PaPkG beseitigt. Für einen bestimmten bzw. bestimmbaren Personenkreis würde die Genehmigungsbedürftigkeit für einen festgelegten Fall lediglich eine Genehmigung und nicht den Wegfall der Genehmigungspflicht bedeuten. Bei einer Allgemeinverfügung handelt es sich damit um einen zulässigen Vollzug des § 2 Abs. 1 Satz 2 PaPkG[22].

Verwehrt ist dem Bundesamt für Wirtschaft und Ausfuhrkontrolle dagegen der Erlass von Rechtsverordnungen, weil es hierzu weder durch § 2 Abs. 2 PaPkG noch durch eine andere Norm ermächtigt wird.

---

[18] Diese sowie die folgenden Informationen über die Genehmigungspraxis des Bundesamtes für Wirtschaft und Ausfuhrkontrolle (BAFA) habe ich der freundlichen und ausführlichen Antwort des Mitarbeiters des Referats III 6 der BAFA, Herrn *Barowski,* auf meine Fragen entnommen.

[19] *Hahn* Währungsrecht, § 8 Rdnr. 42; *K. Schmidt,* ZIP 1983, S. 639 ff., 642; *Fögen,* Geld- und Währungsrecht, S. 153; *Samm/Hafke,* Grundbesitz und Wertsicherungsklauseln, S. 99; *Dürkes,* Wertsicherungsklauseln, B Rdnr. 74 u. H Rdnr. 7; *Szagunn,* BB 1955, S. 969 ff., 973; Staudinger-*Weber,* § 244 Rdnr. 332; *Gramlich,* BBankG, § 3 WährG Rdnr. 49.

[20] Siehe Fn. 18.

[21] *Samm/Hafke,* Grundbesitz und Wertsicherungsklauseln, S. 99.

[22] So schon zu § 3 Satz 2 WährG: *Fögen,* Geld- und Währungsrecht, S. 153; wohl auch *Grothe,* Fremdwährungsverbindlichkeiten, S. 275 f. (bezogen auf die Genehmigung nach § 3 Satz 1 WährG, die aber nicht anders zu beurteilen ist als die nach Satz 2) und *K. Schmidt,* ZIP 1983, S. 639 ff., 642 f.

c) Ausnahme von der Genehmigungspflicht, Genehmigungsfiktion

Die Preisklauselverordnung enthält einige Vorschriften, die – abweichend von der vorherigen Rechtslage – eine Genehmigung ausschließen.

Gemäß dem teilweise rechtswidrigen § 1 Nr. 4 PrKV[23] soll § 2 Abs. 1 Satz 1 PaPkG nicht für Klauseln in Erbbaurechtsbestellungsverträgen und Erbbauzinsreallasten gelten, die eine Laufzeit von mindestens 30 Jahren haben. Solche Klauseln fielen weder aus dem Wertsicherungsverbot des § 3 Satz 2 WährG heraus, noch fallen sie unmittelbar aus dem neuen Verbot heraus, denn in § 2 Abs. 1 PaPkG sind weder Klauseln in Verträgen mit dreißigjähriger Laufzeit noch solche in Erbbaurechtsbestellungsverträgen oder Erbbauzinsreallasten ausgenommen. Soweit also die übrigen Voraussetzungen des § 2 Abs. 1 PaPkG erfüllt sind, wären die in § 1 Nr. 4 PrKV genannten Klauseln vom Wertsicherungsverbot erfasst. Sie bedürften daher ohne die Regelung in der PrKV einer Genehmigung nach § 2 Abs. 1 PaPkG.

Solange § 1 Nr. 4 PrKV nicht aufgehoben ist, bedürfen die Vertragsparteien, die eine solche Klausel vereinbart haben, keiner Genehmigung durch das Bundesamt. Wegen der Bedenken gegen die Rechtmäßigkeit des § 1 Nr. 4 PrKV sollte man sich allerdings – nicht nur in Zweifelsfällen – ein Negativattest[24] ausstellen lassen.

Ein Genehmigungsantrag ist ebenfalls entbehrlich, wenn die Beteiligten eine Klausel vereinbart haben, die den Voraussetzungen des § 4 Abs. 1 PrKV entspricht. Ist das der Fall, gilt sie gemäß § 4 Abs. 1 als genehmigt. In Zweifelsfällen können sie ein Negativattest[25] beantragen.

Hinzu kommt, dass § 2 Abs. 1 Satz 3 PaPkG in Verbindung mit § 6 PrKV den Geld- und Kapitalverkehr nach neuem Recht vom Wertsicherungsverbot ausnimmt[26]. Hier können die Beteiligten ebenfalls ein Negativattest[27] beantragen, wenn sie sicher gehen wollen, dass ihr Fall dieser Ausnahmegruppe angehört.

d) Genehmigungsversagung und Anhörung

Einen Verwaltungsakt im Sinne des § 35 Satz 1 VwVfG stellt auch die Versagung der Genehmigung dar[28]. Als § 3 Satz 2 WährG noch galt, erließ die damals zuständige Bundesbank, wenn sie eine Wertsicherungsklausel für nicht

[23] Siehe Kap. VIII 2. a) bb).
[24] Siehe Kap. IX 1. f).
[25] Siehe Kap. IX 1. f).
[26] Siehe Kap. VI 9. und VIII 2. f).
[27] Siehe Kap. IX 1. f).

genehmigungsfähig hielt, einen ablehnenden Bescheid in der Regel erst, nachdem sie den Beteiligten Gelegenheit zur Neufassung der Klausel gegeben hatte und diese trotz der ihnen mitgeteilten Bedenken weiter an ihr festhielten[29]. Diese Mitteilung enthielt noch keine Entscheidung darüber, ob dem Antrag schließlich eine Genehmigung oder Ablehnung folgen sollte, so dass es sich dabei um eine bloße Rechtsauskunft[30] und nicht um einen Verwaltungsakt handelte. Sie stellt im Ergebnis nichts anderes dar als die Mitteilung von Bedenken im Rahmen einer gemäß § 28 Abs. 1 VwVfG erfolgenden Anhörung. Neben der Gelegenheit, die Klausel neu zu fassen, wurde den Betroffenen hierdurch die Möglichkeit gegeben, sich im Sinne von § 28 Abs. 1 VwVfG zu den für die Entscheidung erheblichen Tatsachen zu äußern.

Bevor das Bundesamt für Wirtschaft und Ausfuhrkontrolle einen Genehmigungsantrag ablehnt, gibt es den Vertragsparteien gemäß § 28 VwVfG Gelegenheit, Stellung zu nehmen[31]. Anders als die Bundesbank weist es nicht ausdrücklich auf die Möglichkeit einer Vertragsänderung hin, erlässt einen Ablehnungsbescheid jedoch ebenfalls erst, wenn die Vertragsparteien an der beanstandeten Wertsicherungsklausel festhalten wollen[32]. Dass hierbei jeweils keine „Anhörung" im wörtlichen Sinne erfolgt, da sich der Betroffene grundsätzlich nur schriftlich, nicht aber mündlich äußern kann, bedeutet keinen Verstoß gegen § 28 Abs. 1 VwVfG. Selbst wenn hier eine Anhörungspflicht des Bundesamtes bestünde (s.u.), wird durch diese Vorschrift keine bestimmte Form der Anhörung vorgeschrieben[33]. Die Art und Weise der Anhörung steht grundsätzlich im Ermessen der Behörde, muss also nicht notwendig mündlich, sondern kann auch schriftlich erfolgen[34]. Unerheblich ist ferner, ob das Bundesamt in seiner Mitteilung ausdrücklich deutlich macht, dass sich der Antragsteller zur Sache äußern kann, denn eine Behörde ist unter dem Gesichtspunkt des rechtlichen Gehörs

---

[28] Vgl. BVerwGE 4, S. 298 ff., 299; E 25, S. 357 ff., 358; *K. Schmidt,* ZIP 1983, S. 639 ff., 643; Staudinger-*K. Schmidt,* Vorbem zu §§ 244 ff, Rdnr. D 317; *Fögen,* Geld- und Währungsrecht, S. 153; *Berndt,* Die Wertsicherung in der Unternehmung, S. 36 f.

[29] *Dürkes,* Wertsicherungsklauseln, H Rdnr. 11, B Rdnr. 1; *Hahn,* Währungsrecht, § 8 Rdnr. 43; *Berndt,* Die Wertsicherung in der Unternehmung, S. 36; *Fögen,* BB 1958, S. 1259 ff., 1266 f.; *Samm/Hafke,* Grundbesitz und Wertsicherungsklauseln, S. 101 f.; Staudinger-*Weber,* § 244 Rdnr. 332.

[30] BGH BB 1973, S. 1798 ff., 1499 („lediglich eine ... Rechtsbelehrung"); BGH, NJW 1967, S. 830 f., 830 („lediglich ein Ratschlag"); *Dürkes,* Wertsicherungsklauseln, H Rdnr. 11.

[31] Siehe Fn. 18.

[32] Siehe Fn. 18.

[33] Vgl. *Kopp/Ramsauer,* VwVfG, § 28 Rdnr. 39; Stelkens/Bonk/Sachs-*Bonk/Kallerhoff,* VwVfG, § 28 Rdnr. 46.

[34] BVerwGE 20, S. 160 ff., 166; Erichsen-*Badura,* Allgemeines Verwaltungsrecht, § 37 Rdnr. 14; Stelkens/Bonk/Sachs-*Bonk/Kallerhoff,* VwVfG, § 28 Rdnr. 46; *Kopp/Ramsauer,* VwVfG, § 28 Rdnr. 39.

grundsätzlich nicht verpflichtet, die Beteiligten zur Äußerung aufzufordern oder sie auch nur auf die Möglichkeit zu Äußerungen zur Sache hinzuweisen[35]. Abgesehen von Ausnahmefällen – wie dem, dass der Behörde erkennbar ist, dass einem Beteiligten das Recht auf Anhörung nicht bekannt ist –, besteht daher keine Pflicht der Behörde, über die Äußerungsmöglichkeit zu belehren. Sie genügt ihrer Pflicht zur Gewährung rechtlichen Gehörs selbst bei sonstigen Betroffenen regelmäßig dadurch, dass ihnen eine Mitteilung über die Eröffnung des Verfahrens, in dem sie Beteiligte sind, gegeben wird bzw. mit der Hinzuziehung zu diesem Verfahren[36].

aa) Erforderlichkeit der Anhörung

Gemäß § 28 Abs. 1 VwVfG muss das Bundesamt den Beteiligten grundsätzlich (vgl. die Ausnahmen in § 28 Abs. 2 und 3 VwVfG) nur dann Gelegenheit geben, sich zu den für die Entscheidung erheblichen Tatsachen zu äußern, wenn der Verwaltungsakt in deren Rechte eingreift. Da eine antragsgemäße Genehmigung nicht in die Rechte der Beteiligten eingreifen kann, kann sie ohne Anhörung erfolgen[37].

Nichts anderes gilt, wenn die Behörde die Genehmigung nicht erteilen will. Denn ein Verwaltungsakt greift nur dann im Sinne des § 28 Abs. 1 VwVfG in die Rechte eines Beteiligten ein, wenn durch ihn die bisherige Rechtsstellung des Beteiligten zu seinem Nachteil verändert wird, wenn also dessen status quo in einen status quo minus verwandelt wird[38]. Es wird nicht in die Rechte des Beteiligten eingegriffen, wenn der Erlass eines Verwaltungsakts abgelehnt wird, der eine noch nicht bestehende Rechtsposition erst gewähren soll[39]. Bei § 2 Abs. 1 PaPkG handelt es sich nicht um ein präventives Verbot mit Erlaubnisvorbehalt. Ein solches würde dem Antragsteller – soweit seinem Vorhaben keine Vorschriften des materiellen Rechts entgegenstehen – einen Anspruch auf eine Erlaubnis geben, so dass in seine Rechte eingegriffen würde, wenn ihm diese versagt wird.

---

[35] VGH Kassel, NVwZ-RR 1989, S. 137 f., 137; *Kopp/Ramsauer,* VwVfG, § 28 Rdnr. 20.

[36] Vgl. *Kopp/Ramsauer,* VwVfG, § 28 Rdnr. 20 f.

[37] Vgl. Staudinger-*K. Schmidt,* Vorbem zu §§ 244 ff, Rdnr. D 320; Obermayer-*Riedl,* VwVfG, § 13 Rdnr. 46.

[38] BVerwGE 66, S. 184 ff., 186; Stelkens/Bonk/Sachs-*Bonk/Kallerhoff,* VwVfG, § 28 Rdnr. 26; Knack-*Clausen,* VwVfG, § 28 Rdnr. 5.

[39] BVerwGE 66, S. 184 ff., 186; Knack-*Clausen,* VwVfG, § 28 Rdnr. 6; Stelkens/Bonk/Sachs-*Bonk/Kallerhoff,* VwVfG, § 28 Rdnr. 27 f.; *Weides,* JA 1984, S. 648 ff., 652; *Stein,* VR 1997, S. 238 ff., 238; für den hier vorliegenden Fall der Verweigerung einer Befreiung (einer Ausnahmebewilligung) auch Obermayer-*Grünewald,* VwVfG, § 28 Rdnr. 13.

§ 2 Abs. 1 PaPkG enthält ein repressives Verbot mit Befreiungsvorbehalt, das die Vereinbarung von Wertsicherungsklauseln generell verbietet. Nur für besonders gelagerte Ausnahmetatbestände ermöglicht das Gesetz eine Befreiung von diesem Verbot und stellt diese in das Ermessen der Behörde[40]. In Fällen dieser Art hat der Antragsteller keinen Anspruch auf eine bestimmte Ermessensentscheidung[41]. Ein Anspruch auf eine Befreiung kann allenfalls dann in Betracht kommen, wenn die Versagung der Befreiung eine unverhältnismäßige Grundrechtsbeschränkung bedeuten würde[42]. Da dem Antragsteller mehrere genehmigungsfreie Wertsicherungsmöglichkeiten zur Verfügung stehen, ist aber nicht ersichtlich, dass Grundrechte unverhältnismäßig beschränkt sein können, wenn einem Antragsteller eine bestimmte Wertsicherungsklausel versagt wird.

Da der Antragsteller im Fall des § 2 Abs. 1 PaPkG keinen Anspruch auf Erteilung einer Befreiung hat, wird dadurch, dass die Genehmigung versagt wird, in dessen Rechtsbestand gar nicht eingegriffen, denn die Genehmigung soll die Rechtsposition erst gewähren. Hier erstrebt der Beteiligte zusätzliche Rechte.

Hiergegen wird zwar vorgebracht, dass dem Zweck der Regelung und ihrem rechtsstaatlichen Gehalt entsprechend auch die Ablehnung eines Antrages auf Erlass eines begünstigenden Verwaltungsakts als Eingriff im Sinne von § 28 Abs. 1 VwVfG angesehen werden müsse. Die Frage, ob das mit dem Antrag geltend gemachte Recht tatsächlich besteht, werde erst in dem Verfahren geklärt[43]. Diese Ansicht entspricht aber nicht dem Wortlaut des § 28 Abs. 1 VwVfG. Diese Vorschrift erfasst – anders als noch in ihrer Entwurfsfassung[44] – nicht mehr ausdrücklich auch den Fall der Ablehnung eines Antrages. Vielmehr schrieb schon die damalige Bundesregierung in ihrer Gesetzesbegründung, dass ein die Anhörungspflicht auslösender Eingriff in die Rechte eines Beteiligten nur dann vorliege, wenn der vorhandene Rechtskreis des Beteiligten durch die Verwaltungsentscheidung beeinträchtigt werde, nicht jedoch schon dann, wenn die Entscheidung erst eine Rechtsposition gewähren soll[45]. Zwar lässt sich die Verpflichtung der Verwaltung, rechtliches Gehör zu gewähren, bereits aus dem Rechtsstaatsprinzip[46] und dem Grundsatz der Gesetzmäßigkeit der Verwaltung[47] ableiten[48], so dass § 28 VwVfG das Recht auf Gehör nicht begründet, sondern

---

40 Siehe Kap. IV 2. b).

41 *Wolff/Bachof/Stober,* Verwaltungsrecht, Bd. 1, § 31 Rdnr. 54; Erichsen-*Ossenbühl,* Allgemeines Verwaltungsrecht, § 10 Rdnr. 22.

42 *Wolff/Bachof/Stober,* Verwaltungsrecht Bd. 2, § 46 Rdnr. 46 m.w.N.

43 *Ule/Laubinger,* Verwaltungsverfahrensrecht, § 24 Rdnr. 2; Meyer/Borgs-*Borgs,* VwVfG, § 28 Rdnr. 9; Erichsen-*Badura,* Allgemeines Verwaltungsrecht, § 37 Rdnr. 15. Beschränkt auf grundrechtsrelevante Verbote mit Erlaubnisvorbehalt auch *Wolff/Bachof/Stober,* Verwaltungsrecht Bd. 2, § 60 Rdnr. 65. Konkret auf § 3 Satz 2 WährG bezogen, i.E. wohl auch Staudinger-*K. Schmidt,* Vorbem zu §§ 244 ff, Rdnr. D 320.

44 Dazu siehe Stelkens/Bonk/Sachs-*Bonk/Kallerhoff,* VwVfG, § 28 Rdnr. 28; *Wolff/Bachof/Stober,* Verwaltungsrecht Bd. 2, § 60 Rdnr. 64.

45 RegE, BT-Drucks. 7/910, S. 51 (§ 24 Abs. 1).

lediglich den Umfang dieses Rechts festlegt[49]. Der Gesetzgeber hat sich indes bewusst dafür entschieden, nicht jeden belastenden Verwaltungsakt mit einer Anhörungspflicht zu verbinden, sondern nur solche, die in Rechte eines Beteiligten eingreifen; es fehlt damit an einer Gleichsetzung von „belastenden" und „eingreifenden" Verwaltungsakten[50]. § 28 VwVfG gilt daher nur für solche belastenden Verwaltungsakte, mit denen die Behörde in die Rechtssphäre des Bürgers eingreift und gegen die dieser mit einer Anfechtungsklage vorgehen kann; muss er seine Rechte dagegen durch Verpflichtungs- oder allgemeine Leistungsklage geltend machen, hat er regelmäßig bei der Antragstellung bereits ausreichend Gelegenheit, alle für die Genehmigung erheblichen Tatsachen vorzubringen, so dass eine nochmalige Anhörung vor der Ablehnung nicht geboten ist[51]. Dagegen spricht auch nicht, dass gemäß § 28 Abs. 2 Nr. 3 VwVfG von der Anhörung abgesehen werden kann, wenn von den Angaben eines Beteiligten, die dieser in einem *Antrag* gemacht hat, nicht zu seinem Ungunsten abgewichen werden soll[52], denn damit ist nicht *jeder* Antrag gemeint. Aus der Auslegung des § 28 Abs. 1 VwVfG ergibt sich vielmehr, dass § 28 Abs. 2 Nr. 3 VwVfG nur die Anträge auf Erteilung einer Erlaubnis bei präventiven Verbotsnormen mit Erlaubnisvorbehalt erfasst, bei denen der Anspruchsteller einen Anspruch auf eine Erlaubnis haben kann. Konsequenterweise genügt auch das allgemeine subjektiv-öffentliche Recht auf fehlerfreie Ermessensausübung[53] nicht als Bezugspunkt für § 28 Abs. 1 VwVfG, da anderenfalls alle Ermessensentscheidungen zur Anhörungspflicht führen würden, unabhängig davon, ob sie in materielle Rechte eingreifen oder nicht[54].

Ein Anspruch auf eine Genehmigung kann allerdings gegeben sein, wenn sich die Behörde selbst gebunden hat. Über das Gleichbehandlungsgebot aus Art. 3 Abs. 1 GG kann eine Behörde bei einer längeren, gleichmäßigen und allgemein geübten Verwaltungspraxis derart gebunden sein, dass sie nur noch bei Vorliegen besonderer Gründe oder nach Änderung wesentlicher Umstände

---

[46] Erichsen-*Badura,* Allgemeines Verwaltungsrecht, § 37 Rdnr. 13; Knack-*Clausen,* VwVfG, § 28 Rdnr. 3; *Ipsen,* Allgemeines Verwaltungsrecht, Rdnr. 927.

[47] *Ule/Laubinger,* Verwaltungsverfahrensrecht, § 1 Rdnr. 7 f.

[48] Stelkens/Bonk/Sachs-*Bonk/Kallerhoff,* VwVfG, § 28 Rdnr. 2 f.

[49] Knack-*Clausen,* VwVfG, § 28 Rdnr. 3.

[50] Stelkens/Bonk/Sachs-*Bonk/Kallerhoff,* VwVfG, § 28 Rdnr. 27; Knack-*Clausen,* VwVfG, § 28 Rdnr. 6.

[51] BVerwGE 66, S. 184 ff., 186; Stelkens/Bonk/Sachs-*Bonk/Kallerhoff,* VwVfG, § 28 Rdnr. 27.

[52] So aber *Kopp/Ramsauer,* VwVfG, § 28 Rdnr. 27; Meyer/Borgs-*Borgs,* VwVfG, § 28 Rdnr. 9.

[53] Siehe hierzu z. B. Erichsen-*Ossenbühl,* Allgemeines Verwaltungsrecht, § 10 Rdnr. 22; *Wolff/Bachof/Stober,* Verwaltungsrecht, Bd. 1, § 31 Rdnr. 54.

[54] So auch Knack-*Clausen,* VwVfG, § 28 Rdnr. 8; a. A. *Kopp/Ramsauer,* VwVfG, § 28 Rdnr. 26 b.

von ihrer Verwaltungspraxis abweichen darf[55]. Zu beachten ist jedoch, dass auch das Gleichbehandlungsgebot keinen Anspruch auf die Wiederholung von Fehlern geben kann[56]. Damit kann zumindest in den Fällen, in denen das Bundesamt in vergleichbaren Fällen die gleiche Wertsicherungsklausel immer genehmigt hat, ein Anspruch auf eine Genehmigung aus dieser Selbstbindung entstehen, soweit die zuvor erteilten Genehmigungen nicht rechtswidrig sind. Wird die Wertsicherungsklausel dennoch versagt, greift die Behörde in ein Recht der Beteiligten ein und hat ihnen daher zuvor Gelegenheit zur Stellungnahme zu geben.

Im Ergebnis bedarf es daher vor der Ablehnung eines Genehmigungsantrages grundsätzlich keiner Anhörung der Beteiligten durch das Bundesamt für Wirtschaft und Ausfuhrkontrolle. Nur wenn sich die Beteiligten auf das Gleichbehandlungsgebot berufen können, ist ihnen Gelegenheit zur Stellungnahme im Sinne des § 28 Abs. 1 VwVfG zu geben.

bb) Anspruch der nicht Antrag stellenden Vertragspartei auf Anhörung

Da das Bundesamt grundsätzlich nicht verpflichtet ist, die Beteiligten anzuhören, bevor es einen Genehmigungsantrag ablehnt, muss es, wenn nur eine der Vertragsparteien den Antrag stellt, keine der Vertragsparteien anhören. Gemäß § 28 Abs. 1 VwVfG ist ferner nur dann Gelegenheit zur Anhörung zu geben, bevor ein Verwaltungsakt erlassen wird, der in die Rechte eines *Beteiligten* eingreift. Die nicht Antrag stellende Vertragspartei muss daher Beteiligter sein[57]. Im Regelfall ist das Bundesamt für Wirtschaft und Ausfuhrkontrolle ohne Rechtsgrundlage zur Anhörung bereit[58]. Sollte die Behörde dies einmal mit der Begründung ablehnen, der Dritte, der angehört werden möchte, sei kein Beteiligter, muss dieser – soweit nicht ein Fall des § 13 Abs. 1 Nr. 1–2 VwVfG gegeben ist – zunächst seine Beiziehung nach § 13 Abs. 2 VwVfG geltend ma-

---

[55] *Ule/Laubinger,* Verwaltungsverfahrensrecht, § 55 Rdnr. 5; Erichsen-*Ossenbühl,* Allgemeines Verwaltungsrecht, § 10 Rdnr. 20; *Wolff/Bachof/Stober,* Verwaltungsrecht, Bd. 1, § 31 Rdnr. 50.

[56] *Wolff/Bachof/Stober,* Verwaltungsrecht Bd. 1, § 31 Rdnr. 50; Erichsen-*Ossenbühl,* Allgemeines Verwaltungsrecht, § 10 Rdnr. 20; *Ule/Laubinger,* Verwaltungsverfahrensrecht, § 55 Rdnr. 5.

[57] *Kopp/Ramsauer,* VwVfG, § 28 Rdnr. 22; Knack-*Clausen,* VwVfG, § 28 Rdnr. 8; Stelkens/Bonk/Sachs-*Bonk/Kallerhoff,* VwVfG, § 28 Rdnr. 30 f.; Obermayer-*Grünewald,* VwVfG, § 28 Rdnr. 14; *Weides,* JA 1984, S. 648 ff., 653.

[58] Siehe Fn. 18. Die Bundesbank, die in dem auf den Erlass einer Genehmigung gerichteten Verwaltungsverfahren an das VwVfG gebunden war (*Gramlich,* BBankG, § 3 WährG Rdnr. 50), führte in solchen Fällen keine gesonderte Anhörung der nicht Antrag stellenden Partei durch (*Fögen,* BB 1958, S. 1259 ff., 1266; *Dürkes,* Wertsicherungsklauseln, H Rdnr. 2). Bedenken dagegen: Staudinger-*K. Schmidt,* Vorbem zu §§ 244 ff, Rdnr. D 320.

chen[59]. Gemäß § 13 Abs. 2 Satz 2 VwVfG hat die Behörde auf Antrag diejenigen, für die der Ausgang des Verfahrens rechtsgestaltende Wirkung hat, als Beteiligten hinzuzuziehen. Dies kommt nur dann in Betracht, wenn der Ausgang des Verfahrens gleichzeitig und unmittelbar (uno actu) Rechte eines Dritten begründet, aufhebt oder verändert[60]. Hierbei genügt die Begründung, Aufhebung oder Veränderung eines privaten Rechts eines Dritten[61]. Bei der Genehmigungserteilung handelt es sich um einen privat-*rechtsgestaltenden* Verwaltungsakt. Da eine bestandskräftige Ablehnung des Genehmigungsantrages auch gegen die andere Vertragspartei wirkt[62], weil die vereinbarte Wertsicherungsklausel nicht wirksam wird, hat die Ablehnung auch ihr gegenüber rechtsgestaltende Wirkung. Das Bundesamt muss sie daher gemäß § 13 Abs. 2 Satz 2 VwVfG als Beteiligte zu dem Verfahren hinzuziehen, soweit sie einen entsprechenden Antrag stellt[63]. Um einen solchen Antrag überhaupt stellen zu können, schreibt § 13 Abs. 2 Satz 2 a. E. VwVfG der Behörde vor, dass sie den Dritten, soweit er ihr bekannt ist, von der Einleitung des Verfahrens zu benachrichtigen hat. Eine solche Benachrichtigung ist allerdings nicht erforderlich, wenn die Behörde davon ausgehen kann, dass der Dritte auf anderem Wege von der Einleitung des Verfahrens Kenntnis erhalten hat[64]. Da der Dritte Vertragspartner des Antragstellers und die Wertsicherungsklausel Bestandteil dieses Vertrages ist, weiß er im Regelfall, dass der Vertragspartner den Genehmigungsantrag stellt und damit das Verfahren beim Bundesamt einleitet. Im Regelfall muss die Behörde den Dritten daher nicht mehr von der Einleitung des Verfahrens in Kenntnis setzen.

Selbst wenn man der obigen Auffassung zur Anhörungspflicht nicht folgt und davon ausgeht, dass eine Anhörung des nicht Antrag stellenden Beteiligten erforderlich sei, entstehen dadurch in der Praxis kaum Probleme: Denn wenn sich beide Vertragsparteien der Genehmigungsbedürftigkeit bewusst sind, haben sie sich regelmäßig auch darüber geeinigt, wer den entsprechenden Antrag zu stellen hat. Soweit die eine Partei der anderen nicht ausdrücklich eine entsprechende Vollmacht erteilt hat, auch in deren Namen zu handeln, wird die still-

---

[59] Stelkens/Bonk/Sachs-*Bonk/Kallerhoff,* VwVfG, § 28 Rdnr. 32; Obermayer-*Grünewald,* VwVfG, § 28 Rdnr. 14.

[60] Knack-*Clausen,* VwVfG, § 13 Rdnr. 18; *Ule/Laubinger,* Verwaltungsverfahrensrecht, § 15 Rdnr. 17; Meyer/Borgs-*Borgs,* VwVfG, § 13 Rdnr. 10; nur Aufhebung oder nachteilige Veränderung von Rechten: Obermayer-*Riedl,* VwVfG, § 13 Rdnr. 46.

[61] Meyer/Borgs-*Borgs,* VwVfG, § 13 Rdnr. 10; Obermayer-*Riedl,* VwVfG, § 13 Rdnr. 46 (beschränkt auf die nachteilige Veränderung von Rechten).

[62] Vgl. Staudinger-*K. Schmidt,* Vorbem zu §§ 244 ff, Rdnr. D 320.

[63] So auch *Gramlich,* BBankG, § 3 WährG Rdnr. 50 und wohl auch Staudinger-*K. Schmidt,* Vorbem zu §§ 244 ff, Rdnr. D 320.

[64] Obermayer-*Riedl,* VwVfG, § 13 Rdnr. 53. Das Unterbleiben der Benachrichtigung hat ohnehin keine Folgen für das Verfahren, s. *Kopp/Ramsauer,* VwVfG, § 13 Rdnr. 46.

schweigende Erteilung einer Vollmacht[65] vorliegen. In solchen Fällen genügt es, den Antrag stellenden und bevollmächtigten Vertragspartner anzuhören[66], da hier nicht höchstpersönliche Rechte betroffen sind (vgl. § 14 Abs. 1 und Abs. 3 Satz 1 VwVfG). Ferner ist davon auszugehen, dass die Anhörung schon durch die Stellung des Antrages selbst erfolgt[67], denn hierbei nutzt der Antragsteller die Gelegenheit, sich zu den für die Entscheidung erheblichen Tatsachen zu äußern, indem er seinen Antrag begründet. Wenn die Behörde ihre ablehnende Entscheidung nur aufgrund von Tatsachen trifft, die der Antragsteller in seinem Antrag selbst vorgetragen hat, ist eine gesonderte Anhörung regelmäßig überflüssig (vgl. § 28 Abs. 2 Nr. 3 VwVfG)[68].

Damit hat der Antragsteller, regelmäßig zugleich als Bevollmächtigter auch für die andere Vertragspartei, bei der Stellung des Genehmigungsantrages Gelegenheit, sich zu den für die Entscheidung erheblichen Tatsachen zu äußern.

cc) Bekanntgabe

Die Entscheidung des Bundesamtes ist dem Antragsteller gemäß § 41 Abs. 1 Satz 1 VwVfG bekanntzugeben. Da § 41 Abs. 1 VwVfG die Bekanntgabe nur an Beteiligte vorsieht, bedarf es keiner Bekanntgabe gegenüber der nicht Antrag stellenden Vertragspartei, wenn diese nicht förmlich hinzugezogen worden ist[69]. Allerdings schließt § 41 VwVfG nicht aus, einen Verwaltungsakt auch Nichtbeteiligten gegenüber bekanntzugeben[70] oder zur Information zuzuschicken. Wurde die nicht Antrag stellende Vertragspartei hinzugezogen, so genügt die Bekanntgabe gegenüber dem Antragsteller, wenn dieser zugleich als Bevollmächtigter der nicht Antrag stellenden Partei handelte (§ 41 Abs. 1 Satz 2 VwVfG).

---

[65] *Samm/Hafke,* Grundbesitz und Wertsicherungsklauseln, S. 95.

[66] *Kopp/Ramsauer,* VwVfG, § 28 Rdnr. 23; Obermayer-*Grünewald,* VwVfG, § 28 Rdnr. 30; Stelkens/Bonk/Sachs-*Bonk/Kallerhoff,* VwVfG, § 28 Rdnr. 33.

[67] Meyer/Borgs-*Borgs,* VwVfG, § 28 Rdnr. 9; *Weides,* JA 1984, S. 648 ff., 652; Stelkens/Bonk/Sachs-*Bonk/Kallerhoff,* VwVfG, § 28 Rdnr. 27.

[68] *Weides,* JA 1984, S. 648 ff., 652 m.w.N.

[69] Vgl. Stelkens/Bonk/Sachs-*Stelkens,* VwVfG, § 41 Rdnr. 38. Anders aber noch zu § 3 S. 2 WährG: *Gramlich,* BBankG, § 3 WährG Rdnr. 50 und wohl auch Staudinger-*K. Schmidt,* Vorbem zu §§ 244 ff, Rdnr. D 320 (dieser beschränkt die Bekanntgabepflicht allerdings auf den Fall der Genehmigungsversagung, was wiederum nicht mit § 41 Abs. 1 VwVfG übereinstimmt, weil der Dritte auch von einer Genehmigung i.S. dieser Vorschrift „betroffen" wird).

[70] Stelkens/Bonk/Sachs-*Stelkens,* VwVfG, § 41 Rdnr. 38a.

e) Rechtsfolge der Genehmigung bzw. Genehmigungsversagung

Ist – wie es bei § 2 PaPkG der Fall ist – eine privatrechtsgestaltende öffentlich-rechtliche Genehmigung vorgesehen, ist ihr Erlass Rechtsbedingung für das Privatgeschäft[71]. Genehmigungsbedürftige Wertsicherungsvereinbarungen werden daher erst wirksam, wenn das Bundesamt sie genehmigt[72]. Solange das nicht geschehen ist, sind sie schwebend unwirksam[73]. In zahlreichen Fällen sind Wertsicherungsklauseln gleichwohl faktisch wirksam, weil den Vertragsparteien das Erfordernis einer Genehmigung unbekannt ist oder sie davon nichts wissen wollen und sie den Vertrag ohne Genehmigung ausführen. Der Begriff „(schwebend) unwirksam" passt in solchen Fällen nicht recht, da die Klausel tatsächlich Wirkung entfaltet.

aa) Rechtsfolge der Genehmigung

Die Genehmigung einer Wertsicherungsklausel führt zur rückwirkenden[74] Befreiung vom Verbot des § 2 Abs. 1 PaPkG[75]. Soweit die Parteien nichts anderes

---

[71] OVG Koblenz, DÖV 1984, S. 389 ff., 390; Stelkens/Bonk/Sachs-*Stelkens*, VwVfG, § 35 Rdnr. 141.

[72] Vgl. *Gramlich*, BBankG, § 3 WährG Rdnr. 49; *Wolff/Bachof/Stober*, Verwaltungsrecht, Bd. 2, § 46 Rdnr. 6.

[73] Vgl. BVerwGE 41, S. 13 ff., 21; BGHZ 14, S. 306 ff., 312 f.; BGH, WM 1979, S. 784 ff., 786; Palandt-*Heinrichs*, § 245 Rdnr. 27; *Morsch*, BB 2004, S. 1803 ff., 1804; *Larenz*, Schuldrecht I, S. 171; *Hafke*, WM 1997, S. 693 ff., 693; *Pikart*, WM 1969, S. 1062 ff., 1067; *Gramlich*, BBankG, § 3 WährG Rdnr. 66; *Reithmann*, DNotZ 1960, S. 172 ff., 194; Soergel-*Teichmann*, § 244 Rdnr. 27; AK-BGB-*Brüggemeier*, vor §§ 244, 245 Rdnr. 32; Schimansky/Bunte/Lwowski-*Schefold*, Bankrechts-Handbuch, Bd. III, § 115 Rdnr. 108 u. 110; RGRK-*Alff*, § 245 Rdnr. 18; *Dürkes*, Wertsicherungsklauseln, H Rdnr. 5; Bamberger/Roth-*Grothe*, § 244 Rdnr. 19; *ders.*, Fremdwährungsverbindlichkeiten, S. 277, der in Fn. 1684 m.w.N. darauf hinweist, dass es im Ergebnis unerheblich ist, ob man diese Rechtsfolge dem § 134 BGB entnimmt oder einer dem § 134 BGB vorrangigen Eigenart der Genehmigungsbedürftigkeit. Vgl. auch *Wolff/Bachof/Stober*, Verwaltungsrecht, Bd. 2, § 46 Rdnr. 6; Stelkens/Bonk/Sachs-*Stelkens*, VwVfG, § 35 Rdnr. 141.

[74] Vgl. BVerwGE 41, S. 13 ff., 21; BGH WM 1959, S. 1160 f., 1160; BGH, BB 1965, S. 183; BGH, WM 1979, S. 784 ff., 786; *Gramlich*, BBankG, § 3 WährG Rdnr. 63; *Larenz*, Schuldrecht I, S. 172; Palandt-*Heinrichs*, § 245 Rdnr. 27; *K. Schmidt*, ZIP 1983, S. 639 ff., 643; RGRK-*Alff*, § 245 Rdnr. 18; *Hafke*, WM 1997, S. 693 ff., 693; *v. Oefele/Winkler*, Handbuch des Erbbaurechts, Rdnr. 6.146; *Pikart*, WM 1969, S. 1062 ff., 1066; *Reithmann*, DNotZ 1960, S. 172 ff., 194; Soergel-*Teichmann*, § 244 Rdnr. 27; *Dürkes*, Wertsicherungsklauseln, C Rdnr. 31 und H Rdnr. 5, wendet § 184 Abs. 1 BGB auch bei dieser behördlich erteilten Genehmigung an, obwohl § 184 BGB auf öffentlich-rechtlichen Genehmigungen nicht unmittelbar anwendbar ist, so der BGH (WM 1959, S. 1160 f., 1160). Der BGH, a.a.O., sieht jedoch in der in § 184 BGB enthaltenen Regelung einen allgemeinen Grundsatz, der auch für diese Fälle gelte. Nach *Grothe* (Fremdwährungsverbindlichkeiten, S. 278, Fn. 1685) folgt die Rückwirkung aus dem Sinn u. Zweck des § 3 WährG.

vereinbart haben, wirkt die Genehmigung daher auf den Tag der Vornahme des Rechtsgeschäfts zurück[76]. Sie kann selbst noch nach Jahren[77], nach vollständiger Erfüllung[78] oder nach einer durch Kündigung herbeigeführten Auflösung des Vertrages[79] mit rückwirkender Kraft erteilt werden. Eine Wertsicherungsklausel kann daneben auch dann wirksam werden, wenn der Gesetzgeber das in § 2 Abs. 1 PaPkG enthaltene Verbot ersatzlos aufhebt[80].

Eine Genehmigung, die die Bundesbank aufgrund § 3 Satz 2 WährG erteilt hat, gilt auch nach Abschaffung des Währungsgesetzes fort, ohne dass es hierzu einer erneuten Bestätigung durch das Bundesamt für Wirtschaft und Ausfuhrkontrolle bedarf[81]. Denn das PaPkG enthält keine Vorschrift, die bisherige Genehmigungen unwirksam macht.

Die Aufhebung dieser privatrechtsgestaltenden Genehmigung durch Rücknahme oder Widerruf ist nicht von vornherein ausgeschlossen und richtet sich nach den allgemeinen Vorschriften der §§ 48 und 49 VwVfG[82]. In der Ermessensentscheidung ist dabei zu prüfen, ob die Rücknahme oder der Widerruf dieses rechtsgestaltenden Verwaltungsakts überhaupt sinnvoll ist, was namentlich dann nicht der Fall ist, wenn die Genehmigung ihrem Wesen nach endgültigen Charakter haben sollte[83]. Haben die Vertragsparteien ihre Verpflichtungen aus dem wertgesicherten Vertrag bereits vollständig erfüllt, kommt eine ermessensfehlerfreie Rücknahme ex tunc allerdings kaum noch in Betracht.

Gelegentlich sind Wertsicherungsklauseln unklar formuliert. Es kann beispielsweise zweifelhaft sein, ob die Vertragsparteien einen (genehmigungsfreien) Leistungsvorbehalt oder eine automatisch wirkende Klausel vereinbart haben. Oder sie benutzen nicht näher definierte Begriffe, wie z. B. „Währungsänderung", „wesentlicher Kaufkraftschwund" oder „Preisverfall"[84]. In solchen Fällen ist es nicht Aufgabe des Bundesamtes, eine verbindliche Entscheidung

---

75 Bamberger/Roth-*Grothe,* § 244 Rdnr. 19 und zu § 3 Satz 2 WährG: *K. Schmidt,* ZIP 1983, S. 639 ff., 643 sowie die in der vorangehenden Fußnote Zitierten.

76 Vgl. Stelkens/Bonk/Sachs-*Stelkens,* VwVfG, § 35 Rdnr. 141.

77 Vgl. *Reithmann,* DNotZ 1960, S. 172 ff., 195.

78 Vgl. *Samm/Hafke,* Grundbesitz und Wertsicherungsklauseln, S. 101; Soergel-*Teichmann,* § 244 Rdnr. 27; Palandt-*Heinrichs,* § 245 Rdnr. 27.

79 Vgl. BGH, WM 1979, S. 784 ff., 786; *v. Oefele/Winkler,* Handbuch des Erbbaurechts, Rdnr. 6.147.

80 Siehe Kap. VI 11. c).

81 OLG Rostock, Grundeigentum 2002, S. 1331 f., 1331.

82 Vgl. Stelkens/Bonk/Sachs-*Sachs,* VwVfG, § 48 Rdnr. 102, § 49 Rdnr. 37; *Maurer,* Allgemeines Verwaltungsrecht, § 11 Rdnr. 33 m. w. N.; Erichsen-*Erichsen,* Allgemeines Verwaltungsrecht, § 16 Rdnr. 3 m. w. N. A.A. (sobald die Gestaltungswirkung eingetreten ist, ist die Rücknahme ausgeschlossen) m. w. N. *Kopp/Ramsauer,* VwVfG, § 48 Rdnr. 15 f. u. *Wolff/Bachof/Stober,* Verwaltungsrecht Bd. 2, § 51 Rdnr. 82.

83 Stelkens/Bonk/Sachs-*Sachs,* VwVfG, § 49 Rdnr. 37.

84 Siehe Kap. III 2. b).

darüber zu treffen, wie die Wertsicherungsvereinbarung auszulegen ist. Eine Genehmigung setzt vielmehr gemäß § 2 Abs. 1 PrKV voraus, dass die Klausel hinreichend bestimmt ist. Die Behörde wird den Beteiligten daher in der Regel die Bedenken gegen die unzureichende Bestimmtheit mitteilen, so dass diese die Klausel anpassen können.

Das Bundesamt ist allerdings nicht gehindert, die Klausel selbst auszulegen. In Grenzfällen kann dies dazu führen, dass es die Klausel nach einfacher Auslegung für bestimmt genug hält und genehmigt. Bezüglich des Inhalts der Klausel legt sich die Behörde damit für ihre Entscheidung fest[85]. Problematisch ist, wenn sich später wider Erwarten der Behörde herausstellt, dass der Inhalt der Wertsicherungsklausel nach dem übereinstimmenden Parteiwillen anders zu verstehen ist. Hier wird die Ansicht vertreten, dass die Entscheidung der Behörde für die Klausel, die die Parteien in Wirklichkeit und abweichend von der Annahme der Behörde vereinbart haben, ohne Bedeutung ist[86]. Dies kann allerdings nicht gelten, wenn sich deren Annahme dem Tenor der Entscheidung entnehmen lässt. Dies ist der Fall, wenn sie die Vereinbarung ausdrücklich nur insoweit genehmigt, als ihr der von ihr angenommene Inhalt zugrunde liegt. Fehlt dagegen – wie im Regelfall – eine solche Einschränkung, dann bezieht sich die Genehmigung auf die vertragliche Bestimmung, wie sie sich objektiv darstellt und von den zur Entscheidung über die Verpflichtung zur Leistung berufenen Stellen, d.h. den Gerichten, ausgelegt wird[87].

Wenn sich später herausstellt, dass die Wertsicherungsklausel eine Lücke aufweist, kann diese selbst nach der behördlichen Genehmigung noch durch ergänzende Vertragsauslegung geschlossen werden[88]. Auch insoweit muss das Ergebnis der Auslegung aber noch mit dem Gegenstand der Genehmigung vereinbar sein, weshalb subjektive Vorstellungen der Parteien keine Berücksichtigung finden, soweit sie im objektiven Inhalt der Vereinbarung nicht zum Ausdruck gekommen sind[89]. Legt das Bundesamt die Klausel also in einer bestimmten Weise aus, ohne diese Auslegung als einschränkende Bedingung in die Genehmigung aufzunehmen, wirkt die Genehmigung auch dann weiter, wenn die Gerichte der Klausel einen ganz anderen objektiven Inhalt zuschreiben. In allen Zweifelsfällen wird das Bundesamt daher eine Genehmigung verweigern, bis die Vertragsparteien der Klausel einen bestimmteren Inhalt gegeben haben. Al-

[85] *Fögen,* BB 1964, S. 1015 ff., 1015; *ders.,* BB 1958, S. 1259 ff., 1261.

[86] Siehe zu § 3 S. 2 WährG: *Fögen,* BB 1964, S. 1015 ff., 1016; *ders.,* BB 1958, S. 1259 ff., 1261.

[87] Vgl. BGH, WM 1964, S. 906 ff., 908; OLG Hamm, WM 1970, S. 1239 f., 1240.

[88] Vgl. BGH, WM 1976, S. 814 f., 815.

[89] Vgl. BGH, WM 1976, S. 814 f., 815; Staudinger-*K. Schmidt,* Vorbem zu §§ 244 ff, Rdnr. D 175.

ternativ kann sie ihre Genehmigung ausdrücklich auf den Fall beschränken, dass die Klausel den von ihr angenommenen Inhalt hat.

bb) Rechtsfolge der Genehmigungsversagung

Die formell bestandskräftige Versagung der Genehmigung führt zur anfänglichen Nichtigkeit (§ 134 BGB) der Wertsicherungsklausel[90]. Diese tritt daneben auch schon dann ein, wenn die oberste Genehmigungsbehörde förmlich bekannt gemacht hat, dass Genehmigungen dieser Art in Zukunft generell versagt werden, und deswegen sicher feststeht, dass die Genehmigung nicht mehr erteilt wird und an der Rechtmäßigkeit der Versagung keine Zweifel bestehen[91]. Dies erspart den Vertragsparteien die Durchführung des Genehmigungsverfahrens[92], das eine zwecklose Förmelei wäre, da die Genehmigungsbehörde ihre Entscheidung bereits getroffen und verlautbart hat[93]. Es dürfen aber keine Anhaltspunkte dafür vorliegen, dass eine Genehmigung gleichwohl erteilt werden könnte, etwa weil ein Anspruch des Betroffenen aufgrund einer Zusicherung in Betracht kommt.

Bei Grundstücksverträgen kann eine fehlende oder versagte Genehmigung auch durch eine Eintragung ins Grundbuch nicht geheilt werden[94].

Die ermessensfehlerfreie Rücknahme der privatrechtsgestaltenden Genehmigungsversagung ist – anders als im Falle der Genehmigung – grundsätzlich ausgeschlossen[95]. Denn der Zweck der Rücknahme besteht darin, den der Rechtslage entsprechenden Zustand wiederherzustellen[96]. Dieser wird nicht mehr erreicht, wenn die Rechtswirkungen des Verwaltungsakts durch die Rücknahme nicht mehr beseitigt werden können. Dies ist bei einer belastenden privatrechtsgestaltenden Genehmigungsversagung der Fall, weil dadurch die zunächst

---

[90] Bamberger/Roth-*Grothe*, § 244 Rdnr. 20; *ders.*, Fremdwährungsverbindlichkeiten, S. 278; *v. Oefele/Winkler*, Handbuch des Erbbaurechts, Rdnr. 6.165. Zu § 3 S. 2 WährG: BVerwGE 41, S. 13 ff., 21; BGH, BB 1959, S. 1079; *v. Maydell*, Geldschuld und Geldwert, S. 383; Staudinger-*K. Schmidt*, Vorbem zu §§ 244 ff, Rdnr. D 327 u. 337; *Samm/Hafke*, Grundbesitz und Wertsicherungsklauseln, S. 102; *Fögen*, BB 1958, S. 1259 ff., 1264; *Reithmann*, DNotZ 1960, S. 172 ff., 194; *Dürkes*, Wertsicherungsklauseln, H Rdnr. 8; *Gramlich*, BBankG, § 3 WährG Rdnr. 65; Schimansky/Bunte/Lwowski-*Schefold*, Bankrechts-Handbuch, Bd. III, § 115 Rdnr. 108. Für einen vergleichbaren Fall vgl. auch BGHZ 1, S. 294 ff., 302. Allgemein hierzu: BGHZ 127, S. 368 ff., 377.

[91] BGHZ 127, S. 368 ff., 377.

[92] Stelkens/Bonk/Sachs-*Stelkens*, VwVfG, § 35 Rdnr. 141.

[93] BGHZ 127, S. 368 ff., 377.

[94] *Reithmann*, DNotZ 1960, S. 172 ff., 194.

[95] Vgl. Stelkens/Bonk/Sachs-*Sachs*, VwVfG, § 48 Rdnr. 55; *Kopp/Ramsauer*, VwVfG, § 48 Rdnr. 15 f.

[96] *Kopp/Ramsauer*, VwVfG, § 48 Rdnr. 2; Stelkens/Bonk/Sachs-*Sachs*, VwVfG, § 48 Rdnr. 55.

schwebend unwirksame Wertsicherungsklausel anfänglich nichtig wurde[97]. Etwas anderes gilt nur dann, wenn die Versagung der Genehmigung an einem besonders schwerwiegenden Fehler leidet und dies bei verständiger Würdigung aller in Betracht kommenden Umstände offensichtlich ist. Dies kann etwa der Fall sein, wenn die Behörde die der Genehmigung zugrunde liegende Wertsicherungsklausel erkennbar verwechselt hat. Gemäß § 44 Abs. 1 VwVfG wäre ein solcher Verwaltungsakt nichtig und damit gemäß § 43 Abs. 3 VwVfG unwirksam. Gleichwohl könnte dieser Verwaltungsakt im Interesse der Rechtssicherheit gemäß § 48 VwVfG zurückgenommen werden, da die Rechtswirkungen der Versagung – Nichtigkeit der Wertsicherungsklausel – infolge deren Nichtigkeit gerade nicht eingetreten sind. Die Klausel blieb vielmehr schwebend unwirksam.

Ob sich die Nichtigkeit der Klausel auf den ganzen Vertrag auswirkt, bestimmt sich nach § 139 BGB[98]. Danach ist das ganze Rechtsgeschäft nur dann nichtig, wenn nicht anzunehmen ist, dass es auch ohne den nichtigen Teil vorgenommen sein würde. Es ist daher zu prüfen, ob sich aus dem wirklichen oder hypothetischen Willen der Vertragsparteien etwas anderes ergibt[99]. Das Ergebnis einer objektivierten Interessenabwägung wird hier regelmäßig darin bestehen, dass die vertragliche Einigung auch ohne die Wertsicherungsklausel zustande gekommen wäre, so dass der Vertrag ohne die Wertsicherungsklausel wirksam bleibt[100]. Nur in den Fällen, in denen eine Wertsicherungsklausel für eine oder beide Parteien von so wesentlicher Bedeutung war, dass der ganze Vertrag ohne die Wertsicherungsklausel nicht geschlossen worden wäre, führte die Unwirksamkeit der Wertsicherungsklausel zur Unwirksamkeit des ganzen Vertrages[101]. Dies ist zum Beispiel häufig bei den üblicherweise langfristigen Erbbaurechtsverträgen der Fall, weil die Wertsicherung dort ganz wesentliche Bedeutung für die Erbbaurechtsbestellung hat[102].

Stellt sich die Unwirksamkeit der Wertsicherungsklausel heraus, kommt es allerdings – solange noch keine Genehmigungsversagung durch das Bundesamt vorliegt und die Klausel daher noch schwebend unwirksam ist[103] – nicht in

---

[97] Vgl. *Wolff/Bachof/Stober*, Verwaltungsrecht, Bd. 2, § 51 Rdnr. 63 m.w.N.; Stelkens/Bonk/Sachs-*Sachs*, VwVfG, § 48 Rdnr. 55.

[98] Vgl. BGH, NJW 1974, S. 2233 ff., 2235; BGH, BB 1959, S. 1006; *Dürkes*, Wertsicherungsklauseln, H Rdnr. 23; Bamberger/Roth-*Grothe*, § 244 Rdnr. 20. Von einer Teilnichtigkeit als Regelfall gehen allerdings aus: *K. Schmidt*, ZIP 1983, S. 639 ff., 643; *Reithmann*, DNotZ 1960, S. 172 ff., 194.

[99] *Grothe*, Fremdwährungsverbindlichkeiten, S. 280.

[100] Bamberger/Roth-*Grothe*, § 244 Rdnr. 20; *ders.*, Fremdwährungsverbindlichkeiten, S. 280; Staudinger-*K. Schmidt*, Vorbem zu §§ 244 ff, Rdnr. D 331; s. z.B. BGH, NJW 1974, S. 2233 ff., 2235; BGH, BB 1959, S. 1006; OLGZ 1982, S. 219 ff., 220 f.

[101] BGH, BB 1963, S. 793 f., 793; *Dürkes*, Wertsicherungsklauseln, H Rdnr. 25 m.w.N.; Staudinger-*Weber*, § 244 Rdnr. 246.

[102] *v. Oefele/Winkler*, Handbuch des Erbbaurechts, Rdnr. 6.148.

jedem Fall zur Anwendung des § 139 BGB. Haben die Parteien eine genehmigungspflichtige, aber nicht genehmigungsfähige Wertsicherungsklausel vereinbart, kann sich aus § 242 BGB eine Verpflichtung der Vertragsparteien ergeben, einer Änderung der vereinbarten Klausel in eine genehmigungsfähige Wertsicherungsklausel oder eine solche, die gar nicht genehmigungsbedürftig ist, zuzustimmen, soweit sich nach den Grundsätzen der ergänzenden Vertragsauslegung eine entsprechende Alternativklausel bestimmen lässt[104]. Und sogar ohne gesondertes Zustimmungserfordernis kann es zu einer wirksamen Wertsicherungsklausel kommen, wenn festgestellt werden kann, was die Parteien vereinbart hätten, wenn sie sich der Unwirksamkeit der Wertsicherungsklausel bewusst gewesen wären.

Zusammengefasst gilt der Grundsatz, dass die Wertsicherungsklausel zunächst in dem Sinne auszulegen ist, dass sie wirksam ist[105]. Führt die Auslegung nicht weiter, kann aber unter Berücksichtigung des objektiven Vertragszwecks angenommen werden, dass die Vertragsparteien eine andere Wertsicherungsklausel vereinbart hätten, die ohne Genehmigung wirksam gewesen wäre und dennoch die beiderseitigen Belange wahrt, dann soll diese Klausel als von Anfang an vereinbart gelten (ergänzende Vertragsauslegung), so dass für § 139 BGB von vornherein kein Raum und der Vertrag somit insgesamt wirksam ist[106].

f) Negativattest

Mit der Genehmigung oder deren Versagung sind die Entscheidungsmöglichkeiten des Bundesamtes für Wirtschaft und Ausfuhrkontrolle nicht erschöpft. Häufig haben die Vertragsparteien Zweifel, ob eine vereinbarte Wertsicherungsklausel einer Genehmigung bedarf und möchten vom Bundesamt eine entsprechende verbindliche Auskunft. Dass ein bestimmtes Vorhaben keiner Genehmigung bedarf, kann die jeweils zuständige Behörde durch ein Negativattest bescheinigen[107]. Ist die Wertsicherungsklausel gemäß § 2 Abs. 1 PaPkG

---

103 Siehe m. w. N. *Dürkes*, Wertsicherungsklauseln, F Rdnr. 10 ff. u. H Rdnr. 8a.

104 St. Rspr., siehe nur BGH, WM 1986, S. 912 ff., 914; BGH, NJW 1986, S. 932 f., 933; BGH, ZIP 1983, S. 315 ff., 317; BGHZ 63, S. 132 ff., 135; BGH, NJW 1979, S. 1545 f., 1546; BGH, NJW 1967, S. 830 f., 830 f.; BGH, NJW 1973, S. 1498 ff., 1499; OLG Köln, ZMR 1999, S. 633 f., 633; auch *Schmidt-Räntsch,* NJW 1998, S. 3166 ff., 3166; Staudinger-*K. Schmidt,* Vorbem zu §§ 244 ff, Rdnr. D 332; *Dürkes,* Wertsicherungsklauseln, F Rdnr. 9; Soergel-*Teichmann,* § 244 Rdnr. 27; *v. Oefele/Winkler,* Handbuch des Erbbaurechts, Rdnr. 6.149; *Pikart,* WM 1969, S. 1062 ff., 1066.

105 Staudinger-*K. Schmidt,* Vorbem zu §§ 244 ff, Rdnr. D 174.

106 BGH, NJW 1986, S. 932 f., 933; BGHZ 63, S. 132 ff., 136; BGH, NJW 1979, S. 1545 f., 1546; BGH, WM 1963, 763; Soergel-*Teichmann,* § 244 Rdnr. 27; *Wolf,* ZIP 1981, S. 235 ff., 237. Diese Vertragskorrektur läuft auf eine Umdeutung i. S. d. § 140 BGB hinaus, so *Grothe,* Fremdwährungsverbindlichkeiten, S. 280, u. Staudinger-*K. Schmidt,* Vorbem zu §§ 244 ff, Rdnr. D 333.

genehmigungsfrei, kann das Bundesamt dies daher durch ein Negativattest bestätigen[108]. Bei § 3 Satz 2 WährG sah das BVerwG[109] die Bundesbank sogar als verpflichtet an, in Zweifelsfällen auf Antrag zu bescheinigen, dass die gewählte Wertsicherungsklausel keiner Genehmigung bedurfte und dass dies durch eine entsprechende Feststellung zu bescheiden gewesen sei und nicht etwa durch Versagung der Genehmigung, da diese einen anderen Inhalt habe.

Streitig ist, ob das Negativattest einen Verwaltungsakt[110] oder lediglich eine Rechtsauskunft[111] darstellt. Um eine Rechtsauskunft würde es sich handeln, wenn ihm eine Bindungswirkung fehlen würde[112]. Da das Bundesamt mit dem Negativattest eine Entscheidung darüber trifft, ob die Wertsicherungsklausel der Genehmigung bedarf oder nicht, ist jede weitere Prüfung der Genehmigungsbedürftigkeit durch das Negativattest ausgeschlossen[113], so dass dieses die Entscheidung zur Regelung[114] eines Einzelfalles und damit einen Verwaltungsakt i.S.d. § 35 S. 1 VwVfG darstellt. Dass das Bundesamt eine verbindliche Entscheidung und nicht lediglich eine Rechtsauskunft erteilt, ergibt sich dabei aus dem eindeutigen Wortlaut der erteilten Negativatteste. Danach stellt die Behörde ausdrücklich fest, dass es sich bei der mitgeteilten Wertsicherungsklausel um eine bestimmte genehmigungsfreie Klausel handelt und dass diese „zu ihrer Rechtswirksamkeit keiner Genehmigung nach § 2 Abs. 1 PaPkG" bedürfe[115]. Kommt die Behörde im Rahmen eines Prüfungsverfahrens zu dem Ergebnis, dass die Klausel keiner Genehmigung bedarf, kann sie den Antragsteller auf die Rechtslage hinweisen, aber auch ohne weiteres ein Negativattest erteilen[116].

---

[107] Vgl. z.B. BVerwG, BayVBl. 2000, S. 118 ff., 119.

[108] Vgl. noch zu § 3 S. 2 WährG: *Dürkes,* Wertsicherungsklauseln, C Rdnr. 251 ff.; *Hahn,* Währungsrecht, § 8 Rdnr. 45; Staudinger-*K. Schmidt,* Vorbem zu §§ 244 ff, Rdnr. D 316; *Gramlich,* BBankG, § 3 WährG Rdnr. 53; *Fögen,* BB 1964, S. 1015 ff., 1016; *Samm/Hafke,* Grundbesitz und Wertsicherungsklauseln, S. 100; *Reithmann,* DNotZ 1960, S. 172 ff., 194; Soergel-*Teichmann,* § 244 Rdnr. 26; *Hartmann,* DB 1970, Beilage Nr. 17, Rdnr. 36; *Berndt,* Die Wertsicherung in der Unternehmung, S. 37 Fn. 22.

[109] BVerwGE 41, S. 13 ff., 22. In einem vergleichbaren Fall (Gesetze der Militärregierung Nr. 52 und 53) ebenso der BGH, BGHZ 1, S. 294 ff., 302. Krit. zum Problem, ob ein Anspruch auf ein Negativattest besteht, Staudinger-*K. Schmidt,* Vorbem zu §§ 244 ff, Rdnr. D 316.

[110] So *K. Schmidt,* ZIP 1983, S. 639 ff., 643; *Hahn,* Währungsrecht, § 8 Rdnr. 45; *Samm/Hafke,* Grundbesitz und Wertsicherungsklauseln, S. 100.

[111] So *Gramlich,* BBankG, § 3 WährG Rdnr. 55; Staudinger-*Weber,* § 244 Rdnr. 335; *Hartmann,* DB 1970, Beilage Nr. 17, Rdnr. 37; *Fögen,* BB 1964, S. 1015 ff., 1016.

[112] Stelkens/Bonk/Sachs-*Stelkens,* VwVfG, § 35 Rdnr. 60.

[113] *K. Schmidt,* ZIP 1983, S. 639 ff., 643. So auch BGHZ 1, S. 294 ff., 302 in einem vergleichbaren Fall (MilRegGe 52 und 53).

[114] A.A. *Gramlich,* BBankG, § 3 WährG Rdnr. 55.

[115] Siehe oben Fn. 18.

[116] Vgl. Staudinger-*K. Schmidt,* Vorbem zu §§ 244 ff, Rdnr. D 319.

Die Antragsteller müssen sich darauf verlassen können[117], dass sich die Klausel später nicht wegen Verstoßes gegen ein Verbotsgesetz gemäß § 134 BGB als nichtig erweist. Etwas anderes könnte nur dann gelten, wenn die Behörde regelmäßig die Genehmigung bei genehmigungsfreien Klauseln ausdrücklich mit der Begründung versagen würde, dass sie keiner Genehmigung bedürfen. Diese Versagung der Genehmigung wäre noch deutlicher ein Verwaltungsakt und hätte den gleichen Regelungsgehalt wie ein Negativattest. Die Folge wäre aber, dass die Wertsicherungsklausel trotz Versagung der Genehmigung wirksam wäre, da zugleich die Genehmigungsfreiheit festgestellt würde. Das Negativattest enthält daher die Entscheidung, dass weder eine Versagung, noch eine Genehmigung erfolgen wird, und damit eine verbindliche Regelung.

Da die in einem Negativattest getroffene Entscheidung für die Betroffenen nicht belastend ist, bedarf das Bundesamt keiner ausdrücklichen Ermächtigungsgrundlage. In der Regel wird dadurch nur die Auffassung des Antragstellers bestätigt[118].

g) Vertragsänderungen nach Genehmigung der Wertsicherungsklausel

Ändern die Vertragsparteien eine durch das Bundesamt für Wirtschaft und Ausfuhrkontrolle genehmigte Wertsicherungsklausel, bedarf die veränderte Klausel – wenn sie dadurch nicht zu einer genehmigungsfreien Klausel wurde – einer neuen Genehmigung. Das folgt daraus, dass das Bundesamt nur eine ganz konkrete Wertsicherungsklausel genehmigt hat. Durch jede Änderung – soweit es sich nicht bloß um Berichtigungen in der Rechtschreibung oder vergleichbare Fälle handelt – entsteht eine neue Klausel, auf die sich die Genehmigung nicht mehr erstreckt.

Wenn die Vertragsparteien die Wertsicherungsklausel unberührt lassen und nur den Vertrag, in dem die Klausel enthalten ist, ändern, gilt grundsätzlich das Gleiche. Da das Bundesamt nicht allein die abstrakte Wertsicherungsklausel genehmigt, sondern deren Verwendung in einem bestimmten, genau umrissenen Sachverhalt[119], haben Veränderungen am Vertragswerk zur Folge, dass die Behörde die Wertsicherungsklausel neu genehmigen muss. Besonders einleuchtend ist dies, wenn das Bundesamt eine Klausel gemäß § 3 Abs. 1 Nr. 1 a) PrKV

---

[117] Vgl. *Grothe,* Fremdwährungsverbindlichkeiten, S. 278, der die Einordnung offen lässt, aber mit *Dürkes* (Wertsicherungsklauseln, H Rdnr. 17 ff.) und *Fögen* (BB 1964, S. 1015 ff., 1016) daran anknüpft, dass für eine gerichtliche Überprüfung der Frage das Rechtsschutzbedürfnis fehle, weil die zum Schutz der Währung berufene Behörde das in Frage stehende Rechtsgeschäft insoweit für unbedenklich erklärt habe. Vgl. auch BGHZ 1, S. 294 ff., 301 f.

[118] Vgl. BVerwG, NJW 1987, S. 969 f., 969; BayVGH, BayVBl. 1991, S. 83 ff., 84.

[119] Siehe Kap. IX 1. b).

genehmigt, weil die Vertragsparteien in dem zugrunde liegenden Vertrag wiederkehrende Zahlungen vereinbart haben, die auf Lebenszeit des Schuldners angelegt sind. Verkürzen die Vertragsparteien diesen Zeitraum nach der Genehmigung beispielsweise auf zwei Jahre, liegt auf der Hand, dass eine solche Klausel von der Genehmigung nicht erfasst ist. Da der Umfang der Genehmigung durch Auslegung zu ermitteln ist[120], kann etwas anderes nur dann gelten, wenn die Vertragsparteien eine Änderung vornehmen, die von der Genehmigung nach deren Sinn und Zweck eindeutig erfasst ist. Dies ist namentlich der Fall, wenn das Bundesamt eine Klausel gemäß § 3 Abs. 1 Nr. 1 d) PrKV genehmigt, weil in dem zugrunde liegenden Vertrag wiederkehrende und auf mindestens zehn Jahre angelegte Zahlungen vorgesehen sind. Durch das „mindestens" wird deutlich, dass die Vertragsparteien später erst Recht den Zeitraum von zehn auf zwanzig Jahre erhöhen können, ohne dass die Klausel dadurch erneut genehmigungspflichtig würde. Etwas anderes gilt dann nur, wenn auch eine solche Änderung in der Genehmigung ausdrücklich ausgeschlossen wird. In allen Fällen ist daher zu prüfen, ob die Genehmigung der Wertsicherungsklausel eine Änderung des Vertrages zulässt. In Zweifelsfällen ist dies zu verneinen.

Wenn eine Vertragspartei den wertgesicherten Vertrag kündigt, entfaltet auch die Genehmigung keine Folgen mehr, sobald die Kündigung wirksam geworden ist. Schließen die Vertragsparteien einen neuen, aber inhaltlich mit dem alten identischen Vertrag, bedarf eine darin enthaltene Wertsicherungsklausel wieder der Genehmigung, da sich die alte Genehmigung nur auf den alten, nunmehr beendeten Vertrag bezog. Das Erlöschen des alten Vertrages kann nicht durch eine vertragliche Einigung rückgängig gemacht werden[121]. Um das Schuldverhältnis wiederherzustellen, muss es vielmehr vertraglich neu begründet werden[122]. Hierzu wird zwar vertreten, dass eine erneute Genehmigung nicht erforderlich sei, weil bei der unveränderten Fortsetzung eines zunächst gekündigten Vertrages kein anderer Zustand geschaffen werde als bei ungekündigtem Fortbestand des Vertrages[123]. Dieser Zustand sei durch die bereits vorhandene Genehmigung gerade gebilligt worden. Dagegen spricht aber, dass es sich bei § 2 PaPkG um eine Ermessensnorm handelt und das Bundesamt in der Zwischenzeit seine Genehmigungspolitik geändert haben kann. Diese würden die Vertragsparteien umgehen können, wenn sie ihre Wertsicherungsklausel nur deshalb nicht mehr genehmigen lassen müssen, weil sie einen inhaltlich gleichlautenden Vertrag mit genehmigter Wertsicherungsklausel schon einmal geschlossen ha-

---

[120] Vgl. BVerwGE 49, S. 244 ff., 247; Obermayer-*Janßen*, VwVfG, § 37 Rdnr. 9. Speziell zu § 2 PaPkG: *Gröschler*, NJW 2000, S. 247 ff., 251.

[121] Palandt-*Heinrichs*, Überbl v § 362 Rdnr. 1; Erman-*Westermann*, Vor § 362 Rdnr. 1; a. A. *Gröschler*, NJW 2000, S. 247 ff., 251 m. w. N.

[122] Palandt-*Heinrichs*, Überbl v § 362 Rdnr. 1.

[123] So *Gröschler*, NJW 2000, S. 247 ff., 251.

ben. Zudem wäre völlig unklar, innerhalb welchen Zeitraumes der neue Vertrag abzuschließen wäre, um noch unter die alte Genehmigung zu fallen.

Einigen sich die Vertragspartner vor Ablauf der Kündigungsfrist auf eine Fortsetzung des Vertrages, liegt dagegen kein Abschluss eines neuen Vertrages vor. Die Beteiligten können die schuldrechtlichen Wirkungen der Kündigung gemäß § 311 Abs. 1 BGB durch einen hierauf gerichteten Vertrag beseitigen, ohne dass es hierfür eines Neuabschlusses des Vertrages bedarf; der bereits abgeschlossene Vertrag bleibt daher in solchen Fällen in Kraft[124]. Daraus folgt, dass eine bereits genehmigte Wertsicherungsklausel keiner neuen Genehmigung bedarf[125].

2. Besondere Fälle

Da die Entscheidung über eine Ausnahme von dem in § 3 Satz 2 WährG enthaltenen alten Wertsicherungsverbot ausschließlich an währungsrechtlichen und währungspolitischen Aspekten auszurichten war und nicht den persönlichen Interessen der Vertragsparteien diente[126], erteilte die Bundesbank regelmäßig keine Genehmigung, wenn die den Antrag stellende Vertragspartei ausdrücklich oder verschleiert die Versagung der erforderlichen Genehmigung, nicht aber deren Genehmigung beantragte, um hierdurch die endgültige Unwirksamkeit der genehmigungsbedürftigen Wertsicherungsklausel herbeizuführen[127]. Insoweit erkannte die Bundesbank ein Recht der Antragsteller auf Versagung einer Genehmigung nicht an. Sie lehnte in solchen Fällen eine Sachentscheidung ganz ab[128]. Zwischen den Vertragsparteien ist ein derartiges Verhalten unvereinbar mit der Verpflichtung gegenüber der anderen Seite, zum Wirksamwerden der Vereinbarung beizutragen und ggf. sogar einer Änderung der Klausel in eine genehmigungsfähige oder genehmigungsfreie Alternative zuzustimmen[129].

Selbst in den seltenen Fällen, in denen das geschilderte Begehren auf der Hand liegt, wird das Bundesamt für Wirtschaft und Ausfuhrkontrolle nach jetzt geltendem Recht eine Entscheidung nicht mehr verweigern dürfen. Dies folgt

---

124 BGH, MDR 1974, S. 750 f., 750 m.w.N.

125 So zu § 3 Satz 2 WährG: BGH, MDR 1974, S. 750 f., 750; zu § 2 PaPkG: *Gröschler,* NJW 2000, S. 247 ff., 251.

126 OVG Münster, NJW 1965, S. 650; *Fögen,* BB 1964, S. 1015 ff., 1015; *ders.,* BB 1958, S. 1259 ff., 1264; *Vogler,* NJW 1999, S. 1236 ff., 1237; *v. Maydell,* Geldschuld und Geldwert, S. 395; *Bräutigam,* Währungsrechtliche Zulässigkeit von Wertsicherungsklauseln, S. 176 f.; *Kolhosser,* JA 1983, S. 49 ff., 53; *Hartmann,* DB 1970, Beilage Nr. 17 Rdnr. 37.

127 *Fögen,* BB 1964, S. 1015 ff., 1015; *Dürkes,* Wertsicherungsklauseln, C Rdnr. 254; *Samm/Hafke,* Grundbesitz und Wertsicherungsklauseln, S. 95 f.

128 *Fögen,* BB 1964, S. 1015 ff., 1015.

129 Siehe Kap. IX 1. e) bb).

aus der Tatsache, dass § 2 PaPkG nunmehr auch einen verbraucherschützenden Zweck erfüllt[130]. Hat ein Geldschuldner einen Vertrag mit für ihn ungünstiger Wertsicherungsklausel geschlossen, muss er die Möglichkeit haben, die Genehmigungsunfähigkeit der Klausel durch das BAFA feststellen zu lassen, sobald er selbst zu dieser Erkenntnis gekommen ist und ein Anwendungsfall des § 2 PaPkG gegeben ist.

Dieses Problem stellt sich erst gar nicht, wenn die Vertragsparteien davon überzeugt sind, dass eine Genehmigung erteilt werden muss und deshalb entsprechende Bedenken der Genehmigungsbehörde nicht zum Anlass nehmen, die Wertsicherungsklausel zu verändern, sondern auf eine formelle Ablehnung warten, um auf dem Verwaltungsrechtsweg gegen diese vorzugehen bzw. die Genehmigung auf diesem Wege zu erzwingen.

Wenn vor Einführung des § 2 PaPkG eine von den Vertragsparteien vereinbarte Wertsicherungsklausel von der Bundesbank genehmigt wurde und eine Partei daraufhin versuchte, durch eine Klage vor dem Verwaltungsgericht die Aufhebung dieser Genehmigung mit der Begründung zu erreichen, diese Wertsicherungsklausel sei nicht genehmigungsfähig gewesen, fehlte es an einer möglichen Rechtsverletzung, da ja lediglich eine von dieser Partei mitgetragene Vereinbarung genehmigt wurde[131]. Dies gilt bei § 2 PaPkG nicht mehr, wenn sich die klagende Partei darauf beruft, dass die Klausel nicht genehmigungsfähig gewesen sei, weil sie durch sie unangemessen benachteiligt werde. Insoweit sollen Geldschuldner geschützt werden. Sie müssen daher die Möglichkeit haben, diesen Schutz gerichtlich durchzusetzen.

3. Bindung der Gerichte an die Entscheidung des Bundesamtes

a) Verwaltungsgerichte und ordentliche Gerichte

Man könnte denken, dass die Frage, ob eine Wertsicherungsvereinbarung unter § 2 Abs. 1 PaPkG fällt, am Ende von den Verwaltungsgerichten entschieden wird, weil die Antragsteller mit einer Entscheidung des Bundesamtes nicht zufrieden sind und gegen diese vorgehen. Regelmäßig stellt sich diese Frage aber erst, wenn sich die Vertragsparteien darüber streiten, ob sich die Geldschuld aufgrund der Wertsicherungsklausel erhöht hat. Dies hängt von der Genehmigungsbedürftigkeit der Klausel ab. Eine genehmigungsbedürftige Klausel kann gemäß § 134 BGB nichtig sein, wenn eine Genehmigung fehlt, was sich wiederum gemäß § 139 BGB auf den ganzen Vertrag auswirken kann. Damit

---

130 Siehe Kap. IV 1. b) bb).

131 Vgl. zu § 3 S. 2 WährG: OVG Münster, NJW 1965, S. 650; *Dürkes,* Wertsicherungsklauseln, C Rdnr. 255 m.w.N.; *Hartmann,* DB 1970, Beilage Nr. 17 Rdnr. 37. So auch in einem vergleichbaren Fall das BVerwG, BayVBl. 2000, S. 118 ff., 119.

kommt die Frage der Genehmigungsbedürftigkeit im Regelfall erst vor den Amts- bzw. Landgerichten auf, die dann zu prüfen haben, ob die Klausel wirksam zustande gekommen ist[132].

Die ordentlichen Gerichte entscheiden auch deshalb häufiger über die Genehmigungsbedürftigkeit einer Wertsicherungsklausel als die Verwaltungsgerichte, weil § 2 PaPkG eine vergleichsweise unbekannte Vorschrift ist. Zahlreiche Verträge enthalten genehmigungsbedürftige Wertsicherungsklauseln, ohne dass die Beteiligten an eine Genehmigung nach § 2 Abs. 1 PaPkG gedacht haben. Erst wenn der Gläubiger die Zahlung einer höheren Geldsumme verlangt, nehmen die Schuldner dies zum Anlass, die Wirksamkeit der Klausel in Frage zu stellen.

Die Verwaltungsgerichte kommen dagegen vorrangig bei der Frage zum Zuge, ob eine Genehmigung zu Recht versagt worden ist. Sie entscheiden dann darüber, ob eine genehmigungsbedürftige Wertsicherungsklausel genehmigungsfähig ist oder nicht[133].

Solange keine verbindliche Entscheidung des Bundesamtes vorliegt, sind die Zivilgerichte in der Beurteilung der Genehmigungsbedürftigkeit von Wertsicherungsklauseln frei[134]. Deshalb wurde schon die Effektivität des § 3 Satz 2 WährG letztlich nicht durch die Deutsche Bundesbank, sondern durch die ordentlichen Gerichte bestimmt[135]. Die Genehmigungspraxis der Bundesbank richtete sich wiederum an der Rechtsprechung des BGH aus[136]. Nunmehr hat die Exekutive gegenüber den Gerichten eine stärkere Position, als es bei der Bundesbank der Fall war. Damals waren die Gerichte nur an § 3 Satz 2 WährG gebunden und mussten Verwaltungsvorschriften der Bundesbank mangels Außenwirkung grundsätzlich nicht beachten. Dagegen sind die Gerichte jetzt nicht nur an § 2 PaPkG gebunden, der detailliertere Vorgaben enthält als die Vorgängernorm, sondern auch an die Preisklauselverordnung, die auch Vorschriften über die Genehmigungsbedürftigkeit von Klauseln enthält[137]. Umgekehrt kommt den ordentlichen Gerichten jetzt auf manchen Gebieten eine stärkere Position zu, da sie in den Fällen des § 2 Abs. 1 Satz 3 PaPkG i.V.m. § 6 PrKV und § 1 Nr. 4 PrKV (Ausnahmen vom Verbot[138]) sowie § 4 Abs. 1 PrKV (Genehmigungsfiktion[139]) zu prüfen haben, ob die jeweiligen Voraussetzungen

[132] *Dürkes,* Wertsicherungsklaueln, H Rdnr. 3; AK-BGB-*Brüggemeier,* vor §§ 244, 245 Rdnr. 26; *Willms/Wahlig,* BB 1978, S. 973 ff., 973, Fn. 8 und 976; *v. Stebut,* Jura 1983, S. 449 ff., 452.

[133] *Dürkes,* Wertsicherungsklauseln, H Rdnr. 4.

[134] Vgl. *K. Schmidt,* ZIP 1983, S. 639 ff., 642; *Hahn,* Währungsrecht, § 8 Rdnr. 46.

[135] Staudinger-*K. Schmidt,* Vorbem zu §§ 244 ff, Rdnr. D 209.

[136] *Dürkes,* Wertsicherungsklauseln, C Rdnr. 249.

[137] Siehe Kap. VIII 1. c).

[138] Siehe Kap. VIII 2. f) und VIII 2. a) bb).

[139] Siehe Kap. VIII 2. d).

erfüllt sind. Denn dann ist die Klausel wirksam, ohne dass es einer Genehmigung des Bundesamtes bedürfte.

b) Tatbestandswirkung der Genehmigung

Liegt eine Genehmigung des Bundesamtes für Wirtschaft und Ausfuhrkontrolle vor, sind die Zivilgerichte aufgrund deren Tatbestandswirkung an diese Entscheidung gebunden[140]. Der Begriff der Tatbestandswirkung bringt zum Ausdruck, dass die Existenz und der Inhalt eines wirksamen, also nicht nichtigen[141] Verwaltungsaktes von allen Staatsorganen und damit auch von den Gerichten zu beachten ist, soweit sie nicht gerade im Verwaltungsgerichtsverfahren zur Überprüfung des in Frage stehenden Verwaltungsakts berufen und angerufen sind[142]. Diese Bindung aller Staatsorgane an die Existenz und den Inhalt von Verwaltungsakten anderer Behörden ist Folge des Gewaltenteilungsprinzips und des Systems der Zuständigkeitsverteilung[143].

Der Verwaltungsakt ist daher während seiner Wirkungsdauer hinzunehmen, und zwar selbst dann, wenn das handelnde Staatsorgan ihn für rechtswidrig hält[144]. Ist einer der Beteiligten der Meinung, dass die Wertsicherungsklausel nicht genehmigungsfähig war, hätte er seine Ansicht im Verwaltungsverfahren durchsetzen können. Meint er, dass die Klausel genehmigungsfrei ist, stellt sich das Problem praktisch erst gar nicht, denn ob die Klausel infolge der Genehmigung oder infolge Genehmigungsfreiheit Wirksamkeit erlangt, macht nach einer Genehmigung im Ergebnis keinen Unterschied.

---

140 Bamberger/Roth-*Grothe,* § 244 Rdnr. 19. Zu § 3 S. 2 WährG: BVerwGE 41, S. 13 ff., 22; BGH, WM 1979, S. 784 ff., 786; *Samm/Hafke,* Grundbesitz und Wertsicherungsklauseln, S. 102; *Dürkes,* Wertsicherungsklauseln, H Rdnr. 15; Staudinger-*K. Schmidt,* Vorbem zu §§ 244 ff, Rdnr. D 336; *Grothe,* Fremdwährungsverbindlichkeiten, S. 278; *Hahn,* Währungsrecht, § 8 Rdnr. 46; AK-BGB-*Brüggemeier,* vor §§ 244, 245 Rdnr. 32; *Gramlich,* BBankG, § 3 WährG Rdnr. 64; *Pikart,* WM 1969, S. 1062 ff., 1070.

141 Vgl. § 43 Abs. 1–3 VwVfG.

142 BGH, NVwZ 2004, S. 763 f., 763; Knack-*Henneke,* VwVfG, Vor § 35 Rdnr. 32; Knack-*Meyer,* VwVfG, § 43 Rdnr. 20; Erichsen-*Erichsen,* Allgemeines Verwaltungsrecht, § 13 Rdnr. 4 f.; *Kopp/Ramsauer,* VwVfG, § 43 Rdnr. 18 f.; *Maurer,* Allgemeines Verwaltungsrecht, § 11 Rdnr. 8; *Achterberg,* Allgemeines Verwaltungsrecht, § 23 Rdnr. 42. Konkret auf die Entscheidungen der BBank bezogen s. BVerwGE 41, S. 13 ff., 22.

143 Erichsen-*Erichsen,* Allgemeines Verwaltungsrecht, § 13 Rdnr. 4 f. m. w. N.

144 Obermayer-*Schäfer,* VwVfG, § 43 Rdnr. 12; *Wolff/Bachof/Stober,* Verwaltungsrecht, Bd. 1, § 20 Rdnr. 64; *Kopp/Ramsauer,* VwVfG, § 43 Rdnr. 18 f.; *Achterberg,* Allgemeines Verwaltungsrecht, § 23 Rdnr. 42.

c) Tatbestandswirkung der Genehmigungsversagung

Die Versagung der Genehmigung enthält die Regelung, dass die Wertsicherungsklausel nicht genehmigungsfähig ist. Insoweit reicht deren Tatbestandswirkung und bindet die Zivilgerichte. Sie können damit die Wertsicherungsklausel nicht mehr als genehmigungsfähig ansehen[145].

Problematisch ist dagegen der Fall, wenn das Bundesamt eine Wertsicherungsklausel nicht genehmigt, das Zivilgericht aber der Meinung ist, die Klausel bedürfe gar keiner Genehmigung. Dann stellt sich die Frage, ob das Gericht überhaupt prüfen muss, ob eine Entscheidung des Bundesamtes vorliegt oder ob es ohnehin nicht daran gebunden wäre. Hierzu wird vertreten, dass die Entscheidung der Behörde die Genehmigungsbedürftigkeit der Klausel voraussetze, denn andernfalls hätte sie ein Negativattest erteilt[146]. Gegen diese Meinung wird angeführt, dass die Versagung der Genehmigung kein privatrechtsgestaltender Verwaltungsakt sei und das Gericht daher ohne weiteres die Vereinbarung als genehmigungsfrei einordnen könne[147]. Darauf, ob die Versagung ein privatrechtsgestaltender Verwaltungsakt ist, kommt es jedoch nicht an, da auch nicht privatrechtsgestaltende Verwaltungsakte Tatbestandswirkung entfalten können. Auszugehen ist vielmehr davon, ob die Tatbestandswirkung der Genehmigungsversagung neben der Entscheidung, dass die Klausel nicht genehmigungsfähig ist, auch den Umstand erfasst, dass die in Frage stehende Wertsicherungsklausel überhaupt genehmigungsbedürftig ist. Die Genehmigungsbedürftigkeit einer Klausel ist nur eine von vielen Voraussetzungen, die eine Genehmigung erfordert. Sie wird im Tenor der Genehmigung nicht ausdrücklich entschieden. Gehört eine Feststellung nicht zum Tenor der Entscheidung, ist sie nur dann für andere Behörden bzw. Gerichte verbindlich, wenn diesem Umstand eine besondere „Feststellungswirkung" zukommt[148].

Eine Feststellungswirkung besteht, wenn andere Staatsorgane nicht nur an die durch den Verwaltungsakt getroffenen Regelungen, sondern auch an die tatsächlichen oder rechtlichen Feststellungen in den Gründen des Verwaltungsakts, die die Regelung tragen, gebunden sind[149]. Im Gegensatz zur Tatbestandswirkung haben Verwaltungsakte eine solche Feststellungswirkung nur in den Fällen, in

---

[145] Bamberger/Roth-*Grothe,* § 244 Rdnr. 20; *ders.,* Fremdwährungsverbindlichkeiten, S. 278; *Hahn,* Währungsrecht, § 8 Rdnr. 46.

[146] *Hahn,* Währungsrecht, § 8 Rdnr. 46. Dafür spricht, dass das BVerwG (E 41, S. 13 ff., 22) und in einem vergleichbaren Fall der BGH (Z 1, S. 294 ff., 302) sogar eine Verpflichtung annahmen, auf Antrag zu bestätigen, dass eine Wertsicherungsklausel keiner Genehmigung bedurfte.

[147] So Bamberger/Roth-*Grothe,* § 244 Rdnr. 20; *ders.,* Fremdwährungsverbindlichkeiten, S. 278; Staudinger-*K. Schmidt,* Vorbem zu §§ 244 ff, Rdnr. D 337.

[148] BGH, NVwZ 2004, S. 763 f., 763.

[149] BGH, NVwZ 2004, S. 763 f., 763; *Achterberg,* Allgemeines Verwaltungsrecht, § 23 Rdnr. 43; Erichsen-*Erichsen,* Allgemeines Verwaltungsrecht, § 13 Rdnr. 4; *Mau-*

denen sie gesetzlich angeordnet werden[150]. Für die Frage der Genehmigungsbedürftigkeit fehlt eine solche gesetzliche Anordnung, so dass die Genehmigungsversagungen bezüglich der Genehmigungsbedürftigkeit einer Wertsicherungsklausel keine verbindliche Feststellungswirkung haben. Selbst wenn das Bundesamt die Genehmigung einer Wertsicherungsklausel versagte, sind die Zivilgerichte daher nicht gehindert, diese Klausel als genehmigungsfrei anzusehen; sie sind also insoweit bei der Interpretation von § 2 PaPkG nicht an die Auffassung des Bundesamtes gebunden[151].

d) Tatbestandswirkung des Negativattestes

Da auch Negativatteste Verwaltungsakte sind[152] und ihnen daher die gleiche Tatbestandswirkung zukommt, gilt bei ihnen das Gleiche wie bei den Genehmigungsbescheiden des Bundesamtes. Stellt das Bundesamt ausdrücklich fest, dass die Klausel nicht der Genehmigung i. S. d. § 2 Abs. 1 PaPkG bedarf, stellt diese Feststellung den Tenor der Entscheidung dar. Damit hat auch das Negativattest Genehmigungswirkung[153] und bindet die Zivilgerichte aufgrund der Tatbestandswirkung wie bei einer Genehmigung. Die Gerichte können nach einem Negativattest nicht mehr davon ausgehen, dass die Wertsicherungsklausel genehmigungspflichtig ist. Würde man das Gegenteil annehmen, müssten sich die Betroffenen wieder an das Bundesamt wenden, um eine Genehmigung zu erhalten. Dieses würde aber zu Recht auf sein Negativattest verweisen, das nicht durch einen Widerspruch angefochten wurde. Müsste sie nun gleichwohl eine Genehmigung erteilen, so könnte das Negativattest nicht nur vor den Verwal-

---

rer, Allgemeines Verwaltungsrecht, § 11 Rdnr. 9; *Kopp/Ramsauer,* VwVfG, § 43 Rdnr. 26.

[150] BGH, NVwZ 2004, S. 763 f., 763; *Maurer,* Allgemeines Verwaltungsrecht, § 11 Rdnr. 9; Obermayer-*Schäfer,* VwVfG, § 43 Rdnr. 12; Knack-*Henneke,* VwVfG, Vor § 35 Rdnr. 31; Erichsen-*Erichsen,* Allgemeines Verwaltungsrecht, § 13 Rdnr. 4; *Kopp/Ramsauer,* VwVfG, § 43 Rdnr. 26 f.; *Achterberg,* Allgemeines Verwaltungsrecht, § 23 Rdnr. 43.

[151] Im Ergebnis – allerdings noch zu § 3 S. 2 WährG – ebenso: BGH, BB 1962, S. 737; *Reichert-Facilides,* JZ 1969, S. 617 ff., 621; *K. Schmidt,* ZIP 1983, S. 639 ff., 643; *Fögen,* Geld- und Währungsrecht, S. 154; *Grothe,* Fremdwährungsverbindlichkeiten, S. 278; *Dürkes,* Wertsicherungsklauseln, C Rdnr. 260 u. H Rdnr. 16; Staudinger-*K. Schmidt,* Vorbem zu §§ 244 ff, Rdnr. D 327 u. D 337; *Hartmann,* DB 1970, Beilage Nr. 17, Rdnr. 39; *Pikart,* WM 1969, S. 1062 ff., 1070. In einem vergleichbaren Fall ausdrücklich auch BGH, NVwZ 2004, S. 763 f., 763.

[152] Siehe Kap. IX 1. f).

[153] Vgl. *Fögen,* Geld- und Währungsrecht, S. 154 Fn. 247; *K. Schmidt,* ZIP 1983, S. 639 ff., 643; *Samm/Hafke,* Grundbesitz und Wertsicherungsklauseln, S. 101; *Reithmann,* DNotZ 1960, S. 172 ff., 194. Anders *Dürkes,* Wertsicherungsklauseln, H Rdnr. 17 ff., der nur von einer mittelbaren Bindungswirkung der Gerichte durch das Negativattest spricht, weil lediglich das Rechtsschutzbedürfnis für eine Klage fehle; ebenso *Pikart,* WM 1969, S. 1062 ff., 1071.

tungsgerichten, sondern auch vor den Zivilgerichten angefochten werden. Die dem Bundesamt gesetzlich zugewiesene Entscheidungsmacht über die Genehmigung würde damit auch bei den Zivilgerichten liegen, die zur Überprüfung von Verwaltungsentscheidungen grundsätzlich aber nicht berufen sind.

Das BVerwG[154] formulierte einmal, dass die Gerichte „an die fehlende Genehmigung gebunden" seien. Dies hatte nichts mit der Bindung infolge der Tatbestandswirkung eines Verwaltungsaktes zu tun, da eine fehlende Genehmigung keinen Verwaltungsakt darstellen kann. Das BVerwG meinte damit nur, dass die Zuständigkeit, darüber zu befinden, ob eine Genehmigung zu erteilen ist, allein bei der hierfür zuständigen Behörde und gegebenenfalls bei den angerufenen Verwaltungsgerichten liegt.

e) Aussetzung des Verfahrens

Solange eine Genehmigung oder ein Negativattest eingeholt werden kann, kann das Zivilgericht gemäß § 148 ZPO anordnen, dass die Verhandlung bis zur Entscheidung der Verwaltungsbehörde auszusetzen ist. Es besteht jedoch grundsätzlich kein Zwang zu einer solchen Aussetzung[155]. Für die Aussetzung des Verfahrens nach § 148 ZPO ist nicht erforderlich, dass das Verwaltungsverfahrens beim Bundesamt bereits anhängig ist[156]. Es genügt also, dass dieses erst durch die Aussetzung veranlasst wird. Eine Bindungswirkung tritt aber erst durch die Tatbestandswirkung eines Verwaltungsakts des Bundesamtes und nicht etwa aufgrund der Aussetzung[157] ein.

Die Zivilgerichte können das Verfahren auch aussetzen, wenn sie mit einer Versagung der Genehmigung durch die Bundesbank rechnen. Die Zivilgerichte sind damit weitgehend in der Lage, dem Bundesamt einen Entscheidungsvorrang zu gewähren[158]. Dies sollten sie – soweit es im jeweiligen Fall vertretbar ist – nutzen, auch wenn nach einer zivilgerichtlichen Entscheidung eine doppelte Befassung mit derselben Rechtsfrage, die durch § 148 ZPO an sich vermieden werden soll[159], nicht mehr droht.

---

[154] BVerwGE 41, S. 13 ff., 22.

[155] *K. Schmidt,* ZIP 1983, S. 639 ff., 643; *Samm/Hafke,* Grundbesitz und Wertsicherungsklauseln, S. 103; Thomas/Putzo-*Reichold,* ZPO, § 148 Rdnr. 2; Baumbach/Lauterbach/Albers/Hartmann-*Hartmann,* ZPO, § 148 Rdnr. 32 f.; Zöller-*Greger,* ZPO, § 148 Rdnr. 7.

[156] Vgl. Baumbach/Lauterbach/Albers/Hartmann-*Hartmann,* ZPO, § 148 Rdnr. 9; Musielak-*Stadler,* ZPO, § 148 Rdnr. 7; Zöller-*Greger,* ZPO, § 148 Rdnr. 6a; Thomas/Putzo-*Reichold,* ZPO, § 148 Rdnr. 5.

[157] Musielak-*Stadler,* ZPO, § 148 Rdnr. 7.

[158] Vgl. *K. Schmidt,* ZIP 1983, S. 639 ff., 643.

[159] Musielak-*Stadler,* ZPO, § 148 Rdnr. 1.

4. Rechtsschutz bei Versagung der Genehmigung

Wenn die Vertragsparteien oder zumindest eine von ihnen die vereinbarte Wertsicherungsklausel für genehmigungspflichtig halten, werden sie im Regelfall versuchen, durch einen entsprechenden Antrag eine Genehmigung des Bundesamtes herbeizuführen. Hält der Gläubiger der Geldschuld die vereinbarte Wertsicherungsklausel für nicht genehmigungsbedürftig, kann er auf die Einholung eines Negativattestes verzichten und, soweit alle übrigen Voraussetzungen wie z.B. die Fälligkeit erfüllt sind und der Vertragspartner nicht freiwillig leistet, unmittelbar auf Zahlung unter Berücksichtigung der Wertsicherungsklausel klagen. Ist der Gegner anderer Ansicht, prüft das Amts- bzw. Landgericht, ob die Klausel tatsächlich genehmigungsfrei und damit insoweit wirksam ist. Der Geldgläubiger braucht in diesem Fall daher ein Negativattest weder beantragen, noch im Falle der Ablehnung vor einem Verwaltungsgericht erstreiten. Der Nachteil dieses Vorgehens liegt auf der Hand: Mit einem Negativattest wäre das Zivilgericht aufgrund dessen Tatbestandswirkung gebunden[160]. Dadurch hätte der Geldgläubiger Rechtssicherheit. Zudem fehlt ihm die Möglichkeit, eine Änderung der Klausel zu vereinbaren, wenn sich in dem Verwaltungsverfahren oder einem sich anschließenden Verwaltungsgerichtsverfahren herausstellt, dass die Klausel genehmigungspflichtig ist. Er sollte sich daher nicht auf die Zivilgerichte verlassen, sondern im Zweifel ein Negativattest beantragen und gegebenenfalls verwaltungsgerichtlich geltend machen.

Entsprechendes gilt, wenn das Bundesamt für Wirtschaft und Ausfuhrkontrolle die Erteilung eines Negativattestes ablehnt. Dann bleibt den Beteiligten nicht allein eine Klage vor dem Verwaltungsgericht. Alternativ können sie den Fall auch den ordentlichen Gerichten zur Entscheidung vorlegen, indem sie eine Klage auf Feststellung der Rechtsgültigkeit einer Wertsicherungsklausel erheben oder indem eine Partei sofort eine Leistungsklage auf Zahlung derjenigen Geldsumme erhebt, die sich bei Anwendung der Wertsicherungsklausel ergibt[161]. Diese Vorgehensweise bietet sich allerdings nur in den Fällen an, in denen damit zu rechnen ist, dass das Zivilgericht von der Genehmigungsfreiheit der Wertsicherungsklausel ausgeht. Ist eine Genehmigung dagegen erforderlich, bleibt allein eine verwaltungsgerichtliche Klage.

Wenn das Bundesamt für Wirtschaft und Ausfuhrkontrolle eine erforderliche Genehmigung versagt, steht dem Adressaten des Ablehnungsbescheides gemäß § 40 Abs. 1 VwGO der Verwaltungsrechtsweg offen, da es sich bei der dadurch entstehenden Streitigkeit um eine öffentlich-rechtliche, nicht verfassungsrechtliche Auseinandersetzung handelt, die weder auf- noch abdrängend einem ande-

---

160 Siehe Kap. IX 3. d).

161 Vgl. (zu § 3 Satz 2 WährG) *Dürkes,* Wertsicherungsklauseln, B Rdnr. 70; *Samm/Hafke,* Grundbesitz und Wertsicherungsklauseln, S. 103.

ren Gericht zugewiesen ist. Die Klage ist gemäß § 52 Nr. 2 VwGO beim Verwaltungsgericht in Frankfurt am Main einzureichen.

Von den weiteren, bei der Klage einzuhaltenden Sachentscheidungsvoraussetzungen[162], sind insbesondere die Folgenden hervorzuheben:

a) Statthafte Klageart

Die Anfechtungsklage ist gemäß § 42 Abs. 1 VwGO statthaft, wenn der Kläger die Aufhebung eines Verwaltungsaktes begehrt. Die Klageart ist daher zumindest dann die richtige, wenn der Kläger seine Ansicht ändert und die vereinbarte Wertsicherungsklausel nicht mehr für genehmigungspflichtig hält[163]. Dann kann er sein Ziel durch einfache Aufhebung der Genehmigungsversagung in Gestalt des Widerspruchsbescheides (§§ 79 Abs. 1 Nr. 1, 113 Abs. 1 Satz 1 VwGO) erreichen, da er für eine nicht genehmigungspflichtige Wertsicherungsklausel keine Genehmigung bedarf. Hierbei ist allerdings zu beachten, dass die Zivilgerichte an die Entscheidung des Bundesamtes nicht gebunden sind, wenn sie die Klausel ebenfalls für genehmigungsfrei halten. Der Antragsteller könnte die Sache daher auf sich beruhen lassen, wenn beide Vertragspartner nunmehr von der Genehmigungsfreiheit überzeugt und zur ordnungsgemäßen Abwicklung des Vertrages bereit sind. Ist aber einer der Beteiligten anderer Ansicht und fühlt sich durch die Indizwirkung des Ablehnungsbescheides bestätigt, kann die Anfechtungsklage zumindest insoweit Klarheit schaffen. Der Kläger muss dann aber gut begründen, in welchen Rechten er sich in einem solchen Fall überhaupt verletzt sieht.

Anders ist es, wenn der Antragsteller die Wertsicherungsklausel nach wie vor für genehmigungspflichtig hält. Dann nutzt ihm die Aufhebung der Genehmigungsversagung und des Widerspruchsbescheides wenig, weil es allein die Genehmigung ist, die der schwebend unwirksamen Wertsicherungsklausel zur Wirksamkeit verhelfen kann. Das Begehren des Klägers richtet sich daher auf den Erlass der versagten Genehmigung. Richtige Klageart hierfür ist die Verpflichtungsklage, die gemäß § 42 Abs. 1 VwGO auf die Verurteilung zum Erlass eines abgelehnten oder unterlassenen Verwaltungsaktes gerichtet ist. Diese kann wegen des dem Bundesamt für Wirtschaft und Ausfuhrkontrolle eingeräumten Ermessensspielraumes immerhin zu einem Bescheidungsurteil führen (§§ 113 Abs. 5 Satz 2, 114 VwGO)[164]. Ist das Ermessen auf Null reduziert,

---

[162] Siehe hierzu z. B. *Kopp/Schenke*, VwGO, Vorb § 40 Rdnr. 17.

[163] Vgl. zu § 3 Satz 2 WährG: *Gramlich*, BBankG, § 3 WährG Rdnr. 59; *Hahn*, Währungsrecht, § 8 Rdnr. 49; *Grothe*, Fremdwährungsverbindlichkeiten, S. 280.

[164] Vgl. zu § 3 Satz 2 WährG: *Grothe*, Fremdwährungsverbindlichkeiten, S. 279 f.; *Hahn*, Währungsrecht, § 8 Rdnr. 49; Staudinger-*K. Schmidt*, Vorbem zu §§ 244 ff, Rdnr. D 323; *Gramlich*, BBankG, § 3 WährG Rdnr. 59; a. A. noch *Samm/Hafke*,

kann das Gericht die Behörde zum Erlass der begehrten Genehmigung verpflichten (§ 113 Abs. 5 Satz 1 VwGO).

Bei § 3 Satz 2 WährG war dagegen wegen des Ausnahmecharakters der Befreiung, die im Ermessen der Bundesbank stand und allein auf Währungsgesichtspunkte, nicht aber den Schuldnerschutz gestützt werden durfte, aufgrund § 114 VwGO kaum mit einem Verpflichtungsurteil durch ein Verwaltungsgericht (§ 113 Abs. 5 VwGO) zu rechnen[165].

b) *Vorverfahren*

Vor Erhebung einer Anfechtungs- oder Verpflichtungsklage sind Recht- und Zweckmäßigkeit des Verwaltungsakts gemäß § 68 Abs. 1 und 2 VwGO in einem Vorverfahren gemäß den §§ 68 ff. VwGO nachzuprüfen. Das Bundesamt für Wirtschaft und Ausfuhrkontrolle ist keine oberste Bundesbehörde, so dass das Vorverfahren nicht gemäß § 68 Abs. 1 Nr. 1 VwGO entbehrlich ist. Hieran ändert sich auch dadurch nichts, dass § 2 Abs. 1 Satz 2 PaPkG die Zuständigkeit für die Genehmigung von Ausnahmen vom Wertsicherungsverbot zunächst dem Bundesministerium für Wirtschaft zugewiesen hat. Bei diesem hätte es sich um eine oberste Bundesbehörde im Sinne des § 68 Abs. 1 Nr. 1 VwGO gehandelt, so dass ein Vorverfahren entbehrlich gewesen wäre. Indem die Bundesregierung die Zuständigkeit in § 7 PrKV nunmehr dem Bundesamt für Wirtschaft und Ausfuhrkontrolle zuweist, wird jedoch eine originäre Zuständigkeit dieser Behörde begründet, so dass § 68 Abs. 1 Nr. 1 VwGO nicht mehr greifen kann. § 7 PrKV hat insbesondere zur Folge, dass das BAFA die Genehmigung nicht lediglich im Namen und Auftrag des Bundesministers erteilt, was zur Anwendung des § 68 Abs. 1 Nr. 1 VwGO geführt hätte[166].

Ob bei § 3 Satz 2 WährG ein Vorverfahren durchzuführen war, war dagegen streitig. Dies wäre gemäß § 68 Abs. 1 Satz 2 Nr. 1 VwGO entbehrlich gewesen, wenn die Bundesbank eine oberste Bundes- oder Landesbehörde ist. Das ist nicht der Fall, denn § 29 Abs. 1 BBankG weist nicht der Deutschen Bundesbank[167], sondern allein dem Zentralbankrat und dem Direktorium der Deutschen Bundesbank die Stellung[168] einer obersten Bundesbehörde zu. Ein Vor-

---

Grundbesitz und Wertsicherungsklauseln, S. 103; anders wohl auch *Willms/Wahlig,* BB 1978, S. 973 ff., 976.

165 Staudinger-*K. Schmidt,* Vorbem zu §§ 244 ff, Rdnr. D 313; *Hahn,* Währungsrecht, § 8 Rdnr. 49.

166 Vgl. hierzu *Kopp/Schenke,* VwGO, § 68 Rdnr. 19.

167 So aber wohl verstanden von *Dürkes* (Wertsicherungsklauseln, H Rdnr. 44) und *K. Schmidt* (in Staudinger, Vorbem zu §§ 244 ff, Rdnr. D 325), die die Notwendigkeit eines Vorverfahrens infolgedessen konsequent verneinten.

168 Siehe hierzu *Gramlich,* BBankG, § 29 Rdnr. 4 f.; *Dürkes,* Wertsicherungsklauseln, H Rdnr. 44.

verfahren war daher durchzuführen[169]. Die Notwendigkeit eines Vorverfahrens folgte dagegen nicht schon daraus, dass die Ablehnungen von Genehmigungsanträgen regelmäßig durch die Landeszentralbanken erfolgte. Die Landeszentralbanken haben gemäß § 29 Abs. 1 Satz 2 BBankG die Stellung von Bundesbehörden, waren also weder oberste Bundesbehörden und schon gar nicht oberste Landesbehörden. § 49 Abs. 2 AWG wies die Zuständigkeit für die Erteilung von Genehmigungen nach § 3 WährG allerdings ausdrücklich der Deutschen Bundesbank zu. Diese handelte zwar regelmäßig durch die Landeszentralbanken[170], diese erließen aber die Bescheide nicht im Namen der Landeszentralbank, sondern ausdrücklich „im Namen der Deutschen Bundesbank"[171]. Die Landeszentralbanken haben insoweit die Bundesbank nur vertreten, die selbst Genehmigungsbehörde blieb. Dadurch allein hätte sich daher nichts daran geändert, dass ein Vorverfahren gemäß § 68 Abs. 1 Nr. 1 VwGO entbehrlich gewesen wäre[172].

c) Klagebefugnis

Da gesetzlich nichts anderes bestimmt ist, ist eine Anfechtungs- bzw. Verpflichtungsklage gemäß § 42 Abs. 2 VwGO nur dann zulässig, wenn der Kläger geltend machen kann, durch den Verwaltungsakt oder seine Ablehnung bzw. Unterlassung in seinen Rechten verletzt zu sein. Voraussetzung hierzu ist, dass der Kläger sein vermeintliches Recht auf eine Rechtsnorm stützen kann, die ausschließlich oder doch jedenfalls neben dem mit ihr verfolgten allgemeinen Interesse zumindest auch dem Schutz von Individualinteressen zu dienen bestimmt ist (Schutznormtheorie)[173].

Bei § 3 Satz 2 WährG konnten die Beteiligten dadurch, dass die Wertsicherungsklausel infolge einer Genehmigung durch die Bundesbank Wirksamkeit erlangte, nicht im Sinne von § 42 Abs. 2 VwGO in ihren Rechten verletzt sein. Dies galt auch dann, wenn der Antrag nur von einer der beiden Vertragspartner gestellt worden war. Dies folgte nicht nur daraus, dass der Zweck des § 3 Satz 2 WährG allein währungspolitischer und damit nur öffentlicher Natur war. Subjektive Rechte Einzelner schützte die Vorschrift nicht[174]. Dies folgte auch da-

---

[169] *Gramlich,* BBankG, § 3 WährG Rdnr. 60; *Samm/Hafke,* Grundbesitz und Wertsicherungsklauseln, S. 103; *Hahn,* Währungsrecht, § 8 Rdnr. 48; *Grothe,* Fremdwährungsverbindlichkeiten, S. 279 Fn. 1699.

[170] Siehe oben Kap. IX 1. a).

[171] *Dürkes,* Wertsicherungsklauseln, H Rdnr. 43; vgl. auch BVerwGE 41, S. 1 ff., 2; Staudinger-*Weber,* § 244 Rdnr. 332.

[172] Vgl. *Kopp/Schenke,* VwGO, § 68 Rdnr. 19.

[173] Siehe hierzu mit zahlreichen Rspr.-Nachweisen *Kopp/Schenke,* VwGO § 42 Rdnr. 83.

[174] Siehe Kap. IV 1. a).

raus, dass es sich bei der Genehmigung der Wertsicherungsklausel – oder bei einem entsprechenden Negativattest – für die den Antrag stellende sowie die nicht Antrag stellende Vertragspartei um einen begünstigenden Verwaltungsakt handelte. Denn die Genehmigung dient der Realisierung des Vertrages, den die Vertragsparteien einvernehmlich geschlossen haben, und erschöpft sich darin, die vereinbarte Wertsicherungsklausel zuzulassen[175]. Selbst wenn das Interesse der nicht Antrag stellenden Vertragspartei an der Erfüllung des Vertrages später entfallen sein sollte, würde dies nichts daran ändern, dass die Genehmigung einer Wertsicherungsklausel der Erfüllung des Vertrages dient und deshalb auch für sie ein begünstigender Verwaltungsakt bleibt[176]. Durch eine Genehmigung oder ein Negativattest werden die rechtlichen Möglichkeiten der Vertragspartner nicht eingeschränkt, sondern erweitert, denn ihnen wird bescheinigt, dass sie den Vertrag mit einer solchen Wertsicherungsklausel wirksam schließen durften[177]. Es fehlte den Beteiligten daher an der Klagebefugnis[178]. Wirtschaftliche Interessen allein können die Klagebefugnis nicht begründen – insbesondere ein Interesse einer Vertragspartei daran, die Unwirksamkeit des Vertrages herbeizuführen, ist nicht schutzwürdig[179]. Dies galt auch für den Fall, dass es sich nach Ansicht der klagenden Vertragspartei um eine Wertsicherungsklausel handelte, die von der Bundesbank in gleich gelagerten Fällen nicht genehmigt wurde[180], denn auch dann haben beide Parteien das bekommen, was sie wollten: einen wirksamen Vertrag[181]. Entsprechendes galt, wenn die Bundesbank die Genehmigung versagte. Da § 3 Satz 2 WährG unter keiner Betrachtungsweise dem Schutz von Individualinteressen zu dienen bestimmt war, konnten die Beteiligten grundsätzlich keine Klagebefugnis herleiten. Etwas anderes konnte allenfalls in besonderen Ausnahmefällen gelten, in denen die Beteiligten aus bestimmten Gründen – trotz der bestehenden genehmigungsfreien Wertsicherungsalternativen – eine mögliche Verletzung ihrer Grundrechte, namentlich Art. 14, 12 oder 3 GG, geltend machen konnten.

Anders ist es bei § 2 PaPkG. Diese Norm schützt nicht allein im öffentlichen Interesse die Preisstabilität, sondern enthält ferner die Verbraucher schützende Elemente[182]. Die Genehmigung der vereinbarten Wertsicherungsklausel hat

---

175 Vgl. BVerwG, BayVBl. 2000, S. 118 ff., 119.

176 So in einem vergleichbaren Fall das BVerwG, BayVBl. 2000, S. 118 ff., 119.

177 Vgl. BVerwG, BayVBl. 2000, S. 118 ff., 119.

178 OVG Münster, NJW 1965, S. 650; *Fögen,* BB 1964, S. 1015 ff., 1015; *Dürkes,* Wertsicherungsklauseln, C Rdnr. 255; *Samm/Hafke,* Wertsicherungsklauseln und Grundbesitz, S. 103; Staudinger-*K. Schmidt,* Vorbem zu §§ 244 ff, Rdnr. D 322; Schimansky/Bunte/Lwowski-*Schefold,* Bankrechts-Handbuch, Bd. III, § 115 Rdnr. 111. Vgl. auch BVerwG, NJW 1996, S. 3223 f., 3223.

179 Vgl. BVerwG, BayVBl. 2000, S. 118 ff., 119.

180 *Fögen,* BB 1964, S. 1015 ff., 1015.

181 Siehe BVerwG, NJW 1996, S. 3223 f., 3223.

182 Siehe Kap. IV 1. b) bb).

zwar zur Folge, dass der Vertrag mit der Klausel wirksam wird. Anders als zuvor soll § 2 Abs. 1 PaPkG die Beteiligten jedoch davor schützen, dass sie unangemessen benachteiligt werden. Anders als das alte Wertsicherungsverbot dient das neue damit auch dem Schutz der Verbraucher und anderer typischerweise unterlegener Gruppen. Die Beteiligten haben daher ein Recht darauf, dass die zuständige Behörde eine sie unangemessenen benachteiligende Wertsicherungsklausel nicht durch eine Genehmigung wirksam werden lässt. Kann dies bei einer bestimmten Wertsicherungsklausel der Fall sein, ist der Benachteiligte daher grundsätzlich im Sinne von § 42 Abs. 2 VwGO klagebefugt, da die Vorschrift nur insoweit ein Recht der Vertragsparteien begründet. Kann sich der Kläger hierauf nicht berufen, fehlt ihm für eine Verpflichtungsklage das erforderliche subjektive Recht. Das subjektive Recht fehlt der unangemessen benachteiligten Vertragspartei allerdings auch dann, wenn sie selbst – und nicht nur die andere Vertragspartei – einen Genehmigungsantrag gestellt hat. Denn dann wird ihr nur das gegeben, was sie selbst beantragt hat. Die antragsgemäße Genehmigung kann in keinem Fall von den Antragstellern angefochten werden[183]. Nur die nicht Antrag stellende Partei ist unter den genannten Voraussetzungen klagebefugt.

Ist der Kläger der Auffassung, dass die Wertsicherungsklausel genehmigungsfrei zulässig und die Versagung der Genehmigung bzw. eines Negativattestes damit rechtswidrig sei, bleibt ihm die Möglichkeit, seine aus dem Vertrag folgenden Ansprüche vor den Zivilgerichten einzuklagen. Dort wird das Gericht diese Frage – unabhängig von der Frage eines Eingriffs in subjektive Rechte – prüfen.

---

[183] Insoweit zu Recht: Schimansky/Bunte/Lwowski-*Schefold,* Bankrechts-Handbuch, Bd. III, § 115 Rdnr. 111.

Zusammenfassung der wichtigsten Ergebnisse

Kapitel I: Die Geschichte der Wertsicherung

Der Geldwert ist eine veränderliche Größe. Schon seit hunderten von Jahren werden daher Wertsicherungsklauseln in die Verträge aufgenommen. Als das BGB geschaffen wurde, war die deutsche Währung allerdings seit einigen Jahrzehnten sehr stabil. Wenngleich Wertsicherungsklauseln – von wenigen Ausnahmen abgesehen – zulässig waren, gab es in der Zeit vor dem Ersten Weltkrieg kaum Anlass dazu, sie zu vereinbaren. Die Bürger vertrauten auf die weitere Stabilität der gut funktionierenden Goldwährung, bei der eine bestimmte Geldsumme einer bestimmten Menge an Gold entsprach.

Mit Beginn des Ersten Weltkrieges endete die Goldwährungsepoche. In dieser Zeit wurden in Deutschland gesetzlich wohl erstmals bestimmte Vereinbarungen außer Kraft gesetzt, die der Wertsicherung dienten. Der Zweck dieser Maßnahme beschränkte sich allerdings darauf, den Goldbestand zu sichern. Neue Gesetze ermöglichten einen enormen Anstieg der Papiergeldmenge und konnten zu einem Verlust an Geldwert führen. Daher hätte die neue Währungsgesetzgebung Anlass gegeben, sich mit dem Geldwertverlust auseinander zu setzen. Aber erst die gallopierende Inflation nach Kriegsende führte zu einem verbreiteten Bedürfnis, Geldforderungen gegen den Geldwertverlust zu sichern. Da das Geld seine Wertmaßfunktion verloren hatte, kam die Vertragspraxis – trotz der einsetzenden Aufwertungsrechtsprechung – ohne Wertsicherungsklauseln nicht mehr aus. Im Regelfall stellten die Vertragsparteien dabei selbst die Verbindung zum Goldwert her, die die deutsche Währung nicht mehr bieten konnte. Der Staat stand den Wertsicherungsklauseln nach dem Ersten Weltkrieg in keiner Weise ablehnend gegenüber, sondern machte selbst von ihnen Gebrauch, sicherte selbst öffentlich-rechtliche Zahlungsansprüche gegen den Geldwertverlust und ermöglichte sogar die Wertsicherung bei Grundpfandrechten.

Nach diesem Währungsverfall wurde das Währungsrecht wieder geändert. Die im Oktober 1923 und August 1924 eingeleiteten Maßnahmen (Einführung zunächst der Rentenmark, dann der Reichsmark) stabilisierten die Währung für einige Jahre und führten de facto zur Rückkehr zur Goldwährung. Anders als vor dem Ersten Weltkrieg ging das Wertsicherungsbedürfnis allerdings nicht gegen Null. Nun wusste die Bevölkerung aus eigener Erfahrung, wie beliebig die Währung durch die Regierung beeinflusst werden konnte. Die Deutschen ließen daher aus Furcht, der Währungsverfall könne sich wiederholen, zunächst nicht von der Gewohnheit ab, Wertsicherungsklauseln zu vereinbaren. Auch in dieser Zeit waren Wertsicherungsvereinbarungen gesetzlich nicht besonders beschränkt.

Der nationalsozialistische Gesetzgeber griff wieder rigide in das Wertsicherungs- und Währungsrecht ein. Die Regierung missbilligte das der Wertsicherung zugrunde liegende Misstrauen in die Wertbeständigkeit der Währung und die Währungspolitik. Gesetzliche Maßnahmen nahmen zahlreichen Vereinbarungen den wertsichernden Charakter und verhinderten viele Wertsicherungsmöglichkeiten. Die Deutsche Reichsbank wurde zur Dienerin nationalsozialistischer Politik degradiert. Die Vorschriften, die die Geldschöpfung der Reichsbank beschränkten, wurden abgeschafft. Zwar gab es in der Zeit von 1933 bis 1945 kein allgemeines Verbot von Wertsicherungsklauseln. Die Regierung schaffte es aber auch ohne ein solches, Wertsicherungsvereinbarungen zu verhindern. Die gesetzlichen Maßnahmen, die selbst bereits vereinbarte Wertsicherungsabreden wirkungslos machten, führten zu Skepsis gegenüber Wertsicherungsklauseln. Warum sollten die Gläubiger sie vereinbaren, wenn sie entweder gar nicht wirksam werden konnten oder wenn jederzeit damit gerechnet werden musste, dass ihnen die Wirksamkeit genommen wird? Seit Mitte der 30er Jahre ging daher die Verbreitung von Wertsicherungsklauseln zunächst zurück.

Dass Wertsicherungsklauseln verpönt waren, wurde nach dem Krieg schnell vergessen. Spätestens als offenbar wurde, dass die Reichsmark inzwischen wertlos geworden und als Wertmesser nicht mehr geeignet war, setzte wieder eine regelrechte Flucht in Wertsicherungsklauseln ein. Die Militärregierung reagierte darauf, indem sie durch das Mark-gleich-Mark-Gesetz Wertsicherungsklauseln gerade in einer Zeit, wo sie größere Bedeutung hätten erlangen können, rückwirkend außer Funktion setzte. Während der Gesetzgeber in der ersten großen Inflation des 20. Jahrhunderts Wertsicherungen ermöglichte und förderte, hat er damit in der zweiten großen Inflation genau das Gegenteil getan. Auch diese Maßnahmen konnten die Inflation jedoch nicht aufhalten. Eine weitere Währungsreform brachte die beliebte Deutsche Mark und mit § 3 Satz 2 WährG ein Wertsicherungsverbot, das sich nur auf neu vereinbarte Wertsicherungsklauseln erstreckte. Obwohl die weitgehend unabhängige Bundesbank eine erfolgreiche Währungspolitik betrieb, verlor das Geld weiterhin an Wert. Sie konnte daher das Wertsicherungsbedürfnis nicht ganz beseitigen. Wer die damit verbundene Gefahr des Geldwertverlustes nicht hinnehmen wollte, musste auf die Geldwertsicherung im Einzelfall, also auf Wertsicherungsklauseln, zurückgreifen.

Welchen Stellenwert der Gesetzgeber dem Wertsicherungsverbot nach wie vor zumaß, zeigte sich nicht nur bei der Währungsunion vor der Deutschen Wiedervereinigung, sondern auch bei der Einführung des Euro. In beiden Fällen hielt der Gesetzgeber an einem Verbot von Wertsicherungsklauseln fest. Während bei der Währungsunion für die neuen Bundesländer eine eigene Rechtsgrundlage geschaffen wurde, die materiell mit § 3 Satz 2 WährG übereinstimmte, schuf der Gesetzgeber bei der Einführung des Euro eine ganz neue Vorschrift, die Wertsicherungsklauseln nicht mehr zum Schutz der Währung, sondern zum Schutz der Preisstabilität einschränken soll.

Die währungspolitischen Befugnisse der EZB entsprechen in weitem Umfang denen, die die Bundesbank zuvor hatte. Wie diese wird auch die EZB die Inflation dauerhaft nicht auf Null Prozent drücken können. Sie kann ein Wertsicherungsbedürfnis daher ebensowenig ganz beseitigen, wie es die Bundesbank konnte.

Kapitel II: Die Grundlage der Wertsicherungsklausel: Das Bedürfnis nach Wertsicherung

Der Wert des Geldes wird in erster Linie durch dessen Kaufkraft bestimmt. Die Kaufkraft ändert sich, wenn sich das allgemeine Preisniveau ändert. Juristisch wirft der Wertverlust bei Geldschulden schwierigere Fragen auf, als bei bloßem Bargeldbesitz.

Der geldtheoretische Nominalismus gilt auch bei der neuen Euro-Währung, obwohl er im Gemeinschaftsrecht nicht ausdrücklich angeordnet wird. Der geldschuldrechtliche Nominalismus ist im geltenden deutschen Recht ebenfalls nicht ausdrücklich normiert. Dieses Prinzip liegt dem Recht jedoch als dispositiver Grundsatz zugrunde. Er gehört zum ungeschriebenen, aber objektiv geltenden Recht. Ein Fall des strikten Nominalismus ist dann gegeben, wenn gesetzlich verboten wird, Geldschulden an künftige Geldwertänderungen vertraglich anzupassen, oder wenn dies auf andere Weise gezielt verhindert wird. Hierzu zählen z.B. §§ 2 PaPkG, 1113 Abs. 1, 1191 Abs. 1 und 1199 Abs. 1 BGB.

Bei Geldwertschulden ist der Geldwert bereits gesichert. Das Gleiche gilt grundsätzlich für Geldsummenschulden, die der Gesetzgeber mit einem gesetzlichen Wertsicherungsmechanismus verbunden hat. Bei allen anderen Geldschulden ändert sich die zur Erfüllung notwendige Geldsumme infolge des geldschuldrechtlichen Nominalismus grundsätzlich nicht, wenn sich der Geldwert ändert. Dort kommt daher der vertraglichen Wertsicherung besondere Bedeutung zu, da das Geld auch weiterhin an Wert verlieren wird. Das Wertsicherungsbedürfnis wird durch Gesetzgebung und Rechtsprechung nicht geschmälert, da diese sich bei der Korrektur des Nennwertprinzips sehr zurückhalten.

Kapitel III: Die Wertsicherungsklausel

Unter den Begriff der Wertsicherungsklausel fallen all diejenigen Vereinbarungen, die einen Mechanismus vorsehen, auf Grund dessen es zu einer Änderung des geschuldeten Geldbetrages kommen kann, ohne dass die Geldschuld dabei ihre Eigenschaft als Geldschuld verliert. Der Begriff der Wertsicherungsklausel geht damit über die Geldwertsicherung hinaus.

Möchten die Vertragsparteien eine Wertsicherungsklausel vereinbaren, müssen sie zunächst den Zweck festlegen, den sie mit der Klausel verfolgen wollen. Erst danach können und müssen sie eine Bezugsgröße suchen, mit der der vereinbarte Zweck erreicht werden kann. Die Wertsicherungsklausel muss so genau wie möglich formuliert sein. Wird die Wertsicherungsklausel im Detail ausgehandelt, so ergeben sich aufgrund der Tatsache, dass es sich um eine Wertsicherungsklausel handelt, keine rechtsgeschäftlichen Besonderheiten. Zu beachten sind aber neben § 2 PaPkG besondere, auf bestimmte Regelungsbereiche beschränkte Vorschriften. Ist eine Wertsicherungsklausel in Allgemeinen Geschäftsbedingungen enthalten, ist sie in der Regel nur dann wirksam, wenn für sie ein sachlich berechtigter Grund besteht und wenn in ihr eine Regelung enthalten ist, die eine über die Anpassung an den Geldwertverlust hinausgehende Änderung der Geldschuld ausschließt oder dem Kunden das Recht gibt, sich vom Vertrag zu lösen. Unwirksam sind dagegen solche Klauseln, die eine Preisfestsetzung des Verwenders oder Dritten nach freiem Belieben zulassen. Insbesondere darf die Klausel nicht dazu führen, dass durch sie automatische Preissteigerungen erreicht werden, die ohne eine solche Klausel auf dem Markt nicht durchsetzbar wären. Da eine Genehmigung nur die Befreiung vom Verbot des § 2 PaPkG enthält, heilt sie keine anderen Rechtsverstöße, insbesondere keine gegen §§ 307 ff. BGB.

Wertsicherungsklauseln können bei moderatem Geldwertverlust, und solange mit gesetzlichen Maßnahmen nicht zu rechnen ist, gute Dienste leisten. Bei einer echten Währungskrise besteht allerdings das Risiko eines gesetzlichen Eingriffs in die Wirksamkeit der Wertsicherungsklausel, wie es schon häufig vorgekommen ist. Selbst eine wirksam vereinbarte Wertsicherungsklausel kann daher niemals dauerhafte Sicherheit versprechen.

Kapitel IV: Zweck, Verbotscharakter und Verfassungsmäßigkeit des § 2 PaPkG und seiner Vorläufernorm

Die Ziele des § 3 Satz 2 WährG waren allein währungspolitischer Natur. Dagegen verfolgt der Gesetzgeber mit § 2 PaPkG das wirtschaftspolitische Ziel, die Stabilität der Preise zu erhalten, ohne dass dies zugleich einer bestimmten Währung zugute kommen soll. Daneben dient das Wertsicherungsverbot dem Schutz der Verbraucher und anderer typischerweise verhandlungsschwacher Vertragsparteien. Daraus folgt, dass § 2 PaPkG nicht aufgrund währungsrechtlicher Wertungen interpretiert werden darf.

Bei § 2 PaPkG handelt es sich – wie bei § 3 Satz 2 WährG – um ein repressives Verbot mit Befreiungsvorbehalt. Wie bei seiner Vorläufernorm bestehen auch gegen § 2 PaPkG keine durchgreifenden verfassungsrechtlichen Bedenken. Das Wertsicherungsverbot verstößt auch nicht gegen Gemeinschaftsrecht.

Kapitel V: Das alte Wertsicherungsverbot als Vorbild für § 2 PaPkG

§ 3 Satz 2 WährG war erkennbar mangelhaft formuliert, weshalb die teleologische Auslegung wichtiger war als die Auslegung nach dem Gesetzeswortlaut. § 3 Satz 2 WährG erfasste grundsätzlich nur solche Klauseln, die eine Abweichung vom Nennwertprinzip bewirkten (willkürliche Begründung einer Geldwertschuld) *und* im Fall allgemeiner Verbreitung dazu führen konnten, dass sich Waren und Dienstleistungen insgesamt verteuern und damit die Entwertung des deutschen Geldes gefördert wurde (potenzielle Inflationsförderung).

Verglichen mit § 3 Satz 2 WährG ist § 2 PaPkG deutlich besser formuliert. Aber auch § 2 PaPkG hat Mängel, weil er z. B. für ein und denselben Gegenstand verschiedene Bezeichnungen enthält. Nicht zuletzt deswegen sollte der seit langem gebräuchliche Begriff der „Wertsicherungsklausel“ weiterhin als allgemeiner Oberbegriff benutzt werden.

Kapitel VI: Der Umfang des Wertsicherungsverbots aus § 2 PaPkG

§ 2 Abs. 1 Satz 1 PaPkG nennt im Einzelnen die Voraussetzungen, unter denen eine Wertsicherungsklausel verboten ist. Der Gesetzgeber hat dabei die enge Auslegung des alten § 3 Satz 2 WährG durch Rechtsprechung und Literatur in das neue Verbot aufgenommen. Gleichwohl bleibt der genaue Umfang des Verbots unklar.

Das in § 2 Abs. 1 Satz 1 PaPkG enthaltene Wertsicherungsverbot setzt ausdrücklich eine Geldschuld voraus. Anders als es bei § 3 Satz 2 WährG der Fall war, erfasst es nun auch Fremdwährungsverbindlichkeiten. Nach wie vor verbietet die Vorschrift keine Vereinbarungen, bei denen als Gegenleistung statt des Geldes eine Leistung vereinbart wird, die nicht auf die Zahlung von Geld gerichtet ist. Voraussetzung hierzu ist nur, dass diese Leistung tatsächlich erbracht werden soll und nicht die Rolle eines versteckten Wertmessers übernimmt. Die Sachleistung kann auch im Rahmen einer Wahlschuld oder Ersetzungsbefugnis neben eine Geldschuld gestellt werden.

Anders als es bei § 3 Satz 2 WährG der Fall war, bezieht sich das in § 2 Abs. 1 Satz 1 PaPkG enthaltene Verbot nur auf vertraglich vereinbarte Wertsicherungsklauseln, nicht aber auf solche, die mit einseitigen Rechtsgeschäften verbunden sind. Weil eine vertraglich vereinbarten Geldschuld fehlt, greift das Verbot auch nicht mehr bei Wertsicherungsklauseln in einseitigen letztwilligen Verfügungen, insbesondere solche bei Geldvermächtnissen. Diese Tatsache hat die Bundesregierung in § 3 Abs. 1 Nr. 2a PrKV übersehen.

Nach wie vor fallen auch Geldwertschulden unter das Wertsicherungsverbot, wenn die Wertsicherungsklausel, die die Geldschuld zur Geldwertschuld macht, eine autonome Rechtsgrundlage für die Anpassung an Geldwertveränderungen darstellt und damit konstitutiv wirkt. Wertsicherungsklauseln, die lediglich deklaratorische Wirkung haben, fallen dagegen nicht unter das Wertsicherungsverbot.

Viel deutlicher als bei der Vorgängernorm verbietet § 2 Abs. 1 PaPkG die Leistungsvorbehaltsklauseln nicht. Wie zuvor liegt ein genehmigungsfreier Leistungsvorbehalt aber nicht schon dann vor, wenn zwischen der Änderung der Bezugsgröße und des Geldbetrages rein formal ein Erklärungsakt zwischengeschaltet ist. Vielmehr darf das Ergebnis der Anpassung nicht von vornherein feststehen. Die in § 1 Nr. 1 PrKV enthaltene Definition ist zu eng und erfasst nicht alle Leistungsvorbehalte, die gemäß § 2 Abs. 1 PaPkG genehmigungsfrei sind.

Auch Spannungs- und Kostenelementeklauseln fallen nach wie vor nicht unter das Wertsicherungsverbot. Hier ist die in der Preisklauselverordnung (§ 1 Nr. 2 PrKV) enthaltene Definition der Spannungsklausel ebenfalls unbefriedigend.

Eine weitere Neuheit bringt § 2 Abs. 1 Satz 3 PaPkG. Danach bleibt der Geld- und Kapitalverkehr vom Wertsicherungsverbot ausgenommen. Gemäß § 6 PrKV gilt diese Freistellung jedoch nicht für Kreditverträge mit Verbrauchern. Solche Klauseln können aber genehmigt werden, wenn die allgemeinen Genehmigungsvoraussetzungen des § 2 PrKV erfüllt sind.

Vom Wertsicherungsverbot werden ferner die sog. Beteiligungsklauseln und Klauseln nicht erfasst, die vor Entstehung der Geldschuld wirken. Für bestimmte Vertragsarten gibt es Sonderregelungen, die den § 2 PaPkG ausschließen.

Erfüllt eine Wertsicherungsklausel nicht die Voraussetzungen des § 2 PaPkG, ist sie selbst dann nicht wegen einer Umgehung der Vorschrift nichtig, wenn die Vertragsparteien bewusst auf diese Klausel auswichen, um die Rechtsfolge des § 2 Abs. 1 PaPkG zu vermeiden. Etwas anderes gilt aber dann, wenn die Vertragspartner durch einen Umweg versuchen, eine verbotene Wertsicherungsklausel in den Vertrag einzubeziehen.

Soweit keine genehmigungsfreie Wertsicherungsklausel vorliegt, kann das Bundesamt für Wirtschaft und Ausfuhrkontrolle unter den in § 2 Abs. 1 Satz 2 PaPkG genannten Voraussetzungen eine Ausnahme von dem Verbot genehmigen.

Kapitel VII: Das Wertsicherungsverbot bei Auslandsbezug

Die Genehmigungspflicht des § 3 Satz 2 WährG trat nur ein, wenn der Schuldner einer wertgesicherten DM-Geldschuld analog § 4 Abs. 1 Nr. 5 AWG gebietsansässig war. Ging ein Gebietsfremder eine wertgesicherte DM-Geldschuld ein, bedurfte dieser Vorgang selbst dann keiner Genehmigung nach § 3 Satz 2 WährG, wenn der Geldgläubiger gebietsansässig war. Anders ist es bei dem neuen Wertsicherungsverbot. Dieses gilt auch dann, wenn der Geldschuldner nicht gebietsansässig ist, es sein denn, dass auch der Gläubiger gebietsfremd oder der gebietsansässige Vertragspartner ein Kaufmann ist. Wer im Sinne von § 2 PaPkG als gebietsansässig zu gelten hat, richtet sich nach § 4 Abs. 1 Nr. 5 und 7 AWG.

Der in § 2 Abs. 1 Satz 4 gebrauchte Begriff der „Kaufleute“ ist nicht im handelsrechtlichen Sinne gemeint. Er erfasst auch Nichtkaufleute, soweit sie gewerblich oder freiberuflich tätig werden.

§ 2 PaPkG stellt – wie zuvor § 3 Satz 2 WährG – eine Eingriffsnorm i. S. d. Art. 34 EGBGB dar und ist damit unabhängig davon anwendbar, ob das Schuldverhältnis im Übrigen deutschem oder ausländischem Recht unterliegt.

Kapitel VIII: Die Preisklauselverordnung und ihre Vorgängerin

Da es sich bei der Preisklauselverordnung – anders als bei ihrer Vorgängerin – um eine Rechtsverordnung handelt, sind die Gerichte nunmehr unmittelbar an die darin enthaltenen Vorschriften gebunden. Die Verordnung enthält jetzt auch Vorschriften darüber, ob bestimmte Klauseln überhaupt genehmigungsbedürftig sind.

Anders als die Bundesbank, die nur Verwaltungsvorschriften erlassen konnte, kann die Bundesregierung auf Grund § 2 Abs. 2 Nr. 2 PaPkG die in den Sätzen 3 und 4 des Absatzes 1 enthaltenen Ausnahmen aus Gründen des Verbraucherschutzes begrenzen. Hiermit wird ihr ermöglicht, das in § 2 Abs. 1 PaPkG enthaltene Verbot weiter auszudehnen.

§ 1 PrKV enthält eine gewagte Formulierung, da es dort heißt, das Verbot von Preisklauseln gelte in bestimmten Fällen nicht. In den Fällen des § 1 Nrn. 1 bis 3 PrKV hat die Bundesregierung jedoch kein höherrangiges Gesetz abgeändert, denn dort sind nur die Definitionen der Begriffe Leistungsvorbehalts-, Spannungs- und Kostenelementeklauseln enthalten, die vom Wertsicherungsverbot nicht erfasst werden. Anders liegt der Fall bei § 1 Nr. 4 PrKV, der nicht neben die Nrn. 1 bis 3 passt. Die dort enthaltene Ausnahme lässt sich insoweit nicht auf die Verordnungsermächtigung in § 2 Abs. 2 Nr. 1 PaPkG stützen, als dort auch Klauseln in Erbbaurechtsbestellungsverträgen und Erbbauzinsreallasten freigestellt werden, die weder dem § 9a ErbbauVO, noch § 46 SachenRBereinigungsG bzw. § 4 ErholNutzG unterfallen. Diese Normen können nicht vollständig verhindern, dass keine der Vertragsparteien benachteiligt wird. Da daher die Voraussetzungen des § 2 Abs. 1 Satz 2 PaPkG nicht erfüllt sind, ist § 1 Nr. 4 PrKV insoweit rechtswidrig.

§ 2 PrKV (Allgemeine Genehmigungsvoraussetzungen) zieht einige Genehmigungsvoraussetzungen vor die Klammer, die bei allen genehmigungspflichtigen Klauseln gleichermaßen erfüllt sein müssen, damit eine Genehmigung überhaupt in Betracht kommt.

§ 3 PrKV (Genehmigungsfähigkeit bei langfristigen Zahlungen) beruht ebenfalls auf § 2 Abs. 2 Nr. 1 PaPkG und betrifft die erste Alternative des § 2 Abs. 1 Satz 2. Das Gleiche gilt für § 4 PrKV (Vertragsspezifische Klauseln). § 4 PrKV betrifft bestimmte langfristige Preisklauseln in Miet- und Pachtverträgen über Gebäude oder Räume. Im Unterschied zu § 3 PrKV besagt § 4 PrKV nicht, wann „insbesondere" eine Genehmigung nach § 2 Abs. 1 Satz 2 PaPkG in Betracht kommt. Vielmehr sollen alle Preisklauseln in Miet- und Pachtverträgen, die die dort genannten Voraussetzungen erfüllen, als genehmigt gelten. Anders als im Falle des § 1 Nr. 4 PrKV wird damit bei § 4 PrKV deutlich, dass diese Preisklauseln an sich unter das Verbot des § 2 Abs. 1 Satz 1 PaPkG fallen, dass sie aber durch diese Rechtsverordnung ausnahmsweise als genehmigt gelten. Die unterschiedliche Ausgestaltung der beiden Ausnahmefälle führt zu unterschiedlichen Folgen: Für eine Klausel im Sinne von § 1 Nr. 4 PrKV soll das Wertsicherungsverbot nicht gelten. Die Genehmigungsbehörde kann daran nichts ändern. Anders ist es, wenn die Vertragsparteien eine Klausel im Sinne von § 4 PrKV vereinbart haben. Die PrKV enthält hier nur eine Vermutungsregelung, die eine abweichende Regelung – z. B. durch einen Widerruf – zulässt. Der Nachteil dieser Genehmigungsfiktion besteht darin, dass die Beteiligten das Risiko einer falschen Subsumtion unter die Voraussetzungen der PrKV tragen, wozu auch die in § 2 PrKV enthaltenen Voraussetzungen gehören. Werden andere als die in § 4 Abs. 1 Nr. 1 a)–c) aufgeführten Bezugsgrößen vereinbart, bedarf die Klausel der Genehmigung gemäß § 3 PrKV, soweit keine genehmigungsfreie Preisklausel gewählt wurde.

§ 5 PrKV wiederholt lediglich die zweite Ausnahmemöglichkeit in § 2 Abs. 1 Satz 2 PaPkG.

Bezüglich § 2 Abs. 1 Satz 3 PaPkG hat die Regierung mit § 6 PrKV von der in § 2 Abs. 2 Nr. 2 PaPkG enthaltenen Ermächtigung Gebrauch gemacht. Danach gilt die Freistellung vom Wertsicherungsverbot nach § 2 Abs. 1 Satz 3 PaPkG nicht für Kreditverträge mit Verbrauchern. Damit weitet die Bundesregierung in zulässiger Weise das Wertsicherungsverbot aus. Solche Klauseln können nur dann genehmigt werden, wenn sie die Anforderungen des § 2 PrKV erfüllen.

§ 8 PrKV enthält Regelungen, die erforderlich sind, wenn nicht nur eine alte Norm durch eine neue ersetzt wird, sondern zugleich die Zuständigkeit für die Erteilung von Genehmigungen auf eine andere Behörde übergeht. § 8 Satz 1 stellt klar, dass bereits nach § 3 WährG erteilte Genehmigungen fortgelten. Dies gilt ebenso für Versagungsbescheide und Negativatteste sowie für Genehmigungen, die nicht aufgrund § 3 WährG erteilt wurden, sondern aufgrund einer der beiden inhaltsgleichen Vorschriften (Nr. 2c BerlWährVO und Art. 3 der Anl. I zum StaatsV). Gemäß § 8 Satz 2 PrKV wurden die am 31. Dezember 1998 noch nicht erledigten Genehmigungsverfahren auf das Bundesamt für Wirtschaft und Ausfuhrkontrolle übergeleitet. Diese Behörde hat in allen Fällen auf Basis der Preisklauselverordnung zu entscheiden.

Kapitel IX: Genehmigung und Genehmigungsverfahren bei § 2 PaPkG

Gegenstand des Genehmigungsverfahrens ist nicht die abstrakte Wertsicherungsklausel, sondern deren Verwendung in einem bestimmten, genau umrissenen Sachverhalt. Die Genehmigung ist ein privatrechtsgestaltender Verwaltungsakt, der allein die Befreiung vom Verbot des § 2 Abs. 1 Satz 1 PaPkG umfasst. Sie kann auch als Sammelgenehmigung oder Allgemeinverfügung ergehen. Einen privatrechtsgestaltenden Verwaltungsakt stellt auch die Versagung der Genehmigung dar. Vor der Ablehnung eines Genehmigungsantrages bedarf es grundsätzlich keiner Anhörung der Beteiligten.

Genehmigungsbedürftige Wertsicherungsvereinbarungen werden erst wirksam, wenn das Bundesamt sie genehmigt. Solange das nicht geschehen ist, sind sie schwebend unwirksam. Die Genehmigung einer Wertsicherungsklausel führt zur rückwirkenden Befreiung vom Verbot des § 2 Abs. 1 PaPkG. Die Aufhebung dieser privatrechtsgestaltenden Genehmigung durch Rücknahme oder Widerruf ist nicht von vornherein ausgeschlossen und richtet sich nach den allgemeinen Vorschriften. Stellt sich heraus, dass die Wertsicherungsklausel eine Lücke aufweist, kann diese selbst nach der behördlichen Genehmigung noch durch ergänzende Vertragsauslegung geschlossen werden. Das Ergebnis der Auslegung muss aber noch mit dem Gegenstand der Genehmigung vereinbar sein.

Die formell bestandskräftige Versagung der Genehmigung führt zur anfänglichen Nichtigkeit der Wertsicherungsklausel. Diese tritt auch dann ein, wenn die Genehmigungsbehörde förmlich bekannt gemacht hat, dass Genehmigungen dieser Art in Zukunft generell versagt werden, und deswegen sicher feststeht, dass die Genehmigung nicht mehr erteilt wird und an der Rechtmäßigkeit der Versagung keine Zweifel bestehen. Die ermessensfehlerfreie Rücknahme der Genehmigungsversagung ist grundsätzlich ausgeschlossen.

Ist die Wertsicherungsklausel gemäß § 2 Abs. 1 PaPkG genehmigungsfrei, kann das Bundesamt dies durch ein Negativattest bestätigen. Dieses stellt einen Verwaltungsakt dar.

Ändern die Vertragsparteien eine durch das Bundesamt für Wirtschaft und Ausfuhrkontrolle genehmigte Wertsicherungsklausel, bedarf die veränderte Klausel – wenn sie dadurch nicht zu einer genehmigungsfreien Klausel wurde – einer neuen Genehmigung. Wenn die Vertragsparteien die Wertsicherungsklausel unberührt lassen und nur den Vertrag, in dem die Klausel enthalten ist, ändern, gilt grundsätzlich das Gleiche. Da der Umfang der Genehmigung durch Auslegung zu ermitteln ist, kann etwas anderes nur dann gelten, wenn die Vertragsparteien eine Änderung vornehmen, die von der Genehmigung nach deren Sinn und Zweck eindeutig erfasst ist. Kündigt eine Vertragspartei den wertgesicherten Vertrag, entfaltet auch die Genehmigung keine Folgen mehr, sobald die Kündigung wirksam geworden ist. Schließen die Vertragsparteien einen neuen, aber inhaltlich mit dem alten identischen Vertrag, bedarf eine darin enthaltene Wertsicherungsklausel daher wieder der Genehmigung. Einigen sich die Vertragspartner vor Ablauf der Kündigungsfrist auf eine Fortsetzung des Vertrages, liegt dagegen kein Abschluss eines neuen Vertrages vor. Der bereits abgeschlossene Vertrag bleibt in solchen Fällen in Kraft. Daraus folgt, dass eine bereits genehmigte Wertsicherungsklausel keiner neuen Genehmigung bedarf.

Selbst wenn ein Beteiligter vom Bundesamt nicht die Genehmigung, sondern deren Versagung begehrt, wird das Bundesamt für Wirtschaft und Ausfuhrkontrolle nach jetzt geltendem Recht eine Entscheidung nicht mehr verweigern dürfen.

Anders als zuvor hat die Exekutive gegenüber den Gerichten eine stärkere Position. Damals waren die Gerichte nur an § 3 Satz 2 WährG gebunden und mussten Verwaltungsvorschriften der Bundesbank mangels Außenwirkung grundsätzlich nicht beachten. Dagegen sind die Gerichte jetzt nicht nur an § 2 PaPkG gebunden, der detailliertere Vorgaben enthält als die Vorgängernorm, sondern auch an die Preisklauselverordnung, die auch Vorschriften über die Genehmigungsbedürftigkeit von Klauseln enthält. Umgekehrt kommt den ordentlichen Gerichten jetzt auf manchen Gebieten eine stärkere Position zu, da sie in den Fällen des § 2 Abs. 1 Satz 3 PaPkG i.V.m. § 6 PrKV und § 1 Nr. 4 PrKV (Ausnahmen vom Verbot) sowie § 4 Abs. 1 PrKV (Genehmigungsfiktion) zu prüfen haben, ob die jeweiligen Voraussetzungen erfüllt sind.

Solange keine Entscheidung des Bundesamtes vorliegt, sind die Zivilgerichte in der Beurteilung der Genehmigungsbedürftigkeit von Wertsicherungsklauseln frei. Liegt dagegen eine Genehmigung vor, sind diese Gerichte aufgrund der Tatbestandswirkung an diese Entscheidung gebunden. Die Tatbestandswirkung der Genehmigungsversagung enthält die Regelung, dass die Wertsicherungsklausel nicht genehmigungsfähig ist. Mangels dahingehender Feststellungswirkung sind die Zivilgerichte nicht gehindert, die betroffene Klausel als genehmigungsfrei anzusehen. Auch den Negativattesten kommt eine Tatbestandswirkung zu. Die Gerichte können danach nicht mehr davon ausgehen, dass die Wertsicherungsklausel genehmigungspflichtig ist.

Halten die Vertragsparteien die vereinbarte Wertsicherungsklausel für genehmigungspflichtig, werden sie im Regelfall versuchen, durch einen entsprechenden Antrag eine Genehmigung des Bundesamtes herbeizuführen. Hält der Gläubiger der Geldschuld die vereinbarte Wertsicherungsklausel für nicht genehmigungsbedürftig, kann er auf die Einholung eines Negativattestes verzichten und den Anspruch geltend machen. Kommt es zum Streit, prüft das Zivilgericht, ob die Klausel tatsächlich genehmigungsfrei und damit insoweit wirksam ist. Der Nachteil dieses Vorgehens liegt in der fehlenden Bindung des Zivilgerichts durch die Tatbestandswirkung eines Negativattestes. Zudem fehlt dem Gläubiger die Möglichkeit, eine Änderung der Klausel zu vereinbaren, wenn sich in dem Verwaltungsverfahren oder einem sich anschließenden Verwaltungsgerichtsverfahren herausstellt, dass die Klausel genehmigungspflichtig ist.

Entsprechendes gilt, wenn das Bundesamt die Erteilung eines Negativattestes ablehnt. Dann bleibt den Beteiligten nicht allein eine Klage vor dem Verwaltungsgericht. Alternativ können sie den Fall den ordentlichen Gerichten zur Entscheidung vorlegen, indem sie eine Klage auf Feststellung der Rechtsgültigkeit der Wertsicherungsklausel erheben oder indem eine Partei eine Leistungsklage auf Zahlung derjenigen Geldsumme erhebt, die sich bei Anwendung der Wertsicherungsklausel ergibt. Diese Vorgehensweise bietet sich allerdings nur in den Fällen an, in denen damit zu rechnen ist, dass das Zivilgericht von der Genehmigungsfreiheit der Wertsicherungsklausel ausgehen wird. Ist eine Genehmigung dagegen erforderlich, bleibt allein eine verwaltungsgerichtliche Klage.

Wenn das Bundesamt eine Genehmigung versagt, steht dem Adressaten des Ablehnungsbescheides der Verwaltungsrechtsweg offen. Die Anfechtungsklage ist zumindest dann die richtige Klage, wenn der Kläger seine Ansicht ändert und die vereinbarte Wertsicherungsklausel nicht mehr für genehmigungspflichtig hält. Im anderen Fall ist die Verpflichtungsklage die richtige Klageart. Das Bundesamt für Wirtschaft und Ausfuhrkontrolle ist keine oberste Bundesbehörde. Daher sind vor Erhebung einer Anfechtungs- oder Verpflichtungsklage Recht- und Zweckmäßigkeit des Verwaltungsakts gemäß § 68 Abs. 1 und 2 VwGO in einem Vorverfahren nachzuprüfen.

Eine Anfechtungs- bzw. Verpflichtungsklage ist nur zulässig, wenn der Kläger geltend machen kann, durch den Verwaltungsakt oder seine Ablehnung bzw. Unterlassung in seinen Rechten verletzt zu sein. Anders als das alte Wertsicherungsverbot dient das neue auch dem Schutz der Verbraucher und anderer typischerweise unterlegener Gruppen. Die Beteiligten haben daher ein Recht darauf, dass die Behörde eine sie unangemessen benachteiligende Wertsicherungsklausel nicht durch eine Genehmigung wirksam werden lässt. Nur soweit sich der Kläger hierauf berufen kann, ist er klagebefugt. Das subjektive Recht fehlt der unangemessen benachteiligten Vertragspartei allerdings dann, wenn sie selbst – und nicht nur die andere Vertragspartei – einen Genehmigungsantrag gestellt hat. Denn dann wird ihr nur das gegeben, was sie selbst beantragt hat. Die antragsgemäße Genehmigung kann in keinem Fall von den Antragstellern angefochten werden.

Gesetzes- und Verordnungstexte

§ 3 WährG (nicht mehr in Kraft)

Geldschulden dürfen nur mit Genehmigung der für die Erteilung von Devisengenehmigungen zuständigen Stelle in einer anderen Währung als in Deutscher Mark eingegangen werden. Das gleiche gilt für Geldschulden, deren Betrag in Deutscher Mark durch den Kurs einer solchen anderen Währung oder durch den Preis oder eine Menge von Feingold oder von anderen Gütern und Leistungen bestimmt werden soll.

§ 2 Preisangaben- und Preisklauselgesetz (PaPkG)

(1) Der Betrag von Geldschulden darf nicht unmittelbar und selbsttätig durch den Preis oder Wert von anderen Gütern oder Leistungen bestimmt werden, die mit den vereinbarten Gütern oder Leistungen nicht vergleichbar sind. Das Bundesministerium für Wirtschaft und Arbeit kann auf Antrag Ausnahmen genehmigen, wenn Zahlungen langfristig zu erbringen sind oder besondere Gründe des Wettbewerbs eine Wertsicherung rechtfertigen und die Preisklausel nicht eine der Vertragsparteien unangemessen benachteiligt. Der Geld- und Kapitalverkehr, einschließlich der Finanzinstrumente im Sinne des § 1 Abs. 11 des Kreditwesengesetzes sowie die hierauf bezogenen Pensions- und Darlehensgeschäfte, bleibt vom Indexierungsverbot ausgenommen. Desgleichen bleiben Verträge von gebietsansässigen Kaufleuten mit Gebietsfremden vom Indexierungsverbot ausgenommen.

(2) Die Bundesregierung wird ermächtigt, durch Rechtsverordnung ohne Zustimmung des Bundesrates

1. die Voraussetzungen näher zu bestimmen, unter denen Ausnahmen vom Preisklauselverbot nach Absatz 1 Satz 2 einzeln oder allgemein genehmigt werden können, oder solche Ausnahmen festzulegen,
2. die Ausnahmen nach Absatz 1 Satz 3 und 4 für bestimmte Arten von Rechtsgeschäften aus Gründen des Verbraucherschutzes zu begrenzen und
3. statt des Bundesministeriums für Wirtschaft und Arbeit eine andere Bundesbehörde zu bestimmen, die für die Erteilung dieser Genehmigungen zuständig ist.

Preisklauselverordnung (PrKV)

§ 1 Genehmigungsfreie Klauseln

Das Verbot von Preisklauseln nach § 2 Abs. 1 Satz 1 des Preisangaben- und Preisklauselgesetzes – nachfolgend Gesetz genannt – gilt nicht für

1. Klauseln, die hinsichtlich des Ausmaßes der Änderung des geschuldeten Betrages einen Ermessensspielraum lassen, der es ermöglicht, die neue Höhe der Geldschuld nach Billigkeitsgrundsätzen zu bestimmen (Leistungsvorbehaltsklauseln),
2. Klauseln, bei denen die in ein Verhältnis zueinander gesetzten Güter oder Leistungen im wesentlichen gleichartig oder zumindest vergleichbar sind (Spannungsklauseln),
3. Klauseln, nach denen der geschuldete Betrag insoweit von der Entwicklung der Preise oder Werte für Güter oder Leistungen abhängig gemacht wird, als diese die Selbstkosten des Gläubigers bei der Erbringung der Gegenleistung unmittelbar beeinflussen (Kostenelementeklauseln),
4. Klauseln in Erbbaurechtsbestellungsverträgen und Erbbauzinsreallasten mit einer Laufzeit von mindestens 30 Jahren, wobei § 9a der Verordnung über das Erbbaurecht, § 46 des Sachenrechtsbereinigungsgesetzes vom 21. September 1994 (BGBl. I S. 2457), zuletzt geändert durch Artikel 11 des Gesetzes vom 9. Juni 1998 (BGBl. I S. 1242), und § 4 des Erholungsnutzungsrechtsgesetzes vom 21. September 1994 (BGBl. I S. 2538, 2548) unberührt bleiben.

§ 2 Allgemeine Genehmigungsvoraussetzungen

(1) Die Genehmigung setzt voraus, daß die Preisklausel hinreichend bestimmt ist. Das ist nicht der Fall, wenn ein geschuldeter Betrag allgemein von der künftigen Preisentwicklung oder einem anderen Maßstab abhängen soll, der nicht erkennen läßt, welche Preise oder Werte bestimmend sein sollen.

(2) Preisklauseln werden nicht genehmigt, wenn sie eine Vertragspartei unangemessen benachteiligen. Eine unangemessene Benachteiligung liegt insbesondere vor, wenn

1. einseitig ein Preis- oder Wertanstieg eine Erhöhung, nicht aber umgekehrt ein Preis- oder Wertrückgang eine entsprechende Ermäßigung des Zahlungsanspruchs bewirkt oder
2. der geschuldete Betrag sich gegenüber der Entwicklung der Bezugsgröße überproportional ändern kann.

§ 3 Genehmigungsfähigkeit bei langfristigen Zahlungen

(1) Nach § 2 Abs. 1 Satz 2 des Gesetzes können Preisklauseln genehmigt werden, wenn Zahlungen langfristig zu erbringen sind. Dies gilt insbesondere für Preisklauseln, nach denen der geschuldete Betrag durch die Änderung eines von dem Statistischen Bundesamt oder einem Statistischen Landesamt ermittelten Preisindexes für die Gesamtlebenshaltung oder eines vom Statistischen Amt der Europäischen Gemeinschaft ermittelten Verbraucherpreisindexes bestimmt werden soll, wenn

1. es sich um wiederkehrende Zahlungen handelt, die
   a) auf Lebenszeit des Gläubigers oder des Schuldners,
   b) bis zum Erreichen der Erwerbsfähigkeit oder eines bestimmten Ausbildungszieles des Empfängers,

c) bis zum Beginn der Altersversorgung des Empfängers,

d) für die Dauer von mindestens zehn Jahren, gerechnet vom Vertragsabschluß bis zur Fälligkeit der letzten Zahlung, oder

e) auf Grund von Verträgen zu erbringen sind, bei denen der Gläubiger für die Dauer von mindestens zehn Jahren auf das Recht zur ordentlichen Kündigung verzichtet oder der Schuldner das Recht hat, die Vertragsdauer auf mindestens zehn Jahre zu verlängern oder

2. es sich um Zahlungen handelt, die

a) auf Grund einer Verbindlichkeit aus der Auseinandersetzung zwischen Miterben, Ehegatten, Eltern und Kindern, auf Grund einer letztwilligen Verfügung oder

b) von dem Übernehmer eines Betriebes oder eines sonstigen Sachvermögens zur Abfindung eines Dritten zu entrichten sind,

sofern zwischen der Begründung der Verbindlichkeit und der Endfälligkeit ein Zeitraum von mindestens zehn Jahren liegt oder die Zahlungen nach dem Tode eines Beteiligten zu erbringen sind.

(2) Preisklauseln können ferner genehmigt werden, wenn der geschuldete Betrag von der künftigen Einzel- oder Durchschnittsentwicklung von Löhnen, Gehältern, Ruhegehältern oder Renten abhängig sein soll, wenn es sich um regelmäßig wiederkehrende Zahlungen handelt, die

1. für die Lebenszeit,

2. bis zum Erreichen der Erwerbsfähigkeit oder eines bestimmten Ausbildungszieles oder

3. bis zum Beginn der Altersversorgung

des Empfängers zu erbringen sind.

(3) Preisklauseln können ferner genehmigt werden, wenn der geschuldete Betrag von der künftigen Einzel- oder Durchschnittsentwicklung der Preise oder Werte für Güter oder Leistungen abhängig gemacht wird, die der Schuldner in seinem Betrieb erzeugt, veräußert oder erbringt und es sich um wiederkehrende Zahlungen handelt, die

1. für die Dauer von mindestens zehn Jahren, gerechnet vom Vertragsabschluß bis zur Fälligkeit der letzten Zahlung, oder

2. auf Grund von Verträgen zu erbringen sind, bei denen der Gläubiger für die Dauer von mindestens zehn Jahren auf das Recht zur ordentlichen Kündigung verzichtet, oder der Schuldner das Recht hat, die Vertragsdauer auf mindestens zehn Jahre zu verlängern.

(4) Preisklauseln können ferner genehmigt werden, wenn der geschuldete Betrag von der künftigen Einzel- oder Durchschnittsentwicklung des Preises oder des Wertes von Grundstücken abhängig sein soll, wenn sich das Schuldverhältnis auf die land- oder forstwirtschaftliche Nutzung beschränkt und es sich um wiederkehrende Zahlungen handelt, die

1. für die Dauer von mindestens zehn Jahren, gerechnet vom Vertragsabschluß bis zur Fälligkeit der letzten Zahlung, oder

2. auf Grund von Verträgen zu erbringen sind, bei denen der Gläubiger für die Dauer von mindestens zehn Jahren auf das Recht zur ordentlichen Kündigung verzichtet, oder der Schuldner das Recht hat, die Vertragsdauer auf mindestens zehn Jahre zu verlängern.

(5) Die Verwendung weiterer Klauseln kann genehmigt werden, wenn schutzwürdige Interessen eines Beteiligten dies erfordern.

§ 4 Vertragsspezifische Klauseln

(1) Preisklauseln in Miet- und Pachtverträgen über Gebäude oder Räume, soweit es sich nicht um Mietverträge über Wohnraum handelt, gelten als genehmigt, wenn

1. die Entwicklung des Miet- und Pachtzinses

   a) durch die Änderung eines von dem Statistischen Bundesamt oder einem Statistischen Landesamt ermittelten Preisindexes für die Gesamtlebenshaltung oder eines vom Statistischen Amt der Europäischen Gemeinschaft ermittelten Verbraucherpreisindexes,

   b) durch die Änderung der künftigen Einzel- oder Durchschnittsentwicklung der Preise oder Werte für Güter oder Leistungen, die der Schuldner in seinem Betrieb erzeugt, veräußert oder erbringt oder

   c) durch die künftige Einzel- oder Durchschnittsentwicklung des Preises oder des Wertes von Grundstücken, wenn sich das Schuldverhältnis auf die land- und forstwirtschaftliche Nutzung beschränkt,

   bestimmt werden soll und

2. der Vermieter oder Verpächter für die Dauer von mindestens zehn Jahren auf das Recht zur ordentlichen Kündigung verzichtet oder der Mieter oder Pächter das Recht hat, die Vertragsdauer auf mindestens zehn Jahre zu verlängern.

(2) Für Mietanpassungsvereinbarungen in Verträgen über Wohnraum gilt § 557b des Bürgerlichen Gesetzbuchs.

§ 5 Genehmigungsfähigkeit aus Wettbewerbsgründen

Daneben können Preisklauseln genehmigt werden, wenn besondere Gründe des nationalen oder internationalen Wettbewerbs sie rechtfertigen.

§ 6 Geld- und Kapitalverkehr

Die Freistellung vom Indexierungsverbot nach § 2 Abs. 1 Satz 3 des Gesetzes gilt nicht für Kreditverträge mit Verbrauchern im Sinne des § 1 des Verbraucherkreditgesetzes. Die Genehmigung solcher Klauseln setzt voraus, daß die Anforderungen des § 2 erfüllt sind.

§ 7 Genehmigungsbehörde

Zuständig für die Genehmigung von Preisklauseln ist das Bundesamt für Wirtschaft und Ausfuhrkontrolle (BAFA).

§ 8 Übergangsvorschrift

Bereits nach § 3 des Währungsgesetzes erteilte Genehmigungen gelten fort. Genehmigungsanträge nach § 3 des Währungsgesetzes, die am 31. Dezember 1998 noch nicht erledigt sind, werden auf das Bundesamt für Wirtschaft und Ausfuhrkontrolle (BAFA) übergeleitet. Über Genehmigungsanträge, die nach dem 31. Dezember 1998 gestellt werden, ist, auch wenn sie sich auf früher geschlossene Verträge beziehen, nach dieser Verordnung zu entscheiden.

§ 9 Inkrafttreten

Diese Verordnung tritt am 1. Januar 1999 in Kraft.

Literaturverzeichnis

Achterberg, Norbert: Allgemeines Verwaltungsrecht, 2. Aufl., Heidelberg 1986

Ahrens, Hans-Jürgen: Anmerkung zum Urteil vom 27. Juli 1979 (4 U 126/78) des OLG Celle, in: WM 1980, S. 749 ff.

Arnim, Hans Herbert von: Der ausgebeutete Geldwertsparer, in: ZRP 1980, S. 201 ff.

Augustin, Dietmar/*Stemmer,* Michael: Die Pfennigklausel als Wertsicherungsklausel, Ergänzung zu dem Urteil des OLG Nürnberg vom 26.1.2000 – 4 U 3249/99 –, in: BauR 2000, S. 1802 ff.

Bamberger, Heinz Georg/*Roth,* Herbert (Hrsg.): Kommentar zum Bürgerlichen Gesetzbuch, Band 1, Gesamtverzeichnis, §§ 1–610, München 2003 (zit.: Bamberger/Roth-Bearbeiter)

Bar, Christian von/*Mankowski,* Peter: Internationales Privatrecht, Band I, Allgemeine Lehren, 2. Aufl., München 2003 (zit.: IPR I)

Baumbach, Adolf/*Lauterbach,* Wolfgang/*Albers,* Jan/*Hartmann,* Peter: Zivilprozeßordnung mit Gerichtsverfassungsgesetz und anderen Nebengesetzen, 62. Aufl., München 2004 (zit.: Baumbach/Lauterbach/Albers/Hartmann-Bearbeiter, ZPO)

Beck, Heinz: Gesetz über die Deutsche Bundesbank vom 20. Juli 1957, Kommentar, Mainz/Düsseldorf 1959 (zit.: Beck, BBankG)

Bender, Klaus W.: Die Fälscher warten, Der Euro soll mit neuen Sicherheitsmerkmalen ausgestattet werden, in: F.A.Z. Nr. 49 v. 28.02.2000, S. 16

Benkard, Georg: Die Währungsreform der Ostzone, in: BB 1948, S. 859 ff.

Berndt, Hans: Die Wertsicherung in der Unternehmung unter besonderer Beachtung der Währungsgesetzgebung, Berlin 1960

Bernstein, Peter L.: The power of gold, The history of an obsession, New York/Chichester/Weinheim/Brisbane/Singapore/Toronto 2000

Bettermann, Karl August: Anm. zu BVerwG, Urteil vom 3.10.1972, DVBl. 1973, S. 408 ff., in: DVBl. 1973, S. 412

– Die Geldentwertung als Rechtsproblem, in: ZRP 1974, S. 13 ff.

– Über Inhalt, Grund und Grenzen des Nominalismus – zugleich eine Besprechung von BAG AP Nr. 4 und 5 zu § 242 BGB Ruhegehalt – Geldentwertung –, in: RdA 1975, S. 2 ff.

Bleckmann, Albert: Europarecht, Das Recht der Europäischen Union und der Europäischen Gemeinschaften, 6. Aufl., Köln/Berlin/Bonn/München 1997 (zit.: Bleckmann-Bearbeiter, Europarecht)

Bofinger, Peter: „Des Kanzlers Hand zum Stocke fuhr: ‚Verdammt, ist dieser Vocke stur!'", 130 Jahre Erfahrung der Mark, in: F.A.Z. Nr. 303 vom 31.12.2001, S. 18

Borries, Reimer von/*Repplinger-Hach,* Renate: Auf dem Weg zur „Euro-Verordnung", Rechtsfragen der Einführung der europäischen Währung, in: NJW 1996, S. 3111 ff.

Bräutigam, Benedikt: Die währungsrechtliche Zulässigkeit von Wertsicherungsklauseln, Diss. Hamburg 1984

Brandl, Felix (Hrsg.): Das Recht der Besatzungsmacht, Ausgabe 1947, München 1947

Braun, Wilfried: Vertragliche Geldwertsicherung im grenzüberschreitenden Wirtschaftsverkehr, Diss. Würzburg 1980, Berlin 1982

Brox, Hans/*Walker,* Wolf-Dietrich: Allgemeines Schuldrecht, 30. Aufl., München 2004

Busse, Daniel: Die Berücksichtigung ausländischer „Eingriffsnormen" durch die deutsche Rechtsprechung, in: ZVglRWiss 95 (1996), S. 386 ff.

Caemmerer, Ernst von: Obligationen als Substanzrechte, in: JZ 1951, S. 417 ff.

– Empfehlen sich unter Berücksichtigung der rechtlichen Regelung in anderen europäischen Staaten gesetzliche Bestimmungen über die Wertsicherung? Soll unter diesem Gesichtspunkt § 3 des Währungsgesetzes aufgehoben oder geändert werden?, in: Verhandlungen des 40. Deutschen Juristentages, Band II, Tübingen 1954, D 5 ff.

Calliess, Christian/*Ruffert,* Matthias (Hrsg.): Kommentar des Vertrages über die Europäische Union und des Vertrages zur Gründung der Europäischen Gemeinschaft – EUV/EGV –, 2. Auflage, Neuwied, Kriftel 2002 (zit.: Calliess/Ruffert-Bearbeiter, EUV/EGV)

Canaris, Claus-Wilhelm: Handelsrecht, 23. Aufl., München 2000

Claussen, Carsten Peter: Bank- und Börsenrecht für Studium und Praxis, 3. Aufl., München 2003

Dempewolf, Günter: Wertpapiere bei der Erbschaftssteuer, in: NJW 1967, S. 380 ff.

Dierdorf, Josef: Neugestaltung der Währungsverfassung, in: NJW 1998, S. 3145 ff.

Dittrich, Alfred: Der Entwurf des Gesetzes zur Einführung des Euro, in: NJW 1998, S. 1269 ff.

Dreier, Horst (Hrsg.): Grundgesetz, Kommentar,
- Band II, Artikel 20 – 82, Tübingen 1998
- Band III, Artikel 83–146, Tübingen 2000 (zit.: Dreier-Bearbeiter, GG)

Duden, Konrad: Allgemeine privatrechtliche Wirkungen der Geldreform, in: DRZ 1948, S. 330 ff.

– Empfehlen sich unter Berücksichtigung der rechtlichen Regelung in anderen europäischen Staaten gesetzliche Bestimmungen über die Wertsicherung? Soll unter diesem Gesichtspunkt § 3 des Währungsgesetzes aufgehoben oder geändert werden?, in: Verhandlungen des 40. Deutschen Juristentages, Band I, Tübingen 1953, S. 1 ff.

– Vor der Währungsreform vereinbarte Wertsicherungsklauseln, in: BB 1949, S. 669 f.

Dürkes, Werner: Anmerkung zu BGH, Urteil vom 12.2.1953 – IV ZR 109 52, in: BB 1953, S. 246 f.

– Wertsicherungsklauseln, 10 Aufl., Heidelberg 1992

– Wertsicherungsklauseln in den neuen Bundesländern und in Ost-Berlin – Anwendbarkeit des § 3 WährG, in: BB 1992, S. 1073 ff.

Eckstein, Felix: Geldschuld und Geldwert im materiellen und internationalen Privatrecht, Berlin 1932

Emmerich, Volker: Das Recht der Leistungsstörungen, 5. Aufl., München 2003

– Anmerkung zu BGH, Urt. v. 16.4.1986 – VIII ZR 60/85, in: JuS 1986, S. 908 f., 909.

Endler, Jan: Europäische Zentralbank und Preisstabilität, Eine juristische und ökonomische Untersuchung der institutionellen Vorkehrungen des Vertrages von Maastricht zur Gewährleistung der Preisstabilität, Diss. Mannheim 1997, Stuttgart/München/Hannover/Berlin/Weimar/Dresden 1998

Enneccerus, Ludwig/*Nipperdey,* Hans Carl: Allgemeiner Teil des Bürgerlichen Rechts, Ein Lehrbuch, 15. Aufl., Tübingen 1959

Eppig, Theo: Die Zulässigkeit neuer Wertsicherungsklauseln, in: DNotZ 1951, S. 405 ff.

– Wertsicherung, Eine Untersuchung zu § 3 des Währungsgesetzes, in: NJW 1949, S. 531 ff.

– Anm. zu OLG Schleswig, Beschl. v. 2.4.1957 – 2 W 41/57, in: DNotZ 1957, S. 538 f., 539.

Erichsen, Hans-Uwe (Hrsg.): Allgemeines Verwaltungsrecht, 12. Aufl., Berlin 2002 (zit.: Erichsen-Bearbeiter, Allgemeines Verwaltungsrecht)

Erman, Walter: Bürgerliches Gesetzbuch, Handkommentar mit EGBGB, ErbbauVO, HausratsVO, LPartG, ProdHaftG, UKlaG, VAHRG und WEG, Band I, hrsg. von Harm Peter Westermann, 11. Aufl., Köln 2004 (zit.: Erman-Bearbeiter)

Falk/Naupert: Fortentwicklung und Fortgeltung des Preisrechts, in: BB 1946, Nr. 13, S. 2 ff.

Figge: Anmerkung zu LG Hamburg, Beschluss vom 19.6.1947, 1 T 249/47, in: MDR 1948, S. 23

Finkelnburg, Klaus/*Ortloff,* Karsten-Michael: Öffentliches Baurecht, Band II: Bauordnungsrecht, Nachbarschutz, Rechtsschutz, 4. Aufl., München 1998

Flume, Werner: Allgemeiner Teil des Bürgerlichen Rechts, Zweiter Band: Das Rechtsgeschäft, 3. Aufl., Heidelberg/New York 1979 (zit.: Das Rechtsgeschäft)

Fögen, Hermann: Bedeutung, Anwendungsbereich und Grundsätze für die Anwendung von § 3 Satz 2 des Währungsgesetzes („Sachwertklauseln“), in: BB 1958, S. 1259 ff.

– Einzelfragen und neue Genehmigungsgrundsätze zu § 3 des Währungsgesetzes (Wertsicherungsklauseln), in: BB 1964, S. 1015 ff.

– Geld- und Währungsrecht, München 1969

– Genehmigungsbedürftige „Wertsicherungsklauseln“ und nicht-genehmigungsbedürftige „Leistungsvorbehalte“ („Billigkeitsklauseln“), in: BB 1967, S. 738 ff.

Folter, Birte: Die zivilrechtlichen Auswirkungen der Einführung des Euro auf Bankgeschäfte nach deutschem und französischem Recht, Frankfurt am Main 2000, Diss. Tübingen 2000

Fricke, Dieter: Inflation und Geldwertsicherungsklauseln, in: Jura 1987, S. 591 ff.

Frielingsdorf, Elke: Zur Problematik der Wertsicherungsklauseln, in: DB 1982, S. 789 ff.

Frotscher, Werner: Wirtschaftsverfassungs- und Wirtschaftsverwaltungsrecht, Eine systematische Einführung anhand von Grundfällen, 4. Aufl., München 2004

Geiger, Rudolf: EUV/EGV, Vertrag über die Europäische Union und Vertrag zur Gründung der Europäischen Gemeinschaft, Kommentar, 3. Aufl., München 2000

Geiler, Karl/*Stehlik,* Arnold/*Veith,* Hans Joachim: D-Markbilanzgesetz mit einem Anhang aller einschlägigen Vorschriften insbesondere solcher aus dem Umstellungsrecht, Kommentar, München/Berlin 1950 (zit.: Geiler/Stehlik/Veith, DM-BilG)

Götz, Volkmar: Das Maastricht-Urteil des Bundesverfassungsgerichts, in: JZ 1993, S. 1081 ff.

Goltz, Horst: Konvertierbarkeit der DM und Genehmigungserfordernis nach § 3 des Währungsgesetzes, in: DB 1959, S. 339 ff.

Grabitz, Eberhard/*Hilf,* Meinhard (Hrsg.): Das Recht der Europäischen Union, Band I: EUV/EGV, München 2004, Stand: 22. Ergänzungslieferung August 2003 (zit.: Grabitz/Hilf-Bearbeiter, Recht der EU)

Gramlich, Ludwig: Bundesbankgesetz, Währungsgesetz, Münzgesetz, Kommentar, Köln/Berlin/Bonn/München 1988

Groeben, Hans von der/*Schwarze,* Jürgen (Hrsg.): Kommentar zum Vertrag über die Europäische Union und zur Gründung der Europäischen Gemeinschaft, Band 1, Artikel 1–53 EUV, Artikel 1–80 EGV, 6. Aufl., Baden-Baden 2003 (zit.: Groeben/Schwarze-Bearbeiter)

Gröschler, Peter: Zur Frage der einvernehmlichen Fortsetzung erloschener Verbindlichkeiten: Wiederherstellung oder Neubegründung?, in: NJW 2000, S. 247 ff.

Grothe, Helmut: Das währungsverschiedene Substitutionsrecht in Euro, International- und Europarechtliches zur Novellierung des § 244 Abs. 1 BGB, in: ZBB 2002, S. 1 ff.

– Der internationale Anwendungsbereich des deutschen Geldwertsicherungsrechts – Ein Beitrag zur Interpretation und kollisionsrechtlichen Einordnung von § 2 Preisangaben- und Preisklauselgesetz –, in: WM 2002, S. 22 ff.

– Der Verzugszins bei Fremdwährungsforderungen nach griechischem und deutschem Recht (zu OLG Stuttgart, 7.8.2000 – 5 U 184/1999, IPRax 2001, S. 152 Nr. 16), in: IPRax 2002, S. 119 ff.

– Fremdwährungsverbindlichkeiten, Das Recht der Geldschulden mit Auslandsberührung, Kollisionsrecht – Materielles Recht – Verfahrensrecht, Berlin/New York 1999

– Überproportional wirkende Indexmieten und § 557b BGB, in: NZM 2002, S. 54 ff.

Grundmann, Stefan: Nationales Währungsrecht und EG-Kapitalverkehrsfreiheit, in: EWS 1990, S. 214 ff.

Haferkamp, Dieter: Die deutsche Währungsunion – bereits Rechtsgeschichte?, in: DtZ 1991, S. 201 ff.

Hafke, Heinz Christian: Rechtliche Fragen von Wertsicherungsvereinbarungen vor und nach Eintritt in die Währungsunion, in: WM 1997, S. 693 ff.

Hahn, Hugo J.: Währungsrecht, München 1990

Hahn, Hugo J./*Braun,* Wilfried: Die Währungsklausel als Interpretationsproblem, in: Behrens, Peter (Hrsg.), Die Wertsicherung der Young-Anleihe, Tübingen 1984, S. 9 ff.

Hakenberg, Michael: Das Euro-Einführungsgesetz, in: BB 1998, S. 1491 ff.

Hammes, Klaus: Verordnung Nr. 92 der MilReg. und Währungsreform, in: MDR 1949, S. 275 ff.

Harmening, Rudolf: Währungsgesetze, Vorschriften zur Neuordnung des Geldwesens in der Bundesrepublik und in Berlin (West), München/Berlin 1955

Hartenfels, Holger: Euro-Bankrechtliche Aspekte am Morgen der Währungsunion, in: WM 1999, Sonderbeilage Nr. 1, S. 3 ff.

Hartmann, Helmut: Wertsicherungsvereinbarungen. Systematik und Vertragsmuster, in: DB 1970, Beilage Nr. 17

Heermann, Peter W.: Geld und Geldgeschäfte, Tübingen 2003

Henn, Günter: Die rechtsgeschäftliche Zulässigkeit von Wertsicherungsklauseln, in: MDR 1958, S. 461 ff.

Herold: Wertsicherung bei bäuerlichen Rechtsgeschäften, in: MDR 1948, S. 137 f.

Hesse, Konrad: Grundzüge des Verfassungsrechts der Bundesrepublik Deutschland, Neudruck der 20. Aufl., Heidelberg 1999

Heubeck, Georg/*Höhne,* Gerhard/*Paulsdorff,* Jürgen/*Weinert,* Wolfgang: Kommentar zum Betriebsrentengesetz, Gesetz zur Verbesserung der betrieblichen Altersversorgung, Band I: Arbeitsrechtliche Vorschriften (§§ 1–18 und Anhang), 2. Aufl., Heidelberg 1982 (zit.: Heubeck/Höhne/Paulsdorff/Weinert-Bearbeiter, Betriebsrentengesetz)

Heynitz, Jobst von: Zur Euroeinführung – Ein neues deutsches Sonderrecht für Wertsicherungsvereinbarungen, in: MittBayNot 1998, S. 398 ff.

Hirschberg, Eliyahu: The value clause and the change of circumstances, in: Behrens, Peter (Hrsg.), Die Wertsicherung der Young-Anleihe, Tübingen 1984, S. 89 ff.

Höfer, Reinhold/*Abt,* Oskar: Gesetz zur Verbesserung der betrieblichen Altersversorgung, Kommentar, Band I: Arbeitsrechtlicher Teil, 2. Aufl., München 1982

Horn, Norbert (Hrsg.): Das Zivil- und Wirtschaftsrecht der DDR, Stand 25. April 1990, Köln 1990

– Das Zivil- und Wirtschaftsrecht in den neuen Bundesländern ab 3. Oktober 1990, Köln 1990

– Geldwertveränderungen, Privatrecht und Wirtschaftsordnung, Karlsruhe 1975

Hromadka, Wolfgang: Gehaltsindexierung per Gleichbehandlung?, in: DB 1987, S. 2519 ff.

Hubernagel, G.: Die umstellungsfreien Geldschulden nach dem Umstellungsgesetz, in: NJW 1947/48, S. 409 ff.

Immenga, Ulrich/*Schwintowski,* Hans-Peter: Wertsicherung durch Geldwertschulden, in: NJW 1983, S. 2841 ff.

Ingenstau, Jürgen/*Hustedt,* Volker: Kommentar zum Erbbaurecht, 8. Aufl., Düsseldorf 2001

Ipsen, Jörn: Allgemeines Verwaltungsrecht, 3. Aufl., Köln/Berlin/Bonn/München 2003

Isensee, Josef/*Kirchhof,* Paul (Hrsg.): Handbuch des Staatsrechts der Bundesrepublik Deutschland,
- Band III, Das Handeln des Staates, 2. Aufl., Heidelberg 1996
- Band VI, Freiheitsrechte, 2. Aufl., Heidelberg 2001

(zit.: Isensee/Kirchhof-Bearbeiter, HStR)

Jarass, Hans D./*Pieroth,* Bodo: Grundgesetz für die Bundesrepublik Deutschland (GG), Kommentar, 7. Aufl., München 2004 (zit.: Jarass/Pieroth-Bearbeiter, GG)

Jauernig, Othmar (Hrsg.): Bürgerliches Gesetzbuch, Kommentar, 11. Aufl., München 2004 (zit.: Jauernig-Bearbeiter)

Jayme, Erik/*Kohler,* Christian: Europäisches Kollisionsrecht 1999 – Die Abendstunde der Staatsverträge, in: IPRax 1999, S. 401 ff.

Jürgensen, Hans: Immer noch Währungsschutzklauseln?, in: JW 1937, S. 2947 ff.

Kilb, Wolfgang: Rechtsgrundlagen des Euro, in: JuS 1999, S. 10 ff.

Klanten, Thomas: Zahlung mit Euro, in: NJW 1998, S. 3152 ff.

Knack, Hans Joachim: Verwaltungsverfahrensgesetz (VwVfG), Kommentar, 8. Aufl., Köln/Berlin/Bonn/München 2004 (zit.: Knack-Bearbeiter, VwVfG)

Koch, F.: Mark = Mark?, Zu den Ergänzungsbestimmungen zum MRG 51, in: NJW 1947/48, S. 170 ff.

Koller, Ingo/*Roth,* Wulf-Henning/*Morck,* Winfried: Handelsgesetzbuch, Kommentar, 4. Aufl., München 2003 (zit.: Koller/Roth/Morck-Bearbeiter, HGB)

Kollhosser, Helmut: Rechtsprobleme der Geldentwertung, in: JA 1983, S. 49 ff.

Kopp, Ferdinand O./*Ramsauer,* Ulrich: Verwaltungsverfahrensgesetz, 8. Aufl., München 2003

Kopp, Ferdinand O./*Schenke,* Wolf-Rüdiger: Verwaltungsgerichtsordnung, Kommentar, 13. Aufl., München 2003

Külpmann, Christoph: Änderungen von Rechtsverordnungen durch den Gesetzgeber, in: NJW 2002, S. 3436 ff.

Lampe, Ortrun: Die Unabhängigkeit der Deutschen Bundesbank, Eine verfassungsrechtliche und verwaltungsrechtliche Untersuchung, 2. Aufl., München 1971

Lange, Rudolf: Über Währungsklauseln im Landwirtschaftsrecht, in: NJW 1957, S. 250 ff.

Larenz, Karl: Lehrbuch des Schuldrechts, Erster Band, Allgemeiner Teil, 14. Aufl., München 1987 (zit.: Schuldrecht I)

Lenz, Carl Otto (Hrsg.): EU- und EG-Vertrag, Kommentar zu dem Vertrag über die Europäische Union und zu dem Vertrag zur Gründung der Europäischen Gemeinschaft, jeweils in der durch den Vertrag von Nizza geänderten Fassung, 3. Aufl., Köln 2003 (zit.: Lenz-Bearbeiter, EUV/EGV)

Lepsius, Oliver: Geld als Schutzgut der Eigentumsgarantie, in: JZ 2002, S. 313 ff.

Lettl, Tobias: Die Anpassung von Verträgen des Privatrechts, 5. Teil, Wirksamkeitsvoraussetzungen für vertragliche Anpassungsregelungen, in: JuS 2001, S. 559 ff.

Limmer, Peter: Wertsicherungsklauseln und die Neuregelung durch das Euro-Einführungsgesetz, in: ZNotP 1999, S. 148 ff.

Löwe, Walter: Wichtige Neuregelungen im Zweiten Wohnraumkündigungsschutzgesetz, in: NJW 1975, S. 9 ff.

Mann, Frederick A.: Das Recht des Geldes, Eine rechtsvergleichende Untersuchung auf der Grundlage des englischen Rechts, Frankfurt am Main/Berlin 1960

– Geldentwertung und Recht, in: NJW 1974, S. 1297 ff.

– Empfehlen sich unter Berücksichtigung der rechtlichen Regelung in anderen europäischen Staaten gesetzliche Bestimmungen über die Wertsicherung? Soll unter diesem Gesichtspunkt § 3 des Währungsgesetzes aufgehoben oder geändert werden?, in: Verhandlungen des 40. Deutschen Juristentages, Band II, Tübingen 1954, D 29 ff.

Mathar, Hubert: Wertsicherungsverbot und Grundgesetz – Zur Verfassungsmäßigkeit von § 3 WährG –, Diss. Würzburg 1988

Matthöfer, Hans: Probleme der Indexierung von Geldforderungen, in: ZRP 1980, S. 325 f.

Maunz, Theodor/*Dürig,* Günter u. a.: Grundgesetz, Kommentar, Hrsg. von Theodor Maunz, Günter Dürig, Peter Badura u. a., Band V, Art. 70–99, Stand: 43. Ergänzungslieferung Februar 2004 (zit.: Maunz/Dürig-Bearbeiter, GG)

Maurer, Hartmut: Allgemeines Verwaltungsrecht, 14. Aufl., München 2002

Maydell, Bernd von: Geldschuld und Geldwert, Die Bedeutung von Änderungen des Geldwertes für die Geldschulden, München 1974

Medicus, Dieter: Bürgerliches Recht, Eine nach Anspruchsgrundlagen geordnete Darstellung zur Examensvorbereitung, 20. Aufl., Köln/Berlin/München 2004

– Privatrechtliche Fragen zur Geldentwertung, in: DB 1974, S. 759 ff.

– Schuldrecht I, Allgemeiner Teil, 15. Aufl., München 2004

Mees, Jürgen: Besprechung von Werner Dürkes, Wertsicherungsklauseln, 7. Aufl. 1966, in: BB 1967, S. 547

Meyer, Hans/*Borgs-Maciejewski,* Hermann: Verwaltungsverfahrensgesetz, 2. Aufl., Frankfurt am Main 1982 (zit.: Meyer/Borgs-Bearbeiter, VwVfG)

Möschel, Wernhard: Das Wirtschaftsrecht der Banken, Die währungs-, bankaufsichts-, kartell- und EWG-rechtliche Sonderstellung der Kreditinstitute, Frankfurt am Main 1972

Morsch, Stephan: Die Vereinbarung von Wertsicherungsklauseln in Liefer- und Bezugsverträgen, in: BB 2004, S. 1803 ff.

Mügel, Oskar: Das gesamte Aufwertungsrecht, 5. Aufl., Berlin 1927

Münchener Kommentar: Münchener Kommentar zum Bürgerlichen Gesetzbuch, Hrsg. von Kurt Rebmann, Franz Jürgen Säcker, Roland Rixecker,
- Band 2, Schuldrecht, Allgemeiner Teil, §§ 241–432, 3. Aufl., München 1994
- Band 2a, Schuldrecht Allgemeiner Teil, §§ 241–432, 4. Aufl., München 2003
- Band 4, Schuldrecht, Besonderer Teil II, §§ 607–704, 3. Aufl., München 1997
- Band 10, Einführungsgesetz zum Bürgerlichen Gesetzbuche, Art. 1–38, Internationales Privatrecht, 3. Aufl., München 1998

(zit.: MK-Bearbeiter)

Münzel, Karl: Das Schicksal der Währungsklauseln, in: JR 1949, S. 341 ff.

Mugdan, Benno (Hrsg.): Die gesammten Materialien zum Bürgerlichen Gesetzbuch für das Deutsche Reich, II. Band, Recht der Schuldverhältnisse, Berlin 1899

Musielak, Hans-Joachim (Hrsg.): Kommentar zur Zivilprozessordnung mit Gerichtsverfassungsgesetz, 4. Aufl., München 2005 (zit.: Musielak-Beabeiter, ZPO)

Nicolaysen, Gert: Rechtsfragen der Währungsunion, Berlin/New York 1993

Nussbaum, Arthur: Das Geld in Theorie und Praxis des Deutschen und Ausländischen Rechts, Tübingen 1925

Obermayer, Klaus/*Fritz,* Roland (Hrsg.): Kommentar zum Verwaltungsverfahrensgesetz, 3. Aufl., Neuwied/Kriftel 1999 (zit.: Obermayer-Bearbeiter, VwVfG)

Oberrath, Jörg-Dieter: Öffentliches Wirtschaftsrecht, Eine Einführung in das Wirtschaftsverwaltungs- und Wirtschaftsverfassungsrecht, Stuttgart 1999

Oefele, Helmut Freiherr von/*Winkler,* Karl: Handbuch des Erbbaurechts, 3. Aufl., München 2003

Oppermann, Thomas/*Classen,* Claus Dieter: Die EG vor der Europäischen Union, in: NJW 1993, S. 5 ff.

o. Verf.: Goldmarkforderungen, wertbeständige Klauseln, in: BB 1947, S. 78 ff.

– Goldmarkforderungen, in: BB 1946, S. 7

Palandt, Otto: Bürgerliches Gesetzbuch mit Einführungsgesetz (Auszug), BGB-Informationspflichten-Verordnung, Unterlassungsklagengesetz, Produkthaftungsgesetz, Erbbaurechtsverordnung, Wohnungseigentumsgesetz, Hausratsverordnung, Lebenspartnerschaftsgesetz, Gewaltschutzgesetz (Auszug), 64. Aufl., München 2005 (zit.: Palandt-Bearbeiter)

Papier, Hans-Jürgen: Rechtsprobleme der Inflation, in: JuS 1974, S. 477 ff.

Paqué, Karl-Heinz: Eine Notbremse gegen Deflation und Depression, Preise, Prinzipien und Pragmatismus/Die Geldpolitik zehrt auch heute von den Lehren aus der Weltwirtschaftskrise, in: F.A.Z. Nr. 247 vom 23. Oktober 1999, S. 15

Peine, Franz-Joseph: Öffentliches Baurecht, Grundzüge des Bauplanungs- und Bauordnungsrechts unter Berücksichtigung des Raumordnungs- und Fachplanungsrechts, 4. Aufl., Tübingen 2003

Pieroth, Bodo/*Schlink,* Bernhard: Grundrechte, Staatsrecht II, 20. Aufl., Heidelberg 2004

Pikart, Heinz: Die Rechtsprechung des Bundesgerichtshofs zur Wertsicherungsklausel, in: WM 1969, S. 1062 ff.

Priese, Johannes/*Rebentrost,* Fritz: Kommentar zu den Gesetzen zur Neuordnung des Geldwesens unter Berücksichtigung der Durchführungsverordnungen, Iserlohn 1948 (zit.: Priese/Rebentrost, Währungsgesetze)

Rademacher, Ulf: Vertragsgestaltung im Gewerberaummietrecht, in: MDR 2000, S. 57 ff.

– Wertsicherungsklauseln in Mietverträgen über Gewerberaum nach dem Euro-Einführungsgesetz, in: ZMR 1999, S. 218 ff.

Radtke, Rolf C.: Schuldstatut und Eingriffsrecht, Systematische Grundlagen der Berücksichtigung von zwingedem Recht nach deutschem IPR und dem EG-Schuldvertragsübereinkommen, in: ZVglRWiss 84 (1985), S. 325 ff.

Räfle, Siegfried: Erbbaurechtsverordnung, Kommentar zur Verordnung über das Erbbaurecht unter besonderer Berücksichtigung der Rechtsprechung des Bundesgerichtshofs, Berlin/New York 1986

Ranniger: Die Zulässigkeit neuer Wertsicherungsklauseln (§ 3 WährG), in: DNotZ 1951, S. 396 ff.

Reichert-Facilides, Fritz: Geldentwertung und Recht, in: JZ 1974, S. 483 ff.

– Geldwertschwankungen und Privatrecht, in: JZ 1969, S. 617 ff.

Reinhuber, Nikolaus: Grundbegriffe und internationaler Anwendungsbereich von Währungsrecht, Berlin/New York 1995, Diss. Hamburg 1995

Reinicke, G./*Reinicke,* D.: Wertsicherungsklauseln, in: MDR 1953, S. 385 ff.

Reithmann, Christoph: Die Wertsicherungsklausel in der neuen Rechtsprechung, in: DNotZ 1960, S. 172 ff.

Reul, Adolf: Die Umstellung von Wertsicherungsklauseln auf den Verbraucherpreisindex für Deutschland auf der Basis 2000 = 100, in: DNotZ 2003, S. 92 ff.

Reuter, Dieter: Geldschuld und Geldwert, in: ZHR 140 (1976), S. 73 ff.

Reuter, Ulrich: Fremdwährung und Rechnungseinheiten im Grundbuch, Diss. Frankfurt a. M. 1991, Frankfurt a. M./Bern/New York/Paris 1992

RGRK: Das Bürgerliche Gesetzbuch mit besonderer Berücksichtigung der Rechtsprechung des Reichsgerichts und des Bundesgerichtshofes, Kommentar, hrsg. von den Mitgliedern des Bundesgerichtshofes, Band II, 1. Teil (§§ 241–413), 12. Aufl., Berlin/New York 1976

Rittmann, Herbert: Deutsche Geldgeschichte seit 1914, München 1986

Rötelmann, W.: Anmerkung zu OLG Celle, Beschl. v. 22.8.1950 – 4 Wx 11/50 und OLG Köln, Beschl. v. 6.12.1950 – 2 Wlw 127/50, in: NJW 1951, S. 363 f.

Sachs, Michael (Hrsg.): Grundgesetz, Kommentar, 3. Aufl., München 2003 (zit.: Sachs-Bearbeiter, GG)

Samm, Carl-Theodor: Die Stellung der Deutschen Bundesbank im Verfassungsgefüge, Diss. München 1967, Berlin 1967

Samm, Carl-Theodor/*Hafke,* Heinz Christian: Grundbesitz und Wertsicherungsklauseln, Rechtsgrundlagen, Rechtsprechung, Genehmigungsgrundsätze und Formulierungsvorschläge, 2. Aufl., Berlin 1988

Schefold, Dietrich: Der Einfluß von EG-Währungsrecht auf nationale Zivilrechte, in: ZEuP 1999, S. 271 ff.

– Referenzzinssätze und die Einführung des Euro, in: NJW 1998, S. 3155 ff.

Schimansky, Herbert/*Bunte,* Hermann-Josef/*Lwowski,* Hans-Jürgen (Hrsg.): Bankrechts-Handbuch, Band III, 2. Aufl., München 2001 (zit.: Schimansky/Bunte/Lwowski-Bearbeiter)

Schlegelberger: Handelsgesetzbuch, hrsg. von Ernst Geßler, Wolfgang Hefermehl, Wolfgang Hildebrandt, Georg Schröder, Band IV, §§ 343–372, 5. Aufl., München 1976 (zit.: Schlegelberger-Bearbeiter, HGB)

Schmalz, Ernst Werner: Die Stabilität des Geldwertes als Problem des Privatrechts, München 1986

Schmidt, Karsten: Geld und Geldschuld im Privatrecht, Eine Einführung in ihre Grundlagen, in: JuS 1984, S. 737 ff.

– Grundfragen der vertraglichen Wertsicherung, in: ZIP 1983, S. 639 ff.

– Handelsrecht, 5. Aufl., Köln/Berlin/Bonn/München 1999

Schmidt-Räntsch, Jürgen: Vertragsrechtsfragen der Euro-Einführung, in: ZIP 1998, S. 2041 ff.

– Wertsicherungsklauseln nach dem Euro-Einführungsgesetz, in: NJW 1998, S. 3166 ff.

Schneider, Uwe H.: Der Umrechnungskurs, das Umrechnungsverfahren und die Rundung bei Einführung des Euro, in: DB 1998, S. 1449 ff.

– Die Vereinbarung und die Erfüllung von Geldschulden in Euro – Zugleich ein Beitrag zum Übergang zu einer europäischen Währungsverfassung –, in: DB 1996, S. 2477 ff.

Schubert, Werner: Wertsicherungsklauseln, in: NJW 1950, S. 285 ff.

Schultz, Michael: Wertsicherung im Gewerberaummietrecht, in: NZM 2000, S. 1135 ff.

Schulze, Johannes: Genehmigungsbedürftigkeit von Wertsicherungsklauseln und Fremdwährungsvereinbarungen bei Sachverhalten und Auslandsbeziehungen, in: AWD 1962, S. 89 ff.

Schweitzer, Michael/*Hummer,* Waldemar: Europarecht, Das Recht der Europäischen Union – Das Recht der Europäischen Gemeinschaften (EGKS, EG, EAG) – mit Schwerpunkt EG, 5. Aufl., Neuwied/Kriftel/Berlin 1996

Seetzen, Uwe: Zur innerstaatlichen und internationalen Zulässigkeit von Fremdwährungsschulden- und -klauseln, in: AWD 1969, S. 253 ff.

Seidel, Martin: Probleme der Verfassung der Europäischen Gemeinschaft als Wirtschafts- und Währungsunion, in: Europarecht, Energierecht, Wirtschaftsrecht, Festschrift für Bodo Börner zum 70. Geburtstag, hrsg. von Jürgen F. Baur, Peter-Christian Müller-Graff, Manfred Zuleeg, Köln/Berlin/Bonn/München 1992, S. 417 ff.

Seifart, Werner/*Campenhausen,* Axel Freiherr von: Handbuch des Stiftungsrechts, 2. Aufl., München 1999 (zit.: Seifart/v. Campenhausen-Bearbeiter)

Selmayr, Martin: Wie unabhängig ist die Europäische Zentralbank? – Eine Analyse anhand der ersten geldpolitischen Entscheidungen der EZB –, in: WM 1999, S. 2429 ff.

Skaupy, Walther: Wertsicherungsklauseln vor und nach der Währungsumstellung, in: JR 1949, S. 343 ff.

Soergel: Bürgerliches Gesetzbuch mit Einführungsgesetz und Nebengesetzen, hrsg. von W. Siebert, Jürgen F. Baur, Volker Beuthin u. a., Band 2, Schuldrecht 1 (§§ 241–432), 12. Aufl., Stuttgart/Berlin/Köln/Mainz 1990 (zit.: Soergel-Bearbeiter)

Spanner, Hans: Steuer und Geldentwertung – Verfassungsprobleme, in: DStR 1975, S. 475 ff.

Spindler, Joachim von/*Becker,* Willy/*Starke,* O.-Ernst: Die Deutsche Bundesbank, Grundzüge des Notenbankwesens und Kommentar zum Gesetz über die Deutsche Bundesbank, 4. Aufl., Stuttgart/Berlin/Köln/Mainz 1973

Ständige Deputation des Deutschen Juristentages (Hrsg.): Verhandlungen des Vierzigsten Deutschen Juristentages, Hamburg 1953,
- Band I, Gutachten, Tübingen 1953
- Band II, Sitzungsberichte, Tübingen 1954

Stapel, Babett: Wertsicherungsklauseln in Miet- und Pachtverträgen nach dem Preisangaben- und Preisklauselgesetz (PaPkG) sowie der Preisklauselverordnung (PrKV), in: WuM 1999, S. 204 f.

Staudinger, J. v.: Kommentar zum Bürgerlichen Gesetzbuch mit Einführungsgesetz und Nebengesetzen,
- II. Band, Recht der Schuldverhältnisse, Teil 1a, §§ 241, 243–248, 11. Aufl., Berlin 1967
- Erstes Buch, Allgemeiner Teil, §§ 21–103, 13. Bearbeitung 1995, Berlin 1995

– Zweites Buch, Recht der Schuldverhältnisse, §§ 244–248 (Geldrecht), 13. Bearbeitung 1997, Berlin 1997
– Zweites Buch, Recht der Schuldverhältnisse, §§ 652–704, 13. Bearbeitung 1995, Berlin 1995
– Buch 3, Sachenrecht, ErbbVO, §§ 1018–1112, Neubearbeitung 2002, Berlin 2002 (zit.: Staudinger-Bearbeiter)

Stebut, Dietrich von: Die Sicherung des Geldwerts und der Währung, in: Jura 1983, S. 449 ff.

– Geld als Zahlungsmittel und Rechtsbegriff, in: Jura 1982, S. 561 ff.

Stein, Reiner: Die Anhörung im Verwaltungsverfahren nach § 28 VwVfG, in: VR 1997, S. 238 ff.

Stelkens, Paul/*Bonk*, Heinz Joachim/*Sachs*, Michael (Hrsg.): Verwaltungsverfahrensgesetz, Kommentar, 6. Aufl., München 2001 (zit.: Stelkens/Bonk/Sachs-Bearbeiter, VwVfG)

Stern, Klaus: Das Staatsrecht der Bundesrepublik Deutschland, Band II Staatsorgane, Staatsfunktionen, Finanz- und Haushaltsverfassung, Notstandsverfassung, München 1980

– Die Konvergenzkriterien des Vertrags von Maastricht und ihre Umsetzung in der bundesstaatlichen Finanzverfassung, in: Festschrift für Ulrich Everling, Bd. II, hrsg. von Ole Due, Marcus Lutter, Jürgen Schwarze, Baden-Baden 1995, S. 1469 ff.

Strauß, Walter: Wirtschaftsrecht und Zonen, in: BB 1946, S. 4 f.

Stützel, Wolfgang: Das Mark-gleich-Mark-Prinzip und unsere Wirtschaftsordnung, Baden-Baden 1979

Szagunn, Volkhard: Anmerkung zu BGH, Urt. v. 9.7.1956 – II ZR 279/54 (Hamburg), in: NJW 1957, S. 342 f.

– Fragen der rechtsgeschäftlichen Wertsicherung, in: BB 1955, S. 969 ff.

Thomas, Heinz/*Putzo*, Hans/*Reichold*, Klaus/*Hüßtege*, Rainer: Zivilprozessordnung mit Gerichtsverfassungsgesetz, den Einführungsgesetzen und europarechtlichen Vorschriften (EuGVVO, EheVO, ZustellungsVO, ZustDG, AVAG), 24. Aufl., München 2002 (zit.: Thomas/Putzo-Bearbeiter, ZPO)

Ule, Carl Hermann/*Laubinger*, Hans-Werner: Verwaltungsverfahrensrecht, 4. Aufl., Köln/Berlin/Bonn/München 1995

Ulmer, Peter/*Brandner*, Erich/*Hensen*, Horst-Diether/*Schmidt*, Harry: AGB-Gesetz, Kommentar zum Gesetz zur Regelung des Rechts der Allgemeinen Geschäftsbedingungen, 9. Aufl., Köln 2001 (zit.: Ulmer/Brandner/Hensen-Bearbeiter, AGBG)

Völker, Stefan: Preisangabenrecht, Recht der Preisangaben und Preiswerbung, 2. Aufl., München 2002

Vogels: Die Verordnung über wertbeständige Rechte vom 16.11.1940, in: Deutsche Justiz 1940, S. 1309 ff.

Vogler, Oskar: Indexierungsverbot nach § 2 Preisangaben- und Preisklauselgesetz, in: NJW 1999, S. 1236 ff.

Wachs, Otto: Anm. zu LG Braunschweig, Beschluss vom 25. Juni 1947, 8 T 141/47, in: MDR 1948, S. 45 ff.

– Anm. zu LG Düsseldorf, Urteil vom 11. Februar 1947, 1 D 62/46, in: MDR 1947, S. 21 ff.

Wassermann, Rudolf (Hrsg.): Kommentar zum Bürgerlichen Gesetzbuch (Reihe Alternativkommentare), Band 2, Allgemeines Schuldrecht, Neuwied und Darmstadt 1980 (zit.: AK-BGB-Bearbeiter)

Weber, Albrecht: Die Wirtschafts- und Währungsunion nach dem Maastricht-Urteil des BVerfG, in: JZ 1994, S. 53 ff.

Weber, Lutz B.: Die Umsetzung der Bestimmungen über die Europäische Währungsunion in das deutsche Verfassungsrecht, Eine Untersuchung nach dem Vertrag von Maastricht unter besonderer Berücksichtigung der Deutschen Bundesbank (Artikel 88 des Grundgesetzes), Diss. Berlin 1999, Frankfurt am Main 2000

Weides, Peter: Die Anhörung der Beteiligten im Verwaltungsverfahren, in: JA 1984, S. 648 ff.

Weimar, Wilhem: Die Aufnahme von Währungsschutzklauseln verstößt gegen die Berufspflicht, in: JW 1938, S. 216

Willms, Friedrich Karl/*Wahlig,* Bertold: Zur Genehmigungsbedürftigkeit von Wertsicherungsvereinbarungen nach § 3 WährG und zur Neufassung der Genehmigungsgrundsätze der Deutschen Bundesbank, in: BB 1978, S. 973 ff.

Wisskirchen, Gerlind: Die Einführung des Euro und ihre Auswirkungen auf privatrechtliche internationale und auf völkerrechtliche Verträge, in: DB 1998, S. 809 ff.

Wölker, Ulrich: The continuity of contracts in the transition to the third stage of economic and monetary union, in: Common Market Law Review (CML Rev.) 1996, S. 1117 ff.

Wolf, Eckhard: Wertsicherungs-, Kostenelements-, und Schiedsgutachtenklauseln in der neueren Rechtsprechung des Bundesgerichtshofs, in: ZIP 1981, S. 235 ff.

Wolf, Manfred/*Horn,* Norbert/*Lindacher,* Walter F.: AGB-Gesetz, Gesetz zur Regelung des Rechts der Allgemeinen Geschäftsbedingungen, Kommentar, 4. Aufl., München 1999 (zit.: Wolf/Horn/Lindacher-Bearbeiter, AGBG)

Wolff, Hans J./*Bachof,* Otto/*Stober,* Rolf: Verwaltungsrecht
- Band 1, 11. Aufl., München 1999
- Band 2, 6. Aufl., München 2000

Zöller, Richard: Zivilprozessordnung mit Gerichtsverfassungsgesetz und den Einführungsgesetzen, mit Internationalem Zivilprozessrecht, EG-Verordnungen, Kostenanmerkungen, Kommentar, 24. Aufl., Köln 2004 (zit.: Zöller-Bearbeiter, ZPO)

Zöllner, Wolfgang: Wertpapierrecht, 15. Aufl., München 1999

Sachverzeichnis

Allgemeine Geschäftsbedingungen 120, 123 ff., 126, 242
Allgemeinverfügung 253, 292
Alliierte Militär-Mark 54, 57, 67
Anhörung 254 ff., 292
Annahmezwang 26, 101
Anschlussverhältnis, rekurrentes 66
Arbeits- und Sozialpolitik 85, 136 f.
Aufhebung (eines Wertsicherungsverbots) 142, 213 f.
Aufwertung 31 f., 35 f., 52, 56, 76, 109, 284
Auslandsbezug 221 ff., 289 f.
Auslegung 68, 121, 140, 145, 153, 165 ff., 221 f., 264 ff., 288, 292
Außenwert 90
Aussetzung 277

Bank deutscher Länder 57 ff., 71, 145
Bankgesetz 40 ff., 46 f.
Banknoten 23 ff., 27 f., 39 ff., 48, 65, 73, 81, 87, 90, 101
Bekanntgabe 261
Berechtigungsscheine 61
Bereichsausnahme 211, 248
Besatzungsrecht 71, 153 f.
Bestimmtheit 120 ff., 151 ff., 158 f., 241, 264
Beteiligungsklauseln 205 ff., 289
Binnenwert 90
Bundesamt für Wirtschaft und Ausfuhrkontrolle 126, 128, 159, 216, 220, 232, 242, 246, 248 ff., 259 ff., 272 ff., 292 ff.
Bundesbank, Deutsche 71 ff., 85 ff., 133, 141, 145, 153, 167, 170, 180, 208, 216, 232 ff., 271 ff., 285 f., 293

Darlehenskassen(-scheine) 26 ff.
Dawes-Plan 38
Deckung 24, 28, 38 ff., 47 f., 63 f.
Deflation 73, 91 f.

Edelmetall(-gehalt) 21, 54, 74, 117
Eigentumsvorbehalt 33
Eingriffsnorm 225 ff., 290
Einlösung 23 f., 27, 38, 40 f., 43, 47 f., 58, 63 f.
einseitiges Rechtsgeschäft 176 ff., 288
Einzelgenehmigung 251 f.
Erbbaurechtsbestellung 216, 237, 254, 266, 290
Erbbauzins 112 f., 126 f., 195, 216, 238 ff., 254
Erbbauzinsreallast 216, 237 ff., 254, 290
Ersetzungsbefugnis 119 f., 173 ff., 288
Euro-Einführung 79 ff.
Europäische Zentralbank 86 ff., 286
Europäisches System der Zentralbanken 82 f., 86 ff., 160

Feingold 19, 23 f., 32 f., 39, 49 f., 54, 63, 117, 165, 198, 204
Feingoldhypothek 33
Feingoldklausel 31, 67
Feststellungswirkung 275 f.
Fremdwährungsverbindlichkeiten 169 ff., 288

Gebührenpolitik 85, 136 f.
Geld- und Kapitalverkehr 136, 164, 208 ff., 216, 248, 254, 289
Geldbegriff 89
Geldentwertung 21, 45, 83, 93, 99, 108, 110, 112, 115, 131, 135, 140 f., 171 f., 180, 204

Geldfunktionen 74, 89 ff.
Geldmengenpolitik 73
Geldpolitik 73, 84, 87, 134 f., 138, 160
Geldschöpfung 24, 26 ff., 48, 74, 285
geldschuldrechtlicher Nominalismus 31 f., 98 ff., 109, 113, 125, 166, 286
Geldsummenschuld 93, 98, 103, 105, 109 ff., 138, 286
Geldsurrogate 74
geldtheoretischer Nominalismus 96 ff., 286
Geldwert 21, 29, 74, 81, 89 ff., 114, 149, 157, 173, 284
Geldwertschuld 56, 92 ff., 103, 109 ff., 135, 138, 166, 180 ff., 288 f.
Geldwertschwankung 21, 31, 35 f., 83, 89 ff., 98 ff., 105 ff., 109 ff., 129 f., 138, 171, 212, 226, 286
Geldwertstabilität 19 f., 73 f., 87, 148 ff.
Gemeinschaftsrecht 155 f., 159 ff., 286, 288
Genehmigung 219 ff., 236 ff., 240 ff., 250 ff.
Genehmigungsgrundsätze (der BBank) 232 ff., 290
Genehmigungsverfahren 250 ff., 292
Genehmigungsversagung 254 ff., 292
Genehmigungsvoraussetzungen 214 ff., 219 ff.
Gesetzgebungskompetenz 159 ff.
Getreidegrundpfandrecht 44
Gleitklausel 203, 215
Golddeckung 40, 48
Golddiskontbank, Deutsche 37 f.
Golddollarklauseln 31
Goldersatz 24
Goldmark 30, 33 ff., 37, 39, 45, 49 ff., 68, 70
Goldmünzen 23, 25, 28 f., 34, 39 f., 43, 48
Goldmünzklausel 29
Goldumlaufwährung 23, 26, 96
Goldwährung 23 ff., 36 ff., 64, 90, 284
Goldwertklausel 29
Grundpfandrechte 22, 32 ff., 43 f., 51, 106, 284

Index 83, 103, 106 f., 118 ff., 167 f., 204 f., 210, 243 f., 247
Indexierungsverbot 83 ff., 135 ff., 146, 167 f., 205, 222, 247 f.
Indexklausel 204 f.
Indexmiete 103, 128, 210
Inflation 30 f., 36 f., 45, 55, 61, 64, 73 f., 88, 91 f., 107 ff., 117 f., 124, 131 ff., 138 ff., 166, 171, 180, 203, 218, 228, 284 f., 288
Inhaberschuldverschreibung 27, 34, 37, 43

Kapitalverkehr 136, 141, 155 f., 164, 208 f., 216, 248, 254, 289
Kaufkraft 64, 73, 90 ff., 94 ff., 118, 135, 150, 157, 286
Kaufmann 224, 290
Klageart 279 f.
Klagebefugnis 281 ff.
Kommission 219
Kostenelementeklausel 199 ff., 236, 289 f.
Kurssicherungsklausel 44

Landeszentralbank 57 ff., 71, 233 f., 251, 281
Leistungsbestimmungsvorbehalt 183
Leistungsvorbehaltsklausel 183 ff., 289
letztwillige Verfügung 178 ff.

Mark-gleich-Mark-Gesetz 53 ff., 61, 65 ff., 95, 105, 285
Mark-gleich-Mark-Grundsatz 32, 95
Metallwährung 21, 23, 79, 96
Mietanpassungsvereinbarung 210
Mieterhöhung 128
Mindestreserve 58, 65, 73, 86
Mischungsverhältnis 25

Negativattest 180, 190, 215, 249 f., 254, 267 ff., 275 ff., 283, 292 ff.
Nennwert 23, 54 ff., 89, 95, 97, 101, 180, 182
Nennwertprinzip 94, 96, 99, 101 ff., 109 ff., 141, 166, 182, 191, 204, 213, 286, 288
Nominalismus 94 ff., 138
Notgeld 31

Offenmarktpolitik 73, 86

Papiergeld 24 ff., 47, 118, 284
Papiermark 30, 34
Pfennigklausel 214
Potsdamer Beschlüsse 62
präventives Verbot 142 ff., 152, 256, 258
Preisklausel 167 f., 177, 179, 215
Preisklauselverbot 146, 167 f., 177
Preisstabilität 83 ff., 133 ff., 157 ff., 177, 221, 226, 241, 282, 286
Preisstopp 45, 130, 203
Prüfungsschema 214 ff.

Rechnungseinheit 33, 39, 55, 80, 89, 97
Rechtsschutz 278 ff.
Reichsbank 24 f., 27 f., 36 ff., 46 ff., 57 ff., 72, 285
Reichsgoldmünzen 23 ff., 28, 43, 48
Reichsgoldwährung 23
Reichskassenscheine 24, 27 ff., 41
Reichsmark 36 ff., 44, 49 ff., 53 ff., 61 f., 66, 68 ff., 284 f.
Reichsmünzgesetzgebung 22
Reichswährung 32, 49, 101
Rentenbank, Deutsche 37 f.
Rentenbankscheine 37, 42, 48
Rentenbriefe 37
Rentenmark 37, 42, 59, 284
Reparation 30, 36, 39, 41
Reparationskommission 36, 38 f.
repressives Verbot 142 ff., 149, 152, 157, 257
Roggenschuldengesetz 43 f.

Sachleistung 119 f., 171 ff., 219, 288
Sachschuld 100 f., 120, 130, 171 ff., 218 f.
Sammelgenehmigung 251 ff., 292
Scheingeschäft 218 f.
schleichende Inflation 107, 145
Schuldenregelungsgesetz 44
Schuldstatut 224 f.
Schwarzmarkt 61
Selbstregulierung 25
Sicherungseigentum 33
Spannungsklausel 85, 192 ff., 216, 289
Staatsvertrag 76 ff., 154, 233, 249, 292
Staffelmiete 128
strikter Nominalismus 105 ff., 286

Tarifautonomie 85, 136 f.
Tatbestandswirkung 235, 274 ff., 278, 293 f.
Tauschmittel 21, 89 ff., 112, 131
Transparenzgebot 120

Umgehung 216 ff., 289

Valorismus 94 ff., 141
Valutawertklausel 207 f.
Valutawertschuld 207
Verbraucherschutz 85, 136 f., 157 ff., 163, 209, 222, 235, 248
verdeckte Inflation 61
Verfassungsmäßigkeit 147 ff., 287 f.
Verhältnismäßigkeit 148 ff., 156 ff.
Verordnungsermächtigung 184, 197, 200 f., 209, 232, 236 ff., 245, 290
Vertragsfreiheit 22, 56, 105, 151, 166
Vertragskontinuität 81, 97
Vorverfahren 280 f., 294

Währungsmetall 23
Währungspolitik 30, 49, 64, 79, 82, 136, 156, 160 ff., 203, 285
Währungssouveränität 76, 79
Währungsstatut 77, 154, 224 ff., 229 ff.
Währungsverfall 30 ff., 120 f., 145, 175, 284
Wahlschuld 119 f., 173 ff., 288
Wechsel 22, 24, 48, 74
Wegfall der Geschäftsgrundlage 81 f., 110, 118, 198
wertbeständige Rechte, Verordnung über 49 ff., 67
Wertbeständigkeit 25, 37, 49, 118, 132, 134, 285
Wertbeständigkeitsklausel 54
Wertmaßfunktion 31 f., 89, 112, 131, 134, 284
Wertsicherungsbedürfnis 32, 46, 88, 107 ff., 144, 284 f.,
Wertsicherungsbeschränkung 20, 22, 32, 55, 126 ff., 138, 145, 285
Wertsicherungsklausel
- Bezugsgröße 117 ff.
- Definition 114 ff.
- Zweck 116 f.
Wirtschaftspolitik 72, 86 f., 99, 108, 105, 134 ff., 150, 156 f., 160 ff., 287
Wirtschafts- und Währungsunion 76, 79, 161
Wohnraummietverträge 210 f., 245

Young-Plan 41

Zahlungsmittel, gesetzliches 23, 25, 27 f., 39, 54, 57, 59, 62, 76, 81, 101, 225
Zahlungsverkehr 155 f., 159, 164
Zuständigkeit 80, 136, 156, 161, 164, 232 f., 248 f., 250 f., 277, 280 f., 291
Zwangsbewirtschaftung 120, 130, 175